金坛年鉴

2023 JINTAN YEARBOOK

金坛年鉴编纂委员会 编

（总第21卷）

方志出版社
Publishing House of Local Records

图书在版编目（CIP）数据

金坛年鉴. 2023 / 金坛年鉴编纂委员会编. —北京：方志出版社，2023.12
ISBN 978-7-5144-5847-3

Ⅰ. ①金… Ⅱ. ①金… Ⅲ. ①区(城市)—常州—2023—年鉴 Ⅳ. ①Z525.34

中国国家版本馆CIP数据核字(2023)第231431号

责任编辑：陈菁
责任校对：张玉霞
责任印制：梅中英
出 版 者：方志出版社
地　　址：北京市朝阳区潘家园东里 9 号（国家方志馆4层）
邮　　编：100021
网　　址：http://www.zgfzcb.cn
发　　行：方志出版社图书营销中心（010-67110500）
印　　刷：常州上彩印务有限公司
开　　本：889毫米×1194毫米　1/16
印　　张：20.25
字　　数：840千字
版　　次：2023年12月第1版
印　　次：2023年12月第1次印刷
定　　价：280.00元

金坛年鉴编纂委员会

《金坛年鉴(2023)》编审人员

编辑说明

一、《金坛年鉴》是由常州市金坛区人民政府主办、金坛年鉴编纂委员会编纂的年度资料性文献，1994年出版首卷，本卷为第21卷，国内外公开发行。

二、《金坛年鉴(2023)》坚持以马克思列宁主义、毛泽东思想、邓小平理论、“三个代表”重要思想、科学发展观、习近平新时代中国特色社会主义思想为指导，坚持辩证唯物主义和历史唯物主义的立场、观点和方法。

三、《金坛年鉴(2023)》记述起迄时间为2022年1月1日至2022年12月31日。为保持内容资料的完整性、连续性，根据记述需要，部分条目和图片内容适当上溯或下延。全面、客观、系统地记载全区政治、经济、社会等各方面的基本情况、发展情况和重大事件，为各级领导决策提供参考，为社会各界了解金坛提供资讯，为编史修志和研究金坛提供资料。

四、《金坛年鉴》采用分类法编辑，设有类目、分目、条目3个层次，部分分目下设副分目。类目、分目的标题分别使用不同字体加以区别。副分目标题用楷体，前后加“·”；条目标题用黑体，并加“【】”。

五、《金坛年鉴(2023)》卷首设专题图片，卷末设索引，主体部分设有36个类目。与2022卷相比，本卷年鉴对部分类目进行调整，“法治·军事”类目调整为“法治”和“军事”两个类目；“综合管理”类目调整为“经济管理”类目；“农业和农村”类目调整为“农业”类目；“工业”类目调整为“制造业”类目；从“城乡建设与管理”类目中析出部分内容改设“建筑业”“房地产业”“交通·水利”类目；“文化·旅游·体育”类目调整成“文化”“旅游业”“体育”类目；增设“区域融合发展”“乡村振兴”“收入与分配”“社会事务”“公共安全”类目；“人物”与“荣誉”合并为“人物·荣誉”类目。全书收录条目1066条、表格68份、选用照片160幅。

六、《金坛年鉴(2023)》所采用的稿件资料，由全区各镇、街道、园区及各单位、各部门负责撰写或提供，并经所在镇、街道、园区和单位、部门领导审核。全区综合统计数据由区统计局提供，文中所列数据以区统计局的统计数据为准。

七、《金坛年鉴(2023)》数字用法执行《出版物上数字用法》(GB/T15835—2011)、标点符号用法执行《标点符号用法》(GB/T15834—2011)，并保持局部统一。计量单位采用国家技术监督局1993年12月发布的《量和单位》系列国家标准。文献中人称、数字、计量单位等用法保持原状。部分数据因四舍五入等因素，总项和分项之间存在合理范围内的误差。

各单位审稿人员名单

（以姓氏笔画为序）

于　水	马燕萍	王　欢	王　迪	王　凯	王　胜	王　梅	王　超
王　毅	王一新	王小忠	王东方	王志东	王建国	王建涛	王俊伟
韦海松	毛冯叶	石连华	史　承	史荟娟	白　杨	匡小红	邢卫东
朱　倩	朱　浩	庄海鹰	刘　诚	刘　斌	刘友国	刘东升	刘志英
刘国平	刘娅敏	江　霞	汤　彬	汤洪俊	汤鹏飞	许　强	许　嵩
许小云	许忠平	孙　琴	孙红琴	纪俊明	李　芝	李　玮	李　强
李　媛	李星明	李晶阳	杨　俊	杨志云	杨志超	吴　懿	吴旭东
吴鸿宾	闵　译	闵郁汴	汪　宁	张　倩	张小华	张乐平	张国乾
张建忠	陆震宇	陈　云	陈　雨	陈　波	林小俊	罗　祎	罗　斌
金朝霞	周　俊	郑美华	孟　妍	练龙俊	荆　霞	胡　奕	姜玲玲
姜秋生	姚海棠	贺　伟	秦文斌	袁　亮	袁金才	耿新民	聂兰蕴
倪　力	倪　翔	徐　俊	徐　烨	徐国卫	徐婧雯	栾留康	高国庆
高雷斌	郭和平	郭建林	谈　阳	黄志平	曹建军	盛南萍	崔文镔
蒋旭栋	蒋志书	蒋利军	蒋黎晶	韩双庆	储　劼	谢益平	谢惠琴
裴　飞	樊　莹	黎中海	滕民兴	潘　超	潘　鑫	潘建华	戴　露
戴春峰							

数字金坛2022

项 目	单 位	数 据
行政区域面积	平方千米	975.68
年末户籍人口	万人	53.96
地区生产总值	亿元	1216.4
第一产业增加值	亿元	43.49
第二产业增加值	亿元	669.2
第三产业增加值	亿元	503.71
三次产业比例	—	3.6∶55∶41.4
一般公共预算收入	亿元	51.27
农林牧渔业总产值	亿元	79.76
粮食总产量	万吨	17.24
规模以上工业总产值	亿元	1970.63
社会消费品零售总额	亿元	265.28
实际使用外资	亿美元	4.42
进出口总额	亿美元	57.63
全社会客运量	万人	183
全社会货运量	万吨	3669
民用汽车拥有量	万辆	17.84
邮政电信业务总量	亿元	8.81
金融机构存款余额	亿元	1794.12
专利授权量	件	6151
各类学校	所	108
在校学生数	万人	7.11
专任教师	万人	0.55
医疗卫生机构总数	家	233
医疗卫生机构床位	张	3160
卫生技术人员	人	3931
全体居民人均可支配收入	元	53546

城市荣誉

- 全国文明城市
- 国家卫生城市
- 国家生态示范区
- 国家园林城市
- 全国绿化模范县(市)
- 中国人居环境范例奖
- 国家环保模范城市
- 国家节水型城市
- 中国优秀旅游城市
- 全国休闲农业与乡村旅游示范县
- 中国民间文化艺术之乡
- 中国中华绒螯蟹之乡
- 中国名茶(绿茶)之乡
- 国土资源节约集约模范县(市)
- 全国科技进步先进县(市)
- 江苏省平安县(市、区)
- 省级全域旅游示范区
- 江苏省书香城市建设示范区

金坛 城市发展蓝图

愿景：新时代鱼米之乡 长三角科创田园
使命：美丽常州新样板
价值观："自强不息 勇攀高峰 甘为人梯 家国情怀"的华罗庚精神

常州市金坛区新城市形象标识正式发布

2022年11月12日，常州市金坛区新城市形象标识正式对外发布。金坛区新城市形象标识获得全球创意领域最具影响力的国际奖项之一 ——2022年缪斯创意奖。

标识的主色调采用金色，既寓意金坛城市名称的第一个字是“金”，也象征着丰收时节的麦浪和稻田，寓意金坛是长三角的科创田园、新时代的鱼米之乡，朝气蓬勃，充满希望。标识的底色是深蓝色，象征着金坛的母亲湖——长荡湖，寓意金坛这座城市因湖而生、因湖而旺，也是常州实施“两湖”创新区战略的主阵地和主战场。

图案的整体架构，来源于古代太极两仪图案的抽象写意。图案上半部分的线条和造型，取材于金坛三星村出土的代表新石器时期国家一级文物骨雕鹗和骨雕蚕，工艺精湛、构思精妙，想象丰富、造型独特，将这些文物的元素融入标识，寓意金坛有着灿烂的远古文明和深厚的历史文化底蕴。图案的下半部分，既有长荡湖微波荡漾的写意，也有茅山绵延起伏的写实，寓意金坛是一座山水之城、大美之城，是创新、创业、创造的高地。

标识的“金坛”二字及拼音笔道浑厚质朴，由国家级非物质文化遗产“金坛刻纸”的传承人杨兆群老师匠心制作，其一刀一刀精雕细琢的过程，寓意着一步一步走向世界数学之巅的华罗庚“自强不息、勇攀高峰、甘为人梯、家国情怀”的精神。

标识的印章轮廓是金坛约976平方千米行政区域面积的微缩地理版图。印章上的福字，寓意金坛历来就是江东福地，也寓意着金坛是新时代宜居、宜业、宜游的福地。

1月19日，金坛区召开党史学习教育总结会议　（区融媒体中心　供）

8月12日，“喜迎二十大　奋进新征程”2022年金坛区“学习达人”挑战赛决赛　（区融媒体中心　供）

9月24日，常州市委巡学旁听金坛区委理论学习中心组专题学习会　（区融媒体中心 供）

10月16日，中铁广州局南沿江项目部工作人员集中收看党的二十大开幕式　（区融媒体中心 供）

12月1日，党的二十大代表邓建军在金坛中等专业学校作“奋进新征程 建功新时代”主题报告　（区融媒体中心 供）

2月21日，2022年常州市金坛区落实“532”战略重点项目集中开工暨恩捷动力汽车锂电池隔膜项目开工仪式举行
（区融媒体中心 供）

5月26日，金坛盐穴压缩空气储能国家试验示范项目投产仪式　（区融媒体中心 供）

6月14日，第十五届高工锂电产业峰会圆桌对话　（区融媒体中心 供）

7月23日，2022数字经济与生命健康产业融合发展长荡湖峰会召开　（区融媒体中心 供）

8月10日，WDM波分复用设备研发制造及生产项目开工奠基仪式举行　（区融媒体中心　供）

6月30日，金坛区"两湖"创新区建设推进大会现场　（区融媒体中心　供）

7月7日，“对话德国：创新·合作·共赢”交流大会活动现场　（区融媒体中心 供）

5月28日，参加第十三届江苏省乡村旅游节的舞龙舞狮表演 （张新儿 摄）

7月4日，常州市委书记陈金虎到金坛开展文化工作调研　（区融媒体中心 供）

5月28日，反诈宣传进企业　（潘一平 摄）

9月15日，金坛区新时代文明实践集中行动日活动现场　（区融媒体中心 供）

11月12日，长篇小说《直溪》研讨会在直溪镇光采小镇客厅举行　（区融媒体中心 供）

春到茶乡　（浦映 摄）

7月30日，2022中国山地自行车公开赛常州金坛站　（区融媒体中心 供）

8月28日，金坛吾悦广场“后备箱集市”　（潘一平 摄）

美丽乡村　（浦映 摄）

生态金坛 幸福家园　（王玉华 摄）

河海大学常州新校区　（徐开仑 摄）

11月12日，江苏省华罗庚中学举行建校100周年高品质发展大会　（区融媒体中心 供）

金坛第一人民医院　（徐开仑 摄）

上海市第一人民醫院
金壇第一人民醫院
儿科

钱资湖大桥 （区住建局 供）

万豪酒店　（徐开仑 摄）

上阮村　（区住建局 供）

红星美凯龙全球家居生活广场 MACALLINE
Red Star Macalline International Home Furniture Mall
红星·美凯龙
MACALLINE
KUKa 顾家家居

红星美凯龙　（区住建局 供）

虹桥口袋公园 （区住建局 供）

钱资湖公园 （区住建局 供）

城南愚池公园 （区住建局 供）

沪宁沿江高铁金坛站 （徐开仑 摄）

金坛站

汇贤邻里中心　（区住建局 供）

文明城市创建宣传　（区委宣传部 供）

文明城市创建巡查　（区委宣传部 供）

文明城市创建志愿者入户宣传　（区委宣传部 供）

目　录

特　载

大事记

区情概览

中共常州市金坛区委

常州市金坛区人大

常州市金坛区政府

政协常州市金坛区委

常州市金坛区纪委监委

民主党派·工商联·群众团体

法　治

军　事

经济管理

区域融合发展

开放型经济

农 业

制造业

建筑业

商贸服务业

金融业

旅游业

房地产业

交通·水利

城市建设

乡村振兴

生态建设

科学技术

教　育

文　化

卫生健康

体 育

收入与分配

社会事务

公共安全

人物・荣誉

镇・街道

附 录

统计资料

索 引

全面推进“五大行动”

为准确把握新发展阶段，深入贯彻新发展理念，融入和服务新发展格局，全面落实常州市“532”发展战略，坚决扛起“两湖”创新区主战场重任，区委着眼大局、把握大势，在全区作出推进“五大行动”的决策部署，以“五大行动”的全面突破带动全区发展的整体跃升，全力打造最美新城区、最强增长极，确保区第十四次党代会和“十四五”规划确定的各项目标任务落到实处。

一、高位推动聚合力

*统筹谋划明思路。*区委科学谋划重大项目突破、“微笑经济”创新、全域旅游创建、城市能级提升、城乡融合发展试验“五大行动”，在区委十四届二次全体会议上正式提出。“五大行动”与常州着力打造的长三角“五大中轴”“三个中心”和“两个示范区”一脉相承，与区第十四次党代会确定的目标定位一以贯之。区委常委会集体调研、定期研究“五大行动”推进情况，及时推动工作、梳理问题、协调解决，进一步明确深入推进“五大行动”的目标、任务和举措，为奋力书写“美丽常州新样板”精彩篇章指明了方向、厘清了思路、谋划了路径。

*健全机制抓落实。*出台《关于大力推进“五大行动”的实施意见》，成立“五大行动”推进指挥部，区委、区政府主要领导任总指挥，下设六个工作组，同时构建区领导牵头负责推进机制。制定各大行动实施方案和工作要点，明确重点工作、项目清单、实施进度和推进措施，协调推进重点项目建设、重点工作落实，确保各项决策部署落地见效。将“五大行动”推进工作纳入各单位各部门推进和服务高质量发展考核，激发全区上下在“五大行动”中创新争优的动力。

*全员动员齐发力。*区委将“五大行动”作为扛起“争当表率、争做示范、走在前列”光荣使命的“金坛担当”，系统贯彻常州“532”发展战略的“金坛方案”，开启中国式现代化建设新征程的“金坛探索”，在全区上下掀起合力推动“五大行动”的热潮，连续两年以新春第一会的形式高规格、高标准召开“五大行动”动员会，旗帜鲜明表彰担当者、干事者，为干部群众、企业家鼓劲加压，动员全区上下坚定信心、凝聚力量，号召各板块、各部门抢抓机遇、谋定快动。全区各单位各部门紧扣“五大行动”，紧盯全年目标，强化担当作为，扎实谋事干事，争相在“五大行动”中建新功、立大业。

二、“五大行动”见实效

*以重大项目突破增后劲，“五新产业”强势爆发。*强化“项目为王”鲜明导向，配强做大“五新产业”，竞逐新能源产业赛道，成功举办第十五届高工锂电产业峰会、2022“对话德国—江苏德国合作交流大会”，率先赴德国开展大规模线下招商活动，近两年新签约引进工业项目195个、协议投资总额超1100亿元，中创新航三期、蜂巢能源三期、太一光伏等一批重大项目顺利投产，常州获评的四家江苏独角兽企业中，金坛独占其三，且全部位于新能源赛道；中创新航完成常州历史最大IPO、成为港股动力电池第一股，动力电池产业集群为常州产能占全国三分之一贡献了近“半壁江山”，已然成为新能源之都的集中展示地、集中集聚地。

*以“微笑经济”创新促转型，“五型经济”蓬勃起势。*大力培育“微笑园区”“微笑平台”“微笑企业”，金坛经开区成功跻身省级经开区第5位，华罗庚创新中心加快

建设，华大工程生物学长荡湖研究所落地布局，与河海大学校地融合发展走向深入，全区人才公寓保有量超2.1万套，产业园区保障性租赁住房建设经验获住建部推广，两年新增股权融资达500亿元，红杉资本、毅达资本等国内VC前10强纷纷布局，成为百亿资本青睐的“新高地”，“新时代鱼米之乡、长三角科创田园”的美好愿景正变为生动实景。

以全域旅游创建优环境，“江东福地”颜值更高。狠抓中央和省环保督察反馈问题整改，洮滆片区水环境综合治理与可持续发展试点稳步实施，老旧小区改造、雨污分流、公园游园配建等扎实推进，省级山水林田湖草试点通过验收，城乡环境“五乱”治理大见成效。规划建设都市田园活力带，高标准推进长荡湖休闲运动公园、三星村遗址公园、城旅综合体、“绿野仙踪”最美骑行道、矿地融合发展示范区等策划规划，全新发布城市形象标识，“江东福地、乐道金坛”持续叫响。

以城市能级提升塑品质，“磁吸效应”初步显现。坚决扛起“两湖”创新区主战场重任，加快打造高端制造国际合作、产城融合科创田园、水乡生态客厅三大组团，统筹推进钱资新城、金沙老城、科教名城“三城”建设，常金公交、金武公交接连实现新突破，沪宁沿江高铁即将通车，河海大学常州新校区即将交付，金坛第一人民医院与上海第一人民医院实现同质化管理，成功晋升三乙医院，“生态创新区、未来科创城”的大蓝图加速变成施工图、实景图。

以城乡融合发展强乡村，“鱼米之乡”新姿勃发。借助首批国家城乡融合发展试验区的契机大胆闯、大胆试，建立健全“1＋3”集体经营性建设用地入市政策体系，入市面积、交易金额双双位列试验区第一，中天黄金大农场项目成功签约，国家农业科技园区运行质效快速提升。深入推进农村人居环境整治，建成现代化宜居农房超千套，仙姑村跻身全国美丽休闲乡村、代表江苏入选国家“奋进新时代”主题成就展，“都市里的村庄”和“拥有田野的城市”交相辉映。

三、精准发力强保障

以作风促作为。把“清风护航”融入“532”发展战略、嵌入“五大行动”，以“小切口”推动作风“大转变”。同时大力弘扬“自强不息、勇攀高峰、甘为人梯、家国情怀”的华罗庚精神，创新开展百名干部双向挂职服务“五大行动”，各级党员干部在推进“五大行动”中做到发展有我、奋斗忘我、追求无我，推动“干部敢为、地方敢闯、企业敢干、群众敢首创”在金坛蔚然成风。

以督查促实干。构建从严从实的月通报、季督查制度，一级抓一级、层层抓落实，“五大行动”牵头单位每月通报项目（工作）实施进展情况，区委、区政府每季度开展督查活动，实施“红蓝黄”旗考评授旗机制，每月比进度、季度看实效，进一步掀起在比学赶超中狠抓落实，在争先进位中奋发向上的发展热潮。

以宣传造氛围。聚焦“532”发展战略落实、“两湖”创新区建设、“五新产业”“五型经济”发展、城乡环境“五乱”治理等重点工作，全方位宣传报道“五大行动”的最新进展、最新成果，深入挖掘实施“五大行动”过程中涌现的典型人物、典型事例，提高“五大行动”的社会关注度、认知度，全面展示金坛快速发展的良好形象，加快把“美丽常州新样板”美好蓝图变成现实模样。

（区委办公室）

名词解释：

1. 常州“532”战略：“5”指长三角交通中轴、创新中轴、产业中轴、生态中轴、文旅中轴；“3”指长三角产业科技创新中心、现代物流中心、休闲度假中心；“2”指城乡融合发展示范区、统筹发展和安全示范区。

2. 常州“两湖”创新区：位于滆湖与长荡湖之间，依托优质生态资源，突出创新与科研功能，建设以水绿交融为特色的生态型创新示范核心区。引入一流大学、科研院所、重点实验室、企业技术研发中心等创新资源，空间上注重留白与弹性，形成生态赋能型组团空间结构。

3. “五型经济”：创新型、服务型、开放型、总部型、流量型经济。

4. “五新产业”：新能源、新基建、新能源汽车、新医药、新智能产业。

资料链接

中共常州市金坛区委 常州市金坛区人民政府 关于大力推进“五大行动”的实施意见（摘要）

一、总体要求

“五大行动”是区委、区政府服务国家、省和常州市重大战略，着眼全面开启社会主义现代化建设新征程作出的重要决策部署，是系统贯彻落实“532”发展战略的“金坛方案”，也是实现人民对美好生活向往的现实途径，对于我区加快实现更高质量、更有效率、更加公平、更可持续、更为安全的发展，增进民生福祉、促进共同富裕，必将起到重要的推动和促进作用。全区上下要以习近平新时代中国特色社会主义思想为指引，深入贯彻党的十九大和十九届历次全会精神，更好担当“争当表率、争做示范、走在前列”光荣使命，在常州“国际化智造名城、长三角中轴枢纽”城市定位引领下，深刻理解“五大行动”的丰富内涵，准确把握“五大行动”的目标任务，将其作为今后一个时期统领全区工作的主要抓手，强化战略意识、大局意识、创新意识，坚持目标化管理、项目化推进、责任化落实、节点化监督、刚性化考核，切实把潜在优势转化为发展胜势，确保到“十四五”期末，把“最美新城区、最强增长极”的定位干成地位，把“新时代鱼米之乡、长三角科创田园”的愿景变成实景，成为创新创业创造高地、宜居宜业宜游福地，全区人民的获得感、幸福感、安全感不断增强，为2035年率先基本实现社会主义现代化打下坚实基础。

二、主要任务及重点措施

（一）主要任务

1. 推进重大项目突破行动，全面提升产业实力。牢固树立“项目为王”理念，狠抓项目招引、项目推进，深入实施工业经济高质量发展“十百千计划”，推动“五新产业”“五型经济”积厚成势，产业链与创新链深度融合、协同升级，崛起一批百亿企业集团、千亿产业集群。到2025年，全区新招引总投资超30亿元或3亿美元项目不少于30个，其中：总投资超100亿元或10亿美元项目不少于5个，总投资超50亿元或5亿美元项目不少于5个；引进德语区企业100家；实现年应税销售收入十亿元企业100家，百亿元企业集团10家，千亿元产业2个；工业应税销售收入确保3500亿元、争取4000亿元，一般公共预算收入确保100亿元、争取120亿元，地区生产总值确保1500亿元、争取1600亿元，以最强增长极的昂扬姿态，成为支撑常州发展的关键变量、重要增量。

2. 推进“微笑经济”创新行动，全面提升创新活力。坚持创新核心地位，深入实施创新驱动发展战略，高质量推进“两湖”创新区建设，全面打响华罗庚科创品牌，推动“微笑园区”“微笑平台”“微笑企业”全面起势，形成一批城市名片企业、行业标杆企业、专精特新小巨人企业、隐形冠军企业和具有市场话语权的地标产业。到2025年，全区建成微笑园区12家、微笑平台20家、微笑企业150家，其中城市名片企业5家、行业标杆企业10家，上市公司10家，集聚各类高层次、高技能人才等不少于18万人，成为当之无愧的创新创业创造高地。

3. 推进全域旅游创建行动，全面提升环境魅力。以全域旅游的理念和举措狠抓环境建设，城乡生态环境质量不断改善，精细化管理水平持续提升，积极争创国家生态文明建设示范区、全域旅游示范区和全国文明典范城市，成为长三角休闲度假中心“最美窗口”。到2025年，蓝天碧水净土保卫战成效显著，高标准建设都市田园、公路花园，生态绿城初步建成，生态底色愈发靓丽；打造一批特色文旅项目、精品特色商业街区和工业旅游区，茅山旅游度假区创成国家级旅游度假区；“自强不息、勇攀高峰”的华罗庚精神成为全社会行动自觉，开放包容的城市品格全面彰显，成为光彩夺目的最美新城区。

4. 推进城市能级提升行动，全面提升城市引力。城市发展向更高能级跃升，常金同城化取得重大进展，“内联外畅”的立体交通网全面构建，枢纽地位日益凸显，成为重要物流基地；“三城”功能更加完善，公园城市初步建成，城市本质安全水平全面提升，更好服务人民高品质生活需求。到2025年，全区空间格局更加优化，做到城区、园区、镇区、景区相融合，形态、业态、生态相统一；南沿江城际铁路、镇宣铁路、中吴大道西延等一批高等级、标志性重大交通项目全面突破；教育、医疗、养老等优质公共资源不断汇聚，成为居者自豪、来者依恋、闻者向往的宜居宜业宜游福地。

5. 推进城乡融合发展试验行动，全面提升融合动力。以人为核心的新型城镇化高质量推进，构建产城融合、城乡一体发展新格局，城乡生产要素双向自由流动的制度性通道基本打通，城乡公共服务均等化更上一个台阶，城乡基础设施建设和管理机制一体化基本形成，乡村振兴战略取得重要成果，实现农业强、农村美、农民富。到2025年，全区建成12个省级特色田园乡村，完成8000户左右的现代化宜居农房建设，高标准推进美丽乡村示范项目建设，农村人居环境突出短板有力补齐，创成国家农业科技园区，争创国家现代农业产业园和省级农业高新区，城乡区域发展和居民生活水平差距大幅缩小，共同富裕的基础全面夯实，“美丽常州金坛样板”展露现实模样。

（二）重点措施

1. 坚持项目化推进。瞄准推动高质量发展的关键环节，聚焦创造高品质生活的重点领域，抓住实现高效能治理的趋势规律，把“五大行动”细化为一个个可对照、可督查、可考核的重点项目（工作），通过精准推进、全程发力，形成有集中度、显示度的阶段性成果，真正把“五大行动”的目标定位干成发展地位。

2. 注重特色化发展。推进“五大行动”，既要着眼长远，从全局上、整体上谋划和推进；又要立足当前，结合实际，分清轻重缓急，聚焦需要和可能突破的重点领域和关键环节，集聚资源、集成政策、集中力量，进行“饱和式”投入，加快形成一批标志性、改革性和创新性成果，构筑金坛在区域一体化发展、新发展格局中的突出优势和鲜明标识。

3. 形成关键性支撑。要找准与“532”发展战略的切入点、结合点和发力点，谋划和实施一批强基础、增功能、利长远的重点基础设施、产业、科技、民生项目，打造具有基础性、支撑性、引领性的标志工程，推动金坛实现高质量发展、高水平安全、高品质生活、高效能治理。

三、组织实施

1. 加强组织领导。为保障“五大行动”的顺利实施，区委、区政府成立“五大行动”推进指挥部，具体任务分工详见《“五大行动”推进任务分工表》（附件）。各工作组要在指挥部的领导下，围绕“五大行动”和区“十四五”规划总体目标任务，制定各自行动方案，明确实施进度和推进措施，确保区委、区政府各项决策部署落地见效。要深入贯彻新时代党的建设总要求，弘扬伟大建党精神，压实全面从严治党两个责任，以正确用人导向引领干部在“五大行动”中履职尽责、担当作为，落实“三个区分开来”要求，用活用好“三项机制”，着力营造风清气正的良好政治生态，筑牢推进“五大行动”的政治保证。

2. 健全工作机制。构建区领导牵头负责推进机制，协调推进“五大行动”各项重点项目建设、重点工作落实。构建年度项目清单编排机制，由区委办公室、区政府办公室牵头，会同“五大行动”牵头单位，编排年度重点项目（工作）清单。构建从严从实的月通报、季督查制度，“五大行动”牵头单位每月通报重点项目（工作）实施进展情况，区委、区政府每季度开展督查活动，对重点项目（工作）开展全面督查推进，及时发现问题、解决问题。构建精细精准的年度考核体系，将“五大行动”实施情况纳入年度综合考核，考核结果作为领导班子和领导干部业绩评价、评优评先的重要依据，引导各单位各部门既协同联动、又争先进位，形成竞相干事创业的生动局面。

3. 强化宣传引导。区宣传部门和新闻媒体要多渠道、多途径、全方位做好“五大行动”的宣传造势工作，把“五大行动”实施的重大意义、区委区政府的坚定决心、各单位各部门的务实举措及时宣传到位，提高“五大行动”的社会关注度、认知度，营造良好氛围。要积极争取国家、省、常州市各类政策支持和试点任务，探索实施财税、土地、能耗等直接挂钩的激励奖励模式，鼓励全区人民群众和社会各界通过各种方式参与“五大行动”和项目建设，充分凝聚推动“美丽常州金坛样板”建设的强大合力。

中德（常州）创新产业园

中德（常州）创新产业园（简称中德产业园）前身为2017年3月金坛区自主规划、启动建设的中德（金坛）创新产业园，2018年7月，中德（金坛）创新产业园被江苏省与德国巴符州经济合作混合工作委员会命名为“德国工业4.0（金坛）制造基地”；2020年1月，被省商务厅认定为全省第一批“江苏省国际合作园区”；2020年初，在常州市委、市政府的关心和支持下，中德（金坛）创新产业园正式更名为中德（常州）创新产业园，确定为常州市对德合作的核心平台，并于9月28日正式开园。开园以来，中德产业园不断加大对德合作交流，突出“科技＋制造”，聚焦产业创新深度融合，先后获得“德国工业4.0（金坛）制造基地”“江苏省国际合作园区”等荣誉称号，获批“中国（江苏）自由贸易试验区联动创新发展区”称号，并成功获评全国首个中德城镇节能示范园区项目。

规划引领，科学编制，构建合作发展新格局。中德（常州）创新产业园位于常州市地理中心——金坛区的东部，即江苏省金坛经济开发区核心区域，紧靠主城区，交通便利，配套设施齐全，是常金同城化的重要门户、联动发展的桥头堡，也是江苏金坛经济开发区打造“长三角知名的国家级经济开发区、长三角国际产业合作示范区、中德生态绿色创新区”的核心载体与中坚力量。作为常州市与德语区国家和地区合作的核心区，中德（常州）创新产业园的总面积为27.5平方千米，其中核心面积10.1平方千米。按照建成“全省德资企业创新创业活力区、长三角宜居宜业国际社区、全国一流国际合作示范区”的目标科学编制园区整体规划。一是高起点布局总体规划。在长三角一体化发展布局中明确中德（常州）创新产业园定位，融入常州市“两湖”创新区规划，按照“一轴一廊，产业集群，双核互动，绿色渗透”的规划布局，编制中德（常州）创新产业园“十四五”发展规划，全方位打造常州对德合作新门户。二是高标准完善基础配套设施。成立中德（常州）创新产业园管理办公室，配齐人员力量，在体制机制上全力服务保障园区各项规划建设。重点加快功能板块、道路景观、雨污、电力、水系防洪等重点基础设施建设，实现园区详细规划全覆盖，核心区域目前已基本建成，能够承载重大产业类项目和创新创业类项目落户。三是高品质打造国际化营商环境。按照“生产＋生活＋生态”的理念，精细化编制德国小镇国际社区和中德云湖科创谷城市设计。依托良好的区位交通、生态优势与产业基础，以生活服务为核心，融入德国文化、低碳节能技术、构建集居住生活、休闲娱乐、公共服务等功能为一体的高品质国际花园社区，全面打造产研中心集聚、两业深度融合、双创氛围浓厚、生态品质优良、服务配套齐全的中德产城示范门户。

项目为王，聚焦产业，壮大合作发展新态势。自2010年开始，坚持以德语区项目招商为引领，围绕中德合作的产业招商、文化交流、教育资源对接等一系列工作全面展开，持续不断深耕对德招商。加快产业转型升级，加速特色产业集聚，加大科技创新突破，加强营商环境优化，推动产业链条纵向延伸、高端升级，形成了以德语区项目为核心、欧美、日韩隐形冠军项目多点支撑的国际合作园区新生态。一是项目引进成效显著。截至2022年底，中德产业园累计落户德语区项目53个，总投资额超20亿欧元，涵盖汽车零部件、高端装备制造等产业。二是产业发展更趋多元。借助常州市相对成熟的产业体系，全方位的拓展与德资企业的合作通道，按照“德国技术＋中国市场＋常州企业”模式，加强产业集群内企业和相关机构、组织的经济联系和技术合作，着力培育和发挥产业集群的核心优势，园区集聚了德国埃马克、Festool（费斯托）、SGB（艾斯杰贝）、LECHLER（莱克勒）、MD Elektronik（迈恩德）、SCHWEIZER（胜伟策）、EZAG（齐康原）等德语区企业，从传统的汽车零部件、装备制造到高端医疗器械，产业层次丰富拓展，不断向高端化、智能化延伸。三是项目载体不断拓展。园区建成运行标准厂房50万平方米，入驻德资企业30余家。全面推进外企孵化中心平台建设，参照发达地区成功经验，形成全面符合常州实际的运营与管理、推介方案，即以德国团队为主体、独立开展日常运营，在初期政府补贴的基础上，在特定年限实现运营费用平衡，包括共享办公等外企服务平台、专业第三方服务等；全方位向海外推荐外企孵化中心。四是招商策略更加灵活。持续扩大中德（常州）创新产业园品牌影响力和项目吸引力，树立专业系统和市场化的招商理念，巩固扩大外资招商成效成果，创新招商方式方法，强化驻点招商，在上海、德国设立办事处，围绕园区产业链主动开展精准招商；积极开展“啤酒节”“常州首届国际圣诞狂欢夜”“德企开放日”“江苏—德国合作交流大会”等活动，吸引周边德籍企业与人士欢聚一堂，保持互动交流“不断线”。

深化交流，擦亮品牌，提升合作发展新能级。作为全省第一批“江苏省国际合作园区”，中德产业园充分利用常州市对德合作优势与资源，深化双向创新合作，与德语区各级各类机构及企业共建创新研发、中德人才培养交流、对德金融创新与知识产权保护等发展平台，加大德资项目引进，重点关注旗舰型、引领型龙头企业和“专精特新”项目、拓展国内国际优质制造业、生产性服务业项目，加大国际学校、医院等配套设施建设，努力打造以对德经贸合作为特色的自贸联创区，擦亮对德合作“金招牌”。一是拓宽合作领域。成功入选中德智能制造合作方向12个试点示范，成功获评全国首个中德城镇节能示范项目；借助获批自贸试验区联创区的契机，围绕市场主体需求，积极承接省级赋权，加快推进“放管服”改革，2022年全年共办理外国人来华许可工作证业务183件；依托江苏省与德国巴符州经济合作混合工作委员会、北威州合作联委会工作机制，不断深化对德经贸文化交流，与江苏理工学院、德国奥芬堡应用技术大学就共建中德人才培养学院达成合作意向，江苏理工初步确定将高职师资班作为首批参加德国职业教育培训与认证的生源，加快推进与德国德累斯顿工业大学中国先进制造业研究院项目；稳步推进德国手工业行会与金坛中等专科学校的合作，持续对接河海大学、常工院等院校，共建实践基地、职教平台细化方案等；充分利用常州市对德合作优势与资源，与德语区国家与地区的各级各类机构及企业共建创新研发、对德跨境电商、中德人才培养交流、对德金融创新与知识产权保护等发展平台，提升中德中小企业的交流对接。二是推进双向合作。在全力引进德语区企业的同时积极与省有关部门搭建互助平台，依托常州市深厚的企业资源，积极打造服务平台，更好地推进区域内企业走向德语区国家与地区，在德国及欧洲其他地区投资设厂，利用国内与国际资源，拓展国内与国际二个市场，推动构建“双循环”新格局。园区内蜂巢能源、中创新航等企业实现在德国设厂投资。三是深化合作成效。成功举办德国慕尼黑推介会、江苏—德国合作交流大会等活动，不断扩大对德交流成果；积极参与江苏自贸试验区联创区建设，作为代表多次在中国（江苏）自由贸易试验区联动创新发展区工作会议、欧盟企业与江苏省政府部门政策交流会暨欧洲日庆祝活动、中国法商会经验交流活动上交流发言，扩大对外宣传推介，中德（常州）创新产业园已成为江苏省与德国中小企业交流的重要双向平台，对德合作品牌更加响亮。 （陈 翔）

（编辑 储 劼）

大 事 记

1月

3—6日　政协常州市金坛区第十一届委员会第一次会议在市民中心召开。选举刘国新为区政协主席，周文俊、周新生、朱亚群、卢建新、史荣生为副主席。

4—7日　常州市金坛区第十八届人民代表大会第一次会议在市民中心召开。选举王跃中为区人大常委会主任，孟敖祥、王艳红、诸葛林、吴志高为副主任。选举吴小华为区人民政府区长，刘小平、徐俊、沈振华、苗润、朱天明、姚祥、叶琳为副区长，选举周律诚为区监察委员会主任，选举于立峰为区人民法院院长、仲军为区人民检察院检察长。

9日　东城街道、西城街道、尧塘街道议政代表会揭牌成立，并召开第一届第一次会议。

10日　区委召开2021年度镇、街道党（工）委和区委相关党（工）委书记抓基层党建工作述职会议。

是日 全区首例集体经营性建设用地入市签约，并同时完成交地、颁证。

11日　常州长荡湖智慧能源有限公司揭牌暨光伏电站签约仪式在金坛举行。

13日　金坛区召开“新时代‘金沙英才计划’政策推介会暨‘金礼遇·才无忧’智慧数据平台上线仪式”。其中，对顶尖人才（团队）给予最高1亿元综合性支持，对领军型创业人才（项目）给予最高200万元创业资助。

是日　常州市农村信用体系建设推进会暨农村信用示范区表彰授牌仪式在金坛举行，金坛区成为常州市首个农村信用示范区。

14日　常州市委机构编制委员会批准：设立中德（常州）创新产业园管理办公室，为江苏金坛经济开发区管委会下设机构，机构规格为正科级。

是日　金坛区在长荡湖种质资源保护区开展冬季长荡湖渔业资源增殖放流活动。除了放流40万尾“环保鱼”鲢鳙鱼冬片外，还首次放流500千克细鳞斜颌鲴。

15日　常州市2022年全民阅读春风行动在金坛区尧塘街道启动。

18日　中德城镇节能示范园区启动会在中德（常州）创新产业园举行。

19日　全区党史学习教育总结会议召开。会议要求全区各板块、各部门要全面总结党史学习教育成效和经验，巩固拓展学习教育成果。

是日　金坛区召开疫情防控应急指挥部会议。会议要求做好疫情防控工作，确保春节期间社会稳定、百姓健康。

24日　常州市暨金坛区文化科技卫生“三下乡”集中服务走进直溪镇。

2月

8日　区委、区政府召开全区推进“五大行动”（重大项目突破、“微笑经济”创新、全域旅游创建、城市能级提升、城乡融合发展试验）动员大会。

10日　常州市委副书记、代理市长盛蕾到金坛走访五星企业。

14日　金坛区召开高层次人才代表新春座谈会，倾听他们对区经济社会发展和人才工作的意见建议。

18日　中共常州市金坛区第十四届纪律检查委员会第二次全体会议召开。大会通过了区纪委常委会所有的工作报告和《中国共产党常州市金坛区第十四届纪律检查委员会第二次全体会议决议》。

21日　金坛区举行总投资259.4亿元的10个重点项目集中开工、重点产业项目集中签约仪式。

是日　金坛区金融工作座谈会召开。常州市各大金融机构就如何聚力服务金坛实体经济、中小微企业和重点项目展开讨论。区12家企业、区属国有公司分别与各银行签约，授信总额度405.1亿元。

是月　由国家级非物质文化遗产金坛刻纸传承人杨兆群策划并发起创作的百米刻纸长卷《大运河》，创吉尼斯世界纪录。

3月

3日　江苏省统计局党组书记、局长王汉春到金坛区调研企业生产运行情况。

4日　总投资8.5亿元的亿晶光电5吉瓦高效组件项目开工。

5日　金坛区召开突出生态环境问题整改推进会，从严从速推动省专项督察反馈问题整改。

8日　江苏省安全生产第四督导组、常州市安全生产第二督导组到金坛区督导安全生产工作。

10日　常州大学与金坛区人民政府在茅山国际会议中心签署共建常州大学金坛教育科创园合作协议。

12日　河海大学—金坛区校地合作研讨会在茅山国际会议中心举行。

21日　区委常委会召开市委涉粮问题专项巡视整改专题民主生活会。

31日　全区农村工作会议召开。

4月

7日　市委书记陈金虎到金坛督查中央生态环境保护督察信访交办件整改工作。

是日　常州市委机构编制委员会批准："江苏省金坛茅山旅游度假区党工委、管委会"调整为"江苏省金坛茅山旅游度假区管理办公室"，"江苏省金坛长荡湖旅游度假区党工委、管委会"调整为"江苏省金坛长荡湖旅游度假区管理办公室"。两个机构规格仍为副处级，为市政府派出机构，委托金坛区管理。

8日　十四届金坛区委召开第三轮巡察工作动员部署会。

是日　全区武装工作暨"双争"评比表彰会议召开。

20日　常州市委书记陈金虎到金坛调研外资外贸工作。

21日　地矿部原部长宋瑞祥到金坛调研盐穴综合开发利用工作。

是日　常州市委书记陈金虎、市长盛蕾到金坛开展推进"532"发展战略重点项目（工作）一季度督查。

27日　常州市委常委、市纪委书记、市监委主任李文宏到金坛督查调研，深入了解金坛区全面从严治党主体责任、廉政文化教育等落实情况。

是日　第十三届"金坛读书月"活动暨金坛茅山诗歌节启动仪式在茅山游客中心举行。

28日　金坛区人力资源产业园揭牌。

是日　金坛区召开"奋进新征程 建功新时代"庆"五一"劳模代表座谈会，进一步弘扬劳模精神、劳动精神、工匠精神。

5月

6日　金坛区快递、外卖送餐行业党委成立。

10日　东方日升210薄片异质结电池量产首片下线暨金坛基地（二期）项目启动仪式在直溪镇举行。

11日　区委书记陆秋明赴东城街道开展"四查一帮扶"（查疫情防控、查安全隐患、查生态环境突出问题、查信访突出问题、帮扶特殊困难群体）走访活动。

16日　金坛区在钱资湖水利枢纽举行"城市节水宣传周"启动暨金坛水情文化园开园仪式。

18日　金坛区应急救援政企合作签约暨危化品事故应急救援队揭牌成立。

20日　金坛区交通运输行业党委成立。

是日　中国民主促进会常州市金坛区支部成立大会召开。

23日　金坛区红十字会召开七届二次理事会议，选举徐俊为区红十字会会长。

24日　江苏省省长许昆林到金坛调研科技和产业创新、文旅行业发展、生态环境保护等工作。

26日　金坛盐穴压缩空气储能国家试验示范项目投产仪式举行，标志着世界首个非补燃压缩空气储能电站正式投入商运。

是日　2022常州中以农业技术对接会在金坛区举行，多家技术研究机构齐聚一堂，助力常州市农业企业与以色列创新资源实现高效对接。

是日　金坛区"美丽庭院"助力全域旅游创建行动启动仪式在金城镇培丰村举行。

27日　江苏省副省长马欣到金坛调研文旅工作。

是日　常州市"常爱人才·职等你来""名城名校合作行 创新创业赢未来"系列活动之高校毕业生专场云聘峰会在金坛启动。

28日　第十三届江苏省乡村旅游节在金坛区启动。

31日　江苏省政协副主席周健民率调研组到金坛，就"完善能源电力保供长效机制"情况开展专题调研。

6月

2日　金坛区开展"五大行动·菁锋建功"青年座谈会召开，传达学习习近平总书记在庆祝中国共产主义青年团成立100周年大会上的重要讲话精神、习近平总书记给南京大学留学归国青年学者的重要回信精神，并开展"五大行动·菁锋建功"青年座谈会，勉励"金"青年接续奋斗再出发。

3日　2022中国·长荡湖籽虾节在儒林镇柚山村开幕。

6日　"养护水生生物，建设美丽中国"——2022年全国"放鱼日"常州同步增殖放流活动在长荡湖国家级水产种质资源保护区举行，现场共放流鱼苗284万尾。

7日　胥亚伟任中共常州市金坛区委委员、常委、副书记。

9日　金坛区举办《华罗庚往来书信集》档案捐赠仪式。

10日　金坛区举行2022年基干民兵分队授旗仪式暨整组点验。

11—12日　青海省海南州共和县委副书记、县长李文林率代表团到金坛区考察交流。

13日　金坛区召开2022年度苏陕协作联席会议。

14日　第十五届高工锂电产业峰会在金坛茅山国际会议中心开幕。

15日　常州市委书记陈金虎到金坛区调研“三夏”和粮食收储工作。

16日　江苏省农业农村厅副厅长、省乡村振兴局局长朱国兵到金坛区调研农村人居环境整治提升、乡村治理、美丽乡村建设等乡村振兴重点工作。

20日　江苏省政协党组副书记、副主席阎立到金坛，视察中德（常州）创新产业园、中创新航研究院、河海大学常州新校区。

21日　常州市政协中共界别“聚焦‘532’建功‘十四五’”主题活动在金坛区举行。

是日　江苏省总工会夏季安康“三送”（送清凉、送安全、送法律）活动暨省五一劳动奖章颁授仪式在南沿江城际铁路金坛站房举行。

22日　由赛迪科创编制的《赛迪科创独角兽百强（2022）》发布，常州3家企业上榜，金坛区的中创新航科技集团股份有限公司（简称中创新航）、蜂巢能源科技股份有限公司（简称蜂巢新源）2家企业入围，分列第8名、第10名。

23—25日　江苏省义务教育优质均衡发展县（市、区）评估专家组对金坛区创建省义务教育优质均衡县发展情况进行现场考察。

24日　江苏省自然资源厅举办第32个全国土地日主题报告会，并对2021年度自然资源节约集约利用先进地区进行了授牌表彰。金坛区被授予“江苏省自然资源节约集约利用模范区”称号。

是日　薛埠镇花山村现代化宜居农房建设项目举行开工仪式，这是全区首个启动的宜居房试点项目。

25日　区委召开庆祝中国共产党成立101周年座谈会。

是日　金坛区开展“喜迎二十大、勇攀新高峰”主题党日活动，首届金坛区“最美公务员”正式发布。

26日　由新华社主办的“云游”三星村遗址直播活动在金坛区朱林镇三星村开播，一个小时的直播活动通过新华社、新华网向海内外呈现，微博、经济参考报、中吴网、金坛手机台等各大平台联动传播，近300万名网友线上实时观看。

27日　区第十八届人大常委会召开第三次会议，任命胥亚伟代理金坛区人民政府区长，接受吴小华辞去金坛区人民政府区长职务。

28日　金坛区应急管理综合行政执法队伍统一着装仪式举行，金坛区城市安全体验馆同时揭牌。

30日　金坛区“两湖”创新区建设推进大会召开。大会举行了金坛“两湖”创新区重大项目集中签约仪式，签约项目25个，总投资达154.92亿元。金坛区与河海大学签署《推动校地融合发展协议书》，河海大学金坛华罗庚技术转移中心揭牌，华耀光电项目开工奠基培土。与会人员还集中观看了规划展板及《潮起“两湖”势更雄》宣传片。

是日　金坛区举行“青年抗疫说”暨2022年集中入党仪式，进一步激励新发展党员“争一流、争第一、争唯一”的干事热情。

7月

1日　金坛区召开党建引领老旧小区改造工作推进会暨“金砖映红·旧改赋能”品牌发布仪式。

4日　常州市领导陈金虎、杭勇到金坛开展“四查一帮扶”走访活动和文化工作调研。

7日　江苏省人大常委会副主任、省总工会主席魏国强到金坛区开展调研慰问活动。

是日　对话德国—江苏德国合作交流大会在中德（常州）创新产业园举行。大会采取线上线下相结合的形式进行，中德（常州）创新产业园设主会场，德国法兰克福开设分会场。中德友好协会会长史明德，江苏省外办副主任杨菁参加开幕式。

11日　区委召开人大工作会议。

14日　金坛区政府与光大银行南京分行签署战略合作协议，额度总量超100亿元。

是日　金坛区首家产业农合联会——金坛区长荡湖大闸蟹产业农合联成立。

是日　宁陕·金坛苏陕协作联席会议暨签约捐赠仪式在宁陕县举行。

18日　常州贝特瑞锂电池高镍三元正极材料项目在儒林镇举行量产仪式。

是日　朱林镇举行项目集中签约仪式，5个产业项目集中签约，总投资达20.7亿元。

23日　2022年数字经济与生命健康产业融合发展长荡湖峰会在中德（常州）创新产业园举行，8个项目集中签约落户金坛。

24—26日　以“2022年深圳经贸交流和创新合作活动周”为契机，胥亚伟等区领导随常州经贸代表团到深圳开展活动，密集拜访知名企业，对接项目资源，拓宽合作领域，实现互利共赢。

25日　上海海洋大学田思泉教授带领该校10余名教授、博士生，在金坛区开展产学研对接活动。

27日　金坛区举办2022年“八一”双拥办实事活动。

28日　区政协委员读书分享暨界别读书学习活动启动仪式在区图书馆举行。

是日　全区安全生产“百日攻坚”暨“危污乱散低”出清提升推进会召开。

是日　宁陕县县长周锦政率队到金坛区开展招商考察活动，对接苏陕协作工作。

是日　江苏省委宣传部副部长徐宁到金坛调研江苏省儿童艺术剧院。

29日　区委常委会集体督查调研“城市能级提升行动”开展情况。

8月

1日　江苏省第十四、十五批科技镇长团（金坛团）轮换工作会议召开，总结交流科技镇长团挂职经验，研究部署下一阶段工作。

8日　区委常委会督查调研“全域旅游创建行动”。

10日　中共金坛区第十四届委员会第三次全体会议在市民中心举行。

是日　江苏南方信息技术有限公司WDM波分复用设备研发及生产线项目开工仪式在金坛区举行。

是日　金坛区召开全国文明典范城市创建推进会。

11日　江苏省发展改革委主任、党组书记李侃桢到金坛调研，重点走访盐穴压缩空气储能国家试验示范项目和国家管网金坛储气库项目。

17日　全区民营企业家座谈会召开。

是日　区委召开新业态新就业群体党建工作推进会。

18日　区委书记陆秋明走访调研金坛经济开发区德资企业生产经营情况。

是日　第十届“创业江苏”科技创业大赛新能源/新能源汽车行业赛在金坛启动。

23日　常州市军分区、市委督查室党管武装督查组到金坛，对金坛区党管武装工作进行专项督查。

是日　河海大学2022年暑期战略研讨会暨干部人才专题培训活动在金坛区举行。

24日　区委书记陆秋明走访调研区上市后备企业。

30日　江苏省茶产业标准化技术委员会成立大会在金坛区召开。

31日　常州市委书记陈金虎到金坛调研战略性新兴产业项目。

9月

1日　中国（常州）知识产权保护中心金坛分中心成立。

是日至2日　全省住房保障工作座谈会暨保租房工作现场推进会在金坛区召开。

5日　金坛区慈善总会第五届会员大会召开。

8日　庆祝第38个教师节暨全区教育发展大会召开。

13日　金坛区举行“山水之约·红遍茅山”全域党建品牌提升暨“茅山货运先蜂驿站”揭牌仪式。

15日　金坛区在中国（常州）德国中心举办“喜迎二十大·廉心向未来”廉洁文化主题创意展演活动。

是日　金坛区开展新时代文明实践集中行动日活动，新时代文明实践中心五大平台服务品牌正式发布。

16—17日　金坛·石泉苏陕协作联席会议、金坛·宁陕苏陕协作座谈会分别在石泉县、宁陕县召开，金坛区政府分别向石泉县政府、宁陕县政府捐赠对口帮扶资金100万元。

20日　江苏省体育局局长陈少军到金坛调研体育工作。

22日　金坛区人民政府公布第七批区级非物质文化遗产名录，珂罗版印刷术、金坛糕点制作技艺、鉴古斋书画装裱、吕家军拳、后渎博雅锣鼓、唐王故事、御碑亭传说、上茅山回九里等19个项目入选。

23日　齐康原医疗科技（常州）有限公司项目在中德（常州）创新产业园举行开工仪式。

27日　“梦想家园 自然上阮”上阮美丽乡村开园仪式暨茅山茶海揭牌仪式举行。

10月

6日　中创新航科技股份有限公司在香港联合交易所主板挂牌交易，股票简称“中创新航”，成为港股动力电池第一股。

10日　金坛区人武部召开宣布命令大会，任命康志远为金坛区人民武装部上校部长、党委副书记。

16—22日　中共第二十次全国代表大会举行，全区党员干部认真学习宣传贯彻会议精神。

18日　金坛区开始实施镇村志编纂文化工程，计划至2025年完成首批7个镇（街道）志和10个村志编纂任务。

20日　2022中德经济论坛暨中德（常州）创新产业园—德国法兰克福推介会，在金坛区中德（常州）创新产业园和德国法兰克福两地通过视频连线的方式举行。

是日　金坛区数字经济党委成立。

25日　“新时代颂”2022江苏美术摄影主题联展常州市金坛区作品展在区图书馆开展，展现了全区10年来日新月异的发展。

26日　金坛区“同心楼”成功入选第二批江苏省新的社会阶层人士统战工作实践创新示范基地名单，举办授牌仪式。

28日　常州市委书记陈金虎、市政协主席戴源等到金坛考察“两湖”创新区建设情况。

是月至12月　全区范围内开展食品安全专项提升行动。

11月

3日　常州市动力电池产业高质量发展暨省级标准化试点项目推进大

会在金坛举行。

是日　金坛区首家家庭农场发展服务中心——众优家庭农场发展服务中心暨示范基地揭牌。

4日　江苏省委常委、常务副省长费高云到金坛调研新型城镇化工作。

5日　金坛区文学艺术界联合会第十次代表大会召开，许靖当选为区文联主席。

9日　江苏省人大常委会党组副书记、常务副主任李小敏带队到金坛，围绕“学习贯彻党的二十大精神、更高水平建设社会主义民主政治”开展专题调研。

是日　江苏省政协副主席姚晓东一行到金坛，走访调研蜂巢能源科技股份有限公司、中德（常州）创新产业园、同方威视科技江苏有限公司、金坛城市形象馆、乾元观和仙姑村。

12日　作家储福金长篇小说《直溪》研讨会在直溪镇光采小镇客厅召开。

16日　全市中央生态环境保护督察整改现场推进会在金坛区举行，常州市市长盛蕾出席会议并讲话。

17日　“翰墨写初心 丹青颂党恩”——“喜庆二十大”两省三地书画联展在金坛区博物馆开幕。

19日　2022年村村结对共建启动暨同心大道奠基仪式在金坛区举行，武进区雪堰镇城西回民村与金坛区指前镇丰产村正式启动结对共建。

21日　常州市委书记陈金虎一行在金坛区调研“两湖”创新区建设情况，走访了解金坛生活垃圾焚烧项目运行工作。

24—25日　区领导率领相关部门负责人和企业走进浙江省宁波市，开展产学研对接交流，走访企业，深化合作共赢。

26日　金坛区科学技术协会第十次代表大会召开，孙坚当选为区科协主席。

29日　全区重大项目建设推进会议召开。

30日　区委举办学习贯彻党的二十大精神市委宣讲团宣讲报告会，市委宣传讲团成员、常州大学党委副书记、校长徐守坤作宣讲报告。

12月

2日　全区“八五”普法工作推进会举行。

5日　常州市委书记陈金虎到江苏省华罗庚中学，开展学习贯彻党的二十大精神基层调研。

7日　省委、省政府印发《关于表彰“江苏制造突出贡献奖”优秀企业先进个人和先进单位的决定》，中创新航科技股份有限公司入选“江苏制造突出贡献奖”优秀企业、金坛经开区管委会入选“江苏制造突出贡献奖”先进单位。

8日　金坛区首个社会资本单体投资超10亿元的农业项目——中天黄金大农场举行签约仪式。

9日　金坛区首个双拥商城在金坛吾悦广场揭牌。

10日　区委常委会集体调研“五大行动”推进工作，对2023年重点工作作出部署。

11日　金坛区第六次归侨侨眷代表大会召开，李佳真当选为区侨联主席。

12日　2022年度国家级生态农场名单公布，江苏鑫品茶业旗下的茅山茶海基地上榜，成为常州首家入选国家级生态农场的茶园。

14日　江苏省总工会党组书记、副主席徐大勇到金坛调研工会工作。

16日　江苏省市场监管局局长沈海斌调研金坛区市场监管工作。

是日　金坛区全民阅读促进会第一届会员代表大会在市民中心金沙厅召开，金坛区全民阅读促进会成立。

19日　金坛港内一艘满载亿晶光电60个大柜的首发班轮启航驶往上海洋山港，金坛港至上海洋山港“河海直达”班轮进入调试运营阶段。

28日　中共金坛区第十四届委员会第四次全体会议在市民中心召开。全会听取和讨论了陆秋明代表区委常委会所作的工作报告，审议通过了《中共常州市金坛区委关于深入学习贯彻党的二十大精神在新征程上全面推进中国式现代化金坛新实践的决定》《中国共产党常州市金坛区第十四届委员会第四次全体会议决议》。

是月　中国信息通信研究院发布《中国县域工业经济发展报告(2022)》，金坛入选2022年中国工业百强区，位列第70名。赛迪顾问发布《赛迪投资竞争力百强区（2022）》，金坛位列2022年赛迪投资竞争力百强区第84名。（陈书明）

（编辑　吕洪力）

自然地理

【地理位置】 常州市金坛区地处江苏省南部，东与常州市武进区相连，西与句容市接壤，南与溧阳市、宜兴市隔水相望，北与丹阳市、镇江市丹徒区毗邻。位于北纬31°33′42″～31°53′22″，东经119°17′45″～119°44′59″，为宁（南京）、沪（上海）、杭（杭州）地理中心。全区总面积975.68平方千米，其中陆地面积784.9平方千米，水域面积190.78平方千米。

【地形地貌】 金坛区西缘为南北走向的茅山低山丘陵，其东为长江三角洲西部的冲湖积平原区，冲积、湖积平原区中央微凹，东西两侧微凸。自西向东可进一步分为3个次一级地貌单元：西部的黄土缓岗，中部的冲积湖积圩田平原和东部的高亢平原。从总体上看，全区地势自西向东倾斜，常态地貌有基岩的低山丘陵、黄土岗地、冲积、湖积平原。

【气候水文】 金坛属北亚热带季风性湿润气候，具有四季分明、温和湿润、雨量充沛、无霜期长、日照充足等特点。金坛水系属太湖流域上游的西北支，历史上北部句容、丹徒、丹阳的丘陵高田之水，从通济河、丹金溧漕河流入金坛后，汇集西部茅山东麓及东部高亢平原诸水，注入洮湖。后经过长期水利建设，金坛水系发生重大变化，丹金溧漕河经大运河北与长江相通，纵贯太湖湖西地区南北，成为该地区引水航运骨干河道。全区较大面积的湖泊有长荡湖、钱资荡、白龙荡。

2022年，金坛区气候特点：气温偏高，降水偏少，日照时数正常。全年平均气温17.7℃，比常年偏高1.2℃，属偏高年份。年最高气温为40.2℃（8月14日），居历史第二，年极端最低气温为-4.1℃（12月23日、25日）。年日照时数为2035.8小时，比常年多159.1小时，约多9%，属正常年份。

2月7日出现暴雪，降雪量16.8毫米，最大积雪深度7厘米。6月5、24日出现2次区域性暴雨，日雨量最大分别为101.0毫米（金城镇后阳村）和131.7毫米（金坛观象台）。7月出现两次雷暴大风，朱林唐王村最大风速31.5米/秒（11级，7月26日）。6—8月的高温少雨持续时间历史罕见。9月中旬受第12号台风“梅花”外围云系影响，全区出现大雨，部分镇出现7级大风。11月下旬出现强寒潮，48小时最低气温降幅达15.5℃，过程气温0.3℃。全年最高气温≥35℃的日数44天，和2013年并列历史第一，其中6—8月42天，10月2天，高温日出现时间创历史最晚纪录。灾害性天气主要有暴雪、高温、干旱、暴雨、雷暴大风、台风、寒潮等。

2022年，金坛区总降水量为891.4毫米，比常年偏少306毫米，偏少26%，属偏少年份。5月降水量仅2.2毫米，创历史同期降水量最少纪录。7、8、9、12月降水量也显著偏少。金坛区于6月23日入梅，7月11日出梅，梅长18天，较常年（24天）偏短6天，梅雨总量为106毫米，较常年（301毫米）偏少65%，属显著偏少。年雨日（降水量≥0.1毫米）计94天。

2022年金坛区未发生明显洪涝灾害，出梅后持续晴热少雨。6—8月全区大部地区出现持续气象干旱，根据旱情发展需要，区防调中心调开启龙山水利枢纽，对城区河道进行生态调水，累计调水2048万立方米。8—10月农灌期间，累计投入抗旱人员2286人，翻水（灌溉）泵站617座、架设临时机组477台（套），泵站累计引（翻）水5612万立方米，水库自留灌放水529.6万立方米。通过翻水灌溉大大减少农业损失，但农作物受灾面积仍达3667公顷，其中成灾1267公顷，绝收267公顷，因旱损失1.11亿元。8月26—27日全区出现明显降水过程，旱情基本解除。

（黄玲玲　吴　洁）

表1 2022年丹金闸站（下游）、王母观站水位雨量一览表

月 份	丹金闸站（下游）		王母观站	
	月平均水位（米）	月雨量（毫米）	月平均水位（米）	月雨量（毫米）
1	3.32	80.50	3.26	74.70
2	3.49	49.00	3.45	50.30
3	3.66	139.50	3.61	128.50
4	3.68	142.50	3.61	133.00
5	3.56	2.00	3.49	3.00
6	3.76	211.50	3.64	145.00
7	3.76	53.50	3.58	68.00
8	3.55	91.50	3.38	87.00
9	3.56	44.50	3.44	41.00
10	3.57	44.00	3.48	45.00
11	3.53	90.70	3.47	103.50
12	3.46	17.50	3.42	18.00
年平均水位	3.58	—	3.49	—
年雨量	—	966.70	—	897.00

（吴 洁）

【自然资源】 土地、矿产资源：根据2021年度土地变更调查成果显示，金坛区辖区总面积97567.7公顷。其中，农用地61911.6公顷，占比63.45%；建设用地20445.34公顷，占比20.96%；未利用地15210.76公顷，占比15.59%。金坛区矿产种类较多，主要有岩盐、石灰岩、砂岩、玄武岩、膨润土、凹凸棒石黏土等。截至2022年年末，金坛区已发现各类矿产19种，在采矿山5座。分别为大石包山水泥用灰岩矿区，开采矿种为水泥用灰岩、建筑用白云岩；朝阳洞水泥用灰岩矿区，开采矿种为水泥用灰岩、水泥配料用砂岩；花山建筑用玄武岩矿区，开采矿种为建筑用玄武岩；茅兴盐矿、陈家庄盐矿，开采矿种为岩盐。

动植物资源：金坛区森林动物种类繁多，主要动物类群组成中昆虫782种、鱼类85种、爬行类23种、鸟类275种、兽类39种。国家级野生保护动物42种，江苏省重点保护动物132种，“三有”（有益、有重要经济价值、有科学研究价值的野生动物）保护动物283种。金坛区陆生植被资源丰富，全区共有植物180科900多种，分为木、竹、花、蔬、草五大类。国家Ⅰ级保护植物水杉，为中国特有植物，被世界自然保护联盟评定为濒危等级。国家Ⅱ级保护植物有樟、杜仲、野大豆等。全区水生植物主要有浮游藻类、挺水植物、浮叶植物和漂浮植物四大类80多种，珍稀植物有国家Ⅰ级保护植物莼菜（极危），国家Ⅱ级保护植物莲、四角刻叶菱等。

（施雅晶）

历史人文

【建置沿革】 金坛历史悠久，早在石器时代即有先民栖息、生存。春秋时期，金坛属吴地，后越灭吴，属越地。战国时期楚灭越，属楚。秦汉归曲阿县，晋属延陵县。隋置金山府，仍属延陵县。隋末农民起义时，乡人自立金山府金山县。唐垂拱四年（688年），改为金坛县。后县名一直未变，但境域和隶属关系多有变动。

1949年4月24日，金坛解放，属苏南行政公署武进行政分区，11月改属常州专区。1953年1月，撤常州专区，属镇江专区。1958年8月，撤镇江专区，属常州专区。1959年9月，撤常州专区，属镇江专区。1983年3月，实行市管县体制，金坛县属常州市。1993年11月，撤销金坛县，设立金坛市（县级），以原县行政区域为市行政区域，金坛市由江苏省直辖，仍暂由常州市管辖。2015年4月，撤销县级金坛市，设立常州市金坛区。

（刘士科）

【行政区划】 2022年末，金坛区行政区域面积975.68平方千米，辖6个镇、3个街道，下设92个村委会、37个社区居委会。1月28日，设立尧塘街道尧塘社区、汤庄社区、水北社区、林丰社区。

表2 2022年金坛区行政区划一览表

街道／乡	数量（个）	村（居）民委员会名称
东城街道	5	村：柘荡、河头、中塘、五联、明星
	11	居：华苑、峨嵋、东方、华胜、华兴、华城、电胜、金河、南苑、新城、汇贤
西城街道	5	村：城南、涑渎、方边、黄庄、岸头
	18	居：花街、河滨、北园、东园、北门、虹桥、翠园、愚池、朱庄、南洲、九洲里、金安、西门、文化、春风、小南门、丹阳门、五星
尧塘街道	11	村：西华、谢桥、尧塘、汤庄、红旗、水东、迎春、万新、下庄、水北、林丰
	4	居：尧塘、林丰、汤庄、水北
金城镇	11	村：元巷、冯庄、后阳、南瑶、白塔、庄城、长竹埂、沈渎、培丰、前庄、联丰
薛埠镇	21	村：上阮、花山、致和、仙姑、西旸、东进、上阳、薛埠、连山、方麓、山蓬、罗村、长山、茅庵、东窑、泉江、下杖、神亭、石马、茅东、倪巷
直溪镇	12	村：汀湘、王甲、建昌、新河、吕坵、坞家、西溪、巨村、溪滨、天湖、井庄、迪庄
	3	居：溪城、直溪、直里
朱林镇	9	村：朱林、龙溪、长兴、西岗、三星、唐王、红旗圩、沙湖、黄金
指前镇	12	村：社头、解放、建春、芦溪、清水渎、庄阳、指前、东浦、丰产、王母观、新河、岳阳
儒林镇	6	村：南社、儒林、后庄、五叶、柚山、湖头
	1	居：河下

（陈 干）

【人口】 2022年金坛区人口规模略有上升，年末户籍人口53.96万人，其中男性26.56万人、女性27.39万人，男女性别比为97∶100。户籍人口出生率4.22‰，人口死亡率8.83‰，人口自然增长率-4.61‰。年末常住人口59.46万人，其中城镇人口39.92万人，城镇化率67.14%，比上年末提高0.65个百分点。 （徐 飞）

【民族】 金坛区居民以汉族为主。2022年全区有登记的少数民族有32个，常住少数民族人口超过3300人。人数超百人的民族有土家族、苗族、彝族、壮族、布依族、回族、满族、侗族。随着全区经济的快速发展，到金坛务工经商的流动少数民族人口逐年增多，截至2022年年底达7000余人，主要来自贵州、四川、湖北、云南、湖南、甘肃、西藏等地区。少数民族人口较为集中的有金城镇、东城街道、西城街道、尧塘街道、直溪镇、朱林镇。从统计数据来看，分布在金坛城区和城郊的少数民族常住人口在1200人左右，流动少数民族人口7000人左右（公安统计数据），流动人口在城区和农村分布不均。 （张泰蓉）

【历代名人】 金坛自三国至清末，有影响力的诗人、学者、作家、政治家有百人以上，其中佼佼者有唐代诗人储光羲、戴叔伦，明代医学家王肯堂，清代训诂学家、经学家段玉裁，近现代的《神曲》译者王维克、《民立报》主编徐血儿、数学家华罗庚、物理学家汤定元、地质学家孙枢、自动控制学家冯纯伯、生物学家王志新、物理学家周远、微电子专家胡正明、"两弹一星"功臣钱骥、法学家杨兆龙等。

【方言】 金坛主要方言有属吴语金坛话（老金坛话）、属北方方言（江淮方言）江北（苏北）话、在金城镇城区形成自成体系"金城镇官话"（新金坛话）。南部儒林镇还有属吴语受溧阳话、宜兴话影响的"儒村话"和"柚山话"。西北部直溪镇、薛埠镇有受丹阳话影响的属吴语"登冠话"和"西旸话"。由于历史上移民等原因，金坛有一些靖江话、海门话、泰兴话、泰州话、高邮话、扬州话、扬中话、河南话、湖北话、温州话、山东话等方言村或方言岛。　（刘士科）

【地方特产】 长荡湖大闸蟹　主产区：长荡湖。长荡湖水质呈弱碱性，是太湖流域典型的浅水型、草型湖泊。湖内水草繁茂，螺蚬众多，适宜大闸蟹的生长发育。长荡湖大闸蟹，又名玉爪蟹，采用生态养殖模式，以螺蛳、野杂鱼、水草、玉米、小麦为饵料，体型健壮硕大，青背、白肚、黄毛、金钩，色泽鲜亮，蟹体肥满，蟹黄厚实，蟹膏肥糯，白似玉而黄似金，色、香、味三者兼具。先后入选生态原产地保护产品、首批中国农业品牌名录、江苏省名优农产品、获江苏省优质大闸蟹香港推介会金奖、钓鱼台国宾馆特供农产品，是深圳口岸出口免检产品。大闸蟹产业是金坛农业的主导产业、第一个产值突破10亿元的单品种产业，占全区渔业总产值的70%，占全区农业总产值的25%。以长荡湖周边水系池塘养殖为主的养殖面积共8300公顷，产值15亿元左右。亩均产值超过1.2万元，亩均效益5000元左右。金坛区以长荡湖大闸蟹作为建设主导品种成功入选首批江苏省特色农产品优势区。

茶叶　主产区：薛埠镇。金坛产茶历史悠久，茶叶久负盛名。全区茶园面积约2700公顷，形成以金坛雀舌、茅山青锋为主，红茶、抹茶粉为辅的茶产业体系。20世纪80年代初，金坛对雀舌茶进行恢复性研制，在提升中创新。金坛雀舌茶外形扁平挺秀、状如雀舌，茶条匀整、色泽绿润、香气清高、汤色明亮、滋味鲜爽、叶底嫩匀。在历届"中茶杯"全国名优茶评比、江苏省历届"陆羽杯"名特茶评比活动中多次获金奖、特等奖。金坛雀舌茶先后成功申报地理标志证明商标和保护产品，成为全国首批通过森林认证茗茶品牌、江苏省著名商标、常州市十大知名农产品品牌。2022年，全区茶业综合产值超6亿元。金坛区成功入选江苏唯一茶叶类有机肥替代化肥示范县（区）。

金坛特产红香芋　（区农林局 供）

建昌红香芋　主产地：直溪镇建昌村。建昌红香芋产于金坛境内第一大圩——建昌圩，圩区内水质清澈、气候温湿、土壤肥沃，土壤质地为乌散土，pH值7.0，适于红香芋生长。红香芋皮红、透白、性糯、味香。经江苏省农科院化验分析，红香芋富含粗蛋白、淀粉、聚糖、粗纤维以及钙、磷、铁、钾、镁、钠、胡萝卜素、烟酸、维生素B_1和B_2等元素，营养丰富，对预防高血压、高血脂有独特作用，是典型的低脂、高蛋白滋补品。建昌红香芋辐射种植面积为300公顷，种植区域有直溪镇蔡甲村、吕坵村、迪庄村、下蔡村、养殖场、建昌村、天湖村、井庄村、杨家舍村、新河村。

指前标米　主产地：指前镇。指前标米历史悠久，其美名享誉海内外。米色晶莹剔透、柔软丰腴、清香四溢、颗粒饱满，已形成绿色大米、有机大米的金字塔式梯度结构。2014年，注册指前标米商标。2020年申报国家农产品地理标志证明商标，并被江苏省知识产权局列为江苏省地理标志注册省级项目，是苏南地区唯一获准立项的商标。2021年，指前标米成功入选"常州市十大农产品品牌提升行动计划"。

黄金村软米　主产地：朱林镇。黄金村软米的种植区域生态环境独特，地处茅山东麓，四周环水，南、西、北方向与茅山丘陵地带隔河相望，东南方向邻近长荡湖和滆湖，为典型的盆地圩区地貌。黄金村土壤肥沃，土壤有机质平均含量达每千克36.7克，较金坛区平均含量高出22.8%。土壤供氮占水稻生长所需的60%～70%。灌溉水系源自茅山溪水，水体富含丰富的钙、镁、铁、锌等矿物质元素，保证了黄金村软米营养丰富、口味芬芳的独特品质。弱酸性水土是黄金村软米最佳生产环境，黄金村土壤pH值6.7~7，灌溉溪水pH值6.5~7，为黄金村软米健康栽培提供了理想环境。2022年，黄金村软米获批国家地理标志证明商标。

金坛米猪　主产地：朱林镇。太平天国时期大批苏北人南迁，带来

"沙皮猪"与金坛当地的"棉皮猪"杂交，逐步形成繁殖力高、抗逆性强、肉品质好的金坛米猪。作为举世闻名的太湖猪系列品种之一，20世纪70—90年代，金坛米猪迅速发展为金坛地区当家猪品种，最高养殖规模达5.5万头。1974年建成金坛米猪种猪场，1986年金坛米猪被收录于《中国猪品种志》，2014年被列入《国家级畜禽遗传资源保护名录》。金坛米猪采取"集中选育、按群建系、统一供种、分场经营"的方式，选择品系纯正的种猪，构建繁育基地。金坛米猪窝产仔14头以上，利用年限7~8年。肉色鲜红，脂肪洁白，大理石纹评分4.5~5，肌内脂肪含量4.8%，每100克猪肉蛋白质含量19~25毫克、胆固醇含量34.5毫克。熟制后肉质鲜美、细嫩多汁、香味浓郁、肥而不腻，汤汁清澈，食后齿唇留香。

无节水芹　主产地：朱林镇。水芹种植在金坛已有800多年历史，尤以朱林无节水芹有名。金坛无节水芹于2013年被国家工商总局认定为国家地理标志证明商标。每100克无节水芹含蛋白质21克、脂肪0.3克、钙154毫克、磷9.8毫克、铁23.3毫克、维生素C 47毫克、胡萝卜素4.5毫克。水芹具有清血脂、降血压和抑癌的功效。

（史黎明）

经济发展

【古代经济】　历史上金坛以农为本。在距今约7000年的新石器时代文化遗址——金坛三星村遗址，发现炭化稻遗存和动物遗骸，初步鉴定属人工栽培稻，反映了三星村先民以稻作农业为主，且传统的渔猎经济在当时人们的经济活动中占据重要地位。

金坛薛埠新浮遗址出土把铜勺，鳖墩西周墓出土青铜块，说明夏代和早商时期金坛地区有了青铜铸造业，至西周时期金坛地区的青铜文化渐趋繁荣。

金坛处于太湖平原向宁镇丘陵过渡带，地形高低起伏，又因雨季时雨水过多，容易发生洪涝灾害，齐梁两朝在金坛附近由官府主持兴建多处水利工程。如齐朝时位于金坛东北的单塘水利工程，由单旻主持；梁朝时位于金坛东南的南谢塘、北谢塘水利工程，由谢德威主持，对当地经济开发起到了重要的作用

农民以生产粮食为主，一年两熟，水旱轮作，同时兼营家庭小宗副业。所产糯米味香性黏，指前标生产的"标糯"美名远播。金坛封缸酒始于秦时，此后数百年间，酿制技艺逐渐成熟并成为朝廷贡酒代代传承。

【近代经济】　金坛产茶历史悠久，茅麓"旗枪"茶民国时期便远销东南亚。邑内栽桑养蚕较早，民国21年曾被江苏省实业厅和中国合众蚕桑改良会指定为蚕桑模范区之一。金坛商业曾有过兴盛历史，清末民初，县城小南门米市与山区的薛埠米市颇负盛名。但中华人民共和国成立前，由于封建生产关系的束缚，生产技术落后，耕作粗放，加上山区易旱，圩区易涝，粮食产量低而不稳，正常年景水稻亩产只有150千克左右，麦子亩产70千克左右。副业生产则大都未形成规模，处于自给自足、自生自灭的状态。中华人民共和国成立前，金坛工业基础相当薄弱。1946年全县工业企业仅14家，工业总产值185万元。全面抗战前，全县登记发证的私有商业有2100余家。主要经营粮食、纺织品、南北货、小百货、小农具、土特产品等生活资料和生产资料。到1948年，全县共有商号店铺3959家，从业人员7015人。

【现代经济】　中华人民共和国成立后，革除封建土地制度，实行农业合作化，推广农业科学技术，开展大规模农田水利建设，农业生产有了长足发展。1949年金坛首创地方国营金坛县农具厂。1949年底，全县有国营工业企业1个、私营工业企业26个、手工业作坊123个，全年工业产值218万元，占工农业总产值的4%。金坛逐步建立国营商业和供销合作商业。1956年对私营商业实行了社会主义改造，进一步促进了国营和集体商业的发展。1958年盲目大办工厂，后来大部分在调整中关闭。20世纪60年代中期，集体所有制建筑企业普遍兴起，建筑业开始成为一个新兴产业。1971年后，新建工厂逐渐增多，工业产值有所增长。顺应经济发展的潮流，金坛建筑业异军突起。

20世纪80年代后，农村开始推行多种形式的生产责任制，调动了农民的生产积极性。同时因地制宜，调整农业生产的内部结构，在平原圩区适当发展棉花、油料与蚕桑等经济作物，山区着重发展林、茶、果生产，并充分利用水域优势，发展水产养殖业，农村出现了粮食生产持续增长、多种经营全面发展的崭新局面。改革开放后，工业发展步伐加快，国营、集体工业不断发展，支柱产业和规模企业支撑作用显著增强。乡镇工业蓬勃发展，个体工业应运而生。国民经济的发展和各项经济政策的调整，大大促进了商业的发展，全县逐步建立起多渠道、少环节、开放式的流通体系，形成了以国营商业、供销合作商业为主体，个体商业为补充的社会主义统一市场，商品充裕，市场繁荣，购销两旺。农村实行家庭联产承包经营责任制，大量富余劳动力向建筑业转移，建筑队伍迅速扩大。

进入21世纪，金坛区着力稳定经济运行大盘，重点领域和新增动能支撑有力，金坛区抢抓新兴产业发展风口，布局全产业链，取得成果丰硕：新能源、新基建、新能源汽车、新医药、新智能全面发展，经济发展持续向好向优。2022年实现地区生产总值1216.4亿元，同比增长8.9%，按不变价格计算，同比增长6.8%，两项增速均位居常州市第一。（马　凡）

（编辑　方　骊）

中共常州市金坛区委

综　述

2022年，中共常州市金坛区委坚持以习近平新时代中国特色社会主义思想和中共二十大精神为指引，在常州“国际化智造名城、长三角中轴枢纽”城市定位引领下，落实“532”发展战略，推进“五大行动”，扛起“两湖”创新区主战场重任，锚定“最美新城区、最强增长极”发展定位，锐意进取、真抓实干，全区经济运行呈现出逆势而上、强劲增长良好态势，多项指标增幅位列全市第一、苏南乃至全省前列。

始终高扬思想旗帜，政治方向愈发坚定。推进“强国复兴有我”等群众性主题宣传教育活动，开展“喜迎二十大、见证新金坛”学习体验等七大类100余项活动，为中共二十大召开营造优良发展环境和浓厚舆论氛围。区委常委会带头、全区各级各部门跟进，第一时间传达学习、组织培训、宣传宣讲、调研交流中共二十大精神，深刻领悟“两个确立”决定性意义，增强“四个意识”、坚定“四个自信”、做到“两个维护”。

深入推进“五大行动”，高质发展步履坚实。谋划实施并持续推进重大项目突破、“微笑经济”创新、全域旅游创建、城市能级提升、城乡融合发展试验“五大行动”。“五新产业”（新能源、新能源汽车、新基建、新医药、新智能）蓬勃发展，年产值1646.12亿元，同比增长36.7%，占规上工业总产值比重达83.6%。动力电池产业实现年产值571.65亿元，同比增长121.7%。中创新航科技股份有限公司、江苏牛创新能源科技有限公司、蜂巢能源科技股份有限公司获评“江苏独角兽”企业。其中，中创新航、蜂巢能源占全国动力电池装车量分别位居第三、第七。2022年，金坛区位列全国市辖区高质量发展百强第33位、工业百强区第70位。

提速建设“两湖”创新区，同城进程全面加速。加速常金同城化、城乡一体化，扛起“两湖”创新区主战场重任，推进100个重点项目建设，打造高端制造国际合作、产城融合科创田园、水乡生态客厅三大组团。将全区优化为三城、三区、三中心镇、三融合镇、三街道，加快构建差异化协同发展，推动传统行政区经济向现代功能区经济迭代升级。推进国家城乡融合发展试验区建设，建立健全集体经营性建设用地入市政策体系，入市面积、交易金额双双位列试验区第一。

持续加强党的建设，党风政风向善向好。扛起党要管党、从严治党重大政治责任，推动全面从严治党向纵深发展，持续营造风清气正政治生态。树牢激励干事鲜明导向，开展百名干部双向挂职服务“五大行动”，调整优化综合考核体系，实施“红蓝黄”旗考评授旗机制。弘扬“自强不息、勇攀高峰、甘为人梯、家国情怀”华罗庚精神。做深做实“清风护航”行动，结合涉粮领域、公共停车收费管理等开展专项治理。深化“金沙廉韵”导航专线建设，打响“知行”廉洁文化品牌。

决策部署

【全区党史学习教育总结会议】 1月19日在市民中心召开。会议指出，自党史学习教育开展以来，全区各级党组织统筹安排、压茬推进，党史学习教育取得扎实成效。会议强调，要学思践悟、继承发扬，注重用好党史学习教育宝贵经验。突出以史鉴今，擦亮忠诚底色，强化宗旨意识，坚持人民至上，把加快发展作为强区富民第一要务、作为检验成效的重要标尺；要持之以恒、常态巩固，在新“赶考”路上交出高分答卷。坚决执行党的政治路线，严格遵守党的政治纪律和政治规矩，不断加强创新理论学习，扛起发展重任。

【全区推进“五大行动”动员大会】 2月8日在市民中心召开。区委书记陆秋明出席会议并作动员讲话。区委副书记、区长吴小华主持会议，王跃中、刘国新等区四套班子领导参加会议。与会区领导为会议表彰的先进集体和个人进行颁奖。会议强调，全区上下要以“五大行动”强势突破带动全区发展整体跃升。全区上下要大力弘扬“勇争一流、耻为二手”常州精神和“自强不息、勇攀高峰、甘为人梯、家国情怀”华罗庚精神，开创“美丽常州金坛样板”建设新局面。

【中央生态环境保护督察迎检暨城乡环境“五乱”治理动员部署会】 3月29日在市民中心召开。区委书记陆秋明出席会议并讲话，吴小华、王跃中、刘国新等区四套班子领导参加会议。会议要求，要加大力度推动中央生态环保督察反馈问题整改，加快绿色低碳发展步伐，加强服务保障环保督察合力。针对“五乱”（乱堆放、乱张贴、乱停车、乱排放、乱搭建）整治工作，要综合运用指挥调度、分析研判、专项整治、督导检查等方法、手段，形成长效机制。

【全区农村工作会议】 3月31日在市民中心召开。会议对2021年度“三农”（农业、农村、农民）工作先进集体、先进个人进行表彰。会议指出，2021年全区推动现代农业发展、农村风貌改善、农民增收、“三农”改革等各项工作，全区农业现代化水平居全省第一方阵。会议要求，全区各级各部门要抓好粮食稳产增效和重要农产品供给；要实施耕地保护党政同责，坚决遏制耕地“非农化”“非粮化”；要对照《城乡融合发展试验行动实施方案》，加快形成全域联动、全力推进格局。

【全区党建工作会议】 4月9日在市民中心召开。区委书记陆秋明为全省“百名示范”村书记授牌“示范村书记工作室”。会议回顾2021年党建工作，研究部署2022年党建重点任务，动员全区各级党组织和广大党员干部聚焦守正创新，高举思想引领之旗；突出担当作为，扛牢固本强基之责；坚持“严”字当头，形成清正廉洁之风；强化力量聚合，蓄足团结奋进之势，以高质量党建为“五大行动”提供坚强政治保障。

【全区领导干部会议】 6月7日在市民中心召开。会议宣布省委、市委关于区政府主要领导职务调整的决定。省委批准提名胥亚伟为常州市金坛区区长候选人。市委决定胥亚伟任中共常州市金坛区委委员、常委、副书记。常州市委常委、组织部部长季培东出席会议并讲话。会议要求，要紧扣中心大局，创新发展理念，厚植为民情怀，坚持从严从实，全面提升新时代党建引领水平。

【全区庆祝中国共产党成立101周年座谈会】 6月25日在市民中心召开。陆秋明、胥亚伟、王跃中、刘国新等区四套班子领导参加会议。与会区领导为部分老党员代表颁发“光荣在党50年”纪念章。会议要求，要持续深入学思践悟习近平新时代中国特色社会主义思想，攻坚重大项目，提升创新实力，提高教育、医疗卫生、养老等公共服务水平。提升环境承载能力、加固安全发展底板，在项目引建、创新发展、乡村振兴、“五乱”治理、疫情防控等第一线担当作为。

【金坛区“两湖”创新区建设推进大会】 6月30日召开。陈金虎、盛蕾、白云萍、梁一波等常州市四套班子领导，徐辉、陆国宾等河海大学领导，陆秋明、胥亚伟、王跃中、刘国新等区四套班子领导出席大会。常州市市长盛蕾与河海大学校长徐辉共同为“河海大学金坛华罗庚技术转移中心”揭牌。区委书记陆秋明对金坛区推进“两湖”创新区建设总体情况进行汇报部署。大会举行金坛“两湖”创新区重大项目集中签约仪式，签约项目25个，总投资达154.92亿元。河海大学副校长陆国宾、副区长朱天明共同签署《推动校地融合发展协议书》。

【区委十四届三次全体会议】 8月10日在市民中心召开。全会总结2022年上半年工作，部署下半年工作任务。区委书记陆秋明代表区委常委会作工作报告。全会分组讨论全会工作报告，审议通过《中国共产党常州市金坛区第十四届委员会第三次全体会议决议》。区委书记陆秋明，区委副书记、代理区长胥亚伟分别向各板块党政主要负责人颁发1—6月“五大行动”推进工作红、蓝、黄旗。

【区委十四届四次全体会议】 12月28日在市民中心召开。区委书记陆秋明代表区委常委会作报告。全会明确2023年全区工作总体要求以及经济社会发展主要目标，审议通过《中共常州市金坛区委关于深入学习贯彻党的二十大精神在新征程上全面推进中国式现代化金坛新实践的决定》《中国共产党常州市金坛区第十四届委员会第四次全体会议决议》《中共常州市金坛区委常委会2022年度落实全面从严治党主体责任情况的报告》。

（段钰汀）

巡察工作

【概况】 2022年，区委巡察机构坚守政治巡察定位，围绕区委中心工作开展政治监督。科学编制新一届区委巡察工作规划，明确对全区73个党组织和127个村（社区）党组织政治巡察全覆盖目标任务。推动政治巡察不断向纵深发展、向高质量前进，发挥监督保障执行、促进完善发展作用。区委巡察办获“平安常州建设先进集体”称号。

【常规巡察】 8月17日至9月30日，十四届区委开展第四轮巡察，巡察对

4月8日，十四届金坛区委第三轮巡察工作动员部署会在市民中心良常厅召开
（区委巡察办 供）

象为区农业农村局党委、区市场监管局党委、金坛中专党总支。巡察期间，各巡察组共调阅台账、财务账册等资料4427册，个别谈话217人次，实地走访95处，召开专题调研座谈会5场次，巡察共发现“三个聚焦”方面问题98个，发现问题线索8件、问责线索1件，提交专题报告3份。11月15日至12月31日，十四届区委开展第五轮巡察，巡察对象为区委党史工委、区司法局党组、金坛第一中学党委和金坛第四中学党委。巡察期间，各巡察组共调阅各类台账、财务账册等资料累计3398册，个别谈话114人次，实地走访40处，召开专题调研座谈会6场次，巡察共发现“三个聚焦”方面问题106个，发现问题线索8件，提交专题报告2份。

【专项巡察】 4月11日至7月10日，十四届区委开展第三轮巡察，对金城镇、薛埠镇、直溪镇、朱林镇、指前镇、儒林镇等6个镇所辖的75个村（农村社区）开展农村集体“三资”（资金、资产、资源）管理专项巡察。巡察期间，共调阅各类台账资料、财务账册等累计18011册，个别谈话573人次，实地走访257处，召开专题调研座谈会27场次，受理来电、来信、来访172人（件）次。巡察共发现“三资”管理方面问题733个，移交问题线索41件、问责线索7件，提交专题报告3份，追回村集体资金2812.5万元。

【巡察整改】 2022年，区委巡察办建立健全巡察整改约谈、提醒、通报工作机制，起草《关于加强区委巡察整改和成果运用的实施办法》《区委巡察整改问责暂行办法》等制度，制作整改流程图。联合区纪委监委、区委组织部、区委宣传部先后开展2次巡察整改专项督查，督查结果在全区公开通报。探索实行区委巡察工作领导小组会议直接听取被巡察党组织整改进展情况汇报机制，向7个新上任的被巡察党组织主要负责人下达整改责任提醒函。向区纪委监委移交巡察整改落实不力问责线索9件，2名相关责任人被立案处理。协同区纪委监委党风室对村级重大决策、阳光村务、“三资”管理等8个方面33项权力清单进行梳理，推动“小微权力”制度废改立。抓好省委第一轮巡视期间巡察工作专项检查发现的共性问题整改，3个问题6项整改任务基本完成。配合区委办开展2018年以来上级各类巡视巡察反馈意见整改落实自查自纠工作，督促全区各单位及时更新完善整改台账资料，确保整改不断档。推进市委巡察指导督导反馈问题整改，12个问题全部整改完成。

（欧阳煜）

组织工作

【概况】 2022年，全区组织工作坚持“抓基础、打基础、强基础、利长远”工作理念，将组织优势转化为发展胜势，较好完成全年组织工作各项目标任务。截止年末，全区有党工委9个、党组32个、基层党委60个、党总支195个、党支部1791个；有党员

5月6日，常州市金坛区快递外卖行业党委成立仪式暨“先蜂者”党建品牌发布会在新城吾悦广场举行
（区委组织部 供）

40951名，其中女党员9625名，占23.50%。年内发展党员338名，其中35岁以下党员231名，占68.34%；女党员160名，占47.34%；高中及以上学历党员为100%。

【党的基层组织建设】 2022年，区委组织部开展“喜迎二十大 勇攀新高峰”主题党日活动，分步开展区级机关主题党日、“献礼二十大·逐梦新时代”党员教育作品巡展、“五大行动·先锋有我”、中共二十大知识竞赛等系列活动。系统实施党建引领基层治理“治理力工程”，推进“一居民小区（自然村）一网格一支部一阵地”建设，建成网格党群直通站63个，网格党组织组建率达100%。建成龙城红色驿站（服务吧）182个，阵地达标率位居全市前列。推进两新组织建档立卡，推动成立区级快递、外卖送餐、交通运输、网络主播、数字经济等5个行业党委，建立常州市首个快递外卖行业党建联盟，承办常州市产业链党建现场推进会。推行专职化管理，培育“全科＋专业”村（社区）干部，社区工作者持证率达75.5%，较2021年提升近30个百分点，金坛区案例《以专职化管理打造乡村振兴铁军队伍》入选第二批全省乡村治理典型案例。

【干部队伍建设】 2022年，区委组织部开展换届后领导班子调研，掌握领导班子运行质效、班子成员履职情况，对领导班子和班子成员实施“A、B、C”分档定级管理。推动优质干部资源向重点发展领域倾斜，促进干部多岗历练和机关板块交流融合，共推动干部交流或轮岗87人次。实施“雏鹰助飞计划”“星火训练营”等培育工程，打造百名优秀年轻干部储备库，全年新配“90后”正科级干部1名、“90后”副科职干部14名。其中，含“95后”副科职干部2名。制定差异化考核清单，实施跟踪督考机制，每季度发布“红蓝黄榜”，常态化开展“部长夜谈”。能上能下制度创新，98名一线岗位干部获提拔或进一步使用，18名疫情防控工作中表现突出的公务员予以优先晋升职级，实施公务员平时考核，选树首届12名金坛区“最美公务员”。

【干部教育培训】 2022年，区委组织部共开展主体班8个，其他班30个，培训5600余人次。聚焦区委、区政府中心工作，举办“五大行动”系列专题研修班，提高干部服务中心、干事创业能力本领。适应疫情防控形势，举办学习贯彻中共十九届六中全会精神网上专题班，实现科级领导干部全覆盖。坚持实战实训和育用结合，举办初任公务员培训班、青年干部培训班，持续开设年轻干部“周末课堂”，通过课堂讲授、结构化研讨课题调研汇报等多种形式，为年轻干部充电赋能。开展基层组织建设、集体经济发展、农村基层治理等能力培训，举办村（社区）书记、村会计培训班等8期，完成基层干部全员轮训。加强基层队伍和党员队伍建设，开展四类党员培训班9期。

【干部监督管理】 2022年，区委组织部坚持全面从严治党不动摇，严格刚性约束、强化常态管控，严格执行《党政领导干部选拔任用工作条例》，规范、细化干部选拔任用工作流程和规则要求。加大选人用人专项检查力度，抓好中层干部选拔任用监督管理工作。下发《关于进一步规范区级机关内设机构中层干部选拔任用工作的意见》等制度，推动基层人事管理科学化、规范化。加强干部监督信息沟通，与纪检监察等部门保持联络，开展提醒函询诫勉。加强机关事业人员流向管理，制定出台《关于进一步规范机关事业单位人员有序流动的意见》，推动人员进出更加有序规范。履行干部出国（境）审批备案管理，定期动态更新出入境管理备案人员数据库。落实领导干部社会团体兼职审批有关要求。 （徐 敏）

【老干部工作】 2022年，全区老干部工作不断优化服务管理，推动老干部工作迈上新台阶。金坛区薛埠镇老干部第三党支部获评全省首批“六好”离退休干部示范党支部；金城镇老干部第一党支部、区委统战部离退休干部支部、区税务局离退休干部第三支部获评市“六好”离退休干部示范党支部。年末，全区有离退休干部2245人。其中，党员1995人，离休干部37人，四套班子老领导42人，科级以上退休干部821人。

思想政治引领。2022年，区委老

9月29日，金坛区举行离退休干部两新党建工作指导员聘任暨指导站揭牌仪式
（区委老干部局 供）

干部局组织全区60多个离退休干部党组织通过专题报告导学、实境课堂教学、参观考察见学、支部党员送学、网上辅导助学等形式开展习近平新时代中国特色社会主义思想学习培训活动累计180余场，覆盖率达80%以上。组织离退休党员到中共苏皖区一大会址、华罗庚纪念馆、美丽乡村（柚山村、仙姑村）等地开展主题党日活动。

离退休干部党建。2022年，区委老干部局打造“金沙银发先锋”党建品牌，率先在全市范围内成立离退休干部两新党建工作指导站，首次选聘10名离退休党员干部担任两新党建工作指导员。全区30多个离退休干部党支部以“迎接二十大、学习二十大、当好新征程银发先锋”为主题，开展形式多样、富有特色的主题党日活动。

离退休干部服务管理。2022年，区委老干部局全年累计走访慰问离休干部、四套班子老领导和离休干部遗属400余人次。落实离退休干部各项政策待遇，重点关注改制企业离休干部待遇落实和管理服务，做好易地安置和异地居住老干部服务保障。组织离休干部和四套班子老领导进行健康体检，提升离退休干部服务品质，建立健全健康档案，使离退休干部看病就医得到充分保障。

发挥离退休干部作用。2022年，区委老干部局组织四套班子老领导参观考察河海大学常州校区、南沿江城际铁路金坛站、中创新航、金坛盐穴压缩空气储能等重点项目，开展“建言二十大”和“我看中国特色社会主义新时代”座谈调研，收集整理老干部关于交通基础建设、生态环境治理、企业创新发展等方面意见建议10余条。区老促会组织“爱心惠农”志愿服务队为农户进行技术帮扶、走访慰问。全年开展“永远跟党走、奋进新征程”主题银发宣讲25场次；各类志愿服务30余场次，参与老同志100多人次，受众和服务人数达2200人次。

打造“金沙银辉”服务品牌。2022年，区委老干部局创建“爱心惠农”“金城夕阳红”“银龄享健康”“老黄牛”爱心社等志愿服务团队，开展两新党建指导、农业科技服务、“五乱”治理、文明城市创建、疫情防控、关爱青少年等各类志愿服务活动，全区20多家单位申报志愿服务品牌项目，5个“金沙银辉”老干部志愿服务优秀项目受到表彰。联合关工委开展“双碳”（碳达峰、碳中和）战略宣传进校园和禁毒宣传教育活动。

（张　丹）

【“喜迎二十大　勇攀新高峰”主题党日活动】 6月25日在金沙大厅举办。活动举行首届金坛区“最美公务员”发布仪式和第二批“先锋支部”授牌仪式。区级机关党建9个片区通过诗歌朗诵、情景说唱、小合唱、武术操等方式展现推进“五大行动”过程中区级机关各级党组织和广大党员的精神风貌与责任担当。会议号召要更好发挥先锋支部战斗堡垒作用和“最美公务员”示范引领作用。

（徐　敏）

人才工作

【概况】 2022年，全区确立“人才是第一资源”战略地位，激发人才基础性、战略性支撑作用，在完善政策体系、创新体制机制、打造重点工程、靓化品牌项目上不断突破创新。全年引进人才1.16万人，其中“五新产业”领域人才5142人，累计发放领军人才创业资助1390万元，企业高层次、高技能人才专项资助350.8万元。至2022年底，全区人才资源总量达到15.62万人，其中高层次人才6892人，占比达4.4%。

【人才工作制度完善】 1月13日，金坛区发布新时代“金沙英才计划”人才引育政策，分行业、分领域制定出台《金坛区支持人才购买商品住房实施细则》《金坛区人才租房保障实施细则》《金坛区企业技能人才资助办法》《金坛区领军人才创业企业引进培育资助办法》《金坛区领军型创新人才引进培育资助办法》《金坛区加强博士后科研平台建设支持办法》等系列支持办法。根据区人才工作领导小组议事规则，召开第16、17、18次人才办主任会议。组建“惠企爱才服务专班”，到各板块宣讲人才政策，为企业答疑解惑。

【人才指标优化】 2022年，区委组织部持续推进人才项目申报。全年共推荐申报国家重大人才工程项目72个，入选2人；入选江苏省“333”工程第三层次培养人才8人，创历史新高；推荐申报2022年度省“双创计划”创新人才2人、创业人才1人、双创团队1个和双创博士5人；申报“龙城英才计划”创新类人才项目4个，创业类人才项目30个，均超额完成年度目标任务。江苏鹿山新材料有限公司和常州斯威克光伏新材料有限公司成功升格为国家级博士后科研工作站。

【引才渠道拓展】 2月14日，金坛区召开全区高层次人才新春座谈会。会议要求，全区要持续优化人才政策环境、营商环境、生活环境、社会环境，营造一流人才发展生态。开展面向国内“双一流”建设高校和国（境）外世界排名前200所高校精准选聘紧缺专业人才36人。举办“菁相遇·坛相聚”青年人才交流活动、“智荟金沙·才遇未来”人才项目线上路演等系列活动，发布金坛区人才地图，全年人才资源总量新增11313人。对接高校院所，到杭州、宁波开展“名城名校合作行·创新创业赢未来”活动，与浙江大学、中科院宁波材料所达成产学研对接、项目签约等多项合作。完成第十五批科技镇长团组建工作，吸引“985”“211”高校挂职教师3人，占比达42.9%。春节、中秋等节日期间向金坛籍大学生、在外乡贤、历届科技镇长团成员寄送新年贺信870余份。

【人才服务品牌打造】　2022年，区委组织部打造“金沙英才”爱才品牌，优化升级“人才服务二十条”，上线“金礼遇·才无忧”智慧数据平台和“金沙英才”就业创业系统。升级“金礼遇·才无忧”高层次人才服务体系，高标准建设4家“人才服务社”。发放“人才金融服务卡”1070张，实现居住落户、教育医疗、康养旅游等个性化服务“一网通办”。持续推进人才“优居工程”建设，全区人才公寓保有量超2.1万套，居全市前列。推进园区保障性租赁住房（人才公寓）建设经验做法被住建部列入可复制经验清单。华科·荷香苑获评常州三星级人才公寓；金科·创智水都人才社区和金沙国际人才社区等一批项目投入使用，晨风酒店改造项目进入施工改造阶段。（黄　帅）

10月，金科·创智水都人才公寓正式投入使用　（区委组织部　供）

宣传工作

【概况】　2022年，金坛区宣传思想文化战线以习近平新时代中国特色社会主义思想为指导，围绕迎接宣传贯彻中共二十大这条工作主线，唱响主旋律、凝聚正能量。学习贯彻中共二十大精神区委宣讲团在全区开展理论宣讲80余场，全区围绕新能源、华罗庚、三星村等主题在中央、省、市级媒体刊载报道1100余篇，发布城市形象视觉识别系统和城市外宣用语。儿童剧《野蜂飞舞》获省精神文明建设“五个一工程”奖，6部文艺作品获常州市精神文明建设“五个一工程”奖。全区1人获评江苏省“最美诚信之星”，2人当选“江苏好人”。

8月12日，“喜迎二十大　奋进新征程”学习达人挑战赛决赛在段玉裁实验小学举行　（区融媒体中心　供）

【理论学习教育】　2022年，区委宣传部组织“强国复兴有我”群众性主题宣传教育活动，开展“奋进新征程、建功新时代”等重大主题宣传。区委理论学习中心组开展专题学习12次，巡学旁听东城街道等4家基层党组织中心组学习，举办3期“金沙大学堂”。举办“学习达人”挑战赛，金坛代表队在常州市决赛中获团体亚军，金坛区获常州市优秀组织奖。组建成立学习贯彻中共二十大精神区委宣讲团，到全区各单位各部门系统开展集中宣讲活动。“良言常语”“唐王故事会”“小红妈理论巴士”等基层理论宣讲队伍，围绕党的创新理论开展5000余场形式多样的基层宣讲。高质量完成基层党员冬训，金城镇获评省级冬训工作先进镇，新华网、《理论之光》等媒体刊载全区冬训工作成果40余篇。组织开展“礼赞新时代 追梦复兴路”百姓名嘴风采展示大赛，区委宣传部获常州市优秀组织奖。

【新闻宣传】　2022年，区委宣传部开展“喜迎二十大”“学习贯彻党的二十大精神”等重大宣传，统筹做好疫情防控和经济社会发展新闻宣传。围绕落实“532”发展战略、“两湖”创新区建设和推动“五大行动”等重点工作开展深度宣传报道。全年在《人民日报》、新华社、《新华日报》、中央电视台等中央、省级媒体刊播报道1100余篇。在《新华日报》头版先后刊登《新能源汽车产业年会在金坛举办 100亿元创新发展基金设立》《动力电池成金坛产业地标新名片》

等11篇新闻报道。联合中央电视台开展《大咖茅山茶海，体验高科技抹茶之旅》直播报道。新华社开展《直击常州三星村遗址考古勘探现场》直播，观看人数超千万。《在华罗庚故乡的土地上》刊登在《人民日报》海外版，与中国新闻社联合策划《吾乡十年　肯尼亚侨领：漂泊万里最美仍是吾乡》反映援非侨领助力家乡发展。策划设计推广城市形象视觉识别系统和城市外宣用语，发布新版《金坛脉搏》城市形象宣传片，制作《江东福地　乐道金坛》外宣手册。

【文化文艺发展】　2022年，区委宣传部举办“喜迎党的二十大专场文艺巡演乡村行”、杨兆群刻纸艺术作品展、范石甫书画小品展、公益电影巡映活动等群众性文化活动2000余场。推动图书总分馆建设，重点推进东城街道、尧塘街道和西城街道独立图书分馆建设。薛埠镇茅庵村、金城镇白塔村、丹阳门社区等的农家书屋提档升级。儿童剧《野蜂飞舞》获省精神文明建设“五个一工程”奖。举办作家储福金长篇小说《直溪》研讨会，《直溪》与李永兵长篇小说《蓝水谣》、谈晓波黑精灵展架系统项目分获常州市优秀精神文化产品扶持。三星村遗址联合考古队完成三星村勘探工作。茅山旅游综合开发、三星村遗址保护公园等5个项目入选常州市“532”发展战略重点文旅项目。

【精神文明建设】　2022年，全区建立全国文明典范城市创建区领导挂钩联系点制度，推动区级城市文明程度测评和镇村专项测评季度化开展。推进16个市级和35个区级实地考察样本示范点建设。推进城乡环境“五乱”治理行动。开展文明交通、文明养犬、空中线缆专项整治。启动菜市场、住宅小区、主次干道专项巡查，发现并整改问题507处。开展“文明来敲门”入户宣传活动，走访44750户家庭，收集意见建议2415条，提升文明城市创建市民群众参与率、知晓率和满意率。坚持资源整合、项目融合，统筹推进新时代文明实践中心（所、站）示范点建设。推进区新时代文明实践中心建设，整合区城市形象馆、图书馆、市民广场等阵地资源，打造志愿服务促进中心、文明生活馆、美德剧场、好人馆等。构建三级文明实践志愿服务队伍网络，成立“街巷管家”等23支专业志愿服务队。举办区新时代文明实践集中行动日活动，组织开展新时代文明实践公益集市，发布“良言常语”“知数达理”等服务品牌，征集发布“金善金美　志愿同行”志愿服务项目66个，开展“健康小药箱”“金沙福袋”等文明实践活动1000余场。利用公益广告等载体弘扬社会主义核心价值观，在城市出入口、高速公路沿线、公共场所、主要道路定点定位放置公益广告2000余处，悬挂道旗2000面。培育先进典型和身边好人，2人当选“江苏好人”，10人当选“常州好人”，3人入选常州市新时代好少年。许延清获评江苏省最美诚信之星。深化道德讲堂，获评常州市十佳基层道德讲堂1个、十佳行业部门道德讲堂1个、十佳精品课程1个、十佳宣讲员1人、百优精品课程9个、百优宣讲员10人。推进移风易俗，评选首批区乡风文明建设示范点9个。组织“喜迎二十大 文明向未来”社区邻里节，举办“文明礼祭　美善同行”第五届清明文化节活动，发布疫情防控期间文明祭扫倡议书和移风易俗“金6条”。举办“我们的节日·七夕”暨2022中国长荡湖放灯节和“百年婚书婚照收藏常州金坛展”，涵育乡风文明。

（杨　璺）

统战工作

【概况】　2022年，全区统一战线深入学习贯彻习近平总书记关于做好新时代党的统一战线工作重要思想，在全区开展“统一战线献礼党的二十大”主题活动，举办宗教界“学习党的二十大”书画展。打造“金心办”乡贤服务平台，举办乡贤大会。全省首个欧美同学会·留学人员联谊会“乡村振兴调研点”在指前镇丰产村挂牌，试点“乡村振兴联建行动”。与河海大学共同打造党外代表人士教育培训基地，探索校企共建、人才培养、实践创新等各方面合作路径。

【民主党派与党外代表人士工作】　2022年，民进金坛支部正式成立，金坛区形成包括民革金坛区支部、民盟金坛区委员会、民建金坛区基层委员

11月12日，2022金坛乡贤大会在茅山国际会议中心举办（区委统战部 供）

会、民进金坛支部、农工党金坛支部、九三学社常州市金坛区支社6个民主党派组织。区委统战部引领各民主党派和无党派人士学习贯彻中共二十大精神，开展“矢志不渝跟党走、携手奋进新时代”政治交接主题教育、“喜迎二十大　同心跟党走”主题教育。更新完善全区党外干部基本情况数据库，推荐常州市“百名代表人士”6名、“千名各界精英”16名。成立经开区党外知识分子联谊会分会，建设“党外知识分子之家”，加强对科技型、创新型等海内外重点人才精准对接。华罗庚纪念馆成为江苏省社会主义学院教学基地。出台区委常委联系党外代表人士制度，调整区政府部门与民主党派、工商联对口联系工作分工。通过在民主党派成员中选聘“益心为公”志愿者等举措，拓宽统战成员履职渠道。召开党外人士落实“532”发展战略助推“五大行动”助力座谈会，支持民主党派、工商联、无党派人士围绕“两湖”创新区建设开展对口调研。在省委统战部组织的“讲多党合作故事，献礼中共二十大”短视频大赛和“多党合作与中华民族伟大复兴”征文活动中，金坛区制作的“千里携手，星光‘陕’耀”短视频、选送的《政党协商视角下“窑洞对”政治行为价值的现实启示》征文均获二等奖。

【经济领域统战工作】　2022年，区委统战部制定实施“外来非公经济人士融入计划”和“非公经济人士礼遇优待计划”，开设《两个健康·坛商今谈》专栏，完成23期优秀企业家先进事迹全媒体宣传；编印“两个健康”专报3期，2次受到区委主要领导肯定和批示。召开全区民营企业家座谈会，区主要领导与企业家面对面交流。成立金坛安徽商会，吸纳会员企业近200家。区浙江商会获“全省商会组织先进集体”。建立企业发展诉求“金企事、尽心办”即知即办机制，畅通企业家诉求表达、办理、反馈渠道。联合上海交大举办民营企业家队伍建设“百千万工程”金坛“万人班”2个，企业中高层管理人员220余人参加培训。聘请5名成功企业家组建青商会导师团，通过课堂教学、企业会诊、实战演练等方式，促进年轻民营企业家健康成长。与区司法局对接，指派律师加入商会微信群，做好商会法律咨询、普法宣传、权益维护和纠纷调解等工作；与区税务局共同开展“春雨润苗”专项行动，在区总商会挂牌设立“税收志愿服务驿站”，主动为纳税人、缴费人答疑解惑。

【民族工作】　2022年，全省“红石榴村村结对”共建启动首发仪式暨“同心大道”奠基仪式在金坛区举办。武进区雪堰镇城西回民村与指前镇丰产村签订结对共建协议，推进民族共同富裕。深化“红石榴”民族工作品牌建设，东城街道华胜社区“民族服务资讯站”、金城镇向阳果蔬园“乡艽新韵润童心　石榴花开向阳红”等做法分别被新华网、《新华日报》刊登转发。金城镇向阳村获评全省第三批“红石榴家园”。依托社区管理服务体系，发挥邻里矛盾纠纷调解室、法律援助服务中心调解功能，帮助少数民族群众化解房屋买卖等纠纷等20余起。

【宗教工作】　2022年，全区统一战线坚持强化宗教领域思想政治引领，指导宗教团体、宗教活动场所开展书画展、参观红色教育基地、专题培训讲座等活动。举办爱国主义教育培训班，学习宣传贯彻中共二十大精神。深化“民族宗教政策法规学习月”活动，普法进基层、送法进场所、学法进工作站。以乾元观为试点开展宗教界爱国主义教育基地创建，开展全区宗教领域“崇俭戒奢”主题教育，贯彻落实《互联网宗教信息服务管理办法》，完善宗教团体、宗教活动场所工作制度，强化宗教教风建设。推进全区宗教活动场所专项规划编制工作，推进不动产登记和法人登记工作。

【新的社会阶层人士统战工作】　2022年，区委统战部围绕打造“新＋N”新阶层人士统战工作品牌，开通“金坛新联会”公众号、视频号，发布推文50余篇，总阅读点赞数突破1万人次。打造九洲里社区“九新荟”实践基地。“同心楼”被命名为全省第二批新的社会阶层人士统战工作实践创新示范基地。与天宁区新联会建立“宁聚力量　金彩未来”长期合作交流机制。在全省新的社会阶层人士献礼中共二十大“苏新　非遗　传承”作品展中获得佳作奖。推动新的社会阶层人士参与社会治理实践，全区共有12个社会组织，263名志愿者，进驻社区69个网格，参与8大类网格志愿活动，开展志愿活动2000余次。启动社工能力提升“十百千”公益培训班，免费授课超20场次，学员社工证考试通过率高达60%。金坛蓝天救援队成为全省第4家、常州唯一一家由中央统战部发起的“人人参与自救互救，共建共享文明社会”主题活动社会组织合作伙伴。

【对港澳工作】　2022年，区委统战部做好重点港人港企、港澳眷属走访工作，宣传爱国者治港现实意义。关注香港政选舆情，加强与香港金坛同乡会联系，走访在金坛港胞亲属家庭，引导同乡会成员通过恰当方式参与、宣传港人政选。组织全区香港同胞参加学习中共二十大精神分享会。组织港澳代表人士参加“同心同行、云联港澳”恳谈会，为常港整合发展建言献策。参与2022港澳高层次人才云聘会，发布“两湖”创新区招聘信息。

【对台工作】　2022年，区委统战部（台办）被中央台办宣传局评为2022年度对台宣传先进单位。茅山乾元观创建成为“常台传统文化交流中心”。金坛区台企江苏帕卓管路系统股份有限公司成为2022年第二批江苏省专精特新企业。组织金坛新生代书画家走进台企，为台商送去新春祝福。每月召集在坛台商开展“庆生会”活动，增进台商间交流。进一步推动全面落实各项惠台政策措施，与金坛电视台合作，宣传惠台“31条”（《关于促进两岸经济文化交流合作的若干措施》）、省“76条”实施意见（《关于深化苏台经济文化交流合作的若干实施意见》）。拓展“两岸一家亲”服务品牌，联系江南银行推出针对没有重资产抵押贷款的小微台企专项贷款服务，助力小微台企渡过疫情难关，共为全区9家台企提供5200万元人民币额度授信。协同区教育局解决台胞子女入学、择校1人。开展针对全区35家台资和台属企业安全生产检查，督促企业建立安全生产长效机制。（张泰蓉）

党校工作

【概况】 2022年，中共常州市金坛区委党校有教职工21人，其中专职教师10人，占47.6%。教师队伍中拥有硕士学位3人、高级职称4人、中级职称5人、初级职称1人。聘请党史党建、思想政治教育及政治学、经济学等领域兼职教师80余名。拥有现代化多功能厅、培训教室、图书室（藏书2万余册）。区委党校获全区“礼赞新时代、追梦复兴路”理论宣讲先进单位称号，获常州党校系统“礼赞新时代、奋进新征程”理论宣讲比赛一等奖、三等奖各1个。

【主体班培训】 2022年，区委党校按照全区干部教育培训工作计划安排，配合区委组织部做好各类班次课程设计、师资安排、后勤保障等工作。举办青干班、中层干部班、公务员初任培训班、村干部系列培训班、党员标准化培训班等25个，学员3400余人次。举办区委党校2022年秋季学期主体班暨中青年干部系列培训班，区委书记陆秋明出席开班式并为学员上“开班第一课”。运用“专题授课＋实践体验＋路演汇报”教学模式改进教学方式。服务部门发展需要，保障10多个部门培训、会议等活动近20场次。有序开展对外培训，常州工学院、常州市场监管局、武进区湖塘镇等10多个单位先后来校办学。

【理论宣讲】 2022年，区委党校围绕学习宣传贯彻中共二十大和十九届六中全会，区委十四届三次、四次全会精神开发新课程，做到教师人人能讲、班班必讲，推动党中央最新精神和区委最新要求进教材、进课堂、进头脑。发挥党校理论宣讲主力军作用，组建党校理论宣讲队，发布宣讲菜单，常态化组织老师进机关、进村企、进校园开展“送课式”宣讲75场、受众8200余人次。

【教学科研】 2022年，区委党校加强对理论问题和现实问题研究，组织老师申报党校系统课题，立项省委党校课题2个、常州市委党校（环太湖发展中心）课题10个，完成结项14个。围绕区委、区政府中心工作和社会热点难点问题，组织开展并形成区情调研报告10余篇。注重与市、区党报党刊对接，在《常州日报》《金坛日报》发表理论文章5篇。（周艳艳）

机构编制管理

【概况】 2022年，全区机构编制工作深化重点领域改革，完善机构职能体系，创新机构编制管理，印发机关、园区管理机构“三定”方案3份，相关改革文件4份，全年累计印发机构编制调整文件33份，出台4家事业单位“三定”方案。

【基层“三整合”改革】 2022年，区委编办推进审批服务便民化，金城镇、朱林镇、直溪镇、指前镇、尧塘街道完成便民服务中心搬迁改造，办公面积增加约1100平方米，工位增加49个。提升便民服务水平，推进“全科窗口”“24小时不打烊”自助服务，建成村（社区）便民服务站35个。8月，根据常州权力清单调整统一部署，完成全区部门324项权力清单调整更新工作。9月，完成区级权力清单动态调整，涉及3个部门、29项行政权力。

【开发园区改革】 2022年，区委编

9月3日，区委党校2022年秋季学期主体班暨中青年干部系列培训班集中开班仪式举行 （区委党校 供）

办围绕理顺管理体制、加快区镇融合、规范机构设置等方面，推进开发园区高质量发展。印发《关于明确江苏常州国家农业科技园区管理体制机制的意见》，明确园区管理办公室与指前镇合署办公。出台《关于进一步优化江苏省金坛茅山旅游度假区及薛埠镇管理体制机制的意见》，促进茅山旅游度假区和薛埠镇融合发展。对经开区下属事业单位综合保障中心进行机构规格升级，加速推进“两湖”创新区建设。

【综合行政执法改革】 2022年，区委编办完成应急管理综合执法改革工作，组建金坛区应急管理综合行政执法大队，出台执法大队“三定”方案，推进区应急管理体系和能力现代化。研究出台《金坛区区级机关部门下沉执法人员管理办法（试行）》，充实一线基层治理力量。

【经济发达镇培育】 2022年，区委编办指导直溪镇入围全省经济发达镇培育对象。专题研究培育配套措施，与23家区级部门开展点对点座谈，形成涉及20个部门的配套支持政策20条，出台经济发达镇培育方案和配套支持政策。聚焦经济发达镇创建重点领域和重要产业，对标创建要求，落细落实工作项目。

【区级机关绩效管理】 2022年，区委编办牵头区级机关服务高质量发展考核工作，编制《区级机关推动“五大行动”工作清单》《区级机关单位年度重点工作清单》。出台《管理工作考核细则》，汇总各考核牵头部门考核内容，实现精简、可量化考核目标，通过严格考核执行，强化机构编制刚性约束。

【机构编制管理】 2022年，区委编办开展行政机关机构编制使用效益评估工作，制定2022年全区机关事业单位用编口径，从严从紧控制出入编。配合相关市级部门，完成常州市公务员管理信息系统、江苏人社一体化经办平台2套新系统机构编制模块信息核对工作，提升全区机构编制信息化管理水平。配合出台区机关事业单位编外用工管理意见，完成全区机关事业单位编外用工员额核定工作。

【事业单位管理和信用监管体系建设】 2022年，区委编办完成事业单位年度报告公示及登记工作，年检完成率连续六年达100%。完成事业单位“双随机、一公开”监管抽查工作，推动事业单位监管重心前移。做好机关和事业单位中文域名注册及续费等相关工作，全区域名注册率达到75%。

（姜海波）

关心下一代工作

【概况】 2022年，全区各级关工委坚持以习近平新时代中国特色社会主义思想为指导，认真贯彻落实中办国办《关于加强新时代关心下一代工作委员会工作的意见》和省、市实施意见。5月，全区建立区关工委成员单位联席会议制度，印发《2022年金坛区关工委各成员单位任务清单》。年内，3家单位获评常州市五星级民企关工委、32家单位获评常州市“五有五好”民企关工委；2家单位和3人获常州市关工委年度突出贡献奖，10家单位和10人分获常州市关心下一代宣传工作优秀集体和个人。

【青少年教育】 2022年，全区各级关工委推动校外教育辅导站提质增效，获省关工委、省文明办对全区校外教育辅导站“党史国史教育基地”资助资金12万元。引导各镇（街道）突出特色品牌建设，办好校外教育辅导站，共建成“市优站”3个、“区优站（含中心站、总站）”10个。其中，五香居食品有限公司成为常州市首批民企校外教育辅导站。区关工委创办《金坛关工动态》和微信公众号（一刊一号），《金坛关工委动态》每2月一期，10月发布第一期。微信公众号每月发布2—3期，主要推送关心下一代工作相关新闻资讯和发布全区各级关工委工作信息等。

【主题教育宣传】 2022年，全区各级关工委围绕“老少心向党，喜迎二十大”主题教育，在全区青少年中组织开展“喜迎二十大，筑梦向未来”教育实践活动。区关工委牵头组建“金沙银辉关爱青少年志愿服务队”，开展“奋斗百年路，启航新征程”“红色巴士进基层”“双碳战略宣传进校园、进社区”“无毒校园、护航青春”“忆党史、学党章、树形象”“学习华罗庚、做永攀高峰的新时代好少年”“学小红妈，争做时代好少年”等活动，全年开展各项活动460余场次，听讲人数达10.2万人次。

【帮困助学】 2022年，全区各级关工委做好省关心下一代基金会、关心下一代周报社“千人助学”和“冰凌花”奖学金、“于氏后人”教育基金发放工作。其中，“于氏后人”教育基金连续三年对品学兼优的学生和贫困学生开展扶助活动，每年发放扶助金20万元。区关工委与区慈善总会合作共建“关爱基金”项目，出台《“金坛区关心下一代关爱项目”实施办法》。项目每年出资20万元开展关心关爱未成年人、青少年慈善帮扶活动。

（朱金荣）

（编辑　刘士科）

常州市金坛区人大

综　述

【主要工作】 2022年，金坛区人大召开人大常委会会议6次、主任会议11次，听取和审议人大常委会及“一府一委两院”专项工作情况60项，依法作出决议决定14项，依法任免国家机关工作人员120人次，组织宪法宣誓42人次。对区政府、法院、检察院报送备案的5件规范性文件进行备案。全面完成区第十八届人大一次会议确定的目标任务。

【人大及其常设机构】 至2022年年底，金坛区第十八届人民代表大会下设法制委员会、财政经济委员会、社会建设委员会、监察和司法委员会4个专门委员会，其常设机构常务委员会由31人组成，实有组成人员28人。其中，4月29日，金坛区第十八届人大常委会第二次会议决定接受吴承艳辞去金坛区第十八届人民代表大会常务委员会委员的请求。12月26日，金坛区第十八届人大常委会第六次会议决定接受邢卫东、张建俊辞去金坛区第十八届人民代表大会常务委员会委员的请求。区人大常委会下设办公室、研究室、代表资格审查委员会，以及法制和内务司法工作委员会、民族宗教侨务工作委员会、财政经济工作委员会、农业和农村工作委员会、环境资源城乡建设工作委员会、教科文卫工作委员会、人事代表工作委员会、东城街道工作委员会、尧塘街道工作委员会、西城街道工作委员会。

【决定决议】 2022年，金坛区人大常委会依法作出决定决议14项，分别是关于接受吴承艳、黄建南辞职的决定，关于胥亚伟代理金坛区人民政府区长职务的决定，关于接受吴小华辞职的决定，关于批准金坛区2021年决算的决定，关于加强国有资产管理情况监督的决定，关于废止《关于区属国有公司投资基础设施建设项目收益获取事宜的若干意见》的决定，关于批准金坛区2022年支出预算调整方案的决定，关于接受邢卫东、张建俊辞职的决定，关于接受顾涛辞职的决定，关于补选桓恒为常州市第十七届人民代表大会代表的决定，关于加强经济工作监督的决定，关于批准2022年社会保险基金预算调整的决定，关于《常州市金坛区国土空间规划（2021—2035年）（草案）》的决议，关于召开金坛区第十八届人民代表大会第二次会议的决定。

重要会议

【区第十八届人大第一次会议】 1月4—7日，金坛区第十八届人民代表大会第一次会议在金坛市民中心金沙大厅举行。大会应到代表247人，实到

1月4日，金坛区第十八届人民代表大会第一次会议开幕　（吴　强　供）

233 人。会议听取和审议代区长吴小华作《金坛区人民政府工作报告》、区人大常委会主任王跃中作《金坛区人大常委会工作报告》、区人民法院院长于立峰作《金坛区人民法院工作报告》、区人民检察院检察长仲军作《金坛区人民检察院工作报告》。审查《金坛区 2021 年国民经济和社会发展计划执行情况与 2022 年计划草案的报告》《金坛区 2021 年财政预算执行情况和 2022 年财政预算草案的报告》，批准区 2022 年国民经济和社会发展计划、区 2022 年财政预算。会议就相关工作报告分别作出决议。

大会通过《选举办法》《关于四个专门委员会组成人员人选的通过办法》《民生实事项目票决办法》，选举王跃中为区人大常委会主任，孟敖祥、王艳红、诸葛林、吴志高为副主任，选举丁皓等 26 人为委员；选举吴小华为区政府区长，刘小平、徐俊、沈振华、苗润、朱天明、姚祥、叶琳为副区长；选举周律诚为区监察委员会主任；选举于立峰为区人民法院院长、仲军为区人民检察院检察长；选举丁彩霞等 54 人为金坛区出席常州市第十七届人民代表大会代表。表决通过孟敖祥为法制委员会主任委员，陈建平等 6 人为副主任委员和委员；表决通过诸葛林为财政经济委员会主任委员，汤文斌等 6 人为副主任委员和委员；表决通过王艳红为社会建设委员会主任委员，李平等 6 人为副主任委员和委员；表决通过孟敖祥为监察和司法委员会主任委员，陈建平等 6 人为副主任委员和委员。票决产生推进金坛高铁枢纽建设、推进河海大学常州新校区建设、城镇老旧小区改造工程、长荡湖水环境综合治理工程、金沙老城雨污分流工程、“坛有优学”工程、“坛有颐养”工程、“坛有健康”工程、生命安全呵护工程、现代化宜居农房建设和乡村风貌提升工程、提升城区公共环境、创新创业平台和人才公寓建设、交通畅行工程、精品街、特色街综合提升改造工程、稳定和扩大就业、文体惠民工程等 16 项 2022 年度区民生实事项目。

大会主席团通过《关于议案的审查报告》《关于计划草案的审查结果报告》《关于预算草案的审查结果报告》。大会共收到人大代表提出的建议、批评和意见 168 件，其中包括经审查不具备立案条件，作为建议、批评和意见处理的 5 件议案。

【区人大常委会会议】 2022 年，金坛区十八届人大常委会召开 6 次常委会会议。

第 1 次会议。2 月 28 日召开，会议讨论通过《金坛区人大常委会 2022 年工作要点》，表决通过区第十八届人大常委会代表资格审查委员会组成人员名单、区第十八届人大常委会各工作委员会组成人员名单。会议审议并表决通过有关人事任免案。

第 2 次会议。4 月 29 日召开，会议审议并表决通过有关人事任免案。会议决定任命庄诚为区政府副区长（挂职）。会议决定接受吴承艳辞去区第十八届人民代表大会常务委员会委员职务、黄建南辞去区第十八届人民代表大会代表职务。会议听取和审议全区 2021 年度环境状况和环境保护目标完成情况的报告。会议听取区市场监督管理局工作情况的汇报并开展工作评议。会议听取和审议区政府贯彻实施《中华人民共和国文物保护法》情况的报告。

第 3 次会议。6 月 27 日召开，会议审议并表决通过有关人事任免案。会议同意吴小华辞去区政府区长职务，决定任命胥亚伟为区政府副区长、代理区长。会议听取和审议区 2021 年决算草案的情况报告和区 2021 年预算执行、决算草案以及其他财政收支的审计情况报告，表决通过关于批准金坛区 2021 年决算的决定。会议听取和审议区政府贯彻实施《中华人民共和国人民调解法》情况的报告。会议分别听取区城市管理局、区科学技术局工作情况的汇报并开展工作评议。会议审议通过区人大常委会关于加强国有资产管理情况监督的决定、区人大常委会议事规则和区人大常委会对任命的法官、检察官履职评议暂行办法。

第 4 次会议。8 月 26 日召开，会议听取和审议区政府关于上半年工作情况及下半年工作打算的报告。审议区政府关于上半年国民经济和社会发展计划执行情况、上半年预算执行情况的书面报告。会议听取和审议全区行政事业单位国有资产管理情况的报告。会议听取和审议区法院关于企业破产审判工作情况的报告。会议审议通过区人大常委会废止《关于区属国有公司投资基础设施建设项目收益获

2 月 28 日，金坛区第十八届人大常委会第一次会议召开 （吴 强 供）

取事宜的若干意见》的决定。会议审议并表决通过有关人事任免案。会议听取区教育局工作情况的汇报并开展工作评议。

第5次会议。10月28日和10月31日召开，会议听取和审议全区2022年1—9月预算执行及预算调整情况的报告，并作出关于批准金坛区2022年支出预算调整方案的决定。会议听取区十八届人大一次会议以来代表建议办理情况的报告。会议听取区统计局工作情况的汇报并开展工作评议。会议听取区监委关于开展群众反映强烈突出问题整治工作的情况报告。会议听取徐宏斌等9名常州市人大代表履职情况的报告。会议听取吴卫东等8名法官、蒋志书等4名检察官履职情况的报告并开展履职评议。会议听取规范性文件备案审查工作情况的报告。会议审议通过区人大常委会人事任免办法和区人大常委会关于常务委员会组成人员依法规范履职的规定。会议审议并表决通过有关人事任免案。会议对2022年度区民生实事项目推进情况进行专题询问。

第6次会议。12月26日召开，会议审议并表决通过有关人事任免案。会议决定免去朱天明区政府副区长职务。会议决定接受邢卫东、张建俊辞去区第十八届人民代表大会代表、区第十八届人大常委会委员职务。会议决定接受顾涛辞去常州市第十七届人民代表大会代表职务。会议补选桓恒为常州市第十七届人民代表大会代表。会议听取和审议区政府关于2023年度政府投资项目及建设资金安排情况的报告。会议审议通过区人大常委会关于加强经济工作监督的决定。会议听取区政府关于2022年人大代表票决民生实事项目落实情况和2023年度人大代表票决民生实事候选项目的报告。会议听取和审议区政府关于2021年预算执行、决算草案以及其他财政收支审计查出问题整改情况的报告。会议审议并决定批准区政府2022年社会保险基金预算调整方案。会议审议并决定通过《常州市金坛区国土空间总体规划（2021—2035年）（草案）》。会议听取代表资格审查委员会关于代表变动和代表资格审查情况的报告、听取区人大常委会办公室关于区第十八届人民代表大会第二次会议筹备工作情况的报告，并决定召开金坛区第十八届人民代表大会第二次会议。会议听取《常州市金坛区人民代表大会议事规则（草案）》的说明，提请区人民代表大会通过。

【区第十八届人大常委会主任会议】 2022年，区人大常委会共召开11次主任会议，分别听取区人大常委会各委室相关工作情况报告，区政府关于现代社会治安防控体系示范区建设、“两湖”创新区建设推进和城乡融合发展试验行动工作以及贯彻实施《中华人民共和国劳动合同法》《中华人民共和国审计法》等情况报告，视察区政府关于安全生产、金沙老城雨污分流三年行动计划实施进展、疫情防控和医疗服务能力提升、融媒体中心融合发展、南沿江高铁及高铁枢纽建设等情况。

【区委人大工作会议】 7月11日，区委召开人大工作会议，会议由区委副书记、代区长胥亚伟主持，区委书记陆秋明作重要讲话。区委常委，区人大、区政府全体领导，区政协主席，相关部门负责人和在金坛的部分省、市人大代表参加会议。会上，直溪镇党委、区住建局、儒林镇人大分别作交流发言。会议印发《中共常州市金坛区委关于新时代坚持和完善人民代表大会制度 加强和改进人大工作的实施意见》。

人大监督

【督办常委会审议意见及代表建议、批评和意见】 2022年，区人大常委会共发送审议意见书7份、评议意见书5份、工作建议书5份、专题询问意见书1份，“一府一委两院”分别在规定期限内作出答复和反馈，取得较好成效。对区第十八届人大一次会议期间及闭会期间代表提出的168件建议，及时转交“一府一委两院”办理，并出台督办意见。对3件重点建议主任会议分别组织专题视察，进行重点督办。选取3件建议作为常委会分管主任领衔督办件，通过深入承办部门，听汇报、督进度、解难题，促进部门和代表的见面沟通以及问题的有效解决。所有建议均在规定时间内办理完毕，代表对建议办理工作的满意率100%。

【专题询问】 2022年，为有效解决群众“急难愁盼”的民生问题，区人大常委会就人大代表票决民生实事项目推进情况进行专题询问。在深入调研基础上，常委会组成人员和人大代表围绕城镇老旧小区改造工程、生命安全呵护工程等12个方面的民生领域突出问题，向区交通局、区住建局、区教育局、区民政局等单位主要负责人进行现场询问。通过会前联合调研、会上问答互动、会后整改反馈，促成了45项民生目标的如期实现，积极呼应区委关注，有效回应群众关切。

【部门评议】 2022年，区人大常委会分别对区市场监管局、区科技局、区城管局、区教育局、区统计局等5个政府部门开展工作评议，通过听取专题工作汇报、走访服务对象、实地察看、问卷调查、个别谈话等多种方式，全面了解被评议部门工作情况，并进行满意度测评。通过评议部门工作，督促被评议部门担当作为、依法行政、提升效能。

【备案审查】 2022年，区人大常委会向市人大常委会报备《区人大常委会主任会议议事规则》《区人民代表大会常务委员会议事规则》《区人民代表大会常务委员会对任命的法官、检察官履职评议暂行办法》《区人民代表大会常务委员会关于常务委员会组成人员依法规范履职的规定》《区人民代表大会常务委员会人事任免办法》5件规范性文件，对区政府报送的《区公共资源交易管理办法》《关于进一步加强公共资源交易工作的指导意见（试行）》、区检察院报送的《值班律师实质化参与认罪认罚工作的实施办法》《关于在支持起诉工作中加强协作配合依法保护弱势群体合法权益的实施意见》和区法院报送的《关于办理拒不执行判决、裁定犯罪案件工作细则（试行）》5件规范性文件进行了备案审查，推动规范性文件备案全覆盖，维护法制统一。

【两官评议及“三百”活动】 2022年，区人大常委会首次对12名员额法官、检察官的履职情况开展评议，综合运用旁听庭审、案件评查、调研座谈、征集意见、满意度测评等方式，客观公正作出履职评价，实现对“事”和对“人”的全方位监督。持续开展听百案、议百事、评百员“三百”活动，先后组织169名人大代表旁听12起案件的庭审，让“控辩审”三方的司法行为置于人大代表的监督之下，不断彰显司法监督的法律效果和社会效果。

【金坛经济开发区设立议政代表会制度】 8月13日，金坛经济开发区召开议政代表会成立大会暨第一届第一次会议。会议通过《金坛经济开发区议政代表会议事规则》，聘任第一届议政代表38名，区人大常委会党组书记、主任王跃中，区委常委、经开区党工委书记杨健共同为经济开发区“议政代表之家”揭牌。

【区人大工作研究会成员会议暨第三届人大工作研究会第一次会议】 11月8日，区人大工作研究会成员会议暨第三届人大工作研究会第一次会议召开，会议审议通过区人大工作研究会章程，选举产生区第三届人大工作研究会理事19名，王新辉当选为研究会会长。

代表工作

【“助推‘五大行动’ 人大代表再建功”主题实践活动】 2022年，围绕全区“五大行动”活动部署，区人大常委会聚焦“重大项目突破行动、‘微笑经济’创新行动、全域旅游创建行动、城市能级提升行动、城乡融合发展试验行动”，积极组织全区700余名五级人大代表开展2022年度主题实践活动，充分发挥人大代表先锋模范作用，为推进“532”发展战略在金坛落地见效凝聚代表力量、贡献人大智慧。

【代表走访服务选民月】 2022年，按照开展一次党的二十大精神宣讲、组织代表开展一次“五大行动”集中视察、与选民进行一次座谈、开展一次“代表向选民述职”活动、为原选区办一件力所能及的实事、走访和帮助一户困难群众和撰写一条高质量的代表建议的“七个一”要求，共有465名区、镇人大代表开展二十大精神宣讲99场次，组织视察315人次，收集群众建议和意见269条，为原选区办实事233件，慰问困难群众262户，向选民述职162人次。

【人大代表论坛】 8月6日，区十八届人大第一期“人大代表论坛”在市民中心金沙大厅开讲，邀请省人大常委会人事代表联络委员会议案建议处处长任玲忠、省委党校党史党建教研部副教授蔡宗溢为在金坛的600余名四级人大代表作专题辅导，进一步提高各级人大代表的履职能力和水平。

【人大讲堂】 2022年，区人大常委会共举办“人大讲堂”5讲。讲堂邀请国内知名专家学者、业务骨干就《中华人民共和国文物保护法》《中华人民共和国审计法》《中华人民共和国人民调解法》《中华人民共和国企业破产法》《中华人民共和国监察法》等内容作专题辅导，帮助常委会组成人员、机关干部开阔视野、更新知识、提升能力。

【代表调研视察】 3月10日，市人大常委会副主任韩九云到金坛调研法制工作；4月14日，市人大常委会副主任韩九云到金坛调研新能源行业发展情况；5月6日，市人大常委会副主任方国强到金坛调研开发区、街道

4月14日，区人大常委会“人大讲堂”第1讲开讲　（吴　强　供）

人大工作；6月15日，句容市人大常委会副主任王道银到金坛考察民宿产业发展情况；7月13日，市人大农业和农村工委主任陈荣平到金坛调研上半年农业和农村改革发展情况；7月13日，市人大常委会副主任戴士福到金坛调研“两湖”创新区推进建设情况；7月28日，市人大常委会副主任方国强到金坛调研人大工作；8月23日，市人大常委会副主任戴士福到金坛调研国有企业经营管理及市场化转型情况；9月2日，市人大常委会教科文卫工委主任张立新、法制工委主任许玲到金坛参加《常州市三星村新石器时代遗址保护条例》立法工作座谈会；9月7日，天宁区人大常委会主任沈月芬率团到金坛调研经济社会发展及人大代表之家建设情况；9月9日，市人大常委会主任白云萍、副主任韩九云到金坛开展《常州市水生态环境保护条例》立法调研活动；9月13日，市人大常委会副主任方国强到金坛开展“接待群众月”活动；9月20日，市人大常委会副主任许峥到金坛调研三星村遗址保护公园项目建设情况；9月29—30日，市人大监察和司法工委主任孙春伟到金坛调研矛盾纠纷多元化解工作；10月31日，市人大常委会副主任方国强到金坛调研镇人大工作；11月3日，市人大常委会秘书长高宏华到金坛考察学习；11月9日，省人大常委会常务副主任李小敏、秘书长陈蒙蒙一行到金坛视察经济社会发展情况；11月22日，市人大常委会副主任戴士福到金坛调研2022年经济运行和2023年目标任务安排情况；11月23日，市人大常委会副主任方国强到金坛参加省、市人大代表集中视察活动并宣讲党的二十大精神；11月24日，市人大常委会副主任韩九云到金坛调研《常州市水生态环境保护条例》立法情况；12月8日，武进区人大常委会副主任戴志华到金坛考察人居环境整治、特色农产品品牌建设等工作；12月30日，市人大常委会副主任方国强、人事代表工委主任王莉到金坛参加“人大主题公园”开园仪式。

表3　2022年金坛区人大代表重点建议一览表

序号	建议名称	建议人
1	关于加快两湖创新区规划编制，打造常州发展新高地的建议	陈建军等2人
2	关于推进中吴大道西延（华城中路东延）工程建设，加速常金同城化交通先行的建议	董　静
3	关于重视企业破产重组的法治保障，促进经济高质量发展的建议	吴承艳

（吴　强）

（编辑　李华琴）

常州市金坛区政府

综　述

2022年，是党的二十大胜利召开之年，也是新一届政府履职的开局之年。金坛区人民政府全面落实“532”发展战略，奋力扛起“两湖”创新区主战场重任，扎实推进“五大行动”，全区经济运行实现稳中有进、稳中提质。全年，实现地区生产总值1216.4亿元，增长8.9%；规上工业总产值1971亿元，同比增长28.4%；工业应税销售收入2849亿元，增长55%；工业用电量68.0亿千瓦时，增长19.1%；进出口总额384.3亿元，增长43.6%。多项指标增幅位居全市第一、全省前列。健全区政府领导牵头专班工作机制，修订完善政府工作规则，邀请人大代表、政协委员列席区政府常务会议。自觉接受区人大及其常委会工作监督、法律监督和区政协民主监督，办理人大代表建议和政协委员提案366件。依托“12345”政务服务热线办理群众诉求17.3万件。牢固树立政府过“紧日子”思想，加强“三公”经费管理，一般性支出压减10%。深入推进安全生产“百日攻坚”行动，安全生产专项整治“三年大灶”圆满收官，生产安全事故起数和死亡人数实现“双下降”。

2022年，金坛区人民政府坚持“产业强区、工业立区、项目兴区”不动摇，持续做大做强“五新产业”。全年签约引进工业项目138个，协议投资总额超600亿元，蜂巢能源四期、华耀光电等一批重大项目成功落户。签约引进外资项目17个，协议投资总额7.2亿美元。中德（常州）创新产业园引入德语区企业53家。新增开票销售超100亿元企业3家、纳税超亿元企业13家，创历史新高。完成工业投资超200亿元，贝特瑞正极材料、恩捷隔膜等36个省市重大项目顺利推进，中创新航三期、卡迈锡等9个省市重大项目竣工投产。金坛盐穴压缩空气储能国家试验示范项目一号机组并网投运。

深入实施创新驱动发展战略，精心培育“微笑园区”“微笑平台”“微笑企业”。加快建设华罗庚创新中心、中德城镇节能示范园区等平台载体，华大工程生物学长荡湖研究所建成投用，新增永臻科技等省级以上企业研发机构7家。强化企业创新主体地位，新增高新技术企业58家、认定科技型中小企业330家，蜂巢能源、厚生新能源等7家企业跻身省（潜在）“独角兽”企业，汤姆森智能装备、易控汽车电子等53家企业获评“瞪羚企业”。新增股权融资超155亿元，新增上市报会企业5家、报辅导企业2家，中创新航在香港联交所主板上市交易，成为常州历史上最大IPO项目。

南沿江城际铁路金坛段完成铺轨，河海大学常州新校区完成单体建筑验收。金沙科技金融中心建成投用，万豪国际酒店、万枫酒店、亚朵酒店开业运营。全面深化国家城乡融合发展试验区建设，出台农村宅基地改革系列配套文件，稳妥有序推进农村集体经营性建设用地入市。建成高标准农田466.67公顷，实现粮食生产面积2.43万公顷，粮食总产量17.24万吨，薛埠镇、指前镇通过中央农业产业强镇验收。

新建改造市政雨污水管网20.5千米，改造提升春风一村、古石林等老旧小区11个，河滨（北戴）小区创成省级宜居示范居住区。虹桥、南门学苑等8处“口袋公园”竣工投用。打造南环一路、南门大街等11条精品街道。隆重举行华罗庚中学建校100周年高品质发展大会，推行基础教育集团化办学，创成省级义务教育优质均衡发展区。“院府合作”成果显现，金坛第一人民医院升格为三级乙等综合医院，金坛区中医医院完成整体搬迁改造，金坛区妇幼保健院与常州二院共建医联体。城乡居民基础养老金标准提高至每月391元，被征地农民养老补助金提高至每月816元。建成区级人力资源产业园，新增城镇就业1.4万人，扶持创业2000人以上。

（陈兆然）

重要会议

【政府全体（扩大）会议】 8月18日，区政府召开全体（扩大）会议，区委副书记、代区长胥亚伟主持会议，会议传达省委工作会议、市委十三届四次全会、市政府（全体）扩大会议、区委十四届三次全会精神，部署下半年重点工作。会议指出，要突出“稳大局”，更大力度守牢稳定底线。要紧扣“提质量”，更大力度提升项目攻坚水平。要过好“紧日子”，更大力度做好开源节流。要着眼“谋长远”，更大力度争取各类资源。要聚焦“惠民生”，更大力度推进民生实事。会议强调，全区上下要增强“时时放心不下”的责任感，敢为善为、奋勇争先，坚决维护社会大局稳定，全力巩固经济回升向好趋势，高标准完成好全年各项目标任务，以高水平安全和高质量发展的实际成效，迎接党的二十大胜利召开。

12月29日，区政府召开全体（扩大）会议，深入学习贯彻党的二十大精神，全面贯彻落实中央经济工作会议和省委、市委、区委全会精神，安排部署春节前及2023年重点工作，区委副书记、代区长胥亚伟围绕做好全区项目招引、服务、建设工作提了具体要求。会议指出，要在招商引资上再发力，进一步加大招商力度、创新招商方式，真正把招商当作主责主业。要在项目建设上再加力，抓落地开工，对照“四张清单”抓实前期工作，为项目落地开工创造最优环境、最便利条件。要在优化环境上再用力，优化审批流程，尽快实现“一门”“一窗”“一站”“一次”办理。要在组织推动上再聚力，抓住责任“牛鼻子”，做到全员参与、全力攻坚。会议强调，对春节前后相关工作要收好官、开好局，保安全、促稳定，防重症、抓救治，保运转、暖民心，系统谋划明年重点工作，确保各项工作开好头、起好步。会议研究讨论《2022年政府工作报告（征求意见稿）》和民生实事候选项目，并对报告框架、主要内容、数据指标等进行介绍说明。

8月18日，区政府召开全体（扩大）会议　　（陈兆然 供）

【政府常务会议】 2022年，区政府召开常务会议12次，印发会议纪要12期。传达学习贯彻法律法规以及上级党委、政府重大部署、重要会议、重要政策等，研究决定区政府工作中的重要事项。会议研究通过14个规范性文件，包括《常州市金坛区公共资源交易管理办法》《常州市金坛区政府投资非盈利性工程建设项目集中建设管理实施细则（试行）》《关于进一步明确属地管理职责的实施意见》《常州市金坛区人民政府工作规则》等。会议研究出台22个政策性文件，包括《关于深入打好污染防治攻坚战的实施意见》《关于深化提升安全生产专项整治三年行动的实施方案》《常州市金坛区深化应急管理综合行政执法改革实施方案》《全区食品安全专项提升行动实施方案》等。会议制定11个政策规划，包括《常州市金坛区应急管理“十四五”规划》《常州市金坛区道路地名规划方案》《常州市金坛区妇女发展规划（2021—2025年）》《常州市金坛区制造业智能化改造和数字化转型行动计划（2022—2025年）》等。会议还研究讨论经济社会高质量发展、安全生产、疫情防控、民生保障等重点工作。（陈兆然）

民生实事项目

推进金坛高铁枢纽建设。枢纽区高铁站换乘大厅、长途客运站、公交客运站、城市航站楼、旅游集散中心、站前广场、停车场等设施基本完工。江东大道、金门路、万嘉路等配套道路基本完工。

推进河海大学常州新校区建设。所有单体建筑（共52幢）基本完工。校园内供电、绿化、桥涵、室外工程基本完成。

城镇老旧小区改造工程。实施春风一村、虹桥新村、华苑新村等11个老旧小区改造提升，涉及278幢、7370户居民。改造提升内容包括小区配套基础设施、公共服务设施、建筑物外墙等。新增老旧小区机动车充电站8处、充电桩约50个。增设老旧小区非机动车集中停放点25处、500个充电点位。

长荡湖水环境综合治理工程。启动长荡湖北岸污水管网及配套工程。实施水生植物保护区工程，完成2000

公顷水生植物种植，并按照水生植物监测方案做好水生植物活体监测。

金沙老城雨污分流工程。新建、改造金沙老城雨污水管网21千米。

“坛有优学”工程。华罗庚实验小学、华罗庚实验幼儿园、汇贤实验幼儿园、儒林镇中心幼儿园2022年投入使用，增加学位4410个。其中，幼儿园1710个，小学2700个。实施课后服务惠民行动，全年对学生家访率100%。改扩建第一中学、第四中学、西城实验小学城西分校。

“坛有颐养”工程。新增社区“夕阳红”居家养老服务中心26个，社区“夕阳红”居家养老服务中心实现村（居）覆盖率100%。为全区400户困难老年人家庭提供居家环境适老化改造。康复辅助器具社区租赁服务覆盖全区。

“坛有健康”工程。提高全区城乡居民基本医疗保险筹资标准，“老年居民”“非从业居民”由每人1620元提高至每人1800元，“未成年居民”由每人1260元提高至每人1400元。开展长期护理保险试点。实施HPV疫苗群体性免疫策略，对全区在校13周岁女生开展2剂次二价HPV疫苗免费接种，2剂次间隔6个月。全年开展2次全区中小学生视力筛查，开展学生心理健康普测，为全区35834名中小学生建立心理健康电子档案。49所学校建成标准化心理辅导室。

生命安全呵护工程。培育食品安全示范小作坊15家。规范化运行“安心菜场”11家。建成公共安全体验馆2家。开展全民自救互救技能培训10928人次，新增“应急救护员”资质人员1104人。

现代化宜居农房建设和乡村风貌提升工程。鼓励农村村民建设现代化宜居农房，2022年累计完成1005户。实施农村公厕改造22座。依托“五乱”治理，开展农村乱堆放治理工作，并将长期坚持、长效管理。实施农村河道整治4680米，完成村庄河塘清淤125个、清淤土方65万立方米。

提升城区公共环境。实施城区园林绿化景观提升，启动金山路（金坛大道—环湖路）景观提升、下塘河湿地生态环境整治、南洲公园改造提升，完善金沙公园滨河路步行系统等。完成21个省级垃圾分类达标示范小区创建。

创新创业平台和人才公寓建设。全面新增创新创业孵化器、科创载体面积30万平方米。新建人才公寓（保障性租赁住房）6467套，其中中创新航四期公寓2322套，丰泽二期公寓1354套，金沙·紫东公寓2791套。中创新航四期和丰泽二期获得2022年上级补助资金7679.2万元。

交通畅行工程。全区新增公共停车泊位1200余个，实现老城管局、住建局大院、东城街道等8家机关事业单位停车设施开放共享。凌云路、汇金路南延等道路基本完工。新建公交候车亭10座、更新公交候车亭56座。优化公交线路4条。首个货运停车场建成投用。

精品街、特色街综合提升改造工程。实施南门大街、南环一路（虹桥路—东环二路）精品街道建设。结合雨污分流改造，东环一路（南环一路—鑫城大道）、华苑北路（金胜西路—华城中路）等道路及周边公共空间进行恢复提升。

稳定和扩大就业。采集、开发就业岗位2.2万个，其中高校毕业生就业岗位4342个。城镇新增就业14025人，失业人员再就业3584人，支持大学生创业172人。开展职业技能补贴培训10000人次。

文体惠民工程。开展文化“三送”活动，全年送戏100场、送展览50场，送书10000册。开展非遗“三进”活动（进景区、进学校、进社区）50场。举办文化社教活动和公益讲座170场次。举办“文体惠民城乡行”活动9场、运动健康知识讲座6场，实施体育四季联赛项目16个。改建建昌圩体育公园，新增全民健身场地20个。

（陈兆然）

政务服务

【概况】 2022年，区行政审批局以“金钥匙”政务服务品牌建设为引领，深入推进“放管服”改革，完善重大项目审批服务，提升公共资源交易效能，助力全区营商环境持续优化升级。全年区政务服务中心共办理各类行政审批服务事项342730件，其中即办件282702件，占比82.49%；涉企办件113269件，占比33.05%；网上办件101334件，占29.57%。

【行政服务】 2022年，区行政审批局完成5个便民服务中心和32个便

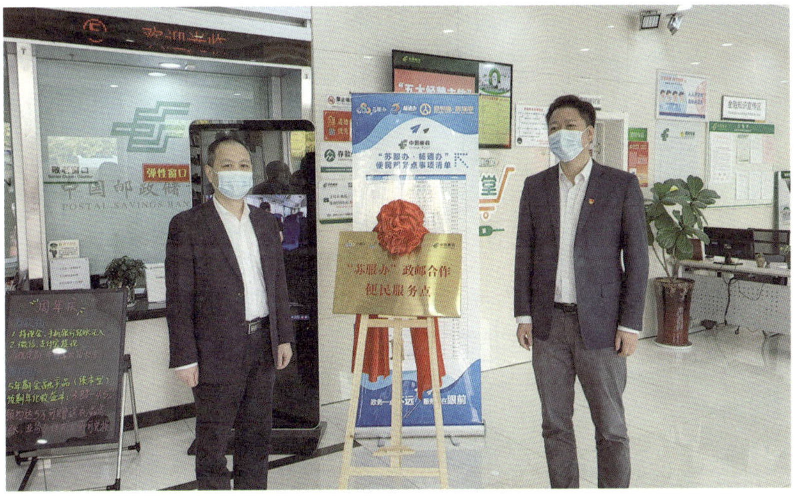

11月，“苏服办·畅通办”政邮便民服务点揭牌　（罗锦锦 供）

民服务站市级示范点创建。与区邮政局共同推进24个“苏服办·畅通办”便民服务点建设，在中国银行ATM区开设政务服务24小时自助服务区。组织认领行政许可事项273项，认领公共服务事项193项。完成金坛“苏企通”平台通用站点建设，发布20条区级涉企政策，配置8个事项，推动助企纾困政策“精准滴灌”“直达快享”。落实“一件事”改革，已办理开小餐馆“一件事”24件、新生儿出生“一件事”488件。加快智慧场景建设，完成户口申报、低保申请、换领营业执照等15项政务服务“好办”“快办”应用场景的开发上线。

组织编制2022年营商环境重点任务清单，形成17项攻坚行动128条改革措施。强化考核评估，委托第三方进行明察暗访与满意度测评。成立重大项目审批服务领导小组，组建“金钥匙工作室”，编印《重大项目审批服务指南》，健全“提前介入、并联审批、容缺预审”服务机制，组织审批代办工作培训。上门服务指导狄拉克氧化石墨烯、直禾机械、常州储气等项目。蜂巢能源四期项目实现“拿地即开工”。创新联合竣工“云验收”方式，助推鹏辉能源项目早竣工、早投产。构建场内交易规范化管理制度体系，成立区公共资源交易管理委员会，建立联席会议制度，保障公共资源交易活动依法、高效、有序进行。

4月，联合竣工“云验收”（罗锦锦 供）

【窗口建设】 2022年，区行政审批局出台《区政务服务中心“标准化”促“满意度”建设方案》，包含大厅环境标准化建设、窗口布置标准化建设和服务规范标准化建设，奋力打造“一流大厅”，实现“一流服务”。整合设置“一件事”套餐办综合服务窗口。坚持落实首问负责制、限时办结制、一次性告知、值班长制度等工作机制，所有工作人员统一佩挂工作证，亮身份接受群众监督。针对老弱病残等特殊群体，提供“红色闪亮”特色爱心服务。大厅管理落实每日巡查、每周通报机制，不定期组织考核领导小组开展联合检查巡查。围绕年度重点和特色亮点工作，召开窗口负责人例会、半年度座谈会等。做好“好差评”落实推进，通过政务服务“好差评”体系及“12345”平台，全面开展“好差评”信息的搜集、督办工作，及时处理出现的问题并答复反馈。

【政府采购】 2022年，共受理集采项目56个，成交金额8919.02万元，节约率4.56%，其中中小企业中标42家。5月，“常州市金坛区非社保待遇发放系统”政府采购项目顺利完成开标评标。该项目是金坛区政府采购领域首次探索实施的“暗标”评审项目。6月，圆满完成常州市首个框架协议采购项目——“常州市金坛区审计局造价咨询服务”项目的采购工作。评审流程智能化，依据不同的采购方式，由系统自动操作评分汇总。全面实现主观分的暗标评审，系统提供客观分自主评分，供应商可以对客观分自主评分，自评分的业务数据将通过投标文件提交至平台，增强评标的保密性，有效解决“围猎”专家、违规分工、倾向性打分等突出问题，维护交易各方主体利益。印发《常州市公共资源交易中心金坛分中心招标代理机构进场规范（试行）》，进一步规范招标代理机构的代理行为，促进招标代理服务行业形成诚实守信、规范发展的共同理念和良好氛围。全年共完成开评标现场巡查744场次，并将2022年度进场情况在交易中心官网进行公开。（周　舒）

【不动产登记交易管理】 2022年，金坛不动产分中心紧扣提质增效目标，在数据质量上做文章，在智能建设上求创新，在网办服务上创亮点，在疑难问题上求突破，在登记为民上树形象，努力做到一般业务“智能办”、复杂业务“一站办”、疑难业务“化解办”。

推进全域范围内不动产登记信息横向和纵向共享交换，让办事企业和群众不受地域限制，在全区范围内自由选择办理点办理，实现“全市通办、受办分离”的“地域无差别”模式。

优化不动产登记缴纳方式，简化合并表证单书，采用综合收费单，计算各部门征收的全部税费、登记费等，通过统缴平台使用银行卡、微信、支付宝、云闪付等支付方式在受理窗口或者线上一次性缴纳，统缴平台后台自动实现税、费分账。增加自助服务专区，24小时自助服务“不打烊”。

持续开展不动产存量数据整合工作，提升存量数据质量，按照《不动产登记存量数据成果汇交规范（2021

修订版）》要求，保持汇交数据与属地数据库的数据数量和内容一致。完成省级试点。

成立企业登记专项小组，从不动产登记操作层面，规范细化操作流程，帮助促进企业盘活存量、转型升级，提高节约、集约用地水平，完成中航锂电等集体经营性建设用地入市登记，融创融熙诚园、万科四季雅苑、雅居乐山溪花园等开发项目商品房完成登记。为常宝普莱森、国家管网、一鸣奶业、常州亿星实业投资有限公司汽车城、蜂巢能源科技股份有限公司等项目开展延时服务，提供点对点量身定制服务，破解企业抵押慢、融资难的问题。

继续开展“及时服务、延时服务、限时服务、随时服务”四时特色服务。全年共为群众延时服务104次。针对老弱病残不能到场登记的群众，成立上门小组提供服务，全年提供上门服务45次，对急办件开通绿色通道18件。

全面推行“双预告及预转本登记”，深化银政合作，依托3.0平台与银行系统的深度融合和专项优化，实现抵押合同电子签章，全年完成“融E办”3875件。

会同区税务局、区住建局等部门，结合“互联网+不动产登记”品牌“线上苏小登”，按照“不见面服务”模式，实现线上线下商品房“交房即发证”常态化。全年共完成万科四季雅苑三期、景浦华苑、左岸花园等小区“交房即发证”1592份。（丁 玲）

人力资源开发

【概况】 2022年，金坛区人社局始终将稳就业放在首位，坚定不移落实就业优先战略，推动就业创业“量质”双提升。突出发展导向，进一步优化完善人才“引育用留”链条，全方位培养、引进、用好人才。

【就业创业】 2022年，全区开展各类招聘会共73场，提供就业岗位2.2万余个。加大政策支持力度，发放稳岗返还、留工培训、扩岗补助9680余万元，惠及企业10758家次，免征失业保险8836万余元。发放创业担保贷款1.32亿元，发放失业保险及灵活就业社保补贴1.03亿元。支持成功自主创业2347人，引领大学生创业172人，创业带动就业3362人。多渠道开发就业见习和公益性岗位，认定大学生就业见习基地45家，吸纳947名应届大学毕业生就业见习，安置40名就业困难人员。成立企业用工服务专班，开展“五进五送”援企惠民活动，结对联系服务全区300余家“五新产业”企业，深入开展用工调研，宣传各类惠企政策，发放《常州市金坛区服务企业用工手册》800余份，全力保障企业用工需求。全区城镇新增就业16779人，城镇登记失业率1.81%。就业形势稳中向好。

11月，“交房即发证”不动产登记进景浦华苑小区（丁 玲 供）

【招才引智】 2022年，全区人才总量新增11313人，引进培养高层次人才295人，培育高技能人才1845人，全区人才资源总量超15.8万人。入选省“双创计划”创业类项目1个。引进“龙城英才计划”领军型人才创业项目30个。开展“名校优才”“智荟金沙·才遇未来”“金沙乐业·春季引才”“百家企业校园行”“名城名校合作行·创新创业赢未来”等专项引才、校园招聘活动，先后组织160家次企业赴省内外70余所高校（含高职院校）举办金坛企业专场招聘会，共引进优秀高校毕业生1700余人。在全市率先发布上线区级“人才地图”，精准应用大数据服务人才资源供需匹配。完善“金礼遇·才无忧”高层次人才服务体系，出台《领军型创业人才引进培育资助办法》《企业技能人才资助办法》等8个配套实施细则，优化人才留坛“软环境”。审核发放金沙英才服务卡1148张，新一轮人才生活资助、安家补贴等866万余元。在金沙国际人才社区、儒林儒成苑、青年公寓、创智水都等人才集聚区挂牌设立“人才服务社”，实现“人才服务零距离”。（尹 欢）

信访工作

【概况】 2022年，全区信访工作坚决贯彻落实习近平总书记关于加强和改进人民信访工作的重要思想，扎实履行“为民解难、为党分忧”政治责任，坚持以推动信访工作高质量发展助力全区“五大行动”为目标，扎实开展“信访突出问题攻坚化解年”行动，有序推进初信初访一次性办结、重复信访治理、信访积案化解等重点工作。全年共受理各类信访件3607件次，同比下降6.72%，全区信访形势整体平稳向好。

【信访受理】 2022年，共发生来区

访350批2026人次，同比批次上升7.03%，人次上升5.3%。其中，初访270批742人次，同比批次上升5.88%，同比人次下降21.48%；重复访80批1284人次，同比批次上升11.11%，人次上升31.15%。含集访90批1716人次，同比批次上升7.14%，人次上升7.65%。

共发生去市访15批49人次，同比批次下降11.76%，人次下降39.51%。共发生赴省访19批54人次，同比批次上升18.75%，人次下降66.25%。

登记受理来信网信1372件，同比下降14.25%。其中，初信888件，同比下降14.37%；重复信484件，同比下降14.03%。来信341件，同比下降27.14%；网上信访1031件（网上投诉501件，领导信箱371件，网上建议159件），同比下降8.92%。办理人民网领导留言板投诉93件，回复率和好评率位居常州市各区前列。

【“信访突出问题攻坚化解年”行动】 2022年，区委、区政府高度重视“信访突出问题攻坚化解年”行动。区委常委会、区党政联席（扩大）会议、区政府常务会议、区委政法委员会会议等多次听取信访突出问题化解工作情况汇报，研究部署攻坚化解行动。活动开展以来，区、镇领导围绕信访突出问题分别走访167次和638次。

区委办公室、区政府办公室印发《常州市金坛区关于开展“信访突出问题攻坚化解年”行动的实施方案》的通知、区信联办印发《关于做好2022年信访突出问题攻坚化解工作的通知》，对中央信联办和省信联办交办的重点信访事项全面落实县处级领导包案。组建“信访突出问题攻坚化解年”行动工作专班，每周召开推进化解情况专班会议，跟踪调度，挂图作战，对账销号。及时会同各专项工作小组联合研判、联合会办、联合督查，形成专班清单式推进工作，助推矛盾化解。中央信联办和省信联办交办的重点信访事项，审核结案率均100%。

【《信访工作条例》学习贯彻】 5月1日，中共中央、国务院印发的《信访工作条例》正式施行，区信访局开展以贯彻落实《信访工作条例》为主题的多种形式宣传活动。区委常委会、区政府常务会议专题学习《信访工作条例》，区委党校、区信访局分别组织开展培训解读《信访工作条例》，不断增强全区干部的信访工作能力及水平。开展《信访工作条例》宣传进乡村、进社区，推动各镇、街道创新宣传方法，切实增强群众依法有序表达信访诉求、维护自身合法权益的意识，营造办事依法、遇事找法、解决问题用法、化解矛盾靠法的良好信访环境。（崔华强）

8月19日，信访工作人员在城南村委开展《信访工作条例》宣传（崔华强 供）

外事工作

【概况】 2022年，常州市金坛区人民政府外事办公室（以下简称区外事办）以习近平新时代中国特色社会主义思想和习近平外交思想为指引，聚焦国际国内两个大局，紧贴全区中心工作和开放、合作、创新主题、主线，围绕“三个坚持”积极探索外事工作高质量发展新模式，在服务国家总体外交、促进地区经济社会发展方面作出积极贡献。

【涉外疫情防控】 2022年，区外事办作为区涉外联防联控指挥部成员单位，做好境外入境人员来华审批的“第一道关口”，坚持统筹疫情防控和经济社会发展，认真开展外籍人员到金坛邀请工作。全年共为8个国家13家企业161名外籍员工及家属申办邀请函，其中55人已入境。

【友好城市联络】 2022年，区外事办执行国家总体外交政策，全方位推进友城合作，以邮件形式保持友城官方联系，加强友城双方沟通交流。6月8日，与市外事办国际交流中心签署外事服务合作协议。6月中旬，发信祝贺肖恩萨利成功当选大谢珀顿市市长。6月28日，以线上线下结合方式参与省友协与日本爱知、福冈、大阪等7家日中友协举办的中日地方友好组织领导人特别会晤。积极联系澳大利亚友城大谢珀顿市议会领导制作视频。7月6日，参与江苏省“一带一路”国际友城交流周开幕式。

【涉外管理】 7月19日，配合市人大、市外办对2家“常州市荣誉市民”所在企业（北电爱思特科技有限公司和胜伟策电子有限公司）进行调研，了解企业疫情期间发展现状，倾听诉求。强化对外部环境的风险研判，联合公安等部门做好外事服务。解决金坛建工集团有限公司48名劳务人员在俄罗斯滞留事件。联络区公民闵国富家人，处理其在印度尼西亚的项目现场死亡事件。劝返3名仍在斯里兰卡商务（劳务）活动的金坛区公民并要求他们向驻斯里兰卡使领馆报备。

【外事接待】 2022年，区外事办高标准做好外事接待工作。做好澳大利亚昆士兰州政府贸易投资局副首席代表、瑞士苏黎世大区中国代表处首席代表在金坛区的考察接待工作。服务2022年“Show Jiangsu”摄影采风活动，配合《日本经济新闻》《读卖新闻》《产业时报》对区中能创光电和亿晶光电2家企业的采访。7月7日，协助经济开发区做好第二届“对话德国——江苏德国合作交流大会”的各项会务工作。（龚 晶）

港澳台事务

【概况】 2022年，金坛区港澳台科深入贯彻落实新时代党解决港台问题的总体方略和党中央对港台工作决策部署，坚决粉碎“台独”“港独”分裂图谋，坚决遏制外部势力干涉。在金坛台商会第三届会员换届选举大会上，台商会会长陈俊隆公开表示，坚定支持“九二共识”，希望祖国早日统一。走访港澳台资、台属企业，全年共走访53家次。对全区35家台资和台属企业开展安全生产大检查。开展“两岸一家亲”主题系列活动，组织新生代书画家走进台企，为台商送去新春祝福。召集在坛台商开展“庆生会”活动。全年走访慰问台胞、台属，港澳同胞眷属，在坛港人及家庭51户，发放慰问金5万多元。

【开展宣介活动】 2022年，金坛区委统战部通过组织学习、微信宣传、走访等形式积极推介金坛，向港澳台企业和乡亲介绍常州“532”战略内涵、金坛“五大行动”等政策内容。组织港澳代表人士参加“同心同行、云联港澳”恳谈会，为常港整合发展建言献策；积极参与2022港澳高层次人才云聘会，及时发布“两湖”创新区招聘信息。

【港澳台资企业服务】 2022年，金坛区委统战部充分利用银行资源优势，加强与台商会、台资企业的联系，进一步深化政银联合大走访活动影响力，搭建台企专项融资平台，为更多有资金需求的台企推介“外贸贷”产品，让没有重资产抵押贷款的台企获得低息信用贷款，助力台企特别是台青创业企业转型升级、加速发展。全区11家台企，已有7家台企获合计3700万元的授信额度。关心服务港人港企，为在坛港商寻医问药提供帮助。

【涉台宣传】 2022年，区台办为进一步推动全面落实各项惠台政策措施，与金坛电视台合作，积极宣传惠台“31条”、省“76条”实施意见，加强宣传引导。

积极落实中央已经出台的各项惠台措施，及时发现解决台胞投诉，化解潜在舆情。5月，台胞陈世伟投诉，其位于尧塘街道公路花园的房产被人非法占用。区台办了解情况后，立即与尧塘街道联系，并第一时间约谈其物业公司，了解具体情形，在区台办、街道、物业公司的共同努力下，非法占用房屋已在5月31日腾空并清理干净。解决台胞看病就医、子女入学入托等问题，协同区教育局解决台胞子女入学1人，满足台商子女入学要求，帮助台商解决后顾之忧。

（张泰蓉）

侨 务

【概况】 2022年，金坛区侨务工作积极创新工作举措，不断拓展侨界资源，充分发挥侨界工作示范引领作用。从稳定大局出发做好侨务工作，召开专题研究会，部署调动各方面资源和积极性为侨务工作把脉定策。开展政策宣讲，把政策宣讲与服务金坛经济社会发展有机结合起来，全年开展政策宣讲3次。涉侨企业古籍印刷厂、盛利维尔、鑫品茶业、晨风集团、正信光伏、龙泉太阳能等被江苏卫视、常州日报、金坛电视台等多家媒体宣传报道，扩大侨界影响力。健全服务保障机制，切实保障涉侨人员的合法

7月11日，区委常委、统战部部长徐俊在古籍印刷厂调研 （张泰蓉 供）

权益。全年组织涉侨人员和企业去上海、无锡、常州参加各种学习、交流2次，帮助他们提高企业管理能力。

【为侨服务】 2022年，金坛区侨办积极开展走访调研，相继走访浩蔚环保科技有限公司、金坛古籍印刷厂有限公司、永臻科技股份有限公司、晨风集团股份有限公司、常州瑞华电力电子器件有限公司、龙泉太阳能科技有限公司等15家具有代表性的企业，了解企业的经营及用工情况，共为他们解疑释难3件。帮助涉侨企业一手抓疫情防控，一手抓复工复产。与涉侨企业做好沟通，及时对接政府相关要求和注意事项，做好政策宣导，做到信息共享，不定时通报最新情况。积极开展送温暖活动，春节期间，共慰问侨界人士40人次，发放慰问金2.1万余元。为侨企提供义务法律咨询服务，全年提供相关法律、政策咨询5场次，反响良好。

【涉侨政策宣传】 2022年，侨办开展“互联网＋侨务＋服务”，将侨务政策及相关的服务放到行政服务综合窗口，方便办理各类涉侨审批和服务事项。实行涉侨审批事项网上办的要求，在网上办结了2名侨生资格认定，和3名华侨身份认定。开展网上纯正涉侨政策宣传，规范涉侨事项办理流程，简化事项办理程序。印发500册涉侨政策书籍送到相关人员及各镇（街道）。配合侨联在金沙侨苑上发布省、市、区的涉侨优惠政策。配合教育部门做好2所学校与海外华文教育学校的对接交流工作。开展多种形式的法律政策宣讲，把侨法宣传和权益保护延伸到侨界各个层面。针对不同的对象，整理出权益保护、人才政策、参加社保、出入境管理、华侨身份认定注意事项等不同的政策法规送到相关人员手中。 （张泰蓉）

5月19日，“法护侨益，惠企暖侨”侨法宣传走进薛埠镇东进村 （张泰蓉 供）

（编辑 李华琴）

综　述

2022年，政协常州市金坛区委员会（以下简称区政协）在中共常州市金坛区委的坚强领导下，围绕“落实‘532’战略，推进重大项目突破、‘微笑经济’创新、全域旅游创建、城市能级提升、城乡融合发展试验，坚决扛起‘两湖’创新区主战场重任”的总体要求，积极履行职能、全力服务发展，为奋力开创“美丽常州金坛样板”建设新局面作出积极贡献。

全年，区政协共举行1次全体委员会议、5次常委会会议、6次主席会议、4次主席（扩大）会议。上报提案178件，立案169件，列为年度重点督办的提案13件，提案办理的办结率和满意率均100%。社情民意信息被国家政协录用1件，省政协录用15件，常州政协录用35件，区政协被常州市政协评为2022年反映社情民意信息工作先进单位。

2022年，区政协发挥文史工作优势，精心编撰《金坛盐文化》。民盟金坛区委编辑出版《华罗庚往来书信集》。成功举办“喜庆二十大”两省（江苏、浙江）三地（金坛、高淳、玉环）书画联展。积极打造“红色悦读”品牌，接续推进“书香政协”建设，组织送书画到老区、进企业、入社区等活动20余场，开展政协委员和界别群众读书分享暨界别读书学习活动。

7月，区政协委员读书分享暨界别读书学习活动启动仪式　（俞　政　供）

重要会议

【政协常州市金坛区第十一届委员会第一次全体会议】 1月3—6日，在市民中心召开。区委书记陆秋明在开幕时作《自信自强 团结奋斗 合力书写“美丽常州新样板”精彩实践》讲话。区政协主席陈锁龙作政协常州市金坛区第十届委员会常务委员会工作报告，区政协副主席陈忠平作提案工作情况报告。会议期间，全体政协委员列席区十八届人民代表大会第一次会议。赞同代区长吴小华所作的政府工作报告及其他书面报告。委员们围绕“五大行动”等重要问题进行协商讨论，提出建设性的意见和建议。会议选举产生政协常州市金坛区第十一届委员会主席1名、副主席5名、秘书长1名、常务委员35名。

【政协常州市金坛区第十一届委员会常委会会议】 2022年，区政协共举行5次常委会会议。会议围绕区委、区政府中心工作和政协重点工作，对经济社会发展中的热点、难点问题开展专题协商讨论，提交建议报告2件。

1月6日，区政协召开十一届一次常委会会议，会议协商通过区政协2022年工作要点；协商通过有关人事事项。

6月28日，区政协召开十一届二次常委会，会议专题协商讨论关于“实施‘微笑经济’创新行动，推动金坛经济高质量发展”的议题。

8月24日，区政协召开十一届三次常委会会议，会议专题听取区政府关于2022年1—7月经济社会发展情况通报并协商讨论。

10月27日，区政协召开十一届四次常委会会议，会议听取区政府办公室关于区政协十一届一次会议以来提案办理情况通报；专题协商“实施乡村振兴战略重点工程，助推城乡融合发展试验行动”课题。

12月26日，区政协召开十一届五次常委会会议，会议听取区政府2022年工作情况通报，协商讨论区政协第十一届常委会工作报告和提案工作报告（讨论稿），协商通过《关于召开区政协十一届二次会议的决定》。会议确定，中国人民政治协商会议常州市金坛区第十一届委员会第二次会议将于2023年1月2—4日在市民中心举行。

【政协金坛区第十一届委员会主席会议】 2022年，区政协共召开6次主席会议，4次主席（扩大）会议。

1月6日，区政协召开十一届一次主席会议，会议协商讨论区政协2022年工作要点、协商讨论有关人事事宜。

4月13日，区政协召开十一届二次主席会议，专题调研视察“三城”规划建设情况。会议指出要高起点谋划规划“三城”建设，注重以人为本；要统筹规划建设和运行，合理整合公共资源；要专题研究“智慧城市、电气化城市、公园城市”建设，尤其是城中村改造。

5月12日，区政协召开十一届三次主席会议，围绕“提升全区农业现代化发展水平”开展视察调研。会议指出金坛农业现代化发展要进一步强基础，坚持将科技作为农业现代化发展的有力支撑；要进一步增效益，全面增强现代农业的质量效益；要进一步保安全，坚决防范农业农村领域重大风险；要进一步优支持，用好资源支撑，做好要素保障；要进一步推改革，多方面深入研究政策和发展环境。

6月14日，区政协召开十一届四次主席会议，专题视察医疗卫生改革推进和医技服务水平提升情况。会议指出要合理配置医疗资源，不断优化硬件资源、医技人员和管理权力的配置；要加强医技人员队伍建设，进一步强化人才的招引和培养，加快重点专科建设，不断深化医共体人事薪酬制度改革，让人民群众享受高品质医疗服务。

9月7日，区政协召开十一届五次主席会议，专题调研视察“华罗庚科创中心”产业创新体系建设情况。会议指出要打造具有一定产业基础的创新中心，为创新厚植土壤；要打造具有商业模式的创新中心，全力以赴出成果、出产品、出效益；要打造基于金坛特色的创新中心，为高质量发展注入创新动能。

12月15日，区政协召开十一届六次主席会议，协商讨论政协十一届二次全体会议等一揽子事宜。

2022年，区政协召开4次主席（扩大）会议，邀请部分委员分别就河海大学建设及科教名城片区生态环境保护、全区财税、茅山旅游度假区经济社会发展和机构改革运行、朱林镇经济社会发展等工作专题听取情况通报并提出建议和意见。

建言献策

【社情民意信息办理】 2022年，区政协高度重视反映社情民意信息工作，谋划创新工作思路，调整优化特邀信息员队伍，组织政协委员和信息员参加专题培训，形成每月主席办公会议专题研究，每季度反映社情民意信息工作会议集体研讨，每半年总结，年终考核评比等信息工作新机制，信息工作“连心桥”和“直通车”的优势进一步放大。全年共撰写上报各类社情民意信息88件，多件信息获常州市、金坛区委主要负责人批示，相关意见建议被及时采纳。

【专题调研】 2022年，区政协自觉强化“为民履职”的理念，把促进民生改善、增进百姓福祉作为履职的出发点，积极为推动教育发展、医疗改革、就业保障、生态保护等工作发挥应有作用。围绕“河海大学建设”“长荡湖生态环境保护”“产教融合和校企合作”“高质量推进医疗卫生改革”“非遗保护传承和开发利用”等12个议题，深入一线开展调研，召集各方组织协商，形成建议报告上报区

7月20日，区政协调研河海大学常州新校区及长荡湖生态环境保护情况

（俞 政 供）

委。“提前研究河海大学新校区建成后社会管理问题、提升长荡湖候鸟迁徙栖息地生态功能、创新职业教育‘校地合作’办学模式”等9个方面30余条建议，得到相关领导、部门积极研究采纳。

委员工作

【党建引领】 2022年，区政协按照《关于加强新时代人民政协党的建设工作的实施意见》《关于加强和改进新时代市县政协工作的意见》，推进政协党的建设，圆满完成政协机关党总支及下属党支部的换届选举工作，不断提高党组织的创造力、凝聚力和战斗力。采取“一对一”“一对多”“多对一”等形式，加强98名党员委员与148名党外委员对接联系，发挥党员委员在政治引领、发扬民主、凝聚共识、履职尽责等方面的表率作用。落实全面从严治党要求，压实党建工作、意识形态工作和党风廉政建设责任，严格落实中央八项规定，积极营造政协干事创业的良好生态。

【委员履职能力提升】 2022年，区政协制定出台《政协常州市金坛区委员会协商工作规则》，围绕“委员履职能力提升”“智慧政协系统应用”等主题，开展专题培训，努力提高委员履职水平。政协机关各专委会，各镇、街道、园区、度假区政协工委，委员界别小组，积极拓展联谊交流、学习视察、畅达民意等履职渠道，政协履职活力持续增强。政协中共组围绕优化营商环境，民主党派组、工商联组、无党派组和经济组围绕科技创新和“五新产业”发展，特邀组就高起点建设“两湖”创新区，城建资源环境组就金沙老城再开发，农村农业组就农业面源污染溯源等课题开展了视察调研；医卫组在医疗中心“一院一品”建设、文广体新组在人文环境和旅游环境优化、台侨组在新侨力量凝聚、民族宗教组在宗教场所管理、社会福利和社会保障组在劳务派遣企业监管、教育组在技能人才培养等问题上进行积极探索。

民主监督

【委员提案及提案办理】 2022年，政协委员积极履行职能，认真撰写提案，呈现出关注大局、体察民情的新特点，全年共撰写上报提案178件，立案169件，列为年度重点督办的提案13件，提案办理的办结率和满意率均100%。区委、区政府高度重视政协提案工作，主要领导及分管领导主动领办、督办相关提案。5月，组织开展“重点提案督办月”活动，组织提案督办座谈会和重点提案办理“回头看”等活动，提案办理成效显著提升。“关于进一步推进我区集体经营性建设用地入市的建议”“关于加快职业教育产教融合、提升全区创新支撑引领的建议”等一批提案办理成果得到落实。

【“有事好商量”协商议事平台建设】 2022年，区政协主动把政协“有事好商量”协商议事工作组织规范、多元参与、开放包容等优势注入基层社会治理中，围绕“危污乱散低”整治、法治营商环境建设等议题，开展4次协商议事活动，邀请70多名政协委员和代表参加视察调研和协商讨论，努力营造理性有序、共建共享、群策群力的社会治理氛围。9月，组织全区各级“有事好商量”协商议事平台，集中开展“民生专题协商议事月”活动，共举办专题协商议事活动108场，集中化解各类矛盾问题，为促进社会安全和谐作出贡献，政协制度优势在促进社会治理效能提升中得到更好体现。指前镇围绕“推进路灯安装 照亮幸福里程”开展“有事好商量”协商议事活动，妥善解决道路亮化和安全出行等问题。直溪镇以“燃气入户为民生幸福‘加码’”为议题，组织群众和各方代表面对面协商议事，为200余户居民解决“扛罐上楼”的困扰。

12月，区政协召开“有事好商量 为民办实事”协商议事会议 （俞 政 供）

表 4　2022 年金坛区政协优秀提案一览表

序号	提　案　名　称	提案人
1	强链补链延链，推动新能源汽车产业高质量发展	民盟金坛区委
2	关于我区启动创建清洁能源示范城市的几点建议	民盟金坛区委
3	关于加快职业教育产教融合、提升全区创新支撑引领的建议	民建金坛基层委员会
4	关于进一步推进我区集体经营性建设用地入市的建议	民建金坛基层委员会
5	关于加快发展工业互联网助力“五新产业”的建议	许小云
6	关于外来生物一枝黄花防控工作的几点建议	苏月芳
7	关于组建区级综合性规划设计研究院的建议	吴文杰
8	提升工业污水处理能力	孙铁囤
9	关于推进金沙老城雨污分流工程的几点建议	赵　蓉
10	关于推进三岁以下幼托服务的建议	耿　霞
11	关于对金坛非遗传承前景的几点建议	杨　云
12	关于加强劳务派遣公司管理的建议	郑满香等 2 人
13	关于加强新业态劳动者社会保障的建议	荆　霞
14	关于建立校园周边食品、玩具等安全监管长效机制的建议	陈东栋
15	关于实施我区农村、社区居家养老方面的建议	杨　丹

（俞　政）

（编辑　李华琴）

常州市金坛区纪委监委

综述

2022年，全区各级纪检监察组织聚焦主责主业、服务中心大局，坚定不移正风肃纪反腐，打造铁军队伍，为奋力开创“美丽常州金坛样板”建设新局面提供坚强政治保障。

加强政治建设。坚持把政治建设摆在首位，学习宣传贯彻中共二十大精神和习近平新时代中国特色社会主义思想，监督推动全区各级党组织和广大党员干部坚定拥护“两个确立”、坚决做到“两个维护”。聚焦“疫情要防住、经济要稳住、发展要安全”重大要求，因时因势跟进监督、靠前监督，开展喜迎二十大系列活动，

保障中心大局。聚焦常州“532”发展战略和金坛“五大行动”，开展助企纾困政策落实情况专项监督、实施“廉政风险防控筑网行动”、持续推进廉洁文化“十进”、加强对重点项目再监督，以“清风护航”行动保障各项工作高质高效推进。

强化正风肃纪。锲而不舍落实中央八项规定精神，全年查处违反中央八项规定精神问题91个，党纪政务处分99人。深化专项治理，全年查处群众身边腐败和作风问题59个，给予党纪政务处分61人，推动出台学校食堂运营监管、基层小微权力监督、村级工程项目管理等“小特精”制度20余项，使治理成效真正惠及群众。

坚持高压反腐。保持惩治腐败高压态势，严肃查处区教育局原局长廖某某、薛埠粮食储备直属库（物资储备公司）原主任钟某某、区公交公司原副总经理潘某某等严重违纪违法案件，重点查处教育领域系统腐败问题，取得良好的政治效果、纪法效果和社会效果。

重要会议

【区纪委十四届二次全会】 2月18日，中国共产党常州市金坛区第十四届纪律检查委员会召开第二次全体会议。区委书记陆秋明出席会议并讲话。会议强调，要扛起勇于自我革命和全面从严治党政治责任，要坚定不移推动全面从严治党向纵深发展，要进一步健全完善规范权力运行体制机制。全会审议通过周律诚代表区纪委常委会所作的《努力建设人民满意的廉洁金坛，以优异成绩迎接党的二十大胜利召开》工作报告。会议要求，全区各级纪检监察组织要以更大担当推进政治监督常态化、具体化。要以更强定力释放“三不”（不敢腐、不能腐、不想腐）一体叠加效应。要以更严要求纠治“四风”顽疾弘扬新风正气。要以更稳步伐推动政治巡察深化发展。要以更优举措促进制度优势转化

2月18日，中国共产党常州市金坛区第十四届纪律检查委员会第二次全体会议召开　（区纪委监委　供）

为治理效能。要以更高标准建设可亲可信可敬干部队伍。

【全区领导干部警示教育大会】 12月29日，全区召开领导干部警示教育大会，集体观看警示教育片《越界》，教育引导全区广大党员干部增强拒腐防变的自觉性和坚定性。区委书记陆秋明强调，全区广大党员和领导干部更要加积极主动扛大梁、挑重担、负重责、作贡献，真正做到“想干事、会干事、干成事、不出事”。要始终心有所向，筑牢绝对忠诚政治灵魂。要始终心怀担当，凝聚敢为善为奋进力量。要始终心存敬畏，坚守廉洁从政底线边界。

【“喜迎二十大　廉心向未来”展演】 9月15日，区纪委监委联合区人民法院、区检察院、区文联在中国（常州）德国中心举办“喜迎二十大　廉心向未来”廉洁文化主题创意展演活动，活动中为华罗庚纪念馆、中共苏皖区一大会址等10家“全域廉洁文化矩阵精品单元”和金远药业等10家“全区营商环境监测点”企业代表现场授牌。

执纪监督

【概况】 2022年，区纪委监委以迎接中共二十大为主线，围绕党中央重大决策部署，市委“532”发展战略和全区“五大行动”工作目标，深化“清风护航”行动，推动目标任务不折不扣落实。锲而不舍落实中央八项规定精神，突出纠治“四风”顽疾，持续整治群众身边腐败和不正之风，以优良党风政风推动新风正气不断充盈。

【专项监督】 2022年，区纪委监委聚焦疫情防控、经济发展、安全生产等区委、区政府重点工作，检查区域内重要点位3144个，发现并推动解决问题482个。监督推动安全生产专项整治，全区安全生产事故起数、死亡人数同比下降52.6%、55%。跟进中央环保督察反馈的20个问题，督促按时序要求完成整改。推动“清风护航”行动融入常州“532”发展战略和金坛“五大行动”，成立6个工作专班，加强对河海大学常州新校区、金坛高铁枢纽、老旧小区改造等重点工程项目再监督。全区设立30个“营商环境监测点”，通过实地走访、问卷调查、专项监督等方式，主动发现和整治损害营商环境行为。

9月15日，金坛区“喜迎二十大　廉心向未来”廉洁文化主题创意展演活动在中国（常州）德国中心举办（区纪委监委　供）

【日常监督】 2022年，区纪委监委采用谈心谈话、述职述廉、列席会议等方式，督促各级党组织抓早抓小、防微杜渐，全年回复党风廉政意见3389人次，开展主动约谈1866人次。学习贯彻《纪检监察机关派驻机构工作规则》，加强对派驻机构履职情况评估研判，全年派驻机构处置问题线索102件，立案61件。推动监察员办公室规范履职实体运作，开展专项检查900余批次，处置问题线索113件，立案46件。督促财政、审计、商务、烟草、市场监管等职能部门履行监管责任，常态开展监督检查，及时移送问题线索。强化制度执行，审核婚丧嫁娶、出境等重大事项报告18次。

【作风建设】 2022年，区纪委监委紧盯“四风”新表现新动向，开展明察暗访、监督检查，组织开展公款旅游隐形变异问题专项治理，严肃查处以学习培训、考察调研等名义变相公款旅游，改变公务行程借机旅游等问题，立案7人，党纪政务处分7人。完善作风建设长效机制，协助区委出台《关于持续深入解决形式主义为村（社区）减负的十条措施》《关于在乡村治理中推行运用村级组织“清单制”的通知》，推动职能部门完善津补贴发放、公务用车等制度规定。强化执纪为民，组织开展涉农资金项目管理、殡葬领域漠视侵害群众利益、稻谷补贴资金管理等问题专项治理，发现问题线索47件，党纪政务处分19人。在国家统计局常州调查队开展的党风廉政建设满意度测评中位列全市第一。

审查调查

【概况】 2022年，区纪委监委聚焦权力集中、资金密集、资源富集领域和环节，聚焦损害营商环境、侵害群众利益腐败问题，清理行业性、系统性腐败。区纪委监委注重纪法情理贯通融合，运用“四种形态”批评教育帮助和处理579人次，其中第一、二、三、四种形态分别占比49.1%、40.1%、3.8%、7.0%，对党员干部容错纠错，彰显惩处极少数、教育大多数综合效果。

【违纪违法案件查处】 全年共接收信访举报161件次，立案348件，其中涉及科级干部14人。给予党纪政务处分286人，留置14人，移送检察机关15人，追赃挽损1930余万元。坚持“系统查、查系统”，运用“室组”联动办案机制，推进教育系统专项治理，先后留置7人，移送检察机关7人，相关经验做法被省纪委办公厅专刊刊载。坚持“小切口”入手，在涉粮领域部署稻谷补贴专项监督，先后查处区粮食购销总公司两任总经理严重违纪违法问题。

【制度完善】 2022年，区纪委监委组织实施“廉政风险防控筑网行动”，推动职能部门完善《常州市金坛区公共资源交易管理办法（试行）》，制定《金坛区建设工程直接发包联合管理工作细则（试行）》《常州市金坛区政府投资非盈利性工程建设项目集中建设管理实施细则（试行）》等常态长效监督管理制度。推动出台《金坛区公办学校、公办幼儿园食堂运营实施方案》等长效管理制度。督促职能部门规范区国有粮食企业内部运营管理，建立粮食购销领域常态化监督制度。督促制定《金坛区村级事务小微权力清单及规程指南》《金坛区村级小微工程项目管理办法（试行）》。

党风廉政建设

【概况】 2022年，区纪委监委贯彻《党委（党组）落实全面从严治党主体责任规定》，协助区委对照责任清单开展检查考核，常态化推进政治生态监测评估，规范党内问责实施流程，推动贯彻落实全面从严治党主体责任。

【政治引领】 2022年，区纪委监委把学习贯彻习近平新时代中国特色社会主义思想作为首要政治任务，推动党史学习教育常态化、长效化，区纪委常委会召开学习贯彻中共二十大精神专题会议，班子成员到基层开展中共二十大精神宣讲。全系统开展“学报告、悟精神、谈体会”活动，引导广大纪检监察干部学习领会中共二十大精神，理解党中央关于全面从严治党、党风廉政建设和反腐败斗争部署要求。

【全面从严治党主体责任落实监督】 2022年，区纪委监委推动主体责任和监督责任贯通协同、一贯到底，协助区委研究制定全面从严治党4个责任清单，对70余名“一把手”进行廉政监督谈话，对履责不力的15家党组织、47名领导干部实施问责。做好市纪委监委纪检监察建议整改落实“必答题”，协助区委、区政府制定12项整改措施，出台进一步加强“一把手”和领导班子监督、规范“三重一大”事项集体决策和领导干部报告个人重大事项核查等制度。

【廉洁文化建设】 2022年，区纪委监委剖析查处典型案例，摄制警示教育专题片《越界》。规划打造廉政主题公园，在全域内打造廉洁矩阵“树品牌”宣传廉洁文化。挖掘运用本土廉洁文化资源制作多部“非遗”技艺、清官廉吏微视频等多部作品在中央纪委国家监委网站展播。分屏动漫《七十二箱宝贝的故事》获中国纪检监察杂志社主办的“运河清风”微电影大赛微视频类二等奖。

（牛海鹏）

（编辑　刘士科）

民主党派·工商联·群众团体

民革金坛区支部委员会

【概况】 2022年，民革金坛区支部委员会围绕中心，履行参政议政职能，组织开展各项活动，多名党员获得民革常州市委会表彰。年度发展党员2名，积极分子1名。至年底，全区共有党员14名。

【思想建设】 2022年，民革金坛区支部组织支部党员学习习近平新时代中国特色社会主义思想、中共二十大精神以及常州市、金坛区两会精神。组织观看爱国主义教育青春剧《野蜂飞舞》、爱国教育影片《水门桥》，邀请专家通过视频学习习近平总书记关于多党合作的系列重要论述。

【参政议政】 2022年，金坛区两会期间，民革金坛区支部3名区政协委员、1名区人大代表分别提交《关于镇（街道）综合执法服装标识、执法车辆及执法场所的建议》《设立有害垃圾集中回收日的建议》《关于重视解决老年人“上网成瘾”问题的建议》等多件建议。其中，《关于推进中吴大道西延（华城中路东延）工程建设，加速常金同城化交通先行的建议》被列为2022年区人大重点督办建议。支部党员尹贞浩、吴楠参与撰写的社情民意信息《新时代儿童“无歌可唱”亟待关注》被民革中央采用。

【社会服务】 2022年，民革金坛区支部组织开展内容丰富、形式多样的社会服务工作。1月，组织党员参加长荡湖渔业资源增殖放流社会公益活动。7月，到黄庄村高铁枢纽项目、黄庄村村委会开展交通安全、征地拆迁、养老诈骗等进行专题普法。新冠肺炎疫情期间，支部党员董静完成全区13个交通卡口物资调配和人员安排工作。支部党员杨晶协助金坛区检察院接待信访工作，解答信访人员各种法律疑问。多名党员开展送法进社区、医保政策宣传等服务工作。

（吴　楠）

7月20日，民革金坛区支部到黄庄村进行专题普法　（民革金坛区支部 供）

民盟金坛区委员会

【概况】 2022年，民盟金坛区委带领全体盟员学习贯彻习近平新时代中国特色社会主义思想和中共二十大精神，围绕常州市“532”发展战略和金坛区“五大行动”，履行参政党职能，各项盟务工作取得新发展。年内发展新盟员8名，至年底，全区共有11个支部，盟员214名。

【参政议政】 2022年，常州市、金坛区两级金坛盟员人大代表和政协委员在市、区两级人代会、政协会上提交人大建议和政协提案共36件。其中，《强链补链延链，推动新能源汽车产业高质量发展》被确定为区政协主席督办提案，《关于我区启动创建清洁能源示范城市的几点建议》《关于推进金沙老城雨污分流工程的几点建议》被确定为主任督办提案。社情民意信息《网店帮助“老赖”解决“限高出行”问题亟待重视》《需警惕美方以新疆问题碰瓷我国电动汽车产业》《特种设备作业人员考核作弊危及安全生产》《多地出现罕见持续高温影响秋粮生产形势亟需引起重视》信息被省政协录用，《建议摘掉有机肥行业“化工帽”》信息被市政协录用，《大旱无情农业生产信心亟需提振》信息获中共金坛区委主要领导批示。

【社会服务】 2022年，民盟金坛区委和各支部开展多种形式的社会服务活动。文化支部参与“江苏民盟百名书画家新春送福”活动，组织10名盟员书画家与盟区委领导到芦溪村义写春联。一中支部联合相关部门，到金坛华胜社区儿童关爱之家开展“孝满天下感恩情　喜迎双节促和谐”主题活动。金坛、丹阳两地民盟联合，与金坛区博物馆等部门筹划筹办“百年婚书婚照收藏常州金坛展”。组织支部书画家参与民盟江苏省委和民盟常州市委开展的关于“喜迎中共二十大　携手奋进新时代”主题文艺作品征集活动。金坛民盟文化支部举办“喜庆二十大，翰墨歌华章”书画创作笔会。文化支部盟员、金沙文化名人石东礼到企事业单位和校园开展“以文培元”——文化金坛专题讲座、“传承科学精神　厚植家国情怀”——新时期更需要继承发扬“华罗庚精神”讲座、“传承历史文脉，增强文化自信”讲座。华罗庚中学支部汤晓梅主创开设的常州民盟社会服务工作标兵项目——“心有千千结 自然游戏解”家庭教育指导活动持续开展。盟员王雪松到陕西省安康市石泉县支教。王晓真、朱卫杰、张明云等盟员参加退役士兵再就业、企业新型学徒制、1＋X证书等培训服务项目。储小荣、袁勤、王晓真、杨小平等盟员投身各级各类职业学校技能大赛师生参赛指导工作。金爱萍争做护学岗志愿者为上下学的年幼学生保驾护航。医卫综合支部开展“寒冬送温暖、腊八献爱心”活动。

【盟员风采】 2022年，盟员成员中1人获民盟江苏省委“盟史与理论研究工作先进个人”表彰；1人获民盟江苏省委“反映信息工作先进个人”表彰；2人获常州市推动高质量发展先进个人表彰；3人被评为2022年度优秀政协委员；1人获“全市法院营商环境工作先进个人”“全省法院执行裁判工作先进个人”表彰；1人获江苏省“中学生与社会”作文大赛优秀指导奖、“苏教国际杯”作文大赛优秀指导奖；在第五届常州市“医德之星”“医德标兵”推选活动中，1人获“医德标兵”荣誉称号；1人被常州市总工会评为“常州市五一巾帼标兵”；1人被常州市教育局评为“常州市光荣在岗三十年优秀教师”。

（马　莉）

民建金坛区基层委员会

【概况】 2022年，民建金坛区基层委员会发展会员6名，至年底共有正式会员59人，3个支部。金坛一支部获评全市优秀支部，金坛二支部获评全市参政议政先进集体。王道俊、史月香、冯立文、陈国华获评全市优秀会员；陈林凤、朱雪松、刘玉滨获评全市会务工作先进个人；杨慧慧获评全市参政议政先进个人；李星明获评民建中央优秀通讯员、全市新闻宣传先进个人；刘长春、高珺、蒋丽萍获评全市社会服务先进个人；刘丽疆获评“常州最美法官”；蒋丽萍、徐俊霞获评金坛区年度优秀政协委员。

【组织建设】 2022年，民建金坛区基层委员会强化政治理论学习，先后组织会员学习中共二十大精神、常州市两会精神以及中国民主建国会简史。组织会员参加常州市政协“强化委员责任担当和协商能力建设”征文活动，提交征文3篇。组织会员参加全市宣传信息工作培训班、全区党外代表人士培训班等活动。加强支部标

8月25日，民建金坛区基层委员会组织开展2022年少数民族学生助学活动
（民建金坛区基层委员会 供）

准化、规范化建设。开展“支部建设深化年”活动，指导3个支部独立开展2次以上活动。先后组织开展三八妇女节、母亲节以及《华罗庚精神分享》讲座等主题活动。全国消防日到会员企业常州菲纳斯能源科技有限公司组织开展沉浸式消防演训活动。

【参政议政】 2022年，民建金坛区基层委员会开展主题调研，通过人大、政协等各种平台参政履职。强化学习交流与合作，与民盟金坛区委联合开展工业旅游调研。高质量完成民建常州市委招标调研课题1项，《推动常州乡村品牌建设加快实现共同富裕目标》获评常州市政协年度优秀调研成果奖。全年向上级提交社情民意20余篇，其中副主委陈林凤撰写的《网售射鱼器存在极大安全隐患待监管》被民建江苏省委录用。参与各类征文活动，副主委陈林凤撰写的《政党协商视角下“窑洞对”政治行为价值的现实启示》获中共江苏省委统战部和省社会主义学院联合举办的“多党合作与中华民族伟大复兴”征文活动二等奖。组织会员参加常州市政协“强化委员责任担当和协商能力建设”征文活动，优选并提交征文3篇。组织参政议政。全年向市区人大、政协提交人大建议及政协提案20余件，其中2件获评区政协年度重点提案。蒋丽萍、徐俊霞获评为全区年度优秀政协委员。基层委提交的《关于进一步推进我区集体经营性建设用地入市的建议》《关于加快职业教育产教融合提升全区创新支撑引领的建议》以及杨云会员提交的《关于对金坛非遗传承前景的几点建议》获区政协年度优秀政协提案，《金坛“公园城市”建设路径思考与建议》获区政协年度优秀调研报告。

【社会服务】 2022年，民建金坛区基层委员会组织会员参与疫情防控工作，累计捐款30余万元。深化社会服务品牌化建设，开展“思源工程——少数民族贫困学生助学行动”，为7名受助学生提供个性化资助，共计2万余元。通过春节走访慰问和定期网络集体交流等方式，关注学生动态、关爱学生成长成才，1名研究生、4名大学生完成学业并走上工作岗位。组织助学款筹集和受助学生增补工作，筹集助学款9万元，新增受助学生4人。服务会员企业，先后组织会员走访鑫品茶叶、富居环保、千秋大药房、伊曼美容、波仕曼、南京公诚节能新材料研究院等会员企业，了解会员企业发展情况，为企业更好更快发展出谋划策。

【宣传工作】 2022年，民建金坛区基层委员会不断创新宣传工作方式方法。2篇新闻稿件被中央《团结报》录用，40余篇稿件被各级媒体录用。其中，李星明撰写的《滴水有爱涌如泉》在《团结报》刊发，被新华网、新浪网等网络媒体转载，获评全省优秀新闻作品。 （李星明）

民进金坛支部

【概况】 5月20日，中国民主促进会常州市金坛区支部成立。至年底，支部共有会员6人，平均年龄40.1岁，会员来自金坛区机关事业、教育、金融等行业领域。年内，民进金坛支部获评全市会务工作先进集体，3名会员受到民进常州市委表彰。

【组织建设】 2022年，民进金坛支部加强思想引领，坚持用党的最新理论指导实践。组织会员参加常州市民主党派新成员培训班，到小红妈爱心站春风社区开展“庆祝二十大，星火润初心”主题党日活动，参加区委组织部、区委统战部联合举办的全区党外代表人士培训班，参加民进市委组织的“观故居，增共识”活动，参观名人故居、思想教育基地、进行会史会章学习，参加民进江苏省委举办的书画展。

【参政议政】 2022年，支部会员庄九华报送的信息《房屋拆迁补偿评估中存在问题亟待重视》被民进中央采用，受到民进江苏省委表彰。主委庄荣珍获民进常州市委“社会服务先进个人”称号，副主委倪冠华获民进常州市委“宣传先进个人”称号、会员庄九华获民进常州市委“参政议政先进个人”称号。

【社会服务】 2022年，民进金坛支部开展“文明实践”主题活动，组织会员与常州艺海风教育师生到金坛北门社区新时代文明实践站，举办“书法进万家，义写春联”活动。与民进开明书画院书画家一行到常州市金坛区艺海风培训托育中心考察调研，关注社区艺术教育和托育现状。 （倪冠华）

农工党金坛支部

【概况】 2022年，中国农工民主党常州市金坛区支部委员会学习贯彻中共二十大精神，履行参政议政职能，发挥党派界别优势，深入基层开展社会服务。年内发展新党员2名，至年底，全区共有党员22名。

【组织建设】 2月，在农工之家召开支部年度工作会议，制定年度工作计划。8月，主委谢惠琴到溧阳党校参加骨干党员培训班。9月，支部全体党员通过视频会议参与为期3天的社情民意写作专项培训课程。11月，邀请常州市委办公室召开“社情民意写作培训宣讲会”，提升支部党员参政议政能力。支部宣传委员史文瑶被农工党江苏省委评为2017—2021年度全省思想建设工作“先进个人”。获2021—2022年度“优秀党务工作者”“优秀党员”称号的2位支部党员得到农工党常州市委嘉奖。

【参政议政】 2022年，农工党金坛支部提出《关于加强老年人慢性病医疗服务的建议》《关于自建房安全管理的意见》《关于在疫情常态化防控下加强医疗机构护工规范化管理的建议》等社情民意信息。完成农工党常州市委调研课题《关于提升基层医疗机构康复诊疗功能的建议》。支部副主委张彦、参政议政委员黄晓春参与区政协会议并提交《美丽乡村建设——打通最后一公里》《关于解决老城区停车难问题的建议》提案。

【社会服务】 5月，农工党金坛支部组织多位党内医疗工作者和志愿者，开展“社区送温暖——关注心理健康，走进困难人群”活动，为金江苑社区居民提供心理健康咨询和基础健康检查服务。6月，支部党员黄晓春作为区新社会阶层代表参加全省第十五期新社会阶层培训。8月，联合人民医院、指前镇医院到指前镇开展送医下乡、老区送温暖义诊活动，走访慰问困难老人。10月，邀请医疗急救知识专家在段玉裁中学为初一学生开设校园医疗急救知识讲座。支部党员谢惠琴、史文瑶成为“益心为公”检查平台志愿者，参与区检察院组织的“益心为公”检察志愿者座谈会活动。

（史文瑶）

金坛区工商联

【概况】 2022年，区工商联组织引领全区广大民营企业家聚焦提升最大贡献力，聚能打造最强增长极，为奋力谱写“美丽常州金坛样板”新篇章贡献民营经济力量。至年底，区工商联会员总数2742个，其中企业会员2566个、商会组织21个。

【政治引领】 2022年，区工商联组织区工商联（总商会）系统党员干部和广大民营经济人士到中共苏皖区一大会址和新四军江南指挥部纪念馆参观学习，举办全区民营企业家“学习二十大·奋进新征程”学习思想交流会。镇、街道、园区商会功能性党支部覆盖率达100%，其他所属商会根据党员人数和实际运行情况，成立6个独立功能性党支部和2个联合功能性党支部。

【建言资政】 2022年，区工商联组织企业家人大代表和政协委员在“两会”提交议案提案建议23份。编印“两个健康”（非公有制经济人士健康成长和非公有制经济健康发展）工作专报3期，在加强到金坛投资企业家城市融入等方面提出合理化意见建议。加强调查研究，形成《对金坛区民营企业家传承发展状况的调研和思考》《关于对区工商联所属行业商会发展与建设现状的调研报告》《多措并举克难求进，力促金坛区时尚产业迈上微笑经济创新之路》等调研报告。联合区融媒体中心开设“两个健康·坛商今谈”访谈专栏，对35位企业家副主席（副会长）进行全媒体宣传报道。

【营商环境优化】 2022年，区工商联加强所属商会标准化、规范化建设，制定出台《常州市金坛区工商联（总商会）议事规则（试行）》《关于进一步规范机关日常管理的通知》《全区商（协）会建设考核评价办法》等规范性文件。实行专职主席到区总商会轮值、挂钩联系基层商会等制度，相关工作被《中华工商时报》和省市条线新媒体平台宣传报道近20次。投入50余万元对区总商会集中办公点进行改造提升。4月，成立金坛安徽商会，吸纳会员企业近200家。苏州金坛商会、南京金坛商会有序筹建。区浙江商会被评为“全国‘四好’商会”和“省商会组织先进集体”；金城镇商会、直溪镇商会和建筑行业协会被评为“江苏省‘四好’商会”。区工商联与区司法局对接，指派律师为商会提供法律咨询、普法宣传、权益维护和纠纷调解等服务。与区税务局共同开展“春雨润苗”专项行动，在区总商会挂牌设立“税收志愿服务驿站”，为纳税人、缴费人答疑解惑。8月17日，举办民营企业家座谈会，与企业家面对面交流。建立企业发展诉求“金企事、尽心办”即知即办机制，到50余家执委企业走访调研，形成专题调研报告3篇。引导直属行业商会、基层商会和会员企业发挥资源优势，履行社会责任，全区民营企业和商会组织捐款捐物金额超320万元。支持民营企业参与光彩事业和公

8月17日，全区民营企业家座谈会在茅山国际会议中心举办 （区工商联 供）

益慈善事业，组织动员慈善认捐5000余万元，光彩基金达成意向捐赠1100余万元。联合上海交大举办民营企业家队伍建设“百千万工程”金坛“万人班”2个，企业高层管理人员220余人参加培训。聘请5名成功企业家组建青商会导师团，通过课堂教学、企业会诊、实战演练等方式，促进年轻一代民营企业家健康成长。

（陈　薇）

金坛区总工会

【概况】 2022年，金坛区总工会以习近平总书记关于工人阶级和工会工作的重要论述为行动指南，推进产业工人队伍建设，召开区工会产改工作联席会议3次，出台《关于提高技术工人待遇的实施意见》文件，中德（常州）创新产业园设立产改样板指导站，举办产改专题培训班和首场民营企业家产改座谈会。加大四级产改试点体系建设，督促指导97家四级产改试点单位和2家试点园区制定产改方案。加大产改宣传，全区产改工作报道被市级以上媒体录用12篇。至年底，全区基层工会组织1791家，工会会员数25.91万人。

【思想引领】 2022年，区总工会学习宣传贯彻中共二十大精神，举办“劳动者之歌”职工原创文学艺术作品征集、“我想对党说”心语征集、“强国复兴有我”手机摄影培训、“弘扬劳动精神”送文艺进基层、“党的二十大精神在工会·劳模工匠说”宣讲等活动。以“劳动创造幸福”为主题，线下开展“劳模工匠进校园·思政教师进企业”活动11场次，推出职工读书直播间，邀请7名优秀领读员走进广播电台分享体现红色主题、弘扬“三种精神”（劳模精神、劳动精神、工匠精神）优秀读物。开展“线上”庆“五一”活动，通过线上征集优秀职工原创文学、艺术作品170余件。全年推选市五一劳动奖章20名，市五一劳动奖状8家、市级“工人先锋号”16家，牵头评选第二届“金坛工匠”5名。

【职工素质建设】 2022年，区总工会在高铁枢纽、河海大学常州新校区和金城大道等项目开展重点工程劳动竞赛活动。加强职工技术技能培训，完成1万名职工技能培训和师徒结对备案建档55对。开展技能比赛，举办应急管理业务、服装缝纫工、电焊工、物业消防、家政护理等7项职业技能比赛，组队参加市总工会组织的工业互联网预测性维护、工业产品数字化设计与制造技能竞赛活动，分别获二等奖、三等奖。深化劳模创新工作室建设，推动科技镇长团和劳模工作室“团室联谊”合作，帮助劳模创新工作室所在企业与学校院所建立产学合作。组织全区109家单位参加“安康杯”竞赛，参赛职工3万多人，江苏儒林建设工程有限公司获全国安康杯优胜单位。以产业工人队伍建设改革为主题开展“送文艺进产改试点单位”活动，到园区、企业开展10余场。

11月，中德（常州）创新产业园设立产改样板指导站　　（区总工会　供）

【关爱职工行动】 2022年，区总工会组织3049名一线职工健康体检，安排600名一线职工和43名劳模先进疗养。为5000名户外劳动者免费赠送意外伤害互助保障，“工会大病互助保障”覆盖3249人。新建和改造提升户外劳动者驿站25家，建成全市首家24小时服务花山加油站户外劳动者驿站，全年服务货车司机455人次、网约车司机103人次、周边道路养护工人等167人次。打造女职工全周期服务平台康乃馨服务站15家。全区各级工会共筹集发放送温暖慰问款物18.26万元，金秋助学金1.24万元，职工享受消费补贴6万元。全年走访慰问各类企业200多家，慰问各类劳模和职工1.5万余人。全年向小微企业返还工会经费1781万元，惠及小微企业5143家。发放创新创业贷款198笔，贷款总额超3000万元。运用工会平台，助力乡村振兴，消费帮扶40余万元。

【职工阵地建设】 2022年，区总工会累计投入800多万元用于职工阵地建设。推进区工人文化宫健身中心建设，儒林镇区域职工活动中心、直溪村职工活动中心建成并投入使用。做好工会“职工书屋”和“职工书屋”示范点，金坛区税务局、金坛经济开发区税务分局被中华全国总工会评为2022年全国工会职工书屋示范点。“江苏工会”平台用户注册数超11万人，位列常州市辖市区第一。组织开展全区职工篮球、游泳比赛，组队参加市第一届职工篮球、网球比赛，分获冠军、季军。

【职工权益保障】 2022年，区总工会接待职工来访34起，协调解决职工反映的情况。妥善处置市总工会交办信访件4起。全年镇、街道设立9家职工法律援助站，实现板块全覆盖。开展“和谐发展·法治护航”法治宣传行动，进企业、进社区开展法治宣传活动共16场次。加强线上线下“互联网+”法律宣传，在金坛工会公众号上开展“工会法”有奖答题活动，共3840人参加答题。全年签订集体合同1419份，覆盖企业1419家，覆盖职工5.03万余人。

【工会组织建设】 2022年，全区新建百人以上企业工会35家，新建外资企业、港澳台资企业工会87个，推动专题园区、商务楼宇、商圈市场等区域性工会联合会建会率超80%，累计发展1000多名新就业形态劳动者入会。区总工会开展“大走访、大调研、办实事、促发展”实践活动，各级工会干部开展大走访、大调研活动400多人次。举办全区工会干部推进“532”发展战略能力素质提升班和全区工会社会化工作者综合素质提升班。组织开展金工暖“新”“新”心向党——“8+X”综合服务集市活动，联合区委组织部、金坛区邮政分公司联合开展金坛快递和外卖行业党工结对共建活动。蜂巢能源科技股份有限公司获评省级党建带工建“三创争两提升”示范单位，常州市卿卿针织厂获评市级党建带工建“三创争两提升”优秀成长案例。

（王　兴）

共青团常州市金坛区委

【概况】 2022年，共青团常州市金坛区委聚焦主责主业，团结引领广大团员青年勇于担当、奋力作为。团区委获全国大学生“返家乡”社会实践活动表扬单位称号、“青春常在·菁彩金坛”青年人才计划获品牌项目奖。至年底，团区委共有直属共青团组织28家、基层团委和团工委53个、团（总）支部1464个，共青团员17793人。

8月25日，金坛人才政策“学习达人”挑战赛在江南明都国际酒店举办

（团区委　供）

【共青团主题教育】 2022年，团区委加强青年思想引领，带领全区各级团组织和广大青年学习宣传贯彻中共二十大会议精神，全区团支部开展专题学习覆盖率达100%。开展“喜迎二十大、永远跟党走、奋进新征程”主题教育实践，组织团干部、团员青年和少先队员到基层开展沉浸式宣讲140余场、红领巾寻访13次。召开学习贯彻习近平总书记在庆祝中国共产主义青年团成立100周年大会上重要讲话精神暨“五大行动·菁锋建功”青年座谈会。

【青年青春建功】 2022年，团区委组建金坛高铁枢纽建设、金沙大道污水主管工程等43支青年突击队投身建设一线。创新开展“全国首批大学生‘返家乡’社会实践试点”品牌实践活动，活动吸引来自复旦大学、南京大学、浙江大学、东南大学、武汉大学等94所知名高校359名金坛籍在校本科生、研究生参与。成立南京、镇江、武汉、沈阳、西安5个驻外团工委，竞选产生驻外团组织班子成员。启动“河海菁彩在金坛”项目，与河海大学建立青年联席会议制度，协同河海大学在直溪镇迪庄村合作设立大学生校外实践基地。全年建设完成“梦想小屋”54间，资助区19名优秀困境高三毕业生圆梦大学。

【青年人才服务】 2022年，团区委宣传金坛区人才政策，举办“学习达人”挑战赛，省内外2100余名青年参赛。开展“菁相遇·坛相聚”青年人才交流活动，中创新航科研人员、全区紧缺专业人才、到金坛实习实践优秀学生等50余人参加活动。组织企业中高层管理人员50余名参加“浪漫柚山·为爱点灯”七夕主题活动。服务优秀企业青年员工，提供青少年宫素质课程免费选学名额50个。开展“联青服务”系列工作，依托联青服务站，组织团干部定期开展集中服务活动，全年累计走访企业21家，与企业青年座谈交流4次，帮助困境青少年60余名，实现“微心愿”近百个。

【青年创新创业】 2022年，团区委推动青年群体助力乡村振兴，2名农村领域先进青年入选首届“江苏省乡村振兴青年先锋”。持续与农业银行等相关金融机构合作，聚焦农村青年创业群体，全年发放“新农菁英”青年创业贷款580余万元。依托区青年创业服务中心举办创业培训近20期、技能培训10余期，累计180余人进行创业，140余人取得职业资格证书实现更好就业。产研融合菁“智”提升工程项目入围全省共青团工作“10100”创新创优工程。

（李耀文）

金坛区妇女联合会

【概况】 2022年，金坛区妇女联合会以妇女、儿童实际需求为工作出发点和落脚点，团结引领全区妇女激扬巾帼之志、展现巾帼之美、奉献巾帼之力。至年底，全区共有镇（街道）妇联组织9个，园区妇联2个，度假区管理办妇联2个，机关妇联34个，村社区妇联123个，新领域新就业群体妇联27个。年内获评省妇女儿童工作先进个人1名、市“十三五”妇女儿童工作先进个人5名、先进集体6个。

【思想政治引领】 2022年，区妇联依托“金沙听她说”巾帼宣讲队伍，到村、社区开展宣传宣讲，创成省市“在你身边”文明实践巾帼志愿阳光站各1家。开展“巾帼心向党”系列宣传，家庭教育、妇儿维权、改革破难等工作相继在“学习强国”学习平台、《中国妇女报》、新华网等宣传报道。举办“强国复兴有我 巾帼筑梦远航”、学习宣传贯彻中共二十大精神座谈会等主题活动。选树潘芳芳、彭祖玲等4个省、市三八红旗手和1个市三八红旗集体。

【妇女创业就业】 2022年，区妇联启动“全域秀美 扮靓庭院”——金坛区“美丽庭院”助力全域旅游创建行动。引领带动乡村妇女及其家庭成员参与“五乱”治理、生态宜居美丽乡村建设。联合茅管办召开全区妇女“双学双比”现场会暨2022年仙姑丰收节活动，开展“我的美丽地带”庭院微改造大赛、开设“美丽庭院”大课堂、推广“一米菜园”“美家晒美庭院 共享美好生活”摄影、短视频征集等，让美丽庭院建设接地气、受欢迎、有特色、可推广。举办“巾帼新农人”智慧课堂培训班，培训妇女500余人次，促进农村女性创业就业、增收致富。创成省级巾帼文明岗3个、省级巾帼建功先进集体1个。创成市级女性人才公寓服务站1个、市级丁香女性创新创业服务基地1个、市级巾帼文明岗15个，吴小珍获评常州市“最美女科技工作者”、刘静瑜获评江苏省科技创新十大女杰。联合区人社局开展“春风送岗‘职’等你来”女性人才专场招聘会、“金工匠”职业技能竞赛，做好女性创业就业服务。联合区农业农村局挖掘培育省市区级巾帼示范基地14个，争取并发放扶持资金24.1万元。推进妇女小额担保贷款工作，发放妇女小额担保贷款1230万元，贴息42万余元，帮助80名农村妇女解决创业资金难题。

【妇儿权益维护】 2022年，区妇联发动全区各级妇联组织开展“巾帼暖人心”慰问活动，对辖区内380余名困境妇女儿童、“两癌”（乳腺癌、宫颈癌）妇女等特殊人群开展走访慰问，慰问款物合计30余万元。开展“六一”慰问及爱心助学活动，辐射带动相关单位、学校开展儿童关爱活动50余场。聚焦留守、困境以及新领域、新就业群体家庭，开展“走红色研学路线 扬爱国主义精神”“把爱带回家”“童心齐向党 喜迎二十大”等主题活动。连续3年开展“留坛过大年”关爱到金坛务工人员活动。发动448名巾帼网格员、135名巾帼法律明白人、123名未成年人观察员、2400余名妇联执委参与特殊困难群体和妇儿保障问题专项摸排。确定精准微关爱家庭40户，制定微关爱服务方案，确立7大项21个小项服务清单。实行机关党员分片挂钩联系服务制度，形成各级妇联主导参与、各类社会力量积极加入的多级联动关爱机制。发动社会各界参与“99公益日”活动，筹集捐款5.7万余元。

7月25日，区妇联举办“强国复兴有我 巾帼筑梦远航”——金坛区妇联“喜迎二十大”群众性主题宣教活动 （区妇联 供）

【妇联组织建设】 2022年，金坛区成立快递外卖行业妇联，发布“从心出发、暖‘新’计划”，以暖“新”8条开展精准服务。在女性典型家中、巾帼基地等地成立“妇女微家”30个。“暖蜂妇女微家”获评江苏省“最美妇女微家”。提升基层妇联干部素质，连续四年举办村（社区）妇联干部培训班。开展党员分片挂钩联系基层工作，发现和解决基层妇联工作重点、难点问题，挖掘和培育妇联工作特色品牌。 （赵 娜）

金坛区科学技术协会

【概况】 2022年，金坛区新增省科学教育示范学校1所、市科学教育综合示范学校2所，新增省科普教育基地3家、市科普教育基地6家。至年底，全区共有各级科普教育基地38家，科学教育综合示范学校12所，省级海智工作基地1家，企业科协45个，企业海智工作站5个。金坛区入选2021—2025年新一轮全国科普示范区，区科协被评为省科技志愿服务及科普中国工作优秀组织单位。

【科学普及】 2022年，全区科技志愿者注册人数4000多人，总数位居常州市辖市区第一。全区“科普中国”科普信息员6000多人。“知数达理”科技科普服务平台成为新时代文明实践五大平台之一。区科协获省全民科学素质大赛网络赛优秀组织单位奖。万叶水产合作社等3家单位创成省级科普教育基地。华罗庚实验学校创成省级科学教育创新示范学校。新增段玉裁实验小学等6家常州市科普教育基地。华罗庚中学曾梓桐《探析NCP流行病的数学模型》获第三届常州市青少年科技创新市长奖。

5月21—28日，金坛区举行全国科技活动周暨第34届科普宣传周活动，开展“走进科技 你我同行”主题活动，全区共举办100多场活动，区科协获评全国科技活动周暨江苏省第34届科普宣传周活动优秀组织单位。9月15—21日，开展全国科普日活动，举办“喜迎二十大，科普向未来”主题活动，全区共举办180多场活动，区科协获评全国科普日活动优秀组织单位，金坛第一人民医院“健康服务进企业”活动获评全国科普日优秀活动。7月25—26日，区科协邀江苏省科普大篷车及流动科技馆到金坛举行“弘扬华罗庚精神 体验科技魅力”展示活动，共有3个会场，活动受众近万人。

【学会学术工作】 2022年，区科协与省能源学会协作，联合刘加平、吴峰、杨逢春三位院士与蜂巢能源共建常州市首家院士协同创新中心“省新能源电池材料与装备产业院士协同创新中心”。依托21家会员企业建立重点科技服务需求清单，攻克高性能快充型动力锂离子电池、峰云平台等关键技术，分别通过省工信厅、省汽车工程学会权威鉴定。中国电工技术学会在朱林镇设立“江苏中电线缆研究院”项目，实现“制造业+服务业+高科技”融合发展。推动中国检验检测学会在中创新航设立科技服务站，向全区30多家制造型企业免费推送企业专利信息库，创新案例数位列常州辖市区第一。指导“智创汇众创空间”“金西众创空间”等众创平台举办学术沙龙30多场，邀请河海大学、南京医科大学等高校专家举办科技型企业家沙龙5次，内容涵盖新能源、新材料、新医药等区“五新产业”领域。征集并表彰37篇对全区经济创新发展有贡献的自然科学优秀科技论文。

7月25日，流动科普大篷车到金坛展示 （区科协 供）

【服务科技工作者】 5月30日，金坛区开展全国科技工作者日活动，举办“创新争先 自立自强”主题活动，走访慰问30名基层科技工作者代表。建设科技工作者之家，邀请专家学者21人次开展“双创”（创新创业）辅导，收集提供海外人才信息20个。江苏鹿山新材料有限公司陈磊被确定为常州市青年人才托举工程培育对象。黄金村党总支第一书记严清华获中国老科协奖。

【区科协第十次代表大会】 11月26日在市民中心召开。会议从180名代表中选举产生43名委员、27名常委、10名副主席，孙坚当选为主席。8名兼职副主席全部来自基层一线，委员中基层一线科技工作者占比超86%。 （丁立成）

金坛区文学艺术界联合会

【概况】 2022年，金坛区文学艺术界联合会下属文艺家协会8个。截至2022年年底，区文联各协会共有会员1653人，国家级会员51人，省级会员203人。区文联指导组织八个文艺家协会完成换届工作，召开区文联第十次代表大会。引导文艺工作者创作优秀文艺作品，获国家级、省级奖项79个。助力经济社会发展，主办“金秋新韵”文艺周、第十一届“洮湖”文学奖评选、“生物多样 生态优美·我们一起在行动”摄影展等系列主题活动。结合传统节日和重要时间节点，全年组织各协会开展文艺志愿服务活动近百场次。出台《2022年各文艺家协会考核办法（暂行）》，从组织建设、文艺创作、人才培养、日常工作等方面指导推进文艺家协会规范运行。

【区文联第十次代表大会】 11月5日在市民中心召开。全区265名文艺界代表参加会议。会议听取区文联第九届委员会主题为《凝心聚力举旗帜 守正创新助发展 为“美丽常州金坛样板”贡献文艺力量》工作报告，修改和通过文联章程，选举产生文联新一届委员会委员65名，许靖当选区文联第十届委员会主席。

【基层协会换届】 7月9—20日，区文联所属八个文艺家协会（作家协会、书法家协会、美术家协会、摄影家协会、音乐家协会、戏曲家协会、舞蹈家协会、民间文艺家协会）完成换届工作，58位文艺家进入协会领导班子。汤云祥、陈曦、程云仲、浦映、翟利华、王伟、祝柏华、周斌为各文艺家协会新一届主席。

【“金秋新韵”文艺周】 11月5—18日，“喜庆二十大 艺起向未来·金秋新韵”文艺周活动在金坛区市民中心举办。活动期间，由文联主办、各协会承办、近千名协会会员参与的两省三地书画联展、书画摄影新人新作展、锡剧青春折子戏、综艺及萨克斯专场演出，“考古与文明起源”讲座等文艺活动，共计300多个（件）节目（作品），多角度、多层次展示金坛区文艺发展成果。

【“金坛文联”微信公众号】 7月8日，“金坛文联“微信公众号正式发布，全年推出60期99篇文章。公众号设置“资讯速递”“艺苑百花”两大栏目，及时报道文联工作、协会动态和会员优秀成果，学习传达相关文艺政策、文艺理论等，打造“金坛文联”微信公众号和作协“金坛作家”、美协“墨韵金沙”、摄协“金坛摄影家协会”、书协“金坛书协”等协会微信公众号矩阵宣传新格局。

【《洮湖》杂志运营整合】 2022年，《洮湖》文学期刊出版6期，其中包括《文代会专刊》，累计出版141期，获得“江苏省文学内刊二十强”荣誉称号。3月，与区融媒体中心联合对《洮湖》杂志运营管理进行整合调整，杂志由区文联主办、区融媒体中心承办，在保持文学期刊基本属性的基础上，进一步扩展本土文化内涵。4月，《洮湖》杂志规范有序完成人、财、物整体交接。 （于 瑾）

金坛区归侨侨眷联合会

【概况】 2022年，金坛区成立新侨眷属联谊会，选举产生第一届理事会理事9名，通过《金坛区新侨眷属联谊会章程》。区侨联开展全区侨界青年调查，筹备成立金坛侨界青年组织，至年底共有68名侨界青年志愿加入。侨界政协委员为地方经济发展建言献策，共提交提案11篇、社情民意5篇，其中2篇获评优秀提案，台侨组获评先进委员活动小组。第六届委员会兼职副主席杨豪被评为江苏省归侨侨眷先进个人。

【引智引资】 2022年，区侨联推进新侨服务站建设，成立由社区干部、物业管家、网格员、志愿者共同组成的“暖侨”服务队伍，打造新侨“温馨之家”。摸排金坛籍海外博士信息

4月27日，第十一届《洮湖》文学奖颁奖仪式在江苏省金坛茅山旅游度假区游客中心举行 （区文联 供）

50条，推荐海外博士项目2个被西城街道采纳。提供外国人工作许可和侨界出入境服务29人次。接待香港捷丰集团一行考察金坛新能源项目。动员全区侨界参与抗疫，慰问在金坛新侨和留学生眷属50余户，涉侨企业捐赠防疫物资、生活必需品等价值150余万元。

【侨企服务】 2022年，区侨联推荐英国华人赵晓斌"生物基环保农用复合材料"项目获省侨界创新创业优秀奖。古籍印刷厂创成省级华人文化交流基地，晨风集团创成市级新侨创新创业基地，茅山金牛洞景区、茅山森林世界创成市级华侨文化交流基地。正信光电获评省优秀侨资企业。茅山茶海入选"2022国家级生态农场"，成为常州首家入选国家级生态农场茶园。邀请市政协常委、天正工业发展股份有限公司董事长张翀昊为侨商作题为《从"智改数转"案例探索数字经济对常州制造业发展的支撑作用》讲座。举办"港澳台侨女性中秋话发展"活动，邀请区税务局为侨商作进出口退税政策解读。开展"侨眼看金坛"活动，组织侨界人士到社区、工厂和新农村调研。

【侨界关爱】 2022年，区侨联在春节、端午、中秋等重要节日走访慰问在金坛归侨、重点侨眷、重点华侨华人、海归创新创业人才、在外留学生眷属等涉侨人士67户。制作并向海内外金坛侨胞邮寄金坛发展汇报书124封。与重点侨领、侨界人士保持沟通，与东非商会、美国、澳洲和回国创新创业侨界人士保持联系。协助第二十六届胡氏奖助金发放，共发放奖助金4.15万元，惠及学生20名，教师1名。与区人民法院、区政协工委联合编印各类侨法侨规和案例宣传资料，开展侨法侨规宣传。在7个社区设立侨法宣传角，联合区司法局开展侨法宣传进社区活动。开展主席接访工作，全年共接待侨界来信、来访、来电46件次，内容涉及防疫政策、就业、工作许可办理、金坛创业政策、人才补贴等方面，有效办结率100%。

【侨务宣传】 2022年，省、市侨联等官方网站和微信公众号录用金坛区侨务信息38篇，区侨联"金沙侨苑"微信公众号在28个微信群发布疫情防控政策、金坛发展和涉侨等信息84条，最高阅读次数8892次。8月31日，中宣部印刷发行局副局长董伊薇带队调研侨企古籍印刷厂。衔接海外媒体考察古籍印刷厂，日本北海道新闻刊登题为《勇敢专注古籍印刷业绩稳定》报道。中国江苏网对华人缪卫国、归侨耿春霞和姜方俊事迹进行题为《金坛升级配套政策吸引高层次人才"科创田园"成海归创新创业沃土》报道。全年在网易、常州网、常州统战等媒体宣传金坛侨字基地、典型人物等8次。推荐东非商会副会长陈顺祥接受中国新闻社和金坛区融媒体中心采访。

8月31日，中宣部印刷发行局调研侨企古籍印刷厂 （区侨联 供）

【区第六次归侨侨眷代表大会】 12月11日在市民中心召开。全区260位侨界代表出席会议。会议听取和审议金坛区侨联第五届委员会工作报告，选举产生区侨联第六届委员会，通过区侨联工作细则，聘请海外名士7名担任海外顾问、2名担任海外委员。区侨联第六届委员会第一次全体会议选举李佳真为区侨联主席，选举耿新民、孙铁囤、陈华、耿春霞、杨豪、尹娟、高珺为副主席。 （盛士琦）

金坛区残疾人联合会

【概况】 2022年，全区持证残疾人13523人，其中，肢体残疾人7733人，智力残疾人1503人，视力残疾人1463人，听力残疾人1194人，言语残疾人62人，精神残疾人1507人，多重残疾人61人。"打造新时代残联专职委员队伍"被评为2022年度全省残联系统创新创优示范项目。金坛区残疾人联合会获"省2022年公益助残网络募捐工作突出贡献奖"。

【残疾人扶贫】 党建助残 推动基层党组织与涉残机构结对共建。第32个"全国助残日"前，区残联和江苏嘉丰工程咨询有限公司党支部举行党建助残共建基地揭牌暨捐赠活动仪式，通过区慈善总会向残疾人之家捐赠扶残助残资金10万元助力残疾人之家农疗基地提档升级。"六一"儿童节到区小天使康复培训中心开展关爱小天使活动。春节、学习雷锋纪念日、"五四"青年节等节日，金坛儒林建筑公司、邮储银行金坛支行、金坛安徽商会等爱心企业党支部到区残疾人康复托养中心、残疾人之家开展慰问活动。5月，出台《关于做好我区疫情期间残疾人纾困解难补助发放的通知》，向符合条件的131名辅助性就业人员、11名盲人按摩师、2家助残社会组织发放补助3.4万元。

社会保障　推进困难残疾人救助帮扶专项排查行动。4月6日，区残联印发《全区困难残疾人救助帮扶专项排查整治行动实施方案》。4月19日，完成排查行动，解决信访问题5件。持证残疾人团体商业补充保险常态实施。继续实施惠及全区持证残疾人的重大疾病补充保险、人身意外伤害保险、“人安康·家安心”三种商业险。全年团体商业补充险共向181人赔付394万元。

教育就业帮扶　组织职业技能培训。5月，举行花卉果蔬种植技能培训班，培训50人次。6月，举行养老护理员培训班，培训20人次。7月，举办CAD制图培训班，培训15人次。10月，举行水稻种植培训班，培训56人次。新增实名制就业34人。发放残疾学生教育救助。对33名学生发放教育专项补贴4.1万元，对7名学生发放励志奖学金1.3万元。优化公共服务。区残联政务服务窗口向领证残疾人发放定制的装有残疾人证、残疾人商业补充保险宣传单页、助残政策宣传单页等“爱心助残袋”。全区新办残疾人证530本，为35人提供上门评残服务，办理15例残疾人证跨省通办业务。年审按比例安置残疾人企业337家，安置残疾人1371人。提升残疾人之家建设。6月底启动西城街道残疾人之家迁址新建工程。完成指前镇残疾人康复中心、金馨残疾人之家消防设施与内外部环境提档升级。6月指前镇残疾人康复中心通过常州市“三星级”残疾人之家验收。朱林镇三星村残疾人之家现代大棚种植面积由8亩扩大至16亩。

【康复服务】　特殊儿童少年康复培训。3月，区残联按常州市级标准实施救助并扩大救助范围。落实常州市残联孤独症儿童基本康复服务覆盖提升行动，转介80名孤独症儿童至定点机构康复。转介120名0—17岁残疾儿童少年到定点机构康复。8月，小天使康复培训中心消防改造工程竣工并通过验收。“三助一免”（助行、助视、助听和精神病人免费用药）服务。3月，联合区财政局转发《常州市残疾人辅助器具适配补贴暂行办法》。结合困难残疾人救助帮扶专项排查整治专项行动，为554名精神残疾人提供免费服药服务。残疾人免费健康体检。10月，在西城街道试点残疾人康复服务进社区提升行动，对西城街道、东城街道、尧塘街道、儒林镇东部四街镇符合条件的约1000名残疾人开展免费健康体检、辅具适配等服务，为30名残疾人提供居家康复服务。构建多层次残疾人托养服务体系。落实省政府民生实事项目，新增托养服务140人。投资近50万元对区残疾人康复托养中心实施水循环河塘改造，中心集中托养80人，其中残疾人67人，托养残疾人占托养人员总数比例位居全省同列机构前列。为80名有服务需求的残疾人提供居家托养服务。

【基层组织建设】　8月，区残联组织全区残联系统换届选举专题培训。8月31日、9月8日分别在西城街道翠园社区、指前镇试点召开村（社区）残协和镇（街道）残联代表大会，9月底完成村、镇两级残联组织换届选举。协会活动线上线下结合开展。肢残人协会举办“书香致远，自强不息”线上读书活动；聋人协会组织捡垃圾学雷锋活动；盲人协会举行“读书观影，喜迎二十大”活动；智残亲友协会开展走访智障儿童家庭活动；精残亲友协会开展“品书香、长学问、强素质、多受益”夏令营活动。

【残疾人权益维护】　6月，区法律援助中心残疾人康复托养中心法律援助工作站挂牌。信访局办结率100%，满意率100%。区残疾人法律援助中心受理残疾人民事法律援助案件15件，挽回经济损失30多万元。完成50户低收入残疾人家庭无障碍环境改造。“99腾讯公益日”活动筹款15.6万元。6月，“科技助浴公益行”试点项目与为100名重度残疾人累计提供1000人次助浴服务。完成2023年度残疾人机动轮椅车燃油补贴申请、审核、公示。

【宣传及文体活动】　2022年，省、市、区主流媒体宣传金坛区残疾人事业报道50多篇、金坛残联微信公众平台发布工作动态45篇，更新办事指南、扶残助残政策10多篇。《金坛日报》刊发“改善残疾人生活品质，坚持高

7月21—24日，金坛区组队参加常州市第七届残疾人运动会　（区残联 供）

质量发展走在前列”助残日专版，专题宣传孔锡生、于丽、陆文凯、陆文旋等残疾人事迹。7月21—24日，常州市第七届残运会上，金坛区获总分第二、金牌总数第二的成绩，区残联获“体育道德风尚奖”“优秀组织奖”。9月，金坛籍运动员参加省第十一届残运会夺得14块金牌、3块银牌、2块铜牌。

【区残联第六次代表大会】 11月10日在市民中心召开。全区包括60名残疾人在内的100名正式代表和各相关单位50名列席代表参加会议。会议选举产生金坛区第六届残联领导机构，推举区委常委、统战部部长、副区长徐俊同志担任区残联第六届主席团主席。推选刘坚为新一届执行理事会理事长、王建涛为副理事长。

（陈卫东）

金坛区红十字会

【概况】 2022年，金坛区红十字会弘扬“人道、博爱、奉献”红十字精神，统筹推进“三救三献”（应急救援、应急救护、人道救助；造血干细胞捐献、遗体和人体器官捐献、无偿献血）工作，发挥党和政府人道领域助手作用。至年底，全区有红十字会基层组织14个，团体会员单位7家，应急救护培训基地1个，红十字注册志愿者70人，红十字博爱家园3家，红十字志愿服务队3个。

【应急救护普及】 2022年，区红会到机关、学校、社区、企业、乡村等开展急救知识普及培训，发挥金坛区红十字生命体验馆作用，将救护培训纳入学生军训、夏令营课程。联合区妇联、区卫健局等单位组织相关人员进行培训，教授心肺复苏CPR和AED操作流程、常见突发事件处理方法等方面的救护知识，全年普及性培训10928名，取证培训1104名。

【红十字惠民实事】 2022年，区红会依托3家“红十字博爱家园”，开展“博爱送万家”活动，全年走访慰问325户困难群众。开展“微心愿”活动，为40户困难家庭发放有需求的小家电。在全区菜场、超市、行政服务中心等公共场所配置60台便民口罩机，全年累计免费发放口罩10万余只。红十字养老照护队负责人潘小花先进事迹获《中国红十字报》报道，开展的“家庭小药箱”活动，刊登在《中国红十字报》头版。全年接受捐赠款物合计156.29万元。其中，爱心企业捐献6台价值51万元血细胞分析仪定点投入到区乡镇医院，社会捐赠34.33万元疫情防控捐赠50.25万元，线上线下公益筹资12.01万元，对口支援陕西宁陕、石泉，支援物资8.7万元。

【“三献”工作】 2022年，全区登记29例遗体捐献志愿书、3例眼角膜捐献志愿书。与金坛血站合作采集造血干细胞志愿者血样136人份，实现1例造血干细胞成功捐献，全区累计实现7例成功捐献。

【区红十字会七届二次理事会】 5月23日在市民中心召开。会议总结2021年工作开展情况、部署2022年度重点工作安排，审议2021年度财务收支情况，并根据《中华人民共和国红十字会法》和《中华人民共和国红十字会章程》规定，选举区委常委、统战部部长、副区长徐俊为新一届区红十字会会长。 （韩 亮）

11月10日，唐王村博爱家园发放“微心愿”物资帮助困难家庭（区红十字会 供）

（编辑 刘士科）

法 治

政法委及综治

【概况】 2022年，全区政法机关坚持党对政法工作的绝对领导，坚持以人民为中心的发展思想，加强党的政治建设为统领，全面深化改革，为全区创设安全稳定的政治社会环境。深入推进“平安金坛”建设，开展区域社会治理现代化试点，维护社会和谐稳定，促进社会公平正义，保障人民安居乐业，护航经济社会发展。坚持以习近平新时代中国特色社会主义思想为指导，以中共二十大安保维稳为主线，以重大风险防范化解、打造一流法治营商环境等为着力点，聚焦金坛“五大行动”，奋力推动政法工作高质量发展，努力建设更高水平的平安金坛，为打造最美新城区、最强增长极，奋力书写“美丽常州新样板”实践提供坚强法治保障。区法院忠实履行法律赋予的职责，全年受理各类案件20456件，审执结19088件，强化集中执行常态化，开展专项执行活动16次。区公安机关以中共二十大维稳为主线，深化基层警务改革，完善执法管理机制，深化智慧防控体系建设，提升实战绩效，35项破案打击绩效居常州前三。区司法局发挥司法行政系统职能作用，提供优质法律服务，落实“大调解”工作理念，实现辖区人民调解组织全覆盖。全年调解矛盾纠纷17449件，调解率100%。坚持“以党建带队建、以队建促发展”工作思路，加强政法队伍建设，巩固政法队伍教育整顿成果，努力锻造一支政治坚定、业务精湛、战斗力强的政法队伍。扎实开展思想政治建设。深入学习中共二十大精神，坚决践行“两个维护”。全面落实政法工作条例，健全落实党委政法委员会全体会议精神、重大事项请示报告等制度。深入开展政治督察、“政治忠诚剖析”。加强和改进政治轮训，先后组织开展“深学笃行谱新篇、同心共筑二十大”基层社会治理培训、“践行二十大、公安青年说”微党课等活动。严格执行新时代政法干警“十个严禁”等纪律禁令，深入推进纪律作风建设。区政法各单位结合实际，依次出台并采取相应举措，持续推动排查整改顽瘴痼疾（违反防止干预司法“三个规定”；违规经商办企业和配偶、子女及其配偶违规从事经营活动；违规参股借贷；有案不立、压案不查、有罪不究；违规违法减刑、假释、暂予监外执行；法官、检察官离任后违规从事律师职业、充当司法掮客）常态化，强化党风廉政建设。常态化组织岗位练兵、技能比武，以及“树典型、学先进”“跟班先进找差距”等活动，进一步增强干警履职本领。年内，直溪派出所获评“全国公安爱民模范集体”、方圆获评“全省优秀人民警察”。政法队伍建设满意率居常州市前列。

【平安金坛建设】 2022年，金坛政法系统主动融入社会发展大局，着力夯实基层基础，防范化解各类风险，扎实推进平安金坛建设，为全区经济社会高质量发展创设安全稳定的社会环境和公平规范的法治环境。

全力攻坚矛盾纠纷化解，确保社会安全与稳定。围绕“五个严防、三个确保”工作目标，成立安保维稳工作领导小组及工作专班，落实零报告、军令状、任务书等工作措施，运用“日研判、周研判和月研判”对风险隐患及时预警、会商、交办和反馈，高效处置了金坛万达光语未来延期交付等一批突发事件，圆满完成北京冬奥会、上海进博会、中共二十大等安保维稳任务。组建区民事案件万人起诉率通报督导工作领导小组，制定《常州市金坛区诉前调解实施方案》等工作方案、《金坛区民事案件万人起诉率通报督导试点工作周研判、月通报、季约谈、年考核制度》等文件各4个、《全区推进诉源治理工作实施意见》1个，成立金坛多元解纷中心，实施专班推进，先后调解处置常州金坛半边山旅游管理有限公司、常州宏泰置业有限公司等纠纷案件2000余件，民事案件万人起诉率同比下降15%。开展社会矛盾纠纷大排查、大起底、大化解专项排查整治工作，抓实诉源治理，全年排查物业管理、婚恋家庭、交通事故等各类隐患828件，办理公证事项3312件，依法受理民事案件9590件，审结8790件。分层分类推进信访积案化解，办结涉法涉诉信访件151件。

推进社会治安防控体系和能力建设，织牢社会安全网，加密感知网，建成使用前端感知点位2000路。重点地区和高发案部位治安状况明显改善，刑事发案、“两抢一盗”（抢劫、抢夺、盗窃）案件、电信网络诈骗警情和损失数同比分别下降5.6%、9.5%、16.6%、7.6%。健全专业打击机制，依法批捕犯罪嫌疑人137人，提起公诉853人；依法审结各类刑事案件489件，判刑656人。深入开展打击养老诈骗排查整治专项行动，成功捣毁虚构保健功效高价售卖饮水机的涉老诈骗团伙1个。常态化推进“扫黑除恶”，办结举报黑恶势力的红网线索3条，扫黑满意率居全市第二。

加强基础工作，组织各类专项排查整治行动。深化“清患安居”专项整治，滚动清理群租房安全隐患696处，单位场所消防隐患整改率居全市前列。开展特殊困难群体和侵害妇女儿童权益保障问题排查整治专项行动，共排查各类特殊困难群体对象10760人、机构105个，梳理问题40个，并全部完成整改。持续深化清除隐患工程，靶向治理国省道沿线豁口隐患79处，加装警示爆闪灯1000余处，严管整治行人和机动车致祸行为，亡人交通事故发生率同比下降27.6%。深化“平安校园”“平安医院”等系列创建，问题联治、工作联动、平安联创成果不断巩固。

优化法治营商环境。开展“优化法治化营商环境执行年”1＋4（企业信用修复“暖企”行动加市场主体出清“助企”行动、善意文明执行“护企”行动、涉党政机关执行积案清理“惠企”行动、执行信访突出问题攻坚化解“安企”行动）专项行动，对689家失信企业及1606件关联案件进行集中清理，推动失信企业存量和增量同步降低。主动对接“微笑园区”“微笑平台”和“微笑企业”，为有知识产权突出需求的创新企业提供定制化检察服务5次。坚持服务发展，组织律师走进蜂巢能源、大唐热电、中创新航等企业“把脉问诊”，搭建律师与企业互通的桥梁和平台。组建基层法律服务工作者“法治体检”服务团，走访企业49家，为企业解决法律问题140余件。快侦快破侵害企业权益案件24件，挽回经济损失2000余万元。

【区域社会治理现代化试点】 2022年，金坛区深入推进平安金坛、法治金坛建设，开展区域社会治理现代化试点创建工作。区委政法委成立试点工作专班，制定试点工作细则、任务分解指引，多次召开工作任务分解会、部署会、推进会，形成全区区域社会治理现代化评估工作总报告1个、子报告70个，编写工作资料110余册、全景宣传手册1个。开设《试点创建金坛在行动》微信公众号栏目，联合区融媒体中心制作社会治理节目10期，实时宣传各版块社会治理现代化试点创建工作，相关经验做法被《江苏法治报》等省级媒体刊用报道。围绕“五类风险”（政治安全风险、社会治安风险、社会矛盾风险、公共安全风险、网络安全风险）、“五治融合”（政治、法治、德治、自治和智治）等14大类，创新打造社会治理特色项目和经验做法30多个，其中精神障碍患者“高实专细”服务法等9个特色项目列入常州市级典型案例。培育社会治理创新项目。开展创新项目评比，全年评出创新性、惠民性、实效性区级项目14个。

【网格治理】 2022年，金坛区印发《关于深入推进精网微格工程的实施意见》，优化调整现有网格，科学划分微网格，做小做细基层治理单元。至年底，全区共有网格3124个，其中综合网格589个，专属网格108个，微网格2427个，微网格联络员2572人。提升网格工作规范。修订网格化服务管理办法，印发网格员巡查走访规定，配齐辖区内所有专职网格员、微网格联络员工作装备。规范城乡网格化服务管理工作。推进镇（街道）综合指挥中心建设，督查调研并因地制宜做好各镇（街道）指挥中心建设规划部署。优化网格队伍建设。组织各镇（街道）业务骨干参加网格调整、微网格划分以及新平台操作使用培训，集中培训网格员代表137名。指导选聘熟悉情况的业委会成员、物业人员、小区管家、村民小组长、楼栋长等党员和群众担任微网格联络员，推进“熟人社会治理”。加强网格化工作宣传。制作网格宣传手册，设计

9月7日，全区基层社会治理工作现场推进会在儒林镇召开 （张永成 摄）

网格工作宣传视频、宣传标语，编发网格宣传短信，通过微信朋友圈、金坛手机台投放宣传。做好疫情防控和“12345”政府公共服务热线工作。金坛区网格化服务管理中心2022年共接收公安推送数据20余万条，区级二次派单近3万条，中心工作人员坚持24小时在岗，指导、督促网格员对数据进行核查动态清零。组织各镇、街道积极申报网格平安之星，宣传优秀网格工作者，至年底，全区被评为市“平安网格”之星（积极分子）共6人。（张永成 杨 滟）

法治政府建设

【概况】 2022年，区委依法治区办公室印发《金坛区法治工作考评通报制度》，明晰法治工作考核新要求，把“法治建设第一责任人依法履职情况”“法治调研”“行政执法规范化建设”等项目列入金坛区“法治工作”基础项目积分表重要内容，每季度形成法治建设工作情况报告报区委、区政府分管领导审阅，并通过电子政务平台同步通报至区各部委办局、各镇（街道），创新满意度测评形式。9月底，委托第三方机构，采用电话调查模式，开展镇（街道）法治建设满意度测评，年底直接与各镇（街道）依法治区得分挂钩；11月中旬，以广告形式定制“法治金坛建设满意度调研”，通过微信朋友圈向全区16~65周岁微信用户发送法治满意度测评信息20余万条。严格行业考核。制定下发《金坛区法律服务行业考核办法（试行）》，强化律师事务所、法律服务所日常监督管理，保障法律服务行业风清气正。加强复议体制改革，完成行政复议场所规范化建设，行政复议功能室11月正式启用。年内，行政复议决定书获省2022年优秀行政复议决定文书二等奖1篇，行政复议案件被省司法厅评为全省涉企行政复议典型案例1件，行政应诉案件获市2022年度行政应诉案卷评查优秀案卷1宗。

【行政复议与应诉】 2022年，金坛区共收到行政复议申请140件，同比增长218%，其中受理91件，同比增长139%，结案86件（含结转9件），直接纠错4件，实质性化解行政争议16件。办理以区政府为被告的行政诉讼案件52件，同比增长174%，未发生败诉案件。制发行政复议建议书7份、行政复议意见书3份，制发行政机关负责人出庭催告函62份，办理信访复查案件6件。

6月27日至7月1日，区司法局组织全区9个镇（街道）400余名一线执法人员进行学习行政处罚法的闭卷考试（区司法局 供）

【行政规范性文件备案审查】 2022年，金坛区司法局审查办理区政府行政规范性文件3件，其中2件向市政府和区人大常委会申请备案；审查区资源规划局移送的征地、农用地转用项目材料，出具合法性审核意见书25份；审查办理其他单位移送的各类文件30余份。依照政府重大决策的法定程序，对列入区政府年度重大行政决策事项目录的重大行政决策事项进行合法性审查。建立重大行政决策工作联络机制，年内，完成重大行政决策评估工作2件。

【行政执法监督】 2022年，金坛区强化行政执法队伍能力建设，协助指导30余家部门开展法治培训，提升规范化执法水平。开展贯彻学习《中华人民共和国行政处罚法》专项督查，组织全区9个镇（街道）400余名一线执法人员、执法辅助人员、下沉人员参加闭卷考试。对2021年10月1日至2022年9月30日区级各行政执法机关及其镇（街道）综合执法局已经办结的行政许可和行政处罚案卷进行评查。对2021年度13个行政执法部门出台的本单位的重点领域涉企常用行政处罚自由裁量标准和免罚清单进行进一步梳理，并新增轻罚事项和专精特新企业事项。推行证明事项告知承诺制，印发《常州市金坛区实行告知承诺制证明事项清单》，公布9个部门重点清单54项。

（施 意）

公 安

【概况】 2022年，区公安机关以中共二十大安保维稳为主线，以新一轮社会治安防控体系建设和过硬队伍建设为核心引擎，以“练内功、树形象、争一流”为价值追求，加快“市县主战、派出所主防”现代警务建设，提升平安建设硬实力、公安核心战斗力和铁军担当执行力。

【基层警务改革】 2022年，区公安机关深化室引领队、所队融合、机关支援等勤务机制改革，实现派出所赋能增效、回归主业。改建儒林、水北、东城、西城所队营房，开展“局领导当派出所民警”换位实践活动，优化基层所队班子结构，为复杂社区授配青年民警。转变传统上门走访方式，优化基础管控模式。实施“二维码”门牌建设应用工作，提升社区警务质态。坚持“保发展就是保民生”理念，创设中德产业园综合服务站、河海大学工地警务室，建立劳务中介风险联动化解模式，强化环长荡湖区域警务协作，为26家星级企业、7家专精特新企业、3家独角兽“瞪羚”企业配备专职联络员，快侦快破盗销新能源动力电池原材料等涉企案件24起，挽回企业直接经济损失2000万元。紧盯警情强化治安问题治理，做实精准反诈措施，靶向整治东城街道、九洲里安置小区和外来人员集中居住区。深化常态清查和动态巡防警务机制，快速扭转传统侵财发案势头，全区刑事发案、“两抢一盗（抢劫、抢夺、盗窃）”、电信网络诈骗警情同比分别下降4.7%、4.1%、13.4%。

【执法管理机制完善】 2022年，区公安机关实施执法规范“争先”工程，推进派出所案管室标准化建设和等级化管理，落实群众投诉每日督办、执法管理每周例会、执法问题会诊查改等机制，着力提升执法质态。实行逢训、逢晋、逢新必考制度，加强“街面警情处置指导意见”等实务知识学习，促使规范执法成为民警的自觉行为。健全落实维稳工作专班、风险联合研判、依法谋略处置、隐患滚动清零机制，超前化解学区划分、破产债权、楼盘交付等突出风险。坚持群租房隐患“现场办公”、危化品“一企一策”、行业场所“问题清单”等常态监管模式，动态清理群租房安全隐患696处。对生产型企业主要经营者，依法慎用羁押性强制措施，最大限度维护正常生产秩序。开展交警部门“控扣车、压期限”专项整治行动，实行“非必要不扣车”机制，对常见交通违法即时纠正的当场警告教育，做到执法有温度。以升级建设大数据侦查中心迭代升级牵引专业打击体系重塑，推行案审“分片包案”制度，推动提升打处质量和办案效率。年内，破获刑事案件数、抓获刑事作案成员数同比分别上升11.2%、11%，35项破案打击绩效位居常州市前三。

【道路交通安全管理】 2022年，区公安机关持续深化“清除道路交通隐患”民生工程，实施G233指前段、S340经开区段专项治理，即排即改小微道路隐患216处，提前完成事故重点路段的摘牌销号；靶向治理国省道沿线豁口隐患79处，在县乡道加装警示爆闪灯1000余处。全年交通事故亡人数同比下降22.2%。健全完善危化品、出租房屋、基层消防等领域隐患动态排查、溯源管理、集中整治、执法监督工作机制，巡检单位场所1.3万家次，集中排查群租房安全隐患631处，查处违法运输危险品案件3起，消除重大消防隐患21件，隐患整改率98.78%。

【科技强警】 2022年，区公安机关加快推进防控体系数字化转型，深化智慧防控体系建设，提升警务实战运行绩效。围绕“人、车进入金坛全程掌控”目标，新建多维感知前端点位2000路，对163个公共场所、131个老旧小区和61处群租房集居点进行加密补盲，提升覆盖率和智能化程度。同时，替换改造技防设备567套，介入服务“技防镇”建设项目6个，巩固完善“封圈、织网、控点”防控布局。搭建千亿级数据资源池和多类型信息专题库，升级多维研判平台功能，深化流调溯源、逃犯比对、车辆查缉等实战场景数据应用。科学调整巡防责任区15个，开展“亮灯”巡逻行动，街面侵财警情同比下降22.9%。

【专项行动】 3—12月，开展“交通安全畅行”提升行动。区公安机关对市民中心、吾悦广场、人民医院周边和老城区拥堵区域进行交通优化，全年优化重点路段27条、绿波带140个，新增施划停车泊位1349个，规范道路收费停车区域23个。针对酒驾、超载、炸街车等交通重点违法行为组

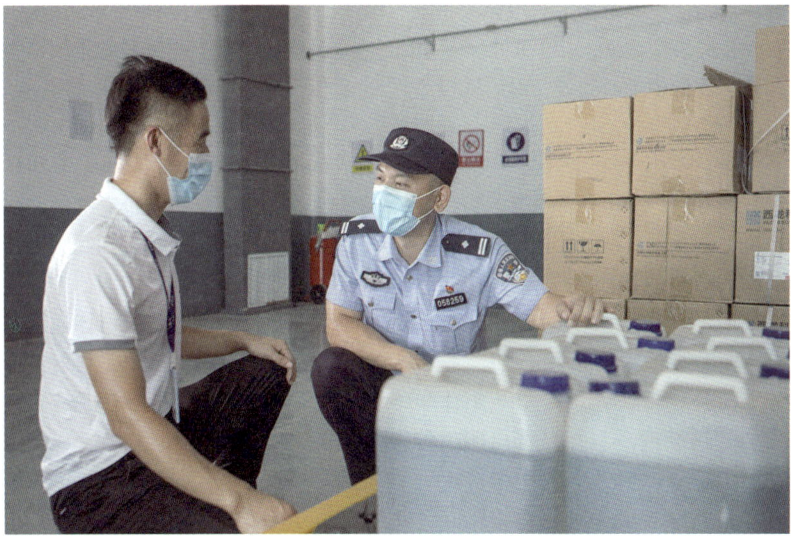

7月13日，公安民警在飞荣达科技（江苏）有限公司检查危化品
（潘一平 摄）

织联勤查控，全年严管整治行人和非机动车闯红灯、乱穿马路违法行为3.5万起。

5—10月，打击整治养老诈骗专项行动。区公安机关围绕养老诈骗违法犯罪线索，紧盯以提供“养老服务”、投资“养老项目”、销售“养老产品”、宣称“以房养老”、代办“养老保险”、开展“养老帮扶”等手段实施的集资、非法吸收公众存款、组织领导传销、制售伪劣商品、生产销售有毒有害食品、生产销售提供假药劣药、合同诈骗等违法犯罪，出重拳、下狠手，开展精准打击。专项行动侦破养老诈骗专案5起，抓获犯罪嫌疑人53名，追缴赃款63.98万元。

夏季治安打击整治“百日行动”。区公安机关组织警力对社会面治安清查和夏夜治安巡查宣防统一行动5轮次，日均投入警力416人次，成功侦破邪教组织、特大网络传销、省毒品目标案件等重点专案5起，破获刑事案件178起，查处治安案件782起，抓获犯罪嫌疑人694名。

【刑事案件侦破】 *侦办侵犯公民个人信息案* 2021年10月，区公安分局涉网打击中心民警发现有人在“西取数据”频道Telegram软件中出售公民个人信息，遂开展深入侦查。经侦查，该团伙犯罪嫌疑人利用非法手段获取公民短信数据，在Telegram等境外社交软件中进行售卖，而后通过虚拟货币交易方式逃避打击，非法获利上亿元。经缜密研判，区公安分局于2021年12月至2022年1月，组织精干警力赴北京、浙江等地展开收网行动，抓获犯罪嫌疑人13名，截获非法获取的公民个人信息数据8600亿条，挽回损失4000余万元。

破获跨境贩卖毒品案 2021年12月，区公安分局东城派出所民警在网上巡查时发现有人兜售合成大麻素，并在聊天中取得对方信任。民警让其发来小样，经检测该物质含有国家列管的合成大麻素（ADB-BUTINACA），遂立案侦查。经侦查，该团伙主要嫌疑人借助微信、支付宝、咸鱼等网络工具，在互联网上招募代理商，并通过多层级分销方式与买家勾联，以藏匿、伪造品名等手法逃避监管，实施跨境贩卖毒品。经深度研判，成功锁定犯罪嫌疑人真实身份和毒品交易证据，遂组织警力先后于2022年2月19、24日和5月20日在北京、厦门、广州等地将徐某某、王某某等8名犯罪嫌疑人抓获，缴获含有毒品成分的合成大麻素类烟叶70余克。

破获特大假证诈骗案 7月，区公安分局涉网打击中心民警在网络舆情巡查中发现大量代办证件类的欺诈投诉线索，在对批量线索开展梳理摸排后，深挖出一个以代办资格证书为由实施诈骗的犯罪团伙，遂立案侦查。经侦查，该团伙以公司化运作模式，在网络上虚构可以代办消防证、教师资格证等职称资格证书，以承诺包过、不需要考试或答辩为谎言，骗取被害人钱财。经深度研判，成功锁定犯罪团伙藏匿地点及相关证据。8月29日至9月1日，公安分局组织精干警力联合北京警方在北京丰台、房山、大兴等地开展统一收网行动，抓获全链条犯罪嫌疑人459名，扣押作案电脑硬盘300余盘、作案手机600余部、微信号1000余个、诈骗话术百余份、山寨证书以及数据服务器若干，涉案总价值3.9亿元。

侦破网络贩枪案 10月，常州市公安局网安支队民警在网上巡查时发现有人在拼多多上贩卖枪支配件及弹药，并已流入常州市。接到线索后，决定指定金坛公安分局立案侦查。经侦查，云南境内有不特定群体通过拼多多网商平台以购买装修工具射钉枪配件等器材为名，实施非法制造贩卖枪支犯罪活动。经深度研判，成功锁定犯罪嫌疑人真实身份和购买记录等证据，遂组织警力于10月10至17日赴云南丽江、保山等地将杨某某、李某某、王某某等16名犯罪嫌疑人抓获归案，缴获枪支17支。

【经济案件侦查】 5月10日，区公安分局经侦大队接省“12345”民意监测平台举报线索：江苏好涤优选电子商务有限公司、江苏好涤智慧科技有限公司在全国多地设立运营中心，以“拉人头”升级的方式开展传销犯罪活动。接报后，公安分局遂成立专案组开展侦查。经研判，该传销团伙通过设立“好涤优选”App、“蓝鲸灵”App交易平台，以洗护服务为诱饵，打着新业态、新模式幌子，宣传并制作视频、语音、PPT等文件，以开设抖音企业号、创建腾讯会议室与微信小程序、举办线下酒店会议等手段进行传播推广，骗取受害人信任，利用大量交易信息掩盖其非法传销活动。7月26日，专案组获悉该团伙大部分人员聚集在南京市江宁区某公司总部后，27日上午在省公安厅和南京警方支持下，集结警力70余名，兵分三路，分别在南京、常州、陕西宝鸡同时开展抓捕行动，一举打掉遍及全国34个省（自治区、直辖市）的特大传销犯罪团伙，抓获犯罪嫌疑人17名，捣毁传销窝点4个，扣押作案电脑49台、手机25部、涉案账册131本，冻结涉案赃款2724万元，扣押奔驰车2辆，涉案总金额57.3亿元。

（潘一平）

检　察

【概况】 2022年，区人民检察院坚持稳字当头、稳中求进，在统筹发展和安全中依法能动履职，为全区经济发展和法治建设提供司法保障。全年共受理各类案件1394件。其中，办理刑事案件1149件，民事行政监督案件110件，公益诉讼案件135件。维护安全防范风险，整治金融交易秩序，介入参与邪教组织综合治理，起诉贪污受贿、挪用公款等职务犯罪18

人，打击洗钱犯罪3人，依法办理常州首例在非法吸收公众存款过程中，利用他人账号隐匿身份转移、保管、经营赃款6000余万元的洗钱犯罪。扫黑除恶专项斗争严惩暴力犯罪，依法起诉涉黑恶犯罪22人，出庭公诉全国扫黑办挂牌督办的“9·7”专案，移送“保护伞”线索21件；起诉强奸、抢劫等严重暴力犯罪15人，起诉暴力袭警、故意伤害犯罪14人，起诉聚众斗殴、寻衅滋事犯罪12人，暴力犯罪同比下降20%。坚持宽严相济原则，落实少捕慎诉慎押刑事司法政策，对大多数较轻犯罪、初犯偶犯等依法从宽处理，依法对无社会危险性的犯罪嫌疑人不批捕17人，对8名没有羁押必要的犯罪嫌疑人提出释放或者变更强制措施建议，决定不起诉177人，不诉率同比上升9.2%。依法对一名在校大学生涉嫌网络诈骗犯罪作出相对不起诉处理，“拉一把”助力完成“专升本”。深化认罪认罚从宽制度适用，适用率90%以上，量刑建议采纳率95%以上，一审服判率99.4%，高出其他刑事案件20个百分点。

【刑事检察】 2022年，区检察院依法严惩影响社会稳定和群众反映强烈违法犯罪，依法逮捕犯罪嫌疑人101人，审查起诉774人，打击盗抢骗、黄赌毒等传统犯罪372人，惩治非法侵入计算机信息系统、侵犯公民个人信息等新型犯罪18人，维护群众生活安宁。依法打击涉电信网络犯罪，起诉利用网络实施诈骗、赌博等犯罪118人，起诉非法买卖电话卡和银行卡犯罪6人。信息网络犯罪活动罪起诉率同比上升30%以上。守护寄递安全，依法打击寄递枪支弹药爆炸物及毒品犯罪11人，办理以网络寄递入境合成大麻素毒品案1起，从严打击非法寄递新型毒品犯罪。依法惩治危害食药安全犯罪27人，对违规销售不合格“消”字号产品、超范围经营生鲜食品等问题进行专项治理，制发检察建议8件。开展打击整治养老诈骗专项行动，依法起诉涉案金额较大、受害人员众多的“保健品诈骗”“非法吸收公众存款”等犯罪18人，惩治侵犯老年人权益犯罪16人，挽回经济损失16万余元。强化刑事诉讼监督，依法监督刑事立案52人、撤案71人，纠正漏捕、漏诉35人，纠正侦查活动履职不当情形58件，纠正刑事审判和执行活动履职不当情形32件，提请抗诉3件。纠正原判刑期计算错误，保障罪犯服刑期间合法减刑权益，监督再审王某某抢劫、放火案，入选全省优秀刑事再审检察建议。

9月1日，区检察院联合多部门对违规销售不合格“消”字号产品开展排查
（区检察院 供）

【民事行政检察】 2022年，区检察院认真开展民事行政检察，依法对民事生效判决、裁定、调解书提出监督意见16件，对民事审判和执行活动提出检察建议45件，办理“骗取裁判文书过户房产案”“刑民交叉重复起诉案”等虚假诉讼案件25件。依法对行政审判和执行活动提出检察建议19件，实质性化解行政争议11件，其中运用“监督纠正、多方磋商、释法说理”等方式，化解拆除违法建筑恢复基本农田行政争议案1件。

【公益诉讼检察】 2022年，区检察院立案办理损害国家利益或者社会公共利益案件135件，制发诉前检察建议86件，提起诉讼13件，以公益诉讼形式追偿公益损害赔偿金1300余万元。建立人大议案、政协提案与公益诉讼检察建议双向衔接转化机制。公益诉讼法律授权范围拓展到“4＋9”领域（民事诉讼法、行政诉讼法授权的生态环境和资源保护、食品药品安全、国有财产保护、国有土地使用权出让检察公益诉讼四大法定领域，以及新制定或修订实施的英烈保护法、安全生产法、个人信息保护法、军人地位和权益保障法、未成年人保护法、反垄断法、反电信网络诈骗法、农产品质量安全法和妇女权益保障法确定的九大新领域），行政机关从最初的疑虑担忧到支持配合，实现立法、执法、司法整个治理共同体的同向发力，对涉及大局发展、民生保障、生态保护等领域形成监督合力。年内，依法督促整治加拿大一枝黄花泛滥、消防通道堵塞等案件20件。

【未成年人检察】 2022年，区检察院严惩侵害未成年人犯罪21人，对侵害未成年人案件提前介入、引导侦查做到100%。在办案中严格落实未成年人司法特别程序和特殊保护制度，依法对涉罪未成年人决定不捕不诉11人，开展家庭教育指导21次，以菜单式培训“不合格”家长5人，引导临界不良少年回归正轨9人。坚持关口前移织密未成年人“保护网”，助推完善社会综合保护体系，针对医疗卫生机构怠于履行强制报告义务、私营企业违法雇佣未成年工、零售商店向未成年人售卖烟酒等问题，依法制发检察建议8件。年内，办理的监护侵害监督案入选全省参考性案例；办理的未成年人抚养费纠纷支持起诉案入选最高人民检察院未成年人保护法律监督专项行动典型案例。

【服务优化营商环境】 2022年，区检察院“面对面”为重大项目、重点工程和大中型企业提供检察服务130余次，与12家企业建立长期合作共建机制，协调解决涉法问题和矛盾纠纷42起。依法平等保护各类市场主体，清理涉企刑事诉讼“挂案”6件，惩治非法经营、合同诈骗等破坏市场经济秩序犯罪69人，打击侵害企业和企业家权益犯罪27人。依法对涉案金额1100余万元的新能源领域原材料被盗案批捕、追捕各2人，挽回经济损失600余万元。依法适用相对不起诉或提出从宽量刑建议等方式对8家涉案企业开展合规建设，其中涉嫌虚开增值税专用发票罪的某印染有限公司经合规激励后，业务量同比增长12%，纳税增幅超20%。做实涉案企业合规改革试点工作，健全完善企业合规第三方监督评估机制及其配套措施，相关合规文书范本在全市检察机关推广使用。 （汪佳敏）

法　院

【概况】 2022年，区法院聚焦高质量发展工作目标，忠实履行宪法和法律赋予的职责，砥砺奋进，迎难而上，全面护航全区经济社会发展大局。全年共受理各类案件20456件，其中新收案件19475件，同比分别减少7.37%和7.89%；审执结19088件，同比减少9.54%。

【刑事审判】 2022年，区法院依法审结各类刑事案件507件，判处罪犯724人。守护群众生命财产安全，审结抢劫、强奸、盗窃等案件150件，不断提升人民群众安全感。打击危害生产生活犯罪，审结黄赌毒、危险驾驶、重大责任事故等案件144件，保障百姓安居乐业。惩治新型网络犯罪，审结侵犯公民个人信息、帮助信息网络犯罪活动案件40件，维护电信网络秩序。坚决打赢反腐败斗争攻坚战持久战，审结挪用公款、行贿、受贿等职务犯罪案件11件。

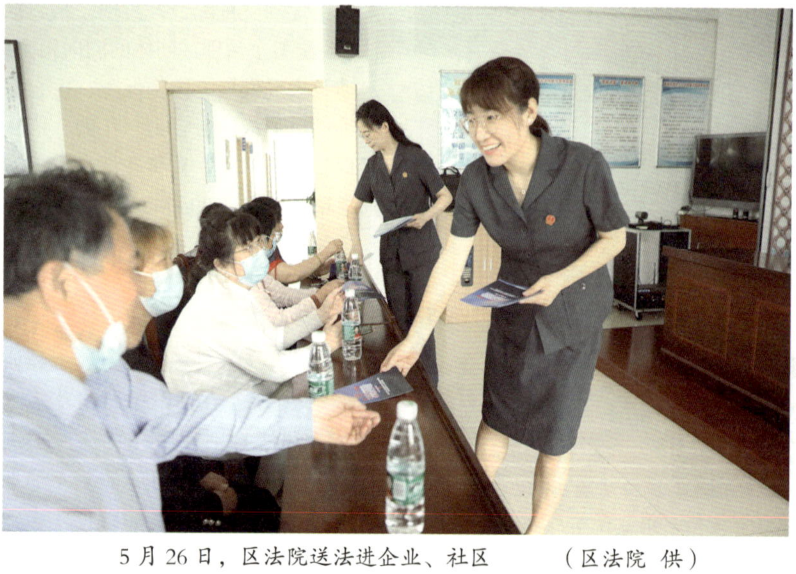
5月26日，区法院送法进企业、社区 （区法院 供）

【民事审判】 2022年，区法院共受理各类民事案件9769件，审结9217件。巩固家事审判改革成果，审结婚姻家庭、继承赡养等家事类案件852件。守护未成年人成长，在少年及家事审判庭挂牌成立“幸福港湾”家庭教育指导站和“阳光心灵”驿站，发送《中华人民共和国家庭教育促进法》实施以来全区首份《家庭教育指导令》，用司法护航未成年人健康成长。依法维护广大购房者合法权益，为新天地小区500余户业主实现物权并办理不动产产权登记破解法律难题。

【破产审判】 2022年，区法院健全市场主体救治机制，在常州地区首创预重整（和解）制度，推动庭外重组与庭内重整有机衔接。完善破产制度，开展“与个人破产制度功能相当试点”工作，首次受理个人破产案件3件，为“诚实但不幸”的个人依法集中清理债务。全年共受理破产案件129件，累计化解债权12.8亿元，盘活闲置房产16万平方米、土地27公顷，助力地区产业结构优化升级。

【知识产权审判】 2022年，区法院发挥知识产权司法保护主导作用，共受理知识产权案件126件，结案95件。提升知识产权纠纷化解成效，出台《关于深入推进知识产权纠纷多元化解工作的实施意见》，知识产权纠纷诉讼调撤率达87.4%，诉前调解成功率近25%。护航南京都市圈创新一体化发展，与都市圈其他9家中基层法院共同成立南京都市圈知识产权司法保护联盟，合力构建南京都市圈以至长三角地区知识产权“大保护”“强保护”格局。

【执行工作】 2022年，区法院受理执行案件9799件，结案9104件，执行到位金额18.21亿元。坚持集中执行常态化，开展夜间执行、假日执行等专项执行行动16次，现场拘传、拘留117人，当场执结案件158件。

加大拒执罪打击力度，联合区检察院、公安分局出台《关于办理拒不执行判决、裁定犯罪案件工作细则（试行）》，重拳打击抗拒执行、阻碍执行以及暴力抗法等违法犯罪行为，将20名涉嫌拒执的“老赖”移送公安机关立案。强化司法震慑作用，“特别邀请”6名被执行人现场观摩拒执罪庭审，让“老赖”零距离接受警示教育。加大财产变现力度，开展网络拍卖303场次，成交金额3.6亿元，溢价率达16%。

【社会治理服务】 2022年，区法院深化一站式多元解纷和诉讼服务体系建设，筹建金坛区多元解纷中心，努力打造多层次、阶梯式、集约化的矛盾纠纷化解体系。在金城、儒林、指前等未设法庭的乡镇建立“龙城e诉中心”，提升“家门口”式诉讼服务水平。深化“审务进基层、法官进网格”工作，全院126名干警下沉网格推动诉源治理，“金天平”法官工作站获2022年度区创新社会治理项目二等奖。落实司法救助政策，全年为18名符合条件的当事人缓减免诉讼费143万元。 （孙志川）

司法行政

【概况】 2022年，金坛区司法局锚定高质量发展目标，牢记司法使命，扛起法治责任，全面融入金坛“五大行动”，谋划全区司法行政发展路径，以“一科室一项重点工作”推进重点工作落实，夯实服务基础，做好法治保障工作。

【法治宣传】 2022年，区司法局围绕“八五”普法规划，推进普法工作。印发《关于征集金坛区法治文化特色品牌的通知》，征集法治文化阵地、法治企业、法治工作特色村（社区、中心、站点）36个。12家“法治直播间”录播法治视频6期，全省直播2场次，线上点击率超5万人次；培育农村学法用法示范户87户、“法律明白人”1224人。“金色商圈——援法议事交汇点”相关工作经验被省“学习强国”平台推广。薛埠镇集中全域法治文化品牌优势申报省级“法治文化特色园”，朱林镇龙溪村成功申报全国民主法治示范村，国家级民主法治示范村（社区）数量位居全市第一。

【公共法律服务与法律援助】 2022年，全区共有律师事务所11家、基层法律服务所5家、律师128名，基层法律服务工作者40名。区司法局以提供优质法律服务为总目标，发挥区司法行政系统职能作用，整合法律援助、法治宣传、律师咨询、公证等法律服务资源，推动公共法律服务提档升级，为企业发展、群众提供便捷精准服务。

法律服务惠企业 组织40名基层法律服务工作者成立金坛区基层法律服务工作者“法治体检”服务团和金坛区基层法律服务行业服务中小企业名录库，全年走访名录库企业49家次，为企业解决法律困难140余件。组织常金律师事务所、六友律师事务所、博爱星（金坛）律师事务所分别走进蜂巢能源科技股份有限公司、江苏大唐国际金坛热电有限责任公司、中创新航科技股份有限公司等企业“问诊把脉”，搭建律师与企业互通的桥梁和平台。组织开展服务金坛“五大行动”律师法治宣讲比赛，37名宣讲员围绕民营企业在运营中最需要知晓的法律知识、当前市场经济中企业的风险和防范、小微企业在发展中可能遇到的法律问题、企业家的刑事法律风险防范、“五新产业”的产业优势和政策等主题展开演讲，为区经济发展进言献策。

法律援助便民生 全年共受理法律援助案件1333件，其中民事1170件，刑事163件，达省定标准的230%。扩大法律援助范围，惠及更多群众，援助老年人178件、未成年人29件、妇女449件（其中受家暴离婚6件）、残疾人22件，提供上门服务16次。组织22名律师成立“法律援助同行评估专家库”，抽取援助案件卷宗150份开展评估，对不合格卷宗指派律师问责并通报，倒逼办理律师提升办案质效。联合区检察院印发《值班律师实质化参与认罪认罚工作的实施办法》，有效推进认罪认罚控辩协调机制，提高刑事案件办理质量。加强法律援助工作站建设。年内，新增区残疾人康复托养中心法律援助工作站、区住建局法律援助工作站、尧塘街道林丰村法律援助工作站、儒林镇柚山村法律援助工作站、区人武部军

10月20日，金坛区司法局组织律师服务团走进中创新航科技股份有限公司开展“问诊把脉”法律服务活动 （区司法局 供）

人军属法律援助工作站5个，为残疾人、老年人、农民工、园区职工、大闸蟹养殖户和军人军属提供便利的法律援助服务。

【矛盾纠纷排查化解】 2022年，金坛区落实“大调解”工作理念，构建以区社会矛盾纠纷调处服务中心为主阵地，以街道、社区、居民小组调委会为基础，以行业性、专业性调委会为特色，以个人品牌调解室为标杆的人民调解组织体系，实现辖区人民调解组织全覆盖。

强化矛盾纠纷受理化解联动机制。建立金坛区矛盾纠纷调处中心，与区法院诉前调处中心共同承担矛盾纠纷受理、登记、分流、调处、司法救济职能，镇（街道）、行业性（专业性）等部门具体开展一线矛盾调处工作，形成“1个区调处中心＋1个诉前调处中心＋N个一线调处责任单位”的大调解格局。年内，全区157个人民调解委员会、12个行业性专业性调解组织、788名人民调解员，共受理矛盾纠纷调解17449件，调解成功17214件，调解率100%，调解成功率98.65%。

加强基层人民调解员队伍建设提升能力素质。组织举办人民调解员培训班，培训调解员106人次。同时，召集律师事务所、法律服务所负责人，以会代训，做实做好调解结案工作，压降民事案件万人诉讼率，严惩恶意诉讼者。全年，区司法局派驻区法院11名专兼职人民调解员成功调处矛盾纠纷2445件。

【社区矫正对象监管】 2022年，区司法局强化社区矫正对象监管，推进国标化和智慧管理规范化建设。新监管中心按照国标要求分设综合管理区、监督管理区和教育帮扶区三大矫正主功能区、17个功能室，部分智慧管理功能设施安装试用。

加强社区矫正对象精细监管，对矫正对象进行动态评估，依规调整管理。遇监管难题及时召开公检法联席会议，协商解决方案，确保监管工作顺利平稳。开展精准教育，针对同类型犯罪对象，开展特定类型犯罪教育，全年组织不同类型教育22场次、个性化约谈182人次。实施精准帮扶，实行监管互助，与有意招收服刑人员的小微企业主精准对接，提供政策支持。

强化源头管控，建立“定人包案”制度。落实风险隐患专项研判，对排查出的重点人员和风险隐患，建立花名册和问题清单，落实挂牌转化措施，制定针对性整改措施，确保安全可控。全年共排查出问题隐患18件，处理18件。年内，全区新接收社区矫正对象126人，解除社区矫正200人，在册社区服刑人员221人；安置帮教对象1173人，在册后续照管对象50人。

【公证】 2022年，金坛公证处抓机遇拓新证源，为“独角兽”企业中创新航科技股份有限公司办理知识产权保全公证60余件，为单位或个人办理拍摄类保全公证40余件、电子信息类保全公证30余件。为保障远程视频公证需求，加强公证员培训，组织学习远程视频公证业务知识。年内，回复各类远程视频公证咨询300余件，办理各类远程视频公证150余件。为指前镇马庄新苑253户拆迁户集中领取不动产权证涉及继承等方面现场监督公证，接待群众30人次。为区各拆迁安置点群众开通绿色通道办理不动产继承公证300余件，为老、弱、病、残等困难群体减免公证费5万余元，惠及群众150多人次。

（施　意）

（编辑　钱国新）

军 事

人民武装

【思想政治建设】 2022年，区人武部组织开展“忠诚维护核心，矢志奋斗强军”“四严四整”“三心两争”等主（专）题教育，不断提高政治意识、阵地意识。创办《金武装》简报，刊录武装工作者教育、训练、工作和生活动态，展现国防动员人员风采，提升爱国爱军热情。以民兵训练和新兵役前教育为契机，邀请抗战老兵讲授革命传统故事，组织祭扫烈士陵园，参观中共苏皖一大会址，提高思想政治教育实效，相关活动在央视军事频道报道。

【国防动员基础建设】 2022年，区人武部克服应征困难，主动对接区宣传、交通、人社和教育等部门联合开展“就业在军营”“流动的征兵宣传栏”“征兵进校园”等宣传教育活动，指导镇（街道）武装部逐户“点对点”对大学毕业生进行征兵政策教育，以高标准高质量完成年度征兵工作。全年应征青年中在校大学生、大学毕业生占比91.6%、58%，连续两年无退兵。坚持任务牵引，注重目标导向，夯实工作质效。按照民兵队伍编实、编精、编准整组要求，结合区域特点和实际，走访调研企业30余家次，完成民兵队伍整组任务，现场拉动点验，到点率100%。推动基层武装部和村（社区）民兵连规范化建设，各镇（街道）民兵连规范化建设试点工作形成成果；朱林镇及该镇长兴村完成“五星级基层武装部”试点；金城镇人武部完成省级融合化、信息化试点，主体工程全部完成并投入运行。

【军民共建与国防教育】 2022年，区人武部与地方职能部门对接，推动军民融合创新发展，指导东城街道人武部把武装工作和国防教育相结合，与金坛中等专业学校共同打造国防教育基地、优质兵员储备基地、民兵技能培训基地。年内，组织开展“心系国防·有你有我”国防教育、“八一”共筑强军梦主题教育各1次；组织人武部干部职工和民兵走进企业、走进社区、走进学校，开展“金沙国防教育行”系列活动，相关报道分别被《中国民兵》、“学习强国”学习平台刊用。参与乡村振兴工作，深入农村农户了解社情民意，主动对接帮扶贫困学生2人。

【民兵军事训练】 2022年，区人武部严格落实年度民兵训练任务，提高中心意识增强战斗意识，4月，组织金坛区民兵应急分队轮训备勤；5月，组织民兵参加全市通用工程抢修抢建连跨区联训；6月，选调优秀民兵骨干参加区“四会”教练员集训；7月，组织区人武部机关和各镇（街道）专武干部年度体能考核，激发备战热情，提升拼搏打赢精神。年底，在江苏省军区抽考金坛区年度民兵工作中获全省第三名。区人武部现役和文职干部在省、市军事训练和国防动员业务考核中获全市总评第1名。

（郑　浩）

【双拥工作】 2022年，金坛区开展为现役军人立功送喜报活动，为1名荣立二等功、39名荣立三等功的现役军人送上立功喜报和奖金。及时召开党政军新春座谈会，常态化开展重大节日拥军走访慰问、欢送新兵入伍、喜迎老兵返乡、上门悬挂光荣牌匾等活动；投入80万元为驻坛部队办实事、科技拥军；协调解决现役军人子女入学14人；“情系边海防官兵”、关爱革命功臣和军烈属、走访慰问退役（现役）军人先进典型等拥军优属活动深入推进。争取省级财政资金150万元对区烈士陵园烈士纪念设施升级改造。以金坛吾悦广场为依托，构建打造“双拥商城”，筹措拥军商户80余家，在餐饮、服装、娱乐等方面提供优惠优待，切实增强全区广大退役、现役军人以及消防人员获得感、幸福感、荣誉感。

（万慧瑾）

维护社会面的安全稳定。

（潘一平）

武警金坛中队

【概况】 2022年，中国人民武装警察部队常州支队金坛中队（简称武警金坛中队）贯彻落实习近平视察“反恐尖刀中队”讲话精神，聚焦“传承红色基因，担当强军重任”主题，常态抓好习近平强军思想学习，开展尊干爱兵、官兵一致的优良传统教育，确保部队高度稳定和集中统一，圆满完成以执勤和处突为中心的各项工作任务。年内，武警金坛中队在参加支队擒拿格斗、实弹射击等军事比武竞赛中，取得2个第二名、1个第三名的好成绩，武警金坛中队被评为“四铁”先进单位，二级上士班长龚杰荣立个人三等功。

【执勤战备】 2022年，武警金坛中队严格落实武警部队新时代执勤安保规范化精神，主动与目标单位研判驻地形势，制定有效风险防范应对措施，优化调整执勤哨位，确保目标单位、执勤工作万无一失。全年累计出动兵力150人次，协助区看守所、区公安分局巡特警大队圆满完成各类临时押解、重大节假日武装巡逻任务，有效维护社会面的安全稳定。

人民防空

【概况】 2022年，全区人防工作围绕有效履行“战时防空、平时服务、应急支援”使命任务，积极参与城市建设，努力探索人防工作与地方经济建设相融合、与社会民生相融合的发展道路，加强人防实战化训练，不断提升应急备战能力。

【人防指挥与信息化建设】 2022年，区人防部门抓好人防警报设施建设，新增电声警报器5台，巡查与评估全区警报器60台。完成全省防空警报统一试鸣任务，组织6个社区和1所学校开展防空袭疏散掩蔽演练和人防知识宣传活动。做好城市防空袭方案修订工作，建立健全联演联训常态化机制，落实“实编实训”要求。加强机动指挥车的拉练演练和人防专业队整组训练，高标准完成专业队伍训练演练、市带县机动指挥通信系统拉练、重要经济目标防护等整组训练任务。启动省国防动员“三级”指挥网第二路由建设工作，抓好人防战备数据中心试点工作，推进县级指挥中心工程和信息化建设。

9月18日，区人防办在西城街道九洲里花园小区开展“人防应急疏散演练”

（杨　镭　摄）

【人防工程建设与管理】 2022年，区人防部门执行人防工程“应建必建”方针，提高全区人防工程人均面积。打造青少年民防科普阵地，建成总面积3980平方米的省市科普教育基地——金坛民防教育体验馆并投入使用。为市民提供民防、减灾、公共安全的科普体验平台。优化人防工程审批服务，严把工程建设项目审批关，加强人防易地建设费管理。梳理权力事项清单，探索实施联合图审、并联审批、统一收费、即办的方式，实现投资项目审批“一窗受理、集成服务”。落实人防工程使用管理。加强日常维护与安全管理责任，规范人防工程使用管理，办理和发放人防工程平时使用证。

【人防宣传教育】 2022年，区人防部门多元化推进人防知识宣传教育工作。结合“5·12”防灾减灾日、“9·18”防空警报试鸣日开展人防知识宣传教育主题活动。高标准、高质量抓好金坛民防教育体验馆运营管理，依托场馆组织开展各类主题科普活动10余场次，接待参观体验2万余人次。创新拓展人防知识宣传教育阵地。创设公共安全教育发展新模式，联合区应急管理局建成金坛区城市安全体验馆，为民众提供多元化课程体验，有趣高效地科普应急安全知识。推进人防宣传报道。年内，《中国人民防空》杂志用稿1篇，《江苏人防》杂志刊用2篇，江苏人防网站录用9篇；金坛民防教育体验馆微信公众号发布人防宣传信息100余条。

（夏乙平）

（编辑　钱国新）

宏观经济运行管理

【概况】 2022年，全区落实高质量发展要求，经济社会发展呈现稳中有进、进中提质的良好态势。实现地区生产总值1216.4亿元，可比价增长8.9%；一般公共预算收入51.27亿元，同比增长5%；全社会固定资产投资375.35亿元，同比增长8.2%；社会消费品零售总额265.28亿元，同比减少4%；外贸进出口总额384.3亿元，同比增长43.6%；全体居民人均可支配收入53546元，同比增长5%。全区实现规模以上工业总产值1971亿元，同比增长28.4%，增速位列常州第2；金坛盐穴压缩空气储能国家试验示范项目并网发电；3家企业获评国家级专精特新“小巨人”企业，获批3个战略性新兴产业升级标准化试点；中创新航获评省创新型领军企业，蜂巢能源跻身科创独角兽前十。重点服务业营业收入58.25亿元，同比增长2.6%；限额以上贸易企业销售额426.8亿元，同比增长12%。完成高标准农田建设866.67公顷，创成全国水稻绿色高质高效示范县；新增2个省级特色田园乡村；完成标准化池塘改造800公顷，长荡湖综合治理种植水草2000公顷，11个国省考断面优Ⅲ类水体比例达90.9%，获评省自然资源节约集约利用模范区；薛埠镇获评全国乡村旅游重点镇，仙姑村获评全国美丽休闲乡村，金城镇获评省级生态宜居美丽乡村示范镇，新增8个省级生态宜居美丽乡村示范村。

【资源争取】 2022年，金坛区紧盯国家、省、市政策，积极争取各类要素资源，获批江苏省第四批大众创业万众创新示范基地。围绕核心竞争力、战略性新兴产业、军民融合、水环境综合治理、生态文明建设、保障房基础设施配套等方面，获批地方政府专项债近31.22亿元，争取中央预算内资金、省战略性新兴产业等各类资金2.84亿元。新增项目节能审查能源消费量124.47万吨标煤（等价值），占常州市新增能耗比重达41.56%，有力保障蜂巢能源、中创新航、贝特瑞等15个重大项目建设。茅山文旅道养集聚示范区被认定为常州市级现代服务业集聚发展示范区、江苏省华罗庚科技服务业集聚示范区被认定为常州市级现代服务业集聚发展示范区、茅山文旅道养集聚示范区被认定为第一批省级现代服务业高质量发展集聚发展示范区、长三角盐化工物流基地（盐道物流）被认定为2022年度省重点物流基地，江苏久诺新材料科技股份有限公司、卓郎（江苏）纺织机械有限公司被认定为第二批江苏省现代服务业与先进制造业深度融合试点企业、晨风（江苏）服装有限公司被认定为市级综合型总部企业、常州金坛万博房产经营管理有限公司获评疫情防控期间创新型服务业企业、盐道物流获评市级保障供应链畅通创新应用示范企业。

表5　2022年金坛区资金（资源）争取一览表

级别	资金（资源名称）	项目单位（项目名称）
国家级	排水设施建设（城市）2022年中央预算内投资计划	金坛区金沙老城污水管网建设工程
	保障性安居工程2022年棚改项目第一批中央预算内投资计划	九洲里四期保障性安居工程配套基础设施建设项目

续表 5

级别	资金（资源名称）	项目单位（项目名称）
国家级	保障性安居工程 2022 年老旧小区改造项目第一批中央预算内投资计划	金坛区东城街道 2022 年度城镇老旧小区（华苑新村、古石林小区、华苑二村 A 区、华苑社区散居楼）改造项目
		金坛区金城镇 2022 年度城镇老旧小区（白凉亭、幸福新村一期、上庄农民公寓、春风一村）改造项目
		金坛区西城街道 2022 年度城镇老旧小区（刘家塘、虹桥新村、虹桥社区散居楼）
	保障性安居工程 2022 年第二批中央预算内投资计划	新市民保障性租赁住房（华科·梅香苑）项目
		金沙丰泽公寓二期项目
	新能源汽车插电式混合动力系统自主技术产业化项目中央预算内资金	蜂巢能源科技有限公司动力锂离子电池项目
	污染治理和节能减碳专项	江苏常宝普莱森钢管有限公司 PA 区域节能减碳改造项目
省级	2022 年省级战略性新兴产业发展专项资金项目	信维通信（江苏）有限公司毫米波天线模组项目
		盘星新型合金材料（常州）有限公司高性能合金材料成型及制品项目
	2021 年稻谷补贴政策	2021 年稻谷订单收购补贴
	2022 年省级信用示范企业	江苏常宝普莱森钢管有限公司
	2022 年省级工程研究中心	常州金坛金能电力有限公司的江苏省电热耦合综合能源系统工程研究中心
市级	市级农资专项资金	常州市金坛江南春米业有限公司
		常州市金坛农业生产资料有限公司

【重大项目推进】 2022 年，全区签约引进工业项目 138 个，协议投资总额超 600 亿元，蜂巢能源四期、华耀光电等一批重大项目落户。签约引进外资项目 17 个，协议投资总额 7.2 亿美元。常州蜂巢能源总部基地及锂电池研发生产、常州恩捷动力汽车锂电池隔膜、常州中航高比能锂离子动力电池、太湖上游洮滆片区国家级水环境综合治理与可持续发展试点 4 个省重大项目全部开（复）工，完成投资 56.6 亿元。

【政府投资项目推进】 2022 年，金坛区出台《2022 年度常州市金坛区区级政府投资项目实施计划清单》，进一步加强区级政府投资管理，规范政府投资行为。全年政府投资项目完成投资 47.17 亿元。华苑新村、刘家塘、白凉亭等 11 个老旧小区改造，中医医院改造，农村公路整治提升等项目竣工；常州市金坛华罗庚实验小学和常州市金坛华罗庚实验幼儿园项目基本完工；河海大学常州新校区、金坛高铁枢纽等项目有序推进。

【试点示范建设】 2022 年，金坛区 16 项省级支持事项取得了较大进展，3 个案例获评试验区建设典型案例，仙姑村美丽乡村建设入选了二十大奋进新时代图片展。扎实推进整区屋顶光伏分布式开发试点工作，全年完成 90 兆瓦装机量，光彩小镇年度考核列同批次第一等次，省级民营经济高质量发展示范区通过专家评审。年内，常州金坛金能电力有限公司分别获评江苏省动力与储能电池正极材料工程研究中心与常州市电热耦合综合能源系统工程研究中心，常州易控汽车电子股份有限公司获评常州市汽车动力与排放控制系统工程研究中心。

（孔梓道）

国有资产监督管理

【国有企业经济运行】 2022 年，金坛区纳入国有资产统计范围的独立核算国有及国有控股企业（合称国有企业）2 家，2 家集团公司分别为江苏金坛投资控股有限公司和江苏金坛建设发展有限公司。全区国有企业资产总额1751.43亿元，所有者权益645.04亿元，分别增长18.01%、23.24%。全年实现营业收入105.82亿元，实现利润7.02亿元，上缴税金3.52亿元。

【国有企业发展改革】 2022年，金坛区理顺区管国有企业管理体制，构建区管国有企业体系，明确各区管国有企业的发展定位和主责主业，完善国企改革政策体系。出台《关于建立健全区管国有企业“三重一大”决策制度实施办法有关事项的通知》（坛国资办〔2022〕3号）和《关于加强区管国有企业借出资金与提供担保管理的通知》（坛国资办〔2022〕5号）文件，完善区国有企业深化改革的配套政策体系，使各国有企业有规可依、有章可循。深化混合所有制改革，逐步实现以管企业为主向以管资本为主的转变。

【国有企业资产产权管理】 2022年，金坛区深化政企分开、政资分开，通过开展全区国有资产清查盘活处置行动，全方位摸排国有资产底数，盘活存量资产，并逐项制订处置方案，推动国有资源、资产重组整合，形成规模效应，通过产权系统全面推进产权管理综合分析工作，积极探索国有资产由资产经营向资本经营的转变。通过产权划转、拍卖、出租、招商等方式，依法进行分类清理和处置，以市场化方式做好国有资源、资产、资本、资金的统一运营。 （刘 伟）

【江苏金坛投资控股有限公司】 2022年，江苏金坛投资控股有限公司（以下简称金坛控股）按照区委、区政府的总体部署，全面深化改革，攻坚突破重点和难点，较好完成年度工作目标，公司运营管理量质齐升。年内，实现营业收入50亿元，同比增长25%；上缴税金2.5亿元，同比增长25%；净利润3.46亿元，同比增长9.32%。至年底，公司总资产746.44亿元，净资产292.33亿元，新设立的金坛投资集团获主体信用AA+评级。

国企改革 落实常州国企改革三年行动计划和进一步理顺体制机制改革要求，完成董事会“外大于内”结构等改革任务62项；优化部门、内设机构调整，金坛金科与国发公司实现人、财、物的全面整合；制定《金坛控股及其控股企业权利和责任事项》，明确“母子”公司治理权责边界，逐步由管业务向管资本转变；新修订完善《“三重一大”决策制度实施办法》《参控股企业管理办法》等28套制度；加大混改力度，完成金坛拍卖、长荡湖农业、洛阳锂电、金航控股4家公司混改。

产业投资 优化投资制度建设，形成“投、管、退”全流程管理体系，投前尽调累计30余家，储备项目68个，完成东莞汇乐、中电线缆、中能创3个市场化项目投资3000万元；对接中金资本、松禾资本等投资机构20家；设立30亿元产业创新母基金1支，组建规模20亿元的星纳赫泉基金、10亿元的瑞良基金、1.5亿元的华科新智能基金等市场化产业基金3支，基金投资项目10个；战略投资项目中创新航港交所上市，成为港股动力电池第一股、金坛境外上市第一股、常州历年募集资金最大上市企业；实现一级市场收益6838.95万元、二级市场收益1157.47万元；华科创投获评“省级优秀创投团队”荣誉。

项目建设 实施建设项目67个总投资105.13亿元，全年完成投资45.02亿元。中德二期孵化中心、中医院移址改建、一中改造交付使用，茅东大街等竣工通车；国际工业城B区、金沙·紫东公寓、梅香苑、数字经济科技园主体结构封顶；原华中改造项目新建部分土建完成、装修进场；华罗庚创新中心启动建设，翔蜂新能源产业园等有序推进。多个项目获评“省扬子杯”“市优质工程”“市智慧工地”。

资产运营 资产经营收益1.5亿元，为1.6万名人才提供入驻服务，实现安置房处置收入1348.6万元，追缴拖欠租金1349万元，积极参与金阳玻璃等闲置企业资产法拍盘活，完成原妇幼保健院等10处资产交接，解决原二院、朱林卫生院、水上运动学校资产占用等多个历史遗留问题；与金沙拍卖联合举行拍卖93场次，拍卖成交额1.21亿元。

农业发展 采用片区整体租赁、合作经营等模式优化数字化渔场生产运营，闸蟹养殖的产量和品质较往年有明显提升，亩产达130千克，全年销售990万元，利润270余万元；争取各类项目补助资金500万元；数字化渔场获全国水产绿色健康养殖技术推广五大行动标杆基地、省级水产养殖全程机械化标杆基地、2022全国数字渔业典型案例，长荡湖品牌入选“江苏红”名优水产品年度品牌；植保公司实现销售450万元，推广示范新型水稻封闭除草剂2000公顷。

融资担保 为23家中小企业提供融资担保贷款1.24亿元，在保余额1.3亿元；为25家企业提供工程支付保函、工程履约保函、工程投标电子保函，合计担保金额4.3亿元；追回7家企业代偿款1200万元；担保公司加强与省再担保集团合作，担保信用等级由A⁻提升为A，获评常州市融资担保年度最佳服务企业。

（杨 娟）

【江苏金坛建设发展有限公司】 2022年，江苏金坛建设发展有限公司（以下简称金坛建设）进一步理顺区管国有企业管理体制，深化推进国企高质量发展与改革。围绕优化组织结构、找准主营主业、提升效益效率、加快项目建设等方面，锚定全年目标任务，有序推动各项重点工作。至年底，公司总资产1005.5亿元，主体信用评级为AA+。

至年底，金坛建设及其子公司有员工1492人，其中金坛建设4个管理中心，员工56人，本科及以上学历53人（其中研究生学历8人），占比95%，平均年龄35岁。公司经优化组织架构，有一级公司1家、二级运营公司5家，下辖实体化运行公司18家。

环保水务 生活垃圾焚烧发电及飞灰库项目于7月投运，实现金坛区垃圾日产日清。江环能源配套锂电池行业，实现营业收入和利润翻倍增长。污水及自来水业务以民生保障为重点，污水处理量同比增长26%，自来水供水量同比增长4%，夏季最高日供水量突破26万吨，全年环保指标100%达标。环保项目有序推进。工业污水厂主体完工，直溪污水厂土建完工，第二污水处理厂提标改造基本完工；城南生活垃圾转运站、沈渎填埋场续建库区封场工程已开工；金沙老城雨污分流工程完成24.6千米雨污水管道建设。

城市资源 完成大型货运停车场建设并投入试运营，改造完成智慧停车场20个，新增道路泊位1290个；建设运营新能源充电站3处，配套安装充电桩58套；完成8家机关事业单位停车设施开放共享，向周边释放停车泊位379个，进一步优化城区停车环境；新建公交候车亭10座、更新公交候车亭56座，优化公交线路5条，方便群众出行；金坛港至上海洋山港"河海直达"班轮进入每周一班的运营阶段。有序推进长荡湖智慧能源屋顶分布式光伏项目建设，全年签约10.41兆瓦，开工建设7.66兆瓦，截至12月，陆续有项目完工实现并网发电。

地产开发 全年共承建项目19个，完成投资58.5亿元。常州第一家双品牌酒店——万豪万枫酒店开业，着力打造具有滨湖特色、富有现代气息的"城市客厅"；加快推进河海大学常州新校区、河海大学教职工公寓建成投用，促进教育、科技与地方产业深度融合；钱塘映象项目竣工交付，加快洮湖佳园（一期）、九洲里花园四期等工程建设，改善居住条件，提升群众获得感和幸福感。

城市建设 全年承接政府投资项目11个，总投资约48.3亿元。全力抢抓高铁枢纽建设进度，目标建设成集高铁、城市轨道、长途、公交、出租及社会车辆等运输方式为一体的综合枢纽场站；金沙大道改线、金城大道改扩建、长荡湖旅游大道景观、金坛高铁枢纽周边地块环境综合整治提升、钱资新城环境整治一期、下塘河湿地生态环境整治项目按照年度目标稳步有序推进。涉铁通道、四好农路县道大中修、农村公路整治提升、薛埠河水下疏浚、通济南河、良常枢纽项目完工投入使用。

文旅开发 认真做好三星村遗址公园项目前期工作。以市场化方式实施都市田园活力带土地整理工程，为下阶段整体推进陌上花开项目提供保障。深入研究涑渎集镇改造项目，明确市场化运营"桥头十六铺"的范围和合作模式。上阮美丽乡村9月顺利开园。金沙科技金融中心投运，办公楼去化率达59%，金沙国际人才社区积极对接全区头部企业、重点科创企业，加快人才公寓租赁签约。

（蔡 琳）

自然资源管理

【概况】 2022年，金坛区立足构建与金坛经济发展地位相匹配的自然资源治理体系和空间规划管理体系。围绕"国土空间优化布局、资源要素精准保障、土地利用节约集约、营商环境持续优化、资源保护恪尽职守、民生服务持之以恒"等中心任务，扎实推进各项工作有序开展，为经济高质量发展添能蓄势。

【国土空间调查监测】 2022年，金坛区自然资源和规划局开展2021年度变更工作，调查成果通过国家检查；开展自然资源综合调查监测试点（矿地融合）工作，完成山体矿产、盐矿、地下水、地下空间补充调查，自然资源全要素专项月度监测；开展耕地质量（年度）、矿山地质环境（月度）、Insar地面沉降（月度）等多项专题监测工作；推进房地一体不动产登记颁证工作，完成登件登簿76127宗，登簿率98.16%；开展91个建制村三级确认工作，完成户内成员核定50317份、公示47518份；开展自然资源同意确权登记工作，完成14条河流确权登记的建库、登记和成果验收；开展城市国土空间监测工作，完成全区范围内空间信息变化标注、空间信息细化、城区范围住宅用地单体建筑细化的资料收集。

【国土空间规划编制】 2022年，金坛区自然资源和规划局精准划定金坛区"三区三线"，并于10月正式启用划定成果，为区域经济高质量发展提供规划支撑。紧扣常州"532"发展战略，科学谋划金坛区"两轴两带、双心四片"的国土空间开发保护格局，编制形成国土空间总体规划报批成果，并通过市、区两级规划委员会及区人大常委会审议。

【土地使用管理】 2022年，金坛区编制完成第一批土地征收成片开发方案，面积181.4公顷。积极争取各类空间规模指标258.6公顷，按需分批推进用地报批48个批次，250.33公顷，有效保障全区省、市重大项目用地需求。土地市场平稳有序，全年供地139宗580.96公顷，出让金总额23.21亿元，其中集体经营性建设用地入市52宗260.89公顷，出让金总额11.74亿元。土地收储34宗37.48公顷。盘活各类存量建设用地75.96公顷，处置批而未供土地82公顷。开展"危污乱散低"综合治理，摸清全区存量建设用地使用现状，建立8大类7866.66公顷全域存量资源调查底库，为深入推进空间腾退夯实数据基础。 （施雅晶）

【水资源管理】 内容略。（参见P155“水资源保护”条目）

【地理信息测绘管理】 2022年，金坛区完成地理信息基础数据更新工作和2021年度地下管线更新项目验收。开展测绘行业安全检查巡查工作和测绘行业安全培训，提升测绘资质单位的安全生产意识。全年两次开展测量标志点的巡查工作并及时反馈巡查发现的问题。完成2021年度天地图金坛数据更新项目的验收工作。联合区新闻出版局对全区党政机关7家、上市企业3家、外资企业380家单位的网站进行问题地图大检查。以“规范使用地图一点都不能错”为主题，积极开展8·29测绘法宣传日暨国家版图意识宣传周系列活动，加强测绘地理信息法律法规宣传，提升社会公众的国家版图意识。

【自然资源行政执法】 2022年，金坛区自然资源和规划局落实“长牙齿”的行政执法硬措施，构建“天上看、地上查、网上管、实时督”全方位执法监管体系。开展违法用地“三年行动”，共查处50宗问题项目，面积65.55公顷，全部完成整改。开展违法用地“清零”行动，共查处87宗违法用地项目，面积141.66公顷，完成整改83宗，140.62公顷，整改完成率宗数比95.4%，面积比99.3%。历年督察遗留问题21个116.43公顷，完成整改17个91.91公顷，整改完成率宗数比81%、面积比79%。加强日常土地动态巡查，查处土地、林业违法案件53起，其中土地违法案件12起，林业违法案件41起，土地违法和林业违法数量面积较往年呈此消彼长势态。全年办理行政复议案件12起，行政应诉案件14起。 （施雅晶）

财 政

【概况】 2022年，金坛区高效统筹疫情防控和经济社会发展，稳步推进各项财税改革举措，财政运行总体平稳。持续组织收入，夯实税源基础，积极落实各类助企纾困政策，着力扶持重点行业发展，厚植税源增长基础。优化区域发展环境，加大新经济业态和税源型项目的招引。积极对接区内重点项目，力促项目早建成、快见效。拓宽财源渠道，围绕“税源、费源、资源”收入渠道，主动服务各类市场主体，引导企业不断发展壮大，努力拓展税源增量。强化税源属地管理，掌握企业经营动态，确保应收尽收。认真做好欠税清理工作，实行分类清理，依法清缴。完善征管机制。加强财政收入征收管理，推动税收协同共治，加强与税务部门、各镇（街道、园区、度假区）联动共管，激励引导镇级政府提升税源管理水平和服务企业的积极性，促进财政收入质的有效提升和量的合理增长。

【财政收支】 2022年，金坛区一般公共预算收入完成51.27亿元，同口径增长5.0%。其中，税收收入形成一般公共预算收入41.03亿元，同口径增长6.1%；非税收入形成一般公共预算收入10.24亿元，同比下降1.2%。同口径收入增幅及收入总量分别位居全市第二、第四位。全区一般公共预算支出完成90.48亿元，增支0.27亿元，增长0.3%。

表6 常州市金坛区2022年一般公共预算收支决算表

单位：万元

收入项目	2022年决算数	增长率	支出项目	2022年决算数	增长率
一、税收收入	410295	−17.4%	一、一般公共服务支出	81724	10.01%
国内增值税	55414	−62.16%	二、国防支出	3259	−2.8%
改征增值税	——	——	三、公共安全支出	54519	17.81%
营业税	87	770%	四、教育支出	139811	6.46%
企业所得税（40%）	74265	10.35%	五、科学技术支出	4243	−64.12%
个人所得税（40%）	48690	55.81%	六、文化旅游体育与传媒支出	11128	−26.47%
资源税	2683	11.98%	七、社会保障和就业支出	179156	7.57%
城市维护建设税	22538	−14.25%	八、卫生健康支出	104160	14.82%
房产税	39787	9.88%	九、节能环保支出	19258	−42.07%
印花税	16184	14.80%	十、城乡社区支出	78136	14.15%

续表 6

收入项目	2022 年决算数	增长率	支出项目	2022 年决算数	增长率
城镇土地使用税	32796	-1.92%	十一、农林水支出	47181	-36.35%
土地增值税	20898	-35.31%	十二、交通运输支出	19432	-21.37%
车船税	4199	3.83%	十三、资源勘探信息等支出	29594	-15.04%
耕地占用税	7583	85.63%	十四、商业服务业等支出	5756	47.63%
契税	80797	-14.78%	十五、金融支出	523	-89.86%
环境保护税	4374	7.81%	十六、援助其他地区支出	4144	12.15%
二、非税收入	102403	-1.16%	十七、自然资源海洋气象等支出	8854	149.76%
专项收入	20251	-9.93%	十八、住房保障支出	86035	49.78%
行政事业性收费收入	33159	-31.23%	十九、粮油物资储备支出	414	-85.15%
罚没收入	8429	44.21%	二十、灾害防治及应急管理支出	4195	-5.09%
国有资源（资产）有偿使用收入	35262	84.86%	二十一、其他支出	12539	47.07%
其他收入	5302	-33.62%	二十二、债务付息支出	10718	2.64%
			二十三、债务发行费支出	65	6.56%
收入合计	512698	-14.6%	支出合计	904844	0.3%

【预算编制】 2022 年，区财政局坚决以“过紧日子”要求编制部门预算。区级部门预算公用经费定额标准在 2021 年基础上按照 10% 压减，“三公经费”和一般性支出分别按照 20% 和 10% 压减。严格规范公务员津补贴发放范围和项目，完善编外用工待遇标准，加快推进支出标准化体系建设，夯实预算资金分配管理基础。

【预算绩效管理】 2022 年，金坛区持续健全“全方位、全过程、全覆盖”的预算绩效管理体系，推进预算和绩效管理一体化。加强源头控制，新设立重大项目需开展事前绩效评估，审核通过的项目方可纳入项目储备库；绩效目标与预算同步编制、同步报送，否则不得进入预算审核程序；审核通过的绩效目标与部门预算一并批复下达，作为预算执行、绩效监控及绩效评价的依据；落实部门预算执行主体责任，对绩效目标实现程度和预算执行进度实行“双监控”；逐步实施绩效评价，注重绩效评价结果应用。

【会计管理】 2022 年，区财政局加强代理记账机构审批工作，高效办理代理记账机构行政审批事项，全年新申请设立代理记账机构 15 家，注销 3 家，全区代理记账机构 37 家。开展代理记账行业违法违规行为专项整治工作。针对“无证经营”行为和“虚假承诺”行为，联合区市场监督管理局于 8 月下旬至 11 月底对全区代理记账行业违法违规行为开展专项整治，核查“无证”企业 27 家，“有证经营”企业 10 家。对 9 家“无证”企业和 5 家“有证经营”代理记账机构进行联合现场检查。对自查、核查、现场检查发现的违规问题要求企业及时落实整改到位。年内，积极组织开展全国会计专业初中高级职称考试报名资格审核及初、中级会计职称考试考务工作。全区初、中级职称考试报名人数分别达 1402 人、978 人。积极做好高层次人才培训组织工作。做好会计领军型人才培养工作。实施会计人才培训计划，组织区域内入选的领军人才参加上海国家会计学院组织的分级培训，金坛区有 3 名高级会计人才入选常州市会计领军人才名单库。

【体制改革】 2022 年，金坛区强化财政改革的技术支撑，落实省财政厅预算管理一体化统一要求，确保预算执行业务包容指标下达、用款计划批复、财政直接支付和授权支付、资金清算、工资发放全面上线运行。加快财税体制改革创新，着力提升财政保障能力、资源配置效率和财政治理水平。资金配置效率持续提升。深化零基预算改革，增强政策体系与发展战略的匹配度，不断增强风险防控能力，组织开展全区行政事业单位、社会团体银行账户清查工作，切实按照《金坛区行政事业单位和社会团体银行账户管理办法》要求，加强账户开设审批、撤销合并管理。

【医疗卫生投入】 2022年，金坛区坚持人民至上、生命至上，围绕中心、服务大局，全力确保疫情防控任务落实落细，持续加大财政政策跨周期调节力度，在常态化疫情防控中稳住经济社会发展基本盘。疫情防控保障有力，全年支出2.4亿元，用于隔离场所管理、核酸检测、物资保供等疫情防控重点领域，为坚决守住人民群众生命健康安全防线，打好疫情防控阻击战提供坚实的保障。突出卫生健康建设提质增速，投入3.4亿元，组建卫生应急队伍，扩大应急储备医疗物资规模，着力增加医疗资源供给，强化公共卫生服务能力体系建设。

【减税降费】 2022年，金坛区纾困减负落实落细，严格落实稳经济一揽子政策措施和接续政策，不折不扣执行中央各项减税降费政策，全年落实组合式税费新政44.53亿元，其中办理增值税留抵退税36.69亿元，惠及企业2600余家次。

【教育投入】 2022年，金坛区突出教育体系高质量发展，投入教育项目支出3.1亿元。全年新增幼儿园学位360个，全面推广中小学生课后延时服务，全力保障职业教育免学费政策落实，不断提高困难学生奖助学金资助标准。扎实做好小学生乘车补贴发放，受资助学生2140人次。

【居民社保投入】 2022年，金坛区突出社会保障体系更加完善，投入2.2亿元。强化就业优先政策，深化职业技能提升行动，新增就业1.1万人。做好民生兜底，低保标准提高到每人每月1000元，政策惠及全区2100余人。向1.2万名困难群众发放专项救助。全年拨付0.3亿元提高农村五保及城市"三无"人员供养待遇。提升优抚安置水平，实行抚恤补助标准自然增长机制，加大优抚对象大病救助力度，实现退役士兵自谋职业补助金城乡一体化管理。未成年人及老年人城乡居民医保缴费补贴标准分别提高至每人每年1040元和1100元，优化医疗服务项目价格，医疗保障体系更加健全。

【城市长效治理投入】 2022年，金坛区突出惠民实事落实精准有效。投入3亿元，保障各项为民办实事项目完成，开展垃圾治理，改造污水处理厂和污水管网等，饮用水水源地、主要流域国省控断面、小流域省考断面实现100%达标。

【生态建设投入】 2022年，金坛区安排项目经费1768万元，支持开展自然资源数据库及一体化平台运行维护，测绘管理技术保障、金坛区征收成片开发方案，数字金坛地理空间框架建设项目、金坛区历史遗留矿山核查等。安排区规划专项2000万元，支持开展34项规划编研与测绘项目。安排林业专项资金340万元，支持森林防火、林业有害生物防治、生态公益林补偿和森林防火指挥中心视频监控维保。支持环保机构监测监察执法垂直管理制度改革，建立健全区级环保机构经费保障机制，安排区环保专项600万元，支持对为全区污染物减排、工业污染源防治、农村环境整治、环境建设与管理等方面做出贡献的企业和单位进行"以奖代补"，安排资金1950万元，支持开展水污染、大气和土壤防治等环境治理项目31项。老旧汽车报废1529.72万元，补贴提前淘汰报废高排放汽车161辆，补贴金额1455.42万元；国三标准以下柴油车513辆，补贴金额74.3万元。

【政府性债务管理】 2022年，金坛区严格落实债务化解方案和应急处置预案，压实债务偿还责任。统筹预算资金、盘活处理资产资源等，真实合规化解隐性债务，不折不扣落实化债方案，高质量完成化解任务。规范做好融资平台公司到期存量隐性债务的周转接续，大力压减债务成本，优化债务期限结构。争取政府债券资金，提高资金使用效益，申报发行新增政府债券32.22亿元。其中，一般债券1亿元，专项债券31.22亿元。将平台类经营性债务纳入纪委监管系统动态监控，分年度设定平台经营性债务管控目标，有序推动平台公司市场化转型，全面压降平台公司数量。严禁平台公司承担政府融资职能，严控高成本债务融资，对平台公司公益性项目市场化融资实行提级管理，定期排查风险隐患，把握风险处置力度和节奏，确保全区债务风险管控工作取得实效。

【行政事业性收费和政府性基金管理】 2022年，金坛区严格执行行政事业性收费和基金收费政策，公开《金坛区行政事业性收费目录》《金坛区政府性基金收费目录》。坚持依法依规征收，做到应收尽收、清单之外无收费。全面落实降费政策。严格按照规定的减免范围与程序，全面落实国家和江苏省出台的各项降费政策。强化预算管理，收费全部纳入财政预算管理。

【行政事业单位国有资产管理】 2022年，金坛区继续开展行政事业单位国有资产公开招租工作，全年对15家单位进行了国有资产公开招租，成交标的28个，总成交金额670.83万元；开展日常国有资产的处置工作，全年处置完成136笔，处置账面原值4469.40万元；资产云信息系统上线工作全面落实，对全区235家行政事业单位国有资产的全口径管理和全生命周期管理。对全区行政事业单位通用办公设备、家具及电器等固定资产开展清查，共涉及143个单位，摸清行政事业单位资产底数。为后续协助区机关事务管理中心建设公物仓做好前期铺垫工作，推进国有资产共享共用和调剂使用，促进节约型机关建设。

（刘　伟）

税　务

【概况】　2022年，金坛区税务工作把握大局、狠抓重点，全年组织各项收入304.19亿元，完成税收一般公共预算收入43.04亿元。全年新增减、免、退、缓企业税费49.41亿元。其中，办理留抵退税32.68亿元，资源税、城市维护建设税、房产税、城镇土地使用税、印花税（不含证券交易印花税）、耕地占用税和教育费附加、地方教育附加减免1.67亿，缓缴各项税费10.68亿元。区税务局获“全国职工书屋示范点”“江苏省五四红旗团支部”等八十项集体及个人荣誉。

【税收征管】　2022年，金坛区依据《关于进一步深化税收征管改革的意见》（以下简称《意见》）要求，持续提升征管水平。开展《意见》落实办公室实体化、常态化运行，建立制度机制49项，召开月度及不定期研讨会15次，区税务部门定期向党委汇报落实情况9次。推出纳税服务一体化、做实县局等改革举措，明确部分专业事项业务边界划分方案并出台本级文件，依托工作专班开展征期申报服务保障工作，统筹推进5C征管质量评价工作。引导4750户次纳税人首次核定增值税电子专用发票，开具电子专票1682户57019份。2021年企业所得税年度汇算清缴准期申报率98.99%，2021年度个人所得税综合所得、经营所得汇缴申报工作顺利完成。对19个土地增值税计划清算项目发放清算通知书，完成审核8个。出台“税费皆重”文件，推进税费同征同管，社会保险费和非税收入征管精细化、科学化水平持续提升。

【依法治税】　2022年，金坛区以提升依法治税能力为目标，持续做好内外风险防控。以“1＋8＋1”风险任务集约化处理团队及“1＋N”应对支持团队为依托，全年完成风险应对平台任务803次，实现直接入库33989.01万元，总成效74343.38万元。加强法税协作，依法对进入破产程序和法院执行环节的73户企业申报税收债权合计5998.9万元，维护国家税收权益。打造破产及司法处置环节社保欠费管理新模式。推进一体化综合监督体系建设，梳理制定六大类27小类共125条任务清单，推动落实并跟踪成效。开展季度明察暗访及保密宣传月活动，对《意见》落实、疫情防控、留抵退税等进行专项监督。深化税务系统纪检监察体制改革，以能力建设为核心，推动机关纪委实体化运作，落实警示教育7次，通报典型案例65起，发放廉政家书、签订廉洁过节承诺书各407份。

【纳税服务】　2022年，金坛区在宣传辅导、税费服务、联合共治方面取得良好成效。围绕税收宣传月主题，打造“小金税事”微视频品牌，推出系列税宣短剧，创新尝试全国税务部门普法协作“云联动”，开展皖苏黔三省四校青少年税收普法“云课堂”，走进《政风热线》，在线解答纳税人缴费人政策疑问，服务举措被省级以上媒体报道83次。通过征纳互动平台等发送各类政策提醒信息近48.2万条，依托“春雨润苗”专项行动，区税务局对接区工商联成立“税收志愿服务驿站”，联合“12345”政风热线“一企来”服务团为企业“送服务、解难题、办实事”。深入推进“我为纳税人缴费人办实事暨便民办税春风行动”，全年提供延时服务404次、便民服务837户次、上门服务7次，线下等候时长优于全市平均。推广邮寄代开业务，启用房地产交易税收一体化平台，“江苏税务”App综合覆盖率97.55%，推广量全市领先。联合相关部门实现“一件事、一次办”及跨部门事项“一站式”受理。出台《税费服务一体化运行和专业职能一体化整合实施方案》，实现全区税费事项一体通办，跨机构流转事项“一口进、一口出”。区税务局在全市办税服务厅规范化建设评估中，连续四年获评第一等次，被常州市税务局评为“2022年度优化税收营商环境工作先进集体”；为各类评比、资格认定等出具证明材料27份；与18家银行联合开展“银税互动”，总授信额度60853.67万元，累计支用额度55096.34万元；向财政、地区板块等提供数据44.6万条，采集信息10.93万条，数据增值利用取得成效5073.63万元。

3月18日，税务干部上门宣传税收新政　（何思磊　摄）

表 7 2022 年度金坛区税收情况一览表

单位：万元

税种	本年入库	比上年		税种	本年入库	比上年	
		± 额	±%			± 额	±%
税收收入合计	703345.50	−106164.02	−13.11%	印花税	16184.25	2086.53	14.80%
增值税	151005.82	−141852.07	−48.44%	土地使用税	32795.55	−642.79	−1.92%
消费税	336.87	13.48	4.17%	土地增值税	20897.74	−11406.14	−35.31%
营业税	174.13	152.97	722.73%	车船税	4198.82	155.11	3.84%
企业所得税	186631.42	17490.51	10.34%	车辆购置税	11632.60	−5622.42	−32.58%
个人所得税	121725.47	43541.66	55.69%	契税	80797.16	−14016.45	−14.78%
资源税	2682.46	285.96	11.93%	环境保护税	4374.30	317.61	7.83%
城市维护建设税	22538.17	−3746.29	−14.25%	耕地占用税	7583.06	3498.67	85.66%
房产税	39787.68	3579.64	9.89%	—	—	—	—

（于　露）

金融监管

【概况】 2022 年，常州市金坛区地方金融监督管理局围绕贯彻落实“532”发展战略和推进“两湖”创新区建设，对照“五大行动”决策部署，在引导金融服务实体经济、推进企业股改上市、防控金融风险上主动作为、持续发力，为全区经济社会高质量发展提供了金融支撑。全面推广江苏省综合金融服务平台和“园区保”政策工具，平台注册企业达 5000 余户。年内，帮助企业线上解决融资需求 1074 个、金额 46.53 亿元，累计授信苏科贷、创新贷、小微贷、富民创业贷款等信保基金产品 25.76 亿元，年度发放“园区保”产品 37 笔、累计金额 2.27 亿元。

【实体经济服务】 2022 年，金坛区深化政银企对接，引导金融机构强化重点领域金融支持。2 月，举办金坛区金融工作座谈会，达成银企融资授信签约 405 亿元。3 月，首次印发《金坛区金融工作要点》，引导金融机构为“五大行动”重点项目和重点产业提供融资保障。5 月，举办专精特新“小巨人”企业政策宣讲暨金融服务对接会，为专精特新企业开展政策辅导和金融服务。7—8 月，金坛区政府先后与光大银行南京分行、江南农村商业银行签署额度总量超 350 亿元的战略合作协议。8 月，举办普惠金融县区行——绿色产业专场活动，为绿色产业链企业解读普惠金融政策、推介普惠金融产品，介绍江苏省综合金融服务平台等线上渠道。10—11 月，先后举办普惠金融工作推进会、普惠金融重点银行协调会以及金坛经开区、指前镇无贷户银政企对接会，进一步扩大信贷覆盖面、降低企业融资成本。

【企业上市】 2022 年，金坛区积极抢抓资本市场改革机遇，加快推动企业上市，奋力打造有竞争力的资本市场“金坛板块”。年内，先后举办全区上市后备企业知识产权和商业秘密保护专题培训、全区金融发展与企业股改上市专题研修班。10 月，中创新航科技股份有限公司在香港联交所主板上市，成为港股动力电池第一股和金坛区境外上市第一股，募集资金 101 亿港元，为 2022 年江苏省以及常州市历年来最大规模 IPO 项目。年内，全区新增上市企业 1 家（中创新航）、股改企业 2 家，年末全区有上市申报企业 3 家、报江苏省证监局辅导企业 4 家。滚动培育常州市“双百行动计划”（100 个上市重点后备企业和 100 个一般上市后备企业梯队）重点上市后备企业 13 家、一般上市后备企业 23 家，金坛区工业经济高质量发展“十百千计划”上市后备企业 41 家。全年新增股权融资 157.97 亿元，占融资增量的比例为 25.7%，居常州首位。

【金融风险防范化解】 2022 年，金坛区以“防反弹 保稳定”为主线，统筹推进金融风险隐患摸排、监测分析、管控处置等各项工作，全区金融运行保持平稳健康发展，辖内各类金融风险总体可控。开展涉嫌非法集资集中排查专项行动，共排查涉农组织、房地产中介、投融资中介等各类机构816家，未发现相关风险线索。召开全区打击和处置非法集资工作领导小组会议，坚持防打结合、打早打小，严防严控非法集资风险新一轮反弹。6月，金坛区人民法院、地方金融监管局与常州市人民法院、常州银保监分局签署金融纠纷多元化解合作协议，在区人民法院专设金融纠纷调解工作室。8月，印发《常州市金坛区贯彻落实〈防范和处置非法集资条例〉实施方案》（坛处置发〔2022〕1号），进一步明确排查处置、行政执法等各项工作机制。年内，区地方金融监管局联合板块、部门、金融机构开展防范非法集资“八进”（进社区、进农村、进校园、进单位、进企业、进商会、进机构网点、进新闻媒体）宣传活动154场次，参与人数1.5万余人次，发放宣传物资2万余份。

【地方金融组织监管】 2022年，金坛区坚持依法监管，持续排摸行业风险隐患，组织开展涉嫌非法私募机构排查整治、“伪金交所”专项整治、非法典当机构清理整顿、类金融机构违法违规专项检查、地方金融组织“双随机、一公开”检查等多项专项检查行动，及时处置化解违法违规风险。坚持合规引导，持续强化行业监管检查，对纳入监管的小额贷款公司、融资担保公司、典当行、融资租赁公司等13家地方金融组织开展年度检查和监管评级，每半年召集召开行业工作座谈会，督促地方金融组织坚持依法合规经营。 （徐亚男）

审 计

【概况】 2022年，全区审计工作坚持依法审计、坚持服务大局、坚持问题导向、坚持推动创新，积极发挥审计监督职能，切实以高质量审计护航经济社会高质量发展，完成审计项目25个。其中，固定资产投资审计3个，财政审计2个，经济责任审计11个，经济责任交接4个，自然资源审计1个，民生审计3个，企业审计1个。审计查出违规金额7亿元，管理不规范金额86.59亿元，处理处罚金额30.75亿元，促进增收节支1.86亿元。促进出台规章制度21项，制定整改措施158项，14篇情况反映和报告得到领导的批示批转。获全省审计机关“五个强审”先进单位。薛埠镇领导干部经济责任审计项目获“全省审计机关优秀审计项目”三等奖，被常州市审计局评为2021年度全市审计系统综合考核第一等次并获“质量绩效奖”。儒林镇领导干部经济责任审计项目获得“常州市审计系统优秀审计项目”二等奖。“大手牵小手”党史学习一起走主题党日被省审计厅评为“十佳主题党日”。区审计局获评常州市2019—2021年度文明单位。

【重大政策落实跟踪审计】 2022年，区审计局对区税务局开展部门预算执行审计，并对税收及非税收入征管情况延伸核查相关企业，审计发现预算编制系统中项目支出未细化到具体项目、使用非中央财政经费列支公用经费、部分土地房屋资产未及时变更权属等问题。开展养老政策落实情况的专项审计调查，助力完善养老服务“十四五”发展规划和养老服务设施布局专项规划，推动养老服务实实在在惠及每一个有需求的老人。

【财政审计】 2022年，金坛区开展2021年度金坛区财政预算执行情况及其他财政收支情况审计，审计重点关注预算管理、政府采购、财政支出结构优化、财政资金统筹盘活、财政资金使用绩效等情况，审计盘活闲置财政资金29.82亿元，推动用政府过“紧日子”，换企业和百姓过“好日子”。不断强化“边审边改”，截至11月末，本级预算，一级预算部门以及专项审计涉及27个问题整改完毕。

【民生审计】 2022年，金坛区开展金坛区2018—2021年度文物保护资金管理使用情况专项审计调查，摸清全区文物整体规模、文物保护资金使用管理情况，揭示在政策落实、项目资金管理及项目实施过程中存在的问题及风险，推动文物保护专项资金管理科学化、规范化、绩效化。关注全域旅游创建情况，围绕旅游发展专项资金使用、管理情况，重点关注专项资金对推动区域旅游发展的绩效和疫情防控常态化下涉旅企业复苏、纾困措施，促进相关部门深入推进全域旅游创建。开展学前教育投入管理运行情况专项审计调查，从全区学前教育管理体制、投入机制，完善学前教育政策制度等角度，在合理规划学前教育机构布局、建立健全高效合理的学前教育投入保障机制、加强师资队伍建设等方面提出了审计建议。

【领导干部经济责任审计】 2022年，金坛区对区人民检察院、区财政局、区交通运输局、区民政局、区文旅局、区水利局、区司法局、区市监局、金城镇、长荡湖旅游控股等11个单位原主要领导干部开展经济责任审计。着重从财政财务收支的真实性和合法性，主要经济指标完成情况及其经济效益情况等多个角度合理评价被审计对象。促进增收节支0.22亿元，促进被审计单位出台《金坛区中小学教师培训经费使用及管理办法》等规章制度12份，制定整改措施150项。

【公共投资审计】 2022年，区审计局以公开招标方式建立工程造价咨询框架协议单位库，制定《政府投资建设项目复核审计考核办法（试行）》，为推进全面抽查复核审计奠定了基础。在金坛高铁枢纽工程跟踪审计中，促进节约项目投资438万元。在河海大学长荡湖大学科技园（一期）项目跟踪审计中，促进出台《河海大学常州新校区主要材料（设备）全过程管理办法》等。

【内部审计】 2022年，区审计局持续推进“以审代训”，全年共有6人申请参与6个国家审计项目。出台《2022年度内部审计工作要点》，加强对内部审计工作的指导监督，探索实现审计监督面上覆盖。指导江苏省金坛经济开发区管理委员会、江苏省金坛华罗庚高新技术产业开发区管理委员会2家单位建立基层审计委员会，制定基层审计委员会工作规则和办公室工作细则。引导基层审计委员会围绕聚焦高质量发展以及乡镇（园区）党委关注的重点，加强监督，发挥职能作用。

【联动监督】 2022年，金坛区坚持构建“大监督”格局，推动各类监督贯通融合。加强纪审、巡审、组审协作，优化完善横向协作配合机制，推动将审计成果及整改情况作为干部考核奖惩的重要依据。积极开展“巡审联动”，在区市监督管理局领导干部经济责任审计中取得了较好的效果。不断强化横向互动，加强经济责任联席会议成员单位的沟通协调，收集成员单位意见建议，推动成员单位在各自职责范围内运用审计成果。努力实现纵向联动，加强与上级审计机关沟通协调，实现审计结果和信息全面共享；加强对内部审计工作的指导监督，推动监督关口前移，实现源头治理。

（杨洛平）

统　计

【概况】 2022年，金坛区统计工作坚持以习近平新时代中国特色社会主义思想为指导，深入学习党的二十大精神，结合统计工作实际，立足“监测预警、指导服务、执法监督、改革创新”四大职能，主动思考、深度谋划，推动统计工作高质量发展，为奋力书写“美丽常州新样板”贡献新力量，展现新作为。

年内，金坛区统计局配合起草全区综合、“五大行动”、高质量发展等考核方案，按月按季做好相关指标的监测预警，年末汇总评价相关指标完成情况。对“532”发展战略、“两湖”创新区建设、“五新产业”等涉及的各项指标进行监测评价，探索建立数字经济指标评价体系。紧盯全区经济发展中的重点热点难点问题，深入分析研究，撰写优质统计调研分析报告。全年共撰写统计分析55篇、内部专报6篇、统计调研30多篇，其中3篇内部专报获区委主要领导批示。

【统计调查】 2022年，金坛区先后高质量完城月度劳动力调查，资质外建筑业抽样调查网上直报，无人机遥感调查，限下贸易抽样单位运营状态核查等统计调查核查。配合国家、省、市调查队，开展各项重点、热点调查，开展文明城市、乡村振兴、能源双控、养老服务、数字经济、节后工业、建筑业企业复工复产情况、畜禽种业生产经营情况、春耕春备、农民工稳岗返岗情况等民生调查，用数据反映民生实际。

【执法监督】 2022年，金坛区统计局列席区政府常务会议，解读中办、国办联合下发的《关于更加有效发挥统计监督职能作用的意见》等文件精神，推动全社会统计法治体系建设。配合国家局、省局对工业、服务业、商贸、建筑业、投资等企业和项目检查核查15批次，涉及130多家企业。自行组织执法人员对全区200多家“四上”企业开展“双随机”统计执法检查，有效提升全社会统计法治意识和数据源头质量。　（徐　飞）

市场监督管理

【概况】 2022年，金坛区市场监管工作以迎接、宣传、贯彻中共二十大为主线，围绕“疫情要防住、经济要稳住、发展要安全”的要求，高效统筹疫情防控和经济社会发展，较好发挥了部门职能作用，获评江苏省文明单位荣誉称号。至年底，全区实有市场主体中，从事第一产业市场主体3328户，同比增长24.13%；从事第二产业市场主体15106户，同比增长8.09%；从事第三产业市场主体68651户，同比增长8.56%；实有三大产业数量比例为3.82∶17.35∶78.83。民营经济成为绝对主力。至年底，全区民营经济市场主体数量为84405户，数量占市场主体总量比重为96.92%，为全区经济绝对主力。新设市场主体中第三产业占主导地位，全区新设市场主体中，从事第一产业市场主体230户，同比下降19.58%；从事第二产业市场主体1536户，同比增长9.56%；从事第三产业市场主体10530户，同比下降50.93%。全区新设市场主体三大产业数量比例为1.87∶12.49∶85.64。排名前三的行业为批发零售业、租赁和商务服务业、信息传输及软件和信息技术服务业，在新设市场主体数量比例分别为30.07∶18.10∶10.05。

【电子商务平台】 2022年，金坛区电子商务平台实现数量“0”突破。根据2022年实施的《江苏省电子商务平台管理规范》，“淘金坛”App第三方电商平台成为金坛区首家电商平台，由常州驰天文化传媒有限公司经营，主要定位为本地生活服务商，提供本地吃喝玩乐等生活消费类服务，通过微信小程序“淘金坛”经营。

【市场准入环境】 2022年，金坛区打造“企业开办专区”，提供“全链通、一条龙、零费用”集成式服务，企业开办平均用时0.52个工作日，稳居全市前列。推进“一件事”改革，实现了“开餐馆”“开药店”“开便利店”一件事的套餐办，开办时间节约近三分之二。全年新增市场主体12296家，新增注册资金323.58亿元。

至年底，全区实有市场主体（含分支机构）87085 家，注册资金 3887.47 亿元，同比分别增长 8.81%、1.48%。

12 月，恒泰大药房连锁有限公司为区市场监管局送上锦旗
（区市场监管局 供）

【质量强区】 2022 年，金坛区金旺智能获评 2022 年常州市市长质量奖；蜂巢能源、斯威克光伏、建昌红香芋、金旺智能获得 2022 年“江苏精品”认证，创历年新高；中创新航的企业标准入选 2021 年度全国电动汽车用动力电池企业标准“领跑者”，全省唯一；中创新航、永臻科技、斯威克光伏成功申报 2022 江苏省战略性新兴产业标准化试点项目，数量位列全省县（区）第一；鑫品茶业、中创新航分别获批成为江苏省茶产业和动力及储能电池两个标准化技术委员会的秘书处承担单位。

【企业年报】 2022 年，全区共有 18073 家企业完成 2021 年度年报，占应报数的 97.2%，较上年同期增长 1.9%，超过全市平均年报率 0.5%。公共管理、社会保障和社会组织，水利、环境和公共设施管理业，金融业年报率达到 100%。（唐爱琴）

【消费维权】 2022 年，区市场监督管理局稳步推动线下实体店七日无理由退货承诺活动，年内全区有 76 家经营主体参与。针对消费纠纷多发易发的经营主体，大力推广运用 ODR 在线纠纷解决平台，全区有 15 家企业通过 ODR 平台自主处理消费投诉。全年受理的各类投诉举报数量同比下降 2.8%。成功创建 4 家省级、14 家市级放心消费示范单位；薛埠镇仙姑村成功创建 2022 年度省级美丽乡村放心消费，被推荐成为南京都市圈美丽乡村放心消费诚信承诺联盟成员单位；金城镇南瑶村和茅山旅游度假区成功创建市级“放心消费先进区域”。

【助企服务】 2022 年，金坛区实施《金坛区“微笑经济”创新行动服务企业指南（市场监管篇）》，走访“十百千”企业发放指南近千本。实施包容审慎监管，办理从轻减轻和不予处罚案件 384 件，引导市场主体规范经营。积极开展“稳企强链助企塑信”信用修复指导服务专项行动，帮助 312 家企业重塑信用。加强涉企收费领域专项检查，降费减负 1.4 亿余元。开辟“个转企”绿色通道，积极扶持 118 家个体工商户转型为企业。针对企业迁移

单位：个

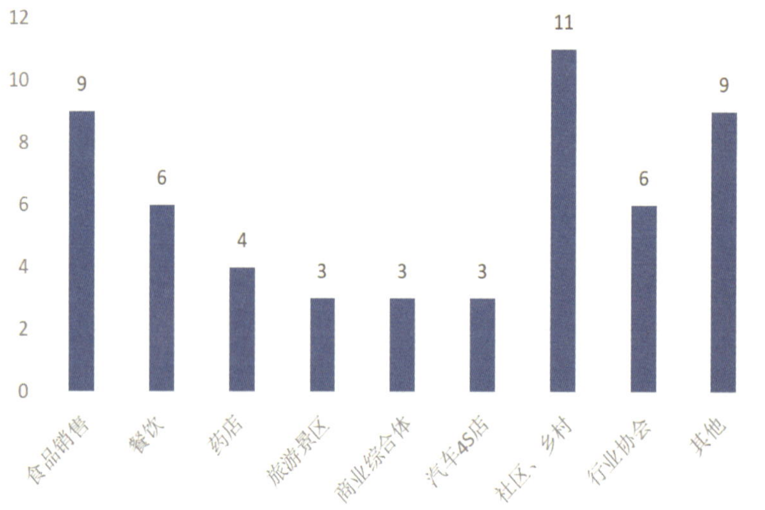

图 1　2022 年金坛区省级放心消费创建示意图

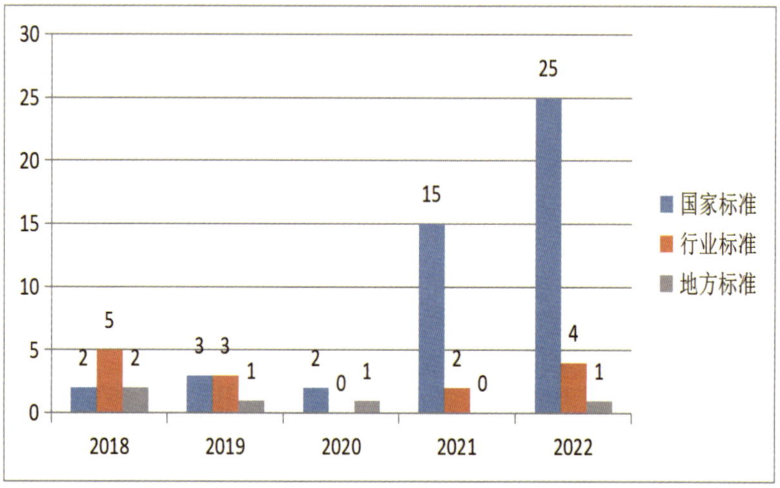

图 2　2018—2022 年全区新增主导和参与研制国家、行业、地方标准示意图

出金坛的情况，建立服务企业联系人制度，加强与企业所属板块的联系，防止可能的社会矛盾发生。

【综合监管】 2022年，金坛区把公平竞争审查工作纳入政府绩效考核体系，精准设置考核指标，并引入第三方机构审查，深入推进公平竞争审查落实。深入推进“双随机、一公开”监管，实施差异化检查，开展部门联合检查66次，同比增加164%，进一步减少检查企业频次。加强信用监管，提升年报工作效能，全区共有18511家企业完成年报，占应报数的97.2%，创历史新高。规范网络交易经营活动，严肃查处利用格式条款侵害消费者合法权益行为。

价格管理

【概况】 2022年，金坛区认真落实价格管理工作的相关要求，完成16批次商品住房价格备案，备案面积约79.2万平方米；完成7家物业备案工作，受理各类咨询、投诉131件左右；完成5家企业农业生产用电认定；完成天然气价格调整两次；优化居民阶梯气价政策，为全区居民降低用气成本150余万元，免费用气福利惠及188户困难群众家庭；为全区低收入困难群体发放价格补贴266万元，惠及1.33万人（户）；解决价格争议调处7件。

【价格认定】 2022年，金坛区价格认定中心按照全国价格认定工作要点及全省价格认定工作会议要求，按时公平、公正、合法、合规处理各类价格认定案件，并出具相关评估报告与价格认定结论书，全年累计受理价格认定案件788件，涉税价格25.16亿元，涉案金额1413.4万元，解决价格争议调处7件，均做到“零争议”“零复核”。

【居民消费价格指数调控】 2022年，金坛区发挥价格调控联席会议、价格调控目标责任制的作用，根据新冠肺炎疫情防控形势变化及市场价格形势，在当月未达到启动条件下，分别在2月和11月对低收入群体增发价格临时补贴、共发放373.15万元，惠及27565人次。

【价格监测】 2022年，金坛区做好各类价格监测，在春节、五一、国庆等重大节日及时启动市场巡视机制，关注主副食品市场情况，加强主副食品价格监测预警预报，保障节日期间与老百姓生活相关的商品和服务市场价格秩序。

【收费监管】 2022年，金坛区完成全区涉及行政事业性收费的142家单位收费年报工作。2022年度全区行政事业性收费总额5.68亿元，收费总额占地方一般公共预算收入的11.08%。其中涉企收费金额2.56亿元，比上年减少0.45亿元，清费降本减负政策促进收费总额持续降低。加强教育收费监管，对公办幼儿园、非营利民办幼儿园保教费、住宿费及托管费实行政府指导价管理；按省发改委关于中小学课后服务收费由每月200元调整至每月300元。加强停车、物业收费管理。办理商品房住宅小区物业服务合同登记报告7份、物业收费公示7份。

【粮油价格】 2022年，金坛区小麦（三等，下同）国家最低收购价为每千克2.30元，比上年上涨0.04元；早籼稻、中晚籼稻、粳稻最低收购价分别为每千克2.48元、2.58元、2.62元，其中早籼稻、中晚籼稻和粳稻比上年分别上涨0.04元、0.02元和0.02元。全区2022年产中等质量红小麦和混合麦收购价格每千克2.30元；2022年产中等质量标准中晚籼稻收购价每千克2.58元，中等质量标准普通粳稻收购开秤价格每千克2.84元，后上涨至每千克2.88元。年内全区未启动最低价收购预案。

【价格减负】 2022年，金坛区加大惠企政策宣传力度，与收费主体畅通沟通渠道，掌握收费动态，确保减负降本政策及时落地生效。全区共取消、减免或降低行政事业性收费1次2个，年减轻企业和个人负担130万元。加大清费减负政策、收费目录清单等宣传力度，打造清朗营商软环境。公布《2022年江苏省行政事业性收费项目目录》，规范行政事业性收费行为。

（孔梓道）

社会信用体系建设

【信用体系制度建设】 2022年，金坛区出台《2022年金坛区社会信用体系工作要点》，重点部署信用惠民便企服务、新型监管机制、政务诚信、“信易贷”工作、公共信用信息共建共享、信用领域突出问题专项治理、示范试点等共8大类25条工作要点。完成“双公示”平台升级。根据常州市信用办工作要求，对金坛双公示平台进行升级，至年底，升级完成，实现与市级信用平台对接疑问数据和跳号数据，推送至区双公示系统与政务服务一体化平台，对于处罚已满公示期的数据进行批量下线并不再公示等功能。

【信用信息公示报送】 2022年，金坛区公示行政许可和行政处罚54334条。其中，行政许可44237条，信息来自于27个部门，分别为公安局11892条，城管局9810条；行政处罚10097条，信息来自于23个部门，分别为交通运输局4319条，城管局1703条。归集报送行政监督检查、行政确认、行政奖励、行政裁决、行政强制5类行政管理信息865条。

【信用修复】 2022年，金坛区组织区级相关部门召开信用领域突出问题专项治理工作会议，并将此项工作列入对部门及乡镇考核工作指标。针对全区受行政处罚治理对象名单，按处罚部门进行分类，及时下发至各部门，对失信企业名单逐一摸排核查并录入系统，做好企业信用修复帮扶工作。结合全区工作实际，研究制定在行政处罚等工作中建立“同步开展信用告知、同步开展诚信教育、同步开展修复提醒”工作机制，推动行政处罚和信用修复有效衔接，至年底，20多家单位在行政处罚工作中开展运用。加快推进企业信用修复工作，年内，组织开展3场信用修复培训班，创新开展“小班化”培训模式，培训企业200余家，修复处罚信息100余条；联合区交通运输局对辖区内45家运输领域失信企业进行2场约谈和信用修复培训。

【信用贯标创建】 2022年，金坛区创建信用管理贯标企业8家，市级信用管理贯标示范企业1家，信用贯标复核企业2家；组织久诺申报并获得省级信用管理贯标示范企业。扩大信用报告应用覆盖面，年内为113家企业提供信用查询服务。

表8 金坛区信用管理贯标示范企业一览表

序号	企业名称	级别（省、市）	认定时间（年/月）
1	常州市金坛微特电机有限公司	市级	2013.2
2	盛利维尔（常州）金属材料有限公司	市级	2014.2
3	江苏金旺智能科技有限公司	市级	2014.2
4	江苏翔发丝绸服饰有限公司	市级	2014.2
5	江苏索特动力工程有限公司	市级	2015.1
6	江苏华越毛纺有限公司	市级	2015.1
7	常州华德机械有限公司	市级	2016.12
8	埃马克（中国）机械有限公司	市级	2017.9
9	常州广裕橡塑科技有限公司	市级	2017.9
10	江苏中远消防设备有限公司	市级	2018.11
11	常州源美新材料科技有限公司	市级	2019.11
12	江苏常宝普莱森钢管有限公司	省级	2020.9
13	江苏久诺新材科技股份有限公司	省级	2021.1
14	常州市建军环卫有限公司	市级	2021.11
15	东方日升（常州）新能源有限公司	市级	2022.9

（杨　飞）

【营商环境法治化】 2022年，区法院坚守“案案都是营商环境”理念，审结涉企案件5330件，依法维护市场交易规则和竞争秩序。促进社会信用体系建设，开展“优化法治化营商环境执行年”1＋4专项行动（企业信用修复“暖企”行动，市场主体出清“助企”行动、善意文明执行“护企”行动、涉党政机关执行积案清理“惠企”行动、执行信访突出问题攻坚化解“安企”行动），集中清理失信企业689家及关联案件1606件，失信企业存量和增量同步降低。开展“企业把脉问诊治未病工程”，强化企业风险防范，年内以“送法进企”“对症开方”形式，为涉诉企业出具“法治体检”报告单18份，发送司法建议4条。

（孙志川）

【企业信用建设】 2022年，金坛区强化信用监管，坚持将年报工作作为构建信用监管体系、加强事中事后监管的重要基础。全区企业完成年报比上年增长1.9%，超过全市平均年报率0.5%，创历史新高。其中“公共管理、社会保障和社会组织”“水利、环境和公共设施管理业”“金融业”年报率达到100%。拓宽信用修复范围，坚持把信用修复作为维护市场主体权益的重要工作，服务企业高质量发展。积极开展“稳企强链助企塑信”信用修复指导服务专项行动，落实助企纾困措施政策，为企业开通绿色通道，简化信用修复申请流程，重塑信用。年内，共帮助辖区312家企业重塑信用，其中，移出经营异常名录企业306家，一般行政处罚失信修复6家。

【首份网上办理企业征信证明】 9月23日，金坛区市场监督管理局首次通过企业征信证明网上申报平台为企业办理企业征信证明。按照传统办理流程，因涉企征信数据多源头管理、多系统归集、多科室管辖，申请人需向登记机关提交书面申请材料，查询结束后再返回领取征信报告，全流程至少需要跑2次。该平台的启用大幅节省企业的办事时间，企业可以通过办理平台随时查询办理进度，真正做到“让数据多跑路、让群众少跑腿”。

【经营异常名录企业清理】 2022年，金坛区认真对列入经营异常名录满两年并未缴税的企业进行清理规范，对通过登记的住所或经营场所能够取得联系的企业，督促其及时履行年报义务；对证据充分、查无下落、确实长期未经营的企业启动吊销手续，年内，共清理吊销“僵尸”企业212家。

（唐爱琴）

知识产权管理

【知识产权服务】 2022年，金坛区打通知识产权创造、运用、保护、管理、服务“全链条”，全年新增发明授权再创辖区历史新高；全区万人发明专利密度达37.29件，均超过溧阳摆脱垫底；成立中国（常州）知识产权保护中心金坛分中心，为全区企业提供全方位服务；“黄金村软米”成功获批国家地理标志证明商标；中创新航获评“国家知识产权优势企业”；江苏金坛经济开发区获评“2022年度江苏省知识产权建设示范园区”。

【发明专利】 2022年，全区新增授权量快速增长，新增专利授权总量6151件，同比增长18.24%，增幅全市第二。其中，新增发明专利授权830件，同比增长106.47%，增幅全市第一；新增PCT专利申请127件，同比增长284.85%，增幅全市第一。截至年底，全区有效发明专利2211件，万人有效发明专利拥有量37.29件，同比增长54.08%。专利相对集中在新能源企业。根据现有专利类型数量分布，发明申请量和授权量集中在蜂巢能源、亿晶光电、中创新航、厚生新能源等新能源企业；实用新型专利量前三的企业为蜂巢能源、中创新航、亿晶光电；外观设计数量最多的是亿晶光电。

单位：件

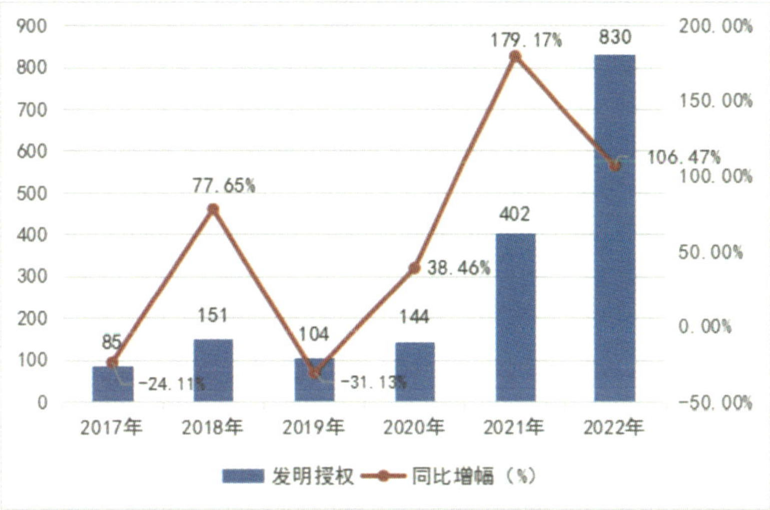

图3 2017-2022年金坛区发明专利授权量增长情况示意图

9月1日，中国（常州）知识产权保护中心金坛分中心成立揭牌仪式

（区知识产权局 供）

表 9　2022 年金坛区专利类型数量分布前 10 的企业一览表

单位：个

序号	企业名称	发明申请	发明授权	实用新型	外观设计
1	蜂巢能源科技股份有限公司	1375	493	2542	0
2	常州亿晶光电科技有限公司	417	123	471	13
3	中创新航科技股份有限公司	377	150	1293	4
4	江苏厚生新能源科技有限公司	305	109	137	0
5	常州斯威克光伏新材料有限公司	132	21	89	5
6	信维通信（江苏）有限公司	76	21	152	1
7	东方日升（常州）新能源有限公司	57	13	69	0
8	永臻科技股份有限公司	45	3	54	4
9	当升科技（常州）新材料有限公司	21	12	18	0
10	贝特瑞（江苏）新材料科技有限公司	16	9	27	0
合计		2821	954	4852	27

（唐爱琴）

（编辑　储　劼）

区域融合发展

“两湖”创新区

【“两湖”创新区金坛组团规划】 2022年，金坛区坚持高点站位、全局谋划，第一时间邀请常州市资规局总规划师辅导，第一时间成立金坛区“两湖”创新区建设推进工作组和协调办，建立健全周汇报、月调度、季调研的推进落实机制。11月25日，金坛区基于“两湖”创新区战略下的规划整合形成初步成果并向市级层面汇报，将金坛区涉及的高端制造国际合作组团、产城融合科创田园组团、水乡生态客厅组团概念持续深化细化。

【“两湖”创新区金坛项目建设】 9月5日，市政府正式批复同意金坛区《“两湖”创新区金坛组团封闭运作方案》。方案按照“科学规划、整体开发、封闭运作、内部平衡”的原则，采取“大组团构架、小片区推进”的工作模式，排定重点项目（工作）100个（含子项目107个），总投资1282.1亿元，2022年度计划投资246.4亿元。截至11月底，“两湖”创新区金坛区重点项目（工作）年内累计完成投资233.6亿元，完成年度投资计划的94.8%；107个项目中开工83个，完工项目17个；24个未开工项目中，13个项目计划2024年春节前进场施工，其余项目因投资意愿改变、建设方案调整和要素资源保障等因素暂未开工。其中，重大项目突破类26个，完成年度投资149.5亿元，完成年度投资计划的97.1%；“微笑经济”创新类15个，完成年度投资27.9亿元，完成年度投资计划的86.8%；全域旅游创建类5个完成年度投资3.6亿元，完成年度投资计划的87.5%；城市能级提升类52个，完成年度投资52.1亿元，完成年度投资计划的82.8%；城乡融合发展类9个，完成年度投资0.5亿元，完成年度投资计划的84.9%。（孔梓道）

【河海大学常州新校区项目建设】 2022年，长荡湖旅游度假区切实履行校区建设指挥部办公室职责，加强与河海大学工作对接，抓好建设项目合作协议和指挥部研究决定事项的落地落细落实。在严控50亿元总投资和确保施工进度的前提下，强化投资控制，按规实施变更，各单体建筑屋面、二次结构、内墙抹灰完成施工，幕墙、机电安装、智能化、市政外场、景观绿化等配套工程有序实施，年内完成投资23亿元。教职工住宅完成33幢楼（共52幢）主体结构封顶，累计完成投资15亿元。（苏诗雨）

常金同城化

【城乡融合发展】 2021年，金坛区印发《2021年金坛区建设国家城乡融合发展试验区工作要点》《2021年金坛区建设国家城乡融合发展试验区工作任务清单》，上报15项省级赋权支持事项，其中7项纳入宁锡常接合片区省级重大支持事项清单。金坛区发展和改革局联合区农业农村局编制印发《常州市金坛区城乡融合发展试验行动实施方案（2022—2025年）》《2022年金坛城乡融合改革发展行动工作要点》，全面推进农村集体经营性建设用地入市工作，完成11宗集体建设用地入市，总面积35.4公顷，出让金总额2.5亿元；山水林田湖草生态保护修复试点工程完工；将碳排放纳入环境影响评价，助力生态产品价值实现。

【同城化发展】 2022年，常金（常州、金坛）同城新格局持续构建，金坛区大力推进中德（常州）创新产业园等“同城化”项目建设；结合“532”（五大中轴、三个中心、两个示范区）发展战略，高起点谋划“两湖”（长荡湖、滆湖）创新区建设，初排3大类9大功能27项183个拟实施重点项目；长荡湖片区与武进滆湖片区被确定为全国第二批流域水环境综合治理与可持续发展试点。对外合作不断深化，中德（常州）创新产业园被认定为中国（江苏）自由贸易试验区联动创新发展区，申报中德（常州）智能制造合作示范园区，设立“外国人来华工作许可”受理点；编制《中德（常州）创新产业园“十四五”发展规划》。

【丹金高速初步设计获省发改委批复】8月17日，丹金高速初步设计获省发改委批复。该项目路线起自与沪蓉高速公路交叉处的丹阳新区枢纽，北接已建成的镇丹高速，向南经丹阳东、珥陵、金坛东、嘉泽，止于与沪武高速公路交叉处的金坛经开区枢纽，接已建的常溧高速，路线全长41.35千米。项目采用双向六车道高速公路标准建设，设计速度每小时120千米。项目主线共设置桥梁24座；全线新建丹阳新区、丹阳南、丹阳高新区、珥陵、皇塘、东城、尧塘7处互通式立交，改建丹阳新区枢纽、金坛经开区枢纽2处互通式立交；设置导墅服务区（含加油站）1处。同步建设必要的交通工程及沿线设施。丹阳至金坛高速公路是《江苏省高速公路网规划（2017—2035年）》的重要组成部分。

（金　鉴）

融入南京都市圈

【金坛入列“宁杭滁生态经济发展带”】2022年，金坛区融入南京都市圈步伐加快，在《南京都市圈发展规划》中被列为“宁杭滁生态经济发展带”，重点支持发展新一代信息技术、新能源汽车、智能电网、生态旅游、健康养老等产业；金坛压缩空气储能发电示范项目、南沿江城际铁路、镇宣铁路、河海大学常州新校区等被纳入南京都市圈一体化发展年度工作要点。

【“东吴杯”茶艺技能网络赛】5月26日，“南京都市圈茶艺技能网络赛”金坛赛区在金坛区东吴职业技能培训学校开赛。本次“东吴杯”茶艺技能网络赛由金坛区东吴职业技能培训学校承办，22名金坛籍茶艺师报名参加初赛，比赛邀请国家职业技能鉴定考评员、江苏省常州技师学院茶艺专家、茶艺师技师及国家高级评茶员作为评委。比赛通过规定茶艺工序和自创茶艺展示两部分进行评比，最终晋级的前三名推荐参加南京都市圈网络赛决赛。

【南京都市圈合作协议签署】6月11日，2022南京都市圈党政联席会议在南京召开。会议听取南京都市圈工作推进情况报告，充分肯定都市圈建设发展取得的新成效，南京都市圈各成员城市认真履行都市圈建设主体责任，紧扣使命任务，坚持共建共享，“压舱石”的分量更重，“轨道上的都市圈”跑得更快，跨省通办更便捷，产业创新协同的齿轮咬合更紧，生态联治共保的力度更大，疫情联防联控协调更顺畅。都市圈八市党政主要领导围绕“合作共赢建设都市圈 更高质量推动一体化”主题，深入研究交换意见，成立南京都市圈建设办公室。南京都市圈各市在科技创新、环境治理、园区建设、医疗资源、轨道交通、文化旅游、职业教育等多个领域签订了一批合作协议，加强跨界毗邻地区建设。南京都市圈各市以及常州溧阳市、金坛区签署《共同编制南京都市圈多层次轨道交通体系规划框架协议》《南京都市圈产业“集群强链”行动方案》。

【多层次轨道交通体系规划】2022年，金坛区围绕都市圈交通规划，拟编制多层次轨道交通体系规划。金坛区加快推动融入南京都市圈，积极拓展双向开放新格局。在建的南沿江城际铁路，可实现上海1小时、南京半小时通勤；规划建设的镇宣铁路，与南沿江城际铁路在金坛区形成十字共站，可实现杭州1小时通勤；与溧水、丹阳、句容等地密切对接，深化常金宁城际铁路、中吴大道西延、340省道改线等工程研究，持续畅通南京向东辐射通道。年内，邀请省发改委、南京市发改委等一行15人到金坛调研南京都市圈多层次轨道交通体系规划。调研组充分肯定金坛区轨道交通体系规划，并将在南京都市圈多层次轨道交通体系规划中充分考虑金坛区的建议和诉求，形成布局合理、功能完善、互联互通、运行高效的基础设施体系，共同打造“畅达都市圈”。

【人社领域一体化】2022年，金坛区落实南京都市圈工作要点，不断推动与圈内城市在人力资源、人才交流、社会保障等民生领域接轨，持续提升人社服务发展、服务民生水平，为推动建设现代化都市圈贡献人社力量。

提质扩容，打造人力资源合作“升级版”。健全完善人力资源服务共享协作机制，精准匹配产业需求，更好服务实体经济。举办“知名人力资源企业金坛行”活动，组织都市圈知名人力资源服务机构与金坛区企业对接，加大人力资源的输入和输出，规模化引进产业工人；加强与都市圈各就业部门合作交流，积极参加南京都市圈人力资源产业协同发展交流研讨会，探索人力资源服务共建共赢新模式，驱动区域人力资源同频共进，推进都市圈人力资源产业协同发展；协同配合建立都市圈网上公共就业创业服务一体化平台，完善平台功能，实现各城市间就业创业服务信息及时互联共享。发布就业创业政策、办事指南及重大活动报道29项。依托都市圈网上公共就业创业服务平台，开展线上线下一体化招聘求职服务，搭建企业与都市圈劳动者精准对接平台，推动在线就业服务升级加码，促进都市圈劳动力资源自由流动、稳定就业。

协同合力，建好人才交流“大平台”。借势借力“朋友圈”，推动人才优势互补，放大人才集聚磁场效应。

积极参与人才联合招聘，组团开展招才引才系列活动。同步启动2022年全国大中城市巡回招聘会“南京站”活动的宣传发动、报名参会工作，组织鹿山新材料、中盐金坛公司、同方威视等12家重点规模企业参加。实施金坛“百家企业校园行”引才专项行动，组织100多家重点企业走进都市圈各大高校开展校园招聘。加强技能人才培育，促进城市产业技术交流，先后推荐5名选手参加南京都市圈茶艺技能网络赛、南京都市圈职业技能赛，金坛区人社局均获优秀组织奖。持续构筑优质人才生态，出台“人才引育20条”和“人才服务20条”，制定安家补贴、租房补贴和技能人才补贴等一系列实施细则，加大人才来坛落户和工作的政策支持和生活保障。设立社区“人才服务社”，打造“区—镇(街道)—社区人才服务社”三级人才服务体系，不断增强金坛区对高层次创新创业人才的吸引力和附着力，为承接都市圈各地“人才溢出”畅通渠道。

共建共享，织好社会保障“互通网”。聚焦公平可持续，加大社会保障支持力度，不断推动社保政策制度、经办标准等方面融合。优化跨区社保业务经办服务，依托全国统一的社会保险公共服务平台，实现养老保险关系转移、领取资格认证、社会保险个人权益单查询打印、参保证明查询打印等4类19项服务高频事项“跨省通办”。深化业务比对认证合作，针对都市圈成员单位的信息认证、失业保险关系跨省转移等需求，金坛区人社局第一时间进行沟通联系，了解需求并及时跟进，压缩办理时限，提升办理效率，全力为都市圈兄弟部门提供便捷高效的服务。以第三代社保卡为载体，推广社保卡应用范围，努力实现基本公共服务“一卡通用”。年内，积极推进金坛东方盐湖城、花谷奇缘景区门票在江苏(常州)一卡通的功能加载，社保卡可作为进入公园、文化场所的身份凭证。同时加强部门协作，在全区各场所自助服务一体机上增加三代社保卡刷卡使用功能，覆盖全区各行政网点及图书馆，进一步提升社保服务便利化水平。

【南京都市圈创新合作大会金坛项目签约】 7月30日，2022年南京都市圈创新合作大会暨数字经济(人工智能)产业专场交流会在安徽省马鞍山市举行。金坛赴马鞍山参加南京都市圈创新合作大会暨数字经济(人工智能)产业专场交流会会议，《南京都市圈科技创新合作白皮书》于会上发布，会议以“共话新经济、共画都市圈”为主题，集中签约科技创新合作、城市人工智能项目共20个，金坛区“金坛供电——河海大学联合实验室”“无人搬运车(AMR、AGV、RGV)、移动机器人开发”等项目上台签约。其中，金坛供电与河海大学基于绿色、低碳、高效的电热耦合技术进行合作研究，在生活热水、供冷供热、工业蒸汽、谷物烘干等领域开展节能降耗和清洁用能实践活动，分别在河海大学和金坛供电建立第一实验室和第二实验室。 （金　鉴）

对口协作

【石泉、宁陕对口协作】 9月16日至17日，区委副书记、代理区长胥亚伟率队赴陕西省安康市石泉县、宁陕县开展对口协作工作。在石泉县，胥亚伟一行参观考察中池花海魅力田园景区、池河金蚕博物馆。在金坛·石泉2022年度苏陕协作联席会议上，胥亚伟介绍金坛区经济社会发展情况，总结回顾石泉和金坛开展对口协作以来取得的成效，并对石泉经济社会发展、巩固拓展脱贫攻坚成果给予充分肯定。进入新发展阶段，金坛和石泉协作范围更广、领域更宽、空间更大、前景广阔。要进一步细化资金支持、产业协作、劳务协作、消费帮扶等方面的工作举措，发挥两地优势，互促互补，带动群众稳定增收，促进农村劳动力精准转移、稳定就业。同时，还将加快发展乡村振兴示范区，加大产业对接转移力度，加速产业转型升级，持续深化全面合作。在宁陕县，胥亚伟一行参观考察宁陕县渔湾逸谷田园综合体、梨子园养蜂专业合作社，并参加了宁陕县茅山竹海农业科技有限公司揭牌仪式。在金坛·宁

9月16日至17日，区委副书记、代理区长胥亚伟率队赴陕西省安康市石泉县、宁陕县开展对口协作工作 （区发改局 供）

陕苏陕协作座谈会上，胥亚伟表示，金坛区将继续深化产业互联，积极探索金坛企业宁陕资源的产业发展模式，推进产业共兴，扩大创新产业协作新局面；将深化民生互惠，推进金坛产业优势与宁陕用工优势加强衔接，深化劳务协作，持续巩固消费帮扶成果；将深化全面互通，进一步扩大两地在医疗、教育、乡村振兴等多领域合作，寻求优势互补，共同谱写乡村振兴对口协作新篇章。金坛区人民政府分别向石泉县人民政府、宁陕县人民政府捐赠100万元对口帮扶资金。

【宁陕县赴金坛区招商考察】 7月27—28日，陕西省安康市宁陕县政府考察团金坛区开展招商考察活动，深入对接苏陕协作工作。考察团一行实地参观薛埠镇仙姑村、一号农场、茅山森林世界等地，详细了解金坛区乡村振兴、文旅融合发展等工作开展情况。金坛和宁陕开展协作六年来，宁陕县经济实力稳步壮大，城乡面貌持续改善，经济社会取得长足发展。两地持续推进项目帮扶，增强发展后劲，加强洽谈对接，推进意向项目落地建设；加大推进产业帮扶，拓展发展空间；通过加强旅游产品推介，推动旅游运营，特别是立足特色产业开展农业科技成果转化项目建设合作；继续加强劳务合作，建立深层次劳务协作关系，确保稳定就业；加大干部交流力度，增加交流的领域和人数，帮助培养具备开放视野和开拓创新意识的干部和人才，推动政企合作、镇村合作取得更大实效。

【金坛·宁陕·石泉 三地“云招聘”】 2月27日，由江苏省常州市金坛区联合宁陕县、石泉县共同举办的“融媒助企、职等你来”三地联动“云招聘”直播活动成功举办。此次直播活动由金坛区融媒体中心联合宁陕县融媒体中心、石泉县融媒体中心主办。金坛区常宝普森钢管有限公司、江苏天辉锂电池有限公司、常州市贝特瑞新材料科技有限公司、永臻科技股份有限公司、太一光伏科技（常州）有限公司5家公司提供多个岗位，涵盖普通操作工、技术员和企业中层管理岗等，月薪5000元至上万元，并提供五险、年资奖、包食宿等丰厚的福利待遇。活动现场，5家企业HR（人力资源）走进直播间“直播带岗”，介绍企业相关情况和岗位需求，务工人员通过线上与企业HR（人力资源）进行交流，并提出关心的问题，企业HR都给予详细解答。

【宁陕水稻全程机械化技术培训】 5月23日，金坛区农业农村局援陕技术专家朱荣松、莫锁龙参加宁陕县水稻全程机械化插秧培训会，现场针对当地粮食种植合作社、农机专业合作社负责人开展技术指导。培训现场发放水稻机械化育秧技术和插秧技术资料。宁陕县农业技术推广站向观摩人员讲解了水稻机插秧水田平整、起秧续秧、插秧深度等技术要点，部分参训人员现场对插秧机进行了实地操作。金坛区援陕技术专家朱荣松现场交流了金坛的育插秧技术。金坛、宁陕两地农业技术专家就育秧选种、机械化育秧、无水秧苗栽插等技术进行交流与探讨。 （金 鉴）

5月23日，金坛区农业农村局援陕专家朱荣松（左一）、莫锁龙（中）现场对当地粮食种植合作社、农机专业合作社负责人开展技术指导 （区发改局 供）

（编辑 储 劼）

开放型经济

综　述

2022年，金坛区围绕“532”发展战略和“两湖”创新区建设要求，克难求进，主动作为，以推动高质量发展为主题，大力推进“五大行动”，全力实现商务经济平稳运行、质效提升。全年完成实际到账外资及港澳台资4.42亿美元，同比增长81.1%，提前完成年度目标任务；完成进出口总额384.3亿元人民币，同比增长43.6%；新增境外投资项目5个，中方累计投资额3.9亿美元；累计签约引进工业项目138个，协议投资总额超600亿元人民币。

2022年，全区上下深入实施重大项目攻坚突破行动，全力扩大有效投资，累计签约引进超10亿元人民币或1亿美元项目16个，其中超30亿元人民币或3亿美元项目3个，超50亿人民币元项目1个，超100亿元人民币项目1个，蜂巢能源四期、华耀光电等一批重大项目先后落户。区商务局积极开展“微笑经济”创新行动管理平台申报及预评估工作，协助培育“微笑园区”、打造总部型平台，夯实发展基础，提升“微笑经济”发展动能，提高“微笑平台”承载能力。全区累计培育拥有国际工业城、腾创工业园、金坛华科通信孵化中心A区、飞荣达科技园等10个“微笑园区”，数量优势明显，“微笑经济”发展动能强劲。

招商引资

【概况】　2022年，全区上下牢固树立“项目为王”理念，围绕“五新产业”，积极招引新能源、新基建、新能源汽车、新医药、新智能优质项目。年初筹划拟定全区项目招引工作目标管理考核意见，细化考核标准，下达考核任务，落实季度、年度考核。做好全区在谈、已签项目数据的采集、汇总和分析工作。完善预评审机制，严把项目质量。研究协同招商机制，统筹招商资源，助力项目攻坚。全年累计签约引进工业项目138个，协议投资总额超600亿元人民币，其中超10亿元人民币或1亿美元项目16个。签约引进外资项目17个，协议投资总额7.2亿美元。中德（常州）创新产业园落户德语区企业53家。

【招商宣传】　2022年，区商务局强化推进金坛区招商宣传工作，修订投资环境研究报告，完成最新版投资环境报告的制作。持续加强“金坛商务”微信公众号的维护和信息更新，利用互联网媒介广泛发布载体资源和信息，提升全区招商宣传实效。

【招商活动】　2022年，区商务局组织筹办和参与7场招商活动。2月21日，筹划举办落实“532”战略重点产业项目集中签约仪式，12个重点产业项目顺利签约。5月9日，参加常州市“两湖”创新区建设推进大会，8个产业项目签约落户。6月30日，组织举办“两湖”创新区建设推进大会，举行项目集中签约。11月24—26日，配合组织筹备“名城名校合作行 创新创业赢未来”金坛区活动，走访浙江重点企业。协助、配合各特色产业园区举办第十五届高工锂电产业峰会、“茅山论健”数字经济与生命健康产业融合发展金坛峰会、2022光伏新能源产业发展金坛长荡湖峰会。

【招商培训】　2022年，区商务局持续加强招商人员队伍建设，通过线上线下结合、专题培训与集中培训结合等多种方式对全区招商人员开展针对性培训。6月，组织招商人员参加2022年《全市新能源产业招引》《新形势下的招商引资“精准化”》等相关课程培训。分别于8月18—20日、11月13—17日选派招商骨干代表参加常州市推进“产才融合”能力提升专题培训班。8月22—24日，在苏州大学举办金坛区2022年“高质量发展产业招商”专题研修班。

（潘菲菲）

7月24日，区经贸代表团在深圳参观勤诚达控股有限公司　　（潘菲菲 供）

对外及对港澳台贸易

【概况】 2022年，金坛外贸继续保持较快增长，全年完成外贸进出口总额384.3亿元人民币，创历史新高，同比增长43.6%，增速连续四季度位居全市第一，分别高于江苏省、常州市38.8个和36.1个百分点。其中，出口规模318.6亿元人民币，同比增长52.4%；进口65.7亿元人民币，同比增长13.3%。

【进出口贸易行业分述】 2022年，全区共有进出口实绩企业592家，其中有45家企业进出口总额超亿元，亿晶光电、北电爱思特、东方日升、晨风服饰等9家企业进出口总额超10亿元人民币。一般贸易进出口341.6亿元人民币，增长43.7%，占同期全区进出口总额的89%；加工贸易进出口41.9亿元人民币，占比11%。机械电子和纺织服装作为金坛区两大重要传统外贸行业，合计实现进出口总额264亿元人民币，占全区总额68.7%；其中机械电子行业累计进出口224亿元人民币，同比增加36.5%，占全区总额58.3%；纺织服装行业累计进出口40亿元人民币，同比增加13%，占全区总额10.4%。

【优势产业】 2022年，全区外贸规模向大企业集聚特征明显，进出口排名前20的重点企业累计实现进出口284.2亿元人民币，占全区总量74%。以动力电池为代表的产业进一步提档升级，正逐步取代机械制造、纺织服装等劳动密集型产业，成为引领金坛外贸高质量发展的新支柱。全年光伏、动力电池产业链企业分别完成进出口134.4亿元人民币和86.1亿元人民币，同比分别增长85.2%和50.8%，两大产业合计占金坛区进出口总额57.4%。2022年国内动力电池企业装车量前15名榜单中，中创新航、蜂巢能源分列全国第3和第7。

【外资转型升级基地建设】 2022年，金坛区着力创建市级外贸转型升级基地，已成功获评常州市级光伏、动力电池、服装等外贸转型基地。金城镇和东城街道已申报认证市级跨境电商产业园，为推动全区经济高质量发展提供有力支撑。

【进口集装箱货物疫情检测】 2022年，区商务局坚决贯彻落实省市区疫情防控工作，对有进口集装箱货物的外贸企业、外商投资企业进行实地检查100余次，协调核酸检测企业降低进口货物核酸检测费用，切实减轻企业负担。　　（何常纯）

利用外资及港澳台资

【概况】 2022年，全年新设外商及港澳台投资企业30家，累计新增协议注册外资及港澳台资5.39亿美元。其中新增协议注册外资及港澳台资3000万美元以上项目5个，新增总投资超亿美元项目3个。齐康原医疗科技、格龙新材料科技、索尔思通信科技等一批重点外资企业逆势增资，全年增资项目11个，其中格龙新材料科技年内两次增资，新增协议外资超3000万美元。

【外资实际到账情况】 2022年，全区完成实际到账外资及港澳台资4.42亿美元，同比增长81.1%，提前完成全年目标任务，总量创历史新高。其中制造业外资及港澳台资到账3.7亿美元，占比77.4%。高技术产业实际使用外资及港澳台资2.37亿美元，是上年的5.2倍，占比53.6%。人均实际使用外资及港澳台资和人均高技术产业实际使用外资及港澳台资两项高质量发展考核指标均列全市第一。全区到账超亿美元项目2个、超5000万美元项目3个。

【惠企行动】 2022年，金坛区全面助力外资及港澳台资企业申报各级商务发展扶持资金奖励，加强省、市外资及港澳台资总部政策的宣贯，安歌思保护工业部件（江苏）有限公司成功获评省级跨国公司地区总部，全区共有省级跨国公司地区总部和市级外资总部企业各3家。深化为企服务力度，积极走访卓郎、爱思开、火星石等外资及港澳台资企业，深入了解协调解决企业生产经营面临困难，增强企业增资意愿，加快企业到资速度。全区上下认真贯彻《中华人民共和国外商投资法》《外商投资企业投诉工作办法》等法规条例，落实外商投资企业信息报告制度。全年共接收外商直接投资企业设立、变更信息报告161条，305家外商投资企业完成外商投资信息年度报告，同比增长7.02%。全年完成“双随机、一公开”单部门检查1次，跨部门检查1次。

【外资载体平台升级】 2022年，全区积极提升利用外资及港澳台资载体平台能级，全力打造利用外资及港澳台资新高地。作为全省首批国际合作园区之一，中德（常州）创新产业园充分发挥“强磁场”作用，成功举办2022“对话德国”活动和在德国首个大规模线下交流活动——中德经济论坛暨中德（常州）创新产业园法兰克福推介会，助推对德合作纵深发展。中德（常州）创新产业园落户德语区企业53家，总投资超20亿欧元，成为对德招商的新样板。金坛经济开发区不断强基进位，全力争创国家级经开区，2022年排名跻身全省前五，华罗庚高新区也在加快“去筹”步伐，积极打造吸引外资新沃土。

（杨姗姗）

表10　2022年金坛区新设外商及港澳台投资企业情况一览表

单位：万美元

序号	企业名称	投资国别（地区）	总投资	注册资本	协议外资及港澳台资
1	伊莎贝棱辉特（常州）电子科技有限公司	德国	1698.58	679.43	679.43
2	鼎泰（常州）轻合金有限公司	中国香港	15000.00	10000.00	10000.00
3	舒富特种阀门（江苏）有限公司	中国香港	2232.03	1116.02	1116.02
4	德中（常州）教育科技有限公司	奥地利	151.11	151.11	1000.00
5	阿斯托特克汽车技术（常州）有限公司	奥地利	1549.32	619.73	633.02
6	万迪欧德（江苏）空气处理设备有限公司	德国	226.21	161.58	161.58
7	宝莱纳（常州）生物科技有限公司	德国	89.40	74.50	18.625
8	江苏翼邦生物技术有限公司	中国	212.33	149.00	0.00
9	常州新塘汽配有限公司	中国台湾	7.45	7.45	7.08
10	江苏弘毅博雅贸易有限公司	中国香港	200.00	200.00	200.00
11	富优佳（常州）金属成型科技有限公司	德国	815.45	407.72	407.72
12	劳施保施电磁科技（江苏）有限公司	德国	2344.41	1019.31	1019.31
13	伦茨曼清洁科技（常州）有限公司	德国	45.21	45.21	45.21
14	依莱克罗空气系统（常州）有限公司	德国	72.56	50.79	50.79
15	常州市金坛区臻才实业投资合伙企业（有限合伙）	加拿大	97.54	97.54	4.18
16	常州双联磁电科技有限公司	美国	78.44	54.91	16.47
17	江苏浩宏芯片科技有限责任公司	英属维尔京群岛	2266.65	2266.65	1507.32
18	江苏火星岩科技有限公司	中国香港	5000.00	5000.00	5000.00
19	常州市众晟贰号实业投资合伙企业(有限合伙)	德国、美国	8.78	8.78	4.57
20	高伸模具（常州）有限公司	日本	2125.00	850.00	850.00
21	立鼎化学材料科技（江苏）有限公司	中国香港	10880.60	10880.60	10880.60

续表10

序号	企业名称	投资国别（地区）	总投资	注册资本	协议外资及港澳台资
22	常州景旺创业投资中心（有限合伙）	澳大利亚	752.09	752.09	172.53
23	常州捷丹科技有限公司	美国	5.00	5.00	2.50
24	常州载洪企业投资有限公司	韩国	1451.25	1451.25	740.1375
25	易合城邦传动设备制造（江苏）有限公司	中国台湾	157.53	157.53	63.01
26	冠领（常州）管理服务有限公司	塞舌尔	447.00	298.00	298.00
27	热生科技（常州）有限公司	中国台湾	158.17	79.09	23.73
28	常州洪邦新能源技术有限公司	中国香港	1500.00	1500.00	1500.00
29	常州市贝特瑞新材料科技有限公司	中国香港	38740.00	29120.56	14269.07
30	常州粹益创业投资合伙企业（有限合伙）	新西兰	11.15	11.15	0.56

境外投资和经济合作

【概况】 2022年，金坛区对外投资和经济合作继续呈现健康有序的发展态势。全年新增境外投资项目5个，金坛方累计投资额3.9亿美元。其中大项目支撑作用显现，新能源产业加速发展。中创新航科技股份有限公司在葡萄牙投资建设年产4GW锂电子动力电池储能系统生产线项目，总投资2.8亿美元，占地面积约96.7公顷。永臻科技股份有限公司在越南建设18万吨光伏铝边框项目，总投资9900万美元，预计年销售收入39.33亿元人民币。

【“一带一路”国家经济合作】 2022年，区商务局紧紧把握“一带一路”倡议建设带来的新机遇，引导全区企业“走出去”时审慎决策，多元经营，把经济可持续、利益最大化作为第一追求，有序推进金坛企业国际化进程。加速推进中创新航、蜂巢能源等动力电池企业海外布局。继续为企业抢抓“一带一路”机遇提供服务，特别是在了解国内外市场信息、发展环境方面做好辅导工作，“一带一路”国家逐渐成为全区企业外经合作重点。全区共有12家新能源企业在海外布局。2022年，在“一带一路”建设继续深入推进背景下，新增“一带一路”国家和地区投资建设项目4个，其中境外投资项目1个，为永臻科技股份有限公司投资9900万美元新建越南光伏铝边框项目；对外承包工程和对外劳务合作项目3个，分别为江苏澄煌、常州超泓承接印尼德龙镍业项目劳务合作项目，江苏金煦建设工程承接印尼一期红土镍矿冶炼项目熔炼车间机电安装工程劳务合作项目。全区参与“一带一路”建设继续呈现出良好的发展态势。

【对外承包工程及劳务合作】 2022年，全区新签外经合同额220万美元。完成外经营业额130万美元，同比下降82.9%。全年承接对外承包工程及劳务合作项目7个，期末在外人数52人。常州市金坛劳务开发有限公司等11家外经企业通过年审，常州市金坛金鼎建设工程有限公司申请注销对外劳务合作经营资质。区商务局积极组织20余家企业参加常州市“走出去”企业涉外服务与管理专题沙龙、中国（江苏）企业跨国投资研讨课会、江苏“一带一路”国际法律服务联盟等惠企活动，进一步助力全区企业规范经营、防控风险，护航外经企业稳步安全“走出去”。 （方 斌）

表11 2022年金坛区投资境外企业一览表

单位：万美元

序号	境外企业名称	对外投资主体	东道国	注册资本	合作方式	投资金额	金坛方协议投资额	批准证书号
1	厚生新材料科技有限公司	江苏厚生新能源科技有限公司	德国	5.123	新设	149.76	149.76	N3200202200741
2	经发海外投资有限公司	江苏金坛国发国际投资有限公司	英属维尔京群岛	0.0001	新设	62	62	N3200202200824

续表 11

序号	境外企业名称	对外投资主体	东道国	注册资本	合作方式	投资金额	金坛方协议投资额	批准证书号
3	中创新航科技（香港）有限公司	中创新航科技股份有限公司	中国香港	5	新设	5	5	N3200202200837
4	永臻科技（越南）投资有限公司	永臻科技股份有限公司	越南	9900	新设	2000	9900	N3200202200941
5	中创新航科技（欧洲）有限公司	中创新航科技股份有限公司	葡萄牙	20.646	新设	28904.4	28904.4	N3200202200913

金坛经济开发区

【概况】 2022 年，江苏金坛经济开发区（以下简称金坛经开区）总规划面积调整为 45.2 平方千米。金坛经开区以“532”发展战略为引领，抢抓“两湖”创新区发展新机遇，纵深推进“五大行动”，凝心聚力、砥砺前行，向着“做强现代产业、提升城市能级、高质量争创国家级经开区”持续迈进。全年完成地区生产总值 430.96 亿元，同比增长 13.2%，园区综合实力稳步提升，在全省 91 家省级经济开发区高质量发展综合考核评价中，金坛经开区位列第 5，创历史最好成绩。全年完成工业应税销售收入 1076.71 亿元，同比增长 44.82%。完成统计部门确认的工业投资 84.37 亿元，同比增长 2.06%。完成进出口总额 188.4 亿元，同比增长 38.83%。完成一般公共预算收入 22.65 亿元（不考虑增值税留抵退税因素），同比增长 19.84%。

【科技创新】 2022 年，金坛经开区完成 3 家省级创新平台认定，14 家企业被认定为市级工程技术研究中心。华大工程生物学长荡湖研究所投入运营，引进各类人才近 70 人，获批专利 5 项，研究成果在《Nature》子刊发表。编制经开区数字经济发展规划，全面推进“智能化改造和数字化转型”，已入库企业 41 家。申报常州市上市后备企业 19 家，蜂巢能源科创板 IPO 申请已获受理。创健医疗、赛尔交通、鹿山新材料成功入选工业和信息化部第四批专精特新“小巨人”企业名单，实现园区“国字号”专精特新零突破。全年入选国家级重大人才工程项目 23 个，入选“龙城英才计划”项目 14 个，签约海外引才中介机构 2 家。

7 月 7 日，江苏“对话德国：创新·合作·共赢”合作交流大会召开 （陈 翔 供）

【对外开放】 2022 年，金坛经开区成功举办德国文化周嘉年华、江苏“对话德国”等系列活动，并首次成功举办在德线下交流活动——中德经济论坛暨中德（常州）创新产业园法兰克福推介会。中德孵化中心和培训认证基地启动运营，HWK（德国手工业行会）项目顺利入驻，中德跨境电商项目签约落地。积极承接省级管理权限，全年共办理外国人来华许可工作证业务 183 件次。

【招商引资】 2022 年，金坛经开区始终坚持“项目为王”理念，建立全员招商体系，积极营造“一切围绕项目转、一切围绕项目干”的浓厚氛围。全年累计签约引进项目 93 个，协议投资总额 351.2 亿元。内资项目 76 个，协议投资总额 315.3 亿元；外资项目 17 个，协议投资总额（折合人民币）约 35.9 亿元，其中德语区项目 13 个，已聚集德语区项目 53 个。

【重大项目】 截至 2022 年年底，

2021年认定的18个项目中，15个项目达到认定开工标准，开工率83.3%。2022年认定的29个项目中，14个项目达到认定开工标准，开工率48.3%。申报入库市重大项目5个、竣工出库市重大项目3个，已在库省重大项目2个，市重大项目13个。协调推进“532”发展战略和“两湖”创新区重点项目，定期跟踪项目进度，编制上报工作周报，确保项目有序推进。紧扣园区形象提升和国际化需求，聚力城市能级跃升，构建产业集聚、高质量发展的“强磁场”。

加快推进金城大道改造工程建设，完成园区内13条道路河道新建改造设计和两个片区的雨水专项规划，完成联东U谷复兴路节点绿化景观改造提升、园区交通安全和导识系统更新升级。

持续推进金坛新材料科技产业园基础设施建设，高标准迎接省应急管理厅对化工园区安全风险评估等级复核。推进中盐常化8万吨G4级双氧水电子级化学品项目建设。明确围绕光刻胶、原料药、特种涂料等产业方向开展项目招引，进一步明晰园区产业方向与定位。（陈　翔）

江苏省金坛华罗庚高新技术产业开发区

【概况】 2022年，华罗庚高新区紧紧围绕“两湖”创新先行区、“微笑经济”示范区目标，以“五大行动”为抓手，园区综合实力不断攀升。园区创成“江苏省军民科技协同创新示范基地”“江苏省现代服务业高质量发展集聚示范区”和“常州市级现代服务业高质量发展示范区”，获常州市“实施‘532’发展战略，推动高质量发展先进集体”称号。

园区规划范围调整东至尧塘街道行政边界，南至河下东街—尧塘街道行政边界，西至金湖路—金湖南路，北至金坛大道—金武快速路，总面积75.53平方千米。区域内的城市总体规划、土地空间规划、控制性详细规划、各专项规划由华罗庚高新区履行规划编制职责，村庄规划由华罗庚高新区和尧塘街道共同编制。

2022年，华罗庚高新区累计实现工业应税销售收入900.69亿元，增速位列全区第一，其中两大主导产业合计实现工业应税销售收入864.30亿元，占园区总量95.96%。新能源汽车产业开票销售800.21亿元。完成规上工业总产值516.63亿元，增速位于全区第一，高新技术产业产值占比90.7%；办理留抵退税5.3亿元，还原口径一般公共预算收入6.27亿元，同比增长23.17%，贝特瑞新能源、信维通信、常州锂源和晨风集团4家企业纳税超亿元，博盟、朗博等12家纳税超千万元；全年外资到账2.68亿美元。

【招商引资】 2022年，华罗庚高新区签约引进项目47个，包括新能源汽车充换电设施、零部件、汽车电子以及连接系统等项目，其中协议投资额50亿元以上项目1个（华耀光电），30亿元以上项目2个（巨冈新能源、安易行），10亿元以上现代服务业项目1个。承办第十五届高工锂电峰会，内容覆盖电池、材料、装备、核心部件、储能等领域的核心议题，超800位企业负责人参与。

【产业发展】 2022年，华罗庚高新区在库省市重大项目7个，中创新航三期、联益模组等项目投入运行，飞荣达智能电源、华耀光电、精测新能源等一批项目快速推进，博盟、金好电缆、金翼电力等本土企业积极利用既有资源技改扩产、提质增效。全年投资80.83亿元，其中工业投资70.57亿元，同比增长77.53%，增速位列全区第一。重点打造新能源汽车和新基建两大产业，坚定不移推动两大产业融合发展。新能源汽车产业集聚动力电池出货量全国第三的中创新航、负极材料全球占比第一的贝特瑞以及厚生新能源、精测新能源、瑞德丰、安易行等知名企业。新基建产业链吸引信维通信、飞荣达、联创电子等行业领军企业落户，布局聚焦射频、无线充电、精密连接器、高性能材料、5G基站和光学镜头等产业链关键环节，产业链完整度不断提升。加快高端装备制造、时尚服装等产业布局，包括全球领先的安检系统供应商同方威视、时尚纺织服装龙头晨风集团及本土上市公司朗博科技等重点企业。

4月，中创新航三期项目建成投产　　（窦洁颖　供）

【科技创新】 2022年，华罗庚高新区科技型中小企业数39家。新增发明专利授权251件，高新区R&D（科学研究与试验发展）经费支出占地区生产总值3.99%，完成技术交易合同登记15.1亿元，累计帮扶企业融资金额6亿元。认定省级独角兽企业2家（中创新航科技股份有限公司、江苏火星石科技有限公司）、省级潜在独角兽2家（常州锂源新能源科技有限公司、江苏厚生新能源科技有限公司）、省级“瞪羚”企业2家（常州易控汽车电子股份有限公司、中创新航技术研究院（江苏）有限公司）、省市级企业技术中心3家，省市级工程技术研究中心5家。福布斯中国发布的新晋独角兽企业中，厚生新能源为常州唯一上榜企业。贝特瑞、中创新航2家企业获评省级智能制造示范工厂，取得金坛在该项目上零突破。中创新航成功在香港联交所上市，募集资金总额101亿港元，成为江苏省全年最大规模IPO项目并成为港股动力电池第一股。易控电子等5家企业获市级高质量发展专项奖励资金3835万元。贝特瑞正极转型升级项目和信维通信省级战略性新兴产业项目分别获省级奖励资金3000万元和2000万元。推荐16名人才申报国家级人才项目，累计入选省级以上人才计划11人，入选市级人才计划24人，园区“金沙英才”高层次人才服务卡持卡人员691人，占全区62.1%。

【安全环保】 2022年，华罗庚高新区开展安全环保网格化日常监管，更新完善园区内有生产行为的工业企业信息，严格落实属地管理责任，完成工业企业安全生产风险报告申报工作，共申报重大风险1条、较大风险663条，销号30家无生产行为企业。完成安全生产标准化创建企业2家，完成区域整体性风险评估报告编制，可视化平台接入6家企业。持续推进粉尘涉爆、金属冶炼和有限空间作业企业等专项整治行动，对使用危化品的企业申报、检查全覆盖。深入开展危污乱散低提升出清行动，共排查危污乱散低企业2批次13家，已完成8家整治提升。深入开展打好污染防治五大攻坚战，纵深推进VOCs（挥发性有机物）治理，强化大气污染防治管控，建立145个高空废气排放口基本信息库。完成园区内7条主要河道55个雨水排口排查工作，开展涉磷行业整治专项行动，完成40家企业分级分类工作，确定28家整治对象。完成19家辖区内关停化工企业及土壤污染重点监管单位重点巡查工作。开展固废专项检查，摸排180余家产废单位。完成突发环境事件隐患排查治理行动，完成环境信访调处共11件，推进园区生态环境治理体系及治理能力现代化，编制区域规划环评，严格执行《排污许可管理条例》，深化生态环境保护体制机制，开展“十四五”期间污染物排放总量定向挖潜工作，完善企业建设项目环评预审上报工作，全力配合开展“五乱”整治工作。

（窦洁颖）

10月6日，中创新航科技股份有限公司在香港联交所正式上市 （窦洁颖 供）

海关监管

【概况】 常州海关（驻金坛）综合业务二科主要承担金坛区的企业管理、加工贸易监管、原产地证签发、后续监管等职责。2022年，常州市金坛区实现外贸进出口总值384.3亿元人民币。其中，出口318.6亿元人民币，进口65.7亿元人民币。以“互联网＋”作业为推手，简化手续等方式办理企业注册109家，同比减少10.7%；办理企业变更56家，同比增加40%。全年金坛区企业办理加工贸易手册348票，同比减少3.1%，备案金额24834.9万美元，同比减少36.2%。办理加工贸易手册变更829票，同比增加1.8%。核注清单删除259票，核注清单修改32票。

2022年，金坛区签发原产地证7291票，同比增加21.9%；签证金额144047.5万美元，同比增加78.2%。其中，普惠制产地证18票，同比减少91.8%；一般产地证1635票，同比增长2.3%。区域优惠产地证5638票，同比增长35.5%，其中RCEP（区域全面经济伙伴关系协定）原产地证书2077票。办理原产地企业备案84票，产品预审124项。

【金沙驿站】 2022年，党建服务品牌“常州海关关企面对面——金沙驿站”持续发力，帮助斯威克节约财务成本95万元人民币，指导盛利维尔开展加工贸易业务。2022年把“金沙驿站”党建服务品牌延伸中德（常州）创新产业园，推进自贸联动创新区带动效应，探索“保税展示+跨境电商零售”新业态模式。金沙驿站新时代文明实践志愿者服务队积极开展“牵手行动”“暖心残友”帮扶等活动。被区委组织部授予“数智金坛——龙城红色驿站”单位、入选常州市2022年度普法与依法治理创新案例、常州市“普法惠民”工程二等奖。

【金坛港监管】 2022年，常州海关（驻金坛）综合业务二科依托属地优势，积极推动金坛港海关监管作业场所筹备规划，全年走访调研协调12次，与区商务局、区住建局等部门细化项目需求，明确作业区，查验区设备等功能，企业通过“公转水”（公路运输转水运）直航上海港口岸，实现一次申报，一次查验，一次放行。指导亿晶光电依托金坛港作为起运港平台，为企业节约物流成本96万元人民币。

12月2日，帮助企业解读海关出口政策　　（黄晨婧 供）

2022年，常州海关（驻金坛）综合业务二科依托外贸数据，分析产业链发展。通过常态化数据分析比对，主动对接重点新能源产业，收集新能源锂电池项目通关、检验、税收等需求，以及RCEP自贸协定关税优惠情况，指导当升科技灵活运用“汇总征税”“两步申报”“提前申报”；蜂巢新能源、中创新航属地申报；贝特瑞主要产品关税税率从3.3%降至0。

（黄晨婧）

（编辑　李华琴）

农 业

综 述

【产业规模】 2022年，金坛区农林牧渔业总产值79.76亿元，同比增长6.3%；实现农林牧渔业增加值49.25亿元，同比增长5.1%。其中，农业产值33.69亿元，林业产值1.12亿元，牧业产值7.38亿元，渔业产值27.74亿元，农林牧渔业服务业产值9.83亿元。全年粮食总产量17.24万吨，较上年增加1648吨，其中夏粮总产量4.34万吨，较上年增加3383吨，秋粮总产量12.9万吨，较上年减少1735吨。年末，生猪存栏4.04万头，出栏7.02万头。水产品总产量3.42万吨。全区粮食生产全程机械化水平达97.05%，特色农业机械化率达68%，位居全市第一。金坛区获评夏熟粮油丰收贡献突出市县、粮食大豆生产工作贡献突出市县，入选绿色高质高效创建第一方阵、农民合作社质量提升整县试点省级重点县。

（尹 凡）

【农田建设】 2022年，金坛区按照“藏粮于地、藏粮于技”的要求，推动农田建设资源整合，加快现代农业技术的推广应用，提高农业生产效率，集中力量建设高标准农田。全区建设完成市级高效节水灌溉项目5个，合计62.33公顷。项目共新建泵房5座，铺设管道19.19千米，投资约235.16万元，其中财政补助资金150.54万元。高效节水灌溉技术为提高农业灌溉用水效率、缓解水资源供需矛盾、促进现代农业发展和保障国家粮食安全起到了重要作用。

（施 琪）

【生物安全】 2022年，金坛区开展植物、病虫害、水生动物外来入侵物种普查工作，准确掌握农业外来入侵物种的区域分布、发生面积、危害程度及发展趋势等基本情况，设样地有植物72个、水生动物15个，查明外来入侵植物54个，外来入侵水生动物4个。开展鳄雀鳝、福寿螺、一枝黄花等外来物种排查整治工作和对野生蚯蚓保护工作。全区开展农业转基因生物监管工作，重点加强对种子生产经营环节和进口转基因生物原料（玉米）加工环节的监管。对常州市金坛种子企业、经营门店开展水稻种子转基因成分检测和种子公司繁种基地水稻植株检测，检测样本20个，检测结果全部为阴性。开展“双随机、一公开”检查，重点加强对常州市天牧家禽有限公司农业转基因生物加工环节的安全生产的监管。（于 斌）

【生态循环农业】 2022年，全区秸秆综合利用持续开展，主要农作物秸秆离田利用率稳定在10%左右。综合利用方式多种多样，包括机械化秸秆全量还田利用、覆草肥料化利用、食用菌基料化利用、编制草绳原料化利用、制成固体颗粒能源化利用等。沼气安全处置持续推进，全区在用规模沼气4个，户用沼气在用8户。

（白洁瑞）

12月，茅山茶海基地成为常州首家入选国家级生态农场的茶园 （王建舒 供）

【农业安全生产】 2022年，金坛区积极开展安全安全生产专项整治工作，紧盯重点领域，排查治理农业安全生产风险隐患。全区加强对渔船、养殖业从业者安全生产监管，定期或不定期开展安全生产监督检查工作，共有渔业船舶18艘，生产性渔业船舶13艘，渔政执法艇5艘参与渔业安全专项整治，全年开展渔业安全生产监督检查35次，出动检查人员70人次，发现并及时排除一般安全生产隐患3个。加强天气预警，及时推送预警信息，严禁捕捞渔船酒后、汛期和极端天气外出作业。严厉打击“三无”渔船，结合长江流域重点水域禁捕退捕工作，公安、农业农村等部门定期联合巡湖、巡河，坚决取缔“三无”船舶及非法捕捞行为。将农机安全生产网格化监管体系全面纳入全区网格化管理系统，配齐安全监管人员，开展各类农机安全生产网格员培训班21期，培训乡镇农机管理及网格员420人次。加强源头管理，按照法律、法规做好农机驾驶员考试、农业机械注册登记、核发牌证等工作。排查农机安全隐患，围绕“春耕备耕”“夏收夏种”等关键节点，以农机合作社为主体，兼顾农机作业大户，强化农机安全生产检查活动。全年共出动检查人员150人次，检查各类生产经营主体70家。（于 斌）

园艺业

【概况】 2022年，全区园艺产业总规模14446.67公顷，总产值21.36亿元。其中茶叶2540公顷，产值1.74亿元；蔬菜含西甜瓜2670公顷，产值8.96亿元；果树1040公顷，产值2.56亿元；花卉苗木8200公顷，产值8.10亿元。

【精美小菜园】 2022年，全区新增精美小菜园5个，分布于金坛区直溪镇直溪社区居民委员会、指前镇东浦村村民委员会、儒林镇儒林村村民委员会、薛埠镇上阮村村民委员会、薛埠镇仙姑村村民委员会。

【农膜回收】 2022年，金坛区农业生产中废旧农膜产生量392.92吨，其中废旧地膜产生量76.08吨，含往年积存量31.87吨。农膜年回收总量366.92吨，回收率为93.38%；地膜年回收总量67.34吨，含往年积存量28.21吨。对全区9个镇（街道）农田田头进行抽样调查结果显示，回收率超过88.5%。新建省级“五有”标准的农膜回收网点1个。

【菜地补贴】 2022年度绿色蔬菜规模种植补贴总面积241.36公顷，补贴标准每公顷8.69元，涉及全区27个村85户，共计发放补贴资金47.2万元。

【露源生态茶业入选省级标准园】 常州市露源生态茶业有限公司入选第八批江苏省园艺作物标准园名单，成为金坛区园艺产业绿色高质高效发展的新载体。该公司茶园集中连片规模23.33公顷，创建“露源”品牌，先后多次获“中茶杯”、“陆羽杯”、国际茶博会、北京世园会金奖，获江苏“十佳名茶”称号。

【多个茶品获省二十届“陆羽杯”奖】 在江苏省第二十届“陆羽杯”名特茶质量评价活动中，金坛区获特等奖3个、一等奖3个、组织奖1个。获“陆羽杯”特等奖的是江苏鑫品茶业有限公司“鑫品”牌金坛雀舌茶、常州市孔老二茶业有限公司“金麓金珠红”牌金坛雀舌茶、金坛区西阳阳山茶厂“阳山御芽”牌金坛红茶。获“陆羽杯”一等奖的是文山堂（江苏）生态农业科技发展有限公司“麓远”牌金坛红茶、金坛区麓雨茶场“麓雨”牌金坛雀舌、常州市金坛区晶鹿茶业有限公司“晶翠”牌金坛雀舌。金坛区农业农村局获“陆羽杯”组织奖。

【金坛大卓合作社奶基西瓜获省级金奖】 在第四届江苏“好西（甜）瓜”品鉴推介活动中，金坛大卓农业专业合作社的奶基西瓜获得“好品牌”类金奖，是常州市唯一获奖的西（甜）瓜品牌。（吴隽香）

【茅东林场】 2022年，金坛区茅东林场经营总面积1815.53公顷，其中省级公益林面积1649.27公顷，森林覆盖率86.94%。全场职工500余人，其中退休职工269人。林区主要植被乔木树种有榉树、朴树、冬青树等30余种。灌木及小乔木有六月雪、小叶女贞、乌饭树等40余种。林下草本植物有沙参、苍术、苔藓、玉竹等百余种。林区常见的野生动物有野猪、狼、猴、白鹭、刺猬等30余种。林区内景点项目有茅山森林世界、省气象研究试验基地、乾元观、三清观、元阳观、崇寿观、茅山索道、半边山下民宿、金牛山庄林家乐等，各景区纵横交错、相互贯穿、交通便捷。

2022年，金坛区妥善解决金牛山庄房屋建设问题，176户独立宗地房屋土地手续办理和不动产权登记完成率100%，完成环境整治工作，完成210户居民的自来水以及燃气管道入户相关手续，整体道路、门楼、绿化等环境提升工程全部完工。

2022年，金坛区开展林下可燃物清理，总面积96.67公顷。对小塘一号、小塘二号、旅游通道、防火通道等主要道路两侧实施防火通道清理和维护距离23.2千米，生物隔离带清理11.07公顷。对林区内病虫害进行有效防治，防治面积100公顷，放置肿腿蜂1000支。对林区内病死树进行清理，清理面积约33.33公顷。在凤凰嘴林班、三角山林班、路南林班、半边山林班实施新造林及抚育10.33公顷，实施毛竹抚育管理30公顷，茶田抚育管理8公顷，复垦地块农作物种植及管理8.67公顷。

【茅麓茶场】 常州市金坛茅麓茶场

有限公司坐落于茅山东麓，距离市区20千米，总面积1026公顷。

2022年，公司拥有茶园365公顷，林地308公顷，耕地203公顷。有股民职工215人，科技人员22人，辖有1个综合性茶叶加工厂，8个茶叶工区，1个国家级茶树良种繁育示范场。茶树良种有龙井43、龙井长叶、福鼎、浙农113、舒茶早、迎霜、碧云、乌牛早、元农绿、白茶等50多个优良品种。年产成品茶能力52万千克，年出产优质无性系良种茶苗1000万株。主要产品有茅山青锋、金坛雀舌、雨花茶、银毫茶、烘炒青绿茶、袋泡红绿茶和供糖尿病患者饮用的薄玉茶。陆续开发了铁观音、珠红茶。2022年，该公司获得"金坛雀舌"地理标志专用标，"金鹿"牌茅山青锋获第五届"华罗庚杯"名特茶评比一等奖。

该公司加快优质无性系良种茶苗的引进、繁育和推广，建成国家级茶树良种繁育示范场，年出圃1000万株良种茶苗，建成高效生态复合优质高产绿色食品茶叶示范园66.7公顷。依托"金鹿"牌茅山青锋品牌优势，成为集"公司＋基地＋农户"名优茶生产、加工、销售、茶文化为一体的茶叶产业化经济合作组织，订单收购鲜叶的产业化经营模式，带动农户710户，带动基地690公顷。2022年新拓展茶园13.33公顷。2022年，该公司实现产值2630万元，销售收入2260万元，利税495万元。

（王柳松）

【方麓茶场】 金坛区薛埠镇方麓茶场地处茅山东麓，总面积250公顷，户籍人口532人，常住人口341人，党员54名，事业单位退休老职工199人，辖区内入驻有江苏方麓茶场有限公司、麦宝、安优牧业等企业。江苏方麓茶场有限公司，为金坛区重点茶叶龙头企业，"百园春"牌金坛雀舌为江苏著名商标、江苏省名牌产品。

2022年，方麓茶场参与推进"五乱"治理，建设宜居村庄，逐步探索场圃环境长效长治的方法路子，想方设法为低收入人群提供临时就业岗位，增加其收入。全年各工区的"五乱"治理工作，投入治理资金5万余元，人力50余人次，清运车辆46车次，村庄整洁度提升较为明显。

（葛志祥）

种植业

【概况】 2022年，全区粮食作物总面积24232.47公顷，较上年增加480公顷，增长2.02%；公顷单产7116千克，较上年减少94.5千克，减少1.31%；总产量17.24万吨，较上年增长106.67公顷，增长0.94%。

夏粮作物总面积9020公顷，较上年增加680公顷，增长8.15%。主要作物小麦面积8780公顷，较上年增加680公顷，增长8.4%；公顷单产4860千克，较上年减少7.5千克，减少0.15%；总产量4.43万吨，较上年增长0.34万吨，增长8.5%。油菜面积1205.93公顷，较上年减少2594.6公顷，减少68.27%；总产0.3万吨，较上年减少0.6万吨，减少66.25%。

秋粮作物总面积15212.47公顷，较上年减少134.53公顷，减少0.88%。主要作物水稻面积12754.2公顷，较上年减少5.8公顷，减少0.05%；总产量11.93万吨，较上年减少0.1万吨，减少0.83%。玉米面积620公顷，较上年减少146.67公顷，减少19.13%；总产量0.33万吨，较上年减少0.09万吨，减少21.42%。豆类面积1118.27公顷，较上年减少68.4公顷，减少3.7%；总产量0.26万吨，较上年减少0.02万吨，减少7.9%。薯类面积720公顷，较上年增加86.67公顷，增长13.7%；总产量0.37万吨，较上年增加0.04万吨，增长11.0%。

年内在农药管理上，核发6家农药经营许可证（限制使用农药除外）。挂钩联系3家农药生产企业。以"遵守安全生产法，当好第一责任人"为主题，联合农药生产企业开展专题学习培训3次。

【惠农补贴】 2022年，全区耕地地力保护补贴面积18225.24公顷，公顷补贴标准1800元，涉及全区6镇3街道91个行政村73865户，共计发放补贴资金3280.54余万元。

发放实际种粮农民一次性补贴3次，补贴面积分别为9779.1公顷、10249.66公顷、20045.16公顷，公顷补贴标准分别为447.9元、165元、165元，涉及全区6镇3街道92个建制村34417户，共计发放补贴资金937.93余万元。

发放市级水稻田生态补偿面积8068.39公顷，公顷补贴标准387.98元，涉及全区6镇3街道68个行政村714户，共发放补贴总金额313万元。

发放稻谷补贴总面积8068.39公顷，公顷补贴标准1552.5元，惠及全区6镇3街道68个行政村786户，共计发放补贴总金额1252.61余万元。

发放中央农业生产和水利救灾资金（第八批）206.61万元，其中抗旱救灾和农作物恢复生长资金65.92万元，抗旱稳产物化补贴140.69万元。抗旱救灾和农作物恢复生长面积3349.43公顷。发放浓度40%氰虫·甲虫肼悬浮剂（30克/瓶）70844瓶；发放25%噻呋·嘧菌酯悬浮剂（40克/瓶）70844瓶；发放含氨基酸水溶肥料水剂（50克/袋）114923袋。合计秋粮作物抗旱稳产面积17107.4公顷。

（傅俊毅）

【种植效益】 2022年，水稻平均销售单价每千克3.39元，较上年增加0.54元；产值每公顷3.17万元，较上年增长4867.5元；成本每公顷17970元，较上年减少1248元；效益13744.5元/公顷，较上年增长6115.5元。小麦平均销售单价每千克2.9

元，较上年增长 0.64 元；产值每公顷 14094 元，较上年增长 3093.45 元；成本 8355.6 元，较上年增长 684.75 元；效益每公顷 5738.4 元，较上年增长 2408.7 元。

【粮食生产技术指导】 建立稻麦苗情点各 6 个，实时跟踪掌握苗情农情，统计分析上报苗情农情数据 33 期，全年制定发布技术意见 9 期。针对低温寒潮、高温干旱等极端天气，制定应对预案 2 套，减少因灾损失。开展技术观摩培训 3 次，提高粮食生产管理水平。在小麦遭遇低温寒潮、拔节孕穗，水稻集中育秧、僵苗、热害、灌浆低温等时期，实地踏田指导 70 次，保障粮食安全有序生产。

（钟剑文）

【粮食绿色高质高效创建】 2022 年承担部级水稻绿色高质高效示范县、省级水稻绿色高质高效创建项目，建设 666.67 公顷示范片 5 个，333.33 公顷以上示范片 3 个、千亩示范片 29 个、百亩示范方 103 个，实施总面积 6600 余公顷，涉及 5 个粮食主产镇，平均实收公顷单产 10980 千克。建设小麦全程机械化绿色高效百亩方 30 个，示范机械化适期精量播种、测土配方施肥、抗逆应变等技术。

【农药包装废弃物回收处置】 建立农药包装废弃物回收网点 75 个、1 个农药包装废弃物回收暂存点。2022 年回收农药包装废弃物 45.42 吨，无害化处置率 100%，涉农乡镇农药包装废弃物回收覆盖率 100%，农药包装废弃物回收省级监测评价优秀，等级率 97.5%；区级监测评价优秀，等级率 93.4%。（朱　萍）

【化肥减量增效】 全区普及耕地质量提升与化肥减量增效技术，化肥施用强度和施用总量持续下降，耕地质量等级稳步提升。建立健全耕地质量监测网络，有 1 个国家级、4 个省级、10 个市级、18 个区级耕地质量监测点和 2 个省级土壤墒情监测点，对耕地质量（土壤墒情）进行长期、定位监测。科技创新持续发力，参与完成的“江苏茶园化肥农药减施增效技术集成与推广”成果，获 2019—2021 年度全国农牧渔业丰收奖二等奖。

（沈家禾）

【智慧植保】 2022 年，全区水稻病虫发生总面积 5.124 万公顷次，防治面积 23.67 万公顷次，挽回产量损失 24407.4 吨。小麦病虫害实际发生面积 0.26 万公顷次，防治总面积 5.99 万公顷次，挽回产量损失 3369.5 吨。油菜病虫害发生总面积 0.17 万公顷，防治总面积 0.26 万公顷次，挽回损失 175.05 吨。年内，金坛区再增病虫智能监测设备 4 套，全区安装智能设备 11 台套，实现五个粮食主产镇全覆盖。结合 17 个常规监测预警点及人工普查，累计上报监测信息 650 条。准确预测全区病虫发生发展动态。全年累计发布防治意见 18 期，指导通知 2 期，有效控制主要农作物重大病虫危害，实现病虫危害损失率稻麦油分别为 0.48%、0.16%、1.7%。2022 年常州市金坛区种植业技术推广中心被江苏省农业农村厅评定为江苏省首批“省级农作物病虫害监测预警标准化区域站”。

【绿色发展】 2022 年，全区建立茶树、水稻 2 个省级病虫害绿色防控示范区、桃树 1 个市级病虫害绿色防控示范区 1 个。建立水稻、茶叶、玉米、水芹、红香芋、果蔬等多类作物 45 个市级农作物病虫害绿色防控覆盖率提升示范点。涉及总面积 395.33 公顷，带动全区 6666.67 公顷积极应用种植诱集植物香根草、无纺布全程覆盖育秧、“三诱”技术、生物农药、高效低毒低残留化学农药等生理、理化防控措施。常州市金坛区薛埠镇省级茶叶病虫害绿色防控示范区被江苏省农业农村厅评为“2022 年度省级农作物病虫害绿色防控 A 级示范区”。利用全区 40 家病虫专业化防治服务组织，积极推行统防统治工作，带动全区统防统治覆盖率 64.6%，绿色防控覆盖率 62.77%，化学农药使用总量较 2020 年减幅 6.07%。（段云辉）

林　业

【概况】 金坛东连武进，西接句容，拥有金坛茅东森林公园和长荡湖国家湿地公园两处自然保护地。全区森林覆盖面积 25241 公顷，林木覆盖率 28.04 %，拥有国有林场 1 个，森林面积 1786.67 公顷。自然湿地面积 10508.63 公顷，自然湿地保护率 85.1%，常州市排名第一。2022 年，金坛区完成建设省级绿化示范村 8 个，新增造林 20.24 公顷，新建农田林网 180 公顷，完善提高农田林网 1000 公顷，退化林修复低效林改造 100.52 公顷，封山育林 151.57 公顷，森林抚育面积 800 公顷，在长荡湖儒林段围堰种植区完成 52.47 公顷湿地修复。金坛区应急值守队伍落实 24 小时值班制度，压实森林防火责任，加强宣传教育，提升防灭火能力，降低风险隐患，全年实现森林零火灾。

【林长制架构制度建设】 2020 年 3 月，金坛区以“目标导向、全域覆盖、区域引领、以评促建”为思路，及时推广林长制试点经验，取得初步成效。2022 年，金坛区在试点建设的基础上全面推进林长制工作。在四级林长基础上，实行网格化管理，丰富行政村林长、监管员、护林员“一长两员”源头管理构架，使每个山头地块都有人负责。全区整合基层林长 108 人，网格护林员 206 人，基本实现森林资源网格化管理全覆盖，森林资源管理得到明显加强。划分 9 个区级责任区，建立由 15 个区直单位与各镇（街道）林长制联络员组成的区级林长会议制度，形成分级管理、分工明确、层层落地的林长格局，将多个部门拧成一股绳，共同守护金坛区林业资源。

【林长制信息化建设】 2022年，金坛区在前期建设基础上，创新“互联网＋”智慧林业思路，结合森林资源“一张图”，打造融合法规宣传、巡查定位、护林考核、智能提示、扫码登录等功能于一体的林长制信息化管理平台。研发生态环境因子监测、森林资源保护质量评价和巡山护林记录、信息动态更新上报等智能系统，实现44株古树名木覆盖保护、林地“一张图”应用等线上实时化监督管理，将全区各镇（街道）、村（社区）林地信息资源、“一长两员”组织体系、任务目标达成考核、一级二级古树保护等纳入信息化监管范畴，充分利用已建成的慧眼守土和区级林火远程监控的视频资源，提供20路视频接入，加强林长网格化监控监管，提升林业智慧化水平。

（施雅晶）

渔 业

【概况】 2022年，金坛渔业坚持生态优先、绿色发展理念，以池塘标准化改造和实施水产绿色养殖技术推广“五大行动”为重要抓手，着力推进渔业高质量发展。全区水产品总产量3.42万吨，一产产值27亿元。

【池塘标准化改造】 全区结合全区水产养殖实际，分类推进、分步实施、分片指导，重点实施清淤浚深、筑埂护坡、进排水管（渠）建设等结构改造工程，不断完善电力、渔业机械、生产道路等配套工程，注重养殖环境营造，改造后的池塘基本达到池成方、渠成网、路相通、树成行、排灌分开、出入通畅要求。全年完成池塘标准化改造点位12个，面积380公顷。全区累计完成池塘改造面积5503公顷，占比全区水产养殖面积的64%。

7月，金坛区指前现代农业产业高质量发展示范园成为全省首批、全市唯一入围省级示范园拟建设名单的示范园 （尹 凡 供）

【水域滩涂养殖发证登记】 为不断完善水产养殖业管理制度，全区科学利用水域滩涂从事水产养殖生产，维护养殖生产者的合法权益，区农业农村局联合镇、街道全面开展水域滩涂养殖证发放登记工作。全年累计核发养殖证91个，发证总面积7474.74公顷，发证率100%。

【外来入侵水生动物普查】 2022年，全区启动外来入侵水生动物普查工作，对辖区内主要河流、湖泊、水库、沟渠和池塘（非养殖）等生境开展踏查，采取现场捕捞监测和实地踏查两种方式，重点调查长荡湖、丹金溧漕河、通济河、新浮水库、天荒湖等重点水域，踏查点位62个，设置采样监测点15个，采取eDNA检测技术监测水体环境，实地走访长荡湖捕捞队和水产品交易市场，询问长荡湖周边垂钓人员，重点调查福寿螺、牛蛙、食蚊鱼等10种外来入侵水生动物发生分布情况。面上调查发现，金坛区存在福寿螺、食蚊鱼等外来入侵水生动物。

【水产标准化养殖】 金坛区《池塘蟹虾“金坛模式”养殖技术规程》获江苏省首届标准创新贡献奖项目奖二等奖，属全省蟹、虾产业唯一。区水产技术推广中心以省、市现代农业（河蟹）产业技术体系建设任务为依托，通过打造示范基地和建立示范点，总结提炼养殖技术，发布《金坛河蟹“小精高”家庭养殖模式技术规范》和《中华绒螯蟹雌雄群体单性化养殖技术操作规程》2项企业标准，着重推广“蟹虾混（套）养” 模式，保证全年养殖生产形势基本稳定。2022年7月，省农业农村厅、省财政厅公示全省首批21个省级现代农业产业高质量发展示范园拟建设名单，金坛区指前示范园成为常州市唯一入围园区，获得5000万元财政补助资金。

【池塘蟹虾养殖技术获省级表彰】 首届江苏省标准创新贡献奖表彰名单公布，由金坛区水产技术推广中心主导的《池塘蟹虾“金坛模式”养殖技术规程》获得二等奖，是全省蟹虾养殖产业唯一的获奖项目。金坛依托全国首创的“蟹池微孔管道增氧”技术，以提升养殖综合产出为目标，开展大量试验，探索和优化河蟹、青虾混养模式，在全国范围内得到推广。金坛水产业以实施蟹、虾产业体系项目为契机，建立和完善产学研和技术引入机制，把“塘口大学堂”建在10万亩鱼塘边。开展数字渔业、全程机械化、新品系选育等重点工作，推动池塘蟹虾“金坛模式”再升级。

【水产绿色健康养殖技术获“国字号”荣誉】 金坛渔业科技示范基地和金坛智能化渔场均获得“全国水产绿色健康养殖技术推广‘五大行动’骨干基地”称号。数字化渔场项目（江苏长荡湖农业科技产业园有限公司）是江苏省重点项目、常州国家农业科技园区核心区的重点建设项目，获农业农村部水产健康养殖示范场、江苏省中华绒螯蟹优质亲本基地、全国“十三五”智慧渔业优秀典型案例等称号。

【数字化渔场实现尾水“零排放”】 2022年，金坛数字化渔场水产养殖面积2333.33公顷，其中河蟹养殖2066.67公顷，鱼类养殖266.67公顷，平均每户养殖面积2公顷左右。数字化渔场采用三级净化处理工艺处理水产养殖尾水，每套净化系统内设沉淀池、生态塘（曝气生物接触池）、碎石床生态湿地、集水池，配有生态护坡、增氧设施，物联网水质在线监测等相关设备。数据显示，建成区内养殖尾水水体固体悬浮物去除率95%以上，总氮和总磷指标可有效降低80%以上，出水水质基本可达到地表水三类标准以上，所有养殖尾水经过净化处理后可循环使用，实现“零排放”。

【长荡湖渔业资源养护和禁捕】 2022年，长荡湖渔政监督大队投入省级专项资金50万元，共计放流苗种702.2万尾，其中花白鲢冬片40.2万尾、细鳞斜颌鲴1.8万尾、沙塘鳢2.0万尾、鳜鱼2.1万尾、花白鲢夏花656.1万尾。据中国水产科学研究院淡水渔业研究中心放流效果评估报告，放流的鲢、鳙鱼潜在资源量为3611.48吨（238.56万尾），其中鲢1196.55吨（55.94万尾）、鳙2414.93吨（158.79万尾）。这些鲢、鳙累计固定氮102.73吨、磷26.66吨、碳423.59吨，消耗藻类53873.6吨。氮、磷、碳如以渔获物的形式输出水体，可产生直接经济效益5060.44万元。据监测，共有鱼类32种、浮游植物69种、浮游动物63种、底栖动物29种，水生动物和浮游生物等渔业资源量及水质有改善，禁捕有成效。

（彭湘湘）

【长荡湖大闸蟹“落户”陕西石泉】 9月7日，区农业农村局联合江苏长荡湖农业科技产业园有限公司、金坛长荡湖蟹业协会5名水产技术专家到陕西省石泉县开展对口交流帮扶，确保水产养殖新品种、新技术和新模式落地生根。金坛区河蟹产业是全国闻名的高效农业典范，江苏长荡湖农业科技产业园与上海海洋大学、金坛区水产技术指导站联合培育的“长荡湖1号”，养殖性能、营养品质、成蟹规格均优良。河蟹在陕西拥有庞大的市场需求，2022年首批石泉产“长荡湖1号”上市，市场反响较好，农户养殖积极性提高。

【智慧渔业应用示范入选全国典型案例】 11月15日，“2022中国水产品大会第二届中国渔业信息化高峰论坛”在厦门召开。金坛区选送的“智慧渔业模式下绿色健康养殖应用示范场景”“江苏金坛数字化渔场智慧渔业应用示范”入选“2022全国数字渔业典型案例”。

【中央生态环境保护督察整改现场推进会在金坛召开】 11月16日，中央生态环境保护督察整改现场推进会在金坛召开，与会人员实地参观金坛区儒林镇养殖池塘标准化改造项目现场。推进会对于养殖池塘标准化改造、提升污水收集处理率等重点难点工作再研究再部署，聚焦问题、聚力项目、聚集资源，加快中央生态环境保护督察整改、补齐环境基础设施短板，全力冲刺年度目标任务。（刘伟杰）

11月，数字化渔场获评全国数字渔业典型案例　　（尹　凡　供）

畜牧业

【概况】 2022年，畜牧业坚持绿色、健康、创新发展的总体思路，紧紧围绕生猪和家禽两大主导产业，突出抓好稳产保供、良种繁育、畜禽粪污资源化利用等重点工作。坚持“从源头抓质量、从源头抓食品安全”的方针，着力推进疫病防控、屠宰监管、畜产品质量安全监督等核心工作。2022年末，全区生猪存栏4.04万头，能繁母猪0.71万头，其中规模场能繁母猪存栏0.49万头。肉猪出栏7.02万头，同比下降22.08%；家禽存栏687.99万羽，出栏2609.41万羽，同比分别增长14.36%和3.49%；奶牛存栏

1940头，年屠宰生猪21.11万头，家禽1451.5万羽，牛1444头。

【畜禽粪污资源化利用】　建立2022年畜禽粪污资源化利用规模养殖场及2022年规模养殖场整治提升清单，2022年全区规模畜禽养殖场384户，其中纳入整治提升清单56户，2022年均完成整治提升，全区畜禽粪污综合利用率98.37%。

【畜产品质量安全监管】　全年未出现重大畜产品质量安全事故。2022年，扩大饲料、兽药及畜产品的采样频次和覆盖面，全年省、市、区三级共计畜产品采样检测306份，瘦肉精检测14865份，检测饲料、饲料添加剂15份，养殖环节病害动物无害化处理5641头，屠宰环节867头。组织90家畜禽规模养殖场（户）参加兽用抗菌药使用减量化行动。以信息化、数字化手段加强畜禽屠宰企业监管，完善远程监控、系统平台，全区畜禽屠宰行业整体形象明显提升。

【畜禽养殖标准化和疫病净化示范创建】　2022年四季禽业有限公司建春种鸡场部级完成“畜禽养殖标准化示范场”创建工作。江苏省永康农牧科技有限公司顺利通过农业农村部“动物疫病净化示范场”创建现场考核，成为今年苏南片区唯一一家创建成功的“猪伪狂犬净化示范场”。

【“花山鸡配套系”通过国家级审定鉴定】　国内首例屠宰型优质肉鸡新品种“花山鸡配套系”正式通过国家畜禽遗传资源委员会审定、鉴定。该配套系由江苏立华牧业股份有限公司、江苏省家禽科学研究所、江苏立华育种有限公司共同培育推向市场，有力支撑家禽“规模养殖、集中屠宰、冷链运输、冷鲜上市”的发展需求，填补市场上黄羽肉鸡普遍不适于规模化屠宰加工的空白。　（张　静）

【突发重大动物疫情应急演练】　12月15日“常州市突发重大动物疫情应急演练”在金坛区朱林镇常州立华食品有限公司顺利举行，这也是金坛区首次开展此项活动。

【春夏秋三大防疫行动】　2022年，金坛区在做好常年程序性免疫工作的基础上，开展春夏秋三大防疫行动，使全区畜禽重大动物疫病应免免疫密度和免疫质量均达到或超过国家规定要求。全区全年累计免疫高致病性禽流感4182.77万羽份，猪口蹄疫9.74万头份，羊口蹄疫1.5万头份，猪瘟10.7万头份，高致病性猪蓝耳病9.63万头份，小反刍兽疫1.22万头份，新城疫3598.12万羽份，其他病种也做到应免尽免。

【非洲猪瘟防控常态化】　2022年，金坛区动物疫病预防控制中心常态化做好流行病学调查、强化日常监测排查、及时更新应急物资、加强应急值守、及时进行疫情举报核查等防控工作。对生猪养殖场（户）、农贸市场、生猪屠宰场、无害化收集体系等重点场所定期进行采样监测，共检测样品2612份，其中养殖场（户）产地检疫送样1456份，结果均为阴性。根据省疫控文件精神，全年共开展五次灭蚊灭蝇灭鼠暨清洗消毒专项行动。共对3918个场点使用灭害药物2951.84千克，灭害面积816.14万平方米；共对4237个场点使用消毒药16.48吨，消毒面积926.65万平方米。

【人畜共患病防控】　2022年，狂犬病首次纳入强制免疫动物病种。全年共免疫犬只22071只，其中“一站式”免疫服务点共免疫2794只，抽检免疫抗体合格率为85.71%。做好奶牛结核、布病和日本血吸虫病监测工作。全年共监测样品2349份，结果均为阴性。为维护全区畜牧业健康发展和公共卫生安全发挥积极作用。

【兽医实验室能力建设】　2022年，金坛区采取日常监测、集中监测和飞行监测相结合的模式，疫病监测做到量化、细化、日常化和实时监测、点面结合、动态反馈。全年共检测血清学样品14958个，病原学样品3019个，平均抗体合格率98.68%，高于省规定70%的标准。在每年一度的全省兽医系统实验室检测能力比对工作中，2022年全区所有比对试验项目结果与参考值100%符合，检测报告规范、结果表述准确。在常州市第十六届职工职业技能竞赛动物疫病防治员技能竞赛中，金坛区代表队获得团体第二名。

（徐荣军）

种　业

【概况】　2022年，全区农作物种子市场秩序良好，种子质量安全事故零发生，未发生重大种子生产经营违法行为。全年抽检农作物种子样品81个，其中水稻20个、小麦22个、玉米4个、大豆3个、油菜8个、其他作物24个，主要农作物抽检合格率100%。完成农作物种子生产经营网上备案495个，其中，委托代销备案3个，委托生产5个，经营不分装487个，主要农作物备案率100%。以金坛稻麦科技示范中心为平台，测试（展示）稻麦品种21个，其中，小麦9个，水稻12个，筛选适宜本地种植稻麦品种各2个。发布品种应用意见2次，水稻主推品种南粳46、南粳5055、镇糯29号和皖垦糯1116推广面积分别为0.26、0.28、0.33、0.04万公顷；小麦主推品种扬麦25及扬辐麦4号推广面积分别为0.35万公顷和0.29万公顷（5.27和2853.33公顷）。主推品种面积占比超80%。水稻繁种备案面积60公顷，达标种子数量约540吨；小麦繁种备案面积63.3公顷，达标种子数量约332.5吨。2022年，全区1家省级河蟹良种培育场和1家四大家鱼良种繁育场通过省级资格复查，4家单位苗种生产单位完成复查换证，全区11家单位获区级水产苗种生产许可证。“池塘蟹虾‘金坛模式’养殖技术规程”获江苏省首届标准创新贡献奖项目二等奖，系全省蟹虾产业唯一。示范展示稻麦新品种21个，镇糯29号、扬麦25等主推品种应用占比超80%，良种覆盖率98%。种子公司培育的新品种金单粳8917通过审定。联合上级农技推广机构、科研院所等，围绕粮食绿色高效生产开展各类试验10余项。（尹　凡）

【“长荡湖1号”河蟹选育项目获省级立项】 2022年，江苏省种业振兴“揭榜挂帅”项目正式立项批复，金坛区“长荡湖1号”河蟹优质抗逆新品种选育项目揭榜省种业振兴“揭榜挂帅”项目，获省财政400万元资金支持。该项目开展专题试验4项，初步完成育种芯片开发，获得基因位点3万个。（周文全）

【水产种业体系】 2022年，1家省级河蟹良种培育场和1家四大家鱼良种繁育场通过省级资格复查，4家苗种生产许可证到期后进行复查换证，11家单位获区级水产苗种生产许可证。全区引进“长荡湖1号”偶数年G3代大眼幼体560.25千克，示范面积29.11公顷；全区示范推广“长荡湖1号”新品系奇数年G2代成蟹养殖面积266.67公顷；根据新品系保种与性能评估要求，开展专题试验4项；完成育种芯片开发，获得基因位点30000个。与省淡水水产研究所合作开展“长江3号”河蟹新品系选育，引进大眼幼体250千克左右；通过实施省青虾产业体系项目，共计引进“太湖2号”青虾原种300千克，二代苗4582千克，苗种繁育和养殖生产效果喜人，明显提高良种覆盖率和青虾产出率。

【米猪核心保种开启智能化养殖模式】 金坛区设立茅山方山顶森林防火哨、西阳老虎洞两个米猪保种备份场，保证“金坛米猪”这一国家级畜禽遗传资源的安全。金坛米猪原种场异地重建项目位于金坛区朱林镇，猪场占地面积25000平方米，设计母猪群体存栏300头。全场采用自动化饲喂，设施自动刮粪设备、粪污干湿分离加黑膜结构厌氧发酵塘等污水处理设施，总投资1500万元，2022年4月正式投入生产，为米猪资源的开发利用打下基础。2022年，南京农业大学、扬州大学联合对金坛米猪的品种来源及形成历史、中心产区、分布区域、自然生态条件、消长形势、分子生物学研究进展、品种评价、资源保护、开发利用、饲养管理、疫病情况等进行畜禽遗传资源普查测定工作，于2022年12月完成一系列测定登记任务。（郑　飞　刘伟杰）

【茅麓群体种茶树入选省级保护名单】 2022年12月，江苏省农业农村厅公布第二批省级作物种质资源保护单位名单，全省共有20家单位入选，江苏鑫品茶业有限公司申请的种质资源圃（茅麓群体种茶树）入选。（于　斌）

农业机械化

【概况】 2022年，金坛区农机化工作以高质量农机化引领全区农业现代化发展为主线，补短板、优结构、善创新，引导农机化技术、装备、服务等向智能化、绿色化、标准化方向全面提档升级，推动全区农机化向“两全两高（全程、全面、高质、高效）”发展。截至2022年年末，全区农机总动力435503千瓦，智能、绿色、高效农机具保有量快速提升，主机与农具配套比进一步优化，粮食生产全程机械化水平95%以上。

【农机管理】 2022年，金坛区落实农机安全源头管理，以农机安全网格化巡查、农机安全年检审、农机合作社规范化管理为重点，提升全区农机安全生产本质水平。全年开展农机安全网格化巡查1033次，收割机、轮式拖拉机年检率分别为95%、91%，创建区级农机机务（安全）管理示范点12家。

【农机服务】 2022年，金坛区优化农机装备，全年落实农机购置补贴机具801台（套），享受中央购机补贴资金643.29万元。成立金坛区“农机

三秋季节，金坛区罗村农机合作社的农机手在开展水稻机收作业

（王建舒　供）

应急作业服务队”，构建常态化农机应急作业服务体系，提升农业机械化防灾减灾能力。农机化水平稳中有升，粮食生产机械化水平92%，特色农业生产机械化水平68.24%，农作物秸秆机械化还田水平75%以上。特色农业示范基地有亮点，常州市鸣源牧业有限公司、江苏长荡湖农业科技产业园有限公司分别获“第一批江苏省农业生产全程机械化智能化典型基地”称号。 （张 炜）

农产品标准化和品牌建设

【概况】 2022年，全区共拥有各类地标农产品品牌7只，获国家级部门认证的区域公用品牌数量位居全市第一、全省前列。金坛雀舌成为“全国首批通过森林认证茗茶品牌”，跻身全国茶叶区域公用品牌价值40强。推出全新的“长荡湖”大闸蟹logo形象，以及全新宣传口号“蟹香长荡，鲜甜棒！”突出“长荡湖”大闸蟹口感鲜甜特色。全区各类农业经营主体也大力推进农业标准化、规模化生产，持续强化品牌营销，形成一批具有市场竞争力的企业品牌、产品品牌。2022年，“金鹿”牌茅山青锋和“沁雪”牌水磨糯米粉入选江苏农业品牌目录，建昌红香芋入选省级区域公用品牌，黄金村软米获批国家地理标志证明商标。

【农产品培优】 2022年，金坛区黄金村食品有限公司即食型有机软米粉获批中绿华夏有机产品，是金坛区第一个获证的精深加工农产品，申报省级绿色优质农产品（红香芋）基地466.67公顷，全区绿色优质农产品比重（省定）为67.21%。全区构建农产品质量安全治理的新模式，7631户种养殖主体纳入省农产品质量安全监管平台，实施“网格化+精准化”监管，共开具合格证617万张，合格证开具率100%。尝试开展个性化定制承诺达标合格证，并被作为江苏省农产品追溯体系建设典型案例，在《农民日报》刊登宣传。

【农产品质量安全】 2022年，金坛区出台《农产品质量安全监测工作方案》，全面落实农畜水种类全覆盖、规模化基地全覆盖、获证企业全覆盖、监管环节全覆盖、时间段全覆盖的“五全”制度，实现重点产品、重点时段检测常态化。完成定量检测942个，其中监督抽检253个，例行监测689个，其中不合格样品9批次。把“发现风险、排除风险”作为当前监测工作的出发点，切实加强风险研判。优化快检模式，加大胶体金检测比例。完成定性检测4.55万批次，其中胶体金1.01万批次。

（史黎明 周秋娟）

（编辑 张继华）

制 造 业

综 述

【产业规模】 2022年，全区实现工业开票销售2849.84亿元，比上年增长54.60%；全区规模工业企业实现应税销售收入2526.00亿元，比上年增长65.05%。全区完成工业投资200.5亿元，比上年增长18.8%。87个年度重点工业项目中72个项目达到开工标准，开工率82.8%。其中，43个项目竣工，竣工率49.4%。全区完成工业技改投资（统计口径）66.5亿元，占工业投资比重39.9%，比上年增长27.9%，高于常州市平均增幅10.4个百分点，增幅位列常州六区一市第一。

6月30日上午，金坛区召开"两湖"创新区建设推进大会　（杨兆平　供）

【企业质效提升】 2022年，全年应税开票销售超100亿元企业4家、超1亿元企业228家；入库税收1亿元以上企业12家、1000万元以上企业80家；全年共培育"微笑企业"40家；中创新航获江苏制造突出贡献优秀企业；新增国家级专精特新"小巨人"企业3家、省级专精特新企业27家；申报省两化融合管理体系贯标示范企业6家；新增省工业互联网标杆工厂1家、省星级上云企业12家；创建国家级绿色工厂2家，另有2家进入公示阶段。全年累计为企业争取各类扶持资金约1.2亿元。

【工业投入】 全年"五新"产业项目完成工业投资187.15亿元，占全产业投资比重93.35%。新能源产业、新基建产业、新能源汽车产业、新医药产业、新智能产业分别完成投资18.56亿元、9.69亿元、137.10亿元、2.88亿元、18.92亿元，占总投资的比重分别为9.26%、4.83%、68.38%、1.44%、9.44%。

【支柱产业发展】 2022年，全区规上"五新产业"实现应税销售2152.8亿元，占规上工业总销售的85.99%，同比增长80.52%；新能源、新基建、新能源汽车、新医药、新智能产业应税销售分别为437.97亿元、77.44亿元、1128.77亿元、50.47亿元、458.15亿元，比上年分别增长63.54%、20.03%、211.89%、14.81%、0.83%，占"五新产业"比重分别为20.34%、3.6%、52.43%、2.34%、21.28%，新能源汽车业成为金坛区首个千亿级产业；86个工业经济新增长点企业共计净增应税销售972.58亿元；新增"十百千计划"培育企业21家。

【两化融合】 2022年，全区通过（升级版）贯标达标企业6家；申报省两化融合管理体系贯标示范企业6家，其中，AAA级企业2家，AA级企业4家；新增省工业互联网标杆工厂1家（东方日升）；全年新增省星级上云企业12家，其中，五星级上云企业2家，四星级上云企业9家，三星级上云企业1家；东方盐湖城旅游发展有限公司获评省信息消费四星级体验中心。

【重点项目实施】 2022年，全区10个省重点工业项目全部开工，81个列入常州市“532”发展战略十大先进制造业集群壮大工程项目全年完成投资182.5亿元。其中，新能源汽车产业在多个龙头企业投资项目的带动下，行业整体活跃，投资占比超过半壁江山。中创新航、蜂巢能源分别完成投资60.93、39.89亿元，贝特瑞、恩捷隔膜、当升科技二期、睿捷铝塑膜等重大项目均有较大投入。

2月21日上午，2022年常州市金坛区举办落实“532”发展战略重点项目集中开工暨恩捷动力汽车锂电池隔膜项目开工仪式 （杨兆平 供）

智改数转

【概况】 金坛区将“智改数转”工作列为重点工作并有序推进。2022年，金坛区共有3家企业参加智能工厂诊断项目，30家企业参加智能车间诊断项目，267家企业参加区级数字化应用诊断服务项目，全部完成诊断工作，挖掘典型应用场景60个。依托高质量智能制造服务商、常州市电子装备产业协会、常州市科协等单位先后在华罗庚高新区、朱林镇、金坛经开区等板块开展工业企业高质量发展系列培训会，面向板块、企业开展“智改数转”辅导、政策宣讲、技术交流、业务培训等活动。

【政策支持】 2022年，金坛区制定《常州市金坛区制造业智能化改造和数字化转型行动计划（2022—2025年）》《常州市金坛区2022年制造业智能化改造和数字化转型工作要点》《常州市金坛区2022年“智改数转”诊断服务实施方案》《常州市金坛区2022年“智改数转”诊断服务实施细则》等文件。结合金坛区实际，成立区智改数转专班，并于7月召开诊断服务线上启动会、区“智改数转”工作现场推进会等活动。

【示范成果】 2022年，贝特瑞、中创新航两家企业获评“省级智能制造示范工厂”，取得金坛区该项目上零的突破；9家企业获评省级智能制造示范车间，获评数位居常州市各辖区市第一（与武进区并列），创历史新高；贝特瑞、健尔康通过省企业技术中心认定；同方威视的MS2000矿物智能分选机获评江苏省首台（套）重大装备；贝特瑞获批省级关键核心技术（装备）攻关产业化项目；江苏金旺智能科技有限公司获评江苏省智能制造领军服务机构；9项产品通过省工信厅新产品鉴定。

五新产业

·新能源产业·

【概况】 2022年，全行业规模企业实现开票销售437.97亿元，比上年增长63.54%，占规模企业的比重为17.34%。

【亿晶光电营收突破百亿元】 2022年，亿晶光电比上年增长186.16%，全年销售超100亿元。3月4日，亿晶光电总投资8.57亿元的5GW高效组件项目开，新项目配备高效太阳能组件自动化产线和设备，打造数字化智能工厂，并建设相关仓储、物流及辅助运营等基础设施。

【东方日升210异质结700W伏曦系列全球领先】 8月8日，东方日升210异质结700W伏曦产品系列通过全球领先的第三方检测认证机构TÜV南德意志集团的检测并签发认证证书，成为全球首家获颁210异质结高效薄片化产品认证的企业。

【金坛举办光伏新能源产业发展长荡湖峰会】 11月11日，金坛区举办以“光储融合‘碳’无止境”为主题的2022光伏新能源产业发展金坛长荡湖峰会，以“光储融合‘碳’无止境”为主题，聚焦光伏和储能产业技术创新与融合，重点分析全球光储行业的未来发展趋势，解码国内外最新、最热的光储技术，分享最具价值的商业及技术应用案例，放大金坛区在光储新能源领域的示范效应，提升地区地标产业影响力，引进前沿技术、知识、人才，让金坛区光伏产业和光伏企业走出去，助力国家实现“双碳”目标。

·新基建产业·

【概况】 2022年，全行业规模企业实现开票销售77.44亿元，比上年增长20.03%，占规模工业的比重为3.07%。其中，南方光纤、飞荣达、信维通信、索尔思比上年分别增长64.59%、158.13%、17.1%、8.07%。

【信维通信项目入选省级战略资助】 信维通信（江苏）有限公司毫米波天线模组项目入选2022年省级战略性新兴产业发展专项资金项目，获得1800万元资金支持。该公司是国内移动通信产业尤其是无线充电模组领域的龙头企业，是华为、三星等消费电子行业头部企业的供应商。

【南方光纤生产效能释放】 2022年，江苏南方光纤科技有限公司完成应税销售收入2.66亿元。公司凭借突破性的技术变革、创新性的设备研发，拉丝速度从每分钟1900米提高到每分钟2400米，光纤月产量从90万芯千米提升到110万芯千米，生产效能不断释放。南方光纤专业从事单模光纤的上游生产，从集中供料到数据互联，开发一系列信息管理系统，实时采集各工序的关键数据，并自动生成品产质量分析报表，数据的收集、处理、挖掘、分析等能力全面提升。

·新医药产业·

【概况】 2022年，全行业规模企业实现开票销售50.47亿元，比上年增长14.81%，占规模工业的比重为2%。其中，创健医疗、健尔康、亚邦制药比上年分别增长82.98%、27.36%、15.26%。

【金坛举办"两湖有约"峰会】 7月23日，"两湖有约"2022年数字经济与生命健康产业融合发展长荡湖峰会在中德（常州）创新产业园举行。签约仪式上，擎科生物合成生物学产业基地项目、体外诊断试剂项目，内镜微创诊疗耗材项目、智能手术机器人及微创医疗器械项目以及内镜微创医疗器械项目五个产业项目集中签约。

【金坛3家企业入选国家级专精特新"小巨人"名单】 9月6日，工信部公示了第四批专精特新"小巨人"企业名单，江苏创健医疗科技有限公司、常州市赛尔交通器材有限公司、江苏鹿山新材料有限公司3家企业入选。其中，创健医疗是一家以合成生物学科学理念与关键技术为核心，专注新型生物材料与创新蛋白/核酸药品研发、生产与销售的科技创新型企业。专精特新企业入选是对企业自主创新能力和技术研发实力的认可，也是对企业管理运营、业务发展等综合实力的肯定。

【创健医疗中榜市级科技攻关项目】 10月20日，常州市公布2022年常州市重大技术需求"揭榜挂帅"科技攻关中榜单位，金坛区江苏创健医疗科技有限公司"基于重组胶原蛋白的宫腔粘连修复凝胶"与常州大学达成项目合作。2022年，常州市围绕生命健康领域启动科技攻关"揭榜挂帅"机制，组织企业张榜招贤、产学研结合，共同攻克关键技术。市科技专项资金给予合作项目高额补贴，让挂帅的"揭榜者"真正放手去干，最大限度释放创新潜能。

·新能源汽车产业·

【概况】 2022年，全行业规模企业实现开票销售1150.2亿元，比上年增长217.82%，占规模工业的比重为45.53%。其中，中创新航净增开票408亿元，达514亿元；贝特瑞、蜂巢能源、当升科技分别净增开票78亿元、63亿元、60亿元。中创新航、蜂巢能源占全国动力电池装车量分别位居第三、第七。

【贝特瑞高镍三元正极材料正式量产】 7月18日，常州贝特瑞锂电池高镍三元正极材料项目举行量产仪式，该公司江苏新科技与韩国SK on、亿纬锂能集团合资成立，共同打造年产5万吨锂电池高镍三元正极材料项目，项目总投资3.52亿美元。贝特瑞作为新能源材料的研发与制造商，围绕锂离子电池正负极材料为核心的新能源材料领域形成了完善的产品及产业链布局，主营业务包括锂离子电池负极材料、正极材料及石墨烯材料三大业务板块。

12月，贝特瑞新材料科技有限公司厂区一角　　（杨兆平 供）

6月14日，第十五届高工锂电产业峰会在金坛举行　（杨兆平　供）

【金坛举办高工锂电产业峰会】　6月14日，第十五届高工锂电产业峰会在金坛茅山国际会议中心开幕，峰会主题为“协同上下游共筑新生态”，同期举办2022高工锂电智能制造峰会、2022高工储能产业峰会，共同探讨2022动力电池产业“形”与“势”，以及市场跃升后的产业链新考验。

【金坛两家公司入选全球独角兽企业前100】　8月30日，胡润研究院发布《2022年中全球独角兽榜》，列出全球成立于2000年之后、价值10亿美元以上的非上市公司，总部位于金坛区的新能源企业中创新航、蜂巢能源榜上有名，均进入全球百强。其中，中创新航排名第57，估值640亿元；蜂巢能源排名第99，估值460亿元。

【中创新航成港股动力电池第一股】　10月6日，中创新航科技股份有限公司在香港联合交易所主板挂牌交易，股票简称“中创新航”，成为港股动力电池第一股，也是常州市2022年第四家上市企业，股票交易代码为“3931.HK”，首次发行2.658亿股，每股发售价38港元，募资约101.02亿港元。中创新航是广汽、小鹏、吉利等一系列新能源汽车主机厂商的战略合作伙伴，动力电池行业排名全球前十、全国前三。

【蜂巢能源龙鳞甲电池接受全球预定】　12月15日，蜂巢能源举行主题为“乘蜂·驭未来”的第三届电池日活动，蜂巢能源全新一代高安全动力电池系统化解决方案即龙鳞甲电池发布并开始接受全球预定。龙鳞甲电池通过采用创新的短刀电芯底出防爆阀设计、在电池包层级采用先进的热电分离设计、采用双面冷却设计以及在电池包结构层级采用“高强钢+弹性支架”的设计等，实现单体安全和系统安全的全面提升，同时使电动汽车的续航突破800千米，刷新磷酸铁锂电池续航的新纪录。

·新智能行业·

【概况】　2022年，全行业规模企业累计实现开票销售458.15亿元，比上年增长0.83%，占规模工业的比重为18.14%。其中，常宝普莱森、兴荣铜业、珍晟工程机械、莱克斯诺比上年分别增长87.54%、25.04%、74.49%、100.02%。

【金旺智能获常州市市长质量奖】　2022年，江苏金旺智能荣获市长质量奖。该公司产品专业聚焦农牧行业，共获得103项专利证书，产品远销50多个国家和地区，专业服务农牧客户超3000家。

【常宝普莱森获评省信用管理示范企业】　2022年，江苏常宝普莱森钢管有限公司从德国西马克引进的特种专用管材产线，月产量2万吨，成材率92%，在国内同类行业企业中处于领先水平。全年产能33万吨，成材率从92%提升至94%，为国内第一。11月16日，该公司入选江苏省公布2022年度省信用管理示范企业认定名单。

【同方威视产品入选首批优秀案例】　2022年1月，中国人工智能产业发展联盟（简称“AIIA”）发布《中国人工智能产业知识产权白皮书2021》，同方威视“WEKNOW系列X光图像智能识别技术和产品专利布局”案例，与中国移动、小米、商汤科技等公司

5月，蜂巢能源科技股份有限公司外景　（杨兆平　供）

的案例一起入选中国人工智能产业知识产权首批10件优秀案例。

传统产业

·化工业·

【概况】 2022年，全行业规模企业实现开票销售199.90亿元，比上年增长6.21%，占规模企业的比重为7.91%。其中，中盐金坛、中盐常化比上年分别增长31.25%、27.39%；华竑非金属矿、盘固水泥比上年下降36.28%、7.15%。

【中盐金坛公司牵头制定一项行业标准】 5月5日，中盐金坛盐化有限责任公司牵头制定的轻工行业标准QB/T 5685-2022《水处理用盐》获批发布。标准的发布，对于水处理行业的发展和消毒技术的革新具有重要意义。此前，我国在该领域并无标准，该行业标准由中盐金坛牵头、国家盐产品质量监督检测中心及相关单位共同起草，有效避免以食用盐或工业盐代替水处理用盐，对减少自来水中的消毒副产物、大幅提升自来水质量有着重要意义。

【中盐集团盐穴储能实践案例亮相高交会】 11月15日，第二十四届中国国际高新技术成果交易会全球清洁能源科技创新博览会举行，中盐集团盐穴储能实践案例亮相展会。2022年5月，金坛盐穴压缩空气储能国家试验示范项目正式投产运行，是国内压缩空气储能领域唯一国家示范项目，一期储能、发电装机均为60兆瓦，为全国地下盐穴资源利用提供“中盐样板”。

【中盐常化等2家企业获评省级绿色工厂】 1月7日，江苏省工信厅发布江苏省绿色工厂名单（第二批），金坛区中盐常州化工股份有限公司和常州斯威克光伏新材料有限公司榜上有名。

·纺织服装行业·

【概况】 2022年，全行业规模企业实现开票销售102.24亿元，比上年下降8.08%，占规模工业的比重为4.05%。其中，晨风服装、华茂金昇、金虹纺织、华越毛纺、卿卿针织比上年分别下降0.54%、41.05%、24.21%、20.2%、5.73%。

【晨风集团打造中国最具竞争力的纺织服装产业链】 2022年，晨风集团股份有限公司历经30多年发展，成为国内服装生产和出口企业的优秀代表，日产服装23万件，是国际可持续服装联盟（SAC）成员单位，被工信部授予“绿色工厂”“绿色供应链示范企业”“晨风服装创意设计平台”。晨风集团着力打造“中国最具竞争力的纺织服装产业链”，在服装研发设计端、自主品牌建设端重点突破，尽快把前端设计平台转移至金坛，提升金坛基地设计研发的能力。

【卿卿针织厂推动技术升级 加速时尚化转型】 2022年，常州市卿卿针织厂依托科技创新、智能制造等发展战略，加速推进产品时尚化转型，持续做大做强、做精做专，全年企业处于满负荷生产状态，实现应税销售收入5.44亿元。 （杨兆平）

表12 2022年金坛区上缴税收十强企业名单一览表

单位：万元

序号	企业名称	1—12月开票销售			1—12月入库税收		
		本期	同期	同比（%）	本期	同期	同比（%）
1	贝特瑞（江苏）新材料科技有限公司	1284957.16	507466.51	153.21	20045.19	726.42	2659.45
2	爱思开电池材料科技（江苏）有限公司	160100.38	118536.01	35.06	19464.07	618.94	3044.74
3	常州锂源新能源科技有限公司	902839.38	119701.84	654.24	13569.92	1662.27	716.35
4	晨风（江苏）服装有限公司	274438.62	272962.09	0.54	13545.59	16578.43	−18.29
5	常州斯威克光伏新材料有限公司	774716.13	473674.27	3.64	13348.92	7137.51	87.02
6	当升科技（常州）新材料有限公司	808438.95	205597.28	293.21	13007.16	1927.24	574.91
7	江苏大唐国际金坛热电有限责任公司	187379.86	167141.24	12.11	12944.35	3277.07	295.00
8	奥托立夫（江苏）汽车安全零部件有限公司	229938.73	189300.98	21.47	11580.66	15601.97	−25.77
9	中盐金坛盐化有限责任公司	192004.17	146286.64	31.25	11118.21	7126.37	56.02
10	健尔康医疗科技股份有限公司	115248.75	90494.05	27.36	9937.31	6477.15	53.42

（编辑　张继华）

建筑业

综述

【建筑业规模】 2022年，全区实现建筑业总产值405.2亿元，比上年下降14.3%。从建筑业总产值构成情况来看，建筑工程完成产值381.82亿元，占总产值比重的94.23%；交通工程、水利工程、电力工程完成产值8.87亿元，占总产值比重的2.19%；其他类型的工程完成产值14.51亿元，占总产值比重的3.58%。全年建筑业纳税总额10.19亿元，与上年同期相比，下降9.94%。全区纳税排名前30的建筑企业合计纳税5.61亿元，与上年同期相比上升8.84%，占全部建筑业税收的55.08%。

【建筑市场】 2022年，金坛区建筑施工企业施工区域北方主要分布在北京、天津、河北、山东及内蒙古等地，南方主要集中在江苏、上海及四川、云南等地。全年全区省外工程施工产值178.28亿元，占全区施工产值的44.00%。省内工程施工产值226.92亿元，占56.00%。从施工区域产值分布可见，省内工程和省外工程占比各半，省外工程规模有所降低，省内工程以本地工程为主，省内区外工程占比较少。

【建筑业从业人员】 2022年，全区建筑业从业人员20.09万人，比上年下降19.8%。建筑业劳动生产率24.96万元每人，比上年上升1.4%。截至2022年年底，全区有一级注册建造师744人，二级注册建造师1439人。

勘察设计

【概况】 2022年末，金坛区共有勘察设计业单位19家，具有甲级资质企业7家。其中，专业设计资质企业5家，具有甲级资质企业2家（建筑甲级2家）；专项设计资质企业13家，具有甲级资质企业4家；勘察资质企业1家，具有甲级资质企业1家。

【特殊性岩土地基勘察】 2022年，金坛区勘察设计单位探索特殊性岩土地基勘察技术。在遇到软土地基、山区碎石土地基、膨胀土地基、岩溶地基、断层地基时，为提高取样质量采用薄壁取土器、内置环刀取土器等通过单、双桥静力触探试验、十字板剪切试验的对比研究，进行了水上静力触探试验、水上钻探平台的研制，开展了室内高压固结回弹再压缩试验、自由膨胀率试验。采用应力历史法预测天然地基沉降，采用坍塌平衡法验算岩溶地基稳定性，持续改进，提高勘察技术理论和实践水平。2022年完成特殊性岩土地基勘察项目（主要特殊性岩土类型为填土、软土、膨胀土、残积土和风化岩）建筑工程类建筑面积约12.9万平方米，市政工程类里程4.8千米。

【常州凯联岩土工程有限公司】 该公司是金坛区唯一一家持有甲级资质的岩土工程勘察单位，在区内及周边地区有着丰富的勘察工作经验，验槽、验收服务及时。主要完成金坛区范围内厂区、商业、医院、学校、住宅小区等项目的勘察。市政道路、河道驳岸、区域安全供水管道项目的勘察。大中型桥梁勘察。公司技术力量雄厚，有专业技术人员13人，野外钻探机长、土工试验室操作员均经江苏省职业技能鉴定中心专业培训，获得高、中级技工证书。公司通过GB/T 19001—2016—ISO 9001：2015质量管理体系认证，2021年通过常州市工程勘察土工试验室考评，符合甲级土工试验室标准。公司自成立以来共完成勘察项目5900余个，勘察范围涉及常州、金坛各区，以及周边市县，未发生任何勘察质量事故，荣获江苏省、常州市优秀勘察奖项19项。2019年获江苏省城乡建设系统优秀城市工程勘察三等奖。2022年完成常州市范围内建筑工程类（学校、安置房、厂区等）勘察建筑面积约57.3万平方米，完成市政工程类（桥梁、箱涵、驳岸、污水管道、道路等）勘察约22.8千米，完成2万立方米/日污水处理厂勘察一座。

建筑施工

【概况】 2022年，金坛区建筑业企业新开工面积951.84万平方米，比上年下降35.27%。竣工面积1419.96万平方米，比上年上升7.41%。累计施工面积3661.11万平方米，比上年下降15.63%。建筑业劳务收入比上年上涨11.50%。从施工面积的变化趋势看，新承接工程明显减少，累计在建工程量下降。一级以上资质企业完成建筑业总产值318.26亿元，产业集中度78.54%。特级企业占建筑业总产值的13.37%，一级企业占建筑业总产值的65.17%。产值超亿元企业有50家，合计完成施工产值359.37亿元，占全区建筑业总产值的88.69%。其中，产值1亿—5亿元企业37家；5亿—10亿元企业2家；10亿元以上企业11家。

【建筑业企业】 截至2022年年底，全区共有建筑业企业455家，与上年同期相比，增加52家。其中，总承包特级1家，总承包一级28家，专业承包一级37家；总承包二级44家，专业承包二级130家；总承包三级47家，专业承包三级21家；不分等级67家；劳务企业有80家。施工劳务企业和专业承包二级资质企业增长较多。

【建筑企业资质】 截至2022年年底，全区建筑企业共有资质1096项。其中，施工总承包资质283项，专业承包资质650项，施工劳务资质163项。从资质类型看，主要以土建房建为主。铁路、港口与航道、民航、电力、矿山、冶金、石油化工等行业一级资质基本处于空白状态。10月，住建部发文，规定现有建筑业企业资质仍然按照特级、一级、二级、三级和不分等级4个级别划分，现有的建筑业企业资质自动延期至2023年12月31日，后续不再颁发新的建筑业三级资质。已有三级资质的企业可通过升级途径从三级晋升二级。

【建筑施工质量管理】 2022年，全区新开工房屋建筑工程72项，建筑面积360.02万平方米。新开工市政工程27项，造价12.35亿元。办理安全终止81项，出具质量监督报告97项。加强质量管控工作，开展预拌混凝土、外墙保温、地下室防水、门窗、装饰装修专项行动。联合第三方检测单位对桩基、防水卷材、外墙保温材料、钢结构、钢筋原材、钢筋电渣压力焊等主要材料实施抽检。开展“儒林建设杯”焊工技能比赛，进一步提升建筑工人技能操作水平和全区建筑施工质量整体水平。加强建筑工地扬尘污染防治，对辖区内所有施工工地进行全面排查，严肃查处各类扬尘污染违法违规行为，联合区税务局、区生态环境局共同签署《关于深化环境保护税（扬尘环保税）协作共治合作备忘录》。每季度对全区在建工程开展扬尘管控“红黑榜”考评工作。全年获常州市优质结构16项、常州市标准化示范工地10项、常州市优质工程奖“金龙杯”10项、金坛区优质工程奖“金沙杯”16项。

表13　2022年金坛区建筑企业施工产值超10亿元企业情况一览表

企业名称	资质等级	产值（亿元）
江苏城东建设工程有限公司	A0	54.18
江苏金坛建工集团有限公司	A1	52.51
江苏中益建设集团有限公司	A1	34.47
江苏金坛第一建筑安装工程有限公司	A1	30.09
江苏常金建设工程有限公司	A1	19.21
江苏广泽建设有限公司	A1	16.58
江苏尧塘园林绿化集团有限公司	A1	12.83
江苏金坛市政建设有限公司	A1	12.38
江苏金祥建设工程有限公司	A1	11.22
江苏儒林建设工程有限公司	A1	10.85
江苏苏南建筑安装工程有限公司	A1	10.80

表14　2022年度江苏省建筑施工标准化星级工地项目一览表

项目名称	施工单位	星级等次
金沙丰泽公寓二期项目施工总承包	常州二建建设有限公司	★
新建年产 30Gwh 锂离子电池项目设计、采购施工工程总承包（EPC 一体化）1-10 号倒班宿舍、1、2 号配电房、北门卫、地下室、员工服务中心	江苏城东建设工程有限公司	★★
鸿新金坛区鑫城大道南侧、华青路西侧地块开发项目 1-9 号楼、1-1 号配电房、4-1 号配电房、门卫及地下车库 A 施工总承包	常州市通润建设工程有限公司	★
直溪镇南溪城路北侧、通济路西侧地块开发项目设计、采购、施工工程总承包 (EPC 一体化)	江苏常金建设工程有限公司	★
新市民保障性租赁住房（华科·梅香苑）项目总承包工程	江苏兴厦建设工程集团有限公司	★
新建九洲里花园四期保障房项目 24、25、30、31、32、33 号楼商业、地下车 库施工总承包工程一标段	江苏金坛建工集团有限公司	★★
新建九洲里花园四期保障房项目施工总承包工程二标段	中亿丰建设集团股份有限公司	★★
河海大学长荡湖大学科技园（一期）	中国建筑第二工程局有限公司	★★
儒风苑一期保障性安置房（10、11、16、21、22 号楼、2 号楼门卫、5、6 号楼配电房及相应地下室）施工总承包四标段	江苏金坛第一建筑安装工程有限公司	★
乾亨置业新建钱资湖大道南侧、徐塘路西侧地 块开发项目	江苏常金建设工程有限公司	★
金坛区生活垃圾焚烧发电及飞灰库项目	江苏儒林建设工程有限公司	★
钱塘映象项目施工总承包	中建八局第三建设有限公司	★
联东 U 谷 ·金坛科技产业园二期 5、6、7、12-14、19-21 号厂房	江苏金坛第一建筑安装工程有 限公司	★
常州市金坛华罗庚实验幼儿园新建项目	常州二建建设有限公司	★

表15　2022年金坛区获江苏省优质工程奖“扬子杯”情况一览表

项目名称	申报单位	参建单位	监理单位
江苏江南农村商业银行股份有限公司新建三大中心建设工程	常州第一建筑集团有限公司	江苏新有建设集团有限公司、江苏地基工程有限公司、江苏华盛装饰工程有限公司	江苏建科工程咨询有限公司
常州市金坛区尧塘中心小学、尧塘中学项目	江苏润祥建设集团有限公司	江苏建设控股集团有限公司	江苏建科工程咨询有限公司
良常实验学校项目施工总承包工程	江苏城东建设工程有限公司		常州凯联工程监理有限公司

【江苏城东建设工程有限公司】 江苏城东建设工程有限公司始建于1966年，是以建筑工程总承包施工为主业，集投资、房地产开发、工程管理、运营服务于一体的综合性建筑企业，下辖分公司及全资、控股子公司十余家。公司拥有房屋建筑工程总承包特级资质、建筑行业甲级设计资质、市政公用工程总承包一级资质，以及建筑装修装饰、机电工程、智能化工程、地基基础工程、消防工程等多项专项承包资质。

2022年，主营业务完成施工产值54亿元，实现开票销售收入25.1亿元，公司及控股子公司共计本土纳税1.34亿元，入选常州市纳税百强企业。公司现有注册类执业资格214人、高级职称40人、中级职称人员超百人。公司施工业务主要以省内为主，省外拓展至北京、广州、山东、河北、天津、山西、安徽、陕西等地。连续多年获“全国重合同守信用企业”“江苏省建筑业成长型百强企业”称号，是地区建筑行业龙头企业，承建工程创获国家级、省级荣誉共计200余项。

建筑管理

【建筑工程消防管理】 2022年，区住建部门贯彻落实江苏省住建厅下发的《江苏省民用建设工程消防设计文件编制指南（试行）》《2022年全省建设工程消防设计审查验收管理工作要点》等通知精神要求。采取“超前跟踪服务”措施，落实“放管服”、优化营商环境和工程建设项目审批制度改革等政策要求，压缩审批工作时限，提升审批效率，实现审批与服务有机结合。在消防审验审批过程中做到范围全覆盖、标准适用准确、办理程序合法、过程公开透明，完善消防审验工作的规范化管理。全年共办理消防设计审查项目31个。消防验收项目39个。竣工验收消防备案抽查项目100个。消防行政处罚1起。与区文旅局、公安分局、市场监管局、消防救援大队等相关部门组成联合检查组，开展剧本杀场所和私人影院联合执法检查专项行动。

【农民工工资管理】 2022年，金坛区加强农民工工资支付管理，对在建项目开展市场行为专项检查，以点带面摸清项目农民工工资整体情况，对欠薪中高风险项目，列入欠薪预警项目。全年共完成清欠312起，涉及农民工816人，涉及金额9846万元。牵头联合区司法局、区法律援助中心，成立“住建局法律援助工作站”，为农民工提供工资拖欠、工伤赔偿、劳动保护等施工领域较为突出侵权问题的法律咨询和援助。

【招投标管理】 2022年，金坛区规范建设工程招投标行为，开展工程建设领域专项整治工作，共排查88个项目，现场督查37个项目，约谈2个项目。开展全区建设工程招标代理机构的业务知识考核工作。全区共24家单位142人报名参与考核，通过率约38%，做到积极参与，应考尽考。制定出台《常州市金坛区住建局关于试行全区房屋建筑和市政基础设施工程建设项目招标计划提前发布工作的通知》《关于进一步加强金坛区建设工程直接发包管理的实施意见（试行）》政策性文件，规范建筑市场秩序。

【造价管理】 2022年，全区共核定安全文明施工费率共8个，核定定额工期共11个。完成金坛区上一年度江苏省工程造价咨询统计报表的审核并报送常州市造价管理处，全区共10家造价咨询企业按相关要求进行上报。配合双随机检查，9月，配合江苏省建设工程造价管理总站及常州市造价管理处，对全区进行2022年造价咨询企业及注册造价师业务活动“双随机”检查，共抽查常州市铭创建设项目管理有限公司、常州恒信工程咨询有限公司两家造价咨询企业，结果无异常。（郜　涛）

（编辑　方　骊）

商贸流通

【概况】 2022年，金坛区实现社会消费品零售总额265.3亿元，同比下降4%。其中限额以上社会消费品零售总额64.07亿元，同比下降12.2%。城镇限额以上社会消费品零售总额58.94亿元，同比下降14.3%。农村市场限额以上社会消费品消费逐步回暖，全年实现限额以上社会消费品零售总额5.13亿元，同比增长23.5%。疫情防控期间，督导大型商场超市落实疫情防控要求，累计办理保供车辆预约用车单125张，办理大型商场、保供超市人员“应检尽检”重点人群核酸检测凭证通用卡2156张。

【市场建设】 2022年，金坛区加大社区商业体系建设力度，不断推进城区和乡镇农贸（菜）市场建设，新建指前商贸中心1座，新建尧塘街道林丰、指前集贸市场2家，改造提升东城街道柘荡集贸市场1家。东城街道新塘社区成功通过常州市国家级、省级一刻钟便民生活圈创建试点测评。国有投资平台完成以汇贤邻里中心为基础的商业体系建设。常州本土中高端社区超市连锁品牌新橙源味成功落户金坛，6家美好社区便利店先后入驻各社区。

【农村电商建设】 2022年，金坛区健全农村电商体系，加速农村电商发展，积极依托山水资源优势，拓宽产品营销网络，各乡镇利用自建平台及第三方平台开展加工产品、农产品、水产品等网上销售和农家乐、乡村游等线上交易。全年农产品网络销售额23.62亿元。黄金村软米、金坛雀舌、长荡湖大闸蟹、金坛无节水芹、建昌红香芋成为享誉盛名的农村电商产品。区商务局与区邮政局、区交通局合作发展乡镇流通体系建设。新建城区寄递共配中心1座，场地面积1853.87平方米，日均进出口邮件处理能力4.6万件以上。在6个乡镇分批次建设寄递共配中心，建设村级综合便民服务站72个，实现“1＋N”的最终共配，共同解决快递包裹下乡和农产品进城问题，将金坛城区寄递共配中心、乡镇寄递共配中心（或乡镇支局所）、村级综合便民服务站（邮乐购站）三级节点连接贯通。构建乡镇商贸物流体系，畅通农产品上行和工业消费品下行渠道。

【消费促进活动】 2022年，金坛区积极参与江苏“品质生活·苏新消费”系列活动。区商务局联合区卫健局举办“嗨一夏·Yeah美好”2022金坛消费购物节，借便民核酸点落地之机整合商业综合体夏季促销活动，鼓励餐饮、汽车销售企业共同参与，发放“酸酸卡”“苗苗福利券”3万余张，鼓励全体市民共筑免疫屏障，拉动全城消费热潮。

【批发零售业】 2022年，全区共有2家大型商业综合体（吾悦广场、新天地）、1家百货类企业（八佰伴）、5家大型超市（金沙大统华、西门大统华、南门大统华、华润苏果、永辉超市）。全年吾悦广场销售额8亿元左右，新天地销售额2.84亿元。全区限额以上零售法人企业有68家，其中25家销售额在2000万元以下，7家销售额在5000万元至1亿元区间，15家销售额在亿元以上。零售企业规模普遍偏小，缺乏具有规模效应、市场竞争力强的大型龙头企业。

（杨前保）

【商贸领域安全监管】 2022年，区商务局常态化开展安全生产、防范化解重大风险等专项活动，履行成品油领域、大型商贸领域、商务领域疫情防控等管理职责。组织10家大型商场、超市和餐饮商会参加常州市行业部门消防安全培训和城镇燃气百日攻坚行动线上调度会。开展“百团进百万企业千万员工”安全宣讲活动，全区大型商场、超市、中石化、中石油负责人，全体民营加油站，部分餐饮、二手车报废企业、汽车销售企业等代表70余人参加。加强安全生产宣传，借用加油站、商场超市等重点场所的电子显示屏媒介、循环滚动播放安全标语、安全生产注意事项等内容。首次举办全区餐饮燃气管理人员培训会，累计发放《餐饮燃气安全宣传手册》《燃气安全告知书》3200多份。推进加油站和餐饮燃气场所安全生产专项整治工作，通过排查隐患、限期整改、适时回头看等方式，化解行业领域内安全风险。受理各类非法流动加油站举报投诉12起，查获0号柴油2.28吨，罚款22.5万元。在疫情防控期间，累计检查大型商业场所800余家次，发现问题68处，并全部整改；餐饮场所219家次，发现问题隐患562处，整改525处，剩余37处限期整改中；检查汽车报废拆解企业3家次，发现问题隐患15处，全部整改到位。联合第三方安全机构对47家在营加油站点全覆盖核查，共发现问题132起，均已全部整改到位。检查烟酒店违规发售及超额配额发售烟卡219余家次，累计出动检查人员40余人次。

（谭　露）

【粮食购销】 2022年，区粮食行政管理部门完成“十四五”粮食仓储建设规划。新建1.7万吨的现代型粮库和成品粮油低温库项目已立项。全区累计购进粮食64.42万吨，同比增加3.53%，其中国有企业购进5.39万吨，同比减少31.94%。累计销售粮食64.57万吨，同比减少2.3%，其中国有企业销售5.35万吨，同比减少42.53%。粮食加工业总产值31.5亿元，同比增加5.52%。实现销售26.57亿元，同比增加7.53%。全区累计收购小麦20677吨。其中，国有企业收购9222吨，其他社会企业收购11455吨。收购均价每50千克153元。累计收购稻谷82407吨，其中国有企业收购11660吨。粳稻收购均价每50千克142元、籼稻收购均价每50千克132元。

（许　锴）

【供销合作】 2022年，区供销合作总社布局全区12家镇村为农综合服务社，“三会”制度实现基层供销社全覆盖，与朱林镇红旗圩村率先探索“村社共建”新路径。组建长荡湖大闸蟹、建昌红香芋2个特色产业农合联，其中长荡湖大闸蟹产业农合联成功进驻江苏常州国家农业科技园区，并挂牌全国级邮政农品基地。全年供应各类化肥1万余吨、农药250吨。出台《关于加快推进金坛区农药统一配供体系建设的实施意见》，对全区水稻农药实行集中统一采购、零差率配送，覆盖面积9466.67公顷，为农民节省农业生产成本447万元。运行“云供销”网络平台，强化平台综合服务功能。参与全区机关企事业单位及学校食堂食材定点保供。全年回收农药包装废弃物45吨、废旧地膜68吨。与宁陕县政府合作成立“宁陕县茅山竹海农业科技有限公司”。组织相关单位参加长三角名优农产品展销会、上海市社江苏名优特产进上海等相关展销活动15次，扩大消费帮扶名优农产品影响力，完成消费帮扶近500万元。

（周锦霞）

【专卖经营】 2022年，区烟草专卖局加大卷烟市场监管力度，推进违法、违规大户“攻坚100”专项行动。全年共查获各类涉烟违法案件268起，查获卷烟542.11万支。强化“烟（卡）”“无证户”等专项治理，共查处无证户19户，查获卷烟3156条，案值72.67万元。全年新办证201户，许可证总量2849户。加强中小学周边持证户、无证户与电子烟专营店的监管，有效保障未成年人身心健康。全年共计销售卷烟22678.4箱，共建成63家数字化门店。其中，金丝利加盟终端10户，金丝利通店48户，合作终端5户。截至2022年年底，累计建成数字化门店160户。深入推进“我为群众办实事”实践活动，全年共开展结对共建活动16场，收集并解决意见建议30条。推动文明吸烟环境建设，与镇、街道共同完成3处吸烟亭、1460处吸烟柱的选点建设工作。

（王继铎）

【成品油市场管理】 2022年，全区共有加油站经营主体54家。其中，在营47家，歇业7家。全年共销售成品油14.2万吨。其中，汽油8.7万吨，柴油5.5万吨。督促经营主体严格按照江苏加油安全App巡查、学习等要求，落实日常管理制度，有效提升加油站管理水平。在重大节假日和特殊时间节点对加油站（点）进行联合督查检查。在加油站系统内开展各类业务培训和综合演练活动，增强管理人员组织指挥和处置突发情况的能力。

【单用途预付卡监管】 2022年，区商务局牵头组织单用途商业预付卡经

9月17日，宁陕县茅山竹海农业科技有限公司揭牌　（周锦霞　供）

营企业检查 10 余次，检查 81 人次。受理“12345”政府热线平台交办各类美容美发、商业场所等单用途预付卡举报投诉 490 件，形成“12345”投诉处理流程图。建立多部门联动机制，协调公安力量介入，严厉打击商家“跑路”行为。（谭 露）

商务服务业

【人力资源服务】 2022 年，区人社局开展人力资源集市、“人才夜市”、抖音探企、直播带岗等线上线下招聘活动。开发上线“金引智”人力资源需求调查小程序，搜集各类用工需求 3190 余条，服务企业和劳动者精准对接。全年举办线下线上各类招聘会 70 余场，服务企业 1521 家，提供就业岗位近 2.2 万个，达成就业意向 7100 余人。成立全区人力资源服务行业协会，建立金坛区人力资源产业园，集聚人力资源服务机构 76 家，全年运营开票 8.9 亿元，纳税超 3300 万元。分批组织 50 余家次重点企业前往河南、陕西等地 12 家劳务基地开展劳务对接，引进新员工 5000 余人。（尹 欢）

【律师服务】 2022 年，区司法局组织 40 名基层法律服务工作者成立金坛区基层法律服务工作者“法治体检”服务团和金坛区基层法律服务行业服务中小企业名录库，全年走访名录库企业 49 家次，为企业解决法律困难 140 余件。组织常金律师事务所、六友律师事务所、博爱星（金坛）律师事务所律师分别走进蜂巢能源科技股份有限公司、江苏大唐国际金坛热电有限责任公司、中创新航科技股份有限公司等企业“把脉问诊”，搭建律师与企业互通的桥梁和平台。组织开展服务金坛“五大行动”律师法治宣讲比赛，37 名宣讲员围绕民营企业在运营中最需要知晓的法律知识、当前市场经济中企业的风险和防范、小微企业在发展中可能遇到的法律问题、企业家的刑事法律风险防范、“五新产业”（新能源、新基建、新能源汽车、新医药、新智能）的产业优势和政策等主题展开演讲，为区经济发展献言献策。

【公证服务】 2022 年，金坛公证处抓机遇拓新证源，为独角兽企业中创新航科技股份有限公司办理知识产权保全公证 60 余件，为单位或个人办理拍摄类保全公证 40 余件、电子信息类保全公证 30 余件。为保障远程视频公证需求，加强公证员培训，组织学习远程视频公证业务知识。年内，回复各类远程视频公证咨询 300 余件，办理各类远程视频公证 150 余件。为指前镇马庄新苑 253 户拆迁户集中领取不动产权证涉及继承等方面工作现场监督公证，接待群众 30 人次。为区各拆迁安置点群众开通绿色通道办理不动产继承公证 300 余件，为老、弱、病、残等困难群体减免公证累计 5 万余元，惠及群众 150 多人次。（施 意）

居民服务业

【住宿餐饮业】 截至 2022 年年底，全区共有 5 家规模住宿企业和 18 家规模餐饮企业。万豪国际酒店、万枫酒店、亚朵酒店相继开业运营。全年限上住餐企业实现销售额 5.2 亿元，与上年相比增长 19.3%。在常州市组织的“唱响常州菜”系列活动中，丽华快餐金坛分公司被评为“2022 年常州市标准化厨房企业”。在落实餐饮行业防控常态化的同时，区商务局会同餐饮商会和相关职能部门在全区餐饮行业推行“公筷公勺”，积极推进“文明餐桌行动”深入发展。（杨前保）

表 16 2022 年金坛区限上规模住宿企业名录

序号	企业名称	序号	企业名称
1	常州市金坛旺翠酒店管理有限公司	4	常州道源酒店管理有限公司
2	常州市江南明都国际酒店管理有限公司	5	常州市金坛丰金缘大酒店有限公司
3	常州景盛酒店有限公司		

表 17　2022 年金坛区限上规模餐饮企业名录

序号	企业名称	序号	企业名称
1	常州金坛芥舟酒店管理有限公司	10	常州市天成餐饮管理有限公司
2	常州市金坛区味得汇餐饮管理有限公司	11	常州金坛颐丰大酒店有限公司
3	常州市金坛区和兴餐饮有限公司	12	常州泰豪国际大酒店有限公司
4	常州市金坛饮食服务有限公司	13	江苏茅山黙元酒店有限公司
5	江苏黙元酒店管理有限公司	14	常州茅山肴餐饮管理有限公司
6	江苏喜临门大饭店有限公司	15	江苏璞樾酒店管理有限公司
7	常州金坛泽盛江南农耕园生态酒店有限公司	16	常州景灿国际大酒店有限公司
8	常州市金坛区王子一八美食家餐饮有限公司	17	常州晓悦餐饮服务有限公司
9	常州市金坛区盛世桃园王朝大酒店有限公司	18	常州市品创餐饮管理有限公司

【老字号企业】　2022 年，金坛区拥有省、市老字号企业 4 家。其中，金坛丰登酒业有限公司、常州市金坛饮食服务有限公司开一天酒家为江苏省老字号企业。常州市金坛茅麓茶厂、常州亚邦大药房有限公司儒林树德堂药店为常州市老字号企业。

（谭　露）

【养老服务】　2022 年，全区有养老机构 19 家。其中公办 3 家，民办 12 家，公建民营 4 家。有养老机构床位 2461 张，护理型床位占 76%，社会力量举办或经营养老床位 2025 张。

（陈　干）

【托育服务】　2022 年，全区已完成 11 家托育机构备案。落实属地管理，将托育机构纳入网格化日常巡查，与区消防救援大队开展联合消防检查和排查整治，整改规范 13 家，关停不符合规范 7 家。积极开展普惠托育机构创建工作，常州市星阳森林托育园创建成省级普惠托育机构、优容成长托育园创建成市级社区托育机构。

（周　伟）

邮　政

【概况】　2022 年，金坛邮政坚持“人民邮政为人民”的服务宗旨，不断提高服务能力和水平，为经济社会发展搭建便捷高效的邮政公共服务体系。做好信函、包裹、汇兑、报刊发行等服务工作。全年实现收入 2.55 亿元，同比增幅 8.4%。收入规模列全省县（区）公司第 22 位。储蓄规模 104.9 亿元，储蓄市场占有率 15.2%，规模排名金坛全区第三。“双十一”期间出口特快邮件 5.8 万件，增幅 22.92%；出口快递包裹 38.47 万件。

【合作共建】　2022 年，金坛邮政实施“红色引领”“蓝色创新”“青色人才”“绿色文明”“橙色关爱”五彩工程。已建成东环支局和华城支局 2 处

5 月 6 日，“先蜂驿站”揭牌仪式在新城吾悦广场举行　（符叶帆　供）

“‘龙城先锋’邮政服务驿站”。联合区妇女儿童公益项目、残疾人公益项目、慈善项目、网点公益项目共同打造“邮爱心”公益平台。联合区委党史工委成功举办“第一部《中国共产党章程》通过一百周年”纪念邮票首发式暨战略合作伙伴签订仪式。开展“献礼二十大·逐梦新时代”邮票上的党史进村（社区）活动。联合人民银行、薛埠镇人民政府、邮储银行共同启动“存款保险邮路”活动。与洮西新河村委、金坛电信公司建立党建共建联盟。协同快递外卖行业协会打造“先蜂者”党建联盟品牌。联合区总工会打造“户外劳动者驿站”，真正解决户外劳动者“吃饭难、喝水难、休息难、如厕难”等实际问题。与金坛区供销合作总社签署战略合作协议，加快推动乡村振兴落地落细落实。

【“邮帮办”服务】 2022年，金坛邮政利用邮政网点、支局（所）为群众提供水、电、煤气、交通罚没款等各类代缴费服务，以及社保、工资、补偿款等资金代发和各类交通票务代售等便民服务。立足邮政“通政、通民、通商”的独特优势，致力打造承接政府、连接百姓的第二政务平台。在全区24个邮政网点启动“苏服办·畅通办”政邮便民服务，提供15项帮办代办政务服务事项，包括特殊对象认定、社保卡申领、户外广告审批、残疾证办理等多项业务的咨询引导及4大类共18项警医邮业务的帮办代办。与区退役军人事务局达成合作，全面推进退役军人优待证发放，实现乡镇街道全覆盖，全流程切入退役军人和136个退役军人服务站数据在线流转，实物卡邮政传递。

【三级邮政物流体系建设】 2022年，金坛邮政推进三级物流体系建设，打通农村物流“最后一公里”。充分应用邮政网点等线上线下资源，积极构建购物、销售、生活、金融、创业等“五个不出村”的互联网时代新型惠农生态模式。县级寄递共配中心投入使用后，日均进出口邮件处理能力达3万件以上。薛埠客运站、建昌客运站、儒林揽投部、朱林揽投部4处乡镇级寄递共配中心11月投入使用。建成村级站点72个，除代收代投服务外，选取36个站点叠加批销业务。交邮合作稳步推进，首推试点2条线路23辆公交，日均投递200件左右。

【寄递业务】 2022年，金坛邮政寄递专业实现业务收入3000万元，同比增幅27%，增幅列全市第二。其中，特快收入1057万元，快包收入1677万元，国际收入34万元，物流收入232万元。积极整合社会资源，建成深入镇、村的“邮掌柜”便民店、村邮站，打通邮政服务基层的“最后一公里”。推出“同城飞递”品牌，加快推进同城网建设运营，加强人员、车辆、设施设备等资源投入，服务“新零售”、生鲜、高端政务、医药等专线配送。

【邮政金融业务】 2022年，金坛邮政促进金融服务转型，紧跟城市拓展对邮政网点的需求，加大改造装修力度，完善ATM、网银体验机、智能柜员机等自助机具的布放，科学设定网点金融功能分区，提升全员综合素质。创新金融服务渠道，持续推广网上银行、手机银行、快捷支付、微信邮付等网络金融业务，结合大数据服务支撑，搭建全面、快捷、安全的普惠金融平台。推进规模收单金融消费场景搭建，成功落地9家规模收单场景，助力医院、加油站、商超等线上智能缴费系统搭建。

【“光明书香行”活动】 4—12月，金坛邮政分公司联合光明日报社开展“光明书香行”活动，走进镇（街道）、村（社区），将阅读推广活动纳入新时代文明实践站志愿服务中，与文明镇、村创建相结合，开展好书推荐、阅读分享、公益捐书等活动。在全区各中小学开展形式多样的阅读活动，将图书带到校园供师生免费阅读。开展名家读书讲座、公益图书联展，免费为中小学捐赠“图书角”，举办集邮知识讲座等系列活动。

【助力国际禁毒日宣传工作】 6月26日，第35个国际禁毒日，金坛邮政分公司助力区禁毒办开展宣传工作，投放禁毒动漫微信朋友圈广告20万条。将禁毒宣传海报制成短视频，在金坛邮政分公司24个网点跑马屏和电视播放，倡导大家树立“珍爱生命，远离毒品”理念。 （符叶帆）

通信服务

【电信】 2022年，中国电信股份有限公司金坛分公司（以下简称金坛电信）聚焦新市场，持续提升天翼、宽带业务的市场占有率，服务天翼用户23万户，宽带用户18万户。推进智慧家庭相关应用。加快三千兆极致融合，推进5G进入全新发展阶段，完成5G站点建设700余个，聚焦重点楼宇和区域，加快推进5G网络建设及优化。重点加强对经开区、华高新及各乡镇工业园区的5G专网覆盖。始终贯彻落实“客户为1、其他为0”服务理念，聚焦提升客户满意度。开展进阶技能培训，提升相关人员综合服务能力。坚持营业厅站迎站送服务。与区法院合作建立“龙城e诉中心”，推进爱心翼站建设，开展适老助残、关爱户外工作者活动。签约多个1000万元、500万元以上级大单，包括河海大学智慧校园和中创新航锂电智能化“5G＋智慧工厂”等重大项目。围绕政府的企业上云、智慧车间、强基安网等活动，加快推进5G工业互联网建设，打造金坛5G工业互联网标杆应用项目，与中创新航、蜂巢能源、汤姆森智能装备等大型上市、独角兽企业达成“5G＋工业互联网”

4月，爱心翼站大使指导用户使用“我的常州”App　　（邓千羽　供）

战略合作，助力5G智慧工厂建设，在金坛智能化信息系统集成项目市场中占据主导地位。多次走访直溪镇吕坵村，了解乡村振兴情况，持续帮助农业合作社特色农产品红香玉拓展销售渠道、助力吕坵村“数字乡村”“平安乡村”建设。　（邓千羽）

【移动通信】　2022年，中国移动江苏公司金坛分公司（以下简称金坛移动公司）扎实推进数智化转型、高质量发展，年度主要业绩继续保持全市区（县）公司领先。至年末，移动通信用户数超45万，宽带用户13.7万户，全年运营收入4.6亿元，同比增幅7%。累计开展党建结对20余家，覆盖九大行业。开展“实事暖人心、创新争先锋”服务活动100余场，服务5000余人次。持续开展5G网络建设，投入6000万元，通过两批次5G 700M和三批次2.6G站点建设，完成建设700M站点335个，2.6G站点378个，室分167个，实现金坛主城区、工业园区、重要景区和乡镇5G深度覆盖，发展5G用户18万户。全年新建管道430孔千米、光缆650皮长千米。完成金坛区域2个汇聚机房升级，新增BRAS汇聚设备2台，新增OLT设备8台，进一步保证用户宽带千兆提速和网络安全保护。结合全区2022年老旧小区改造项目，对11个老旧小区杆（管）线改造、老旧设备更换及5102户用户线路割接。投入3000万元进行新建小区及农村、偏远地区光纤宽带区域覆盖，全年新建宽带信息点2.18万个，累计覆盖家庭31.68万户，光纤覆盖率99.9%。开展千兆宽带入户工程，通过宽带基础建设和技术升级换代，加强宽带网络动态扩容改造，有千兆宽带用户有5.47万户，家庭组网4.6万户。面向家庭用户，基于高品质宽带，逐渐构建起“连接＋入口＋平台”的智慧家庭生态总布局，形成涵盖家庭通信、家庭娱乐、智能应用在内的一站式“全光组网”智慧家庭体系。服务企业“智改数转”，建成“5G＋互联网”企业1家。为21家规上企业提供“智改数转”诊断服务，与亿晶光电等联合打造“5G＋智能工厂”，为50余家企业提供上云服务。实施智慧文旅、智慧交通、智慧人才公寓、智慧园区等项目。持续发力新基建项目建设，提升政府及企事业单位5G＋云网信息化应用水平。

（吴国俊）

【联通】　2022年，中国联合网络通信有限公司常州市金坛区分公司（以下简称金坛联通）主营收入同比增幅超30%，5G用户占比超40%。参与区工信局主导的“智改数转”诊断活动，首批配合参与金坛2家智能工厂、30家智能车间的诊断和第二批经济开发区29家企业的“智改数转”诊断。通过企业“智改数转”的诊断和交流，引导企业进行智能化改造升级，为后续进一步开展数字化转型打好基础。参与中创新航标识解析二级节点的建设，作为江苏首家新能源行业的二级节点，该节点的建成会为常州新能源行业的发展进一步赋予新动能。加大网络覆盖力度，全年网络建设投资2500余万元，宽带覆盖同比提升68%，城区小区基本实现全面覆盖，重点乡镇集镇覆盖率超80%，新增4G覆盖站点340余个，与电信公司共建共享5G网络，大力实施基础接入网建设等，金坛联通整体网络覆盖、质量和业务承载能力得到质的提升。配合进行市政杆线迁移迁改、“12345”热线和城市管理工作、老旧小区宜居改造、文明典范城市创建等。全年完成迁改和整理管（杆）线70余皮长千米，完成城南菜场和北水关菜场及周边的架空线整治。配合东城街道完成华苑一村、华苑二村、华苑社区散居楼通信架空线改造。处理“12345”热线、城管、交通、公安、乡镇等各部门反馈案件约200件次。

（宫素梅）

物流业

【概况】　2022年，金坛区积极推进传统物流业向现代物流业转型发展，加快资源整合、降低物流成本、提升物流服务水平，物流规模稳步增长。全区物流运行效率和质量不断提高，实现规上物流业（交通运输仓储邮政业）营收5.2亿元，占规上服务业营收9.1%，物流业增加值稳步上升。全年完成公路客运量906万人，公路货运量2549万吨，公路货物周转量242783万吨公里；水路货运量1120万吨，水路货物周转量288915万吨公里；港口完成货物吞吐量1042万吨。

【发展规划】 “十四五”期间，金坛现代物流业重点围绕“聚焦3大物流枢纽、完善3大物流体系、打造3大物流高地”推进实施，提升金坛现代物流高质量发展水平。聚焦3大物流枢纽：围绕金坛港打造港口物流枢纽，大力发展“物流＋贸易”模式，吸引港口物流、贸易流通企业入驻。围绕高铁基地打造高铁物流枢纽，引进快运快递、城乡配送等物流企业，建设一批快递分拨中心、城乡配送中心、云仓仓配中心等设施。围绕中德产业园打造陆港物流枢纽，打造面向长三角地区的先进制造业供应链基地、智慧公路港、智能集配平台。完善3大物流体系：打造多式联运体系，着力推进物流枢纽、物流园区联通成网，全面提升港口、高铁、陆港枢纽服务效能，构建公铁水多式联运体系。打造干支配送体系，充分集聚和整合公路物流资源，集成公路干线集配货、零担快运、联托运、供应链仓储、信息服务、智能调度等功能，采用“线下园区＋线上平台”的方式，实现与城市配送、“仓到仓”等细化服务的高效衔接。打造现代供应链体系，大力发展以柔性化生产、资源高度共享为特征的精细化、高品质制造业供应链服务，提升产业链供应链自主可控水平。打造3大物流高地：城乡物流融合高地，适应金坛城乡居民消费规模和品质双升级需要，推进形成全域覆盖、普惠共享、城乡一体的民生物流服务体系。物流与产业融合高地，推动金坛物流业与经开区、华罗庚高新区、中德（常州）创新产业园、金城科技产业园等“两区两园”产业融合发展，大力发展以柔性化生产、资源高度共享为特征的精细化、高品质现代供应链服务。枢纽经济创新发展高地，围绕微笑曲线两端，发挥区域物流枢纽的关键骨干作用，搭建高效优质的枢纽经济服务平台，加速物流枢纽产业集聚，培育壮大特色枢纽产业集群，构建以新经济、智能制造、高端服务为引领的现代化经济体系。

【港口物流】 金坛港是常州唯一具有集装箱业务的内河港，也是常州地区最大的内河港口。港区面积534亩，以挖入式港池布置102米宽南北两个港池，港口运力562万吨，设计能力4万TEU，有15个泊位，已建成使用8个泊位。主要提供至太仓港集装箱海运业务、大件杂货装卸服务（如钢板桩、卷钢、大型机械、钢板等）、散货（无环境污染）作业服务、仓储堆存服务。2019年8月，开通金坛港至太仓港内河集装箱支线航线，投入4条驳船运营，基本形成“天天班”的运营模式。2022年集装箱吞吐量突破2.6万标箱。金坛立足搭建高效稳定的河海直达服务体系，降低实体经济物流成本，进一步促进外向型经济发展。 （李 鹭）

7月，金坛港码头作业中 （李 鹭 供）

（编辑 李华琴）

金融业

综述

【金融运行】　截至2022年年末，金坛区金融机构本外币存款余额1794.12亿元，比年初增加243.80亿元，增长15.73%；本外币各项贷款余额1588.93亿元，比年初增加367.45亿元，增长30.08%。保险公司全年实现保费收入19.04亿元，共计赔付4.68亿元。其中，寿险公司保费收入12.17亿元，赔款支出0.82亿元，财险公司保费收入6.87亿元，赔款支出3.86亿元。证券公司全年营业收入累计0.28亿元，比上年减少9.56%；客户总资产121.60亿元，比上年减少27.25%；融资融券余额3.27亿元，比上年增长22.13%。融资担保公司全年融资性担保发生额2.10亿元，同比增长33.17%，期末在保余额2.14亿元，同比增长24.21%。融资租赁公司期末融资租赁资产总额11.61亿元，同比增长6.2%。小额贷款公司全年累放贷款3.80亿元，同比下降18.41%。典当行全年典当总额3.28亿元，同比基本持平。

【贸易便利化水平提升】　2022年，国家外汇管理局金坛支局聚焦“对外贸易”，高质量推动外汇便利政策直达，提升优质企业贸易收支便利性。2022年，全区参与贸易便利化试点银行4家、企业13家，累计办理贸易便利化业务686笔，金额3.58亿美元。11月28日为中创新航科技集团股份有限公司办理常州市首笔境内公司境外上市登记业务，募集资金101亿港币，促进实体经济与香港金融资源深度融合。

【外汇衍生品交易量增长】　2022年，全区外汇衍生品签约额共计24.57亿美元，较上年增长374.53%，惠及企业87家，套保率47.13%，高于江苏省套保率目标12.13个百分点。

【涉赌涉诈协同治理】　2022年，中国人民银行金坛支行强化警银协作，与区公安分局建立协作机制，推动信息共享。5月31日，第一时间联系4家涉案账户银行，对5个可疑账户采取管控措施，协助公安部门拦截一起涉养老诈骗案件，冻结扣押涉案资金800余万元。　　（姜　韬）

1月13日，常州市金融活水助力乡村振兴启动仪式在金坛举行
（姜　韬供）

银行业

【概况】 2022年，全区有银行业金融机构20家，本外币各项存款余额1794.12亿元，比上年增长15.73%。其中，住户存款689.76亿元，较上年增长22.11%；单位存款1104.36亿元，较上年增长12.06%。本外币各项贷款余额1588.93亿元，较上年增长30.08%。其中，短期贷款525.20亿元，较上年增长18.51%；中长期贷款1023.45亿元，较上年增长33.00%。

（姜　韬）

表18　2022年金坛区银行业管理机构及银行机构基本情况一览表

名　称	性质	成立时间	地址	机构网点数（家）	从业人数（人）	离行式自助银行（个）	各类自动服务机具（台）	其中：智能柜员机（台）
中国人民银行金坛支行	央行派出机构	1986.07	西门大街23号	1	25	–	–	–
中国工商银行股份有限公司金坛支行	国有大型商业银行分支机构	1995.02	西门大街48号	8	138	3	33	18
中国农业银行股份有限公司常州金坛支行	国有大型商业银行分支机构	1993.12	东门大街172号	13	188	1	65	34
中国建设银行股份有限公司金坛支行	国有大型商业银行分支机构	1983.12	西门大街19号	15	233	3	77	39
中国银行股份有限公司金坛支行	国有大型商业银行分支机构	1995.12	北门大街2号	7	141	3	25	17
交通银行股份有限公司常州金坛支行	国有大型商业银行分支机构	2009.01	东环二路206-2、206-3、206-5号	1	19	0	6	2
中国邮政储蓄银行金坛支行	国有大型商业银行分支机构	2008.04	东门大街500号	4	69	0	7	0
中国农业发展银行常州市金坛区支行	农业政策性银行	1997.10	东环一路116号	1	20	0	0	0
江苏银行股份有限公司金坛支行	股份有限公司	2009.08	东环二路109号	1	26	0	6	3
中信银行股份有限公司常州金坛支行	股份制商业银行分支机构	2010.11	金山路235号	1	28	0	5	2
华夏银行股份有限公司金坛支行	股份制商业银行分支机构	2011.11	华城路128号	2	36	0	7	3
南京银行股份有限公司金坛支行	城市商业银行	2014.10	东门大街209-4号	1	37	0	7	3
中国民生银行股份有限公司金坛支行	股份制商业银行分支机构	2012.06	华阳南路5号	2	17	0	5	1
平安银行股份有限公司常州金坛支行	股份制商业银行分支机构	2016.09	东环二路126-7、8、9号	1	13	0	5	3
上海浦东发展银行股份有限公司金坛支行	股份制商业银行分支机构	2014.10	华城路19号	1	16	0	6	4
兴业银行股份有限公司金坛支行	股份制银行	2013.11	东门大街233-3号	1	21	0	5	2
中国光大银行股份有限公司金坛支行	股份制商业银行分支机构	2014.11	南环一路557号	1	20	0	2	2
江南农村商业银行金坛支行	股份制商业银行分支机构	2009.12	金坛大道388号	29	320	2	311	93
常州金坛兴福村镇银行有限责任公司	村镇银行	2008.12	东门大街235号	5	81	0	5	0
浙商银行股份有限公司常州金坛支行	股份制商业银行分支机构	2017.12	东环二路126号4-6	1	20	0	5	2
招商银行股份有限公司常州金坛支行	股份制商业银行分支机构	2017.12	金山路209号	1	23	0	2	2

【中国农业发展银行常州市金坛区支行】 截至2022年年末，中国农业发展银行常州市金坛区支行共投放贷款18.87亿元，贷款余额60.55亿元，较年初增加10.54亿元，增幅21.8%；存款余额14.04亿元，较年初增加7.83亿元，增幅126.08%。全年督促自营粮食购销企业按时完成粮食收购“双结零”工作，累计投放购销储贷款共1.01亿元，投放一号农场小微企业流贷0.08亿元、茅山竹海农业小企业流贷0.01亿元、长荡湖农业科技产业园农业小企业流贷0.01亿元。支持投放金坛生活垃圾焚烧发电及飞灰库项目1亿元和工业污水处理厂及尾水湿地一期工程项目1.5亿元，其中垃圾焚烧发电及飞灰库项目成为全省农发行系统内首个碳减排贷款项目，入选2022年省生态环境厅绿色金融案例。（徐婧雯）

【中国工商银行股份有限公司金坛支行】 截至2022年年末，中国工商银行股份有限公司金坛支行人民币各项存款余额为146.53亿元，比年初增加38.2亿元。人民币各项贷款余额为206.63亿元，比年初增加37.1亿元。全行不良贷款余额为9909万元，公司贷款不良率为0.48%。累计办理票据贴现业务35.19亿元，其中用于制造业企业方面的贴现31.9亿元，占到全部贴现金额的90.6%。累计审批项目贷款11个，审批金额31.8亿元，投放超18亿元；项目贷款余额为104.9亿元，累计较年初净增6.88亿元。全年为164户小企业办理贷款延期，金额15.85亿元；普惠贷款余额15.28亿元，其中信用贷款余额1.5亿元，余额占比9.8%，新增占比13.96%。推进数字工行建设，推广数字人民币钱包，全年完成全行137人数字人民币钱包下载注册工作。

（钱　磊）

【中国农业银行股份有限公司常州金坛支行】 截至2022年年末，中国农业银行股份有限公司常州金坛支行本外币各项存款总量160.28亿元，比上年增36.02亿元；本外币各项贷款总量173.11亿元、比上年增加43.85亿元、“四行一社”（工行、农行、中行、建行、农村商业银行）份额22.16%，各项贷款总量及增量均达历史峰值，并且贷款总量超存款总量。实现营业收入55864万元，比上年增9451万元，同比增幅25.05%。全年通过现金清收、风险化解、打包核销等方式共清收处置不良贷款2764万元，不良率0.21%，资产质量较优。堵截各类欺诈风险事件122起、金额1198万元。全年新拓获批项目贷款11笔，金额52.9亿元，投放金额18.3亿元，实现主流区级国有公司业务全覆盖。全行普惠贷款比上年增加6.01亿元，其中银保监口径小微贷款比上年增加2.96亿元，银保监口径个人生产经营贷款比上年增加1.44亿元。为农业经营主体提供金融服务支持，全行农户贷款有效户新增加165户，江苏口径农户贷款比上年增加1.61亿元。2022年，农行金坛支行共服务辖内高标准农田建设项目3个，实现贷款投放2亿元。（张　敏）

3月15日，工行常州金坛支行在辖区内组织开展金融知识宣传活动（钱　磊 供）

【中国银行股份有限公司金坛支行】 截至2022年年末，中国银行股份有限公司金坛支行全年实现营业收入3.41亿元，拨备前利润2.84亿元，中间业务收入0.72亿元，同比增幅分别为26.69%、31.32%、52.17%。截至2022年年末，本外币日均存款余额109.04亿元，较年初新增20.71亿，四大行市场份额16.94%，较年初新增0.51%。本外币时点贷款余额116.65亿元，较年初新增35.6亿，四大行市场份额15.88%，较年初新增1.47%。在服务经济社会高质量发展中实现自身高质量发展，全年贷款新增投放35.6亿。全年农林牧渔贷款新增2.18亿，新型农业主体经营贷新增8886万元。加大金融支持实体经济，普惠贷款新增4.19亿元，新兴产业贷款新增12.46亿，科技型企业贷款新增8.9亿。牵头筹组蜂巢能源锂离子电池项目20亿元银团项目贷款，全年绿色金融贷款投放12.6亿。（朱羽晨）

【中国建设银行股份有限公司金坛支行】 截至2022年年末，中国建设银行股份有限公司金坛支行一般性存款日均余额246亿元，当年新增36.78亿元；各项贷款余额238亿元，当年新增56.21亿元；实现拨备前利润6.65亿元。全年为园区“五新”产业集群中的15家企业合计申报综合授信81.1亿元，实现贷款投放47.1亿元，其中新能源和新能源汽车产业企业12家，申报授信67.7亿元，实现贷款投放41.89亿元。围绕园区综合整治、配套改造、征地拆迁等项目提供信贷支持，报批园区提档升级贷56.06亿元，实现投放27.75亿元。用好信贷政策助力完善人才住房保障体系，投放保障性租赁住房贷款10.81亿元，支持建设园区房源超过9000套，以金融力量为金坛新市民、青年群体提供安居方案。介入农村基础设施建设、高标准良田等涉农贷款，投放系统首单“惠农贷”300万元，实现通过创新金融产品提升对涉农企业的扶持力度。推行“绿色金融”，绿色金融贷款规模41.28亿元，当年新增18.9亿元。（邵 芸）

11月8日，交通银行金坛支行联合多家单位共建聚合力，助力乡村振兴高质量发展（荆宁华 供）

【中国邮政储蓄银行金坛支行】 截至2022年年末，中国邮政储蓄银行金坛支行各类存款余额136.02亿元，净增27.93亿元，增长率25.84%。其中，自营存款余额31.55亿元，邮政代理储蓄存款余额104.47亿元。各类贷款余额54.58亿元，净增15.33亿元，增长率39.06%。全年自营收入计划完成率118.78%，列行内全区第一；自营收入同比增幅51.12%，全区第一。中间业务收入计划完成率172.89%，全区第一；同比增幅121.24%，全区第一。利润计划完成率129.49%，全区第一；同比增幅72.93%，全区第一。2022年累计投放乡村振兴贷款2.8亿元。（朱华芳）

6月15日，中国邮政储蓄银行金坛支行进社区开展“普及金融知识，守住老百姓的钱袋子”公益宣传活动（朱华芳 供）

【交通银行股份有限公司常州金坛支行】 截至2022年年末，交通银行股份有限公司常州金坛支行总存款余额18.71亿元，较上年增加5.86亿元，增幅45.56%。其中对公存款余额14.09亿元，较上年增加5.23亿元，增幅59.03%；对私存款余额4.62亿元，较上年增加0.63亿元，增幅15.87%。金坛支行总贷款余额22.49亿元，较上年减少0.65亿元，减幅2.80%。其中新增普惠两增贷款0.97亿元，新增个贷0.16亿元。全年中间业务收入1969万元。全年新增个人网银865户、企业网银52户、手机银行1208户。全年累计发放制造业贷款3.68亿元，其中新增发放北电爱思特（江苏）科技有限公司流动资金贷款1亿元，新增发放常州源美新材料科技有限公司流动资金贷款1亿元。为常州金坛绿建市政园林有限公司“茅山北海茶场项目”新增发放项目贷款1.14亿元。在小微企业及个人经营性贷款方面，新增发放41户，累计投放0.65亿元，其中通过线上类产品支持小微企业26家，新增投放金额2601万。（荆宁华）

【中信银行股份有限公司常州金坛支行】 截至2022年年末，中信银行股份有限公司常州金坛支行一般性存款余额37.54亿元，较上年增加3.78亿元。其中，公司存款时点29.34亿元，储蓄存款时点8.2亿元。贷款余额39.23亿元，较上年减少2.23亿元。其中，公司贷款27.4亿元，较上年减少3.35亿元；个人贷款余额11.83亿元，较上年增加1.12亿元。全年实现营业净收入9495.30万元。（唐俊慧）

【华夏银行股份有限公司金坛支行】 截至2022年年末，华夏银行股份有限公司金坛支行各项存款余额54.37亿元，其中对公存款46.54亿元，个人存款7.83亿元。人民币各项贷款余额38.73亿元。该行通过开立募集资金监管账户和开立全额银票的方式，带动日均存款增长2亿元。及时利用数字化转型业务，通过产数平台，线上开立银票、信用证。（冯智慧）

【南京银行股份有限公司金坛支行】 截至2022年年末，南京银行股份有限公司金坛支行各项存款余额86.81亿元，同比新增3.74%。在对公业务上，全年累计投放61亿元，对公存款余额78.03亿元，同比新增38.08%。在零售业务上，全年储蓄存款余额10.90亿元，同比新增13%；个人金融资产余额为18.76亿元，同比新增10%。在普惠金融上，为常州市一批优质民营企业新增发放低息贷款约1.6亿元。

（蔡　扬）

【中国民生银行股份有限公司金坛支行】 截至2022年年末，中国民生银行股份有限公司金坛支行各项存款30.45亿元，其中，对公存款26.72亿元；储蓄存款3.73亿元；实现营业利润4389万元，各项业务实现平稳发展。在对公业务上，贷款余额40.26亿元，较年初增长18.6亿元，同比增长85.87%。在零售业务上，在当年实现家族信托业务零突破。全年新增小微企业贷款超8000万元。

（王　欢）

【平安银行股份有限公司常州金坛支行】 截至2022年年末，平安银行股份有限公司常州金坛支行资产余额10.52亿元，个人存款余额3.33亿元，对公存款余额1.8亿元；个人贷款余额8.96亿元，对公贷款余额3.89亿元，实现营业利润22.52万元。在对公业务上，对公贷款余额3.89亿元，较上年减少1.6亿元，下跌29%。普惠贷款余额12.85亿元，较上年增加4.35亿元，上涨52%。在零售业务上，个人资产余额10.52亿元，个人存款余额3.33亿元，个人贷款余额8.96亿元。

（周芷羽）

【上海浦东发展银行股份有限公司金坛支行】 截至2022年年末，上海浦东发展银行股份有限公司金坛支行一般性存款余额13.62亿元，较上年减少10.45亿元。其中对公存款余额11.56亿元，零售存款余额2.06亿元。一般贷款23.66亿元，较上年增加4.3亿元，其中对公一般贷款余额19.99亿元，较上年增加4.83亿元。普惠重点领域指标6507万元，较上年增加557万元。零售贷款3.67亿元，较上年下降0.53亿元。（刘　静）

【兴业银行股份有限公司金坛支行】 截至2022年年末，兴业银行股份有限公司金坛支行一般性存款余额53.18亿元，其中对公存款余额47.66亿元，零售存款余额5.52亿元。各项贷款41.19亿元，其中，对公贷款31.59亿元，零售贷款9.6亿元。全年制造业贷款余额29.71亿元，其中普惠贷8笔，金额6623万元。全年综合理财（本外币理财＋代理类业务）销量7.39亿元，个人贷款9.6亿元。

（唐伟坤）

【中国光大银行股份有限公司金坛支行】 截至2022年年末，中国光大银行股份有限公司金坛支行一般性存款余额52.75亿元，其中公司存款余额48.12亿元，零售存款余额4.63亿元。7月，光大银行南京分行与金坛区人民政府签订战略合作协议。在零售业务上，引入6户日均型私行客户总资产规模7800万，引入私行客户5户。

（严　伟）

【江苏银行股份有限公司金坛支行】 截至2022年年末，江苏银行股份有限公司金坛支行各项存款余额53.68亿元；本外币贷款余额52.25亿元；全年实现拨备前利润1.38亿元。重点项目顺利投放，实贷投放以项目类、政府类融资为主，绿色金融贷款全年新增约11.41亿元（含并购），清洁能源贷款较年初新增1.67亿元。全年票据直贴量28.8亿元。该行积极履行社会金融责任，为特殊群体提供暖心金融服务。（葛　嘉）

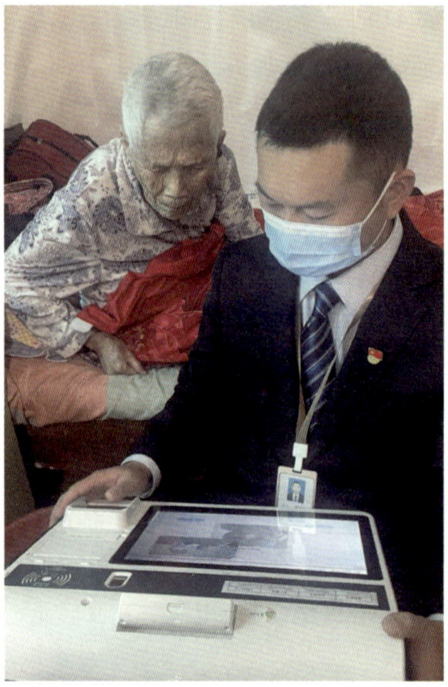

5月15日，江苏银行金坛支行为瘫痪在床老人上门办理申领补贴储蓄卡

（葛　嘉供）

【江南农村商业银行金坛支行】 截至2022年年末，江南农村商业银行金坛支行全口径存款总量414.64亿元，较年初增加58.99亿元，增幅16.59%。其中储蓄存款余额187.4亿元，较年初增加35.69亿元，增幅23.53%；对公存款余额227.24亿元，较年初增加23.3亿元，增幅11.42%。全口径贷款余额279.44亿元，较年初增加60.75亿元，增幅27.78%。其中公司贷款余额179.21亿元，较年初增加40.68亿元，增幅29.36%；个人贷款余额59.18亿元，较年初增加16.24亿元，增幅37.82%；个人消费贷款41.05亿元，较年初增3.83亿元，增幅10.29%。发放富民创业贷款1987笔5.6亿元，农担贷159笔1.1亿元，工会创业贷款172笔2595万元，家庭农场19笔784万元。

（张　晶）

【常州金坛兴福村镇银行有限责任公司】 截至2022年年末，常州金坛兴福村镇银行有限责任公司资产总额

18.96亿元，较上年增加2.8亿元；负债17.43亿元，较上年增加2.79亿元；利润总额264.46万元。截至2022年年末，存款余额16.48亿元，较上年增加2.65亿元。其中，储蓄存款余额10.53亿元，较上年增加2.22亿元；对公存款余额5.96亿元，较上年增加4302.96万元。贷款余额15.74亿元，较上年增加2.45亿元。其中，涉农贷款余额2.94亿元，小微企业贷款余额13.74亿元。（吴佳颖）

【浙商银行股份有限公司常州金坛支行】 截至2022年年末，浙商银行股份有限公司常州金坛支行人民币各项存款余额30.6亿元，其中对公存款27.5亿元，零售存款3.1亿元，各项贷款合计24.6亿元，其中对公贷款23.1亿元，个人贷款1.5亿元。获批新能源动力电池、新能源光伏以及“专精特新”企业授信，包括中创新航4亿元、斯威克光伏2亿元，贝特瑞2亿元，蜂巢2亿元、永臻科技2亿元等，利用国际结算和资产池特色产品，为止信光电、亿晶光电、久诺新材料等企业提供特色金融服务，助力企业盘活资产、降低财务成本。

（李少华）

【招商银行股份有限公司常州金坛支行】 截至2022年年末，招商银行股份有限公司常州金坛支行本外币存款余额47.06亿元，较年初增加5.76亿元，增幅13.94%。其中储蓄存款余额6.70亿元，较年初增加1.94亿元，增幅40.77%；对公存款余额40.36亿元，较年初增加3.82亿元，增幅10.44%。本外币贷款余额18.39亿元，较年初增加2.69亿元，增幅17.12%。其中零售贷款余额6.92亿元，较年初减少0.69亿元，增幅-9.03%；对公贷款余额11.47亿元，较年初3.37亿元，增幅41.71%。（沈 超）

保险业

【概况】 2022年，全区保险公司实现保费收入19.04亿元，共计赔付4.68亿元。其中，寿险公司保费收入12.17亿元，赔款支出0.82亿元，财险公司保费收入6.87亿元，赔款支出3.86亿元。（姜 韬）

【中国人民财产保险股份有限公司常州市金坛支公司】 2022年，中国人民财产保险股份有限公司常州市金坛支公司累计完成保费收入3亿元，比上年增长13.15%，市场份额持续提升，市场占有率43.69%，在金坛区域内财产险市场份额排名第一。其中，车险1.99亿元，同比增长11.19%；非车非农险保费收入1.01亿元，同比增长17.22%；农险秉承强化合规意识，实现保费收入4236万元，同比增长1.35%，高效农险覆盖面70%以上。全年全险种案件处理率98.11%，共受理各类有效报案（除农险）19113件。其中，机动车辆险16188件，非车险2925件。全险种决赔款1.47亿元。其中，车险1.32亿元，非车险0.15亿元。全年完成商业性农险保费465.47万元，实现农业保险深度1.43%，农业保险密度每人1182.9元，三大主粮作物农业保险覆盖率94.95%，育肥猪保险覆盖率83.53%。（董 盼）

【中国人寿保险股份有限公司金坛支公司】 2022年，中国人寿保险股份有限公司金坛支公司全年实现总保费5.52亿，市场份额占比45.4%，同业排名第一；首年新单保费1.56亿，市场份额49%，同业排名第一，全年理赔件数20175件金额4841.8万元；其他各类给付4843.9万元。标保2277万元，同比负增长11.6%；首年期交6565万元，同比负增长1.5%；10年期交3745万元，同比增长10.2%；短险1563万元，同比负增长7.5%。短险完成2275万元，同比增长7.6%。在银保渠道上，全年实现标保142万元，同比增长2%，实现首年期交保费1755万元，同比负增长8%。

（刘雪平）

【中国太平洋财产保险股份有限公司金坛支公司】 2022年，中国太平洋财产保险股份有限公司金坛支公司全年完成保费1.76亿元，同比增长11.23%，全年处理赔案件数16540件，赔款支出1.03亿元，简单赔付率52.50%，全面实现“双优双对标”的年度经营目标。在业务发展方面，全年车险完成1.49亿元（其中交强险3411万元），净增保费972万元，比上年增长6.54%。加强非车险团队化建设，重视团队业务发展。全力推动政保业务发展的同时深挖新型业务拓展潜力。全年非车险完成4736万元，净增保费1008万元，比上年增长27.04%。（强媛媛）

【中国太平洋人寿保险股份有限公司常州市金坛中心支公司】 2022年，中国太平洋人寿保险股份有限公司常州市金坛中心支公司各类保费收入5.39亿元，较上年增长0.73 %，占市场份额44.26 %，全年受理理赔案件2150件，赔款给付3259.04万元。各类给付19119件，给付金额3883.03万元。在业务发展方面，全年新单保费7519.45万元，其中职业营销在册人力400人，全年新单保费收入5507.45万元，同比增长0.77 %。服务营销在册人力84人，全年新单保费1100万元，保单续保率92.6 %。顾问营销在册人力127人，全年新单保费收入912万元，同比增长13.5 %。团险业务实现短意险保费809.84万元，较上年增长17.7 %。代理业务5598.89万元，较上年增长232.03 %。

（林培录）

【中国平安财产保险股份有限公司金坛支公司】 2022年，中国平安财产保险股份有限公司金坛支公司完成保费总量6419万元，净增保费211万元，比上年增长3.3%，其中车险4826万元，财产险993万元，比上年增长232万元，意健险600万元，农险秉承强化合规意识，实现保费收入292.59万元。全面实现年度经营目标。公司在车险业务上坚持渠道化经营，全年累计完成保费收入4826万元；在非车险业务上完成保费收入1593万元，其中意健险600万元，财产险993万元，实现总体净增保费242万元，比上年增长17.91%；在农险包括小麦、水牛、能繁母猪、育肥猪、奶牛5个保险产品上，政策性农业保险保费292.59万元，为1982户农户提供风险保障，全年处理理赔案件59件，累计支付赔款71.43万元。

（于　露）

证券机构

【概况】 2022年，全区共有证券机构3家。全年减少客户1898户，比上年减少4.83%；营业收入累计0.28亿元，比上年减少9.56%；截至2022年年末，客户总资产121.6亿元，比上年减少27.25%；融资融券余额3.27亿元，比上年增长22.13%。

（姜　韬）

【东海证券】 2022年，东海证券股份有限公司东环二路证券营业部共有客户数31002户，托管客户资产约68亿元。推进业务发展，拓展市场，提高经纪业务代理买卖收入份额。全年新增客户数479户，股票成交量333.95亿元，代理买卖业务收入市场份额0.1‰。强化合规管理，做好投资者适当性管理和投资者教育工作。

（王剑波）

【华泰证券】 2022年，华泰证券股份有限公司金坛南环一路证券营业部全年新增证券账户数1300个，两融日均余额同比增加59.09%，全年营业部总客户64035个，其中有效户6306个，托管客户证券资产总额40.95亿元，全年股基交易额为249.93亿元。

（董君陶）

【南京证券】 2022年，南京证券股份有限公司金坛东环二路证券营业部托管各类资产13.65亿元，全年股基交易量96亿元，融资余额3078万元，综合收入约400万元，为5000余名个人及机构客户提供专业金融服务。

（冯　超）

【基金合作】 2022年，金坛区打造投融资全周期服务平台，办好金融工作座谈会、投资机构交流会等投融资促进活动，扩大新能源汽车产业链投资茅山峰会、长荡湖产业发展峰会影响力。金坛控股设立百亿规模的常州市金坛区产业创新发展私募基金有限公司（母基金），并在已有市场化子基金常州华科新智能创业投资合伙企业（有限合伙）的基础上相继设立瑞良基金、星纳赫泉两只市场化子基金，母子基金对外投资及实缴出资6.3亿元。

【企业上市】 2022年，中创新航在香港联交所主板上市，成为港股动力电池第一股和金坛首家境外上市企业，募集资金101亿港元，为2022年常州市历年来最大规模IPO项目。全年共有IPO申报企业3家（健尔康、常友环保、蜂巢能源）、报江苏省证监会辅导备案企业4家（永臻科技、泽润新能、中创新航、久诺新材），滚动培育常州市“双百行动计划”（100个上市重点后备企业和100个一般上市后备企业梯队）重点上市后备企业13家、一般上市后备企业23家，金坛区工业经济高质量发展“十百千计划”上市后备企业41家。

（徐亚男）

表19　2022年金坛区上市公司一览表

序号	公司名称	板块	上市（挂牌）时间	代码
1	亿晶光电科技股份有限公司（借壳）	主板	2011年12月30日	600537
2	常州朗博密封科技股份有限公司	主板	2017年12月29日	603655
3	江苏华盛天龙光电设备股份有限公司	创业板	2009年12月25日	300029
4	中创新航科技股份有限公司	港交所	2022年10月6日	3931.HK

表20　2022年金坛区新三板挂牌公司一览表

序号	公司名称	上市（挂牌）时间	代码
1	江苏京东农业股份有限公司	2015年6月29日	832687

续表 20

序号	公司名称	上市（挂牌）时间	代码
2	江苏帕卓管路系统股份有限公司	2015 年 8 月 26 日	833395
3	正信光电科技股份有限公司	2016 年 8 月 12 日	838463
4	江苏威龙智能科技股份有限公司	2016 年 4 月 7 日	836556
5	索拉特特种玻璃（江苏）股份有限公司	2017 年 1 月 19 日	870512
6	江苏一号农场科技股份有限公司	2017 年 2 月 10 日	870986
7	常州群达环保科技股份有限公司	2017 年 11 月 6 日	872292
8	江苏金沙地理信息股份有限公司	2019 年 10 月 9 日	873361

表 21　2022 年金坛区 IPO 后备企业进展情况表

序号	企业名称	券商	意向板块	上市进展
1	蜂巢能源科技股份有限公司	中信证券	科创板	2022 年 11 月 18 日上市申报
2	江苏常友环保科技股份有限公司	海通证券	创业板	2022 年 6 月 27 日上市申报
3	江苏省健尔康医用敷料有限公司	中信建投	主板	2022 年 6 月 8 日上市申报
4	中创新航科技股份有限公司	华泰国际	科创板	2022 年 12 月 30 日 报江苏省证监局辅导（回归 A 股）
5	江苏泽润新能科技股份有限公司	申万宏源	创业板	2022 年 12 月 19 日报江苏省证监局辅导 （2022 年 11 月 25 日完成股改）
6	永臻科技股份有限公司	国金证券	主板	2021 年 12 月 7 日报江苏省证监局辅导
7	江苏久诺新材料科技股份有限公司	民生证券	创业板	2020 年 12 月 14 日报江苏省证监局辅导
8	江苏创健医疗科技股份有限公司	中信证券	创业板	2022 年 11 月 10 日完成股改

其他非银行金融机构

【概况】　2022 年，全区有地方金融组织 13 家，其中小额贷款公司 7 家，融资担保公司 2 家，典当行 2 家，融资租赁公司 2 家。

【典当行业】　截至 2022 年年末，全区 2 家典当公司实收资本 8100 万元，典当余额 5809 万元，同比增长 0.95%；当年典当总额 3.28 亿元，笔数 1893 笔，同比基本持平；动产、房地产、财产权利典当总额分别占比 6.85%、37.91%、55.24%；当年营业收入 158.09 万元，同比增长 1.9%。

【融资担保】　截至 2022 年年末，全区 2 家融资担保公司实收资本 3.5 亿元，融资性在保余额 2.14 亿元，同比增长 24.21%，在保户数 128 户，同比多增 2 户；当年融资性担保发生额 2.1 亿元，同比增长 33.17%；当年营业收入 589.52 万元，同比下降 6%；当年新增担保代偿 1105.35 万元，代偿余额 7386.13 万元，同比增加 354.95 万元。

【小额贷款】　截至 2022 年年末，全区 7 家小贷公司实收资本 4.78 亿元，贷款余额 5.74 亿元，同比下降 2.39%；当年累放贷款 3.8 亿元，同比下降 18.41%；当年营业收入 2860.39 万元，同比下降 8.81%；当年纳税额 441.55 万元，同比下降 1.06%；不良贷款率 47.94%，同比下降 3.12 个百分点。

【融资租赁】　截至 2022 年年末，全区 2 家融资租赁公司实收资本 3.35 亿元，融资租赁资产总额 11.61 亿元，同比增长 6.2%；当年营业收入 3811.93 万元，同比下降 19.94%；不良租赁资产余额 1159.44 万元，较同期持平。　（徐亚男）

（编辑　张继华）

旅游业

综　述

2022年，金坛文旅局组织旅游企业参加“新春送暖　畅游茅山”2022年金坛区春节期间旅游惠民活动，协办全国乡村旅游重点村金坛仙姑村2022年第十三届江苏省乡村旅游节，举办“2022长荡湖籽虾节”、2022“江南银行杯”“森夏金坛　夜遇逍遥”夜生活节暨金坛文体惠民城乡行活动、指导举办“浪漫柚山　为爱点灯　我们的节日·七夕暨2022中国·长荡湖放灯节”“上阮水果蛮好·2022金坛上阮乡村采摘节”，配合举办“梦想家园　自然上阮·上阮美丽乡村开园”及茅山茶海挂牌仪式，不断提升金坛文旅吸引力，促进文旅市场复苏。推动旅游品牌创建，茅山旅游度假区创建国家级旅游度假区，东方盐湖城·道天下、茅山森林世界完成国家AAAA级景区复核工作，湖头村、山蓬村分别创成市级乡村旅游重点村和培育单位；组织工业旅游区创建培育单位考察江苏波仕曼、一鸣乳业，普苏特服饰有限公司创建省工业旅游区；完善全区导览标识体系，茅山旅游大道、钱资湖北岸风光带、愚池公园等地新增全域全景图。创新融合发展业态，东方盐湖城·道天下景区入选《2022年度江苏省智慧旅游景区名录》，薛埠镇仙姑村入选中国美丽休闲乡村名单。至年底，全区共有国家AAAA级旅游景区3个，国家AAA级旅游景区2个，全国乡村旅游重点镇、村各1个，省级旅游度假区2个，省级乡村旅游重点村3个，省级工业旅游区2个。全年接待游客达794.56万人次，旅游总收入103.79亿元。

旅游资源

【国家AAAA级旅游景区】　东方盐湖城位于中国道家圣地金坛茅山。一期道天下景区，占地约66.7公顷，总投资30亿元，汇集创意互动的八卦院落、中国最大的体验式博物馆群、百业百态的主题商业、传承传统的民俗演艺、文化主题的酒店集群等，打造“一观八院十家宿，廿馆百铺千间房”，是全家人休闲养生度假地。2022年，实现营业收入13788万元。

茅山森林世界景区占地面积约213公顷，自然生态资源极为丰富，森林覆盖率高达85%，每立方厘米空气内中负氧离子含量超过8000。同时，栖息猕猴、穿山甲等近百种珍稀动物，自然生长乔木类、竹类等植物150种。此外，园区内拥有面积近16.7公顷的自然水域两处，水质保持国家二级饮用水标准。该景区围绕“文化、生态、亲子、拓展”四大主题，以“沉浸于山野、融入于自然”为理念，建有大型文化艺术展馆5座、户外生态科普场地2处、体验互动项目20余个、不同形式的风味餐饮区3处。以茅山风景区自然山水为依托，建有以文博研学、互动体验、休闲度假为主要功能的新型文旅度假景区。全年接待游客29.7万人次，实现营业收入4670万元。

花谷奇缘景区坐落于茅山脚下的花海小镇，依托优渥的自然山水环境，汲取全球顶尖艺术花园设计精髓，匠心打造花神园、法国花园、荷兰花园、玫瑰花园、绣球花园、棒棒糖花园、儿童花园、萌宠花园等十大特色精品花园及原生花海半山花田。同时，配有风情商业街、星空露营地、亲子游乐园、生态农业区、体验牧场、艺术展览中心等互动游乐产品，共同构成沪宁杭独一无二的“花主题”旅游度假休闲小镇。2022年接待游客19.2万人次，实现营业收入948万元。

【中国美丽休闲乡村仙姑村】　11月，农业农村部公布了2022年255个中国美丽休闲乡村名单，金坛区薛埠镇仙姑村榜上有名。仙姑村位于金坛茅山东侧，依托茅山景区优势，大力发展以田园农耕、生态美食、休闲养生等为特色的旅游产业，旅游资源丰富，曾获评中国“十大美丽乡村”、首批全国乡村旅游重点村。仙姑村先后参与承办茅山半程马拉松、中国山地自

仙姑村鸟瞰 （区文体广电和旅游局 供）

行车公开赛、仙姑丰收节、金坛茅山首届越野挑战赛、乡村过大年等文体活动，逐步形成集生态旅游、闲养度假、农家民宿、文化体育等于一体的仙姑特色，游客年接待量60万余人次。（周思文）

【长荡湖旅游度假区】 2022年，长荡湖旅游度假区紧紧围绕“活力长荡湖、未来科创城”全新定位，扎实推进科教名城建设。完成“二调”存量建设用地资源确权登记、下征土地镇（街道）集体所有权更新以及常州市耕地“进出平衡”先行先试工作；组织实施耕地占补平衡项目103公顷、耕地进出平衡项目62公顷，并通过常州市自然资源部门验收。加强宣传营销力度，举办世界环境日线上云推介、籽虾节和长荡湖放灯节。全年接待游客148.9万人次，旅游收入18269.9万元。

规划编制 长荡湖旅游度假区深入对接“两湖”创新区规划，组织区域重点规划策划。完成河海大学东街与周边道路、景观、水系、交通组织及长荡湖休闲运动公园等规划方案编制，并有序实施。编制策划的华罗庚科学城产业发展全周期时空形成中期成果。

生态保护 扎实推进洮滆片区水环境综合治理与可持续发展国家级试点，山水林田湖草省级试点通过验收。实施原瑞和化工公司地块土壤应急处置项目，全面梳理网围养殖溧阳责任区（南安置区）情况，会同儒林镇实施水街安全生产和生态环境专项整治行动，处置废旧船只19艘。开展“浅水型”“过水型”湖泊治理成效专题研究，增殖放流鲢、鳙鱼980万尾。（苏诗雨）

【茅山旅游度假区】 2022年，茅山旅游度假区围绕优化度假区、薛埠镇体制机制，以“大景区”融合发展理念为统领，加快推动经济增效、产业提质、项目引建、基建完善、国创攻坚、乡村振兴等工作，稳健推进区镇“一体化”发展。年内，茅山旅游度假区创成第一批省级现代服务业高质量发展集聚示范区，同时入选江苏省级自驾车旅游生态圈、水韵江苏·网红打卡地、长三角康养旅游产品。“革命老区茅山红遍”融合发展项目入选第一批江苏省红色旅游融合发展培育项目名单，“金坛茅山红色教育基地”获常州市宣传思想文化工作创新成果奖。全年完成一般公共预算收入3968.13万元。

旅游项目创新 优化创新旅游品牌项目，推进区域旅游品牌创建。东方盐湖城上新“梨花幻境”夜游主题项目，茅山森林世界上新“魔法黑森林”项目，花谷奇缘上新“旷野星空”露营主题项目及“梵高·秋日花园”项目；萌动乐园上新“马术俱乐部”项目；仙姑村上新“稻田咖啡”“星空流浪舱”等乡村旅游新业态。年内，永安行共享单车入驻茅山旅游度假区；上阮美丽乡村正式开园，完成果香路建设，与溧阳一号公路无缝对接；“趣茅山”一站式智慧文旅服务平台上线。

旅游资源整合 坚持“大景区”融合发展理念，整合资源，优化茅山风景名胜区管理，推进省级公益林优化落界。同时，国家级旅游度假区创建功能提升，盘活北部片区旅游项目11个，重点推进茅山度假村常州大学金坛教育科创园项目、花山国防训练中心花山营项目建设及西海湖度假村资产协议转让工作。立足美丽乡村建设，盘活南部片区旅游项目13个，加快上水岛水果公园、后稷农业农旅融合转型，同时把握生态与用地红线以及文旅项目不捆绑地产等政策底线，精准释放资源。（谢嘉彬）

【湖头村创成市级乡村旅游重点村】 10月，常州市文旅局、市发改局联合下发《关于公布第三批常州市乡村旅游重点村评定结果的通知》，认定8个乡村为第三批常州市乡村旅游重点村，金坛湖头村入选。湖头村地处儒林镇中部，西滨长荡湖，与长荡湖大道、常溧公路和金宜公路相邻，水陆交通便利。湖头村辖区（含臧家、鸥渚、大亭）面积5.6平方千米。湖头村依托丰富的水网资源优势，以村域生态环境为形，以河蟹等特色水产品资源为魂，整合开发生态资源，发掘整理人文资源，加快基础设施建设，发展乡村休闲观光旅游合力打造休闲观光旅游品牌。（周思文）

旅游开发

【长荡湖旅游度假区开发】 长荡湖旅游度假区于2015年3月经江苏省人民政府批准设立为省级旅游度假区，规划总面积143.8平方千米。区域内的长荡湖是江苏十大淡水湖之一，水域面积87.3平方千米，在北朝北魏地理学家郦道元著作《水经注》中被称为“五古湖”之一，湿地生态环境优美、人文底蕴深厚，是国家级湿地公园。

该度假区坚持生态立湖，统筹推进“山水林田湖草”系统治理，稳步实施退圩还湖、网围整治、湖底清淤、水草种植等生态修复工程，实现了长荡湖由生产湖向生态湖的转变。宜人的自然风光造就了以渔文化为核心，儒文化、禅文化、蟹文化、乡村文化为特色的地域文化，水乡景观独具特色，湖鲜美食闻名遐迩，其中“长荡湖八鲜宴”被评为中国名宴。

长荡湖旅游度假区锚定“活力长荡湖、未来科创城”目标定位，高水平引领环长荡湖特色化发展。系统整合现有湿地公园、环湖道路、防洪大堤、慢行步道、航道码头等资源，规划建设以环湖马拉松、环湖自行车、垂钓休闲为主题的长荡湖休闲运动公园，打造高颜值的环湖大地景观和高品质的绿色共享空间。2022年，长荡湖旅游度假区接待游客148.9万人次，实现营业收入2010万元。

【茅山旅游度假区开发】 茅山旅游度假区位于江苏省常州市金坛区，地处长三角区域一体化中心地带、上海和南京都市圈的核心交汇处，坐拥闻名遐迩中国著名的道教圣地——茅山，拥有丰富的自然资源和深厚的人文底蕴，区内山水林泉相依、盐茶药果共生、宫观非遗相应，为江苏省首家“中国森林氧吧”、享誉中外的绿茶（名茶）之乡。

金坛茅山度假区于2013年经江苏省人民政府批准设立为省级旅游度假区，规划总面积128平方千米。度假区围绕“高标准、精品化、特色化”发展要求，依托道家文化、拓伸道养理念，不断创新发展模式，以“政府搭台、企业唱戏、市场主导”为原则，打造形成以“龙头文旅企业示范引导、中小特色项目深度融入、新型旅游业态持续涌现”的旅游产业新格局，是集观光休闲、研学旅居、运动拓展、商务会奖、康养度假等功能为一体的旅游度假目的地。区内有国家AAAA级旅游景区——东方盐湖城·道天下、茅山森林世界、花谷奇缘，国家AAA级旅游景区——茅山金牛洞旅游景区，中国最美乡村、首批全国乡村旅游重点村——仙姑村，江苏省乡村旅游重点村——上阮村、金牛村，农旅融合示范项目——一号农场·萌动乐园，园林养生养老医养小镇——茅山颐园等。2022年，茅山旅游度假区接待游客496万人次，实现营业收入13.9亿元。

【东方盐湖城景区开发】 该景区位于国家AAAA级旅游景区茅山，总投资30亿元的道天下景区占地0.67平方千米，于2011年开工建设，2016年开城。至2022年底累计接待游客861万人次。

东方盐湖城建筑依山而建，创造性的以茅山的山、水、茶、盐、药、泉六大自然资源及道文化、金坛地缘文化，建成国内首个集休闲度假、文化展示、互动体验、山地运动等为一体的山水文化旅游度假型景区。2021年，该城茅山国际会议中心落，曾获评省无限定空间非遗进景区试点项目、省智慧文旅培育项目等。

2022年，东方盐湖城景区智慧旅游建设抢抓“互联网＋旅游”发展机遇，加强资源统筹、深化产业融合，积极推进数字化、智慧化转型升级。推出“东方盐湖城智慧旅游”公众号，满足游客全方位旅游服务需求。接待游客80.9万人次。同时，入选《2022年度江苏省智慧旅游景区名录》。

旅游业态

【工业观光游】 金坛区以江苏波仕曼工业旅游区和江苏一鸣益活观光工厂两大省级工业旅游区为核心，重塑城市空间，打造文旅集聚区。

江苏波仕曼工业旅游区以江苏波仕曼制衣有限公司为核心打造而成。该公司是一家集专业设计、生产和销售于一体的现代化规模服装企业。为丰富经营业态、提升企业活力，波仕曼立足金坛服装制造名城，积极打造集服装设计、生产、销售、工艺、体验功能为一体的工业旅游项目。该工业旅游区分布商务男装、休闲男装、潮流男馆、精品女装、中式旗袍馆、女装韩馆及童装等工厂店，涵盖全年龄段、全季节候游客需求，是比网购更超值的线下实体体验店。“工业＋旅游”的重要一环节是参观工厂，游客沿着游览标志线，沿途可以看到缝纫师们制作衣服的过程。年接待游客8.5万人次，营收入262.5万元。

江苏一鸣益活观光工厂是江苏一鸣食品有限公司结合自身观光优势推出的工业观光旅游项目。该观光工厂位于金坛区荆元路88号，由江苏一鸣食品有限公司运营，创设三大观光模块：工厂观光板块，展现企业乳制品和烘焙工厂的生产过程、生产工艺、生产车间风貌；企业文化板块，展现企业产品历程、发展历史、发展成就；科普教育板块，展现牛奶工艺与烘焙发展历史、膳食营养健康、食品安全知识。园区开放乳品厂益活之旅观光线路，是亲子家庭体验开展的营养科普、工厂讲解、DIY制作等工厂观光之旅。

【遗产文化游】 2022年，金坛区非

物质文化遗产保护中心按照“传习研学基地＋市场销售＋集聚互动”模式，依托金坛的基础条件和环境空间，建设非遗研学博览园，打造长三角“非遗生态圈”江南精致文化产业园，敞开集聚型非遗特色产业窗口。为打造传承人活态展示、传习培训、互动体验、产品展销、私人定制等业态，完成愚池公园徽派建筑群内非遗研学馆与非遗展示馆建设。

位于金坛区龙山路与西环一路交叉口南180米的非遗研学馆是非遗传承基地。非遗研学馆组织开展研学活动，为孩子们提供与非遗面对面的机会，让他们真切地感受非遗的魅力，引导他们传承传统手艺坚守精益求精的匠人精神，弘扬金坛传统非遗文化。

非遗展示馆毗邻非遗研学馆，将金坛地区的非遗代表性项目和与之相链接的非遗产品布置成“非遗集市”，集参观、体验、传承于一体。按照“传习研学基地＋市场销售＋集聚互动”模式，将传承非遗与创新非遗产业相结合，促进非遗项目活态发展。

【乡村旅游】 2022年，金坛区按照全域旅游发展规划，丰富金坛旅游IP，大力发展农业观光、乡村采摘、农事体验、乡村度假等乡村旅游，提升旅游产业附加值。

位于金坛茅山东侧的仙姑村，旅游资源丰富，获评中国“十大美丽乡村”、全国首批乡村旅游重点村，入选“2022全国美丽休闲乡村”。

位于金坛茅山旅游度假区南侧的上阮村，成功举办“上阮水果蛮好”2022年乡村采摘节，上阮美丽乡村正式开园。

金牛村是以山林民宿为主体的山林度假村，徽派民宿建筑，独栋独院，错落有致。

长荡湖畔的儒林镇湖头村创成第三批常州市乡村旅游重点村。至年底，全区累计建成国家、省、市级乡村旅游重点镇、村6个。“跟着非遗游金坛”“跟着名著游金坛”“跟着考古游金坛”金坛二日游3条线路成功入选“南京都市圈之旅”。

（周思文）

旅游营销与服务

【概况】 2022年，金坛加强旅游宣传营销与服务，组织金坛文创商品参加“第二届江苏旅游文创商品大赛”，东方盐湖城“逍遥野生葛粉”获铜奖；组织涉旅企业参加常州文旅文创、短视频、摄影征集大赛及金坛区“本草纲目”毽子操云比赛，宣传金坛旅游形象；组织涉旅企业参加上海、南京、杭州、湖州等地文旅推广活动，宣传推介金坛文旅；拓展媒体传播矩阵，委托常州化龙巷运维金坛文旅抖音官方账号，印发《新旅游》杂志4期，全方位宣传文旅金坛，推介金坛文旅品牌。同时围绕“江东福地，乐道金坛”积极与媒体签订营销宣传协议，拍摄“毓秀金坛”“文脉金坛”“舌尖金坛”“律动金坛”“游乐金坛”为主题的文旅品牌宣传视频，开通“金坛文旅”抖音宣传账号。

5月28日，第十三届江苏省乡村旅游节启动仪式在仙姑村举行

（区文体广电和旅游局 供）

【第十三届江苏省乡村旅游节】 5月28日，由江苏省文化和旅游厅主办，常州市文化广电和旅游局、金坛区人民政府承办的第十三届江苏省乡村旅游节启动仪式在全国乡村旅游重点村金坛仙姑村举行。江苏省人民政府副省长马欣，江苏省人民政府副秘书长刘建，江苏省文化和旅游厅党组书记、厅长杨志纯，常州市委副书记、市长盛蕾以及金坛区委书记陆秋明等领导参加活动。活动现场发布了覆盖“赏化胜地、亲子研学、康养度假、文化体验、农事休闲、红色旅游、乡村美宿”7大类别的2022年度“水韵江苏·乡村休闲”旅游产品。

【“森夏金坛 夜遇逍遥”夜生活节活动】 7月15日晚，由常州市文化广电和旅游局、金坛区人民政府主办，区文体广电和旅游局、商务局，各镇人民政府、街道办事处、园区管委会、度假区管理办公室，区体育总会承办的2022“江南银行杯”“森夏金坛 夜遇逍遥”夜生活节暨金坛文体惠民城乡行活动在金坛新天地广场举行，区委常委、宣传部部长朱霞，区人大常委会副主任王艳红，区政协副主席朱亚群出席开幕式。

作为2022常州文化旅游节暨“龙城夜未央”夜生活节的分会场活动，时间跨度6—10月，为期四个月。该夜生活节精彩纷呈，内涵丰富，整合了美景游览、美食品尝、文化体验、体育健身等21项文旅活动，涵盖了夏至茅山研学季、国风大典、主题漂流、文体惠民城乡行，东方盐湖城“梨花幻镜”大型夜游演出及商业综合体的“星光集场”等夜生活品牌。通过丰富多彩的主题夜公园、夜间集市、夜展、夜娱等特色活动及相关优惠政策，助力常州“文旅休闲明星城”建设和打造“龙城夜未央”常州夜间经济品牌，补齐夜间经济短板，打造具有金坛特色的夜生活品牌，发展金坛夜间文旅经济。（周思文）

7月30日，2022中国长荡湖放灯节在柚山村举办（长荡湖旅游度假区 供）

【2022中国长荡湖放灯节】 7月30日晚在柚山村举办。活动由中共常州市委宣传部、常州市文明办、金坛区新时代文明实践中心指导，金坛区委宣传部、长荡湖旅游度假区管理办公室、儒林镇人民政府、区文体广电和旅游局、区农业农村局、共青团金坛区委、区妇联联合主办，儒林镇柚山村新时代文明实践站、常州恐龙园文化旅游管理有限公司协办。该项活动以“弘扬传统民俗”为主题，赋予传统放灯祈福新的爱情内涵，将放莲灯、诗意小巷、千米长街、后备厢集市等元素完美融合，组成一幅“千灯漂闪似繁星，佳期如梦鹊桥会”的浪漫画卷。长荡湖放灯节现场参与2万余人次、直播观看量超60万人次。

（苏诗雨）

【精品旅游线路】 2022年，金坛文旅局策划的“跟着非遗游金坛、跟着名著游金坛、跟着考古游金坛”线路成功入选“南京都市圈之旅”。南京都市圈全省推广发布金坛二日自驾游线路3条。

“跟着名著游金坛”具体线路：第一天段玉裁纪念馆——华罗庚纪念馆——戴王府——乾元观——金牛洞（陶隐医馆）——保朴山房，第二天东方盐湖城体验中国道文化。“跟着非遗游金坛”具体线路为八卦村——柚山村——水八卦——长荡湖水城——茅麓茶场(纪振纲纪念馆)——东方盐湖城。“跟着考古游金坛”具体线路：第一天金坛博物馆——徽派古民居——三星村遗址——村仙姑十八房民宿，第二天仙姑村庙西土墩墓群——一号农场。（周思文）

【旅行社】 2022年底，全区共计有旅行社51家。其中，旅行社法人单位18家；旅行社分公司（分社）4家；登记备案营业网点29家。组织18家旅行社法人单位申请常州市旅行社企业稳定就业岗位专项补贴，其中12家成功申请专项补贴4万元，1家旅行社成功申请年度常州市文旅企业纾困复苏专项资金60万元贴息贷款。全区18家旅行社法人单位完成质量保证金暂退手续，共退质量保证金360万元。严厉打击非法、违规运营的旅游客运包车，联合区交通综合执法大队、金坛公安分局开展“旅游包车百日攻坚”行动；常态化开展未经许可经营旅行社业务及“不合理低价游”检查整治，规范旅游市场经营秩序。

（陈 胜）

（编辑 钱国新）

房地产业

综　述

2022年，金坛区房地产市场受市场大环境影响，同时叠加新冠肺炎疫情多地爆发因素，新房市场供求双双处于疲软态势。从历月数据来看，呈拉锯式上下浮动，但仍处于缓慢筑底的过程中。房地产开发投资、土地出让成交、房地产信贷、房地产税收总体均呈现较大回落趋势。

受制于市场下行、资金链紧张等因素的影响，民营房企在土地出让方面处于有心无力的状态，多数地块以底价成交，地方平台公司、国企仍然是托底的主力。房企偿债压力大，资金面偏紧，虽政策频发，销售仍未全面回温、现金流压力仍存，政策利好对新房销售带来的刺激效果尚不明显，短期内审慎投资仍是主旋律，土地一级市场难有明显改善。全区全年供应住宅用地22宗，面积84.49公顷。其中，商品住宅19宗，面积75.84公顷；安置房（含保障性租赁住房）3宗，面积8.65公顷。

信贷规模大幅下滑，全年全区房地产贷款余额为309.9亿元，比上年年初增加4亿元，较上年同期增加额减少60.34亿元，比上年增长1.31%。其中，购房贷款余额221.92亿元，比年初减少1.63亿元，比上年下降0.73%；全区房地产开发贷款余额为87.98亿元，比年初增加5.63亿元，比上年增长6.84%。住房公积金贷款累计发放1115户4.79亿元，分别减少2174户8.95亿元，分别下降66.13%和65.14%。

2022年，全区房地产业税收累计收入4.92亿元，比上年减少9.81亿元，下降66.60%。增值税收入-1.70亿元，比上年减少5.82亿元，下降141.26%。企业所得税收入1.84亿元，比上年减少1.41亿元，下降43.38%。契税收入2.01亿元，比上年减少1.09亿元，减少35.16%。

（部　涛）

房地产开发与销售

【概况】　2022年，金坛区房地产市场呈现“销售量价趋稳，新开工面积调整态势难改，投资持续下行”的特点。需求端，商品房销售面积保持底部企稳态势。供应端，新开工方面受销售端恢复节奏制约及土地大规模缩量、企业资金压力大、库存规模较高等因素影响，新开工规模大幅下滑。全区进一步规范房地产市场秩序，防控房地产市场风险。全年审核通过常州市海诚房地产开发有限公司等30家开发企业资质延续手续。截至2022年年末，金坛区共有49家具备开发资质的房地产开发企业。其中，贰级（含暂定贰级）资质企业41家，叁级（含暂定叁级）资质企业7家，四级（含暂定四级）资质企业1家。全年共受理审批发放商品房预售许可证28件，预售变更9件。批准预售许可面积18645套109.3万平方米，其中住宅5705套68.07万平方米。办理商品房预售合同网签备案13178件，其中住宅6294套。对22个批次的开发项目进行公建配套验收并完成交付使用备案，项目竣工交付面积254.73万平方米，其中拆迁安置项目127.85万平方米。

【房地产开发】　2022年，金坛区房地产开发投资完成101.2亿元，比上年下降17.8%。其中，商品住房完成开发投资68.3亿元，比上年下降34.4%。开发企业领取施工许可证面积19.49万平方米，比上年下降93.63%。项目交付面积254.73万平方米，比上年上升56.27%。

【房地产销售】　2022年，金坛区商品房备案销售面积112.35万平方米，比上年下降29.97%。商品房成交数量13177套，比上年下降31.93%。销售金额约65.99亿元，比上年下降60.10%。平均成交价格5873.71元每平方米，比上年下降43.02%。全区商品住房销售面积76.7万平方米，比上年下降41.52%。成交数量6293

套，比上年下降41.09%。销售金额约50.97亿元，比上年下降67.22%。平均成交价格6645.15元每平方米，比上年下降43.96%。

房地产市场监管

【概况】 2022年，金坛区根据房地产开发项目综合评价情况实施分类管控，分为风险项目、重点关注项目和一般项目三类。综合评价内容包括工程款及农民工工资支付、市场营销行为、预售资金使用、工程建设质量安全、舆情投诉处理、历史遗留问题解决等方面。对列为风险开发项目的实施精准管控，对列为重点开发项目的加强关注，着力防范和化解房地产市场风险。

【房地产风险防控】 2022年，金坛区对在建在售纯商品房项目开发经营行为开展检查。联合区公安分局、市场监管局、发改局分两次对全区在建、在售纯商品房项目从开发经营过程违规违法行为、投机炒房行为、销售价格违法违规行为、发布虚假宣传广告、交付使用违规违法行为、工程款支付和农民工工资支付6个方面进行检查，重点检查售楼现场信息公示情况以及以学区房等名义炒作房价、销售商品房等违法违规行为。将在检查过程中发现的问题及时反馈给开发企业，明确整改要求，对部分开发企业负责人进行约谈，要求开发企业对存在的问题立即整改并进行跟踪监管。

【商品房预售管理】 2022年，金坛区加强商品房预销售许可及行为规范，实行预售资金第三方托管。开展在建在售开发项目双随机抽查，严查无证违规预售、挪用预售资金、恶意炒作等行为，防范房地产市场风险。开展商品房网签备案预售资金审核工作，对预售资金进入监管账户逐套进行审核，确保商品房预售资金全额进入监管账户。全年共审核商品住房2710户，确保12.45亿元预售款进入预售资金监管账户。

【房屋安全鉴定】 2022年，金坛区共受理危害房屋安全行为投诉举报181起，调查询问笔录104份，发放告知函104份。书面答复“12345”热线投诉101件。对群众反映的存在疑难杂症、结构复杂的房屋，聘请专家给出技术指导意见。全年移交3起破坏房屋承重结构案件至城管执法部门，处罚2起，罚款金额3.5万元。受理并出具应急鉴定报告18份，主要涉及书香苑、金水湾、碧水华庭、景阳花园小区住宅楼外墙瓷砖、砂浆剥落等问题。与城管部门联动建立维修应急鉴定机制，快速消除房屋安全隐患，保障住宅公用部位正常使用。

【既有建筑（自建房）安全隐患排查整治】 2022年，金坛区对34223幢既有建筑开展排查整治，排查出隐患建筑49幢。其中24幢纳入2022年整治计划并完成整治。自建房排查整治在10月顺利通过省级和部级专家组的核查，总体情况较好。截至2022年年底，全区共录入自建房排查信息206130栋，其中经营性自建房5183栋。对录入系统初判存在安全隐患的8栋经营性自建房信息，及时明确工程措施或管理措施进行消除风险。

【房屋征收】 2022年，全区共完成实施集体土地房屋搬迁项目15个，房屋搬迁总面积5.87万平方米，搬迁房屋总户数214户。梳理完善征迁政策体系，对原有地上附属物补偿政策及标准进行调整，修订出台《征地房屋补偿安置中地上附着物补偿的指导意见》，规范补偿行为。

（部　涛）

【不动产登记】 2022年，金坛区不动产登记交易中心共发放不动产权证书和证明44098本。其中不动产权证书33373本，不动产登记证明10725本。所有已登簿证书均生成对应电子证书，发证准确率100%。共完成房产测绘审核面积554万平方米，出具审核报告524份，准确率100%。全年窗口查档84000份，自助查档机查档近8000份，其中利用纸质档案62卷。整理、装订、入库的不动产权属档案21600份，协助政府核查10350份，人才购房补助核查139份，协助法院查封登记5350份，解封1752份。持续推进历史遗留问题化解，有序推进拆迁安置房不动产登记发证工作。为儒林镇柚山村清风小区拆迁户发放不动产权证45份，解决该小区拆迁户二十多年办不了证的历史遗留问题。衔接开展日常农房登记发证。做好房地一体农村不动产登记发证任务收尾工作，开展与日常登记衔接，加强数据挂接、入库和归档管理，全年完成农房登记发证20276件，登记率和发证率均在90%以上。

（丁　玲）

物业管理

【概况】 2022年，金坛区城市管理部门以办人民满意物业为导向，对133家住宅小区开展第三方满意度调查，内容涵盖物业服务态度、楼道环境、车辆管理、小区安保等19项测评，收集有效问卷7768份，社会公众总体平均满意度76.48分。溪栖庄园、南园二村、紫竹苑小区位列前三。年内完成公共收益专项审计检查工作。开展电动自行车集中停放和充电设施建设工作，完成电动自行车集中停放和1688个充电端口设施建设。完成39笔维修资金管理，涉及12102户，共计资金7975.13万元。

【既有住宅加装电梯】 2022年，金坛区住建部门牵头相关领域查勘现场

4 月 30 日，丹丽花园既有住宅加装电梯完工　　（史万军 供）

54 项，出具可行性意见 54 项。主要涉及丹丽花园、徐塘新村、景阳花园、胡姬花园、仓房小区等多层住宅，为多层住宅部分群众上楼难的问题给出了解决方案，提高居民的居住水平。全年完成 25 台既有住宅加装电梯工程。

（郜　涛）

【物业管理服务】　2022 年，金坛区对 30 个住宅小区开展公共收益专项审计，制定住宅小区公共收入和公共收益实施细则，规范企业经营行为，维护群众合法权益。通过开展住宅小区第三方满意度调查、开发“智慧物业”平台、物业安全生产指导等具体举措，不断增强人民群众幸福感和安全感。坚持党建引领物业，发挥党组织基层战斗堡垒作用，开展物业党建品牌建设。全年调解物业纠纷案件 224 件。全年举办“物业夜课堂”线上 29 期、线下 17 期，点击量突破 100 余万人次。

【公共维修资金管理】　2022 年，金坛区城市管理局积极开展公共维修资金管理工作，全年归集住宅专项维修资金 20874.18 万元，涉及景浦华苑、天香苑、马庄新苑、四季雅苑四区、溪城雅苑、融熙诚园等小区住户 28959 户。受理住宅专项维修资金报修 465 件，完成划拨 334 件，共计金额 382.82 万元。（史万军）

【房屋白蚁防治】　2022 年，金坛区累计签订白蚁预防受理单 96 份，与上年相比体量相差不大，但与 2019 年相比下降约 40%。全年施工 100 个工程项目，竣工项目 86 个。全年上门灭治服务 320 次，实际灭治建档约 280 户，比上年增长约 17%。

（郜　涛）

房地产租赁与中介服务

【概况】　2022 年，金坛区加强对房地产经纪机构和估价机构的备案管理，加强对房地产中介机构的行政管理，全年两次联合市场监管局对已备案房地产中介机构进行“双随机、一公开”抽查。督促房地产中介企业按规经营。每年进行房地产优秀中介机构评选，评选结果通过多渠道对社会公开，引导各房地产中介机构依法经营、诚信服务，用标准化的品质和服务共同推动行业的良性循环发展。

【规范商品房出租行为】　2022 年，金坛区发挥常州市房屋租赁服务平台作用，全年受理租赁登记备案 551 件。对申请人才租房补贴的要求租赁合同必须备案，以此为切入点，在全区全面推进住房租赁合同备案登记工作，配合住房保障部门做好人才租房补贴审核的信息互通工作，逐一审查申请人的住房租赁合同是否按要求备案，有无签订存量房网签合同，实现租房补贴审核工作全过程闭环。

【存量房市场管理】　2022 年，完成经纪机构初始备案和年审共 51 家，完成房地产估价机构备案 17 家。对存量房网签合同的审核，要求当日件必须当日完成，做好交易资金免监管上门服务等工作。全年共完成存量房网签合同备案 6084 件，存量房上市人工核验 1348 件，资金免监管 790 件。做好存量房市场分析，根据存量房交易量及价格进行分析形成月报、季报及年报。建立存量房市场监测体系，为全区房地产市场调控工作提供数据支撑。（郜　涛）

（编辑　方　骊）

交 通

·交通规划·

【概况】 2022年，金坛区交通运输部门深化交通规划研究，完成《金坛区综合立体交通网规划研究》《金坛区农村公路"十四五"发展规划暨农村公路网规划》等编制。启动《"两湖"创新区金坛交通专项规划》，开展金坛高铁物流中心规划研究，推进常金宁城际铁路规划方案研究。镇宣铁路镇江至溧阳段被明确为2024年全省重点储备项目。233国道金坛段、扬溧高速茅山东互通、扬溧高速长荡湖西互通、240省道金坛段、241省道快速化形成最终成果。中吴大道西延智慧快速路项目建议书取得武进区、钟楼区、丹阳市、金坛区4地发改联合批复。深化丹金高速、金宜高速、宁常高速等项目研究，其中丹金高速项目金坛段在全省率先取得建设项目用地勘测定界成果报告书，金坛涉铁段先行开建。

【《深化金坛交通中轴规划研究项目》研究】 2022年，金坛区结合省交通运输厅开展的《江苏省省道公路网规划修编》工作，加快研究编制《深化金坛交通中轴规划研究项目》，将更多金坛区拟规划省道纳入省道网项目库，跟踪谋划省道网具体线路及走向方案。经多次汇报沟通，省交通运输厅将金坛区部分重点项目规划纳入本次省道网修编征求意见稿，年底完成送审成果稿。

【苏锡常城际铁路金坛段规划研究】 2022年，金坛区委托中铁第四勘察设计院集团有限公司开展常州至金坛至南京都市圈连接线（苏锡常城际铁路西延）方案研究，深入研究东向与苏锡常快线衔接、西向与南京市域（郊）或轨道交通的衔接方案并形成最终成果稿。

【233国道金坛段南延规划研究】 6月，金坛区交通部门组织召开金坛与宜兴交通互联互通专题会议，双方一致同意233国道常州金坛段远期改线方案，并各自将本区域范围内项目线位纳入本次三区三线调整。

【中吴大道西延方案研究】 5月，经常州市政府专题会议研究，明确加快中吴大道西延工程建设。常州市交通局与丹阳市人民政府签订建设合作协议，确定联合设立工作专班，共同牵头组织推进，加快推动中吴大道西延工程开工建设。常州市交通局、发改局组织武进区、钟楼区、丹阳市、金坛区等地交通局及发改局召开专题会议，研究讨论工程推进相关问题，进一步明确项目审批相关工作。年底取得项目建议书批复。

·公 路·

【概况】 截至2022年底，金坛区境内公路总里程2179.76千米。其中，高速公路78.92千米；普通国省道126.17千米；县道375.94千米；乡村道1598.72千米。全年公路客运量906万人次。公共汽（电）车客运总量569.4万人次。区交通运输部门强化公路巡查，严厉打击公路违法行为，全年共发放整改通知书104份，实施处罚62起。根据全区"五乱治理"行动要求，联合属地政府开展多轮次交通沿线路域环境整治，共清除乱堆放401处、非法搭建物31处、各类摊点207处。加大路政执法服务，开展多种形式普法宣传16余次，发放宣传册840余份。协助企业申报大件运输许可168次，开展现场装车勘验152件。在获"四好农村路"全国示范县的基础上，进一步深化农村公路品牌建设，金坛区"农村公路＋"融合发展模式入选交通强国建设试点典型案例，在全省推广。茅山旅游大道工程被交通运输部、应急管理部、中华全国总工会联合授予公路水运建设"平安工程"冠名项目。茅山旅游大道、265省道项目获评江苏省交通优质工程。

【新柚线通过竣工验收】 1月7日，

新柚线（阜溧高速—239省道）工程施工项目通过竣工验收，工程质量等级优良。新柚线采用农村公路标准建设，起于阜溧高速现状支线上跨桥东桥头，利用现状桥头接线走廊向东布线，与老新柚线交叉后跨越东联河，从圩庄村及大湖墅村庄南侧穿越，终于239省道，路线全长约2.5千米。

【233国道常州金坛段新建工程通过验收】 1月19日，233国道常州金坛段新建工程（钱资湖大道—金沙大道）通过竣工验收，工程质量等级优良。233国道常州金坛段新建工程起于钱资湖大道，终于241省道，全长16.82千米。233国道是宁连、京沪、扬溧通道的重要分流线路，串联丹阳市、金坛区、溧阳市等县级节点，是各县市经济交流的重要纽带，为推进苏南经济薄弱地区建设、强化与长三角核心区的对接提供强有力支撑。

【唐王大桥完成重建并通车】 5月8日，金坛区304县道唐王大桥完成重建并正式通车。此前，受船舶碰撞影响，唐王大桥出现斜向裂缝，立柱与系梁连接处出现开裂，存在极大安全隐患。经专业桥梁检测单位检测，确定唐王大桥下部结构存在多种严重病害，为五类桥梁，属于危桥，需要拆除新建。经过一年多的施工，新桥正式建成通车。唐王大桥的通车为周边群众出行提供了便利。

【公路中心“云评审”服务】 2022年，为减少疫情对企业的影响，方便企业及时办理相关业务，金坛区公路事业发展中心创新思路，推出“云评审”服务。5月24日，金坛区重点项目企业普洛斯常州智慧供应链园区项目负责人向区公路事业发展中心提出许可申请，计划在省道340上实施道口搭接。收到企业申请后，金坛区公路事业发展中心主动与该企业对接，首次采用“云评审”方式为该企业提供相关申请服务，及时为企业办理相关业务，为企业节约时间成本。

【不停车检测系统开工建设】 8月30日，金坛区国省干线公路货车不停车动态称重检测系统正式进入项目施工阶段。该系统配备地面称重和抓拍探头，能快速自动识别车辆信息、核载信息、行驶速度和实际载重，并将相关数据抓拍上传至交通执法系统，若发现超限超载车辆则第一时间向执法人员推送。执法人员对系统推送的证据固化后，将向车辆所属公司或个人发放违法行为通知书。

·航　道·

【概况】 2022年全区航道总里程300.44千米。其中，三级航道31.88千米；六级航道42.57千米；七级航道64.26千米；等外航道161.73千米。通航船闸1个。区交通运输部门强化水上通航监管，严把船舶适航、船员适任关，开展桥梁防碰撞行动。打击水上突出违法行为，实施船舶现场监管3458艘次。加强水上水下活动监管，发布航行通告3份，累计维护时长203小时。强化水路危货运输监管，开展船舶载运危险货物专项检查行动。加强港口危化品管理，严厉打击涉危违法行为。全年船舶危险品申报1152艘次、装载危险品货物40.49万吨。强化水路运输监管，开展“苏水安澜”“碧水蓝天”等水上专项行动，加强航运企业、港口执法监督，有效防范水上交通安全事故发生。开展船舶涉海运输专项整治，约谈涉海运输公司6次，实施处罚3起。对辖区内水上游览经营单位备案进行核查，维护水上游览交通安全。开展水上联合执法，配合农业农村部门开展长江流域禁捕退捕，及时清理各类非法渔网鱼簖。联合生态环境部门对港口码头开展联合检查，提升港口码头环境保护治理水平。

【航道疏浚】 2022年，完成丹金溧漕河金坛段高速公路大桥下游驳岸、白龙荡段驳岸、金塔大桥段疏浚等专项工程，确保干线航道年通航保证率98%以上，航标正常率99%以上。

【多波束扫床新技术运用】 2022年，金坛区港航事业发展中心在航道清障扫床工作中广泛运用多波束扫床新技术，相对传统扫床方式更加方便智能，有效提升工作效率。该技术是一项全新的水下地形精密探测技术，适用于水下地形测量及水下障碍物的精密探测，具有测量覆盖范围大、速度快、精度效率高、记录数字化和成图自动化等优点。通过多波束扫测，航道河床里的障碍物能够得到有效识别和定位。在获得航道三维地形图后，经过软件处理，可以更准确、便捷地提取

5月8日，唐王大桥完成重建并通车　（李星明 供）

不同数据，满足不同航道养护工作的需要，有效提升航道清障扫床工作的效能和质量。

【节能创新课题】 2022年，为解决水上服务区LED屏耗电量大问题，金坛区港航中心智航QC小组从源头入手，通过对用电功率等各要素的分析排查，以可选择的最低耗电量为目标，探索出加装环境亮度控制传感器、设计降温方案、降低视频播放比例等一整套节能方案。该项课题被江苏省交通企业协会评定为三等奖。

【“远程”船检服务】 2022年，金坛区港航事业发展中心推出在线申请服务，进一步提升船检服务质量。水运企业同时在线申请船检计划，通过腾讯文档小程序软件设计编辑的远程视频船检联合申请表，及时填写适宜的船检时间和地点。水运企业在线申请在线公布，满足申请计划的在线临时调整。通过船检计划信息及时共享，将船检排队预约时间较长带来的停航停运影响降到最小。

【上海洋山港航线开通】 12月19日，金坛港—上海洋山港河海直达定制班轮首发。满载金坛亿晶光电60个大柜的班轮在金坛港起航后，于12月22日抵经上海洋山港中转搭载国际班轮出口巴西。金坛港—上海洋山港航线经由丹金溧漕河、苏南运河至镇江谏壁船闸进入长江至上海洋山深水港，全程水路里程约430千米，航程时间约36小时。上海洋山港航线开通运营，为金坛亿晶光电、中信博、正信光伏等光伏企业“走出去”提供了新的物流通道。截至2022年年底累计吞吐量突破6万标箱。该航线的开通拓展了金坛港内外贸水路运输服务的网络和功能，推动金坛在江苏宁锡常接合片区加快构建“枢纽+开放”的通道体系，助力外向型经济高质量发展，在推动长三角构建绿色、安全、高效的内河集装箱集疏运服务体系中发挥突出的示范引领作用。

·铁　路·

【概况】 2022年，区交通运输部门全力以赴抓好铁路建设各项工作，南沿江城际铁路金坛段完成铺轨。金坛高铁枢纽建设有序推进，配套道路综合管线、人行道填筑基本完成，匝道桥下部结构全部完成。南沿江城际铁路涉铁通道（交通类）工程获评江苏省平安工地建设省级“示范工地”及常州市级品质工程。

【高铁金坛站主体结构封顶】 5月31日，南沿江城际铁路金坛站房混凝土主体结构顺利封顶。金坛高铁站是常州六大高铁综合客运枢纽之一，站房面积约15998平方米，站台规模2台6线，站内设有换乘通道，两条铁路最短用时5分钟即可实现无缝换乘，有效缩短旅客出行时间，节约土地资源。工程正式转入钢结构、装饰装修和机电安装施工阶段。

【南沿江城际铁路金坛段正线铺轨完成】 10月20日，南沿江城际铁路铺轨作业进入金坛段，该段共有42.44千米，11月17日完成轨道铺设。南沿江城际铁路线路设计时速350千米，正线全长278.53千米，设置南京南、句容、金坛、武进、江阴、张家港、常熟、太仓8座车站。作为沪宁间第二条城际铁路，南沿江城际铁路自南京枢纽南京南站引出，止于太仓市，线路引入太仓站后将通过沪苏通铁路向东接入上海枢纽。轨道铺通后，工程施工材料的运送将更加快捷和便利，为后续“四电”（通信、信号、电力、电气化）工程设备的安装及调试提速增效。

·交通监管·

【概况】 2022年，金坛区交通运输部门强化信用交通建设，以法治思维和法治方式推进行业信用体系建设。完善企业诚信考核指标体系，健全失信惩戒制度，加强对失信主体的约束和惩戒，完善行业黑名单制度和市场退出机制。强化重点领域执法，围绕“非法运营”“新旧业态矛盾”“马路市场”等难点问题，加大道路、运输、港航、治超、工程建设等的行业监管。持续推进“打非治违”，巡游出租汽车网上巡查，强化新旧业态管理，全面提升行业治理成效。全年编制行政检查事项清单106项。累计办理交通

11月17日，南沿江城际铁路金坛段阳山隧道铺轨完毕　（李星明 供）

运输政务服务事项7791件，行政许可案件223件，实施行政处罚634件（免于处罚10件）。

【行业安全监管】 2022年，区交通运输部门以“安全生产专项整治三年行动”为主线，扎实推进“一年小灶、三年大灶”向纵深发展，开展筑牢安全生产防线等系列活动。持续开展风险隐患排查整治，全年出动检查组2796组次，检查道路运输企业172家次、车辆1125辆，检查水路运输企业27家次、船舶2756艘，排查整改安全生产隐患问题402个。

【车辆违法超限超载监管】 2022年，区交通运输部门采取源头治理和路面执法双管齐下、联合治超和流动检查齐头并进的方式，加大对全区20家重点货运源头单位管控。开展跨市联合执法专项行动4次，实施综合治超案件101起，开展各类警示约谈13次。全年联合交警部门查处违法超限超载车辆746辆次、卸驳载1.312万吨、追溯“百吨王”源头1起，通过国省道不停车超限检测系统实施非现场执法18起。加大超限治理力度，全区公路超限率降至0.11%，低于省控目标0.5%。

【道路运输市场监管】 2022年，区交通运输部门采取错时常态化执法、“非法营运”App研判等形式，开展精准执法，严厉打击黑车，查处非法营运网约车5起。常态化开展“打击非法、全面清零”行动，检查客运车辆94辆次，加入白名单22辆，加入高速公路待核查名单2辆。利用一车三方平台和主动安全智能防控系统，加强重点营运车辆巡检，派发工单61份，压实企业落实动态监控责任。强化危险货物运输联合执法，检查成品油运输车辆33辆次，查获违法违规运输成品油案件6起。联合公安、文旅部门开展旅游包车百日攻坚行动，对景区旅游包车精准检查，净化旅游客运市场。借助驾培监控监管平台采取非现场执法与突击检查，强化驾培行业监管。全年约谈运输企业27次，下发整改通知书59份。查处各类案件160起，罚款37.05万元。

【工程质量安全监管】 2022年，区交通运输部门根据公路水运工程“蓝盾”行动要求，制定辖区行动方案，对照开展交通工程质量安全执法检查。全年强化对5个质量监督项目及7个安全监管项目监管工作，开展各类质量安全检查20余次，加大工地扬尘管控力度，下发通报17份，全部落实闭环整改，推进交通工程提质增效。全年辖区公路工程建设领域形势平稳有序。

【城乡交通一体化】 2022年，区交通运输部门加强“乐道金坛”农路品牌建设，完善农村物流网络节点布局，村级农村物流服务点覆盖率、主要品牌快递建制村直投率达100%。改造32辆城乡公交车，开通2条公交带货示范线路。推进“城乡公交一体化达标县”建设，组建国有公司控股的股份制城乡公交经营企业。（李星明）

水　利

·综　述·

2022年，金坛区水利工作严格行业监管，水利设施建设提速增效、水旱灾害防御扎实有效，节水型社会建设再创佳绩，行业监管能力显著提升。编制完成“十四五”水利发展规划，优化河网水系治理方案，全年完成水利工程建设投资2.97亿元，向上争取中央农业生产和水利救灾资金1000万元。持续开展水利资产整治工作，重点解决涉及承租矛盾、历史遗留的水利资产问题。会同属地政府、金坛建设等单位，综合运用行政执法、司法诉讼等方式，向各承租户发放不续签承包合同、限期搬离通知书20余人次，实施司法诉讼3起、应诉案件1起，追缴承包费5.2万元。对在建工程、办公场所等建立常态化安全生产隐患排查机制。区首个水土保持区域评估报告获常州市批复。年内，创成省级精细化管理工程5个，中央水库移民后期扶持资金绩效评价被省财政厅、水利厅评为优秀，金坛区水域保护示范区建设试点被省水利厅列为（第二批）省级水域保护试点。

（陆　燕）

·水利工程建设·

【概况】 2022年，金坛区强化顶层设计，采取工程措施与非工程措施相结合方式，协调推进水利工程建设。全年计划总投资3.14亿元，实际完成投资2.97亿元，占计划投资的94.5%。

【水利规划】 2022年，金坛区完成“十四五”水利发展规划、河网水系专项规划、农村生态河道建设规划编制，并获区政府批复；完成水资源综合规划、水利空间布局规划、农村水利规划、河道保护规划编制，并通过技术审查；城市防洪规划完成初稿。

【农村水利项目】 2022年，区水利部门完成农村水利建设投资0.43亿元，疏浚整治农村河塘144个，实施儒林中河、芦家中河、建春新开河等农村河道疏浚16.6千米，清淤土方79万立方米。完成通济南河、井庄河等23条农村生态河道建设，农村生态河道覆盖率提升至42.63%。完成金坛区中央财政小型农田水利重点县结余资金增做项目方案报批及开工准备工作，实施儒林镇新华水利枢纽、尧塘街道塘北灌溉站、薛埠镇顺水桥灌溉站、朱林镇钱城方涵等农村水利工程建设，加固堤防3.4千米。完成薛埠镇东进水库下游、芝麻凹水库下游、指前镇水土流失综合治理工程，治理水土流失面积1平方千米。指前镇保

2022年，通济南河整治工程完工　（区水利局 供）

平圩、儒林镇南社小流域建成省级生态清洁小流域。　（李勋章）

【水库移民后期扶持项目】　2022年，金坛区动态核定全区大中型水库直补农村原迁移民306人、三峡移民10人、自主外迁移民32人，共发放直补现金20.97万元。薛埠镇方麓溢洪河下游段综合整治工程顺利完工通过验收，总投资679.11万元实施的薛埠镇方麓溢洪河下游段综合整治续建工程、薛埠镇上阳村新浮溢洪河综合整治工程全面开工建设。全年完成河道整治834.36米，其中联锁式护坡块护岸1565.4米，岸坡绿化6408.27平方米。

（彭　阳）

【水利重点项目】　2022年，区水利部门编写的湟里河（金坛段）综合整治工程项目建议书、可行性研究报告获区发改局批复，初步设计报告通过省水利厅咨询会审查。金坛区城市水系畅通及生态修复工程项目建议书、可行性研究报告获区发改局批复，一期工程建设项目设计方案编制完成。至年底，长荡湖水环境综合治理项目、通济南河整治工程完工，新孟河延伸拓浚工程金坛段进入扫尾及专项验收准备阶段。

·水利管理·

【概况】　2022年，区水利部门加强水利工程长效管护，确保水利工程安全运行管理，推进水利资产整治工作。下坵河枢纽、杨兴洼、四棚洼水库创成省级精细化管理二级工程。金坛区获2020—2021年度全市水利建设质量考核等次A级，区水利局代表队参加常州市第十六届职工职业技能竞赛水利工程建设质量监督技能竞赛获优胜奖。

【水利工程监管】　2022年，区水利部门修订完善金坛区农村水利工程管理实施细则，强化水利工程管护工作。年内，完成中央、省级水利工程维修养护项目7个，茅东等6座水库蚁害治理“达控”通过复查验收，完成下坵河、龙山枢纽安全鉴定工作。落实安全生产责任，加大对水利工程建设的检查力度，开展水利工程建设季度信用管理履约考核。全年共批复质量监督水利工程15项、安全监督项目9项，开展各类监督检查80余次，发出检查意见17份，编发质监报告11份。开展水利行业安全生产专项整治三年行动、水利行业危化品专项整治、在建水利工程度汛风险隐患排查，全年实现质量安全“零事故”。

（张彦傑）

（编辑　方　骊　钱国新）

城市建设

综　述

2022年，金坛区打开城市建设新格局。有序推进公园城市建设规划、城区排水（雨水）防涝专项规划、公共停车设施专项规划等重点项目和城建领域专项规划的编制研究。抓住新一轮高质量发展的时机，扛起“两湖”创新区主战场重任，一体推进“三城”建设。河海大学常州新校区、金坛高铁枢纽等一批标志性工程提速推进，空间格局顺势打开，城市能级全面提升。深入推进常金同城化、城乡一体化，启动“两湖”创新区金坛组团封闭运作，全力打造“生态创新区、未来科创城”。“多规合一”国土空间总体规划通过审议，“三区三线”划定成果正式启用。新增空间规模指标259公顷，新增建设用地指标199公顷。新建改造市政雨污水管网20.5千米，改造提升春风一村、古石林等老旧小区11个，河滨（北戴）小区创成省级宜居示范居住区。虹桥、南门学苑等6处口袋公园竣工投用。打造南环一路、南门大街等11条精品街道，城市建设高质量发展。（马　凡）

城市规划

【概况】　2022年，金坛区聚焦城市功能定位，紧扣常州“532”发展战略，紧抓“两湖”创新区对加速同城化的强大牵引作用，结合“三区三线”最新划定成果，构建“两轴两带、双心四片”的国土空间开发保护格局。

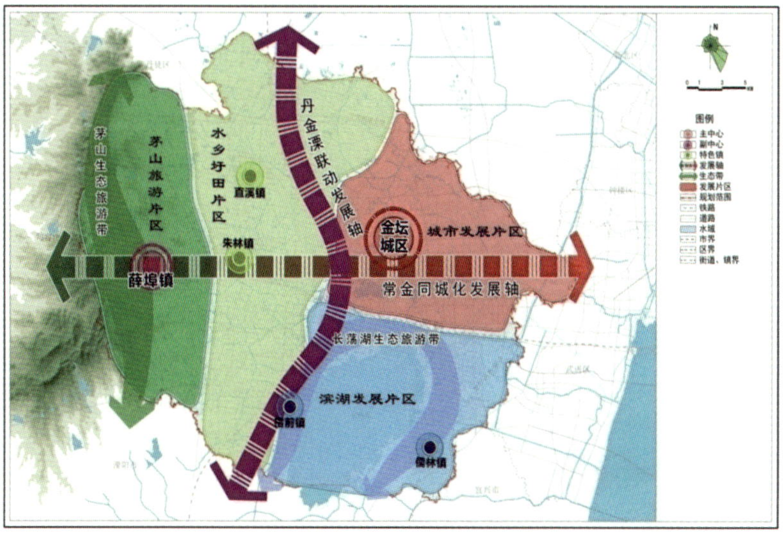

金坛区“两轴两带、双心四片”国土空间开发保护格局图　（施雅晶　供）

【“两湖”创新区金坛组团规划】　2022年，金坛区全面贯彻“生态＋创新”的发展理念，围绕“生态创新区、未来科创城”的发展目标，以生态公园城市建设为引领、以城乡环境“五乱”治理为抓手、以城乡一体化发展为核心，力求将金坛“两湖”创新区建设成为延续江南气韵、彰显现代活力、宜居宜业宜游宜商的新兴区域节点与智造创新高地。

根据规划，金坛“两湖”创新区构建“一纵三横、四片多心”的空间结构。纵轴以金山路为依托，是串联金坛过去、现在与未来的历史文化轴与城市发展轴。三条横轴分别为依托金坛大道（金武快速路）的常金同城发展轴、依托沪武高速与苏南沿江铁路的南沿江城镇发展轴以及依托河海大道（两湖大道）的湖链生态发展轴；四大功能片区分别为产城融合科创田园组团、高端制造国际合作组团、水乡绿苑生态客厅组团、“微笑经济”产业基地组团；多心即老城商贸服务中心、新城商务商业中心、河海科创研发中心、中德国际交流中心、华罗庚高新创智中心与金坛站综合枢纽中心等综合服务节点。

【城市规划管理】 2022年，常州市金坛区自然资源和规划局全力保障重大项目落地见效。全年共编制规划条件64件，其中经营性26件、工业33件、划拨5件，总用地面积276.8公顷。办理建设用地规划许可证62件，其中经营性8件、工业54件，总用地面积312.9公顷。完成111份建筑设计方案审查，其中经营性13件、工业98件。核发建设工程规划许可证135件，其中经营性17件、工业107件、市政4件、公益性7件，总建筑面积457.6万平方米。完成外立面审批25件。组织专家会、交通影响评价会13次，保障一批产业民生项目和重大基础设施项目推进。 （施雅晶）

城市更新

【概况】 2022年，金坛区结合金沙老城改造工作，对中山路、县府路、华苑路、峨嵋路、汇贤路、金胜西路、西环一路、宏化路等9条道路进行同步改造，对原金坛区第一人民医院周边实施景观提升，完成南环一路口袋公园、虹桥口袋公园改造。金坛大道（群贤路—聚贤路）环境提升示范工程、青年广场提升改造工程被列为常州市绿化考核三季度会议现场观摩项目。围绕改善人居环境，完善城市功能，提升区位优势为目标，因地制宜完成既有住宅加装电梯、电动自行车充电桩加装、机关事业单位停车设施开放共享、省级垃圾分类达标小区、城区公厕提标改造等一系列城市更新项目。积极构建共建共治共享城市治理格局，开展市容环卫责任制信息化管理示范路创建行动以及楼顶户外广告拆除工作。

【老旧小区改造】 2022年，金城镇（白凉亭、幸福新村一期、上庄农民公寓、春风一村）、东城街道（华苑新村、古石林小区、华苑二村A区、华苑社区散居楼）、西城街道（刘家塘、虹桥新村、虹桥社区散居楼）的11个老旧小区改造完成。建筑本体完成外墙出新，优化了空间形象、内部交通、活动场地、公共环境，完善公共安全设施、市政公用设施和便民服务设施。改造共惠及278幢、7370户居民。

【公园城市建设】 2022年，金坛区切实推动理念转变，由“城市中建公园”到“公园中建城市”，努力营造“开窗见景、出门进园”的绿色环境。启动公园城市建设规划编制。完善城市排水防涝、停车、人防、公园城市建设等各类专项规划，逐步实现城建领域专项规划全覆盖。以钱资湖生态绿廊为核心的超级城旅综合体策划方案形成初稿。南洲公园改造提升项目完成风雨桥、观鱼池维修出新。有序推进城市家具、景观照明和导视系统等配套完善。完成5个公园的标准化达标验收工作。钱资湖公园入选江苏省首批高品质绿色空间。

4月，春风一村老旧小区改造工程完成 （邰 涛 供）

【居住环境提升】 2022年，金坛区出台政策助推老小区电梯加装工作，完成既有住宅加装电梯24台任务指标。完成五星家园小区高层住宅二次供水设施改造，此次改造共涉及二次供水用户692户，投资约280万元。完成8家机关事业单位停车设施开放共享。完成31个省级生活垃圾达标小区以及12个垃圾分类示范村创建，指前镇全域生活垃圾分类工作通过省厅考核验收。完成4座城区公厕提标改造工作，首座便捷驿站式公厕投入使用，提供了一站式服务。城南生活垃圾中转站项目建设加快推进，年内进场施工。区城管局牵头开展南环一路、南门大街、金桂路等12条路段的市容环卫责任制信息化管理示范创建工作，拆除存在安全隐患的建（构）筑物楼顶户外广告。 （史万军）

【公园绿地景观提升工程】 2022年，金坛区结合国家生态园林城市创建工作，建成虹桥、中医颐养公园、青年广场、南门学苑、学基路、文化街角公园等6个口袋公园。其中虹桥口袋公园入选江苏省“乐享园林”。新改扩建金沙公园等公园绿地，总面积13.5公顷。提升改造钱资湖玫瑰园主题花卉公园，改造面积0.2公顷。

【城市绿地增量工程】 2022年，金坛区完成钱资湖大桥两侧闲置地块覆绿工程，建设规模10公顷。实施筑源世家北侧等立体绿化，建设面积0.65万平方米。金郡南侧金坛大道生态绿道示范段竣工。

【生态绿廊建设工程】 2022年，金坛区提升改造电胜河（金域华府段）生态廊道工程，建设规模1.57公顷。实施金沙公园滨河路步行系统、长荡湖东路景观工程项目建设，总面积11.6公顷。

【园林绿化】 2022年，金坛区开展城区绿化专项补植改造，对道路绿地进行绿化补植1000余处2.5万平方米，行道树补植180棵。城区各公园全年共完成零星补植改造50多处，改造面积约1.2万平方米。在公园现有基础上完成5处景观提升，打造公园打卡点。年投入费用4000余万元，做好全区1012万平方米园林绿化维护管养。充分利用“智慧园林”管理平台，深化“一路一档”和“绿树银行”，逐步实施绿化管理“一张图”，建设病虫害防治自动预报站，利用“大数据”提升病虫害防治工作。

（部 涛）

市政公用事业

【城市道路】 2022年，区住建部门通过工程措施或者信息化手段，对老城区环岛实施拆除，堵点整治等隐患消除及通行效率提升改造。金坛高铁枢纽7条配套道路建设完成，钱资新城路网完善的5条道路完成建设。全年共维修水泥道路7127.85平方米、沥青道路1.36万平方米、人行道1.85万平方米、各类侧平石及树池7288.11米、沥青灌缝22.2万米、各类井盖1719座、清掏雨水井6.2万次、汛前疏通管网102千米和明沟1.62千米，清理溢流口284座，清理泵站76座，驳岸维修44.78立方米，总费用约3600万元。 （部 涛）

【城市公共交通】 2022年，金坛区深入推进公交优先战略，不断满足人民群众日常出行需求，进一步健全完善全区公共交通服务体系。城市公交全年完成客运量569.39万人次，比上年同期降低27.22%；全年完成统计营收318.66万元，比上年同期降低30.53%；全年完成安全行驶959.43万千米，比上年同期降低21.44%。城乡公交全年完成客运量90.65万人次，比上年同期降低26.68%；全年完成统计营收559.84万元，比上年同期降低32.26%；全年完成安全行驶765.45万千米，比上年同期降低15.88%。镇村公交全年完成客运量21.17万人次，比上年同期降低19.15%；全年完成统计营收11.01万元，比上年同期降低20.16%；全年完成安全行驶159.28万千米，比上年同期降低8.78%。全年售出公交卡13.21万张。优化5条公交线路，为服务金坛经济开发区、中德产业园区入驻企业员工的出行，城市公交701路优化延伸至大乘汽车南门。为满足万科四季雅苑、华科荷香苑、钱荡月色别墅、中创新航研究院等地市民公交出行的需求，扩大公交覆盖面，对城市公交113路进行了优化调整。为扩大公交线网覆盖，对城市公交H3、H4路进行了优化调整。为方便和满足雅居乐（明月山溪花园）居民出行需求，对镇村公交329路进行了优化调整。因340省道常溧公路（金坛赵庄—丹阳皇塘界）交通组织方案发生变化，结合周边路网、公交场站情况，对城市公交103A路进行优化调整。新改建公交候车亭66座，范围主要涵盖金沙老城、钱资新城和相关板块。针对老城区使用年限较长存在安全隐患以及造成交通堵点的老旧公交候车亭进行提档升级。对新城区如人民医院、江苏省华罗庚中学、汇贤中学、金沙科技金融中心等重点区域的公共交通基础设施进行补充和新建。开通常金公交88路，线路全长32.5千米，全线共设站30个，每天发车18班。 （李星明）

【城市照明】 2022年，全区共有市政养护的路灯约31000盏，景观照明（含楼宇亮化）约52000个光源。城市功能照明亮灯率≥98.5%，景观照明亮灯率≥95.0%，设施综合完好率≥95.0%，均符合或高于行业标准。继续推广多功能杆、单灯控制系统和节能减排工作。优化开关灯时间，对楼宇亮化以及其他景观照明设施科学开关灯，将新城路南延、金山路南延、汇贤路南延、环湖路等道路的非机动车道的亮灯模式由全夜模式改成半夜模式。监督指导对茅山旅游大道的约2600盏灯的单灯控制器进行更换。通过绿色高效节能管理，在保障城市功能照明和优化景观照明的运行基础上，有效节约财政电费投入。

【供水】 2022年，金坛区供水量7900万吨（长荡湖水厂供水量6500万吨，常金供水量1400万吨）。全区售水量6400万吨（城区售水量3600万吨，其中城区工业企业售水量1400万吨），经检测，供水水质达标稳定。

【供气】 2022年，金坛区城镇天然气供气量3.3亿立方米，全区有以天然气为燃料的出租车、驾校车、公交车、长途客车450辆。全区有城镇燃气管网总长1218.17千米，其中高压管网83.17千米，中压管网530千米，低压管网605千米。金坛港华燃气公司建立了地理信息系统并开展日常巡线工作。全区全年液化气用气量约10000吨，瓶装液化气用户3.85万户（其中居民用户3.66万户）。智慧燃气平台显示全区共有燃气用户3.74万户，其中居民3.56万户，非居民0.18万户。持续推进燃气用户安全用气隐患排查工作，管道气安全用气体检率100%。金坛港华燃气公司累计完成14.97万户居民安全用气体检，为居民用户累计处置不安全燃气具988台，更换不锈钢波纹管223根，完成1000根立管改造，推广安装燃气智能表13424只。完成对53家公用场所、16家大型工业企业的入户安全检查。

瓶装液化气入户安检率99.9%，督促瓶装气企业开展入户安检，将数据上传至常州市智慧燃气平台。

（部　涛）

【供电】 2022年，金坛区全年全社会用电量83.82亿千瓦时，历史首次突破80亿千瓦时，同比增长17.89%。全区调度用电负荷年内9次突破历史新高，达138.55万千瓦，较上年峰值增长19.32%。工业用电量67.95亿千瓦时，同比增长19.13%。全年完成长荡湖峰会等24项重大活动保电任务。区供电公司促成中创新航等12家企业进入保供“白名单”，全力保障社会民生和重要企业可靠供电。迎峰度夏期间精准实施负荷侧保供16次，单次最大错峰14.4万千瓦，占常州全市最大压降负荷的17.73%。区供电公司促请区安委会开展输配电线路保护区问题隐患专项整治，健全保护区内隐患联合治理机制。联合开展政企合作，累计修剪涉电树木18000余棵，树线矛盾专项治理取得突破。开展不停电作业2600余次，同比增长75%，全力缩短用户停电时间。滚动修编“十四五”电网规划和“两湖”创新区金坛板块能源规划。开工1项、投产4项电网基建工程，新增变电容量16.3万千伏安、线路长度41.15千米。钱资湖西110千伏输变电工程获评江苏省电力有限公司输变电绿色低碳优质示范工程。重点推进6项新型电力系统示范项目建设。盐港路17条输配电线路迁改工程完工。常州市首台无人机巡检机巢建成投运，实现220千伏及以上输电线路无人机巡检全覆盖。全年累计投资配农网建设近4.5亿元，推进8个老旧小区电力设施改造，完成配农网巩固提升、技改大修等项目1100余项。开展供电方案规划和涉电项目建设，保障贝特瑞锂电池高镍三元正极材料项目等18个省市重点项目竣工投运。服务世界首座非补燃式压缩空气储能电站并网。区供电公司助推区发改局出台水电气联合办理实施方案，设立区行政服务中心联合办理柜台。深化“供电+能效服务”，建成飞荣达二期、直溪光采小镇等能源示范工程，投运常州市首个客户侧“储能+代维+需求响应”项目。加快推进充电设施建设，金坛电动汽车体验中心启动运营，全区公交站、高速服务区和乡镇供电营业场所实现公共充电设施全覆盖。完成19处公共停车场、存量小区充电设施建设，有序推进老旧小区配套充电设施改造，累计建成充电站39座、充电桩201个，年充电量突破520万千瓦时。建成207个省级以上乡村电气化项目。（陈玥霖）

7月4日，垃圾焚烧发电项目电网搭建现场　　（区供电公司　供）

【污水处理】 2022年，金坛区污水集中处理量为4700万吨，平均日处理量为12.8万吨，处理量较上年增长23.34%。污水处理厂出水水质达标稳定。全年开展排水企业上门服务200余次。组织企业排水行为日常巡查（夜查）160次，及时发现解决问题。累计受理各类信访投诉112件，对13家企业发放排水许可证。全年累计巡查排水管线3.26万千米，更换排水井框盖1350只，修复排水管道103米和爬梯破损13处，清除管线积泥24处，更换防坠网58张。对污水处理厂现场业务考核检查132次，保证年度内生产运行稳定，无重大生产事故发生，巩固城市黑臭水体治理成效。开展东社河、电胜河、运粮河水质提升工程，指导城市污水公司完善城区污水提升泵站调度管理，动态监测河道水质变化，全力做好水环境整治提升。

（部　涛）

城市管理

【概况】 2022年，金坛区城市管理局联合农业农村局、生态环境局、金坛公安分局、交通局等部门，牵头开展城乡环境“五乱”（乱堆放、乱张贴、乱排放、乱停车、乱搭建）治理工作，参与制定“乱堆放”“乱张贴”“乱停车”“乱排放”“乱搭建”实施方案及日常考核方案。组织开展4次现场会、10次专项巡查，制发8期简报，全年共治理各类乱象17万余处，助推各项治理工作深入开展，一季度获常州市农村人居环境整治暗访测评第一。深入推进市容环境综合整治，重点开展户外广告设施、乱张贴乱涂写、流动收旧噪声扰民、乱修剪乱砍伐树木、绿地停车、偷倒乱倒垃圾、校园周边市容环境专项整治。落实“全时段、全方位、全覆盖”深度保洁。全面推进城市长效管理街道自查自纠系统的全面应用。全年全区各镇（街道）、部门经平台流转解决各类管理问题8.3万余起，处置率达99.98%。主动发挥桥梁纽带作用，全年共协调各职能部门案件27起。协调解决华城路青石老街段保洁、中景华府南侧绿化空秃、金坛大道东北侧绿化归属等一批棘手问题。开展公厕提标改造。推进城乡生活垃圾分类，强化环卫精细长效管理。组织对全区30个住宅小区开展公共收益专项审计，顺利完成年度各项目标任务。

【环境卫生管理】 2022年，金坛区聚焦城市污点，落实“全时段、全方位、全覆盖”深度保洁，城市重点道路机械化清扫率96.29%。坚持生态优先，提升垃圾无害化、资源化处置水平。全年共外运建筑垃圾8.8万余吨、园林绿化垃圾3.5万余吨、生活垃圾19万余吨、大件垃圾6000余件、易腐垃圾410余吨，资源化处置率100%。加强保洁质量监督考核，出台考核办法，通过常州市环卫信息化管理系统，督促责令作业公司立行立改。

【市容市貌管理】 2022年，金坛区深入推进市容环境综合整治。全年共整治违规户外广告602个。取缔流动摊、出摊2.7万余个。清理乱张贴、乱涂写1.1万余处。清理乱堆放8600余处。处罚乱停放非机动车1396辆。新增、补划蓝色非机动车停车线3.7万米、提示牌280块。对新增违法建设坚决做到“零增长”“零容忍”。全年共拆除违法建设400余处，面积8500余平方米。

5月9日，给违停车辆贴电子告知单 （史万军 供）

【行政执法】 2022年，金坛区推进全区综合执法体制改革。统筹推进执法人员、执法权限、执法硬件设施下放属地乡镇（街道）。做到执法信息公开透明、执法过程全程记录、重大执法决定法制审核全覆盖，让行政执法权力运行在阳光下。自觉维护司法权威，积极推进行政复议体制改革，不断提高行政复议能力和办案质量。探索建立打击擅自倾倒固体废弃物行为执法联动机制，有效运用“行刑衔接”，打击擅自倾倒固体废弃物3起。启用吸盘式电子告知单，依法处罚绿地停车案件14起。全年共立案查处简易程序2000余件，罚款12万余元。一般程序210件，罚款97万余元。

（史万军）

（编辑 方 骊）

乡村振兴

综　述

2022年，金坛区全年农业质效实现突破实现粮食生产面积2.42万公顷，粮食总产量17.24万吨，完成上级下达目标任务。国家农业科技园区实体化运作，省级现代农业产业高质量发展示范园获批建设，薛埠镇、指前镇通过中央农业产业强镇验收。中天黄金大农场项目成功签约，全国水稻绿色高质高效示范县建设水平位居全省第一方阵。

【农民生活】　2022年，全区农村人居环境完成千户现代化宜居农房改造，村级“夕阳红”养老服务站点实现全覆盖，同时农村居民人均可支配收入3.58万元，比上年增长5.9%，增幅继续高于城镇居民，城乡收入差距进一步缩小。

【城乡融合试点】　2022年，全区推进城乡融合发展试验区建设，16项省级重大支持事项实施取得进展，领先于试验区平均水平，围绕“两水一茶”（水稻、水产、茶叶）特色产业发展智能农业等3个典型案例获全省推广，建立“1＋3”集体经营性建设用地入市等政策体系，入市面积、交易金额均位列宁锡常接合片区第一。

【乡村文化传承】　2022年，金坛区组织开展系列文化惠民活动，全年送戏下乡100场次、送展览70场次，送书到基层10000册。策划举办“江东福地 乐道金坛”2022年常州市金坛区乡村旅游特色文化展示演出，线下服务5000人次，直播观看约8.3万人次。金坛直溪巨龙队节目《龙舞太平》参加“2022中国·平湖‘龙舞九彩’长三角龙舞邀请赛”获最佳优胜奖。培植民间阅读组织，强化“数字农家书屋”推广，全年全区注册人数11.7万人，累计使用54.8万人，位列常州辖市区第一方阵。（朱洪来）

农村改革

【概况】　2022年，金坛区出台农村宅基地审批管理、保障对象认定、自愿退出等3项规范性文件，建立各镇、街道农村宅基地受理窗口和联审联办工作机制。深化农村土地“三权分置”改革，规范农村土地承包调解仲裁。推进集体经营性建设用地入市，完成入市土地41宗，面积233公顷，涉及出让金10.41亿元。推进城乡公交一体化运营改革，出台《金坛区公交客运企业成本规制实施细则》，完成公交线网规划编制。

【农村综合改革试验】　2022年，金坛区出台《关于加强和规范农村宅基地审批管理工作的实施意见》等系列配套文件3个，自主编写《农村宅基地管理知识百问百答》，形成较为完善的审批管理机制，开展农村宅基地改革，把重点改革创新试验引向深入。深化农村土地“三权分置”改革，建成农村土地承包调解仲裁庭，仲裁结案3件。开展集体经营性建设用地入市探索，与南京农业大学共同开展相关课题研究，完成入市土地46宗、面积242.31公顷，涉及出让金10.86亿元。推进城乡公交一体化运营改革，出台《金坛区公交客运企业成本规制实施细则》，完成公交线网规划编制初稿，注册新公司加快组建。深化农村公路管养体制，印发《金坛区深化农村公路管理养护体制改革实施方案》。推进农村物流达标县创建，完成薛埠、建昌客运站升级改造，建成圆通中通丰网集散总中心，3个区级、10个镇级、100个村级物流点挂牌运营，主要品牌快递直达率100%。南瑶城乡融合发展先行区建设完成规划方案设计和待收储地块土壤检测初调，企业项目组完成入驻工作。

（王震寰）

【农村土地承包经营调解】　2022年，金坛区规范农村土地承包调解仲裁，制作申请、受理、开庭、调解、仲裁等14个方面文书56个。全年农村土地承包仲裁结案3件，办理行政诉讼8件，受理来自平台转接、人民来信、复查复核、转办农村土地承包信访件46件，接待来访43批45人次，电话119人次。

【农村产权制度改革】 2022年，金坛区选择确定试点村10个，布置“村社分账”工作全面完成，位列常州市第一位。按照省、市两级部署，抓好各村农村产权制度改革的相关资料整理、著录、扫描等工作，全区6镇3街道101个村的农村产权制度改革资料高质量入馆。充分利用全国农村集体资产监督管理平台和江苏省农村产权交易信息服务平台，对各村股份经济合作社信息重复的成员开展排查，删除重复成员数450人。

【农村宅基地改革】 2022年，金坛区出台《常州市金坛区农村宅基地保障对象认定办法（试行）》《常州市金坛区农村宅基地管理办法（试行）》《关于退出宅基地农民权益保障的指导意见（试行）》，明确资格权认定、部门职责、申请标准、审批流程、巡查监管、退出路径等内容。指导各镇、街道健全宅基地工作队伍，设立一个窗口对外受理，建立多部门内部联动和联审联办制度，逐步在全区推行农村宅基地审批管理工作。全区6个镇、3个街道均设立宅基地审批管理窗口，全年自然资源部门共受理宅基地申请25宗，申请面积0.28公顷，实际审批13宗，审批面积0.16公顷。举办全区农村宅基地改革和管理业务培训班，培训人数117人，为提升基层从业人员素质奠定基础。（王　珑）

农村经济

【概况】 2022年，全区100个村（居）集体经济总收38190.87万元，比上年增8.52%；经营性收入28146.05万元，比上年增0.9%。根据“三资”平台数据统计，2022年村（居）级经营性收入100万元以下村2个，占总村数2%；100万～200万元的村43个，占总村数43%；200万～500万元的村44个，占总村数43%；500万以上的村11个，占总村数11%。

2022年，全区农业产业化稳健发展，41家市级以上农业龙头企业实现销售额61.29亿元，同比增长5.76%。全区农产品网络销售额突破22.33亿元，较上年增长10.34%。天牧家禽被认定为省级龙头企业，江苏一鸣食品有限公司等4家企业被认定为常州市级农业产业化经营重点龙头企业。推进数字农业技术在种植、畜禽、水产、农业机械等领域的应用，全区县域规模设施农业物联网应用占比42.5%。金坛区代表在全省数字乡村大会、全省信息进村入户会线上交流会议中作典型发言。开展省级“互联网+”农产品出村进城工程试点县提升工程，带动农业产业、乡村建设驶上数字化“快车道”。江苏一号农场股份有限公司和常州金斗云农产品销售专业合作社获评江苏省“互联网+”帮促农典型案例，区农业农村局获评典型组织。

（郑爱民）

【产业协同平台】 2022年，金坛区推进数字农业建设，畜禽、水产、园艺产业数字农业占比40%，总投资4000万元的国家数字农业创新应用基地建设项目完成率70%。深化“互联网+”农产品出村进城工程试点县创建，通过电商平台、供应链平台等载体销售农产品超14亿元，其中通过抖音达人销售长荡湖大闸蟹突破2000万元，“供销市集”线上线下销售额1115万元。一号农场获评全省“互联网+”帮促助农典型企业，数字化渔场获评江苏省农业数字化建设优秀案例。农产品产地冷藏保鲜设施建设取得长足进步，新建暂养仓2座、7360平方米，新建标准化冷库8个、3000立方。下达各级农业品牌培育资金500余万元，支持经营主体开拓市场渠道、发展电子商务、参与平台促销，先后组织农企参加中国山地自行车公开赛、长荡湖籽虾节、苏韵乡情展销、农民丰收节等活动。建昌红香芋、沁雪牌糯米粉、茅山青锋入选省级区域公用品牌目录和企业品牌目录。

【现代乡村产业体系】 2022年，金坛区实施农业农村重大项目19个，总投资24.13亿元，完成年度投资11.13亿元。强化龙头企业培育，推荐申报1家省级、新增4家市级农业龙头企业，38家市级以上农业龙头企业1—11月销售额48.18亿元，现代乡村产业实力不断增强。全区紧盯附加值高的一、二、三产融合项目，持续做好农业招商引资，投资1亿元的常州淞禄生态智慧观光渔场项目落户金城镇。打造现代化乡村产业载体，以指前镇为核心、水稻水产为主导产业的农业园区入选首批省级现代农业产业高质量发展示范园准建名单，获5000万元补助资金；指前、薛埠两镇“中央农业产业强镇项目”通过验收。尧塘连续3年入选全国乡村特色产业超十亿元镇，仙姑村入选全国美丽休闲乡村。推动农业生产更加绿色高效，粮食绿色高质高效创建工作保持全省第一方阵，2家特色农机基地分获省级畜禽、水产养殖全程机械化标杆基地称号。（王震寰）

【农业产业融合发展】 2022年，金坛区充分利用乡村产业优势资源，全面推进休闲观光农业发展进程，着力打造“一山一水”两大休闲农业板块，集聚形成“山边、水边、城边”休闲农业观光带。全区三星级以上休闲农业和乡村旅游单位累计11家，位居全省前列。薛埠镇仙姑村入选中国美丽休闲乡村，长荡水庄亲子研学项目获江苏省乡村休闲旅游农业特色模式（项目），渔人码头农业休闲文化有限公司创成乡村休闲运动基地，2家单位成功通过休闲农业四星、五星实地考评。举办2022长荡湖籽虾节、放灯节、仙姑丰收节、金坛茅山夏游产品体验、寻秋采风行等系列农业节庆活动。数字化渔场、一号农场、一鸣食品等一大批农旅融合创意园区成为高效农业聚集区、农旅一体展示区、美丽乡村示范区。（史黎明）

【金融助力乡村产业】 2022年，金坛区农业融资担保中心切实为广大农户、妇女创业人员、农业专业合作社、农业企业和经济薄弱村解决融资难、融资贵、担保难的问题。发放涉农担保贷款110笔8515万元，比上年度增加3笔390万元，分别增长2.8%和4.8%，在保余额110笔8515万元。其中，妇女创业担保贷款61笔1190万元，生猪养殖60万元，园区农业重点项目500万元，实现担保贷款手续费全免。省、市监管部门出台降费政策，帮助农业市场主体纾困解难，决定从2022年6月1日至2023年5月31日，金坛区农业融资担保中心担保手续费由1%降至0.5%，2022年累计免收担保手续费33.18万元。受极端高温天气和新冠疫情影响，部分农户和企业受损较大，金坛区农业融资担保中心联系合作银行，实现无本转贷5115万元，及时化解农户和农企因疫情发生贷款逾期，降低农户融资成本。

（李建平）

【现代农业产业园建设】 2022年，指前现代农业产业高质量发展示范园入选首批江苏省现代农业产业高质量发展示范园建设名单，获批省级奖补资金5000万元。金坛区现代农业产业示范园通过省级现代农业产业示范园建设水平绩效监测评价。指前镇、薛埠镇中央农业产业强镇项目双双通过验收。

【农业农村重大项目】 2022年，金坛区19个项目列入省农业农村重大项目库，年度完成投资11亿元，通过省级“双随机”考核。西银农业科技产业园项目入选全省“加新高”项目典型，金城镇入选全省农业农村重大项目建设机制创新典型，数字化渔场、一鸣全产业链项目入选2020—2022年全省100个农业农村重大项目建设典型。（于 斌）

【常州沁雪粮食产业联合体获评全省典型案例】 2022年，金坛区探索“龙头企业＋合作社＋家庭农场＋种植大户”的现代农业产业化联合体经营模式，创新利益联结机制，带动农民增收、农业增效。7月，江苏省农业农村厅面向全省推介一批农业产业化联合体典型案例，常州沁雪粮食产业联合体获评全省典型案例。该产业联合体由常州金坛江南制粉有限公司牵头，联合6个合作社、6个家庭农场和6个种植大户成立。常州沁雪粮食产业联合体保证订单化生产的稻米品质，成员单位统一提供种子、农药、化肥等农资，全程标准化生产为大米品质也提供保障。农业产业化联合体打通农产品生产、流通、销售等环节，推动农产品企业与专业合作社、家庭农场实现系统对接。通过组织模式，全区农业产业深度融合、上下游紧密联系，形成风险可控、利益共享的融合发展模式。（尹 凡）

11月，薛埠镇仙姑村入选全国美丽休闲乡村（尹 凡 供）

乡村基础设施建设

【概况】 2022年，全区实施南沿江城际铁路、高铁枢纽、“四好农路”、河海大学常州新校区、长荡湖水环境综合治理、茅山旅游大道寻仙路互通大桥、农村公路整治提升工程等政府投资项目，投入财政资金41亿元。完成直溪供水增压泵站扩建工程、建设金茅路、建社线等道路燃气管道15.8千米，投入财政资金2200万元。实施现代化宜居农房建设和乡村风貌提升工程，投入财政资金5500万元。实施文体惠民工程，投入财政资金330万元。年内，上阮美丽乡村作为常州首批“美丽乡村示范区”正式开园，金城镇获评省级生态宜居美丽乡村示范镇，仙姑村跻身中国美丽休闲乡村，成为全省唯一入选国家“奋进新时代”主题成就展的特色田园乡村。

（朱洪来）

【用地保障】 2022年，全区强化节约集约，激发土地新效能，倾力做好用地指标争取，积极争取省重大项目，优先保障急需用地，全力保障重点项目建设用地落地，提升资源匹配度。完善集体经营性建设用地入市机制，研究入市与成片开发土地征收之间的衔接。将集体经营性建设用地入市纳入建设用地年度出让计划，保障重大产业项目，促进农村一、二、三产业融合发展。加快用地报批，结合业务要求和地方需求，推进规划空间和自然资源要素优先向重大项目集聚。加快推进项目建设，组建重大项目服务专班，完善“容缺受理、并联审批、联合验收”工作机制，全面实现重大项目“拿地即开工”，打造一流营商环境。依托山水林田湖草生态保护修复江苏省级试点工程实施经验，全面实施关闭矿山宕口生态修复、化工企业生态整治和村庄闲置废弃建设用地增减挂钩，全力推进空间腾退，加强规划流量空间调配。

【农村道路】 2022年，全区围绕“建设好、管理好、养护好、运营好”总目标，加快完善农村交通基础设施，深化农村公路管养体制改革。全年全区农村公路总里程1974.66千米，其中一级公路123.5千米，二级公路337.85千米，三级公路379.61千米，四级公路1133.7千米，四级及以上等级公路占比为100%。桥梁总计536座，其中县道桥梁203座，乡道桥梁188座，村道桥梁145座。

【数字乡村建设】 2022年，金坛区以信息基础设施为数字底座，夯实数字乡村发展根基，92个建制村实现千兆光纤入户32468户，5G网络行政村覆盖率100%。全区共有益农信息社86家，实现益农信息社便民服务量超28万人次，平均每个信息社提供便民服务3000人次以上。全年抓好乡村教育信息化工作，完成中小学千兆教育城域网建设，实现千兆到校、百兆到桌面、无线网络全覆盖，班班通覆盖率100%，中小学均通过省“智慧校园”合格校的创建。发展“互联网＋医疗健康”，全区13家乡镇卫生院远程医疗覆盖率100%。推动“互联网＋人社”建设，全区居民电子社保卡发放数同比增长68%，整村建档评级授信的建制村53个，覆盖率57.6%。创新打造“互联网＋养老”服务新模式，建设区级养老服务智慧平台，提高养老服务智慧化、信息化、规范化水平。2022年，全区92个行政村党务、村务、财务工作全部实现网上公开比例100%。聚焦落实“互联网＋政务服务”，1460项政务服务事项网上办理率100%。做好“自助办”应用场景建设和推广，集成“自助办”应用场景83项。全面提升乡村治理能力，深化推行村干部专职化管理，不断升级“选、育、管、用、督”完整链条，《以专职化管理打造乡村振兴铁军队伍》成功入选第二批全省乡村治理典型案例名单。打造智能防控感知网实现监控视频行政村覆盖率92.39%。

【农产品仓储保鲜冷链物流设施建设】 2022年，金坛区支持农村集体经济组织、农业协会、家庭农场和农民专业合作社等新型农业经营主体，开展农产品加工、分拣包装、仓储保鲜、冷链物流等设施设备建设。统筹产地冷链集配中心建设，以现有产业园区、示范园区、物流中心为平台，引导市场主体在重要流通节点改造建设农产品冷链集配中心。

全区创新农产品现代流通体系建设，发展数字化销售模式，综合利用线上线下流通渠道，大力推进社区团购、外卖到家、网络展销、平台直播等多样化的特色农产品“互联网＋”销售模式，不断提升金坛农副产品的网络影响力。配强一体化服务，打造常州首家市级农业电商集聚区，集聚区总占地25.33公顷，建有大闸蟹暂养仓库2座、标准化冷库8个。集聚区吸引入驻电商运营主体（企业、合作社、家庭农场）30余家，在各类电商平台开设店铺60余个，2022年线上交易额5亿元。园区引进从事仓储物流、包装策划、专业摄影、软件开发等8家配套服务企业入驻，中国邮政及顺丰快递在园区均设立专门的服务机构。

全区完善区、镇、村三级农村物流体系，投入运营的村级农村物流服务点覆盖率100%、主要品牌快递建制村直投率100%，促进交通、商贸、邮政、农业、供销融合发展。创建农村物流特色品牌，推进乡镇农村物流服务站共建共享，利用薛埠、建昌客运站闲置场地进行升级改造，增加农村物流和邮政快递作业区，打造成集客运、货运、邮政、快递等功能于一体的乡镇综合运输服务站。

（王震寰）

乡村治理

【概况】 2022年，金坛区深入推行村干部专职化管理，在村书记队伍专职化管理覆盖率100%的基础上，实现村干部队伍专职化管理覆盖率100%，持续激发基层干部队伍活力和创造力。推进文明村镇创建，建成全国文明村3个，省级文明镇2个，省级文明村16个。贯彻落实《常州市民文明公约》，发布“文明金坛10条”，推出移风易俗“金6条”，推进婚嫁移风易俗改革，全区121个村（社区）全部完成村规民约的修订和完善。以开展思想道德教育和文体科技活动为重点，建设乡村学校少年宫33所，实现全覆盖。

【环境综合治理】 2022年，全区以金城镇培丰村为试点，探索集中堆放管理与农户分散堆放有机结合的新模式。全区全年清理城乡积存垃圾13855吨、道路沿线乱堆放2892处、河道两侧乱堆放1339处、空旷地乱堆放4766处，整治规范村庄乱堆放22843处，农村面貌得到显著提升。扎实开展“厕所革命”，组织开展农村问题户厕排查整改，新改建农村公厕22座。出台《金坛区“十四五”农村人居环境整治提升行动方案》《金坛区生态宜居美丽乡村示范创建实施方案》等文件，结合“五乱”治理，

12月，茅山茶海入选2022年国家级生态农场，成为常州市首家入选国家级生态农场的茶园　（尹　凡　供）

大力开展“三美一高”生态宜居美丽乡村建设，推进农村人居环境整治提升。创成省级生态宜居美丽乡村示范镇1个，示范村8个，区级示范点5个，落实市级美丽乡村示范项目1个。市级首批“美丽乡村示范区项目”上阮美丽乡村正式开园，长三角茶旅融合典型代表“茅山茶海”开门迎客。东浦省级特色田园乡村通过省级验收。建昌圩传统农业生产系统入选省级文化遗产名录，系常州市首批。

【文明镇村创建】　2022年，全区持续推进文明镇村创建，有区级及以上文明镇2个，文明村65个。组织开展首批区乡风文明建设示范点建设，评选出首批区乡风文明建设示范点9个，推动农村实现乡风民风、人居环境、文化生活“三个美起来”。实施“五乱”治理，全面开展城乡环境乱堆放、乱张贴、乱排放、乱停车、乱搭建整治工作，全区共计治理乱堆放97825处、乱张贴29195处、乱停车25567处、乱排放1477处、乱搭建4331处，城乡面貌焕然一新。组织“移风易俗文明新风”主题道德讲堂进村、社区巡演，以情景剧的形式，引导群众在你演我看、你评我议中增共识、除陋习、扬新风。

【文明实践活动】　2022年，全区新时代文明实践活动全域推进，真正融入百姓生活。盘活道德讲堂、妇儿之家、农家书屋等各类阵地资源，按照“八有”要求，规范化推进新时代文明实践所、站建设，实现全区所站建设全覆盖。重点打造“福临北门”“一水方边”等新时代文明实践站示范点、“塘口大学堂”“田园诗社”“黄金农学园”等新时代文明实践基地，以及“绿之赞”谢桥村、“水之韵”柚山村、“山之魅”仙姑村等一批样板村庄，激活乡村振兴“文明实践密码”。构建“1866”三级文明实践志愿服务队伍网络，即1支区志愿服务总队、8支区常备志愿服务队、实践所各建6支志愿服务队、实践站各建6支志愿服务队，逐步建成数量充足、构成多元、扎根乡土、富有活力的文明实践志愿服务队伍。全区789支文明实践志愿服务队不断延伸服务的广度与深度，常态开展理论政策宣讲、文化文艺服务等各类志愿服务活动，推动文明实践活动向纵深拓展。举办金坛区新时代文明实践集中行动日活动，以群众需求为导向，推出“良言常语”“坛有优学”等“五大平台”服务品牌，征集发布“金善金美 志愿同行”志愿服务项目66项，启动金坛区新时代文明实践“心随所愿”志愿服务暨“冬暖夏凉”护苗关爱行动，发布“你的愿望 我来点亮”微心愿征集令，开展“健康小药箱”“金沙福袋”等文明实践活动万余场。

【移风易俗活动】　2022年，金坛区树立“文明风向标”，发布“文明金坛10条”和移风易俗“金6条”，修订完善村规民约和居民公约，健全自治、法治、德治相结合的乡村治理体系。围绕“文明金善美 四减树新风”主题，举办“四减树新风”主题道德讲堂、“520·幸福护航”特邀颁证仪式、百年婚书婚照镇村巡展等活动，“文明金善美 四减树新风”主题活动获评全省首批移风易俗优秀案例。将移风易俗作为各类典型推选的基本条件，持续开展文明家庭和五星级文明户评选，依托善行义举榜，发布文明家庭事迹，营造见贤思齐、崇德向善的文明新风尚。全区60家机关事业单位2000余名党员干部主动下沉到村、社区，持续开展“文明来敲门”志愿服务，将移风易俗文明新风送到千家万户。完善“一约四会”，即村规民约、红白理事会、道德评议会、村民议事会、禁赌禁毒会，“议”出文明新风尚、“理”出文明好乡风。建立“百姓议事堂”，组织“妇女议事会”，采取身边事现场议、疑难事上门议、突出事专门议等方式，维护居民权益，化解矛盾纠纷，帮扶弱势群体。

（许鸿良　吉　瑶）

【城乡社会治理成效】　2022年，全区开展区域社会治理现代化试点，实施区级社会治理创新项目评比，金色商圈专属网格“五色花”工作法、“融治理”多元共治推广工程等9个创新做法入选常州市社会治理典型案例和创新项目。按照省市部署实施精网微格工程，优化调整现有综合网格和专属网格，科学划分微网格并配备熟悉情况的联络员，推进“熟人社会治理”。推进镇、街道综合指挥中心试点建设，儒林社会治理现代化综合指挥体系建设取得成效。实施“六联驱动、共建共治”工程，4家社会组织获评全国最高AAAAA等级，3家获评AAAA等级，华胜“红色帮帮团”案例获江苏省社区社会组织高质量发展案例、金河“金益学堂”案例获优秀项目案例；完成5个村（社区）级综合服务中心提档升级，“好邻居茶社”27个点位投入运营，项目获市法治惠民实事优秀项目三等奖；6个村（社区）创成市平安法治和谐示范单位，40余个村（居）与社会组织、企事业单位签订共建协议。

【矛盾纠纷化解】 2022年，全区全面推进诉源治理工程，初步构建一个一站式纠纷化解平台、两个矛盾调解中心、三级调解队伍、多部门协同的矛盾纠纷化解体系。建成村、社区人民矛盾调解中心124个，成立行业性专业调委会10个。建立敏感案件预警机制，推行示范裁判（调解）机制，健全“法官进网格”“审务进基层”机制。加强检察环节治安风险防范化解，落实“少捕慎诉慎押”刑事司法政策。G233等国省道沿线79处豁口隐患整治完成74处，在县乡村道推广安装警示爆闪灯1000余处，即排即改道路小微隐患713处。老旧小区技防微单元建设项目和治安防控智能识别圈升级项目开工，城区技防监控升级改造项目全部投用。

（王震寰）

富民强村

【概况】 2022年，金坛区落实市级茅山老区帮促项目1个、投入180万元、奖补100万元，省级茅山老区帮促项目1个、投入380万元、奖补130万元，发展壮大集体经济。落实2022年省级扶持壮大村级集体经济项目5个，总投资997万元，补助资金365万元，促进村级增收140万元。2022年市级扶持壮大村级集体经济项目1个，总投资893.85万元，补助资金61.28万元。全年区级扶持壮大村级集体经济项目5个，总投资898.94万元，补助275.2万元。儒林镇三个村试点“飞地＋抱团”经济发展新模式，在鑫城大道购置公寓楼对外整体公开发包，村均增收50万元。发展壮大新型农业经营主体，组建新型农业经营主体辅导员队伍建设，新增区级以上示范家庭农场105家、区级以上示范合作社20家。

【富民强村路径】 2022年，全区落实省级扶持壮大村级集体经济项目5个，总投资997万元，补助365万元，促进村级增收140万元；落实2022年市级扶持壮大村级集体经济项目1个，总投资893.85万元，补助61.28万元。儒林镇3个村试点“飞地＋抱团”村集体经济发展新模式，通过购置公寓楼对外整体发包村均增收50余万元。搭建新型农业经营主体服务联盟，省级以上示范社全面实现财务电算化，市级以上示范社辅导员按照1∶5要求配备到位。新增区级以上示范家庭农场100家、区级以上示范合作社20家，金坛区被列为农民合作社质量提升省级重点县（区）。2家家庭农场获省首届“百佳示范农场”称号，2家农业产业联合体获评全省典型案例。采用线上线下相结合的培训方式，完成部级高素质农民培育270人、省级734人。

（王震寰）

【公共服务】 2022年，金坛区整体提升农村学校硬件设施和内涵建设水平，鼓励城乡学校开展“学校联盟”“优秀教师跟岗锻炼”“优秀教师城乡牵手”。25所农村园中，有省优质园15所、市优质园4所，全区33所农村中小学均为常州市优质学校。

（朱洪来）

【农民培训】 2022年，全区培育江苏省乡村产业振兴带头人“头雁”计划10名，培育第二期常州市“龙城英才”计划农业乡土人才26名。建立茶叶、河蟹、青虾、肉鸡4个江苏省现代农业产业技术体系推广示范基地，围绕稻麦、园艺、茶叶、河蟹、家禽五大主导产业开展基层农技推广体系改革与建设补助项目，培育科技示范户700户。组织各镇（街道）农技人员89人次赴南京农业大学、扬州大学开展专业技能轮训。全年完成部级高素质农民培育试点调研60人，省级高素质农民培育试点调研120人，省级高素质农民培训826人。

（孙亦诚 范晓璐）

【结对帮扶】 2022年，全区深入开展全区第六轮结对帮扶工作，共落实帮扶资金600余万元，帮扶项目45个，16个经济提升村村均增收7万元。全年落实省市帮促项目各1个，补助资金230万元，村增收39万元。对2000人原建档立卡低收入一般农户实施防贫保险，保费20.5万元。

【养老保障】 2022年，金坛区城乡居民基础养老金提标到每人每月391元、被征地农民养老补助金提标到每人每月816元，惠及10万人。提高全区城乡居民基本医疗保险筹资标准，“老年居民”“非从业居民”由每人1620元提高至每人1800元、“未成年居民”由每人1260元提高至每人1400元。健全农村优质养老服务体系，建设3家农村区域性养老服务中心，村级“夕阳红”养老服务站点实现全覆盖。

【乡村公益医疗互助试点】 2022年，全区选取直溪、朱林两个镇开展乡村公益医疗互助试点，按照每人100元标准参保，农户个人缴纳50元，镇村对每人各补助25元。直溪镇、朱林镇参保人数28953人、筹资总额289万元，农户参与率45.4%，累计补助金额46.6万元，平均减轻农民个人医疗负担32%。 （李 垚）

美丽乡村建设

【概况】 2022年，金坛区推进城乡融合发展试验行动，实施农业农村重大项目，开展农业产学研合作，加强乡村基础设施建设，在农业产业规模和农业智慧程度上齐发力，促进城乡融合与协调发展。47个重点项目中，涉及改革探索试验类15个，工作创新提升类20个，基础设施建设类12个。

【生态价值转换路径】 2022年，金坛区编制《金坛区“一山一水”自然资源领域生态产品价值实现机制试点实施方案》《金坛区建立健全生态产品价值实现机制的实施方案》，选取长荡湖水环境功能重塑、密闭性盐矿储能释放和茅山风景区生态经济同步发展三个典型案例，探索具有金坛特色的生态产品价值转换机制，出台矿地融合示范区概念性规划并细化实施方案。对全区水稻病虫害防治用药采取“统一采购、统一配送、统一价格、统一补贴”的配送模式，实现农药配送额285万元，农药配送率70%，降本比例34%。发放耕地地力保护补贴3280.54万元，惠及7.39万农户、1.82万公顷。完成长荡湖水环境综合治理工程，累计种植沉水植物6200吨。池塘标准化改造进度位居全市第一，完成改造点位12个、面积373.33公顷。

【城乡基础设施建设】 2022年，全区实施一系列道路、供水、燃气、农田、水利等基础设施工程。完成农村公路大中修和标线更新工程。直溪镇供水增压泵站扩建工程完工，建设金茅路、建社线、直东路等道路燃气管道15.8千米。466.67公顷高标准农田工程完成70%，93.33公顷美丽农田进场施工。芦家和儒林中河整治等水利项目均完工，高铁片区水系等综合整治工程有序推进。完成指前镇、儒林镇、尧塘街道3个标准化农村区域养老服务中心建设任务，完成年度400户困难老年人居家适老化改造任务。编制完成金坛区农房图集，完成现代化宜居农房改造1005户，试点村花山首批11户农民自建房开始施工。薛埠美丽宜居小城镇建设项目全部竣工。

【农村人居环境】 2022年，全区制定“乱堆放”专项整治工作方案、考核细则，重点对农村家前屋后、公共空间等区域开展乱堆放专项治理。金城镇培丰村先行先试，探索集中堆放与农户分散堆放有机结合管理模式。印发“十四五”农村人居环境整治提升行动方案，常态化开展村庄清洁行动。坚持建管用并重，健全农村人居环境长效管护机制。实施“三美一高”生态宜居美丽乡村示范建设，启动建设1个示范镇、8个示范村、6个示范点。开展省级特色田园乡村创建，指前镇东浦村11月获评江苏省特色田园乡村。 （王震寰）

11月，指前镇东浦村获评江苏省特色田园乡村 （尹 凡 供）

（编辑 张继华）

综　述

【概况】　2022年，金坛生态建设以“五大行动”为引领，突出源头治理、协同减污降碳，深入打好污染防治攻坚战，生态环境质量持续改善。强化自然资源保护，构建人与自然和谐共生的新生态。强化河湖长制工作，加强河湖行业管理。强化节能减排，推进节水型社会创建。加强生态文明建设，开展生态文明宣传教育，实施生态修复工作，推进生态绿城建设，筑牢生态防线。直溪镇汀湘村、新河村分别通过省、市级生态文明建设示范村创建现场验收。

【生态绿城建设】　2022年，金坛区持续推动生态绿城建设，完成工程类项目11个，完成率100%。实现增核733.33公顷、扩绿6.62公顷、连网规模3.43千米，新增公园绿地6.42公顷。

【生态修复】　2022年，金坛区推进生态修复工作，省级山水林田湖草生态修复工程试点通过省生态环境厅、财政厅、自然资源厅联合验收，经验做法获全省推广。该工程试点2年（2020—2021年），共实施工程16个，可转换生态产品价值约14亿元，“一山一水”生态屏障功能显著提升，长荡湖水质大幅改善，茅山林木覆盖率28.03%，生物环境指数2020—2021年连续2年列常州市第一。

环境质量

【大气环境质量】　2022年，金坛区环境空气质量达到二级标准（空气质量指数小于或等于100）的天数为286天，占全年总天数的78.4%。全区细颗粒物平均浓度33.4微克/立方米，比上年降2.3%。全区二氧化硫（SO_2）、二氧化氮（NO_2）、可吸入颗粒物（PM_{10}）和细颗粒物（$PM_{2.5}$）年平均浓度分别为7微克/立方米、27微克/立方米、52微克/立方米和33.4微克/立方米，与上年相比，二氧化硫（SO_2）、二氧化氮（NO_2）、可吸入颗粒物（PM_{10}）以及细颗粒物（$PM_{2.5}$）浓度均有所下降。

【水环境质量】　2022年，金坛区11个国省考断面中Ⅲ类及以上水质断面10个，Ⅴ类水质断面1个，分别占比90.9%、9.1%，无劣Ⅴ类水质断面。全区主要湖库中，长荡湖为中度富营养化，茅东水库为中营养化，水质总体良好，与上年相比，湖库综合营养状态等级均未发生变化。金坛区饮用水主要取自长荡湖，长荡湖水厂取水总量0.68亿吨。

【声环境质量】　2022年，金坛区声环境质量保持良好状态。全区域环境噪声昼间平均值为55.1分贝（A），较上年下降0.8分贝（A）。按照《环境噪声监测技术规范城市声环境常规监测》（HJ640-2012）城市区域环境噪声总体水平等级（昼间）划分为三级，属于“一般”水平。全区道路交通噪声昼间平均值为64.7分贝（A），下降1.5分贝（A），道路交通噪声强度等级（昼间）划分为一级，属于交通噪声环境质量“好”水平。全区功能区噪声昼间达标率100%，与上年持平。　　（王　洁）

自然资源保护

【水资源保护】　2022年，金坛区加强水源地管理与保护，建立健全节假日水源地信息共享机制，编制完成《长荡湖涑渎水源地管理与保护评估》报告，完成重要河道、地下井的水资源监测工作，水源地远程监控接入省网。强化取水许可定额管理，委托第三方对区50家取水工程设施进行规范化整改，对957家非居民自来水用水户及49家自备水用水户下达用水计划。全年完成取水许可审批项目4个、新发证5件、延续取水审批项目22项。执行助企纾困政策，做好水资源费征收，全区全年自备水总用水量约7872

万立方米，水费收缴同比基本持平。2022年，全区实际用水总量3.907亿立方米，万元国内生产总值用水量较2020年下降22.8%，万元工业增加值用水量较2020年下降15.4%；农田灌溉用水有效利用系数测定为0.6861，全年水功能区实测达标率90%；全年城市再生水利用量达2473.18万立方米，再生水利用率61.8%。

（陆　悦）

【耕地资源保护】　2022年，金坛区把耕地保护红线放在优先位置，在科学划定“三区三线”基础上，带位置分解下达耕地保有量和永久基本农田保护目标任务，组织签订新一轮耕地保护责任书，压实地方党委和政府耕地保护责任。组织开展全区耕地保护激励工作，金坛区获市级耕地保护工作成效突出单位，受通报表扬并奖励新增建设用地计划指标13.33公顷。同时，指前镇获评省市级耕地保护激励单位，奖励补助300万元。区政府印发《常州市金坛区防止耕地“非粮化”稳定粮食生产实施方案》，各镇（街道）严格落实属地责任，结合区域实际，持续组织开展防止耕地“非粮化”整改工作。统筹土地开发整理复垦、农用地整治工作，编制完成2022年度耕地进出平衡总体方案，实现耕地转进95.23公顷、转出36.93公顷。全区验收确认耕地占补平衡项目67个，建设总规模315.99公顷，新增耕地面积269.50公顷，城乡建设用地增减挂钩（含工矿废弃地）项目13个，建设总规模5.40公顷，新增农用地面积5.24公顷。年内，通过市级耕地质量等别评定项目80个，建设总规模321.40公顷，新增耕地面积274.57公顷，实现耕地数量、质量、生态“三位一体”并重管理。

【森林资源保护】　2022年，区林长办与区检察院联合出台《关于建立“林长＋检察长”协作机制的实施意见》。印发《关于规范设置林长制公示牌的通知》，完成镇（街道）、村（社区）两级林长公示牌规范设置116块。实行网格化管理，实施行政村林长、监管员、护林员“一长两员”源头管理构架，使每个山头地块都有人负责。年内，全区整合基层林长108人、网格护林员206人，基本实现森林资源网格化管理全覆盖。创新“互联网＋”智慧林业思路，结合森林资源“一张图”，打造融合法规宣传、巡查定位、护林考核、智能提示、扫码登录等功能于一体的林长制信息化管理平台。研发生态环境因子监测、森林资源保护质量评价和巡山护林记录、信息动态更新上报等智能系统，实现古树名木保护、林地“一张图”应用等线上实时化监督管理。全年建成省级绿化示范村8个；新增造林20.24公顷，新建农田林网180公顷，完善提高农田林网1000公顷，退化林修复低效林改造100.52公顷，封山育林151.77公顷，森林抚育面积800公顷。

【湿地资源保护】　2022年，区自然资源局组织验收江苏金坛长荡湖国家湿地公园湿地保护与恢复项目及水生植物科普园建设项目。对接完成丹金溧漕河、薛埠河、通济河3个湿地505.63公顷保护小区界桩、界牌、标志牌的设立工作。结合长荡湖西北侧新河港至大浦港间湖滨带水草种植工程，修复湿地52.47公顷。组织开展“世界湿地日”宣教活动，努力营造湿地保护的良好社会氛围。至年末，金坛自然湿地面积10508.63公顷，自然湿地保护率85.1%，列常州市第一。

【矿产资源保护】　2022年，金坛区坚持生态优先、绿色发展的战略导向，严格遵循国土空间管控要求，优化矿产开发布局，统筹推进矿业绿色转型和高质量发展。贯彻落实江苏省人大常委会《关于限制开山采石的决定》，划定总面积约170平方千米开山采石禁采区，其中禁采区4个，禁采带2条。禁止露天采矿行为。鼓励开展岩盐开采、精深加工以及伴生芒硝、废热、中水、盐泥等回收综合利用技术研发应用，提高资源集约利用水平和效益；鼓励探索矿地融合模式技术创新，推进矿地统筹协调发展；鼓励矿山应用信息技术实现数字化、智能化升级转型发展。推广应用绿色勘查、矿山生态保护和修复相关新技术、新方法、新工艺，最大程度减小勘查、开发活动对环境的不利影响，有效保护矿山生态。

【生物多样性保护】　2022年，金坛区开展自然保护地生物多样性监测，全区自然保护地记录两栖动物5种、爬行动物6种、鸟类216种、维管植物406种及鱼类63种、兽类7种，野生动物种类和数量呈上升趋势。加强野生动物养殖户管理，督促做好养殖场所安全养殖工作。全年救助野生动物（白鹭、猫头鹰、雀鹰等）24起。围绕爱鸟周“守护蓝天精灵，共享美好家园”活动主题，组织开展“科普宣传进校园”活动，提高公众对鸟类等野生动物保护意识。区生态环境局与区文联联合举办“生物多样·生态优美——我们一起行动”摄影展。

【国土空间生态修复】　2022年，金坛区编制完成自然资源部全域土地综合整治试点“两方案一规划”（实施方案、永久基本农田调整方案，村庄规划），涉及农用地整治工程、建设用地整治工程、生态保护与修复工程、乡村历史文化与保护工程。编制的《常州市金坛区国土空间生态保护与修复规划（2021—2035年）》在全省率先通过验收。

【绿色矿山创建】　2022年，金坛区全国首批“国家级绿色矿山”试点单位中盐金坛盐化有限责任公司入选全国绿色矿山名录，茅兴盐矿、陈家庄盐矿列入2020年“江苏省绿色矿山建设典型案例”，大石包山、朝阳洞水泥用灰岩矿区成为省级绿色矿山试点单位。重点矿区内相关矿山达到绿色矿山要求，主要矿产开采矿山“三率”（开采回采率、选矿回收率、综合利用率）水平达标率100%。积极探索矿地融合发展。重视岩盐溶腔空间资源开发，促进矿产和土地、地下空间的协调利用，在港华燃气地下储库工程投产基础上，国内首个盐穴压缩空气储能国家示范项目落户金坛盐盆。率先实施山水林田湖草生态保护和修复工程省级试点。（施雅晶）

2022年，儒林钱家村创成市级幸福小微水体示范村　　（区水利局 供）

河湖长制

【概况】 2022年，金坛区强化河湖长履职尽责，加强河湖保护治理，统筹推进幸福河湖建设，加大河湖监管力度，河湖长制工作“有能有效”。全区河湖长巡河治河履职，区镇村三级河长巡河14668次，发现并完成整改问题70处。区级河长签发“一事一办”单16件，交办问题38项；区河长办公室签发河湖长制工作联系单3件，通报问题并完成整改3项。全年完成问题小微水体治理59座，完成水利部推送的卫星遥感疑似问题图斑现场复核27项。开展“清剿水葫芦、美化水环境”联保共治专项行动，打捞水葫芦1万余吨。引入“空地一体”巡航数据采集及应用项目，对区级以上河湖开展巡查，推送问题图斑2250处，整改完成率90%。年内，金坛区创成示范幸福河湖36条、幸福河湖8条、幸福水库8座、幸福小微水体示范村4个。在跨界骨干河湖交界处联合设立河长公示牌12块，组建村级河长制工作站10家，建成钱资湖、指前镇、儒林镇河长制主题公园3个，直溪镇鲍塘河（湿地公园）、尧塘街道纪庄河获评常州市幸福河湖管护样板河道。（李培亮）

【河湖行业监管】 2022年，区水利局加强河湖空间管控，完成长荡湖、茅东水库等遥感监测变化点42处、现场核查水域面积变化点295处，完成简渎河水域监测评估，划定区级管理范围农村河道18条。编制完成通济河、简渎河、薛埠河、钱资湖保护规划和小型水库管理及保护规划。严格涉水建设项目行政审批许可工作，完成涉河建设项目行政许可9件，审批生产建设项目60个。落实城市水体管护职责，处理河湖任务单76件，区水利局先后获评季度城市长效综合管理先进单位2次。开展水行政执法基地标准化建设，有效提升执法监管能力。全年开展日常执法巡查993场次，出动执法人员2447人次，现场处理各类水事违法行为为67起，向乡镇移送案件线索1起。开展防汛保安和水文监测环境及设施保护专项执法行动，清除各类行洪障碍物55处。强化水土保持监管，开展水土保持卫星图斑核查63个，查处违规项目29个。（鲍　钰　钱睿杰）

节能减排

【节水型社会创建】 2022年，金坛区高标准推进节水型社会建设，开展节水创建工作。全年共完成省市级节水创建项目38个，其中省级节水型小区4个、省市级节水型单位6个、省市级节水型企业10家、市级节水型学校2所、市级节水型灌区2个、用水审计3个、节水技改项目3项、合同节水8家。（陆　悦）

【公共机构节能管理】 2022年，常州市金坛区机关事务管理中心认真落实省、市公共机构节能工作要求，坚持完善体制机制、抓好示范引领、加强监督考核、开展宣传引导，推动全区公共机构节能管理工作。制定《节能管理职责》《节约用水管理制度》《节能降耗考核方案》等管理制度12项，提升全区节能管理质效。针对上年度16家能耗超约束值单位开展原因分析，协助实施“能效提升行动”，全面提升超额单位节能水平。加快公共机构新能源汽车充电桩建设，提高公共充电服务能力，年内充电桩建成单位8家。推进“光伏＋公共机构”模式，率先推动市民中心屋顶分布式光伏项目，实施面积约10000平方米，装机容量约1.14MWp，覆盖党政机关47家。广泛采取电气设备BA控制、雨水回收、地源热泵等“节流”措施，多管齐下降低能耗及碳排放。通过悬挂标语、制作宣传栏和播放公益广告等形式加强宣传，不断提高机关干部职工节约能源资源的责任意识。全年创建省级能效领跑者单位、节能复核

单位、节水单位各1家，市级节水示范单位5家。（陈兆然）

【污染物减排】 2022年，金坛区强化污染物减排，对涉VOCs集群企业，按照“标杆建设一批、改造提升一批、优化整合一批、淘汰推动一批”要求，完成排查及分类治理集群企业20家。鼓励18家重点工业企业落实友好减排措施，推动1家钢结构、45家包装印刷企业实施低（无）VOCs原辅材料源头替代。（王 洁）

环境治理

【大气污染防控】 2022年，金坛生态环境局成立大气工作专班，引进、整合第三方技术团队，利用颗粒物激光雷达、走航车、无人机等先进设备，开展大气环境质量分析、预测、预警工作。印发实施《金坛区大气污染防治强化管控工作方案》，开展大气污染防治强化管控“春风行动”，强化空气站点3千米范围内企业、工地、道路扬尘等7个方面的管控。加强餐饮油烟专项整治，打造餐饮油烟治理示范项目1个。推行建筑工地扬尘管控“一日四报”“红黑榜”考核通报及约谈制度,开展工地扬尘税征缴工作。

【水环境综合治理】 2022年，金坛生态环境局加强水环境综合治理，推进长荡湖综合整治，开展长荡湖流域有机污染物及问题诊断研究，继续实施生态修复工程，恢复长荡湖水生态系统。对10条骨干河道及建成区支流支浜开展专项整治行动，推进新孟河、北干河沿线排污口规范化整治项目及薛埠镇集镇区域污水管网排查整治。年内，完成447家涉磷企业调查工作，299家企业完成整治，171个问题入河(湖)排污口完成整治138个。

【土壤污染治理】 2022年，金坛生态环境局加强关闭遗留化工场地调查和风险管控，38家关闭的化工企业中37家完成调查工作。加强风险隐患排查，14家企业编制隐患排查报告，37家企业完成土壤和地下水监测工作。

【固体废物治理】 2022年，金坛区启动无废城市建设，在区打好污染防治攻坚战指挥部办公室增设全域“无废城市”建设专项工作组，编印《常州市金坛区“十四五”时期“无废城市”建设实施方案》，实施重点工程四大类21项。全区900家涉废企业全部纳入危废全生命监控系统管理，实现危险废物全过程信息化监控。完成全区16家危险废物经营单位年度监测计划备案和规范化管理评估工作，协助常州润克环保科技有限公司转移处置关闭遗留危废2000吨。开展危废处置专项整治行动，累计发现环境隐患问题802个，问题整改率91.8%。

环境监管

【概况】 2022年，金坛生态环境局深化监督执法正面清单管理制度，深入推进非现场监管，推行“大数据+指挥调度+智慧执法模式”，扎实推进各类专项执法行动，严格办理环境信访投诉查处，强化生态环境宣传教育，环境监管效能明显提升，全民生态环境意识显著增强。

【环境监测与执法】 2022年，金坛生态环境局建立环境监测与执法联动协同作战体系，加大日常检查、交叉检查和错时检查力度，组织开展大气、水、固废、安全生产及行业、建设项目等专项执法行动35项，现场检查4583厂次，完成“双随机”检查237家次。排查企业突发环境事件、危险废物领域等9大类生态环境领域安全隐患65家，发现并完成整改风险隐患92个。完成突发环境事件应急预案备案企业312家。严惩企业环境违法行为，全年作出行政处罚决定143起，罚款953万余元，同比分别增加150%、130%；实施查封扣押16起，限产停产6起，移送公安实施行政拘留4起，对逾期不履行行政决定的4起案件申请法院强制执行。推行环保信用“动态修复”，完成信用修复企业38家。

【环境信访调处】 2022年，金坛生态环境局创新建立信访调处机制，成立初信初访和矛盾纠纷调解工作领导小组，对初信初访事项进行清单管理闭环办理，规范初信初访事项办理流程，做到清单化、闭环式管理，把问题解决在初始状态。实施重点信访领导包案制度，督促企业高标准、严要求落实整改要求，对整改不力或不到位的采取现场执法、限停产整治等手段倒逼完成整改。全年环境信访总量469件，同比下降40.3%。18件第二轮中央生态环境保护督查交办信访全部办结。

【生态文明宣传教育】 2022年，金坛生态环境局加强生态文明宣传教育，提升环境宣传教育覆盖面和影响力。加强阵地建设，通过电视、报纸、网络、微信等平台以及公交站台、社区宣传橱窗等方式，由点到面广泛开展生态环境保护宣传。全年被生态环境部用稿7篇，《中国环境报》刊用1篇，“学习强国”学习平台录用2篇，中国网录用16篇，新华网用稿3篇。结合六五环境日，组织“生物多样 生态优美——我们一起行动”主题摄影作品展。以环保志愿者队伍为平台，联合社会各界力量走进社区、走进学校、走上街头，宣传生态文明，普及环境保护知识，全年开展宣传活动60余场次。（王 洁）

（编辑 钱国新）

科学技术

综　述

2022 年，区科技局围绕创新驱动高质量发展，牵头推进“微笑经济”创新行动，深化创新体系集成，集聚更多创新资源，加快华罗庚创新中心总部基地实体化运行，为“532”发展战略、金坛产业发展提供科技支撑。年内，全区认定高新技术企业 118 家，实现高新技术企业保有量 323 家；认定科技型中小企业 329 家，拥有独角兽企业 3 家、潜在独角兽企业 4 家以及省级工程技术研究中心 31 家，全区规模以上高新技术产业产值 1366.28 亿元，增长 54.9%，占全区规模以上工业总产值比重的 69.3%。积极鼓励企业攻关突破产业关键核心技术，组织企业申报省市各类奖补资金超 6027 万元（其中 2021 年度高企奖励配套资金 2255 万元、研发投入奖补配套资金 1633 万元）。充分发挥华罗庚创新中心产业科创体系政策杠杆作用，强化服务赋能、载体赋能、资本赋能，全年新增区级工程技术研究中心 30 家、市级 42 家、省级 2 家。制定完善“微笑经济”创新行动实施意见和认定管理办法，梯队培育“微笑园区”10 个、“微笑平台”15 个。至年底，全区拥有江苏农业科技服务超市分店 5 家，省级以上农业星创天地 10 家，占全市总量一半，列全市第一。全面推进与河海大学校地融合发展，形成三大类共 33 项合作项目清单，清华大学研究生实践江苏金坛基地再获五星基地荣誉。

创新载体平台

【概况】　2022 年，区科技局组织当升科技（常州）新材料有限公司、江苏天辉锂电池有限公司、飞荣达科技（江苏）有限公司等 63 家企业申报省、市、区工程技术研究中心，最终认定区级工程技术研究中心 30 家、市级工程技术研究中心 18 家、省级工程技术研究中心 2 家。常州瑞华新能源科技有限公司、常州易控汽车电子股份有限公司与省产研院共建联创中心。成立常州国家农业科技园区管理办公室，国家农业科技园区进入实体化运行。中国（常州）德国中心孵化器获市级科创综合体立项，金坛华科信息技术产业园孵化器升格为省级孵化器。

【省产研院联创中心建设】　8 月，常州易控汽车电子股份有限公司、常州瑞华新能源科技有限公司 2 家企业与江苏省产业技术研究院共建 JITRI——联合创新中心。联合创新中心将挖掘、凝练制约企业发展的关键技术难题，对接全球创新资源开展产

7 月 12 日，河海大学农业科学与工程学院——金坛区校地融合项目对接交流会召开
（区科技局　供）

业技术应用研发及集成创新。全区累计有 JITRI——联合创新中心 6 家。

【金坛华科信息技术产业园】 8 月被江苏省科技厅认定为省级科技企业孵化器。该产业园成立于 2017 年 1 月，位于常州市金坛区金龙大道 563 号，建筑面积 178454.7 平方米，由常州华科工程建设有限公司运营，是电子信息领域的专业孵化器。金坛华科信息技术产业园孵化器旨在通过孵化器+产业园运营模式，建平台，引人才，育项目，在电子信息产业领域引进上、中、下游产业链项目，形成配套发展的产业生态与产业集群态势，为大众创业、万众创新及产业新经济发展赋能。至年底，产业园累计孵化培育企业 16 家，围绕电子信息产业集聚企业 13 家，占比 81.25%；已毕业企业 3 家，获得投融资企业 3 家。

【省级工程技术研究中心新增 2 家】 10 月，省科技厅认定金坛区 2 家企业为省级工程技术研究中心，全区累计有省级工程技术研究中心 31 家。

江苏省动力及储能电池正极材料工程技术研究中心，由贝特瑞（江苏）新材料科技有限公司承担建设。公司 2022 年有员工 701 人，其中研发人员 167 人，博士 7 人，硕士 40 人。主要产品为高镍正极三元材料。该研究中心主要开展动力与储能电池新材料、新体系的创新研究，提高动力与储能电池的能量密度，同时与高校合作，依托产学研相结合的技术创新体系，培养和聚集高层次科技创新人才。2021—2022 年公司连续承担常州市重点研发计划（工业支撑）项目，2022 年获批江苏省工信厅关键核心技术攻关项目。

江苏省光伏结构及建筑光伏一体化解决方案工程技术研究中心，由永臻科技股份有限公司承担建设。该研究中心交叉融合工程材料与器件、建筑学、工程力学、建筑环境、系统工程等多学科，实现对传统建筑构件、光伏组件与系统的重大技术革新目标，通过自主研发与建筑整体设计理念对应的不同封装方式光伏建筑构件及光伏结构件等新产品、新技术，开发出光伏电力墙、光伏玻璃幕墙、光伏屋顶、光伏门窗等光伏低碳建筑产品，满足建筑所需要的各种能源需求，实现建筑低碳绿色节能指标。

创新主体培育

【概况】 2022 年，金坛区强化科技创新工作，抓企业强培育，高科技标杆企业链式持续壮大。年内，新增高新技术企业 48 家（省级认定新增 42 家，常州市内搬迁 6 家），保有量达 323 家；认定科技型中小企业 329 家，同比增长 60%。在江苏省生产力促进中心发布 2022 年度江苏独角兽企业、江苏潜在独角兽企业评估中，中创新航科技股份有限公司、蜂巢能源科技股份有限公司、江苏牛创新能源科技有限公司入选省独角兽企业；江苏厚生新能源科技有限公司、常州锂源新能源科技有限公司、永臻科技股份有限公司、江苏创健医疗科技有限公司入选省潜在独角兽企业。中创新航科技股份有限公司入选省新一轮创新型领军企业培育计划，常州易控汽车电子股份有限公司和江苏泽润新能科技股份有限公司列入省科技企业上市培育计划。湖畔光电科技（江苏）有限公司获中国创新创业大赛全国总决赛二等奖。

【“微笑创新”行动】 2022 年，金坛区开启“微笑经济”创新行动。区科技局围绕“微笑园区”建设、“微笑平台”打造、“微笑企业”引育，联合区商务局、工信局、文旅局、市场监管局开展创建。行动以指标为牵引、考核为导向，引导推动板块建设更强活力“微笑企业”、更优质量“微笑平台”、更高水平“微笑园区”，激发推动企业发展和产业升级向“微笑曲线”两端延伸。全年共排定“微笑园区”培育对象 10 家、“微笑平台”培育对象 15 家、“微笑企业”培育对象 59 家。

【高新技术企业申报与认定】 2022 年，区科技局优化工作机制和服务举措，支持科技企业开展高新技术企业申报和到期复审，召开培训会 13 次，组织高新技术企业申报 176 家（新申报 117 家、复审 59 家）、企业入库 61 家，认定高新技术企业 118 家。

【全国创新创业大赛二等奖】 2022 年，湖畔光电科技（江苏）有限公司参赛项目“成为世界领先的超高清、高亮硅基 OLED 微型显示器的技术和生产厂商”获第十一届中国创新创业大赛全国总决赛“创新创业 50 强”二等奖。公司核心产品硅基 OLED 微型显示器由 CMOS 驱动背板和 OLED 发光器件组成，融合半导体和显示技术，具有自发光、广视角、低功耗、高对比度、高反应速度等优点，是近眼显示系统的核心部件。

表 22　2022 年金坛区获认定高新技术企业一览表

序号	企业名称	序号	企业名称
1	常州嘉霖灯饰有限公司	4	江苏佩泰克钣金工业有限公司
2	江苏亚邦强生药业有限公司	5	江苏南方光纤科技有限公司
3	常州亚瑞过滤设备有限公司	6	常州利腾机械有限公司

续表 22

序号	企业名称	序号	企业名称
7	常州平江电气设备有限公司	39	常州市泰瑞包装科技有限公司
8	江苏福亿机械科技有限公司	40	江苏灵湾特种陶瓷科技有限公司
9	常州金坛诚辉机械制造有限公司	41	常州新嘉精密科技有限公司
10	江苏盈科通信科技有限公司	42	江苏天辉锂电池有限公司
11	常州市鑫辉网具有限公司	43	常州恒轩新能源科技有限公司
12	常州恒方大高分子材料科技有限公司	44	常州市恒耀新材料有限公司
13	常州久日化学有限公司	45	常州裕能石英科技有限公司
14	江苏润德精密机械有限公司	46	江苏常友环保科技股份有限公司
15	常州润源新材料科技有限责任公司	47	常州市三洋精密制版有限公司
16	常州润成环境科技有限公司	48	常州市意艾斯帝防静电产品有限公司
17	江苏派金自动化科技有限公司	49	江苏华旺新材料有限公司
18	常州威斯双联科技有限公司	50	江苏贝特瑞纳米科技有限公司
19	常州金马包装机械有限公司	51	同方威视科技江苏有限公司
20	湖畔光电科技（江苏）有限公司	52	江苏格优碳素新材料有限公司
21	江苏杰丽斯涂装设备科技有限公司	53	江苏西文晨风服饰有限公司
22	常州市苏风机械有限公司	54	常州朗博密封科技股份有限公司
23	常州卡斯特铝精密铸造科技有限公司	55	江苏旺达喷灌机有限公司
24	江苏昂倍兹智能机械有限公司	56	常州市金坛鸿图橡塑制品有限公司
25	常州市利康环保设备制造有限公司	57	江苏常丰精密科技有限公司
26	江苏中远消防设备有限公司	58	合烯电子科技（江苏）有限公司
27	江苏捷尔特精密管业有限公司	59	江苏理成科技有限公司
28	菲克光学科技（常州）有限公司	60	常州瑞德丰精密技术有限公司
29	江苏全豪铝业集团有限公司	61	云铂建筑科技（江苏）有限公司
30	常州市圣洁卫生用品有限公司	62	安麦信（常州）自动化科技有限公司
31	江苏创客新材料科技有限公司	63	贝特瑞（江苏）新材料科技有限公司
32	常州金远药业制造有限公司	64	江苏厚生新能源科技有限公司
33	浦发成型焊片（常州）有限公司	65	常州易控汽车电子股份有限公司
34	常州明耀半导体科技有限公司	66	安普科技有限公司
35	江苏德林汽车零部件有限公司	67	江苏登冠医疗器械有限公司
36	永臻科技股份有限公司	68	常州久压久机械制造有限公司
37	常州天聚星工具有限公司	69	江苏仁通节能科技有限公司
38	常州市鼎晨包装有限公司	70	江苏金鹏汽车座椅有限公司

续表22

序号	企业名称	序号	企业名称
71	常州磐云精密机械有限公司	95	江苏东方广厦模块化房屋有限公司
72	常州赉舍尔电子科技有限公司	96	江苏泰力松新材料有限公司
73	常州市鑫盛印刷科技有限公司	97	江苏泽润新材料有限公司
74	常州卓瑞汽车零部件有限公司	98	江苏科菱库精工科技有限公司
75	常州祥德机械制造有限公司	99	常州日新模塑科技有限公司
76	常州盘石水泥有限公司	100	江苏羽翼铸造有限公司
77	迈卡格物流系统设备（江苏）有限公司	101	凯明（常州）新材料科技有限公司
78	江苏钧盈精密机械有限公司	102	江苏健裕健康医疗器械有限公司
79	江苏东禾电声配件有限公司	103	常州市实创润滑剂有限公司
80	大力新科技（江苏）有限公司	104	太一光伏科技（常州）有限公司
81	常州卡夫特机械有限公司	105	常州瑞华电力电子器件有限公司
82	瀚润特环保设备（江苏）有限公司	106	江苏华荣绝缘材料有限公司
83	江苏兢业制药有限公司	107	江苏海定工程机械有限公司
84	常州东村电子有限公司	108	福罗尔（常州）地板有限公司
85	江苏迎华精密机械科技有限公司	109	江苏双隆铝业有限公司
86	江苏光达智能设备有限公司	110	常州爱特恩新材料科技有限公司
87	常州金坛鑫岗橡塑有限公司	111	江苏宏艺天地节能科技有限公司
88	江苏圣鑫光伏科技有限公司	112	常州洪记两轮智能交通工具有限公司
89	常州本合智能科技有限公司	113	江苏海颜新材料有限公司
90	江苏久诺建材科技股份有限公司	114	常州市昊强线缆有限公司
91	江苏松上电机有限公司	115	江苏万纳普新材料科技有限公司
92	江苏兆维塑料科技有限公司	116	常州市金坛中测传感器科技有限公司
93	江苏双全新材料科技有限公司	117	常州铸德机械有限公司
94	常州市金坛广开门窗科技有限公司	118	常州德盈模塑有限公司

表23　2022年金坛区获常州市创新创业大赛奖企业一览表

序号	企业名称	获奖等级
1	嘉合光电科技（江苏）有限公司	一等奖
2	湖畔光电科技（江苏）有限公司	二等奖
3	新鸿电子有限公司	二等奖
4	常州中飞航空科技有限公司	二等奖
5	爱派尔（常州）数控科技有限公司	三等奖

表 24　2022 年金坛区市级以上工程研究中心一览表

类别	平台名称	承担单位	产业领域	属地
江苏省工程研究中心	江苏省电控高压共轨系统工程研究中心	常州博瑞油泵油嘴有限公司	高端装备制造	金坛经开区
江苏省工程研究中心	江苏省碳纤维复合芯导线工程研究中心	江苏易成电力器材有限公司	新材料	金坛经开区
	江苏省电力半导体器件模块工程研究中心	常州瑞华电力电子器件有限公司	新一代信息技术	指前镇
	江苏省盐穴储气储能及井矿盐综合利用工程研究中心	中盐金坛盐化有限责任公司	节能环保	金坛经开区
	江苏省汽车电器智能与集成化工程研究中心	江苏凯灵汽车电器有限公司	新能源汽车	金坛经开区
	江苏省光伏封装材料工程研究中心	常州斯威克光伏新材料有限公司	新材料	直溪镇
	江苏省新型超精细超高强度金刚线工程研究中心	盛利维尔（中国）新材料技术股份有限公司	新材料	金坛经开区
	江苏省高比能锂离子动力电池工程研究中心	中创新航科技股份有限公司	新能源汽车	华罗庚高新区
	江苏省高性能动力电池及系统工程研究中心	蜂巢能源科技股份有限公司	新能源汽车	金坛经开区
	江苏省动力与储能电池正极材料工程研究中心	贝特瑞（江苏）新材料科技有限公司	新能源汽车	华罗庚高新区
	江苏省电热耦合综合能源系统工程研究中心	常州金坛金能电力有限公司	节能环保	金坛经开区
常州市工程研究中心	常州市新能源汽车核心零部件工程研究中心	江苏金坛绿能新能源科技有限公司	新能源汽车	华罗庚高新区
	常州市高比能锂离子动力电池工程研究中心	中创新航科技股份有限公司	新能源汽车	金坛经开区
	常州市禁限物品探测与分析技术工程研究中心	同方威视科技江苏有限公司	智能制造装备	华罗庚高新区
	常州市新型超精细超高强度金刚线工程研究中心	盛利维尔（中国）新材料技术股份有限公司	新材料	金坛经开区
	常州市快充低成本高能量密度动力电池工程研究中心	蜂巢能源科技股份有限公司	新能源汽车	金坛经开区
	常州市无线充电纳米晶材料工程研究中心	信维通信（江苏）有限公司	新一代信息技术	华罗庚高新区
	常州市高效光伏电池组件工程研究中心	东方日升（常州）新能源有限公司	新能源	直溪镇
	常州市动力总成工程研究中心	江苏三能动力总成有限公司	新能源汽车	华罗庚高新区
	常州市锂离子动力与储能电池正极材料工程研究中心	贝特瑞（江苏）新材料科技有限公司	新能源汽车	华罗庚高新区
	常州市电热耦合综合能源系统工程研究中心	常州金坛金能电力有限公司	节能环保	金坛经开区
	常州市汽车动力与排放控制系统工程研究中心	常州易控汽车电子股份有限公司	新能源汽车	华罗庚高新区

（孔梓道）

科技项目与奖励

【概况】 2022年，金坛区争取上级政策资源，鼓励企业积极申报科技计划项目，提升企业自主创新力与竞争力，累计对上争取省、市科技项目奖补资金2139.62万元。常州金坛金能电力有限公司参与的“面向可再生能源消纳的高温热泵与电热协同关键技术及成套装备”项目获2022年度江苏省科学技术奖二等奖。

【新能源电池关键技术研发】 6月，由江苏天辉锂电池有限公司研发的新能源电池安全一体化结构设计与评价关键技术被省科技厅认定为2022年江苏省科技计划专项资金（重点研发计划产业前瞻与关键核心技术）立项项目，获省级资助300万元。该项目针对现阶段储能电池及模组安全风险，研究其在现有体系下的工艺条件和性能参数，合理利用本征安全材料，并优化电池和模组设计，对成品电池和模组进行性能评测与应用研究，评估其产业化与商业化可行性，有效解决电化学储能行业所面临的痛点，打造安全的锂离子电池储能产品，并广泛推广应用至同行业，弥补锂离子电池储能领域的短板。

【施药机器人系统的研发及海外应用】 7月，绿色高效大田施药机器人系统的联合研发与海外应用被省科技厅认定为创新支撑计划（国际科技合作/港澳台科技合作）项目，获省级资助120万元。该项目由埃森农机常州有限公司与巴基斯坦木尔坦农业机械化研究所联合研发，攻克电驱动、无人驾驶、智能避障、智能施药决策等关键技术，提高机器人大田施药质效。

表25 2022年金坛区实施省级科技计划项目一览表

序号	项目名称	承担单位	计划类别
1	新能源电池安全一体化结构设计与评价关键技术研发	江苏天辉锂电池有限公司	省产业前瞻与关键技术
2	金坛慧雅肉羊产业星创天地	常州金坛慧雅牧业有限公司	省农业科技社会化服务项目
3	金坛设施蔬菜产业分店	常州市昌玉红香芋专业合作社	省农业科技社会化服务项目
4	金坛特种水产产业分店	常州市万叶饲料科技有限公司	省农业科技社会化服务项目
5	常州市金坛区洮湖渔夫星创天地	常州洋泽农业科技有限公司	中央引导地方科技发展资金
6	常州江南春星创天地	常州市金坛江南春米业有限公司	中央引导地方科技发展资金
7	绿色高效大田施药机器人系统的联合研发及海外应用	埃森农机常州有限公司	省国际科技合作
8	共建JITRI—瑞华联合创新中心	常州瑞华新能源科技有限公司	省产研院联创中心
9	共建JITRI—易控联合创新中心	常州易控汽车电子股份有限公司	省产研院联创中心
10	江苏省动力及储能电池正极材料工程技术研究中心	贝特瑞（江苏）新材料科技有限公司	省工程技术研究中心
11	江苏省光伏结构及建筑光伏一体化解决方案工程技术研究中心	永臻科技股份有限公司	省工程技术研究中心
12	金坛华科信息技术产业园孵化器	常州华科工程建设有限公司	省科技企业孵化器

科技合作与交流

【概况】 2022年，金坛区全面推进与河海大学校地融合发展，签订《河海大学——常州市金坛区人民政府加强校地全面合作推动融合发展的协议》。持续加强与科研院所产学研合作，清华大学研究生实践江苏金坛基地再次获评五星级。鼓励支持全国高校院所科技人才到金坛企业兼任科技副总，7家企业获省“科技副总”立项。组织常州易控汽车电子股份有限公司与常州江苏大学工程技术研究院、江苏创健医疗科技有限公司与常州大学参加常州市“揭榜挂帅”科技攻关项目。年内，获批市创新型领军人才5名，新增省外国专家百人项目2项，市外国专家工作室3家。

【产学研融合】 7月12日，河海大学农业科学与工程学院——金坛区校地融合项目对接交流会在金坛召开，河海大学农业科学与工程学院院长陈箐、党委书记朱成立等院领导出席会议。双方围绕“一个项目清单、一个考核规则、一次校地融合协议签约”，就构建校地合作体系，共建校地融合项目展开研讨，共谋资源规划、农业节水、农业基建等领域合作发展，密切共建智慧农业科技园、开展新农村建设规划研究等课题的合作。

8月18日，省创新创业大赛新能源行业赛在金坛举办　（区科技局 供）

【创新创业大赛】 8月18日，第十届“创业江苏”科技创业大赛暨第十一届中国创新创业大赛江苏赛区新能源/新能源汽车行业赛在金坛江南明都大酒店开赛，77个创业团队晋级新能源/新能源汽车行业赛。该大赛由江苏省高新技术创业服务中心、常州市金坛区人民政府承办。

行业科技

·农业科技·

【概况】 2022年，金坛区设立常州国家农业科技园区管理办公室，园区建设进入实体化运作阶段。全年组织申报常州市农业科技项目29项，立项15项，争取经费260万元；组织5家企业申报省农业科技社会化服务奖补项目，全部立项并获得经费150万元，立项数和争取经费数位列全市第一。

【科技成果入乡转化】 2022年，金坛区引导企业与高校院所开展产学研合作16场，引进农业科技成果18项，组织企业申报市农业科技项目并获得立项15个。开展农业创新载体建设，举办农业科技培训18场、1065人次，万叶水产合作社组建“金坛区水产饲料工程技术研究中心”，2家农业产业分店、3家农业星创大地获省农业科技社会化服务奖补各30万元。开展种业科技攻关，“长荡湖”河蟹优质抗逆新品种选育项目入选江苏省种业振兴“揭榜挂帅”项目，渔业科技示范基地获得“全国水产绿色健康养殖技术推广‘五大行动’骨干基地”荣誉称号，《池塘蟹虾“金坛模式”养殖技术规程》获江苏省首届标准创新贡献奖二等奖，系全省蟹虾产业唯一。

（王震寰）

表26　2022年市农业科技计划项目立项表

序号	项目名称	承担单位	下达经费（万元）
1	秭归高山黄化品种绿茶加工工艺研究及示范推广	常州市露源生态茶业有限公司	10
2	优质肉用乌骨羊高繁殖力核心群选育及在安康宁陕丘陵地区的推广与示范	常州金坛慧雅牧业有限公司	20
3	河蟹生态养殖及智能化管控技术在石泉县的推广应用	江苏长荡湖农业科技产业园有限公司	10
4	金武软玉等优质粳稻品种在陕西石泉的帮扶应用研究	常州市金坛种子有限公司	10

续表 26

序号	项目名称	承担单位	下达经费（万元）
5	薄壳山核桃疮痂病防控技术研究	常州果美农业科技有限公司	20
6	常州地方特色名优茶专用茶树种质资源收集及优质新品系筛选	江苏鑫品茶业有限公司	20
7	常州特色品种冰鲜鸡的新鲜度控制技术研发	江苏立华食品有限公司	20
8	虫菌复合技术体系处理餐厨垃圾固形物的示范及应用	常州华烨生物科技有限公司	20
9	河蟹养殖池塘水质智能化调控技术的研究与应用示范	常州市金坛区水产技术推广中心	10
10	基于空地信息融合的虫情智能监测与预警关键技术研究	常州金禾新能源科技有限公司	20
11	基于声光技术的根茎类净菜加工节水清洗和绿色减菌关键技术研究与产品开发	江苏一号农场科技股份有限公司	20
12	基于食用菌基质增产剂的绿色无公害榆黄蘑生产关键技术研究与示范	常州金坛银湖食用菌有限公司	20
13	强化干式熟成牛肉加工关键技术研究及新产品开发	江苏你好鸭食品有限公司	20
14	水磨糯米粉品质安全智能化监控技术研发与应用	常州金坛江南制粉有限公司	20
15	功能性糯米全粉生产关键技术与产品开发	常州金坛茅山制粉有限公司	20

表 27　2022 年省农业科技社会化服务奖补项目立项表

序号	服务机构名称	承担单位	下达经费（万元）
1	金坛特种水产产业分店	常州市万叶饲料科技有限公司	30
2	金坛设施蔬菜产业分店	常州市昌玉红香芋专业合作社	30
3	金坛区洮湖渔夫星创天地	常州洋泽农业科技有限公司	30
4	常州“江南春”星创天地	常州市金坛江南春米业有限公司	30
5	金坛慧雅肉羊产业星创天地	常州金坛慧雅牧业有限公司	30

（郑月萍）

·气象监测·

【概况】　2022 年，区气象局贯彻落实《气象高质量发展纲要（2022—2035 年）》，发挥气象防灾减灾作用，做好气象保障服务，做实行业监管工作，实现气象事业和地方经济发展共赢目标。

【气象保障服务】　2022 年，金坛区气象局多措并举提升暴雪、高温、干旱、寒潮等灾害性天气的监测预报预警服务能力。加强灾害性天气值班值守和上下游联防，不断完善预警信息发布流程，提高气象灾害预警信息覆盖率和及时传播率。全年启动气象灾害应急响应 6 次，发布天气公报 27 期、信息专报 80 期、森林防火 27 期、旅游气象服务 48 期、气象为农服务专报 14 期、气象简报 9 期、预警信号 157 次、高温监测报告 8 期。为缓解高温干旱、助力大气污染防治，开展人工增雨作业 12 次。成立气象科技服务小组，为区委、区政府举办的重大活动提供气象服务 4 次。聚焦金坛特色农业，组建“气象为农服务专家团”，分对象分群组分板块为种植户提供农业气象服务。服务区重大项目建设，为金坛盐穴压缩空气储能电站建设工程提供气象及防雷安全检测服务。

【气象行业监管】　2022 年，区气象

局继续深化“放管服”改革，加强与区市场监管、应急管理等部门合作，推行跨部门综合监管，进一步提升监管效能。推进“双随机、一公开”“互联网＋监管”工作，加强监管数据归集与治理，提高监管及时性、精准性、有效性。落实中国气象局《升放气球管理办法》，进一步细化升放气球活动行政许可秒办服务。加强防雷重点单位全覆盖检查，全年共完成重点单位全覆盖检查104家次，发出整改通知书7份，所有整改全部闭环管理。对所检查企业开展防雷安全主体责任宣讲，发放《企业防雷防静电手册》和防雷安全明白卡300余份。

【科普宣传】 2022年，全区气象科普宣传以提高全民科学素质和公共气象服务效益为目标，开展“‘3·23’世界气象日”“‘5·1’防灾减灾日”“安全生产月”等一系列活动，宣传气象科普及防灾减灾知识。依托金坛气象科普园，打造金坛气象青少年科普阵地，组织开展“暑期第一课主题科普活动”“沉静式安全体验营”等活动，全年接待机关、团体、学生等参观学习1000余人次。拍摄的气象科普短视频《微信“变脸”的背后》被“学习强国”学习平台录用，并获江苏省气象科普讲解比赛优秀奖和第十二届全国气象科普优秀作品“音视频类”三等奖。 （孟娇凤）

科技普及

【概况】 2022年，金坛区共有镇、街道（开发区）科协9家，组织开展科普活动近300场次，新增科技志愿者3000多人，开展活动4000多场次，获评中国科协优秀组织单位、省科协优秀组织单位各1个，省科协优秀活动1个。全年新增常州市级科普教育基地6家，创成省级科普教育基地3家。

【金坛区第34届科普宣传周】 5月21—28日，区科协举办全国科技活动周暨第34届科普宣传周活动，主题是“走进科技 你我同行”。其间，区中医医院在朱庄社区组织开展八段锦、养生茶、针灸等中医特色的义诊及科普咨询活动，举办《夏季中医养生》专题科普讲座，开设“仲仲和依依”科普抖音号。同时，在学校、医院、社区、企业、省市科普教育基地等场地开展科普活动100多项，涉及医疗健康、生态保护、绿色农业、信息技术、能源制造等领域。区科协获评全国科技活动周暨江苏省第34届科普宣传周活动优秀组织单位。

【科技宣传活动】 2022年，金坛区依托“世界气象日”“防灾减灾日”等宣传气象科普与防灾减灾知识。区气象局拍摄选送的短视频《微信“变脸”的背后》获全国气象科普优秀作品三等奖。开展全国科技工作者日活动，走访慰问彭祖玲、徐俊辉等一线科技工作者。组织参加省全民科学素质大赛网络赛，参与网上答题3万多人次，金坛区科协获省全民科学素质大赛优秀组织单位。围绕“喜迎二十大，科普向未来”主题，区科协联合区应急管理局在朱庄社区举行消防安全演练，区文明办发布“知数达理”科技志愿服务平台。区科协获评全国科普日活动优秀组织单位，金坛第一人民医院“健康服务进企业”活动获评全国科普日优秀活动。华罗庚中学学生曾梓桐“探析NCP流行病的数学模型”项目获第三届常州市青少年科技创新市长奖。 （丁立成）

（编辑 钱国新）

教　育

综　述

2022年，全区拥有各级各类学校110所（其中，幼儿园51所，小学30所，初级中学17所，九年一贯制学校5所，高级中学4所，职业学校、中小学生综合实践基地、特殊教育学校各1所），在校学生71165人（其中幼儿园14194人、小学31417人、初中13583人、高中8479人、金坛中专3446人、启智学校46人），教职工6809人，其中专任教师5516人（幼儿园830人，小学2096人，初中1396人，高中887人，特殊教育11人，职业教育296人），在职特级教师12人，正高级教师14人、特级教师后备人才18人，学术类优秀教师1513人（其中常州市级808人，常州市名师工作室领衔人8名），优秀教师群体占专任教师27.6%。

全区教育财政总投入39.29亿元（含河海大学长荡湖大学科技园一期项目20亿元），幼儿园生均公用经费从每生每年864元增长至1037元，实现20%比例增长。补助500万元，用于小规模学校专项补助。追加771.8万元，保障新投入使用学校运转。核拨744.1万元，用于学前教育专项经费。成立金坛区大爱金沙教育发展基金会并召开第一次理事会。完善"十四五"教育发展规划，编制全区教育设施布局规划，全方位优化教育服务效能，推进城市能级提升。按照"全域重统筹、项目抓推进、城区补短板、乡村重整合"的原则，摸排全区教育设施现状，梳理困难问题，厘清任务需求，制定全区教育设施2023—2025三年规划建设清单，开展乡镇义务教育设施布局规划专题调研，形成《金坛区乡镇义务教育设施布局规划调整方案》，进一步完善教育资源配置，优化教育设施布局。加快推进政府投资项目、国有企业投资项目和民生实事项目建设。总投资24.7亿元的10个新建、改扩建项目有序推进。其中第一中学改造完成、儒林中心幼儿园于秋季学期竣工投用，新增学前教育学位360个。完善义务教育薄弱环节改善与能力提升项目规划，制定中小学暑期危改建设项目计划、教育装备采购添置项目计划、幼儿园维修和设施设备采购计划，加大教育经费投入力度，不断改善硬件薄弱园校办学条件。全年共投入3265万元，对37所学校的教学及辅助用房、10所学校的体育运动场地、2所学校的厕所、3所学校的食堂操作间及学生餐厅进行改造，其中投入600余万元，全面改善茅麓中学、社头小学、薛埠中学等5所农村义务教育薄弱学校办学条件，促进教育优质均衡发展。投入2758.81万元，加快建设教育信息化基础设施，统筹规划全区教育信息化建设，其中投入150余万元，完成朱林中学等14所学校网络改造工作，实现全区中小学无线网络全覆盖，为教育教学及管理提供信息化基础设施和服务奠定坚实基础。以义务教育优质均衡发展县（市、区）创建工作为核心，加快推进学校音美专用教室改造升级，实施校园环境文化提升工程，有序化解大校额、大班额问题，成功通过省级线上材料评审，成为全省24个申报县（市、区）中重点培育对象；全力做好省级创建现场评估迎评工作，召开义务教育优质均衡发展县（市、区）创建动员会，强化创建目标与责任意识，针对重点指标精准摸排，实施挂图作战，严格销号整改。全区义务教育优质均衡创建高质量通过现场评估。

深入落实"双减"政策，创新全链条课后服务模式，充分挖掘课程教材和地方特色文化资源，以多元化、菜单式的课后服务课程，重塑育人新生态，全面提升课后服务质量与效能，金坛区在全省义务教育课后服务质量评价和社会满意度调查中，综合得分位居第一。严守年检关，强化督查关，建立信息共享、协同处理机制，高标准规范全区校外培训机构市场秩序和办学行为，开展"监管护苗"专项行动，加强资金监管和风险管控，5家学科类培训机构全部纳入资金监管平台，坚决防止侵害群众利益行为。

2022年，全区新增省优质幼儿园

3所，省、市优质园比例92.2%；新增常州市新优质学校2所，义务教育阶段学校“新优质率”30.8%，优质率100%；新增常州市主动发展示范校4所、常州市基础教育综合改革实验校4所、常州市平安校园3所、常州市思政育人特色学校2所、常州市幼小科学衔接优质校4所。新增品格提升工程、前瞻性教学改革实验项目等省市级内涵发展项目12项。

（石　磊）

学前教育

【概况】 2022年，全域推进幼儿园课程游戏化项目实施，组建5个核心教研团队深入全区幼儿园开展“沉浸式”指导，整体推进课程游戏化进程，辐射全域学前教育高品质发展。发挥“先行先试”改革探索优势，以常州市首批“幼小衔接试验区”为改革阵地，构建“行政推动、教研统筹、集团推进、园校实施”的工作机制，全区有省级幼小衔接试点园（校）2所、市级4所、区级20所，全力打造科学幼小衔接新样板，实验幼儿园、新城实验幼儿园、华罗庚实验学校新城分校、东城实验小学获评常州市幼小科学衔接优质校。针对课程建设、文化建设以及《保育教育质量评估指南》落实，全域启动幼儿园第二轮主动发展规划论证。举办暑期园长培训班、冬季培训班，邀请省、市专家作专业引领，提升园长课程领导力，依据公办幼儿园教师员额管理实施办法，新招聘员额管理教师60人，组建“园长、业务园长及骨干教师、新教师、男教师、保健和保育团队”五大研训共同体，持续提升学前教育师资及后勤人员专业素养。

【成功创建省优质园】 2022年，全区有3所幼儿园成功创建为省优质幼儿园，截至年底，全区有省优质园41所、市优质园6所，省、市优质园比例92.2%。3月，区教育局邀请原南京市第三幼儿园园长周慧萍对区拟申报创建的经开区实验幼儿园、经开区实验幼儿园东方新都分园、新城实验幼儿园九洲里分园进行专业培训，并为3所创建园遴选综合实力较强的实验幼儿园、新城实验幼儿园、尧塘实验幼儿园作为帮扶园，实施一对一全方位帮扶。3所创建幼儿园均为新建园，办园条件优越，但内涵建设发力不足，各帮扶园派出精干力量，引领创建园精心创设班级环境、聚力研磨保教活动，努力提高一日活动质量。区教育局组建创建指导小组定期开展督查和指导，有序、高效推进创建进程。

（石　磊）

表28　2022年金坛区幼儿教育基本情况一览表

班级数（个）	入园（班）人数（人）	离园（班）人数（人）	在园（班）总人数（人）	教职工数（人）	专任教师数（人）	园长数（人）
401	4113	5317	14194	1639	830	59

表29　2022年金坛区幼儿园办园情况一览表

单位：所

教育部门办园数		乡镇（街道）办园数		私人办园数	股份制办园数	合计
公办性质	集体性质	中心园	分园			
13	7	6	6	16	3	51

（符　玲）

基础教育

【概况】 2022年，全区中考600分以上1369人，各高分段人数占比均居常州前列。高考600分以上50人，达特殊类型线（即一本线）以上906人，省华中一本达线率81.85%，连续两年超过80%。良常初级中学、尧塘实验小学创成常州市“新优质学校”。按照“强校带弱校、老校带新校、城乡共发展”的思路，深入推进基础教育集团化办学改革，优化城乡教育教学联盟，充分发挥优质教育资源的示范辐射效应。深入实施中小学教育教学高质量发展“内涵提升年”行动，围绕教育教学质量内涵提升目标，不断优化实施路径，全面推动学校品位提升。根据第五轮学校三年主动发展规划，聚焦重点领域和关键环节，引领各校创新实践路径和发展机制，持续增强教育教学质量提升内驱力。全面实施“德育333工程”，出台中小学德育高质量发展三年行动方案，推进基础课程建设、重点工程建设、品牌项目建设三大行动，不断提升德育工作针对性、时效性。推进“强基计划”创新行动，深入实施华罗庚少年科学院及“强基计划”后备人才协同培养计划，加大创新拔尖人才培养力度。成功举办华罗庚中学建校100周年高品质发展大会，推进省华中高品质示范高中建设，与周边优秀高中开展深度对标协作。围绕高考综合改革，加强新课标、新课程、新高考“三新”内涵研究，实施高中薄弱学科攻坚三年方案，组建培训“高考命题研究小组”，切实提升高中教学的有效性和精准性。全区义务教育优质均衡监测达标比例位居全市前列，并高品质通过省义务教育优质均衡发展县（市区）创建现场评估。

全面建设“五育”融合课程体系，打通学生综合素质养成的多元渠道。在数学、物理、化学、生物、信息学五大高中学科联赛中，4人获全国一等奖，42人获江苏省一等奖；华城实验小学春风分校“向阳花”中队获全国优秀少先队集体称号，段玉裁实验小学2节主题班会课在中国教育电视台展播，4人获评“新时代常州好少年”“常州市十佳少先队员”，2人获常州市“讲好红色故事 争当时代新人”宣讲大赛特等奖并入选常州市“红色讲解员”宣讲团；青少年体校在江苏省第20届运动会中创造历史最好成绩，田径队斩获6金3银，自行车队斩获10金10银11铜；举行第22届中小学生艺术节，展演音乐类节目101个、美术作品607件；1人获常州市青少年科技创新市长奖、27人获常州市科技创新大赛一等奖，33人在常州市生命教育月活动中获特等奖及一等奖，200人获评常州市劳动实践优秀学生，285人获评常州市食育优秀学生，在2022年全国青少年禁毒知识竞赛中，区生均总分和优秀率均位居常州市第一名；“五位一体”实现劳动教育全覆盖，区域劳动教育成效获人民网等央媒点赞。

【公益夏令营】 7月16日，“七彩的夏日”公益夏令营第一期活动在金坛中小学生综合实践基地举行，200多名学生齐聚基地，开始为期五天四夜的快乐学习之旅。此次公益夏令营活动既有传统军事课程，又开设了红色文化、科技课程、农耕课程、艺术课程、法制课程、生命课程、金融课程、生活课程等。孩子们通过丰富多彩的课程，玩转乐高机器人、学习3D打印、练习军体拳、制作刻纸作品等，开拓视野，锻炼动手能力，培养团结协作的团队精神，增强责任心以及自信心。

【开展督查“双减”工作】 9月28日，常州市教育督导委专家组对区中小学“双减”工作推进情况开展专项督导检查。督查组深入华城实验小学春风分校、良常初级中学、尧塘实验小学、博雅实验学校、鼎峰教育、昂立教育等部分中小学校和校外培训机构，实地查看课程设置、教师备课、作业管理、课业负担、课后服务、安全教育、收费公示等情况。听取“双减”工作推进情况汇报，召开部分校长、教师、家长和培训机构负责人座谈会，并开展网络问卷调查，详细了解“双减”工作在政策支持、课后服务形式及参与率、学校减负提质、教育规范管理、日常督导等方面的情况。

【华中百年校庆】 11月12日，江苏省华罗庚中学举行建校100周年高品质发展大会。宋瑞祥、沈宁吾、刘正荣、汤国建、邓建军、杨天若等知名校友代表，团省委书记司勇、省自然资源厅副厅长程知言，省教育厅副厅长顾月华，常州市领导狄志强、完利梅出席大会。区委书记陆秋明指出，一百年来，一代代华中人始终牢记“发愤为雄”的校训，辛勤耕耘、严谨治学，勇立时代潮头，勇攀育人高峰，培养华罗庚、汤定元、孙枢、周远、钱骥、浦发等一大批杰出人才，近3万名校友遍布世界各地，铸就桃李满天下的灿烂辉煌，为家乡人民赢得无限荣光。陆秋明希望华罗庚中学以百年华诞为新起点，大力弘扬“自强不息、勇攀高峰、甘为人梯、家国情怀”的华罗庚精神，自信自强、踔厉奋发，把华罗庚中学这块金字招牌举得更高、擦得更亮，在新的赶考之路上再创新辉煌。大会宣读了中国民主同盟中央委员会、北京大学、复旦大学和南京大学的贺信。华罗庚的女儿华密、华罗

11月12日，江苏省华罗庚中学举行建校100周年高品质发展大会
（石　磊　供）

庚中学校友、吉林省委原书记王云坤发来祝贺视频。宋瑞祥、刘正荣、邓建军、杨天若等4位校友代表作现场发言。会上还举行华罗庚中学地质科普馆开馆仪式和江苏省华罗庚中学教育基金会揭牌仪式。由华罗庚中学拍摄的微电影《发愤为雄》举行首发式。大会结束后，华罗庚中学举行了“一起向未来”校庆文艺展演。

【主题班会在中国教育电视台播出】2022年，区段玉裁实验小学教师孔丽、潘麒文执教的“同上一堂课”主题班会先后在中国教育电视台CETV2播出，中国教育网络电视台、长安书院App等新媒体平台同步上线。区教育局组织全区中小学师生在线收看节目。节目中，孔丽从“美丽中国”出发，带领学生寻访“醉美乡村”仙姑村和一号农场。通过了解仙姑村的历史变迁、采访一号农场创办人姜方俊，少先队员们深入了解当地人民在党的带领下，因地制宜，走出具有鲜明文化特色、旅游特色的改革创新之路。潘麒文以“文化中国”出发，讲述华罗庚的少年期、奋斗期、成名期三个时期的励志故事，让学生感悟华老“自强不息、勇攀高峰、甘为人梯、家国情怀”的崇高精神。 （石 磊）

9月29日，段玉裁实验小学主题班会课在华罗庚纪念馆举行（石 磊 供）

表30 2022年金坛区普通中小学学校数、班级数、学生数一览表

小学（含九年一贯校）			初中（含九年一贯校）			高中			合计		
学校数（所）	班级数（个）	学生数（人）	学校数（所）	班级数（个）	学生数（人）	学校数（所）	班级数（个）	学生数（人）	学校数（所）	班级数（个）	学生数（人）
36	793	31417	23	324	13583	4	175	8479	58	1292	53479

表31 2022年金坛区普通中小学“三率”情况一览表

小 学			初 中		
入学率	毕业率	升学率	入学率	毕业率	升学率
100%	100%	100%	100%	100%	94.72%

（丁彩霞）

表32 2022年金坛区高级中等学校招生考试及录取情况一览表

参考人数（人）	录取人数（人）			录取率
	普通高中	职业学校	合计	
4177	2221（含金坛区外考生）1759（金坛考生）	1762	3983	95.36%（含金坛区外考生）84.3%（金坛考生）

（于云飞）

职业教育

【概况】 2022年，金坛中等专业学校（以下简称金坛中专）以常州工业职业技术学院金坛分院实体化建设为契机，以服务全区经济社会发展为引领，专业建设持续强化，产教融合持续深化，育人环境持续优化。依托常州工业职业技术学院金坛分院平台，加强中高职学校结对融合发展建设；与常州工学院、江苏理工学院等高校联合开展省现代职教体系贯通培养项目，提升职业教育高质量发展实效；以“五新”产业需求为导向，提升专业建设与产业发展、人才培养与岗位需求契合度，“一核心四特色”专业群建设体系更加完善。深化校企协同育人，联合中德（常州）创新产业园建立“学生核心素养培养基地”，与奥托立夫等企业联合开展为期2年的新型学徒制培养，联合常宝普莱森等企业成功申报江苏省产教融合试点企业，建成AHK中德双元制机电一体化工考培中心以及现代经贸人才实训基地。金坛中专成功承办2022年江苏省职业院校技能大赛并取得2金5银6铜的佳绩，在2022年“学创杯”江苏省创业综合模拟竞赛中获特等奖1个、一等奖1个、二等奖4个。在省创新创业大赛中获二等奖1个、三等奖2个，5名学生获中等职业教育国家奖学金。在2022年职教高考中，金坛中专旅游专业技能测试平均分位居全省第一。

【5人获中职国家奖学金】 2022年，教育部、人力资源社会保障部发布2021—2022学年度中等职业教育国家奖学金获奖学生名单，金坛中专5名学生榜上有名。金坛中专秉持“以立德树人为根本，服务学生生涯发展，服务地方经济社会发展”的办学宗旨，以“让每一位师生得到最好的发展”为办学理念，全面深化改革，实施“金彩人生”树人工程。完善“三全五维”德育工作机制，将学校、家庭、企业、社会各方教育力量融合汇聚，真正落实“三全育人”，通过“核心素养”养成项目、“劳动精神”提升项目、“职业素养”培育项目、“创新创业”孵化项目、“个性发展”培养项目，提高人才培养质量，打造高素质复合型技术技能人才培养高地。

【校企合作】 2022年，金坛中专实地走访文卫管件、沃尔森电子、威龙科技、泰瑞科技4家企业，探讨校企合作与产教融合，调研企业用人需求，拓展高质量就业岗位，助推学生高质量就业。校长卞勇平向企业介绍学校的基本情况、专业设置、人才培养、学生就业等情况并向企业了解当前生产情况及用工需求，希望双方能够优势互补、合作共赢共同培养出“企业用得上、留的住、用的好”的高技术技能型人才。各企业负责人感谢学校多年来为企业提供的人才支撑，详细介绍企业的发展历程、发展理念、岗位需求等，纷纷表示愿意更进一步加强校企合作，接收更多的实习生、毕业生实习与就业。（石　磊）

表33　2022年江苏省金坛中等专业学校招生情况一览表

中专类（含综合高中）		高职类		技工类	
班级数（个）	学生数（人）	班级数（个）	学生数（人）	班级数（个）	学生数（人）
23	913	9	395	5	204

（凌　东）

成人教育

【概况】 2022年，金坛区紧密围绕乡村振兴战略，以富民惠民为己任，充分挖掘地域特色教育资源，开展全民阅读春风行动、春季螃蟹养殖技术培训、泽暮课堂系列培训、养老护理技能培训、“筑梦银球”学习共同体等系列活动，提升居民职业技能和生活品质。获评常州市终身学习品牌项目1个、常州市老年教育项目基地2个、常州市“社区教育助力社区治理项目”1个，2人获评常州市百姓学习之星。薛埠镇社区教育中心申报的设施绿色蔬菜基地，获评常州市教育服务“三农”高水平基地。在省社会教育教学成果奖评选活动中，《乡村人才振兴金坛模式的创新与实践》获全省特等奖。

【全民终身学习活动周】 12月16日，2022—2023年度全民终身学习活动周启动仪式在金坛中专举行。活动周以“砥砺奋进启新程,全民学习再出发”为主题，学习贯彻党的二十大精神，深入宣传全民学习、终身学习理念，展现全区十年来全民终身学习的丰硕成果。来自金坛中专、东城实验小学、华罗庚实验学校新城分校的师生和西城街道社区居民带来精彩纷呈的节目表演。区教育局为获年度“最优学习型组织”“最亮学习之星”“最佳学习型家庭”等称号的组织与个人颁奖。全区致力打造“乐学金沙”社区教育品牌，各镇、街道（社区）教育中心通过对区域社区教育资源整合利用，开辟市民培训新路径，创新学习形式，探索新形势下社区教育和终身教育新模式。成功创建“国家级农村职业教育和成人教育示范县”，先后创建国家级社区教育示范镇4个，江苏省标准化社区教育中心9个，江苏省教育服务“三农”高水平示范基地3个，常州数字化学习先行社区7个，常州市养殖业社区教育集团1个，常州市社区教育示范镇、街道3个，江苏省标准化社区教育中心和常州市标准化居（村）学校均100%。各镇、街道（社区）教育中心在品牌建设、课程评比等方面获国家、省、市级奖项20余个，获批课题11个，其中《德能并举，课程融通、多元协同：乡村人才振兴金坛模式的创新与实践》获第三届江苏省社会教育（教学）成果奖特等奖。

【教育服务“三农”高水平基地】 2022年，薛埠镇社区教育中心申报的设施绿色蔬菜基地，获评2022年常州市教育服务“三农”高水平基地。自2017年薛埠镇社区教育中心与江苏一号农场股份有限公司签订共同建设设施绿色蔬菜基地合作协议以来，薛埠镇社区教育中心以市场需求为导向，以促进农民增收为核心，以设施绿色蔬菜基地为载体，注重社区教育与“美丽乡村”建设相结合，大力实施乡村振兴战略，逐步建立起“社区中心＋基地＋公司（合作社）＋农户”的产业化经营模式，管理科学规范，运行机制良好，培训实效明显，农民的种植技术、管理水平显著提高，销售渠道不断拓宽，农民收入不断增加，发挥基地的示范引领和带动致富作用，收获良好的社会影响。

（石 磊）

普通高等教育

【概况】 2022年，金坛开放大学是以现代信息技术为支撑，面向成人开展远程开放教育的新型高等学校，以服务全民学习、终身学习为根本宗旨，提供多样化、多层次的学历与非学历继续教育。学校开设会计学、法学、行政管理、学前教育、计算机科学与技术、工程管理、工商企业管理、机电一体化技术等35个本、专科专业。学校同时还是西安交通大学网络教育学习中心。年内，金坛开放大学多位教师获评优秀学务导师、优秀课程导师，学校被评为国家开放大学江苏分部优秀管理团队、网上教学先进单位、招生先进集体。

（石 磊）

表34 2022年金坛区高等教育自学考试报名、考试情况一览表

报名课次	参考课次	参考率	毕业人数（人次）		
			专科	本科	合计
1874	1349	72%	25	37	62

表35 2022年金坛区成人高校招生考试及录取情况一览表

报名人数（人）	录取人数（人）	录取率
3062	2494	81.45%

（于云飞）

特殊教育

【概况】 2022年，区教育局以省、市《第三期特殊教育提升计划（2021—2025）》目标为导向，加强教师队伍培养，推进重点项目建设，促进全区特殊教育整体质量持续提升。依托启智学校特教专业师资队伍，组建区级特殊教育项目研究团队，以江苏省特教发展工程建设项目研究为抓手，开展专题研讨，逐步建立资源教师分级管理和培养制度，打造一支骨干资源教师队伍；与金坛第一人民医院合作，共同开展“医教结合”工作研究。由区教育局、区残联和区卫健局等部门专家组成特殊教育专家委员会，协调整合专业力量，进一步完善特殊需要儿童教育安置工作机制，使每个特殊儿童都能享受到适合自己的教育安置方式。2022年，获评常州市级优质融合教育资源中心3个，并对示范性资源教室进行挂牌，起到“以点带面、示范引领”的作用。逐步提升启智学校职业教育实训项目建设，因地制宜开展烹饪、烘焙、洗车、种植、手工等专业的探索，使更多残障学生学会一技之长，为其最终适应生活、融入社会创造良好条件。

【技能培训进校园】 2022年，金坛华标残疾人就业创业中心到启智学校开展技能培训进校园活动，现场指导学生进行手工劳动。此次现场教学的材料是一种车用密封垫半成品，硅胶材质，环保无毒，需要人工将密封垫半成品上的多余边角料手工剔除，简单易学，非常适合智力障碍学生操作。经过华标残疾人就业创业中心工作人员的现场培训，该校初中部的大部分学生都掌握该项技能。启智学校积极探索“教育—培训—就业”一体化办学模式，努力培养学生树立以德行立身、用知识立志、凭技能自强的信心。

（石　磊）

教育管理

【概况】 2022年，区教育局通过多轮调研，修订完善并严格执行五项考核分配指导性文件，建立符合教育规律、导向明确、标准科学、体系完善、评价多元的教职工、校级领导考核评价体系。遵循“多劳多得、优绩优酬、责重多得”的分配原则，持续优化绩效考核，坚决向一线教师、班主任、业绩优异的教师倾斜，充分调动一线校长、教师工作积极性，形成争先创优的干事氛围。核定全区义务教育学校师资总量和每所学校师资数量，完成中小学新一轮岗位设置。加大力度推进教育集团、城乡联盟内教师交流轮岗，倡导“中层干部＋教师”的组团式交流，稳妥实施跨校走教式交流，全年共交流教师414人，其中骨干教师161人，有效缓解学校结构性缺编的供需矛盾。

召开全区资助工作会议，完善各类教育贫困助学制度，做到应助尽助，全年发放教育救助资金927.46万元，惠及学生8050人，发放临时生活补贴79.22万元，惠及学生3961人。开展保障特需群体入园入学和义务教育学校控辍保学专项督查工作，确保“一个不能少”。实施外来务工人员随迁子女关爱行动，14174名外来务工人员随迁子女全部在公办学校就读，享受同城同等待遇。成立家庭教育讲师团，遴选家庭教育精品课程，推进家校社教育素质与水平，开展“优学共育大家访、惠民行动百分百”活动，引导家长改变教育观念，形成教育合力。开展全区学生视力筛查工作，针对筛查结果及时干预，就学校教育环境、课程安排、户外活动等给予科学指导，最大限度保护学生视力。

7月4日，华城实验小学春风分校家长集中观看安全教育宣传片

（石　磊供）

【省级创建考察评估】 6月23—25日，省评估专家组对区创建省义务教育优质均衡发展县（市、区）工作开展现场考察评估。考察评估期间，省专家组听取代区长胥亚伟所作的创建自评工作说明，实地考察13所城乡义务教育学校，通过“推门听课”38节开展教学活动观察，随机访谈80余人次以及查阅各类台账资料，全面考察全区义务教育资源配置、师资队伍、教育质量、行政管理、群众满意等方面的情况。专家组认为创建精神强劲、教育保障有力、城乡义务教育优质均衡发展成效明显并建议加强政府保障，不断巩固优质均衡发展成果，优化学校布局，化解热点学校资源短缺困局，提高教育教学质量，满足人民群众对优质教育的需求。

【观看安全教育宣传片】 7月4日，华城实验小学春风分校的近千名学生家长在学校大礼堂集中观看由常州市公安局和常州市教育局联合制作的《关爱生命，快乐成长——共同为中小学生安全撑起一片蓝天》安全教育宣传片。教育片围绕预防交通事故、预防暑期溺水、预防电信网络诈骗、预防火灾和预防心理危机5个方面，精挑细选家长身边容易发生的极具典型性和代表性的相关案例，通过触目惊心的画面和案例剖析，让家长从内心受到震撼，起到警示教育作用。区教育局先后组织全区6万余名中小学生家长集中观看安全教育宣传片，以进一步深化学生家长安全教育，增强学生家长的安全意识，提升学生家长的安全监护责任。

【家门口的暑托班】 7月，全区各

镇、街道“家门口的暑托班”相继开班，共计开设18个班级，实现各镇、街道全覆盖。“家门口的暑托班”秉持“公益＋志愿”办班模式，坚持报名“零门槛”、家庭“零收费”、暑期“全过程”，充分利用区域内社区新时代文明实践站、文化活动中心等场地资源，广泛动员社会各方共同参与，为区域内未成年人提供“教育”和“托管”相结合的公益性暑托服务，切实解决双职工家庭无人照看子女的实际困难。精准对接家长和孩子的需求，为未成年人提供公益看护、课业辅导、兴趣培养、红色文化教育等服务。暑托班开辟党史宣讲、非遗传承、体艺训练、安全防护等课程，丰富课程体系。强化人员力量配备，每期每班配备1名班主任和5名志愿者，并加强志愿者岗前培训。制定安全管理规定、应急预案和巡查制度，加强场地筛选、疫情防控、食品安全、意识形态安全等各环节管控，实现未成年人意外伤害保险全覆盖、办班点可视化监控全覆盖，确保安全平稳办班。

【全区教育发展大会召开】 9月8日，第38个教师节暨全区教育发展大会召开。全面总结全区教育工作取得的成绩，深入分析教育发展面临的形势，研究部署下一阶段主要工作任务。区委书记陆秋明出席会议并讲话，区委副书记、代区长胥亚伟主持会议。陆秋明强调，强区必先强教，兴业必先兴学。全区上下要带着使命、带着情怀、带着责任，凝心聚力重塑金坛教育新辉煌，万众一心开创金坛教育新局面，为打造“美丽常州金坛样板”作出新的更大贡献，以实际行动迎接党的二十大胜利召开。与会人员共同观看“金坛教育改革发展巡礼”专题片，回顾推进教育综合改革的成效。会上，省义务教育优质均衡创建工作优秀单位、专业发展优秀教师代表、师德师风模范代表、金坛区十佳青年教师以及在2022年高考中取得优异成绩、被全国知名高校录取的优秀学生代表接受现场颁奖。优秀教师代表、省华中、区教师发展中心、区教育局、东城街道的代表分别作大会交流发言。

【“三信”主题教育实践活动】 9月13日，省华罗庚中学启动开展《永葆信仰 坚持信念 提振信心 传承践行华罗庚精神 助推金坛教育高品质发展》主题教育实践活动，旨在通过主题教育实践活动的深入开展，进一步坚定信心、振奋精神，发愤图强，重振雄风，凝心聚力打造金坛教育的华罗庚品牌；要坚持信念，传承华老精神内核。在主题教育实践活动过程中，真正将华罗庚精神作为自觉追求，始终锚定教育质量领先的目标，使华中的教育水平有一个大突破、大提升，努力把华中办成人民群众心目中真正满意的华中；要坚定信心，深化主题活动内涵。将主题教育实践活动与百年校庆庆祝活动紧密结合起来。切实将“华罗庚精神”转化为个人价值追求和行动指南。

【教师队伍建设】 2022年，区教育局始终将人才发展作为教育发展的第一要素，高度注重教师队伍建设，立足学校与教师发展需要，强化顶层设计，积极完善人才培育机制，扎实开展名师成长营、骨干教师培训班等活动。完善教师激励评价机制，积极落实教育人才优惠政策，强化师德修养和教学能力提升，华罗庚实验学校新城分校陈东栋、段玉裁初级中学何丽华、华城实验小学朝阳分校戴振华、东城实验小学冷漓锦4位教师，成功入选江苏省第六期“333高层次人才培养工程”第三层次培养对象。

组织全体教师参加师德师风在线培训、师德师风及法律法规知识网络竞赛活动，开展“学习模范张桂梅 我为党旗争光辉”等选树优秀师德典型活动，教育引导教师形成爱岗敬业、为人师表、廉洁从教的良好教风。全系统开展“永葆信仰 坚定信念 提振信心 传承践行华罗庚精神 助推教育高品质发展”主题教育实践活动，引领教师大力弘扬“华罗庚精神”，打造“‘坛有优学’教育名片凝练精神力量”。吴粉珍获评常州市推进高质量发展先进个人、韦艳蓉获常州市“五一劳动奖章”、朱小玲获评常州市“五一巾帼标兵”、13人获评常州市“师德模范”“师德标兵”。

深入推进“名校长”“好书记”培育工程，提升教育管理素养，6名校长晋级常州市三级名校长。完善校长队伍梯队建设，聚焦能力提升，组织教育管理人才“三级梯队”开展以公文写作、活动策划为内容的专项能力提升研修，系统培养后备人才的综合素养和管理能力。面向全系统择优选拔校长、副校长、校长助理备用人选共60名，进一步优化干部队伍整体素养和年龄结构，把会管理、擅教学、有情怀的教育工作者选配至领导岗位。根据教育事业发展和教师队伍建设需求，依据不同层次、不同类型人才特点，采用公开招聘、校园招聘等方式引进优秀教育人才。全年通过常州市教育系统“优才计划”招聘高校优秀毕业生12人，其中“双一流”高校优秀毕业生10人，通过公开招聘程序招聘新教师40人，其中“双一流”高校优秀毕业生6人。

推进人才梯队建设，依托名师成长营，教育管理人才培训班，“四有”好老师团队，省、市教师培训基地、乡村骨干教师培育站，名师（班主任）工作室等平台，扎实推进人才培育工作。常态化举办新教师“入岗培育”、非师范专业教师研修、优秀教师教学特色研讨等活动，持续提升各层级师资素养。年内，5人晋级正高级教师，2人获评江苏省名师工作室领衔人，2人获评江苏省教学名师，5人获评常州市“龙城十佳”优秀教师，16人获评常州市三级名班主任，14人获省、市评优课、基本功、技能大赛一等奖，22人获评常州市学科带头人，18人获评常州市骨干教师，38人获评区学科带头人，54人获评区骨干教师。

表 36　2022 年中小学、幼儿园专任教师数及学历达标情况一览表

普通高中		职业高中		初中		
专任教师数（人）	学历达标率 (%)	专任教师数（人）	学历达标率 (%)	专任教师数（人）	学历达标率 (%)	本科达标率 (%)
887	99.8	296	99	1396	100	98.7

小学			特殊教育			幼儿园		
专任教师数（人）	学历达标率 (%)	专科达标率 (%)	专任教师数（人）	学历达标率 (%)	专科达标率 (%)	专任教师数（人）	学历达标率 (%)	专科达标率 (%)
2096	100	99.9	11	100	100	830	100	98.6

（蒋怀歆）

【教育督导】 2022 年，区教育局聘请 3 名学段长、34 名责任督学入校挂牌督导，编制任务清单，强化问题导向，对学校安全管理、“双减”政策落实、规范办学、校园环境、民办教育管理等工作开展专项督查，确保学校各项工作规范有力。以常州市人民政府教育督导委员会对辖区政府履行教育职责情况督导评估为契机，聚焦问题指标，强化目标导向，持续提升全区教育工作政府履职水平及义务教育整体发展质量。围绕素质教育目标，全面强化素质教育督导，对 12 所中小学进行素质教育督导评估，对 13 所幼儿园进行综合督导评估。

【安全专项整治】 2022 年，区教育局加强中小学校舍、消防、校车及交通安全、实验室及危化品安全管理，打好教育系统安全生产“三年大灶”巩固战。录制《中小学生交通安全教育视频》《反诈云课堂教学》等学习视频，常态化开展“安全教育日”“国家安全教育”、防震消防疏散演练、“防溺水”等专题教育，持续提升师生应对突发事件防范处置能力。全年开展校园及周边治安综合治理行动 24 次、专项督查 13 次、检查学校 844 轮次、各种演练 351 次，1230 条学校上报隐患全部整改到位。3 所学校、幼儿园成功创建常州市“平安校园”。提高心理健康服务品质，为全区未成年人及家长提供心理健康指导、宣教、咨询等服务，开展心理健康讲座 100 余场，受益师生家长近 30000 人次。实施心理健康普测，为全区 3.5 万名学生建立心理健康电子档案，及时做好危机干预和心理辅导。有序推进 85% 以上的中小学建设标准化心理辅导室，开展生命健康关爱专项督查，促进学生身心健康发展。

（石　磊）

（编辑　李华琴）

文　化

综　述

2022年，全区坚持以文化高质量发展为引领，健全公共文化服务体系，提升公共文化服务效能，文化场馆服务增效，年人均接受服务次数6次。实施“双千计划”（千支优秀群众文化团队培育计划、千个最美公共文化空间打造计划），培育省优秀群众文化团队2支，打造省最美公共文化空间2家。拓展公共数字文化服务方式，组织区文化馆、各镇（街道）文化站、部分社区综合性文化服务中心等21家单位入驻江苏公共文化云平台，实现公共数字文化服务平台全覆盖。增强文艺精品创作意识，围绕喜迎中共二十大主线组织推进重大主题创作，舞蹈作品《奶奶门前那口井》、书法类作品行草《柳永〈望海潮〉》等文艺作品获省市奖，其中原创青春剧《野蜂飞舞》获江苏省第十二届精神文明建设“五个一工程”优秀作品奖。加强文化遗产保护，推进三星村遗址公园建设工程，成功打造非遗研学馆与非遗展示馆，江苏省东方盐湖城道天下景区入选全国非遗与旅游融合发展优选项目。金坛区剪刻纸文化发展有限公司被命名为第三批省非物质文化遗产创意基地。

公共文化

·群众文化·

【概况】　2022年，金坛区坚持公益性、基本性、均等性、便利性原则，加强公共文化基础设施和服务网络建设，深挖金坛文化蕴含的特质和内涵，丰富群众性文化活动，发展壮大文化人才队伍，提高公共文化服务能力，改善群众精神文化生活。

【全民阅读】　2022年，金坛区积极落实“532”发展战略，扎实推进“五大行动”，不断夯实阅读基础设施、完善阅读服务体系，优化阅读活动供给、创新阅读推广方式，切实保障特殊群体阅读权益，年度居民阅读指数76.60，比较上年度增加1.19，为建设“美丽常州金坛样板”营造浓厚的书香氛围。

优化整合，提升阵地质效。以区图书馆为主阵地，建立覆盖全区、功能完善、均等便捷、实用高效的阅读阵地体系。结合全域旅游创建，高质量推进图书总分馆建设，至年底，东城、尧塘、西城街道独立图书分馆建设布置到位并对居民开放。加大电子借阅机、新媒体阅读设备的普及力度，提档升级薛埠镇茅庵村、上阳村等农家书屋，配齐配强阅读设施，打造电

10月日，薛埠镇开展“喜迎二十大 好书伴成长”主题阅读分享会
（薛埠镇 供）

子信息共享区，丰富数字阅读资源。将农家书屋等基础设施建设纳入镇、街道推进落实高质量发展年度绩效评价和全区“五大行动”考核。推动农家书屋典型创建，组织评选农家最美阅读空间、最美阅读活动和最美阅读推广人，培植民间阅读组织，积极探索农家书屋共建共享和延伸服务功能，将机关书屋、企业书屋等融入共建范围。西城街道方边村获评2021—2022年度江苏省五星级示范农家书屋，金城镇春风社区农家书屋管理员于晶、指前镇建春村农家书屋管理员孙渌蓉获评2021—2022年度江苏省优秀农家书屋管理员。配合开展省级农家书屋专项资金联动绩效评价，强化“数字农家书屋”推广，全年全区注册人数11.7万人，累计使用54.8万人次，列常州辖市区第一方阵。

多措并举，完善阅读保障体系。成立金坛区全民阅读促进会，开展公益性阅读活动，营造读书氛围，推动书香金坛建设。充分利用融媒体平台开设“书香金坛”专题专栏，刊发动态信息，推介优秀书目，发布公益广告，宣传引导全民阅读，提升阅读新理念，培养阅读新习惯。组织图书馆、农家书屋向居民群众、机关企事业单位免费办理、发放借阅证，全区持证读者突破5万人，全年通借通还借出量达22.5万册。优化区图书馆云端阅读中书报刊、音视频等资源，增购百年党史、农业科技、防疫防灾、亲子阅读等适合不同人群的优质数字资源。组织开展农家书屋管理员培训班，提高农家书屋管理水平，保障农家书屋专业管理和服务质量。

突出主题，创新阅读活动。组织拍摄“倡导全民阅读　共建书香金坛”宣传视频，广泛动员社会各界参与以“书香致远，赋能金坛”为主题的第十三届“金坛读书月”活动，开展“春风行动”“喜迎二十大”“我的书屋　我的梦”“书香机关”“书香企业”“书香新农村系列”等阅读活动200余场次。年内，《书屋外的路》征文作品获“我的书屋　我的梦”阅读实践活动中学组二等奖，《省农家书屋巡展巡讲巡演走进金坛方边村》、金城镇“为你荐书，我来领读”阅读活动、直溪镇《农家书屋“小天地”，全民阅读“大舞台”》等50余篇（阅读活动）先后被交汇点新闻、书香江苏、江苏农家书屋、常州宣传等平台刊用报道。

（吴锁平）

【文化团队培育】 2022年，金坛区根据省文旅厅“十四五”期间“千支优秀群众文化团队培育计划”“千个最美公共文化空间打造计划”及相关工作部署，组织开展“双千计划”打造和培育工作。区广场舞运动协会、春江艺术健身协会成功入选省优秀群众文化团队；区文化馆、九州里社区入选省最美公共文化空间。

【文化惠民】 2022年，金坛区以公共图书馆、文化馆总分馆制建设为抓手，依托群众文化团队，组织开展系列文化惠民活动。全年送戏下乡100场次、送展览70场次，送书到基层10000册；开展非遗“三进”活动（进景区、进学校、进社区）50场次；举办文化社教活动和公益讲座170场次。

【数字公共文化建设】 2022年，金坛区推进数字化服务普惠应用，组织区文化馆、各镇（街道）文化站、部分社区综合性文化服务中心等21家单位入驻江苏公共文化云平台。全年推广关注人数3.12万余人，地区覆盖率、人群覆盖率达100%。

·文化场馆·

【概况】 2022年，金坛区有图书馆、文化馆、博物馆、华罗庚纪念馆等9个标志性公共文化服务设施，其中区文化馆、图书馆为国家一级馆，区博物馆为国家三级馆。全区各镇（街道）建有标准化综合文化站9个，各建制村（社区）建有基层综合性文化服务中心123个。公共文化场馆全面免费开放，服务群众约207万人次。

【图书馆】 2022年，区图书馆新增图书3.62万册，累计馆藏78.61万册，全年借还书籍24.65万册次，服务读者101.27万人次。创新推出国学经典课堂、图书馆之夜·露台音乐会、大树下亲子故事会等多元融合的阅读推广品牌，开展各类活动共计587场次，其中培训87场次，讲座46场次、展览44场次，其他类型读者活动417场次，受益群众12.63万人次。结合全域旅游创建工作，深化文旅融合理念，在茅山茶海增设特色分馆1个。

金坛区图书馆前台　　（区文旅局　供）

配合“微笑经济”园区建设，在金沙金融中心等人才公寓设置分馆3个，服务高层次、高技能人才。深入推动城乡一体化发展，在全区增设图书流动点4个，对多个农家书屋进行改造升级和图书加工，全面实现通借通还。至年底，全区有分馆（农家书屋）138个，流动点18个。

【文化馆】 位于金东街1号文化大厦，建筑面积5230平方米。2022年，区文化馆组织公益培训35场次，受益群众8750人次，组织开展“喜迎二十大”主题巡展80场次，组织“喜迎二十大 幸福联万家”“七彩夏日”纳凉文艺晚会。策划举办“江东福地乐道金坛”2022年常州市金坛区乡村旅游特色文化展示演出，线下服务近5000人次，直播观看约8.3万人次。金坛直溪巨龙队节目《龙舞太平》参加“2022中国·平湖‘龙舞九彩’长三角龙舞邀请赛”获最佳优胜奖。

文学艺术

·综 述·

【文艺精品创作】 2022年，金坛区坚持学习贯彻习近平总书记在文艺工作座谈会上重要讲话精神，围绕喜迎中共二十大主线，增强文艺精品创作意识，组织各类重大主题创作。舞蹈作品《奶奶门前那口井》入围江苏省第十五届五星工程奖决赛，获江苏省文联、省舞协主办第七届社会舞蹈大赛十佳作品；书法类作品行草《柳永〈望海潮〉》获江苏省第十五届五星工程奖；书法作品《习近平在庆祝中国共产党成立一百周年大会上的讲话》《李商隐细雨诗一首》《七律·乐道金坛之绿野仙踪》入选江苏省第二届群文书法精品双年展。江苏省儿童艺术剧院（华罗庚艺术团）举办“风雨兼程——华罗庚艺术团改革成长二十周年”系列活动，排练新创儿童剧《草房子》、童话剧《白雪公主》《丑小鸭》；开展文艺演出332场次，惠及全区60.1万人次；组织“喜迎二十大”摄影图片展、“奋进新时代 逐梦新征程”等展览94场次。

（于 华 朱 虹）

【范石甫抗疫书画作品展】 5月21日，由江苏省中国画学会、常州市金坛区委宣传部、金坛区文联联合主办的“全民抗疫，‘艺’不容辞——范石甫抗疫书画作品展”在常州开幕，展出抗疫题材作品20余件。展览现场，范石甫向6位抗疫先进工作者赠送作品。常州市金坛区人大常委会副主任王艳红、副区长叶琳、政协副主席朱亚群等参加开幕式。中国画学会副会长、江苏省中国画学会会长高云致电祝贺。

（于 瑾）

·文学创作·

【概况】 2022年，金坛区文学创作贴近地域特色文化，满足人民文化需求，在散文、诗歌、小说等文学领域不断推出彰显金坛底蕴的精品力作。作家储福金创作的长篇小说《直溪》获常州市优秀精神文化产品扶持。蒋文静创作的中篇小说《堪爷》获“首届今古传奇文学奖”。葛安荣、王宁婧、于建新等17名会员在国家和省级纯文学刊物上发表作品30件（篇），汤云祥、花莉敏、王如洪、周志忠出版小说和散文集。

【储福金长篇小说《直溪》研讨会】 11月12日在区直溪镇举行。会议以线上线下的方式召开，来自中国作协、省作协的领导，复旦大学、南京大学等高校教授以及《文学报》《光明日报》等媒体的编辑、记者20余人参与研讨。与会人员从不同角度、不同层次分析长篇小说《直溪》的时代背景、创作思想、表现手法等。研讨会由江苏省作协和常州市委宣传部主办。中国作协副主席、书记处书记吴义勤，中国作协副主席、江苏省作协主席毕飞宇，中国作协创研部主任何向阳，江苏省作协党组书记、书记处第一书记汪兴国，江苏省作协副主席、书记处书记丁捷、贾梦玮参加研讨。金坛区委常委、宣传部部长朱霞参加会议。

【第十一届《洮湖》文学奖】 4月26日，金坛第十一届《洮湖》文学奖颁奖仪式在茅山旅游度假区举行。该活动共收到来自全国各地参评作品近200件（篇），最终评出《风中的轮笛》等12篇小说、《湖北啊江南》等4篇

8月，舞蹈《奶奶门前那口井》获省第七届社会舞蹈大赛十佳作品

（区文旅局 供）

散文、《生命里的路》等4篇报告文学、《半边山下采茶》等3首诗歌，获奖作品共23篇。常州市委宣传部副部长谢春林，金坛区委常委、宣传部部长朱霞为8位获奖作家代表颁奖。

【文学志愿服务】 2022年，区作家协会围绕“新时代山乡巨变”主题，广泛开展文学志愿服务，助力乡村文化振兴。年内，区作家协会文学志愿者先后到朱林镇黄金村、金城镇后阳村进行文学志愿服务下基层调研活动。区作家协会“茅山创作基地”在上阮村挂牌，并设立“金坛作家书柜”，首批12名金坛本土作家的文学作品陈列书柜展阅。

【文学人才培养】 2022年，区作协会员徐志俊、陆盛加入江苏省作家协会，加入常州市作家协会5人。至年底，全区国家级会员6人，省级会员27人，新增一个团体会员“闻艺金沙”诗友会。年内，第六届园林杯“感恩·心愿”高考应届生征文大赛成功举办。区作协青年作家储婷凭借其小说《井蛙》上榜当当网第八届年度影响力作家榜。史宇宁、倪俊成为年轻的网络作家，推动金坛网络文学多元化发展。

·书法 美术 摄影·

【概况】 2022年，全区书协、美协、摄协在创作交流、学术研究、公益活动等多领域发展，有百余件作品在国家级、省级、市级展出或获奖。书协举办“书写二十大报告金句”书法网展、“迎新春·中华致远”书法小品邀请展，参与“墨情雅韵 书香龙城”常州市民书法作品展、金坛第六届春联作品邀请展等活动。摄协承办“遥远的修行”杨兆群南极、冰岛摄影展，举办“光影之美”公益讲座等。全年书协、美协、摄协联合举办“两省三地书画联展”“喜庆二十大 金医书画缘”“百年婚书婚照收藏展”等活动。年内，金寿彭的组照《江南旧事》获江苏省文艺大奖第四届摄影奖，王爱俊创作的油画《时代印记——渔之乐》获江苏省文艺大奖第四届美术奖提名奖。杨晋、吴凯琪、杨丽香、罗湘云、李志荣加入江苏省书法家协会；刘旬中加入江苏省美术家协会。至年底，全区共有国家级会员37人、省级会员120人。

【“生物多样 生态优美——我们一起行动”摄影展】 6月2日，由区生态环境局、区文联主办，区摄影家协会承办的“生物多样 生态优美——我们一起行动”摄影展在金坛吾悦广场举行，区委常委、副区长徐俊参加活动。该展2021年9月启动，共收到作品2000余幅，作品内容涉及哺乳动物、两栖动物、植物真菌、昆虫鸟类、人与自然等，充分展示出金坛生态文明建设、生物多样性保护等方面取得的成果。经专家组认真评审，评出入展作品180幅。

6月2日，区生态环境局、文联举办“生物多样 生态优美——我们一起行动”摄影展 （丁艺明 摄）

【廉洁文化主题创意展演】 9月15日，由区纪委、区法院、区检察院和区文联共同主办的“喜迎二十大·廉心向未来”廉洁文化主题创意展演在中国（常州）德国中心举办。常州市委常委、市纪委书记、市监委主任李文宏，市中级人民法院、市人民检察院领导以及金坛区委书记陆秋明等出席活动。展演集中展出廉洁主题书画作品130余幅。陈海良、赵治平等书法绘画名家参加活动并即兴挥毫泼墨，非遗技艺传承大师现场展示金坛刻纸、面塑技艺，同时表演歌伴舞、新民乐演奏、情景剧、音诗画等形式多样的廉洁主题节目，全方位展示新时代廉洁文化建设的金坛实践。

【“新时代颂”江苏美术摄影主题展】 10月25日在金坛区开展。“新时代颂”2022江苏美术摄影主题联展秉持“全员、全域、全程”理念，省市县（区）三级联动。金坛区参展的100幅书画摄影作品立意新颖、风格多样，生动展现出金坛10年来日新月异的发展，以及金坛人民踔厉风发、勇毅前行的精神面貌，浸润着作者对家乡的热爱和美好生活的向往。主题展由中共金坛区委宣传部、区融媒体中心、区文旅局、区文联共同承办。区领导朱霞、王艳红、叶琳、朱亚群参加活动。

【义卖作品助教育】 10月24日，金坛中国画学会举办“丹心向党 情系教育”中国画作品专场义卖活动。范石甫、李国平、程云仲、吉成方等现场挥毫泼墨，创作《吉祥》《太行山》等作品29幅被金坛园林大酒店、常州现代混凝土有限公司等爱心企业拍得。该次活动共拍得30万元善款，全部通过金坛区慈善总会定向捐赠作为教育发展专项基金。其中书画家范石甫以个人名义设立助学奖励基金、书法教育奖助基金，先后奖助师生上百人，发放奖励金200多万元。

·音乐 戏曲 舞蹈 民间艺术·

【概况】 2022年，金坛区音协、戏协、舞协、民协会员参与各类文艺志愿惠民演出数百场次，其中锡剧专场演出100场次，部分文艺演出以“云上天天乐”直播形式举行。创新东浦丝线锣鼓、上阮花鼓、巨村舞龙等非遗文化演绎形式，组织“秧歌灯”传承表演人员参加江苏省民间舞蹈调研活动。祝柏华、桂习文等编导的群舞《奶奶门前那口井》获江苏省第七届社会舞蹈展演十佳作品，杨兆群刻纸《大运河》入选第十五届中国民间文艺“山花奖”终评。年内，冯俊翔、李沁培加入江苏省音乐家协会，殷卓宁、曹钰皎、潘俊芳、王群、王文昌、谢月清加入江苏省民间艺术家协会。至年底，全区有国家级会员11人，省级会员49人。

【上阮花鼓节】 9月27日，“梦想家园 自然上阮”美丽乡村开园。江苏省金坛茅山旅游度假区管理办公室在上阮村组织举办“2022上阮花鼓节”，区民间文艺家协会组织薛埠镇、儒林镇、老年大学、罗村小学等花鼓队伍，表演了上阮花鼓、威风锣鼓、喜庆锣鼓、八面鼓等各具特色的金坛民间鼓乐。“上阮花鼓戏”为常州市非物质文化遗产项目，通过举办“花鼓节”促进上阮花鼓戏的传承，树立文化旅游活动品牌。

【9名会员入选《江苏省民间文艺家小传》】 6月，《江苏省民间文艺家小传》一书出版发行，区民间文艺家协会选送的杨兆群、姚汝明、叶林生、徐书翔、李祥、何雅雯、刘国红、冯罗庚、周斌9人入选。《江苏省民间文艺家小传》记载了江苏范围内近500名民间文艺家的艺术创作生涯与代表作品，由江苏省民间文艺家协会征集、编纂。此次入选的9名会员技艺专长涵盖剪纸、抬阁、民间故事、民间音乐、灯谜等不同艺术门类。

（于 瑾）

物质文化遗产保护

【概况】 2022年，全区共有不可移动文物137个，文物保护单位50个（国家级2个，省级5个，市区级43个）。年内，加强文化遗产保护与管理，推进文物消防、安防改造，编制文物保护规划，组织文物保护单位修缮。加快实施三星村遗址、金坛土墩墓群、金坛博物馆安防工程及戴王府遗址消防工程。组织开展文物建筑消防安全检查，完成2020—2022年度江苏省文物消防安全专项整治三年行动。强化日常巡查工作，继续推进文物安全监管网格化管理，保障文物安全。积极申请文物保护资金，共向上申请专项资金994万元。

【文物遗迹保护】 2022年，金坛区依照文物保护工作方针，依法做好文物保护工作。完成三星村出土遗骨DNA采样分析，推进三星村遗址调查勘探工作及报告整理。开展50处文物保护单位“四有”档案（有保护范围、有保护标志、有记录档案、有保管机构）整理工作，定期开展不可移动文物安全检查137处。落实《常州市政府办公室关于进一步做好建设项目考古工作的通知》要求，对开发区区域实行一体化文物资源区域评估。年内，完成金坛经济开发区北至丹金溧漕河、南至金茅公路、西至丹金溧漕河、东至金沙大道区域（约104.87万平方米）的文物资源调查评估与验收；完成常州乐思龙幕墙有限公司（指前镇下新河村委下新河村137号地块，总面积1.55万平方米）墓葬区的考古调查勘探与验收。做好革命文物保护，对全区革命文物展开普查，戴王府遗址、倪巷村与兆歧村人民大会堂旧址、西禅寺、宝塔寺、慰安所旧址6处文保单位申报江苏省第二批革命文物名录。

【三星村遗址保护与利用】 2022年，三星村遗址保护公园项目列入常州市“532”重大文旅项目。三星村遗址位于金坛区朱林镇三星村，总面积10万平方米。1985年第二次全国文物普查时被发现，1993年至1998年，南京博物院联合金坛市文物管理委员对该遗址进行考古勘探与发掘，考古成果被评为“1998年全国十大考古新发现”，并荣获1996—1998年度国家文物局田野考古奖项目三等奖。2002年，三星村遗址被江苏省人民政府公布为第五批省级文物保护单位。2006年，被中华人民共和国国务院公布为第六批全国重点文物保护单位。2022年，为适应遗址保护，启动三星村遗址考古调查勘探工作，协调推进三星村遗址公园建设。建立社科院考古研究所金坛工作站，三星村遗址保护规划编制与安防工程建设有序推进。与中科院古脊椎动物及古人类研究所付巧妹团队签订《三星村遗址出土人骨DNA研究的合作协议》。8月，中国社会科学院考古研究所、江苏省考古研究所、常州市考古研究所联合完成三星村遗址勘探工作。9月，完成考古调查勘探报告编制。10月，在市人大常委会协助与督查下，启动《常州市三星村新石器时代遗址保护条例》起草工作，并完成立法调研。

（栾 艳）

非物质文化遗产保护与传承

【概况】 2022年，金坛区非物质文化遗产（简称非遗）保护中心按照助力常州“532”战略要求，依托金坛愚池公园的基础条件和环境空间着手建设非遗公园。年内，完成非遗研学馆、非遗集市的改建及布置。完成“董永传说”“直溪巨龙”“金坛抬阁”三项国家级代表性非遗项目保护补助费用申报工作，向国家争取资金55.9万元。组织开展第七批区级非遗项目申报评选，金坛东方盐湖城景区被评为常州市非遗旅游体验基地，并入选2022年“全国非遗与旅游融合发展优选项目”名录，金坛区剪刻纸文化发展有限公司成功入选第三批江苏省非物质文化遗产创意基地名单。至年底，全区有非遗资源项目74项。其中，国家级非物质文化遗产项目5项（金坛刻纸入选联合国教科文组织非物质文化遗产名录），省级非物质文化遗产项目7项，市级非物质文化遗产项目22项，区级非物质文化遗产项目40项。非遗传承人120人，其中国家级4人，省级7人，市级40人，区级69人。

【区非遗研学馆】 10月开馆。该馆通过“非遗+研学”的模式，坚持“见人、见物、见生活”的理念，开展群众参与、形式多样、丰富多彩的非遗传承传播活动，让参观者感受传统文化魅力，助推金坛文化产业发展。研学馆内通过展板静态展示金坛抬阁、直溪巨龙以及金坛刻纸等金坛国家级非遗项目。每周末及节假日开展手工类公益培训班。至年底，开设金坛蛋雕、金坛面塑、手工缠花公益培训班3期50余场次，累计培训学员1000余人次；开设书法、山水画、花鸟画、油画等书画公益培训班，培训学员1000余人次。

【区非遗集市】 10月开馆（市）。非遗集市将金坛非遗代表性项目及与之相链接的非遗产品布置而成，集参观、体验、传承于一体。馆内通过图片文字、实物展示、场景还原、手工体验等多元表现方式，采用动静结合的非遗空间，详细呈现金坛刻纸、金坛封缸酒酿造技艺、金坛面塑、金坛蛋雕等18项非遗项目的历史渊源、传承谱系、艺术特征，全方位展现常州及金坛非遗资源的丰富性与多样性。非遗集市每周六下午开展锡剧研艺活动，周日邀请相关非遗传承人现场制作并展示相关非遗项目。至年底，观看锡剧表演6000人次，参与非遗项目制作等500人次。

（孔云慧）

10月，区非遗研学馆开设手工缠花工艺班研学课程

（区非遗保护中心 供）

大众传媒

【《金坛日报》】 2022年，《金坛日报》出版252期，总发新闻稿6300余篇。围绕“五大行动”，除在重要版面常年开设新闻专栏外，每周还刊出一个“凝聚强大合力，奋进五大行动”专版。推出“五乱治理直通车”报道130余篇，涵盖乱象曝光、整治成效、亮点工作、典型宣传等方面。做好中共二十大报道，刊载“学习贯彻党的二十大精神”领导干部学习笔谈等报道200余篇。加强深度报道与头条工程，聚焦动力电池、光伏、数字产业等经济社会发展热点及人民群众关注焦点，开设新闻专题专版52个，刊发重点报道80余篇。9月30日，金坛区小记者协会由《金坛日报》编辑部牵头成立并揭牌，招募小记者120余名，开展活动10余场次。

【《洮湖》杂志】 2月，区委、区政府对《洮湖》杂志出版资源进行整合，明确《洮湖》杂志由区融媒体中心承办。4月，按照区委宣传部要求，区融媒体中心完成了人、财、物、业务对接工作，全面负责管理《洮湖》杂志的编辑、出版发行工作。《洮湖》杂志由中共金坛区委宣传部主管、区文学艺术界联合会主办、区融媒体中心出品。杂志为双月刊，每期印发1500册。赠阅对象为金坛区各机关企事业单位、文艺家协会、农家书屋等单位、个人及场所。年内，融媒体中心出版发行《洮湖》杂志3期，总发稿量24万余字。

【网络媒体】　2022年，金坛影响力较大的主流网络媒体平台主要有“金坛新闻网”“金坛手机台”客户端、“金坛网”微信公众号、“金坛网”微博、“金坛网”视频号、“抖金坛”抖音号，各平台年播放量累计超2.7亿次。“金坛手机台”下载用户量超30万人次，“金坛网”微信号订阅量超10万人次。统筹推进“奋进新征程　建功新时代”“奋楫2022”“学习贯彻党的二十大精神”等网上重大主题宣传，全年开设网络专题20余个，刊发各类报道1.16万余篇。全年播放量超50万次的视频50个，其中破100万次的视频20个。圆满完成网络直播140多场次。全案策划跨地域网络直播大型活动。2月，组织参与南京都市圈城市春节大型融媒直播活动，让南京都市圈市民了解金坛非遗资源；联动陕西石泉、宁陕融媒体中心，联合举办“融媒助企——职等你来”大型直播活动，帮助缓解就业难题。7月，贝特瑞（江苏）新材料科技有限公司量产仪式实况直播经过与韩方多次对接和测试，首次实现跨国播出。同时，圆满完成“第十三届江苏省乡村旅游节启动仪式”“金沙大学堂”等各类大型活动直播。

7月18日，贝特瑞（江苏）新材料科技有限公司量产仪式实况直播首次实现跨国播出　　（区融媒体中心　供）

【广播电视】　2022年，金坛广播电视台有综合频道1个、金坛人民广播电台1套频率及融媒体新媒体矩阵等。金坛人民广播电台《整点新闻》播出各类新闻315档，《行业之声》专栏播出290期，《金坛新闻》广播版播出365档，《今日关注》播出210档，“快乐早高峰”“开心晚高峰”各播出315档，“交警直播室”每天滚动播出8次，《政风行风热线》实现全年周播、全媒体联动，全年制播49期，上线单位66家，接听投诉电话450多个，回复率100%，问题解决率98%。金坛电视台制播《金坛新闻》365期，时长9125余分钟。策划推出“新时代 新征程”庆祝中共二十大胜利召开专题报道，以及全区各界学习贯彻中共二十大精神全媒体访谈、领导干部学习笔谈等特别报道100余条。紧扣区委、区政府中心工作，组织策划“奋楫2022”全媒体大型新闻行动，开设“凝聚强大合力　奋进五大行动”“‘532’发展战略在金坛”“‘两湖’创新金坛先行”“五乱治理直通车”“礼赞弄潮人·坛商今谈”等20余个专栏，播发稿件200余篇，报道全区重大工程项目、重点行业企业建设和发展、行业领军人物等，全景展现全区上下围绕“五大行动”，创新、创造、创业的奋斗景象和实践。聚焦民生实事，助推行风建设，开设“民生实事 幸福为民”“我为群众办实事”“民生项目进行时”“金沙文明行”等民生专栏，推出报道150余篇。突出新冠病毒疫情防控科普知识宣传，制播相关稿件130多篇。全年被中央电视台新闻用稿播出20余条（《新闻联播》播出3条），江苏电视台新闻用稿77条，常州电视台录用新闻800余条，主流网络媒体发稿200余条，“学习强国”学习平台刊用37条。

在2021年度江苏省县市新闻中心系统好新闻评比和常州市优秀广播电视节目、常州新闻奖评选中，区融媒体中心获奖作品39件。获省级奖项4件，其中《金坛地下盐穴变身“储气库”土地节约利用模式在全省推广》获2021年度江苏省县市新闻中心系统好新闻（文字作品）消息类一等奖、《金坛茅山为什么能“名利双收”》获通讯类一等奖、《致敬，老兵！致敬，峥嵘岁月！》获通讯类二等奖、《祖国我们为您欢庆》获好版面奖。获市级奖项35件，其中系列报道《一汪碧水润家园》、广播剧《风雨护学岗》2件作品获常州市优秀广播电视节目奖一等奖，访谈节目《“民”师出高徒》、短消息《金坛盐穴压缩空气储能项目发出第一度电》、对象性节目《双胞胎盲人兄弟，跑出闪光之路》、公众性节目《严书记的“黄金”路——记全国脱贫攻坚先进个人严清华》、广播播音新闻类《金坛新闻》、艺术片《公民道德歌》等15件作品获常州市优秀广播电视节目奖二等奖，电视消息《生态综合治理的“长荡湖实践”》和短视频专题报道《假日“不打烊” 他们在金坛高铁工地过中秋》2件作品获常州新闻奖二等奖。

【创新运行机制】　2022年，区融媒体中心接手运营常州江东现代传媒有限公司，创新推动事业产业双轮驱动一体发展新机制，产业经营能力不断提升。加强经营管理，制定议事规则，协调解决问题。顺利完成融媒体中心、常州江东现代传媒有限公司一体化管理交接工作。改革绩效机制，对融媒体中心和江东传媒的部门和岗位进行重新设置，梳理岗位70多个，开展双向选择，实施人员双向流动。推行以岗位定层级，以业绩定薪酬。同时，建立经营业务奖励、经营任务风险抵押等激励机制，充分调动员工积极性。优化业务结构，调整江东传媒内设机构，围绕政企客户开展定制“内容＋活动＋服务＋传播”的营销组合和产品匹配。整合媒体资源和融媒服务。强化协同系统、融合内容生产系统、传媒经营管理系统、户外广告管理系统等线上平台运行，对业务洽谈、合同签订、服务清单、刊播安排、资金到账、酬劳绩效、服务反馈进行全流程在线监管，规范媒体资源产品与服务标准。强化参股企业管理，确保股东权益。拓宽业务，拓展多元经营。加强城市客厅、廉政教育馆、党员政治生活馆、全民民防教育馆、新时代文明实践展示馆等重要场馆的管理、运维、讲解服务，依托场馆资源，组织“小小讲解员”、沉浸式安全体验研学营、夏令营等线上线下主题活动；运营羽毛球、篮球、游泳等场馆，常年组织青少年训练，积极承办体育赛事，打造“江东体育”品牌。全年完成政企服务和广告业务合同金额超1500万元，常州江东现代传媒有限公司各项业务收入超2900万元，实现质效大幅提升。（钱　晔）

史志工作

【概况】 2022年，区党史工委、区地方志办公室落实上级党史、地方志部门要求，推进党史编研、地方志书修编（地方综合年鉴编纂出版）及史志宣传工作。为相关单位申报地理标志产品提供志书、年鉴支撑，并免费提供查阅服务。年内，指导编修的《金坛国土资源志》获评省级优秀成果奖。

【党史编研】 5月，区委党史工委召开《中国共产党金坛历史第三卷（1978—2012）》编纂工作座谈会，推进党史三卷本编纂工作。座谈会邀请相关专家、退休老领导以及部门负责人20人参加，广泛征求其意见并吸收消化，进一步提升史稿质量。

【地方志编修】 2022年，区地方志办公室贯彻落实省《关于实施镇村志编纂文化工程的通知》精神，结合金坛实际，到全区镇、街道及部分村、社区进行工作调研，组织实施《金坛区镇村志编纂工作实施方案》，启动7部镇（街道）志、10部村志的编纂工作。加强对在编的《金坛水利志》《乾元观志》进行全过程指导和帮助，按时序进度推进编修。

【史志宣传】 2022年，区委党史工委以史志文化“六进”（进机关、进校园、进企业、进军营、进农村、进社区）活动为抓手，组织开展多形式的史志文化宣传活动。与区融媒体中心合作，在FM89.0兆赫开设《党史上的今天》《品读金沙》栏目，宣传金坛地方史和地情文化，全年分别播出310、1460期次，制播文创产品“金坛地名史话”《金沙八景》系列音频节目18期。联合江苏省儿童艺术剧院（华罗庚艺术团），把舞台剧《野蜂飞舞》作为春学期开学第一课，送进江苏省金坛中等专业学校、金沙高级中学、金坛第一中学；联合区融媒体中心，在华罗庚实验学校新城分校（殷雪梅小学）开设《主播课堂》，通过红色故事汇演开展党史宣传教育，并通过金坛手机台网上直播。开展“党史教育电影进社区”活动，分别在东城街道徐塘新村、华苑二村播放红色电影《南京！南京！》《建党伟业》2场次，观影300余人次。到东城街道华苑社区、华兴社区开展史志文化进社区活动，赠送史志书籍。推送的《江苏常州：沈家桥畔活捉日军飞行员》被“学习强国”学习平台录用。

【纪念邮票首发活动】 7月23日，为纪念首部党章通过100周年，弘扬伟大建党精神，由金坛区委党史工委、金坛区邮政分公司联合主办的《第一部〈中国共产党章程〉通过一百周年》纪念邮票首发暨战略合作伙伴签订仪式在区图书馆举行。纪念邮票以党徽、第一部《中国共产党章程》部分章节及中共二大会址为画面主体，全套邮票面值1.20元，计划发行数量为680万套。活动现场参观人数逾300人次。

【《金坛年鉴（2022）》出版发行】 12月，区政府主办、区地方志办公室编纂的《金坛年鉴（2022）》由方志出版社出版发行。《金坛年鉴》创刊于1995年，此卷为连续第20卷。区地方志办公室坚持年鉴常编常新原则，适当调整年鉴框架，重点把握好年鉴选题立目，条目要素齐全及行文规范标准，提升年鉴内容质量及文化品位。2022卷《金坛年鉴》全面系统记载了2021年度金坛经济社会发展的基本情况和发展状况，充分展示金坛的新发展、新成就和地方特色。全书全彩印刷，设类目26个，收录照片193幅，计75.8万字。

（刘士科）

档案工作

【概况】 2022年，金坛区档案馆围绕推进档案馆（室）规范化建设、档案馆信息化建设、数字化转型等工作目标，全面贯彻落实《常州市金坛区关于贯彻落实档案事业发展“十四五”规划的实施意见》，充分发挥局馆联动机制优势，拓展区委办、档案局、档案馆“办局一体、局馆联动”模式，进一步加强档案业务建设，提升档案治理能力和服务水平。年内，区档案馆顺利通过市县级国家综合档案馆业务建设评价考核，获评江苏省“示范档案馆”。

【档案资源】 2022年，金坛区档案馆持续开展档案接收工作。全年共接收农村集体产权制度改革档案、公证档案5908卷，整理归档“庆祝中国共产党成立100周年”“金坛区新冠肺炎疫情防控”“金坛区党史学习教育”等专题档案2084件（张、盘），政务公开文件915件。围绕金坛名人、苏陕协作、援藏、援青、援疆开展专题档案资料征集活动，征集华罗庚往来书信档案483件，院士汤定元电子档案500G，苏陕协作专题文书档案100余件、电子档案20G，援藏专题档案71件、口述视频20余小时。至年底，馆藏档案25.3万卷。持续深化数字档案资源建设，完成馆藏档案数字化1531.49万页，完成各门类档案目录数据库建库和挂接工作，建立婚姻、教育教学、公证、出生医学证明、土地确权档案等专题目录库32个。

【档案安全】 2022年，金坛区档案局、档案馆依照《关于开展档案安全工作专项检查的通知》精神，组织对全区414家区级机关、企事业单位、镇（街道）、园区、村（社区）、人民团体档案馆（室）开展档案安全检查，重点检查档案安全工作责任制建立落实、档案基础设施建设及设备配备更新、档案实体及信息安全保管保护情况，对排查出安全风险隐患的单位督促其整改。开展保密与消防安全知识培训、消防安全应急演练，增强风险防范意识，提升应急处置能力，确保档案实体和信息绝对安全。

【档案服务】 2022年，金坛区档案馆全年共接待查档5985人次，利用档案远程服务平台，提供“异地查档、跨区服务”54例，档案馆服务窗口被评为常州市“巾帼文明岗”。提高档案服务质量，推进档案开放工作，完成馆藏1992—2001年间形成的B类、D类44个全宗2222卷、1.4万件档案的审核，向社会开放档案547卷、1307件，条目9203条。做好重点项目档案服务，对大唐国际、大墩闸站、新孟河征迁等重点建设项目档案工作进行指导培训，完成金茅公路东延、240省道改造竣工档案验收，为贝特瑞（江苏）新能源材料有限公司、海目星激光智能装备（江苏）有限公司、江苏常宝普莱森钢管有限公司等民营企业提供“一对一”跟踪服务，指导企业制定分类方案、规划合理建档模式，提高企业管理质效。加强档案人才队伍培养，举办档案业务培训班，开展专题档案业务讲座6场次，培训村（社区）档案员107人次、机关与企业档案员200余人次，推进全区档案专业人员职称评定工作，全年评定档案中级职称4人、初级职称6人。

【档案宣传】 2022年，金坛区档案馆推进馆藏档案资源开发，全力做好档案宣传工作。以“6·9”国际档案日为契机，利用馆藏档案举办“喜迎二十大 档案颂辉煌”金坛历届党代会档案专题展，真实展示金坛在历届中共金坛（县、市）区委的领导下（尤其是改革开放至今）所取得的成就。参加常州市“星光永耀——常州籍院士档案展览”、长三角书信档案联展和《华罗庚往来书信集》编撰，协助省档案馆拍摄“百年恰是 风华正茂”江苏重要人物华罗庚、孙枢、殷雪梅档案征集展示视频，其中“人民的数学家——华罗庚”专题视频在“江苏档案”微信公众号发布。组织金坛档案工作宣传报道，《企业“一对一”跟踪指导服务获企业好评》等17篇通讯报道分别被《中国档案报》、中国档案网、“学习强国”学习平台刊录。

（郑 磊）

文化产业

【概况】 2022年，金坛区贯彻落实常州市《关于加快推进文化高质量发展的实施意见》，依托“开发区、茅山、长荡湖”三大省级园区，加快茅山旅游度假区、长荡湖旅游度假区文旅产业园区建设，推进建设西城街道、金城镇文创产业园区，支持印刷出版、文化旅游、现代传媒等重点产业发展，鼓励数字影视、动漫游戏、创意设计等新兴产业落户金坛。拥有古籍印刷厂、东方盐湖城等龙头骨干企业，培育扶持国家非遗传承人杨兆群、古籍印刷厂耿春霞等文化领军人物。全年文化产业增加值占地区生产总值比重的4.16%。

【文化产业培育】 2022年，区融媒体中心运营的常州江东传媒有限公

6月9日，区档案馆在市民中心举办“喜迎二十大 档案颂辉煌”主题展

（区档案馆 供）

司，加强经营管理，改革绩效机制，利用场馆资源，推动事业产业双轮驱动一体发展新机制，全年完成各项业务收入超3000万元。金坛剪刻纸文化发展有限公司确立为江苏省第三批非物质文化遗产创意基地。引导常州市金坛古籍印刷厂有限公司、东方盐湖城旅游发展有限公司等龙头企业带动形成产业链发展，打造具有影响力和金坛特色的领军企业，其中古籍印刷厂合理利用非遗资源进行文艺创作和文创设计，作品《万寿盛典图》获第三十一届全国“金牛杯”装帧设计奖——金奖，手工精装书《阮元集》获评2021苏版好书。全年企业实现销售收入2500万元。

【文旅产业园区】 2022年，金坛区坚持“以文塑旅 以旅彰文”的发展方向，加快茅山旅游度假区、长荡湖旅游度假区文旅产业园区重大项目引育和建设，提升高质量发展效能。总面积128平方千米的茅山旅游度假区以“政府搭台、企业唱戏、市场主导”为原则，打造形成以“龙头文旅企业示范引导、中小特色项目深度融入、新型旅游业态持续涌现”的旅游产业新格局。全年实现产值16.22亿元，营业收入13.9亿元，税收5256万元。该园区现有国家AAAA级旅游景区3家，AAA级旅游景区1家，全国及省乡村旅游重点村各3个，农旅融合示范项目一号农场。长荡湖旅游度假区坚持“活力长荡湖 未来科创城”目标定位，引领长荡湖特色化发展。河海大学常州新校区规划建筑面积70万平方米，总投资额50亿元，2022年年底各单体建筑屋面、二次结构、内墙抹灰完成施工，完成投资23亿元，2023年秋学期建成使用。该园区水域面积约87.3平方千米，是以渔文化为核心，儒文化、禅文化、乡村文化为互补的旅游度假区目的地。持续打造长荡湖文旅节庆品牌，举办世界环境日线上云推介、长荡湖籽虾节、洮湖八景征集、长荡湖放灯节等文旅节庆活动，推广鲜湖美食、民俗文化。

【电影放映】 2022年，全区拥有城市电影院6家、银幕数37块，全年票房2120.18万元，观影48.35万人次，其中星轶IMAX影城（金坛吾悦广场旗舰店）票房991.64万元，观影20.31万人次，位列全区首位。全区农村电影放映对接百姓需求，提高质量标准，扩大覆盖层面。7支电影放映队分片区走进92个村（社区）放映1104场次，观影约20万人次。

（陆 骏）

文化市场管理

【概况】 2022年，金坛区紧扣安全发展要求，配合落实安全发展示范城市创建，开展安全生产大检查。围绕企业复工复产，开展消防安全、危险化学品安全、小型游乐设施和游乐设备安全专项治理检查。规范校外培训市场管理，进一步推进校外培训机构审批登记工作，举办全区首批文化艺术类、体育类校外培训机构颁证仪式，率先在全市范围内完成首批校外培训机构审批登记4家，市教育局校外教育培训监管处《校外培训机构治理工作专报》第12期对金坛的做法与成效予以赞许，省文旅厅行政审批处编印的第3期《江苏省文化和旅游领域行政审批信息动态》录用报道。区文旅局牵头组织金坛公安分局、区住建局、区应急管理局、区市场监管局、区消防救援大队联合执法检查剧本娱乐场所10家。加强新型业态监管，率先发出常州市首张剧本娱乐经营活动《备案登记证明》。严把文化市场准入关，实行“提前介入”“容缺受理”“上门办”“延时服务”“预约服务”等便民利企措施。政务服务窗口获评金坛区2022年第三季度“红旗窗口”。

【文化市场综合执法】 2022年，区文化市场综合行政执法大队严格落实执法检查计划，全力打击违法违规行为，保障文旅市场安全。组织开展境外电视传播秩序专项整治、冬奥版权保护集中行动、校园周边出版物市场“扫黄打非”专项督查、养老诈骗专项整治、艺术品市场专项整治、“私人影院”文娱场所整治、非学科类培训机构检查、剧本杀场所前期摸排联合执法检查专项行动14次。全年共出动执法人员3000余人次，巡查场所1500余家次，发现问题40余处，现场发放责令整改通知书38份，没收非法出版物25本，办结案件22件，罚款1.43万元。同时荣获年度全省境外卫星电视传播秩序专项整治工作成绩突出单位。创新宣传载体，在全省文化市场执法队伍中首次运用自编、自导、自演，拍摄短视频方式进行文旅领域普法宣传，共发布普法短视频6部。认真做好半边山下群发性诉讼和投诉处理工作，积极开展诉源治理专项行动，调解成功司法案件122件。正确处理各类投诉147件，及时回复率100%。

【剧本娱乐经营首证颁发】 2022年，区文旅局为了规范娱乐场所经营活动和剧本脚本内容自审，召开全区剧本娱乐场所管理工作会议，组织剧本娱乐场所负责人学习省、市六部门联合下发的《关于加强剧本娱乐经营场所管理的通知》精神，并要求各场所对标自查，对照《剧本娱乐活动备案指南》将场所和剧本脚本等信息进行备案。9月13日，率先发出常州市首张剧本娱乐经营活动《备案登记证明》。至年底，全区剧本娱乐场所完成备案9家。 （贾志辉）

【印刷发行监管】 2022年，金坛区先后成立区委宣传部（网信办）安全生产和深化提升新闻出版行业安全生产专项整治三年行动工作领导小组，组织学习《中华人民共和国安全生产法》，推动区融媒体中心设立“安全生产专项整治——金坛在行动”等宣传栏目，宣传指导推进安全生产各项工作。依法履行行业和属地监管职责，加强对全区新闻出版、版权行业监督管理，完成142家印刷企业和69家出版物发行单位年度核验。组织印刷企业负责人参加法律法规暨安全生产教育培训，提升意识形态和安全生产管理水平。同时对照42个监管事项清单，归集各类监管行为数据36条，实现监管全覆盖。全年办理新闻出版类行政许可、备案事项9件，核准并按时办结一次性内部资料出版物准印证2张。年内，制定《2022年金坛区新闻出版行业安全生产工作要点》《深化提升新闻出版行业安全生产专项整治三年行动实施方案》《常州市金坛区开展新闻出版行业安全生产大检查工作方案》等文件，建立部门联动协作机制，会同区文化、应急、消防等部门开展联合巡查各类场所200余家次，发现问题，及时提出整改意见和要求。

【版权管理】 2022年，金坛区版权局组织开展“4·26”版权宣传周活动，借助手机台、《金坛日报》、学校、书店、网络、微信客户端等线上线下媒体平台宣传《中华人民共和国著作权法》，普及版权知识。加强版权保护和版权登记，助推全区版权产业发展。在区融媒体中心设立版权服务工作站，为申请人提供版权咨询、作品登记，并按办结时限进行作品审核、证书打印发放等服务，全年完成各类作品著作权登记230余件，同时完成《金坛城市形象标识》作品登记。贯彻落实《关于加强未成年人保护工作的意见》《关于强化知识产权保护的意见》，联合开展“剑网2022”“青少年版权保护季”、冬奥会版权保护专项行动和督查，会同金坛公安分局分别推进“涉嫌销售假冒北京冬奥会商标著作权案（涉案金额达13余万元）”“优酷信息技术有限公司被侵犯著作权案（涉案金额达200余万元）”侦查工作，其中“优酷信息技术有限公司被侵犯著作权案”16名犯罪嫌疑人全部取保候审。

【“扫黄打非”工作】 2022年，金坛区聚焦重点任务，召开“扫黄打非”工作领导小组（扩大）会议，部署重点任务分工，层层压实责任。及时调整区“扫黄打非”工作领导小组成员名单，强化组织领导。落实“扫黄打非”工作联席会议制度，实行信息共享、协同查处等6大工作机制，扎实推进“正道”“新风”集中行动和专项整治。开展“绿书签”公益网络宣传活动，推广“绿书签”理念，印发“护苗2022”海报和“扫黄打非”宣传折页5000份。协调新华书店、大众书局开展“绿书签”优惠购书活动，联合开展“未你而来，检察蓝守护‘六一’绿书签护苗行动”“童绘绿书签，护苗颂党恩”“礼赞新时代护苗助成长”等“绿书签”主题教育。组建全区“扫黄打非”护苗宣讲员队伍，全年宣讲12场次，聚力护航未成年人健康成长。联合区委网信、公安等部门组织开展“清朗2022”专项行动，监测巡查属地网站1900余家次，查出并督促限期整改涉黄、涉赌等违法违规网页9个，申请关闭网站1家。核查处置“僵木蠕”病毒攻击线索100余条。联合处置“客运东站候车区阅读角涉嫌摆放非法出版物”举报案。全年出动检查人员400余人次，先后检查印刷企业、书店、复打印店等200余家次，行政处罚4家。探索“扫黄打非”基层治理新经验，开展全区“扫黄打非”基层站点标准化规范化建设，朱林镇龙溪村创成省级“扫黄打非”进基层示范点，直溪镇获评省“扫黄打非”进基层先进集体；区“扫黄打非”办、金城镇“扫黄打非”办获评常州市“扫黄打非”先进集体；东城街道华兴社区党总支书记王建伟等3人获评常州市“扫黄打非”先进个人。 （吴锁平）

（编辑 钱国新）

综　述

2022 年，金坛区卫生健康部门在做好新冠肺炎疫情防控工作的同时，将拓展“对外合作”广度深度作为抓手，大力提升医疗资源服务供给能力。借助“院府合作”平台优势，金坛第一人民医院（上海市第一人民医院金坛医院）升格为三级乙等综合医院。金坛区中医医院完成移址改建，并与江苏省第二中医院开展专科联盟共建。金坛妇幼保健院（金坛区第三人民医院）与常州市第二人民医院开展专科共建。直溪中心卫生院被确定为省级五级中医馆建设单位，其消化内科被评为省级基层特色科室。

医疗服务能力增强。金坛区以高层次对外合作和差异化“一院一品”活动为抓手，强化重点专科、基层特色科室建设，不断满足人民群众对高质量健康服务的需求。全区全年新增市级中医重点临床专科 2 个、区级临床（中医）重点专科 10 个。省级基层特色科室建设单位 1 个、市级基层特色科室 6 个、新建基层专家工作站 3 个。信息化赋能医疗服务，辖区内全面上线结构化电子病历。

统筹推进“健康金坛”建设。全区居民健康素养水平保持在 38% 以上，建成省健康村（社区）11 个。重点推进家庭医生签约服务，全年家庭医生总签约 19.43 万人，重点人群签约 16.41 万人，签约率 76.4%。继续做好卫生健康人才招录工作，全年共招录研究生 10 名、农村定向医学生 8 名、省基层招聘人才 5 名、区紧缺专业人才 1 名。多举措推进科教培工作，新增江苏省第六期“333 高层次培养工程”第三层次培养对象 2 名、常州市卫生健康拔尖人才培养对象 2 名、常州市“龙城医星”卫生青年科技人才托举工程培养对象 1 名。全年共申报各级各类科研课题 25 项，立项课题 8 项。其中，省卫健委 2 项；省中医药局 1 项；江苏医药 1 项；江苏大学 1 项；常州科技局 3 项。全年获批医学继续教育项目省级 1 个、市级 18 个。

医药卫生体制改革

【概况】　2022 年，金坛第一人民医院依托上海第一人民医院在管理、技术等方面的显著优势，承担对全区基层医疗卫生机构的一体化管理。针对“院府合作”年度绩效考核存在的薄弱环节，对照三年行动计划，在省、市重点临床专科建设、高层次人才培养和引进、医疗服务性收入占比等方面加大整改力度，列出目录清单和时序进度，持续推进，推动“院府合作”高质量发展。金坛区中医医院、金坛区第二人民医院、金坛区妇幼保健院（三院）依托江苏省第二中医院、常州市第二人民医院等三甲医院加强专科联盟建设，做大做强专科品牌，提升自身发展能力。

【分级诊疗】　2022 年，金坛区按照县域内就诊率达 90% 以上、基层医疗卫生机构就诊率占总诊疗量比例达 65% 以上的要求，推进县域内医共体建设和家庭医生签约服务。按紧密型医共体建设方案，统筹规划医共体建设，推进医共体内部资源整合，完善医共体运行机制，通过建立优质资源下沉、双向转诊和科学有效的激励分配机制，全区组建紧密型医共体 8 家，区域内门急诊人次、住院人数和业务收入均呈现增长势头。金坛第一人民医院通过合作补齐学科短板，区域外转率较上年下降 36%。

【信息化建设】　2022 年，金坛第一人民医院完成与上海一院远程会诊、影像系统对接，同时实现音视频在线沟通。金坛第一人民医院完成国考指标抓取报表。对接“12320”挂号平台，金坛第一人民医院完成门急诊电子病历模板规范化改造和 PCR（基因扩增）实验室网络系统工程建设，完成电子病历应用水平五级文审材料上报，并通过省级初评。上线互联网医院，实现病房在线探视、在线复诊、快捷开方、云影像调阅、在线病历复印、在线排队候诊等功能。实现“我的常州”和诊间医保脱卡支付。建立医院运营数据中心，探索“数据——平台＋业务全覆盖”的智慧医疗新体系。推进检验检查同城互认和全省健康档案、云影像平台接入。金坛区中医医院取得互联网医院执照并上线运行。

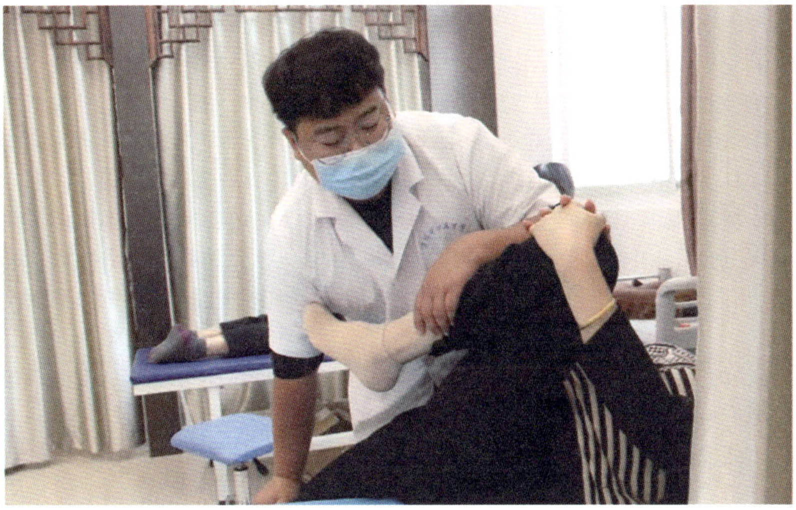
薛埠医院康复科　　（周　伟　供）

【一院一品】　2022 年，金坛区着力开展“一院一品”创建活动，各基层卫生院差异化发展，根据各自优势特长，建设特色专科。逐步孕育出直溪中心卫生院的金坛疼痛中心、薛埠中心卫生院的康复科、金坛区第三人民医院的口腔科等一批基层特色科室。

疫情防控

【概况】　2022 年，金坛区按照“疫情要防住、经济要稳住、发展要安全”的总体要求，构建平战转换指挥体系，最大限度减少疫情对群众生产生活的影响。全区共有流行病学调查队 56 支 168 人，环境消毒队伍 167 人，按要求增配 3 辆负压救护车。全区共有 18 辆救护车，其中负压救护车 6 辆。在原污水处理厂建成标准化救护车辆洗消中心。全年累计派出医务人员 832 人次支援上海、苏州、海南等地，开展社区防控等工作。

【核酸检测能力】　2022 年，金坛区设有核酸采样点 53 个，储备核酸采样人员 2000 人、有 PCR（基因扩增）资质的检验人员 137 人，最大核酸检测能力为单管 4.8 万份每日，按 10：1 混检可完成 48 万份每日，达到上级检测能力建设要求。

【防疫物资储备】　2022 年，金坛区按照“宁可备而不用，不可用而无备”的原则，全力做好物资保障工作，持续为全区疫情防控提供坚强物力保障。健全物资储备机制，全区新冠肺炎疫情防控重要医疗物资储备采取政府储备与部门储备相结合的形式。区疾控中心为政府储备单位，全区各医疗卫生单位为部门储备。全年累计采购医用防护服 6.78 万件、隔离衣 6.3 万件、N95 口罩 11.66 万只、外科口罩 45.6 万只、医用帽 8.8 万只、面屏 6.3 万只、外科手套 19.62 万副、鞋套 4 万双、靴套 5.3 万双。免洗手消毒液 0.84 万瓶、酒精 2.26 万瓶、含氯泡腾片 0.4 万瓶，累计金额 560.6 万元。12 月，为适应疫情形势变化，协助采购、调拨布洛芬 34308 瓶，抗病毒口服液 12000 盒、布洛芬口服液 5000 瓶，累计金额 162.21 万元。采购、调拨呼吸机、监护仪、高流量氧疗仪等医疗重症设备 333 台金额 741 万元，保障疫情平稳过渡。

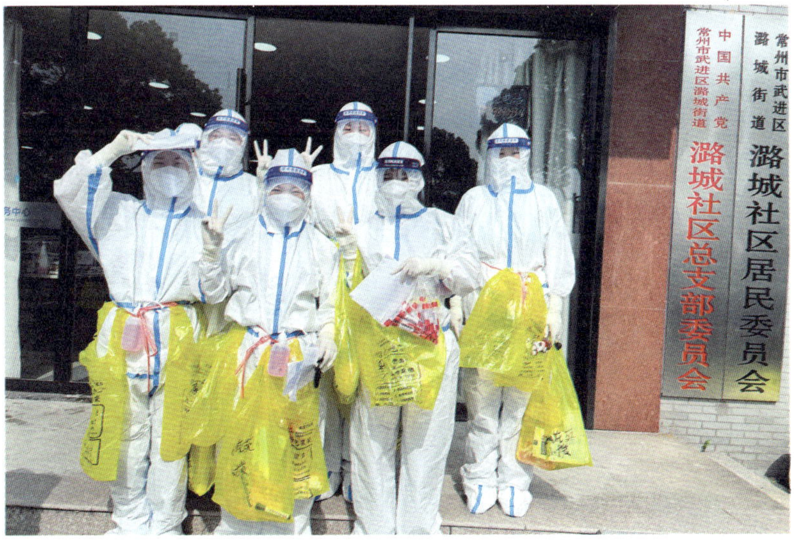

3 月，核酸采样队上门采样　　（周　伟　供）

【张俊东第三次凯旋】　1 月 16 日，国务院联防联控机制综合组陕西工作组专家，支援西安近一个月的时任金坛区朱林镇卫生院院长张俊东，顺利完成任务安全抵达金坛。这是他第三次作为国务院联防联控机制委派的专家参加疫情防控工作。此前分别于 2020 年 2 月作为金坛区卫健系统支援武汉第一人，指导武汉社区疫情防控工作 52 天。2021 年 10 月赴内蒙古，指导疫情防控工作。

【外援抗疫队员平安归来】　5 月 11 日，金坛区支援常州主城区疫情防控工作的 135 名队员回坛。至此，金坛区外派支援抗疫的全体队员零感染，胜利完成任务全部回到金坛。从2月17日支援苏州，3月13日支援常州，3月31号支援上海（驻守上海），4月4日支援上海（移动队），4月11号支援苏州，4月26号支援常州，金坛区卫健系统共派出医务人员712人。

（顾裕铭）

【新冠疫苗接种】 2022年，金坛区在原有接种点基础上新设置临时接种点方便老年人群接种。东城街道、西城街道、金城镇、朱林镇为腿脚不便的老年人提供上门入户接种服务，做到接种“零距离”。（周　伟）

疾病预防与控制

【概况】 2022年，金坛区以疾病预防控制体系改革为契机，以新冠肺炎疫情处置、重大疾病防控、卫生监测、慢病管理等工作为抓手，持之以恒织牢织密新冠疫情防护网。在科学决策、规范处置、精准防控的基础上，全力做好新冠病毒检测工作。通过深入推进新冠病毒疫苗接种、广泛开展卫生宣传、强化队伍建设与培训演练，安全有效处置多例阳性病例，同时抓好常规疾病预防控制工作。全年传染病疫情保持可控，卫生应急处置及时高效，优化免疫规划，细化重大疾病防控举措，基础监测工作常抓不懈，慢性病防控提档升级，健康教育与健康促进落地见效。加强艾滋病监测与干预。开展VCT（艾滋病自愿检测咨询）、PITC（医务人员主动提供艾滋病检测咨询）等各类检测17.7万人次。随访干预艾滋病患者130例和艾滋病病毒感染者196例。为15例生活困难的艾滋病病人及感染者发放生活补助。持续推进结核病分级诊疗和综合防治服务模式。定点医院接诊可疑肺结核病人459例，确诊127例。基层医疗单位网络报告结核病244人，及时规范处置中小学、幼儿园肺结核疫情。巩固预防和控制血吸虫病、地方病成果。全年全区查螺490.57万平方米，解剖活螺365只，结果均为阴性。查病1853人次，结果均为阴性。申报验收“黄庄村委方洛港河孔家桥段灭螺工程”1项，工程预算50万元。完成第二年度重点甲状腺疾病专项调查工作任务。

【健康档案管理】 2022年，金坛区为65周岁及以上老年人体检9.39万人，体检率76.92%。65周岁以下企业退休人员体检3.91万人。全区建立居民健康档案54.08万份，建档率92.42%。登记管理高血压患者6.31万人，任务完成率112.75%，规范管理率83.45%，血压达标率65.11%。登记管理糖尿病患者1.99万人，任务完成率110.47%，规范管理率83.86%，血糖达标率49.82%。全区在册严重精神障碍患者3087人，检出率5.28‰，在管2980人，规范管理率96.27%，规律服药率81.02%。

【传染病防治】 2022年，全区共报告甲、乙类传染病529例（发病率0.89‰），与上年同期588例（发病率1‰）相比减少11%。除新型冠状病毒肺炎、百日咳、痢疾、狂犬病外，其他病种与上年同期相比均呈下降趋势，全年无甲类传染病疫情发生。卫生应急处置及时高效，全年全区共报告2起突发公共卫生事件（1起流感、1起札如病毒性胃肠炎），均按要求及时规范处置，未发生疫情蔓延。

【慢性病管理】 2022年，全区共报告新发慢五病11314例，其中高血压3029例、糖尿病1728例、恶性肿瘤2560例、脑卒中3612例、冠心病385例。报告死亡人口4998例，人群死亡率9.17‰，婴幼儿死亡率0.92‰。完成社区居民大肠癌高危人群筛查6750人，发现癌前病变31人，确诊肿瘤11人。

【预防接种工作】 2022年，金坛区基本公共卫生服务项目中的免疫规划疫苗接种率均达95%，乙肝首针、麻腮风接种及时率均达90%。地方性水痘接种工作效果明显，全区水痘疫情呈现断崖式下跌，阻止了水痘疫情的蔓延态势。大力推进适龄在校女生人乳头瘤病毒（HPV）疫苗接种工作。作为常州市试点区，该项工作于10月21日正式启动。

10月21日，金坛区为初一女生免费接种二价HPV疫苗　（周　伟供）

基层医疗

【概况】 2022年，金坛第一人民医院被认定为三级乙等综合医院，金坛区中医医院完成移址搬迁，以创建三级中医医院为动力，全面提升医疗服务能力。在国家“优质服务基层行”活动中，金坛区第三人民医院、直溪中心卫生院、薛埠中心卫生院和尧塘中心卫生院达到国家推荐标准，并通过省、市级的线上评审。信息化建设为群众就医带来便利，所有乡镇卫生院和社区卫生服务中心均设置自助机，实现自助挂号、自助打印报告等功能。上线数字胶片“云影像”服务，在传统的“塑料袋+医用胶片”模式上，新增了手机、电脑等终端调阅影像检查结果的功能。

【采供血服务】 2022年，金坛区全年组织无偿献血7054人次，献血总量234.41万毫升，实现辖区内临床用血100%来自自愿无偿献血，血液成分制备使用率99.9%以上。

【金坛疼痛中心】 2022年，金坛区直溪中心卫生院“金坛疼痛中心”共接诊门诊7294人次，住院264人次，较上年提升明显，其中金坛区外患者占35%以上。强化基层特色科室实力，中医药优势得到进一步发扬。直溪中心卫生院创成省级五级基层中医馆，为全区首家。 （周 伟）

【金坛第一人民医院晋升国家三级乙等综合医院】 11月16日，江苏省卫生健康委员会正式发文，公布2021年参评三级医院评审结论，常州市金坛第一人民医院被评定为三级乙等综合医院。 （金坛第一人民医院）

【金坛区中医医院完成搬迁】 11月18日、12月16日金坛区中医医院先后将门急诊、病区进行了整体搬迁。通过周密部署、统一步调，确保设备搬运、患者转运等工作有序衔接，诊疗工作无缝对接。

（金坛区中医医院）

【金坛第一人民医院骨科临床中心】 9月1日，上海市第一人民医院金坛医院骨科临床中心揭牌。该中心是在骨科专家院长蔡郑东的带领下设立的骨科临床中心，中心在急诊外科、骨科、康复医学科、风湿免疫科、麻醉科等各专业紧密合作、协同发展下，统一并优化诊疗规范和流程，为骨科疾病患者提供高效、便捷、最佳的治疗方案。有效缩短救治时间，改善预后并减少费用支出，全面提升骨科疾病的诊疗水平，更好地服务于区域百姓。

【上海市第一人民医院国际医疗保健中心金坛分中心】 9月1日，上海市第一人民医院金坛医院国际医疗保健中心金坛分中心揭牌。该中心作为金坛第一人民医院打造高端医疗服务的重要窗口，依托上海市第一人民医院的人才技术优势，秉承人性化的服务理念，具备一流的专家团队以及温馨的就诊环境。中心拥有预约挂号、导诊转诊、临床诊疗、疑难复杂病的多学科诊疗和上海市第一人民医院远程会诊及转诊等便利和优先服务。在费用结算方面，国际医疗保健中心将与多家国内外保险公司建立直付通道，有效避免传统付费的不便，方便外籍患者在中心看病就医。

【金坛第一人民医院消化病临床中心】 9月1日，上海市第一人民医院金坛医院消化病临床中心揭牌。该中心依托上海市第一人民医院优质医疗资源，拥有独立内镜中心及腹腔镜、胆道镜等先进专科设备。中心具备开展超声内镜（EUS），内镜下黏膜剥离术（ESD）、逆行胰胆管造影（ERCP）等复杂内镜技术，腹腔镜下胃肠癌根治术、规则性左右半肝切除术、胆囊癌根治术、胰十二指肠切除术等手术、食管癌根治术、经腹腔和经左胸贲门癌根治术等的技术能力和专业水平。

【上海市第一人民医院泌尿外科临床中心金坛分中心】 9月15日，上海市第一人民医院泌尿外科临床中心金坛分中心揭牌。该中心是又一个落户金坛的上海市第一人民医院尖峰重点学科的临床分中心。中心优质的医疗资源涵盖前列腺、泌尿结石，泌尿肿瘤、尿控及男科四大领域。中心自成

9月1日，上海市第一人民医院国际医疗保健中心金坛分中心成立

（周 伟 供）

立以来已独立开展了铥激光剥橘式前列腺腺剜除术、输尿管软镜下复杂肾结石碎石术、后腹腔镜下保留肾单位的肾癌剜除术等高难度手术。

（顾裕铭　吴晟华）

妇幼保健

【概况】　2022年，金坛区坚持以妇女儿童健康为中心，开展妇幼健康系列行动，统筹疫情防控和母婴安全保障，做实做优全方位、全生命周期妇幼健康服务，促进妇女儿童全面健康发展。全年全区孕产妇死亡率0。婴儿死亡率1.55‰。5岁以下儿童死亡率3.1‰。孕产妇系统管理率89.87%。7岁以下儿童健康管理率89.67%。婚前医学检查率94.3%。完善出生缺陷三级预防网络，加强与民政、政府社会事业局等部门对接，建立婚前、孕前优生检查一体化，产前、产后、新生儿救治链条式服务。

【妇幼卫生保健】　2022年，金坛区积极开展妇幼保健工作。全区个人母婴保健资格证考核换证5人，完成婚检913人，增补叶酸人数933人，孕优人数644人。在园儿童视力免费筛查完成13257人。快速推进2022年金坛区民生实事项目，为在校13周岁女生实施二价HPV疫苗群体性免疫，截至2022年年底，全区共完成接种1884人次，首针接种率85.17%。

【"两癌"免费筛查】　2022年，金坛区14家医疗单位为全区妇女开展免费"两癌"筛查工作，完成宫颈癌筛查25181人、乳腺癌筛查25186人。在参与检查的目标人群中宫颈组织病理检查1163人，共检出宫颈癌及癌前病变94人，其中宫颈上皮内瘤样病变2级及子宫颈上皮内瘤变3级87人，宫颈原位腺癌2人，宫颈微小浸润癌1人，宫颈浸润癌4人。宫颈癌早诊率95.7%，均展开治疗，治疗率100%。完成乳腺钼靶检查470人，其中4级及以上的人数为14人。乳腺组织病理检查22人，共检出乳腺癌6人，早诊率100%，均已治疗，治疗率100%。

职业健康

【概况】　2022年，金坛区作为江苏省职业健康保护行动先行区建设试点地区，不断创新，大胆尝试，推行职业卫生监督分级分类监督执法工作，提升职业卫生监管水平、职业病防治水平。推动健康企业建设，同方威视科技江苏有限公司和凯博能源科技（江苏）有限公司两家企业取得"江苏省健康企业"称号。开展争做职业健康达人活动，评选出区级职业健康达人60名。

【放射防护管理】　2022年，金坛区开展非医疗放射工作单位放射防护管理专项整治行动。制定整治工作方案，将专项单位纳入双随机管理，督促非医疗放射工作单位落实放射防护管理主体责任，25家单位纳入整治。整治单位的职业病危害申报、检测、个人职业健康检查、个人剂量监测完成率均为100%。

【防暑降温专项检查】　8月，金坛区集中对辖区内存在高温职业危害因素的单位进行专项检查，共检查单位35家。其中建筑工地10家，冶金铸造企业7家，其他类18家。对检查中发现的违反国家有关规定、危害劳动者身体健康的行为，督促指导用人单位立即整改。

【职业病危害专项治理】　2022年，金坛区按照《常州市深入开展职业病危害专项治理工作方案》要求，对数据库中4034家企业存在粉尘、化学毒物、噪声危害超标且从业人员10人以上的单位，进行全面系统梳理，共梳理524家，纳入治理81家。

老龄健康

【概况】　2022年，金坛区有60周岁及以上老年户籍人口16.82万人，占户籍总人口31.17%。金坛区加强联动机制，切实开展为老服务，全区老年人意外伤害险覆盖率达老年人口的95%以上，受惠人数15.14万人。金坛区所有公立医疗机构为养老机构开通预约就诊绿色通道，为入住养老机构的老年人提供医疗巡诊、健康管理、保健咨询、预约就诊、急诊就诊、中医养生保健等便捷医疗卫生服务，并固化服务机制。全区基层医疗卫生机构老年、康复、护理床位占比达31%。全年免费培训老年人约4000人次，为帮助老年人跨越"数字鸿沟"，举办金坛区首届"老年达人"运用智能技术大赛。

【老年医学科建设】　2022年，金坛第一人民医院老年病科积极把握"特需病房"建设时机，加快学科建设方向转型，针对离退休人员慢病管理凸显特色，严格落实《离退休老干部就医管理办法》。探索老年医学与保健医学相互促进、相互支撑的亮点，提高社会效益。继续加强核心制度的落实及管理细化。以"安全医疗"为前提，以"老年综合评估技术"为基础，以老年常见病、多发病诊疗为根本，以老年呼吸道疾病、老年多病共存、多病共患管理、老年恶性肿瘤微创及综合诊疗、老年慢病闭环式管理为特色的区域重点学科。细化老年综合评估技术，分工落实，并建立数据库，为学科科研能力提升奠定基础。全年共收治老年住院病人873人次。金坛区中医医院老年医学科挂牌成立，开放床位20张，科室拥有多功能老年评估室一间，开展老年运动功能评估、认知功能评估、生活起居能力评估、心理评估等。制定专业评分表，给每一位住院患者评估打分，根据结果制定个性化诊疗方案，为老年慢性病的防治、保健、康复、营养、心理等方面提供专业的指导。全年区中医医院老年科门诊诊疗486人次，住院31人次。同时积极开展中医特色护理，针对眩晕、中风后遗症、周围神经病、失眠、偏头痛等疾病，广泛开展穴位贴敷、耳穴埋籽、大黄膏敷脐等中医技术操作，发挥了中医特色。

【医养结合】 2022年，金坛区医养结合服务质量标准和评价体系基本建立，评价机制逐步完善，评价工作制度化、规范化水平不断提高，医养结合机构医疗卫生服务能力和服务质量显著提升。金坛区第二人民医院增挂老年病医院院牌，进一步推进安宁疗护服务。金坛第一人民医院、二院和直溪中心卫生院被推选为老年友善医院优秀单位。金坛区茅麓护理院（茅麓卫生院）进入实质性运营，为入住老年人提供日常养生保健、康复治疗、生活照顾、健身娱乐等养老服务。金坛区桑榆堂护理院于12月创成老年友善医院，全年共收治32人，床位使用率45%，重度护理16人，管路护理8人。

健康促进

【概况】 2022年，金坛区完成朱林镇、指前镇创建江苏省健康镇考核验收工作，完成8个健康村、3个健康社区创建工作。开展全区控烟工作宣传活动、爱国卫生运动70周年纪念活动和江苏省健康促进区建设工作。持续开展倡导“文明健康 绿色环保”生活方式活动，新设FM89.0《疾控说健康》栏目，广泛开展卫生知识宣传，全区居民健康素养水平保持在38%以上。共同推进健康知识普及等27个专项行动，组织人员参加健骨操比赛，取得常州市级一等奖、江苏省级三等奖佳绩。根据江苏省《2021—2022年落实健康中国行动推进健康江苏建设考核实施方案》，制定完善金坛区相关考核方案。加快健康镇村建设，举办培训班1次，建成省健康村（社区）11个。巩固卫生创建成果，举办全区卫生创建工作业务培训，有序推进仙姑村等9个省卫生村的复审工作。

【传播平台拓展】 2022年，金坛区卫健部门充分利用短视频、直播等新媒体的传播影响力，更大力度开展健康科普，拓展传播平台，提高传播实效。全年共投放各类电子屏23块，受益群众6000人次。制作发放各类短视频178条次，受益群众4000余人次。投放标语口号13条，受益群众3000余人次。微信公众号投放9条，受益群众1600余人次。报刊投放3篇，受益群众近2000人次。

3月16日，卫生健康知识宣传活动 （周 伟供）

【健康宣教扩面】 2022年，金坛区结合爱国卫生月、世界无烟日等卫生宣传日，一月一主题，传播卫生健康知识，传授健康生活技能，引导群众增强健康意识，践行健康生活方式。全年共开展健康知识讲座37场，受众群众1500余人次。累计开展公众咨询21场，受众群众1200余人次。支持相关媒体办好健康类专栏、专版和节目，加大公益宣传力度，主题宣传展板累计更换80块，受益群众3500余人次。发放各类主题海报7类，受益群众近千人次。发放各类主题折页4000余份，受益群众5000余人次。

【健康环境提质】 2022年，金坛区积极开展江苏省健康促进区建设工作。9月28日，金坛区召开创建江苏省健康促进区动员大会。全面梳理全区健康促进工作的现状，找准工作的着力点，与慢病示范区工作结合，打造特色亮点。各板块、各部门紧密协同配合，形成工作合力，构建“政府主导、部门协作、社区行动、全民参与”的工作机制，确保健康促进区建设工作有序开展。推进健康促进医院建设巩固工作，提升医院健康促进文化内涵，鼓励医疗卫生机构和医务人员主动开展健康教育。着力打造健康公园（广场）、健康步道、健康小屋及健康教育基地等各类健康场所，营造健康支持环境，新增健康公园（广场）13个、健康步道13条、健康小屋11个和健康教育基地2个。 （周 伟）

【省级健康促进医院创建】 2022年，金坛区朱林镇卫生院和尧塘中心卫生院均通过江苏省健康促进医院评估。至此，全区共有 7 家卫生院创成省级健康促进医院，分别是金坛区第二人民医院、金城镇卫生院、直溪中心卫生院、水北中心卫生院、儒林镇卫生院、朱林镇卫生院和尧塘中心卫生院。

（王 姣）

卫生监督

【概况】 2022 年，金坛区卫生监督部门始终将疫情防控与日常卫生监督工作相结合，压实工作责任，形成上下联动，部门联防联控。加强对医疗机构、学校、公共场所等重点领域、重点环节、重点行业疫情防控巡查，做好疫情防控常态化指导及新冠疫苗接种宣传。全年共监督检查单位 2836 户次，各级各类医疗卫生机构 569 户次（核酸采样点 47 户次，集中医学隔离观察场所 99 户次，医疗机构 421 户次，医废处置公司、织物清洗公司 2 户次）、公共场所 1938 户次、学校 324 户次、消毒产品经营单位 5 户次，印发疫情防控宣传材料 2100 余份。

【法规宣传】 2022 年，金坛区卫生监督部门强化监管对象、卫生监督协管员法律法规意识，利用业务交流群、橱窗、电子屏等宣传形式载体对餐饮具集中消毒服务单位、职业卫生用人单位、游泳场所、各级各类医疗机构等人员进行法律法规知识培训 18 场，受训 1235 人。在生活饮用水、职业病防治法宣传周期间，分别到基层供水服务中心、蜂巢能源科技股份有限公司、飞荣达科技等企业进行主题宣讲，印发宣传材料 3000 余份，录制学习课件 10 份，树立良好执法形象、提高群众卫生法律法规意识。

【行政处罚】 2022 年，金坛区卫生监督部门共受理各类社会举报 59 起，咨询服务 7 人次，处理及回复率 100%，群众满意率 100%。全年行政处罚 47 起，罚没款总额 36.93 万元。全年向各乡镇综合执法局移送违法线索 73 起，向区纪委监委报送案件 18 起。2022 年度金坛区卫生监督部门办案能力得到大力提升，分别获“江苏省中医药监督执法典型案例”和区司法局“十佳行政处罚案卷”称号。

12 月 15 日，金沙健康主题公园建成 （周 伟 供）

【专项行动】 2022 年，金坛区卫生监督部门积极履行各项卫生健康监督职责，针对关系群众健康安全、社会影响较大的突出问题，深入开展“蓝盾一号”“放心游”夏季游泳场所、餐饮具集中消毒服务、学校卫生、医疗机构医疗乱象专项治理、打击建筑工地非法行医专项、打击养老场所非法行医专项等督查 24 次，规范监管对象卫生管理行为，消除卫生安全隐患，切实保障全区人民的身心健康。

医政药政管理

【概况】 2022 年，全区医疗机构（含民营）接诊门急诊 282.6 万人次，较上年增长 7.28%，出院 6.02 万人次，较上年增长 8.49%。住院手术 2.97万人，较上年增长 22.68%。新增市级中医重点临床专科 2 个、区级临床（中医）重点专科 10 个、省级基层特色科室建

3 月，区卫健局、卫生监督所开展卫生法律法规宣传 （周 伟 供）

设单位1个、市级基层特色科室6个，新建基层专家工作站3个。继续推进县域医共体建设，“六大中心”（影像会诊、临床检验、病理诊断、心电诊断、消毒供应、远程医疗）全年为基层完成读片、检测、会诊等13万份，为医共体分院及患者提供优质、高效、便捷的医疗服务。全年派出17名医疗专家远赴陕西省安康市宁陕县和石泉县开展对口帮扶，合计工作84个月。

【药事管理】 2022年，金坛区各医疗单位药事管理组织机构健全，规章制度完善，国家基本药品配备和使用情况均达预期目标。针对二类精神药品进行专项检查，落实处方点评及抗菌药物专项管理工作日常考核，临床合理用药工作的水平得到提高。全区公立医疗机构统一由服务保障中心招标采购代煎代配送中药饮片，做到“同城”“同质”“同价”。

【医疗质量安全管理】 2022年，金坛区卫生健康部门以医疗质量安全管理为核心，组织开展明查暗访，狠抓18项医疗质量安全核心制度落实，并将落实情况作为对医院日常监管的情况纳入医院信用等级评分管理。调整区质量控制小组挂靠单位和小组成员，医院感染管理质控小组多次组织新冠疫情防控知识、院感核心制度、医疗废物分类管理的培训和督查。院前急救能力有效提升，新增负压救护车3辆。护理工作质量稳步提高，新增护理门诊2个，分别为金坛第一人民医院助产护理门诊和金坛区第三人民医院（区妇幼保健医院）乳腺疏通护理门诊。全区有省级专科护士1人，市级专科护士13人。

【药品、耗材采购】 2022年，金坛区医疗机构药品采购金额51532.77万元，实际配送38399.17万元，配送率74.5%。全区统一支付药款32371.09万元。全区医疗机构医用耗材采购金额25630.49万元，实际配送金额24218.23万元，配送率94.48%。金坛区卫生健康服务保障中心协助全区各医疗机构及时完成国家“4＋7”（北京、上海、重庆、天津4个直辖市以及沈阳、大连、厦门、广州、深圳、成都、西安7个城市）带量采购品种网上电子合同的签订，督促各医疗机构及时完成合同上的约定采购量。

医疗机构

【概况】 截至2022年年底，金坛区拥有各级各类医疗卫生机构233家，其中，医疗机构221家，公共卫生及其他卫生机构12家。全区有区级医院2家、乡镇卫生院11家、城市社区卫生服务中心2家、社区卫生服务站16家、村卫生室95家、民营医院8家。全区实际开放病床3160张，千人拥有床位数5.4张。全区有卫生技术人员3931人。有执业（助理）医师1737人，注册护士1987人，千人拥有医生数2.97人，千人拥有护士数3.40人。全年全区总诊疗量282.6万人次，出院6万人次，手术2.97万人次，区域内就诊率90%。民营医院常州江南医院为二级综合医院。民营医院共开放床位703张，全年诊疗数为22.1万人次，出院0.5万人次，手术0.13万人次。全区共有托育机构24家，其中有开展托育服务的幼儿园9家。全区共提供托位1385个，入托婴幼儿715人，从业人员172人。全区达到标准规范、已完成备案的18家。已创成省级普惠托育机构4家，省级示范托育机构1家。

表37 2022年金坛区公立及民营医院情况一览表

医院名称	卫技人员（人）	床位（张）	门急诊（人次）	出院（人次）	重点（特色）专科
金坛第一人民医院	1180	1000	812083	28977	肿瘤科、骨科、妇科、心内科、普外科、急诊医学科、神经内科、儿科、麻醉科、泌尿外科、消化内科、病理中心
金坛区中医医院	540	362	418784	9987	心血管内科、骨伤科、皮肤科、呼吸科（肺病科）、肛肠科
金坛区第二人民医院	413	575	325335	4147	消化内科、妇产科、呼吸内科、精神科、康复科
金坛区第三人民医院	257	100	219997	3216	妇产科、口腔科、内分泌科、呼吸内科
金坛区直溪中心卫生院	160	100	113187	3113	疼痛科、消化内科
金坛区薛埠中心卫生院	121	100	105415	2113	骨伤科、老年病科
金坛区水北中心卫生院	54	25	97055	688	口腔科、中医科

续表 37

医院名称	卫技人员（人）	床位（张）	门急诊（人次）	出院（人次）	重点（特色）专科
金坛区尧塘中心卫生院	75	36	94243	696	消化内科
金坛区指前镇卫生院	71	20	97784	25	消化内科
金坛区直溪镇建昌卫生院	33	18	46211	86	口腔科
金坛区儒林镇卫生院	85	30	101030	597	中医妇科、中医骨伤科
金坛区薛埠镇茅麓卫生院	57	40	65345	767	口腔科
金坛区朱林镇卫生院	73	36	66347	490	骨伤科、糖尿病专科
金坛区指前镇洮西卫生院	27	15	43937	98	针灸推拿科
金坛金沙医院	74	60	72428	1226	
金坛区博爱医院	42	70	16858	967	
金坛康源医院	40	45	677	135	
金坛韩氏中医关节病专科医院	28	30	1730	525	
常州江南医院	48	150	4279	479	
金坛诚康医院	46	190	292	826	
常州德理康医院	12	48	4751	798	
金坛吴越医院	13	60	224	287	

【金坛第一人民医院】 金坛第一人民医院（上海市第一人民医院金坛医院）设有临床专科38个，护理单元32个，医技科室13个。医院是常州市县级胸痛、创伤、卒中救治中心，是金坛区高危孕产妇、新生儿救治中心。全院有12个常州市临床重点专科，神经病学学科为常州市市区共建重点学科。全院有卫生专业技术人员1180名，其中高级职称312人，享受国务院特殊津贴专家1名。全院有博士生和博士后导师1名、博士生6名、在读博士6名、硕士生导师7名、硕士121名。有区级以上人才60余人，有江苏大学各医学院校兼职教授、副教授20余人，讲师98人，有100余人具备高校教师资格证。医院借助上海市第一人民医院的资源优势，成立上海市第一人民医院金坛医院骨科、消化病临床中心，签约揭牌上海市第一人民医院“国际医疗保健中心金坛分中心”“泌尿外科临床中心金坛分中心”“蔡郑东、夏术阶教授工作站”。

2022年，全院完成门诊68.34万人次，急诊12.87万人次，出院2.9万人次，手术操作1.66万人次，平均住院日8.2天。开放床位1000张，床位使用率65.4%。医院获市级课题立项18项，10项课题项目结题验收。开展新技术、新项目14项，获常州市医学引进新技术奖二等奖1项。全年发表各级学术论文60余篇，其中SCI（科学引文索引）文章6篇，中文核心期刊3篇。获发明专利6项，实用新型专利20项。医院被确定为江苏省老年友善医疗机构优秀单位，入选公立医院高质量发展省级试点单位。

【金坛区中医医院】 金坛区中医医院设置27个专业临床科室、13个护理单元、5个医技科室、区级诊疗中心2个、常州市重点中医临床专科4个、金坛区重点临床专科9个、国家高血压达标中心1个。有卫生专业技术人员540人，其中高级职称147人、中级职称255人。有硕士55人，硕士生导师1人。有杨留洪全国基层名老中医药专家传承工作室1个，“常州名中医”3人，“金坛名医”6人，常州市高层次卫生拔尖人才1人。

2022年，医院实际开放床位362张，全年总诊疗41.87万人次，其中门诊31.89万人次，急诊9.98万人次，出院病人9987人次，住院病人手术人数7698人。全年获市级科研课题立项1项，举办省级继续教育班1个、市级继续教育班2个。发表论文44篇，其中2篇获金坛区科协第5次自然科学论文一等奖，1篇获三等奖。12月，医院整体搬迁至南门大街16号，搬迁后的医院占地面积3.2公顷，总建筑面积6.92万平方米，设立9个住院病区、一个重症监护病房、一个急诊小区，核定床位500张，医院与江苏省第二中医院签约合作共建“专科联盟”。

【金坛区第二人民医院】 金坛区第二人民医院设置临床等科室12个、医技科室5个、病区13个、区级重点专科3个、省级基层特色科室2个、市级基层特色科室1个。全院有卫生专业技术人员413人，其中高级职称91人，中级职称153人。有硕士5人。

2022年完成门急诊32.53万人次，出院4147人次，完成各类手术685次。平均住院日8.8天，实际开放床位575张，床位使用率98.09%。全院在中文核心期刊以上发表论文12篇。获常州市医学新技术引进二等奖2个。创成江苏省老年友善医院优秀单位，挂牌金坛区老年医院，是江苏省健康促进医院。

【金坛区第三人民医院】 金坛区第三人民医院（妇幼保健院）设置临床科室17个、医技科室4个、病区4个、区级重点专科3个。医院有省级特色科室1个、市级特色科室3个、专家工作室2个。有卫生专业技术人员257人，其中高级职称81人，中级职称56人，硕士5人。

2022年完成门急诊22万人次，出院3216人次，住院病人手术次数1467次，接产数931例。平均住院日5.3天，实际开放床位100张，床位使用率51.8%。发表中华系列论文1篇，承办市级继续教育项目3项。完成急性、重大传染病网络直报248例，比上年上升85.07%。

【金坛区直溪中心卫生院】 金坛区直溪中心卫生院设置临床、医技等科室25个，设有4个病区，有省级基层卫生医疗机构特色科室1个，市级基层特色科室1个，区级临床重点专科1个。有卫生专业技术人员160人。其中高级职称20人、中级职称39人。有江苏省优秀基层骨干人才12人，金坛区优秀基层骨干18人。

2022年门急诊11.32万人次，出院3113人次，住院病人手术次数937次。全院实际开放床位100张，床位使用率86%。药占比36.41%。设立林建主任疼痛科专家工作站，戴胜兰副主任消化内科专家工作站，创成“老年友善医疗机构”优秀单位，通过五级中医馆省级评审。

【金坛区薛埠中心卫生院】 金坛区薛埠中心卫生院设置临床、医技等23个科室，设有3个病区，有省级基层卫生医疗机构特色科室1个，市级基层特色科室1个，区级临床重点专科1个。有卫生专业技术人员121人。其中高级职称40人、中级职称25人。有江苏省优秀基层骨干人才13人，金坛区优秀基层骨干人才15人。

2022年门急诊10.54万人次，出院2113人次，住院病人手术次数297次。全院实际开放床位100张，床位使用率50%。医院设立全国基层名老中医药专家杨留洪传承工作站。完成糖尿病并发症筛查工作站建设。

（周　伟）

（编辑　方　姗）

体育

综　述

2022年，金坛区贯彻落实国家、省和常州市关于体育工作系列要求，统筹推进群众体育、学校体育、竞技体育和体育产业发展，大力实施“体育＋”“＋体育”融合发展理念，进一步推动构建更高水平全民健身公共服务体系。加强全民健身场地设施建设和管理，新建全民健身场地20个，对全区500余个全民健身场地进行安全隐患排查，采集全区室外全民健身场地设施信息，并上传至省管护平台；有序实施全民健身战略，编制出台《常州市金坛区全民健身实施计划（2021—2025年）》。举办体育四季联赛、文体惠民城乡行等品牌赛事活动，提升品牌影响力；举办中国山地自行车公开赛、全国公路自行车锦标赛、自行车文化旅游节等，推动以自行车产业为龙头的体育相关产业发展，促进体育与文旅产业融合发展；组队参加江苏省第二十届运动会，共获金牌55枚，全省人才输送奖排名第3位。体育彩票实现销售总额1.87亿元。

群众体育

【概况】　2022年，金坛区贯彻落实健康中国和全民健身战略，出台《全民健身实施计划》，推进全民健身场地设施建设，丰富全民健身活动。组织举办第七届体育四季联赛、文体城乡惠民行、全民健身日等品牌健身活动。开展国民体质监测，在完成全区3000人监测任务的同时，配合常州市体育局在儒林镇、西城街道监测640人。举办运动健康知识讲座6场次，惠及市民近300人次。儒林镇人民政府被省体育局评为2018—2021年度全省群众体育先进单位。

【体育设施建设】　2022年，区文旅局认真贯彻落实中共中央办公厅和国务院办公厅印发的《关于构建更高水平全民健身公共服务体系建设的意见》，以民生实事项目为抓手，指导全区体育场地建设，并实施以奖代补措施，鼓励和引导各镇、街道开展体育场地设施建设。全年新建及更新全民健身场地54个，其中城区13个，农村41个。新建健身步道2千米，改建体育公园1家。至年底，全区有体育场地259.56万平方米，人均4.38平方米。　（胡俊强）

【区第七届体育四季联赛】　6—10月，按照常态化疫情防控要求，组织举办金坛区第七届体育四季联赛。该届体育四季联赛设置篮球、足球、乒乓球、羽毛球4个联赛项目和电子竞技、荧光夜跑、定向越野、传统武术展示、体育舞蹈展演、掼蛋、门球、跆拳道、中国象棋、云上“毽子操”比赛、游泳、气排球12个项目系列赛，参赛群众近10000人。

【儒林镇获评全省群众体育先进单位】7月14日，江苏省体育局公布了《关于表扬2018—2021年度全省群众体育先进单位和先进个人的通报》，儒林镇人民政府获评全省群众体育先进单位。儒林镇人民政府高度重视体育场地设施建设，累计建成全民健身场地31个，覆盖全镇所有建制村（社区），健身器材贴近群众，方便群众锻炼，每天各村（社区）健身场地群众锻炼情景成为群体活动的一道亮丽风景线。同时，儒林镇定期开展健身器材摸排工作，对体育健身场地及设施进行维护保养，对有损坏的健身器材及时维修更换，累计更换器材80件，以保证健身器材安全使用，确保健身群众生命安全。强化职能发挥，积极举办群众性赛事活动。每年儒林镇体育总会与镇总工会共同举办职工象棋、羽毛球、乒乓球、篮球等体育健身运动会，丰富职工文体生活，带动群众参与体育锻炼，增强群众体质，推动全镇全民健身活动的开展；健全完善老年体协组织，认真组织开展广场舞、太极拳等适合老年人的体育活动，增强其身体素质，振奋精神，提高生活质量。 （胡俊强）

学校体育

【概况】 2022年，金坛区教育管理部门认真贯彻执行《关于全面加强和改进新时代学校体育工作的意见》精神，牢固树立“健康第一”指导思想，坚持以提高学生体质健康水平为宗旨，落实学生每天锻炼一小时为重点，把加强学校体育工作作为推进素质教育的重要突破口，培养学生良好的体育锻炼习惯，帮助学生在体育锻炼中享受乐趣、增强体质、健全人格、锤炼意志。全面实施青少年体育“5621”计划，打造各校体育工作品牌。制定体育工作专项督导实施方案，有序推进学校体育工作专项督导。成功举办全区中小学生田径运动会，完成初中学生学业水平测试体育考试工作，满分率96.7%。青少年体校在江苏省第二十届运动会中创历史最好成绩：田径队获金牌6枚、银牌3枚，自行车队获金牌10枚、银牌10枚、铜牌11枚。

【中小学生田径运动会】 10月27—29日在金沙体育场举行，来自全区各中小学校59支代表队的754名运动员参加比赛。运动会严格落实防疫要求和安全管理措施，整个赛程安全、平稳、有序。经过三天激烈角逐，良常初级中学、尧塘中学、段玉裁初级中学、白塔中学、第二初级中学等获初中组前十名，河滨小学、岸头实验学校小学部、段玉裁实验小学、儒林中心小学等获小学组前十五名。破组纪录11人次，达二级运动员标准36人次。

【省运会田径比赛获6金3银】 8月28日—9月5日，江苏省第二十届运动会在泰州市举行。区青少年体校田径队代表常州市参加田径决赛，队员们不畏强手、顽强拼搏，获6金3银，创金坛青少年体校参加省运会的最佳战绩。来关毅获男子“小巨人”优苗体能赛2金1银，帅品翔获男子800米、1500米中长跑金牌，刘诗怡获女子3000米长跑金牌以及3000米竞走、5000米竞走银牌，刘袁强获男子10000米竞走金牌。 （石 磊）

竞技体育

【概况】 2022年，金坛区竞技体育以创建“国际自行车慢城之都”为契机，成功举办中国山地自行车公开赛（金坛站）、全国公路自行车锦标赛暨全国青年自行车公路锦标赛两项国家级赛事；做好省运会参赛工作，组队代表常州参加二十届省运会20个大项的比赛。年内，区运动员代表金坛参加江苏省青少年篮球（县组）锦标赛获亚军；江苏省少儿体适能（县组）锦标赛获2金1银1铜，团体总分全省第3；江苏省青少年举重（县组）锦标赛，团体总分全省64个区县排名第18；江苏省青少年跆拳道（县组）锦标赛团体总分全省排名第11。江苏省优秀运动员人才输送奖排名第3。

【组队参加江苏省二十届运动会】 2022年4—10月，第二十届省运会在泰州市举办，金坛区组织240名运动员报名代表常州参加比赛。在自行车、篮球、中长跑、竞走等二十个大项的激烈角逐中，运动员们不畏强手、顽强拼搏，共获得金牌55枚。其中自行车项目在公路、小轮车、山地及场地赛中获10金10银11铜，金牌总数列全省第一，尤其中长跑、竞走项目，在只有4人参赛的情况下获4金2银。

【体育竞赛】 2022年，金坛区共举办全国以上大赛2项。7月30—31日，中国山地自行车公开赛（金坛站）在金坛茅山森林世界成功举办。该次比赛是2022年全国山地自行车公开赛的首站赛事，有来自黑龙江、山东、江西、江苏、新疆、北京等全国各地近500名选手参赛，以及地市业余运动体校队伍参加比赛，相关媒体进行全程直播，央视五套等各大媒体相继跟踪报道。12月23—26日，2022全国公路自行车锦标赛暨全国青年自行车公路锦标赛在金坛茅山风景区举行。该赛事是国内年度公路自行车比

12月23—26日，2022全国公路自行车锦标赛暨全国青年公路自行车锦标赛在金坛茅山举办 （区文体广电和旅游局 供）

赛的最高级别赛事，来自各省、自治区、直辖市、中国香港等多支自行车代表队及个人选手共109名运动员参赛。

表 38　2022 年金坛籍运动员获全国以上大赛成绩

姓名	性别	比赛名称	比赛地点	名次	比赛时间
莫蒙萌	女	2022 年全国男女手球冠军杯赛	江苏常州	第一名	2022.7.19—29
赵　楠	男				
渠文娜	女	第十九届亚洲女子手球锦标赛	韩国	第三名	2022.11.24—12.4
庄红艳	女				

（刘井泉）

体育产业

【概况】　2022 年，金坛区为全面贯彻落实常州“532”发展战略，打造长三角文旅中轴建设重要承载地和常州长三角休闲度假中心最美窗口，倡导骑行游金坛，着力推动以自行车产业为龙头等体育产业发展。常州洪记两轮智能交通工具有限公司年产值再创新高；全区体育彩票销售超额完成年度目标任务，受到江苏省体育局通报表扬。

【自行车产业】　2022 年，金坛区培育和发展自行车产业，招引自行车上下游产业链和骑行装备产业。其中常州洪记两轮智能交通工具有限公司全年产值 3.5 亿元。

【体育彩票】　2022 年，金坛区体育彩票销售网点新增 15 个，累计 130 个，实现销售总额 1.87 亿元，超额完成年度目标任务。全省销量第 20 名，增幅列第 2 名。（胡俊强）

（编辑　钱国新）

收入与分配

就业创业

【就业帮扶】 2022年，金坛区开展各类招聘会共73场，提供就业岗位2.2万余个。加大政策支持力度，发放稳岗返还、留工培训、扩岗补助9680余万元，惠及企业10758家次，免征失业保险8836万余元。发放创业担保贷款1.32亿元，发放失业保险及灵活就业社保补贴1.03亿元。支持成功自主创业2347人，引领大学生创业172人，创业带动就业3362人。多渠道开发就业见习和公益性岗位，认定大学生就业见习基地45家，吸纳947名应届大学生就业见习，安置40名就业困难人员。全区城镇新增就业16779人，城镇登记失业率1.81%。

【企业用工服务】 2022年，金坛区成立企业用工服务专班，开展“五进五送”援企惠民活动，结对联系服务全区300余家“五新产业”企业，深入开展用工调研，宣传各类惠企政策，发放《常州市金坛区服务企业用工手册》800余份，全力保障企业用工需求。开发上线“金引智”人力资源需求调查小程序，搜集各类用工需求3190余条，服务企业和劳动者精准对接。成立全区人力资源服务行业协会，推动人力资源服务行业持续规范。建立金坛区人力资源产业园，集聚人力资源服务机构76家，运营开票8.9亿元，纳税超3300万元。

【职业技能培训】 2022年，金坛区注重“以赛促培、以赛促训”，举办“金工匠”系列职业技能竞赛，1166人通过竞赛取得高级工技能等级证书。邀请40余所省内外高职院校，牵手德国手工业行会（HWK），在中德（常州）创新产业园启动中德高技能人才培训认证基地，打造技能人才培养国际化平台。组织常州技师学院、常州工业、常州机电、常州信息职业技术学院等与金坛重点企业合作对接，依托全区30家技能等级认定试点企业和12家职业技能培训学校，大力开展企业技能等级自主认定和职工岗位技能提升培训，开展职业技能补贴性培训10050人，发放职业技能补贴1100余万元。

【劳动争议仲裁】 2022年，全区共受理劳动争议案件1495件，调解成功率71.3%，按期结案率97.6%，为劳动者追回各类经济损失5700余万元。指导各板块全面开展市级“和谐号”调解直通车站点创建工作，充分发挥站点“就地就近”调处化解职能，金坛区成为全市唯一实现站点全覆盖的辖市区。加强和改进劳动人事争议诉源治理工作，重塑劳动关系基层治理体制机制，劳动人事争议案件万人起诉率同比下降67.44%。创新网络调

11月，区第十六届职工职业技能竞赛养老护理员职业技能比赛落幕

（区民政局 供）

解仲裁办案模式，依托“常州劳动争议阳光调解平台”在线服务，促进劳动人事争议案件快立、快审、快结。

【劳动行政许可】 2022年，金坛区共办理行政许可88件。其中，职业中介经营许可12件，劳务派遣经营许可73件，特殊工时许可3家，指导乡镇街道完成特殊工时审批37件。特殊工时许可涉及综合计时8466人，不定时计时1122人。

【劳动监察】 2022年，全区共立案查处劳动监察投诉举报案件742件，结案率99.3%，为劳动者追讨工资等各类待遇9400余万元。全面贯彻落实《保障农民工工资支付条例》，深入开展根治欠薪专项行动，成立根治欠薪工作专班，强化执法联动，依法处置各类欠薪行为。办理83个在建项目农民工工资保证金缴存手续，总金额3613万元；处理群体性欠薪案件47起，向公安移送涉嫌拒不支付劳动报酬犯罪案件4件，向社会公布重大劳动保障违法行为案件3件，列入拖欠农民工工资“黑名单”1人。高效完成年度薪酬调查，指导企业合理确定职工工资水平。联合公安、税务、市场监管部门开展全区清理整顿人力资源市场秩序专项行动，对全区231家本地以及35家外地人力资源机构进行“全覆盖、无死角”督查，并列入日常巡查和“双随机、一公开”检查，规范全区劳务派遣行业秩序。

（尹　欢）

居民收入

【概况】 2022年，金坛区高效统筹疫情防控和经济社会发展，经济运行平稳，就业形势稳定，民生政策落实到位，居民工资性收入、经营净收入、财产净收入、转移净收入均保持增长，其中转移净收入增速列四项收入首位。全区居民人均可支配收入为53546元，比上年增长5.0%。其中城镇居民人均可支配收入65120元、农村居民人均可支配收入35776元，分别增长4.5%、5.9%，农村居民人均可支配收入增速快于城镇居民1.4个百分点，城乡居民收入比为1.82∶1。

【工资性收入】 2022年，金坛区落实积极的就业政策，全区城镇新增就业16779人；开展线上线下招聘会63场，提供招聘岗位近2.2万个，达成就业意向7100余人；发放稳岗返还资金3759万元，惠企4267家；发放一次性留工培训、一次性扩岗补助5554万元，惠及企业6406家；为27家企业缓缴749万余元；实现失业人员再就业3584人，推动安置39名就业困难人员，组织应届大学生就业见习947名。全区居民人均工资性收入33384元，比上年增长4.9%，占可支配收入的62.3%，对人均可支配收入增长贡献率61.7%，拉动人均可支配收入增长3.1个百分点。其中城镇居民人均工资性收入39947元、农村居民人均工资性收入22773元，分别增长4.7%、5.5%。

【经营净收入】 2022年，金坛区不断优化营商环境，激发市场主体活力，全区市场主体数量达8.63万户，注册资金4176.9亿元，分别较去年同期增长12.46%和22.61%。拓宽创业投融资渠道，全区各部门共发放各类创业担保贷款1.32亿元，支持成功自主创业2347人，引领大学生创业172人。农业稳产增收，粮食丰产丰收。全区全年粮食播种面积2.42万公顷，较省任务增479.13公顷。壮大集体资产，提升经营收入水平，落实省市扶持村集体经济发展项目6个，奖补资金合计426万元。全区居民人均经营净收入8765元，比上年增长6.0%，占人均可支配收入的16.4%，对人均可支配收入的增长贡献率19.4%，拉动人均可支配收入增长1.0个百分点。其中城镇居民人均经营净收入8860元、农村居民人均经营净收入8069元，分别增长5.6%、6.6%。

【财产净收入】 2022年，金坛区居民理财意识逐渐增强，投资渠道拓宽，财产净收入稳中有升。农村土地改革深化，村集体经济发展，居民红利收入保持增长，带动农民财产性收入增加；全面推进乡村振兴战略，美丽乡村建设使农村居民转让土地承包经营权租金净收入和出租房屋财产性净收入不断提高。全区居民人均财产净收入4405元，比上年增长1.5%，占可支配收入的8.2%，对人均可支配收入增长的贡献率2.6%。其中，城镇居民人均财产净收入7276元、农村居民人均财产净收入1097元，分别增长0.6%、3.0%。

【转移净收入】 2022年，金坛区积极落实相关富民惠民政策，不断提高社会保障水平。调整城乡居民基本养老保险待遇，城乡居民基础养老金标准提高至每月391元，被征地农民养老补助金标准提高至每月816元，惠及10万人。发放失业保险金4092.94万元，失业补助金138.05万元。全区居民人均转移净收入6992元，比上年增长6.3%，占可支配收入的13.1%，对人均可支配收入增长的贡献率16.3%，拉动人均可支配收入增长0.8个百分点。其中城镇居民人均转移净收入9037元、农村居民人均转移净收入3833元，分别增长5.7%、7.4%。

表 39　2022 年金坛区居民收入构成表

居民收入	金额（元）	比上年增长（%）
居民人均可支配收入	53546	5.0
城镇居民人均可支配收入	65120	4.5
农村居民人均可支配收入	35776	5.9
工资性收入	33384	4.9
城镇居民工资性收入	39947	4.7
农村居民工资性收入	22773	5.5
经营净收入	8765	6.0
城镇居民经营净收入	8860	5.6
农村居民经营净收入	8069	6.6
财产净收入	4405	1.5
城镇居民财产净收入	7276	0.6
农村居民财产净收入	1097	3.0
转移净收入	6992	6.3
城镇居民转移净收入	9037	5.7
农村居民转移净收入	3833	7.4

居民消费

【概况】 2022 年，金坛区积极开展多项主题消费活动，带动居民消费逐步回升。全区居民人均消费意愿（消费支出占收入的比重）为 54.6%，其中城镇居民消费意愿为 51.6%，农村居民消费意愿为 63.0%。农村居民消费意愿较城镇居民高出 11.4 个百分点。全区居民人均消费支出 29213 元，增长 3.7%。其中，城镇居民人均消费支出 33604 元、农村居民人均消费支出 22545 元，分别增长 3.0%、5.3%。全体居民人均食品烟酒支出 10501 元，增长 3.5%，恩格尔系数为 35.9%，较上年下降 0.1 个百分点。其中城镇和农村居民恩格尔系数分别为 34.6% 和 39.0%。八大类消费均保持增长。其中，人均其他用品和服务支出增长 8.6%，增幅居首，居民生活得到有效保障。

【食品烟酒支出】 2022 年，金坛区居民对饮食的需求从“吃得饱”向“吃得好”转变，更加注重饮食的品质，食品烟酒成为生活消费支出中刚需消费和消费重点。全区居民人均食品烟酒支出 10501 元，比上年增长 3.5%，占生活消费支出的 35.9%，下降 0.1 个百分点，其中城镇居民人均食品烟酒支出 11620 元、农村居民人均食品烟酒支出 8799 元，分别增长 2.5%、5.5%。

【衣着支出】 2022 年，金坛区居民的着装理念发生转变，安全优质的网购环境为居民购买衣着提供了便利。全区居民人均衣着支出 2010 元，比上年增长 1.7%，占生活消费支出的 6.9%。其中城镇居民人均衣着支出 2374 元、农村居民人均衣着支出 1458 元，分别增长 0.7%、3.9%。

【居住支出】 2022 年，金坛区居民对生活品质追求提高，住房公积金新政策的出台促进楼市回暖，房屋装修及修缮支出保持稳定增长。全区居民人均居住支出 4253 元，比上年增长 3.8%，占生活消费支出 14.6%。其中城镇居民人均居住支出 4305 元、农村居民人均居住支出 4174 元，分别增长 3.3%、4.7%。

【生活用品及服务支出】 2022 年，随着生活水平日益提高，金坛区居民愿意选择高品质的生活用品和服务。绿色消费家电以旧换新、家电下乡等活动促进节能升级，推动全区居民生活用品及服务支出增长。全区居民人均生活用品及服务支出1817元，比上年增长4.5%，占生活消费支出的6.2%。其中城镇居民人均生活用品及服务支出2266元、农村居民人均生活用品及服务支出1135元，分别增长3.7%、6.6%。

表40　2022年金坛区居民百户耐用消费品拥有量统计表

指标名称	全体居民家庭	城镇家庭	农村家庭	指标名称	全体居民家庭	城镇家庭	农村家庭
家用汽车（辆）	41	53	24	排油烟机（台）	90	97	80
摩托车（辆）	9	6	12	固定电话（部）	47	39	60
助力车（辆）	128	126	130	移动电话（部）	216	228	198
洗衣机（台）	100	102	99	计算机（台）	61	76	39
电冰箱（柜）（台）	120	116	127	照相机（架）	10	14	4
微波炉（台）	93	95	90	乐器（件）	2	3	1
彩色电视机（台）	171	184	150	健身器材（套）	6	10	1
空调（台）	205	226	173	地面清洁电器（台）	16	25	3
热水器（台）	106	109	101				

【交通和通信支出】　2022年，随着新冠肺炎疫情得到有效防控，金坛区居民的出行限制逐步解除。国家出台多项新能源补贴政策，交通支出相应增大。智能手机、智能穿戴设备更新换代，推动通信消费逐步回暖。全区居民人均交通通信支出4105元，比上年增长4.0%，占生活消费支出的14.1%。其中城镇居民人均交通通信支出5395元、农村居民人均交通通信支出2188元，分别增长4.7%、2.9%。

【教育文化娱乐支出】　2022年，"考公热""考研热"带来一批网络培训课程兴起，节假日周边游、短途游、休闲健身等成为新的消费趋势，居民人均教育文化娱乐支出保持增长。全区居民人均教育文化娱乐支出3590元，比上年增长3.6%，占生活消费支出的12.3%。其中城镇居民人均教育文化娱乐支出4159元、农村居民人均教育文化娱乐支出2693元，分别增长2.5%、4.7%。

【医疗保健支出】　2022年，受新冠肺炎疫情、人口老龄化等多重社会因素影响，金坛区居民医疗保健意识、个人防护意识增强。全区居民人均医疗保健支出2091元，比上年增长3.7%，占生活消费支出的7.2%。其中城镇居民人均医疗保健支出2456元、农村居民人均医疗保健支出1530元，分别增长2.2%、6.6%。

【其他用品及服务支出】　2022年，金坛区居民对于消费品质的进一步追求，拉动了其他用品及服务支出增长。全区居民人均其他用品及服务支出846元，比上年增长8.6%，占生活消费支出的2.9%。其中城镇居民人均其他用品及服务支出1029元、农村居民人均其他用品及服务支出568元，分别增长6.0%、15.7%。

（周　晴）

社会保险

【企业养老保险】　2022年，金坛区按照常州相关文件精神，引导企业规范参保行为促进全区社会保险制度运行水平与社会经济社会发展水平相适应。企业退休人员养老金实现21连增，惠及全区企业退休人员9.19万人。至年底，企业职工基本养老保险参保人数17.49万人，缴费人数净增1.12万人，完成目标的103.63%。全区企业职工基本养老保险基金收入21.95亿元，完成省下达基金收入计划的119.23%，基金支出21.3亿元。

【居民养老保险】　2022年，金坛区城乡居民基本养老保险参保人数13.47万人，城乡居民基本养老保险基金总收入5.86亿元，基金总支出5.24亿元。将2105名符合城乡居民基本养老保险政府代缴费条件的低保对象、重度残疾人、原建档立卡未标注脱贫低收入等困难人员全部纳入政府代缴范围。城乡居民基本养老保险实现16连增，惠及全区城乡居民基础养老金领取人员9.8万人。基础养老金标准从每人每月335元调整至391元，比上年增16.7%。跟踪退捕渔民保障工作，退捕渔民人员参保、人员缴费、待遇享受全部落实。

【机关事业单位养老保险】 2022年，金坛区机关事业单位养老保险参保人数1.27万人，机关事业单位养老保险基金总收入7.51亿元、基金总支出7.54亿元。2021年5月，全区机关事业单位养老保险系统上线省人社一体化业务系统。机关事业单位退休人员养老金实现7连增，惠及全区机关事业单位退休人员0.83万人。做好“中人”（2014年10月至2022年）待遇核定工作，核定完成2370人；区财政筹资0.64亿元完成区级单位职业年金贴息，落实2014年10月至2021年退休“中人”待遇。

（尹　欢）

【医疗保险、生育保险】 2022年，全区职工医疗保险基金总收入126993万元，总支出94760万元，居民医疗保险基金收入49912万元，支出44255万元。至年底，金坛区基本医疗保险参保人数533785人。其中，职工252112人、居民281673人，生育保险参保151112人。居民基本医保缴费标准从每人每年1620元提高到每人每年1800元。其中，财政补助标准从每人每年1040元提高到每人每年1100元。大病保险参保533785人。长期护理保险参保529475人。2022年全区首次开展长期护理保险试点，并列入区政府年民度生实事项目。为把实事办好，区医保分局注重加强政策宣传培训和经办能力建设，举办专题培训辅导9场次，发放宣传资料6000余份，发送提示短信30多万条。长期护理保险参保人数529475人，受理申请4499例，确认中、重度等级3319例享受待遇。享受城乡居民基本医保保费财政全额补助人员14275人。“苏惠保1号”“常惠保”补充商业医疗保险参保人数超过7.1万人。

（狄予兴）

【失业保险】 2022年，金坛区发放失业保险金4092.94万元，惠及23943人次；代缴医疗保险费1082.98万元；发放失业补助金138.05万元，惠及2671人次；发放价格补贴39.42万元，惠及1971人次。连续2年上调失业人员最低和最高失业保险金发放标准，由最低标准每月1410元提高至每月1500元，最高标准从每月1830元调高至每月2280元，比上年增长24.6%。按原失业保险3%的缴费比例全年为7923家企业减少失业保险费支出17820万元。落实失业保险稳岗返还政策，4279家企业享受稳岗返还3763.07万元，惠及职工85624人。

【工伤保险】 2022年，金坛区工伤保险参保缴费人数16.22万人，工伤保险基金收入12863万元、基金支出13460万元。享受工伤保险待遇人数2185人。开展非全日制就业、多重劳动关系劳动者、超过法定退休年龄人员和实习生参加工伤保险，参保单位141家5588人。推进“同舟计划”和新业态从业人员参保，办理建筑业项目参保220个2.02万人，办理新业态参保单位13家0.77万人。完成2021年度工伤待遇调整补发，补发550人次74万元；完成2022年度工伤待遇调整补发，补发415人次60万元。年内，工伤保险待遇零星报销业务0.9万人次，总金额1.18亿元；按时足额发放工伤定期待遇0.4万人次，总金额953万元。

【社保经办优化】 2022年，金坛区加速推进“网上办、不见面办、就近办”。全区5471家参保单位开通网厅账号，85%的人社业务实现网上通办。推进放管服改革，向各镇（街道）、村（社区）下沉人社业务59项，建成“社银合作”网点86个，人社公共服务15分钟办事圈基本形成。扎实开展“局科长走流程”活动，查找业务经办堵点难点，优化经办流程，人社综合业务窗口上升至窗口总数的54%，59个高频服务事项在法定时限基础上提速50%，工伤、退休等业务实现“一件事”快办，群众对人社服务满意度进一步提升。

（尹　欢）

住房保障

【概况】 2022年，金坛区住房保障工作以习近平新时代中国特色社会主义思想为指引，抓好保障房建设筹集工作，抓实住房公积金扩面工作。年内，获得中央、省级保障性安居工程补助资金16140.2万元用于保障性住房建设。金坛公积金项业务指标保持高位稳健。全年扩面人数2.4万人；缴存资金突破15亿元；上缴地方财政保障房建设资金3900万元。扩面、资金缴存同比增幅20%以上，领跑常州。年末住房公积金贷款逾期率为0，业务审批合规率100%，服务质量满意率100%。全年上交金坛区财政廉租住房建设补充资金3907.16万元。

【棚户改造】 2022年，省政府办公厅下达金坛区棚户区改造基本建成目标任务1500套，无新开工目标任务。金坛区棚户区改造基本建成项目累计完成2036套（儒风苑一期1768套+湖茗苑172套+仙湖东苑二期96套），完成目标任务的135.73%。

【保障性租赁住房筹集、建设】 2022年，省政府办公厅下达金坛区保障性租赁住房新开工目标任务3000套。新开工（筹集）项目完成3676套（金沙丰泽公寓二期1354套＋中创新航宿舍2322），完成目标任务的122.53%。2022年省政府办公厅下达金坛区保障性租赁住房基本建成目标任务2500套。基本建成项目完成3192套（华科荷香苑人才公寓399套＋金沙丰泽一期1328套＋创智水都人才公寓1465套），完成目标任务的127.68%。12月，常州市金坛区关于加快发展保障性租赁住房的实施方案（试行）文件正式出台。

【住房保障申请审核】 2022年，金坛区依据区统计局公布上年度城市居民人均可支配收入的80%对住房保障申请的收入线进行动态调整，全区低收入家庭收入控制线由34258元调整为37389元，中等偏下家庭收入控制线由45678元调整为49853元。全年申请受理住房保障168户。其中，经济适用住房货币补贴49户；公共租赁住房实物配租43户；公共租赁住房货币补贴76户。经社区居委会初审，镇（区）街道复审，区住建局会同区总工会、民政局、财政局、审计局等相关部门联合会审，符合条件121户。其中，经济适用住房货币补贴条件33户；公共租赁住房实物配租条件23户；公共租赁住房货币补贴条件65户。

【人才租房补贴】 7月，区住建局与区人才办会商出台《常州市金坛区人才租房保障实施细则（试行）》，租房补贴申请审核通过32人，发放70800元；实物配租申请审核通过4人，与人才公寓管理部门结算租金80913元。“青年人才双资助”租房资助全年审核通过并发放1625人次。

【人才公寓建设改造】 2022年，市政府办公室下达金坛区人才公寓建设或改造套数目标任务4000套。新开工（筹集）项目累计完成6467套（金沙丰泽公寓二期1354套＋中创新航宿舍2322＋金沙·紫东公寓2791套），已超额完成目标任务的161.68%。金坛区住房保障和房屋管理中心报送的“园区配套建设保障性租赁住房”经验被住建部列入可复制可推广清单，并被《中国建设报》专题报道。

（部　涛）

【住房公积金缴存发放】 2022年，常州市住房公积金管理中心金坛分中心（以下简称“金坛分中心”）共归集住房公积金15.30亿元（不含年度结息4212万元），同比增长29.99%，完成年度目标（11亿元）的139.09%。发放住房公积金贷款1115户4.79亿元，完成年度目标（3亿元）的159.67%，户均贷款42.96万元，回收贷款5.70亿元，年末住房公积金贷款逾期率为0。新增开户437个单位，新增人员23268人（不含灵活就业809人），同比增加19.25%，完成年度目标（11000人）的211.53%。

【住房公积金归集扩面】 2022年，金坛分中心制定落实常态化扩面工作机制，以非公企业为重点，依托社保共享数据，完善扩面工作台账，精准化开展催建催缴，累计发放催建函167份。制定“宣传月”系列宣传活动，活动期间，分中心组织各镇（街道）开展年度扩面工作会议；到工作站开展业务指导；到西城街道、东城街道开展辖区内重点企业政策宣介会。全年，住房公积金重点工作被列入金坛区“五大行动”工作清单。

年内，金坛分中心围绕常州市中心重点工作开展特色扩面宣传。金坛分中心针对不同的灵活就业群体开展网格化宣传服务活动，让更多的灵活就业人员享受到住房公积金政策的红利；联合金坛区人社局、江南银行金坛支行，走进江苏城市职业学院金坛办学点和金坛技工学校，全力推进“青春留常”相关工作。金坛分中心2022年“青春留常”的参与度相对较高，除少数学生外，绝大多数学生都进行扫码申请，并获得相应补贴；联合相关单位分别走进中德（常州）人才公寓·丰泽、金坛金沙国际人才社区开展“刚好‘寓见你’”政策宣传活动，以人才公寓建设为“小切口”，做好引才聚才“大文章”，落实好“532”发展战略，齐心协力打响“青春留常”人才服务品牌。

【公积金服务】 2022年，金坛分中心坚持以制度建设为引领，严格落实窗口考核制度。服务大厅坚持开展季度考核制度，综合考量进行窗口评优；充分利用每日晨会制度，抓好日常考勤、业务规范、服务礼仪和环境卫生等工作，加强窗口日常管理检查、督促和评比，设置奖惩制度，激发员工积极性和荣誉感，促进业务和管理相结合，以规范化推动工作效率的提升。同时，及时回应群众关切，切实做好信访答复和12345政府公共服务热线的回复工作，确保件件有着落、事事有回音。年内，金坛分中心在认真开展上门服务、预约服务、延时服务等便民服务的同时，积极探索新的便民服务方式，创新服务举措，为办事群众带来实实在在的便利。为深入贯彻常州市委“532”发展战略部署，助力“两湖创新区”发展，大力推进区委区政府“五大行动”，金坛分中心在尧塘新设立住房公积金工作站。尧塘工作站是金坛区设立的第三个工作站，有助于公积金实现“业务前移，服务下深”，逐步健全住房公积金服务网格，为打通住房公积金服务最后一公里作出积极努力；金坛分中心认真落实好市中心各项惠民政策，做到应提尽提，应贷尽贷，坚持推进“一窗式办结”“一口清告知”“不见面服务”，依托全国住房公积金监管平台、“跨省通办”平台、“长三角一网通办”平台，充分发挥“零号窗口”作用，切实解决群众困难，大大提升了业务办理的便捷性，做好个人网厅和微信公众号推广工作，通过发放线上业务宣传手册、组织人员到企业现场讲解等形式，有效提升职工群众对“智慧公积金”服务体系的使用率，让全区职工群众充分体验到分中心优质、高效、便捷的服务。

【住房公积金缴存基数调整】 2022年，金坛分中心贯彻落实《关于开展常州市2022年度住房公积金基数调整的通知》精神，认真做好住房公积金基数调整工作，确保该项工作平稳有序开展。2022年度职工住房公积金缴存基数的上限为30800元，缴存基数的下限为2280元，灵活就业人员月缴存额上限为7392元，月缴存额下限为228元。基数调整期间，全区共有2760家单位81496人参调，调整后人均月缴存额增加79.82元。

（庄静文）

社会救助

【概况】 2022年，金坛区认真贯彻习近平总书记对民政工作作出的指示批示精神，重点抓好特殊困难群体救助帮扶、社区儿童“关爱之家”创建、“融治理”多元治理体系构建和多项民生实事项目等工作。居民最低生活保障标准提高至每人每月1000元，农村特困人员集中和分散供养标准均提高至每人每月1300元，城市特困人员供养标准提高至每人每月1945元，孤儿集中和分散养育标准分别提高至每人每月2743元和2194元，父母监护缺失、父母无力履行监护职责的儿童基本生活保障标准提高至每人每月1756元，重病重残儿童基本生活保障标准提高至每人每月1097元。全年销售福利彩票7359万元，筹集福彩公益金739.24万元。

【困难人员救助】 2022年，金坛区做好困难群众基本生活兜底保障工作，及时足额发放居民低保、特困人员等困难群体保障金，全年发放居民低保补助资金1763.1万元，保障居民低保3112户次、4564人次；发放城市三无、农村五保特困人员保障金3087.33万元，保障特困人员24000人次；发放临时救助资金56.45万元，保障临时遇困人员118户259人次。积极落实困境儿童分类保障政策，严格困境儿童对象审批程序，做到应保尽保，全年保障困境儿童2862人次，发放保障资金379余万元。创建改革“党建＋社会化救助”多元化发展，出台《党建引领 坛有众扶——金坛区“党建＋社会救助”改革创新试点工作实施方案》，建立儒林镇、儒林镇柚山村、东城街道华胜社区等7个示范点。

【特殊困难群体救助帮扶排查整治行动】 2022年，金坛区高要求开展特殊困难群体救助帮扶专项排查整治行动，梳理两类特殊困难对象共10760人，其中A类已纳入保障和服务范围6类对象（包括已纳入保障和服务范围的城乡低保对象、特困人员、独居和空巢老人、困境儿童、留守儿童、生活困难残疾人员等）10612人，B类未纳入保障范围可能存在特殊困难和风险的10类对象（包括未纳入保障可能存在特殊困难或风险的流浪乞讨人员、因突发事件导致生活陷入困境人员等）148人。摸排发现问题总数40条，全部完成整改；需要跟踪帮扶的重点对象397户、454人，均落实“二对一”镇（街道）、村（居）两级帮扶联系人，采取相应帮扶措施，并建立周巡访制。

（陈　千　周　颖）

社会福利

【社区儿童“关爱之家”建设】 2022年，金坛区儿童“关爱之家”数量达14家，其中省级示范儿童“关爱之家”达5家。同时，积极引入社会组织、社工人才、专业人士等多方力量，创新打造以“红丝带行动”青春伴读、“蓝丝带行动”入户康复、“绿丝带行动”阳光融合、“黄丝带行动”微心圆梦、“粉丝带行动”家庭赋能为主要内容的“五彩行动”关爱服务品牌，推进形成了儿童关爱保护新格局。《江苏民政》杂志分7期连刊报道金坛区“五彩行动”关爱服务品牌经验做法。

【养老服务】 2022年，金坛区完成26个“夕阳红”建设任务，实现村（居）100%全覆盖，并试点引入第三方专业养老团队运营管理，助力居家社区养老服务提质增效。以区委“五大行动”项目为抓手，加快推进区域性养老服务中心建设，完成东城街道、西城街道和金城镇3家街道区域性养老服务中心及尧塘街道、指前镇、儒林镇3家农村区域性养老服务中心建设。通过部门、街镇、社区有效联动，根据老年人需求，针对性制定一户一策改造方案，完成400户困难老年人居家适老化改造工作。构建“机构＋社区＋居家”为一体的智慧养老服务平台，覆盖全区所有养老机构、夕阳红居家养老服务站点、镇（街道）综合养老服务中心，推动养老服务管理向智能化、集约化转变，该项目获得2022年中央专项彩票公益金300万元。针对高龄、空巢老年人缺乏日常照料和失能失智老年人缺少专业照护的情况，紧盯老年人“床边、身边、周边”服务需求，为全区2.2万名高龄、经济困难老年人提供居家养老上门服务。

（陈　千）

【残疾人救助】 2022年，金坛区及时足额发放残疾人两项补贴，全年残疾人两项补贴共发放资金5319.7667万元，惠及残疾人12.5万人次。建成全区首个康复辅具社区租赁服务示范点，与居家养老服务站点有机结合，以点带面扩大服务人群的覆盖面，全年服务全区老年人和残疾人群1000余名。以就近、便利、常态化基本服务为落脚点，建成尧塘街道“德康驿站”，为残疾人提供日托、康复、培训、巡访等服务。（陈卫东）

（编辑　储　劼）

社会事务

人口与家庭

【概况】 2022年，金坛区做好人口监测与家庭发展工作，完善生育服务管理，落实省、市关于促进3岁以下婴幼儿照护服务发展的相关文件精神，加强出生人口监测、加强计划生育特殊家庭扶助、推进婴幼儿照护服务、提升家庭发展能力。至年底，金坛区总人口数为539555人，其中育龄妇女128211人，已婚育龄妇女76362人，初婚1273人。出生人数2158人。其中，一孩出生1256人，二孩出生788人，多孩114人。人口出生率3.82‰。死亡人数4846人，人口死亡率8.59‰，计划生育率99.81%。

【户政与流动人口管理】 2022年，金坛区深化“放管服”改革，加大流动人口管理力度，落实领导责任和岗位责任，每月采用电话随访、实地检查、数据抽查等方式，常态开展实有人口数据质量监督、检查工作，重点推进“漏登漏采”人员见面走访，至年底，全区流动人口18.69万人，出租房屋5.7万户，年内登记出租房屋1083户，注销6174户，登记流动人口193507人，注销118790人，申办居住证13394人。年内先后开展已落户无户口人员专项核查（下发169人，核查169人，核查率100%）、出生登记问题数据核查（编号错误217条，整改204条，整改率94%，编号缺失20377条，整改19736条，整改率96.85%）。开展实有人口核查清理攻坚行动，对“核酸预登记”“苏康码”及疫情核查中获取的人员数据按漏登漏采、住址变更、人户分离人员开展批量筛查，点对点推送派出所责任区核查落地。累计推送实有人口核查指令92308条、流动人口漏登漏采指令65232条、实有人口住址变更指令74652条。（潘一平　王卫平）

【依法行政】 2022年，金坛区贯彻落实《中共中央国务院优化生育政策促进人口长期均衡发展的决定》，加强三孩政策的宣传引导，落实配套措施，清理涉计划生育内容规章、规范性文件。坚持生育登记制度，积极推进便民服务，强化网上办理，全年办理生育登记2170对、其中一孩1567对、二孩及以上603对。

【家庭发展】 2022年，金坛区全面落实计划生育各项奖励优惠扶助政策，做好奖扶、特扶、企业退休职工一次性奖励、城镇非从业居民一次性奖励登记、审核、公示工作。全年新增特扶对象134人，发放特扶对象2106人（其中子女死亡1194人，子女伤残912人），发放特扶金2004.95万元。全年新增奖扶对象3322人，全年总发发放奖扶对象35949人，发放奖扶金3374.69万元。全年登记企业退休职工一次性奖励金7494人，发放一次性奖励金2697.84万元。全年登记城镇非从业居民一次性奖励45人，发放奖励金16.2万元。

【计生协会工作】 2022年，全区共196个计生协会组织，会员人数达55483人，其中集贸市场、企业、流动人口计生协有60个。评选出区级计生协先进集体5个、先进个人20名。聚焦生育关怀与家庭健康，以“5.29会员活动月”“春晖送暖行动”“暖心行动”为契机，开展各类宣传、健康讲座137场次，服务6450人次。新建常州金坛黄庄葡萄园有限公司、金坛朱林鑫怡家庭农场常州市级生育关怀帮扶基地。（周　伟）

【婚姻登记与收养登记】 2022年，金坛区规范婚姻和收养登记工作，全年办理结婚登记2914对，离婚申请1773对（离婚冷静期撤回749对，离婚登记1023对，1对处于离婚冷静期或登记发证期，跨年至2023年办理），补领各类婚姻登记证731对。收养登记12件，登记合格率100%。

【殡葬服务】 2022年，金坛区按照江苏省农村公益性骨灰安放（葬）设施提档升级软硬件建设标准，实施完成花山公墓提档升级工程。投入25

万余元引进墓园数字化信息管理平台，实现对区公墓墓区分布、销售的科学管理。投入120万余元，提升区公墓中心环境，完成道路铺装维修、办公楼改造、西侧墓区围挡隔断墙建设工程。全面做好殡葬领域疫情防控工作，清明期间，全区所有殡葬场所暂停现场祭扫活动，通过举办遥祭悼念、家庭追思、丝带传情、插花留念、代为祭扫等3场文明祭祀活动，表达对逝去亲人或先烈的哀思，培养文明祭祀的社会新风尚。全面实施殡葬惠民政策，年内，全区4037户享受遗体火化基本费用减免，减免总费用401.2万元；4778户享受遗体接运减免，减免总费用143.34万元；297户享受集中守灵告别厅租用费减免，减免总费用59.4万元。（陈 干）

老龄事务

【概况】 2022年，全区60周岁及以上户籍老年人口为16.82万人，占户籍总人口31.17%。全区老龄工作聚焦老龄事业规划设计，聚焦老年合法权益维护、聚焦老年精神关爱、聚焦老年友好型社会构建，大力实施积极应对人口老龄化国家战略，不断增强老年人参与感、获得感和幸福感。积极实施“安康关爱行动”。加强宣传发动，强化考核机制，提高理赔服务质量。加强联动机制，切实开展为老服务。全区老年人意外伤害险覆盖率达老年人口的95%以上，受惠人数15.14万人。围绕改善老年人居住环境、方便老年人日常出行、提升为老服务质量、扩大老年人社会参与、丰富老年人精神文化生活、提高为老服务科技化水平等六方面内容，推进全国示范性老年友好型社区创建工作。东城街道华兴社区创建成全国示范性老年友好型社区，朱林镇唐王村创成省级老年友好型社区。认真组织开展“敬老月”活动。围绕“反诈防骗，敬老助老”主题开展系列敬老活动，充分利用多媒体强化敬老主题宣传，发放反诈骗手册等，提高老年人反诈骗的意识，扩大宣传影响力，提升全社会积极应对人口老龄化意识。开展多种形式的评选表彰活动。积极推选常州市“敬老文明号”和“十佳老年道德模范”和“十佳幸福金婚夫妇”等活动。华胜社区等5家单位获常州市“敬老文明号”称号，朱金荣获“十佳老年道德模范”称号，史焕荣、朱春兰夫妇获“十佳幸福金婚夫妇”称号。

【首届“老年达人”运用智能技术大赛】 2022年，金坛区开展“智慧助老”行动，认真落实全区老年人使用智能手机培训工作，全年完成培训4000人次。6月，举办首届“老年达人”运用智能技术大赛，金坛区各镇、街道组队参赛，以赛促学，切实帮助老年人跨越“数字鸿沟”。

【精神关爱】 2022年，金坛区实施老年精神关爱项目。重点加强对高龄、空巢、独居、失独、失能等重点老年人的精神关爱。完成指前镇指前村、西城街道花街社区、金城镇荆溪社区、直溪镇迪庄村、儒林镇湖头村5个村的老年心理关爱调查项目，涉及6500多名老年人。

【机构调整】 2022年，金坛区优化老龄工作组织机构，6月29日，撤销常州市金坛区老龄工作委员会办公室，3名事业编制收回。11月18日，常州市金坛区老年大学划转给常州市金坛区教育局管理，完成镇、街道级老年大学分校的建设和村、社区老年教学点的设置，开展相应教学工作。

表41 2022年常州市金坛区百岁老人统计表

序号	姓 名	年龄	性别	户籍所在地	序号	姓 名	年龄	性别	户籍所在地
1	王来凤	109	女	东城街道	10	范炳文	102	男	东城街道
2	张珍保	105	女	西城街道	11	袁 郁	102	男	朱林镇
3	马来娣	104	女	金城镇	12	姜粉小	102	女	儒林镇
4	杨根娣	103	女	尧塘街道	13	朱桂兰	102	女	指前镇
5	徐采保	103	女	尧塘街道	14	商锁妹	102	女	指前镇
6	史珍英	102	女	金城镇	15	王兰凤	102	女	指前镇
7	龚素英	102	女	薛埠镇	16	潘法娣	101	女	金城镇
8	尹巧英	102	女	西城街道	17	夏鸣凤	101	女	金城镇
9	杨立华	102	女	西城街道	18	李阿娣	101	女	薛埠镇

续表 41

序号	姓　名	年龄	性别	户籍所在地	序号	姓　名	年龄	性别	户籍所在地
19	高双泉	101	男	西城街道	37	江冰玉	100	女	西城街道
20	苏　英	101	女	东城街道	38	潘招保	100	男	尧塘街道
21	褚来庚	101	男	朱林镇	39	史金娣	100	女	尧塘街道
22	卢锁祥	101	男	朱林镇	40	鲍金娣	100	女	东城街道
23	许书英	101	女	指前镇	41	翟东英	100	女	东城街道
24	郭根娣	101	女	直溪镇	42	李红娣	100	女	朱林镇
25	丁凤英	101	女	直溪镇	43	曹爱英	100	女	儒林镇
26	朱秀英	100	女	金城镇	44	胡春梅	100	女	儒林镇
27	赵粉娣	100	女	金城镇	45	申来娣	100	女	儒林镇
28	靳仁夫	100	男	金城镇	46	丁锁伢	100	女	东城街道
29	左仁姑	100	女	金城镇	47	刘海娣	100	女	东城街道
30	江三凤	100	女	尧塘街道	48	史金林	100	男	指前镇
31	陆洪春	100	男	尧塘街道	49	虞九妹	100	女	指前镇
32	徐邦俊	100	男	薛埠镇	50	陈根林	100	男	指前镇
33	范翠英	100	女	薛埠镇	51	王红粉	100	女	指前镇
34	王昌义	100	男	西城街道	52	薛连凤	100	女	直溪镇
35	曹洪生	100	男	西城街道	53	潘明来	100	女	直溪镇
36	史雪芳	100	女	西城街道					

（周　伟）

社会组织管理

【概况】 2022年，金坛区有注册登记社会组织315家，其中，社会团体186家，社会服务机构127家，基金会2家。有备案的社会组织270家。区民政部门购买社会服务项目 8个，涉及金额1244.96万元；组织社会组织公益创投项目9个，涉及金额43.4万元。

【管理执法】 2022年，金坛区积极培育社会组织提质增效，充分发挥社会组织参与乡村振兴、助力基层治理作用。全年创成AAAAA等级社会组织4家（绿色家园志愿者协会、指前百花健身协会、春江健身艺术协会、手拉手志愿者协会），数量居各辖市区首位，AAAA等级社会组织3家（建筑行业协会、沧海志愿者服务中心、体育舞蹈协会）。毛驴志愿者协会获首届全省先进社会组织，小红妈爱心社获评江苏省优秀社会组织案例，蒲公英妇女儿童关爱中心等5家社会组织获评常州市优秀服务案例。通过规范培训、年度检查、行政执法、等级评估等措施，对5家社会组织实施行政处罚，清理16家僵尸组织。

（陈　干）

表 42　2022 年金坛区新成立登记社会团体一览表

序号	社团名称	类型	办公场所	法定代表人
1	常州市金坛区朗诵协会	社团	金坛区金鑫路 165 号 1502 室	尹朝冉
2	常州市金坛华罗庚高新区商会	社团	金坛区科教路 126 号	戚建国
3	常州市金坛区人力资源服务行业协会	社团	金坛区良常西路 8 号	李梦林
4	常州市金坛区安徽商会	社团	金坛区汇贤中路 99 号	李　伟
5	常州市金坛区东城街道体育总会	社团	金坛区金江苑三村二区物管楼 101 办公室	黄晓春
6	常州市金坛区共创志愿者协会	社团	金坛区愚池新村 57 栋 3 楼	李偏偏
7	常州市金坛区西城街道体育总会	社团	常州市金坛区西门大街 97 号（西城街道办事处二楼综合文体站）	邱惠君
8	常州市金坛区长荡湖大闸蟹产业农村合作经济组织联合会	社团	金坛区指前镇岳阳村 588 号	冯东波
9	常州市金坛区小记者协会	社团	金坛区晨风路 61 号（金坛区融媒体中心三楼 307 室）	宋　蕾
10	常州市金坛区盆景文化艺术协会	社团	金坛区直溪镇直溪农场	赵　坚
11	常州市金坛区太极拳协会	社团	金坛区华城二村居委会活动室（华城二村幼儿园南面）	潘黎寅
12	常州市金坛区全民阅读促进会	社团	金坛区清风路 2 号（金坛图书馆内）	韩献忠

表 43　2022 年金坛区新成立民办非企业单位一览表

序号	社团名称	类型	办公场所	法定代表人
1	常州市金坛区指前镇残疾人康复中心	民非	金坛区指前镇社兴中路 188 号	冯　前
2	常州市金坛区红色帮帮团	民非	金坛区东城街道金江苑一村 C18 同心楼二楼	丁照青
3	常州市金坛区志成教育培训中心	民非	金坛区东环一路 128 号望锦大厦三楼	周阿美
4	常州市金坛区茅山红文化艺术团	民非	金坛区薛埠镇仙姑村	张息林
5	常州市金坛区陆旭东志愿服务队	民非	金坛区西门大街 288 号	杨月芳
6	常州市金坛区岸头佳园文化娱乐服务中心	民非	金坛区岸头佳园佳园路 129 号	汤教齐
7	常州市金坛区星阳森林幼儿园	民非	金坛区西城路 97 号	周　星
8	常州市金坛区金沙青少年乒乓球培训中心	民非	金坛区金武路 188 号	陈　昆
9	常州市金坛区长荡湖书画院	民非	金坛区社头集镇思源路 18 号	顾剑涛

（陈　干）

退役军人事务

【概况】 2022年，金坛区退役军人事务工作纳入全区经济社会发展大局统筹考虑，退役军人服务保障水平、双拥工作列入全区2022年度综合考核。及时召开区委退役军人事务工作领导小组会议和全区双拥工作会议，研究部署退役军人事务和双拥工作的重大事项、重要工作。辖区内1名现役军人荣立二等功，2名退役军人被市委退役军人工作领导小组评定为第三届“常州市最美退役军人”，1名退役军人被市委宣传部评为“最美人物”，8名退役军人企业家不变初心的创业历程被选录常州市局编印的《拼搏与担当》一书，全区1600余名退役军人志愿者在走访慰问、矛盾化解、应急互助、疫情防控、文明城市创建上积极发挥作用。

【服务保障】 2022年，金坛区退役军人服务保障体系实现从有到稳、稳中求进、进而向优的转变，投入160万元建设区退役军人服务中心，完成对办公场所的全面提档升级；对134个镇、村两级退役军人服务站进行“面对面”检查指导，其中村级服务站全面落实“一块机构牌匾、一个服务窗口、一名专业人员、一份服务清单、一套工作流程、一方特色文化”的规范化建设标准，打造温情暖心的“退役军人之家”，更好地营造尊崇尊重氛围。指前镇、西城街道及儒林镇儒林村、薛埠镇仙姑村、朱林镇朱林村、东城街道五联村、西城街道方边村7家退役军人服务站，获2022年度常州市优秀退役军人服务站通报表扬。常州市金坛区公共交通有限公司获评江苏省优秀“戎耀之家”。通过“百度地图”和“高德地图”App完成125个村（社区）服务站地理位置信息录入工作。做好区退役军人和其他优抚对象建档立卡和优待证申领工作，11月2日，开展退役军人和其他优抚对象优待证发放仪式。陆续发布常州市退役军人和其他优抚对象第一批、第二批优待目录清单。加强干部队伍建设，提升退役军人工作队伍能力水平，组织开展2场“为服务蓄能·为党旗添彩”青年党员阅读分享会，2场“戎耀大讲堂”业务授课比赛，9场业务培训会；组织区、镇、村三级工作人员参加全市“岗位练兵比武”大赛，金坛区获得团体二等奖和优秀组织奖。积极实施困难退役军人帮扶援助，以及常态化开展走访慰问工作。

【安置就业】 2022年，金坛区做好军转干部、政府安排工作退役士兵和军休人员安置工作。接收的2022年秋季退役士兵全部妥善安置。积极推进军人退役“一件事”改革实施，牵头制定《常州市金坛区推进军人退役“一件事”改革实施方案》，并联合区人武部、区委组织部、金坛公安分局、区人社局、团区委、区行政审批局、金坛医保分局共同落实军人退役“一件事”。9月26—30日，在区政务服务中心大厅对在部队退役后落户金坛区的退役士兵提供“一站式”服务。对2021年度秋冬季退役士兵，开展好自主就业退役士兵适应性培训、技能培训、创业培训和企业推介会、专场招聘会，有效促进退役士兵就业创业。全面落实企业军转干部补贴政策，按要求核算发放补助、养老医疗保险资金和开展体检等服务。落实下岗志愿兵（士官）帮扶政策，新增下岗志愿兵生活困难补助4人。军休干部“两个待遇”较好落实，多次组织军休干部们参加社会各界举办的政治活动和专题讲座，积极宣传党和军队的光荣传统、军人的先进事迹。

【优抚褒扬】 2022年，金坛区全年发放各类抚恤补助金5165万元，完成各类新增优抚对象的申报、鉴定工作，累计办件量122件。优抚对象年度确认、数据核查、伤残人员医疗待遇、残情鉴定、辅具维修更换、健康疗养及重点优抚对象2023年度居民医保参保缴费及医疗救助等工作较好开展。建立和完善优抚对象数据动态审定机制，规范优抚资金审批发放管理，确保优抚优待等专项资金应发尽发，有效杜绝错发漏发和发放不及时等问题的发生。利用春节、“七一”“八一”建军节、“9·30”烈士纪念日等重要节日，对全区享受国家抚恤补助的重点优抚对象、现役义务兵家庭进行普遍性慰问，重点对健在的在乡抗日老战士、烈士父母及配偶进行关心关爱。完成2022年义务兵家庭优待金发放及现役军人立功荣誉金的结算工作。开展好代祭扫、为烈士寻亲、“9·30”向革命烈士敬献花篮等活动。充分发挥区烈士陵园“常州市爱国主义教育基地”“常州市党史教育基地”作用，全年接待652批、12365人次入园开展学习教育活动。

（万慧瑾）

民族宗教事务

【概况】 2022年，金坛区民族宗教工作坚持以习近平新时代中国特色社会主义思想为指导，紧紧围绕“铸牢中华民族共同体意识主线”，全面深化民族团结进步创建，进一步提升全区宗教工作法治化、制度化、规范化水平。至年底，有户籍登记的少数民族族别32个，常住人口超过3300人，其中人数超百人以上的民族为土家族、苗族、彝族、壮族、布依族、回族、满族、侗族8个民族。在金坛务工经商的流动少数民族人口7000余人。全区现有佛教、道教、基督教、天主教以及伊斯兰教五大宗教，依法登记30处宗教活动场。，其中，佛教7处、道教6处、基督教15处、天主教1处、伊斯兰教1处。经认定备案教职人员60人，各类信教群众11000余人。现有金坛区佛教协会、道教协会、伊斯兰教协会以及基督教三自爱国运动委员会四个区级爱国宗教团体。

【宗教事务管理】 2022年，区民族宗教事务局（以下简称区民宗局）认真指导民宗领域开展书画展、红色教育基地参观、专题培训讲座等活动，学思悟践，迎接中共二十大召开。组织民族宗教界人士观看中共二十大开幕式直播，举办全区宗教界人士爱国主义教育培训班，宣传贯彻二十大精神。在社区、新时代文明实践所和已建成的省、市“红石榴家园”开展“聚焦主线谱新篇·同心筑梦向未来”主题宣传。制定年度全区民族宗教系统法治宣传教育计划，“线上线下”开展4·15国家安全教育日活动，坚持普法进基层、送法进场所、学法进红石榴家园工作站，开展《中华人民共和国民法典》宣传月活动。举办民族宗教政策法规培训班，深化“民族宗教政策法规学习月”宣传。以乾元观为试点开展宗教界爱国主义教育基地创建，全面开展规范化管理“示范场所创建”活动。贯彻落实《互联网宗教信息服务管理办法》，依法依规指导宗教团体和宗教活动场所规范互联网宗教信息服务。深入开展宗教领域“崇俭戒奢”主题教育活动，完善宗教团体、宗教活动场所负责人履职评价制度，督促各宗教团体进一步加强对各场所宗教教职人员的服务管理。

【民族团结进步创建】 2022年，金坛区紧扣“六一”“端午”“中秋”“国庆”等重要节日，组织各民族中、小学生开展绿色阅读、文明上网、书画比赛、诗歌朗诵、民族政策知识讲座、讲好民族团结进步小故事等教育实践活动。区民宗部门指导镇、街道以宣传栏、公众号、微党课、集中培训、开展主题党日活动等形式把中央民族工作会议精神和习近平总书记关于民族团结进步工作的重要论述宣贯至基层党员、群众。依托社区管理服务体系，发挥邻里矛盾纠纷调解室、法律援助服务中心的调解功能，解决各族群众的基本办事需求，帮助少数民族群众化解房屋买卖等各类纠纷20余起，做实对少数民族低收入或因病、因灾致贫家庭的慰问和政策帮扶工作，推动各族群众共同致富奔小康。与镇、街道和部门联动，开展各类实用技术培训、免费义诊和健康咨询活动，举办线上直播招聘会，吸引少数民族人才来坛就业，指导汤姆森集团、杰达制衣企业与民族八省区来坛务工人员签订用工协议。发挥华胜社区“红石榴家园”平台作用，“红色帮帮团”“一对一结对子，一帮一解难题”，帮助各族群众解决实际问题。指导后阳村、指前标米协会等5处“红石榴家园”依托党建园地、人民调解室、法治直播间、新时代文明实践站等阵地开展丰富多彩的民族团结活动。

【安全专项整治】 2022年，区民宗局协同各镇（街道）、区各宗教团体，多举措、全方位开展全区宗教领域“安全生产月”活动。组织场所人员参与线上答题，开展安全生产进场所宣讲活动，以“学”促安。指导各宗教团体开展安全生产诺责签名和应急演练活动，举办全区首届宗教领域消防技能演练比赛，以“练”促安。组织各宗教团体分批次开展安全生产“互查互学”活动，以“查”促安。深入开展安全生产大检查，成立检查督导组开展综合督查，强化隐患即查即改、标本兼治。聚焦宗教活动场所建筑、燃气、消防重点领域，推进安全生产百日攻坚行动，坚持团体、场所全面自查与部门检查督查相结合，防隐患、除风险，杜绝事故发生。坚持场所和既有建筑“两个全覆盖”，分类开展建筑安全鉴定和消防评估工作，完成隐患整改。（张泰蓉）

基层治理

【社区治理工作】 2022年，金坛区提升改造薛埠镇连山村、儒林镇儒林村、金城镇冯庄村、东城街道华城社区、西城街道河滨社区、金安社区6个村（社区）综合服务中心。依托九洲里城市党建头雁学院，建成全区社区工作者实训基地，并作为常州市样板基地在全市推广。举办全科社工、网格员等专题培训班，培训人数300余人，社工考试通过人数221人。东城街道华胜社区王月平获评常州市政府突出贡献人才。成功举办全区全科社工业务技能展示交流活动，激发社工“比学赶超”精神。

10月，全区全科社工业务技能展示交流活动现场颁奖 （区民政局 供）

【“融治理”多元共治推广工程】 2022年，金坛区深入探索城乡社区治理与服务创新，积极实施“融治理”多元共治推广工程，举办全区“融治理”工作推进会，受到市委政法委、市司法局、市民政局等部门高度肯定，项目获评全市市域社会治理创新优秀项目二等奖，并在学习强国、新华网等媒体宣传报道。新打造27个村（社区）“好邻居茶社”，完善民意收集、议事协商、矛盾调解、政策宣讲、便民服务等功能，“好邻居茶社”获评市法治惠民实事优秀项目三等奖。

【地名管理】 2022年，金坛区及时办理地名申报手续和门楼牌验收工作，年内受理地名审批13项（其中道路地名审批63条，小区地名审批5个），门楼牌验收11个住宅小区。完成全区地名规划编制工作，成为全省首个完成地名规划编制的区（县）。完成历史地名文化遗产申报工作，金坛、儒林、董永村、三星村、王母观村5个地名被收录省级地名文化遗产名录，21个地名被收录常州市地名文化遗产名录。首次设置北水关、丹金溧漕河、老鸦塘、弘化门、钱资荡5块历史地名保护碑。完成常镇线（金坛丹阳段、金坛丹徒段、金坛句容段）、金溧线边界联检工作。

表44　2022年金坛区新命名地名情况表

序号	类别	新命名地名	四至范围
1	住宅区	观湖苑	东临徐塘路，西至华阳路，南临滨湖北路，北靠乌干路。占地面积为45711平方米，建筑面积78973平方米
2		星都商务中心	东临徐塘路，西至幸安路，南临规划地块，北靠金桂路。占地面积为12398平方米，建筑面积36818.98平方米
3		华晶墨香园	东临思学路（拟命名），西至庆升路，南临长荡湖水厂，北靠致远路（拟命名）。占地面积为51168平方米，建筑面积112130平方米
4		通明新苑	东临薛埠大街，西至规划道路，南临规划道路，北靠方山路。占地面积为53719平方米，建筑面积140631.66平方米
5		长荡湖河海园	东起金山南路，西至庆升路，南临致远路，北靠长荡湖北路。占地面积为199982.04平方米，建筑面积550056.6平方米
6	道路	逸岚路	该道路为东西走向，东起柚山路（拟命名），西至钱西路（规划命名）。长度为900米，宽度为5米
7		柚山路	该道路为南北走向，南起朴雅路（规划命名），北至洮柚路（规划命名）。长度为556米，宽度为10米
8		长竹埂路	该道路为东西走向，东起金沙大道，西至规划地块，南临金坛区第一污水处理厂，北靠规划地块。长度为628米，宽度为7米
9		庙巷路	该道路为东西走向，东起中兴路，西至金湖路南临光语花园，北靠融熙诚园。长度为913米，宽度为12米
10		陇东路	该道路为南北走向，南起金坛大道（金武快速路），北至鑫城大道，东临光语花园，西靠逸隽花园。长度为1062米，宽度为12米
11		儒业路	该道路为南北走向，南起S239，北至儒韵路（规划命名），东临儒林污水处理厂，西靠儒林河。长度为1000米，宽度为7米
12		长龙山路	该道路为东西走向，东起月湖南路，向西折北至科教路，南临钱资东河，北靠金坛大道。长度为4482米，宽度为17-22米
13		直荣路	该道路为东西走向，东起G233，西至直溪镇巨村与荣炳交界处，南临北天荒，北靠上新河。长度为16770米，宽度为18米
14		金茅路	该道路为东西走向，东起金沙大道（G233），西至直别路，南临西湾村自然村，北靠直东路。长度为13277米，宽度为24.5米
15		茅麓路	该道路为东西走向，东起石马河，西至花茅路（规划名称），南临石马村，北靠茅兴街。长度为975米，宽度为20米
16		茅山旅游大道	东起金沙大道，西至茅山大道（S340），南临沪武高速，北靠茅山大道。长度为20937米，宽度为45-58米

续表 44

序号	类别	新命名地名	四至范围
17	道路	金竹路	该道路为东西走向，东起登科河，西至与溧阳市交界处（金坛通往竹箦的道路），南临小冲村自然村，北靠山东村自然村。长度为 6786 米，宽度为 7 米
18		大社路	该道路为东西走向，东起丹金溧漕河，西至 S265，南临芦溪村，北靠解放村。长度为 11560 米，宽度为 8 米
19		山蓬路	该道路为东西走向，东起山蓬村委会西侧道路（黄金山路），西至 S265，南临金山后村自然村，北靠大社路。长度为 2378 米，宽度为 6 米
20		儒柚路	该道路为东西走向，东起儒上路（S239），西至湖景路（规划道路），南临宕湖路，北靠南社村。长度为 4715 米，宽度为 8 米
21		宕湖路	该道路为东西走向，东起南柚路，西至钱家河，南临柚山新河，北靠儒柚路。长度为 1072 米，宽度为 6 米
22		长荡湖东路	该道路为东西走向，东起长荡湖旅游大道，西至小普陀桥，南临常溧高速，北靠长荡湖。长度为 7425，宽度为 8–14 米
23		北干路	该道路为东西走向，东起园区南路，西至长荡湖旅游大道，南临干南路（规划名称），北靠大叶路（规划名称）。长度为 4631 米，宽度为 6 米
24		岸头路	该道路为东西走向，东起金湖路，西至汇贤路，南临金龙大道，北靠曹巷北路（规划名称）。长度为 1430 米，宽度为 10 米
25		花溪路	该道路为南北走向，南起金龙大道，北至夏溪河，东临润湖路（规划名称），西靠亿晶大街。长度为 2124 米，宽度为 24 米
26		长荡湖西路	该道路为南北走向，南起金坛与溧阳交界处，北至河海大道，东临长荡湖，西靠金沙大道。长度为 12398 米，宽度为 12 米
27		直别路	该道路为南北走向，南起沪武高速，北至白乾中路，东临健尔康路，西靠东窑村。长度为 17799 米，宽度为 8 米
28		黄金路	该道路为南北走向，南起黄金村南侧东西向道路（南鱼桥东侧），向北折西北至薛埠河，东临扬溧高速公路，西靠茶林路。长度为 2223 米，宽度为 8 米
29		茶林路	该道路为南北走向，南起金竹路，北至茅山大道（S340），东临扬溧高速公路，西靠盛夏路（规划名称）。长度为 5482 米，宽度为 8 米
30		茅社路	该道路为南北走向，东起罗村村委会西侧南北向道路，向西折北至方麓路，东临小冲村自然村，西靠 S265。长度为 5346 米，宽度为 9 米
31		春风十里路	该道路为南北走向，东起与溧阳市交界处（金坛通往竹箦的道路），向西折北再折东至寻仙路，东临方山水库，西靠磨盘山。长度为 10959 米，宽度为 8 米
32		金门路	该道路为南北走向，东南起万嘉路，向西北折西至金沙大道，南临漫塘路(规划名称)，北靠金龙大道。长度为 650 米，宽度为 12 米
33		漫塘路	该道路为南北走向，南起金秋路，北至云锦路，南临小桥路（规划名称），北靠金门路（规划名称）。长度为 300 米，宽度为 10 米
34		万嘉路	该道路为南北走向，南起江东大道，北至滨湖南路，东临方洛港，西靠金秋路（规划名称）。长度为 1330 米，宽度为 14 米
35		云锦路	该道路为南北走向，西起金沙大道，向东折北至滨湖南路，东临金秋路（规划名称），西靠富春路（规划名称）。长度为 1360 米，宽度为 14 米
36		金秋路	该道路为南北走向，南起江东大道，北至金龙大道，东临万嘉路（规划名称），西靠云锦路（规划名称）。长度为 675 米，宽度为 12 米
37		晨兴路	该道路为南北走向，西起金秋路，向东折西北至金秋路，东临方洛港，西靠金秋路。长度为 1600 米，宽度为 12 米

续表 44

序号	类别	新命名地名	四至范围
38	道路	汀湘路	该道路为南北走向，南起亚溪路，北至南溪城路，东临西气东输金坛储气库倒班公寓，西靠常州金坛泰祥桶业有限公司。长度为 217 米，宽度为 5 米
39		河海东街	该道路为东西走向，东起思学路（拟命名），西至庆升路，南临华晶墨香园，北靠致远路。长度为 280 米，宽度为 30 米。
40		凌云路	该道路为南北走向，南起钱资湖大道，北至鸿福路，东临华罗庚实验小学（在建），西靠华罗庚实验幼儿园（在建）。长度为 324 米，宽度为 20 米
41		有为路	该道路为东西走向，东起凌云路（拟命名），西至徐塘路，南临杨贺巷邻里中心（在建），北靠华罗庚实验幼儿园（在建）。长度为 182 米，宽度为 12 米
42		联华巷	该道路为南北走向，南起北环东路，向北折西至东环二路。长度为 281 米，宽度为 22 米
43		相府前路	该道路为南北走向，北起东门大街，向南折西至司马坊，南至中山路，向西折至司马坊。长度为 324 米，宽度为 10 米
44		沿河西路	该道路为南北走向，南起南环西路，北至北环西路，东临丹金溧漕河，西靠金坛西城实验小学。长度为 1400 米，宽度为 12 米
45		凤凰路（调整）	凤凰路西延至 S265、东延至茶林路，该道路为东西走向，东起茶林路，西至 S265，南临通明新苑，北靠凤凰新村
46		平安路	该道路为南北走向，南起尧塘桥、北至金坛大道、东临良明大酒店、西靠尧塘水利管理服务站。长度为 440 米，宽度为 10 米
47		尧塘健康路	该道路为东西走向，东起亿晶大街、西至宏达化工厂南门，南临尧塘河，北靠尧塘农贸市场。长度为 425 米，宽度为 10 米
48		尧塘幸福路	该道路为东西走向，东起亿晶大街，西至平安路（原赵尧路），南临张炳洪水产、北靠幸福超市。长度为 326 米，宽度为 10 米
49		许段桥西路	该道路为东西走向，东起许段桥、西至月湖路，南临金坛区明日春花盆有限公司、北靠尧塘桥西超市。长度为 687 米，宽度为 10 米
50		许段桥东路	该道路为东西走向，东起亿晶大街、西至许段桥，南临银玉楼浴室、北靠摩卡甜心蛋糕。长度为 579 米，宽度为 10 米
51		尧塘横街	该道路为南北走向，南起巷南路（原南大街）、北至许段东路（原北大街）、东临伊香飘影、西靠智科电脑。长度为 171 米，宽度为 10 米
52		巷南路	该道路为东西走向，东起尧塘路（原尧汤路）、西至尧塘河，南临金坛区集友针毛织品厂，北靠常州市环球环卫服务有限公司尧塘分公司。长度为 409 米，宽度为 10 米
53		许段桥巷	该道路为南北走向，南起常州市金坛自来水有限公司、北至许段桥东路（原北大街）、东临常州尧塘建筑工程有限公司、西靠尧塘河。长度为 282 米，宽度为 4 米
54		街西巷	该道路为南北走向，南起许段桥西路（原镇西路）、北至尧塘集镇沿河西路 18 号、东临尧塘河、西靠金坛区晟鑫织造厂。长度为 140 米，宽度为 4 米
55		尧塘路	该道路为南北走向，南起农用水泵厂、北至许段桥东路（原北大街），东临昌新织造有限公司、西靠尧塘街道办事处。长度为 2500 米，宽度为 11 米
56		汤庄沿河东路	该道路为南北走向，南起江东大道（G233 国道），北至金龙大道（X308 县道），东临金坛汤庄世纪华联超市、西靠汤庄河。长度为 1400 米，宽度为 12 米
57		汤庄沿河西路	该道路为南北走向，南起江东大道（G233 国道），北至金龙大道（X308 县道），东临汤庄河、西靠常州市金坛酿造机械有限公司。长度为 1400 米，宽度为 12 米
58		鹏举路	该道路为东西走向，东起金山南路，西至庆升路，南临河海东街，北靠长荡湖河海园。长度为 700 米，宽度为 29 米

续表 44

序号	类别	新命名地名	四至范围
59	道路	庄里路	该道路为南北走向，南起河海大道，北至鹏举路（拟命名），东临长荡湖水厂，西靠规划道路。长度为 700 米，宽度为 29 米
60		珠山路（调整）	珠山路西延至汇福路，该道路为东西走向，东起兴隆南路，西至汇福路，南临江苏福坛车桥科技有限公司，北靠齐康原医疗科技（常州）有限公司。长度为 2385 米，宽度为 14 米
61		龙湖路（调整）	龙湖路南延至珠山路，该道路为南北走向，南起珠山路，北至晨风路，东临江苏顺丰铝业有限公司，西靠中国（常州）德国中心。长度为 3120 米，宽度为 18 米
62		常瑞路	该道路为东西走向，南起园区东路、向北折至博洋路至园区北路、东临太平河、北靠常州瑞凯化工装备有限公司（北侧）。长度为 2190 米，宽度为 23 米
63		文山路	该道路为东西走向，东起复兴路，西至明湖路，南临梅香苑（拟命名），北靠兴禾自动化。长度为 918 米，宽度为 14 米
64		创智湖路	该道路为南北走向，南起白龙山路，北至钱资湖大道，东临复兴路，西靠明湖路。长度为 830 米，宽度为 16 米
65		华创路	该道路为东西走向，东起尧塘路，西至萍湖路，南临金龙大道，北靠钱资湖大道。长度为 1400 米，宽度为 12 米
66		白龙山路	该道路为东西走向，东起复兴路，西至明湖路，南临金龙大道，北靠文山路（拟命名）。长度为 960 米，宽度为 27 米
67		尧山路	该道路为东西走向，东起尧塘路，西至月湖南路，南临华创路，北靠钱资湖大道。长度为 545 米，宽度为 8 米
68		晴湖路（调整）	晴湖路南延至华创路（拟命名），该道路为南北走向，南起华创路（拟命名），北至桥南路，东临尧塘中学，西靠月湖南路。长度为 1655 米，宽度为 8–20 米

（陈　干）

（编辑　储　劼）

公共安全

应急救援

【应急预案演练】 2022年，金坛区按照“专常兼备、反应灵敏、作风过硬、本领高强”的要求，进一步加强应急救援体系建设 持续提升应急救援和保障能力。建成区级层面“1＋37”应急预案体系，同步推进基层应急预案“1＋13＋X＋Y”体系建设订。制定并实施全区年度应急演练工作计划，成功举办全区危险化学品运输车辆泄漏事故应急演练，全年各板块各部门共开展各类应急演练55场。

【应急救援队伍建设】 2022年，金坛区印发《关于加快推进全区专业应急救援队伍建设的通知》，拨付专项资金，组建25支区级专业应急救援队。印发《关于加强基层综合应急救援队伍和基层应急预案体系建设的通知》，在儒林镇、指前镇、朱林镇试点推进基层综合应急救援队伍建设，提升基层应急处置能力。

【应急值班值守】 2022年，金坛区应急管理局执行领导带班、值班人员24小时在岗值班制度，重点加强节假日、全国“两会”等特殊时期，以及森林防灭火、防汛防旱关键期值班值守工作。向区政府和常州市应急管理局值班室报送突发事件信息41条，未发生事件未报、迟报等情况。开展多轮可视化调度设备操作实训，落实值班员暨是技术保障员的工作要求，确保应急指挥箱、移动布控球、视频终端7×24小时应急调度。同时，将危险化学品重大危险源监测预警系统的日常监控纳入应急值守工作，组织开展网上巡检。 （徐　鑫）

防灾减灾

【防汛防旱】 2022年，金坛区常态化开展汛前安全检查好，掌握险工隐患环节，做好防汛应急准备。区应急管理局与具备应急抢险能力的开岩路桥、市政公司签订年度防汛应急抢险合作协议，深化政企合作，提升防汛合力。针对2022年高温旱情连续13次系统报灾，区应急管理局协调气象、农林、水利等部门汇总旱情数据，统一扎口经济损失数据，对旱情核灾，并督促指导板块登记建立受灾人口基础档案备查。

【森林防火】 2022年，金坛区对重要节点森林防灭火工作进行专题部署，开展高火险时段专项检查督查，组织应急、资源规划部门和相关镇区开展野外火源治理和查处违规用火行为专项活动，全年共开展检查10次。成立金坛区林区输配电设施火灾隐患专项排查治理工作领导小组，出台《金坛区林区输配电设施火灾隐患专项排查治理工作方案》，区资源规划局、区供电公司等单位针对林区输配电设施火灾隐患问题制定隐患风险清单，

6月28日，全区危险化学品运输车辆泄漏事故应急演练现场 （区应急管理局 供）

开展9次森防专项检查。

【地震监测】 2022年，金坛区地震监测工作以及时、准确、有序为目标，积极抓好震情监测、震情分析会商，落实值班制度，持续做好震情监测工作，全天候不间断地监测全区及周边地区的震情变化，及时分析整理观测资料，通过与国家及省、市数字地震台网中心联网运行，确保观测数据及时上传，实现与国家及省、市地震监测数据传输现代化和信息化共享，抗震设防参数查询接入区政务服务网。做好监测设备维护保养工作，确保监测设备正常运行、地震监测持续可靠、信息传输及时准确。区数字地震台网全年共监测跟踪地震事件65次。构建地震群测群防体系，进一步完善监测措施，区应急管理系统中层以上干部手机号均接入常州地震信息速报系统，区地震局坚持每月开展“12322”速报平台测试，参与区应急体系指挥系统建设，做好每周视频点调和监测情况汇报工作。

【抗震加固】 2022年，区地震局牵头组织多部门联动，推进实施地震易发区房屋设施加固工程，建立工作协调机制，科学确定阶段目标，编制加固工程工作方案，强化示范引领，稳步推进抗震加固工作。完成除农村民居以外的抗震加固工程前期普查工作，采集房屋设施抗震设防信息近600条，确定为危房或存在重大安全风险的隐患建筑10处（幢），建筑面积共计9916平方米。其中，拆除3处（幢），拆除房屋建筑面积2134平方米，停用封存7处（幢）。

（徐　鑫　张拥军）

消　防

【概况】 2022年，金坛区牢固树立鲜明政治导向，全力以赴抓好火灾防范、应急救援、管理教育、队伍建设等各项工作，以消防安全大检查为主线，狠抓消防安全责任落实，持续深化“除患治违”和“防风险、保安全、迎二十大”等专项行动，消防安全隐患整治成效显著，应急救援能力不断提升，消防安全形势持续向好。全年接警1660起，其中火灾扑救883起，抢险救援222起，社会救助499起，增援出动56起，共出动车辆3515辆次，出动人员14060人次。抢救被困人员54人，疏散被困人员58人，抢救保护财产价值3.2亿元。

【火灾防控】 2022年，金坛区围绕“消防安全大检查”“除患治违”行动，开展大型商业综合体、高层建筑、化工企业、九小场所、住宅小区等35个专项行动，区消防救援大队联合应急、住建、市场监管、城管、公安等多个部门开展联合执法100余次；发送工作建议函、预警提示函、隐患整改报告20份；以高层建筑、学校、医院等人员密集场所为重点召开现场会6次；排查“高低大化”单位321家，养老机构、宗教文旅场所等重点单位136家，新能源、新业态场所38家，自建房及住宅小区784个；系统治理村镇工业区“厂中厂”“口袋式”工厂和生产经营性“三合一”等突出风险隐患，整改存在占用防火间距和消防车通道、可燃材料违章搭建隐患137家，整改面积4.4万平方米。年内，全区消防机构共检查单位1811家，发现隐患2546处，督改隐患2542处，2家政府挂牌重大火灾隐患单位整改销案。

【消防救援】 2022年，金坛区消防救援大队加速推进政府专职队正规化、职业化，形成“1＋N”作战力量体系，建立大队指挥长制度，成功处置“4.5”常宝精特能源管材有限公司厂房着火、“6.18”迅德有限公司着火、“8.25”荷马国际着火事件，圆满完成各类大型活动及安保工作。建设大队级战勤保障分队，储备灭火药剂、防护装备等灭火救援物资，确保随时供应不间断。加强现场通信保障，实现灾情信息数据化、可视化，通信保障分队在全市指挥中心岗位比武竞赛中获得团体第二名。接警模式由独立接警转变为市消防支队统一调派，全面形成“上下联通、层级分明、职责明晰”的扁平化智能作战指挥体系。编制森林火灾扑救、大型商业综合体、超高层建筑实训操法9个，高水平打造7支水域、地震、化工、地下专业救援队伍。完成“高低大化”单位数据采集172家、大型商业综合体测试6家、超高层演练12家、化工单位三维建模46家，开展防汛抗洪、石油化工、救援等各类实战拉动演练133次，队伍战斗力进一步增强。

【消防基层基础建设】 2022年，金坛区通过开展全区政府专职消防救援队伍“促规提能”达标创建行动，6支政府专职消防救援队全部完成事业单位法人登记，管理模式从一所两队变为统一管理，政府专职消防救援队员总数由88人增加至105人，全区应急救援力量体系进一步完善。全年新增电动车充电桩122套，独立式烟感报警器1261只，简易喷淋83套，电气火灾监控系统26套。全区两园区六镇三街均已发文成立乡镇（街道）消防服务所并确定人员名单和职责，11月9日，金坛区消防安全委员会办公室、消防管理服务所举行集中挂牌；颁布实施《进一步加强基层消防安全工作的意见》《金坛区火灾事故调查处理规定》，基层力量建设、火调协作机制、公益诉讼“联防联治”取得新突破。各政府专职消防救援队以辖区主要灾害事故特点为核心，组建化工、高空、森林防灭火及水域救援四支专业队，合力打造金坛消防拳头品牌。

【消防宣传教育】 2022年，金坛区做好宣传工作，强化宣传效力。成立消防讲师团，累计为企业开展消防安全培训250余场，培训2万余人；开展消防夜市、电影下乡、小金谈消防等活动，借助“消防安全码”为4万余人推送消防安全知识；五千多名中小学生线上学习“消防安全第一课”；以消防安全宣传月为契机，为金坛区首个消防主题影厅揭幕，进一步筑牢社会消防安全防火墙。组织各级指战员沿主次干道深入辖区单位、村落社区开展为民服务和消防安全宣传，发放消防安全知识宣传手册（单）12650余份。年内，全区消防救援队伍2起警情救援视频被央视播放；在《江苏经济报》《现代快报》上稿30余篇；常州微博、常州消防等市级媒体、平台转发大队宣传稿件50余条。

（卞明程）

安全生产

【概况】 2022年，金坛区认真贯彻落实习近平总书记关于安全生产、应急管理、防灾减灾救灾的重要论述和重要指示批示精神，以重点工作任务为抓手，进一步压实安全责任、强化基层基础、夯实工作举措，安全生产专项整治三年行动顺利收官，全区安全生产形势持续稳定向好。年内，发生生产安全事故7起、死亡5人，同比分别下降68.2%和54.5%。未发生较大及以上生产安全事故，全区安全生产和自然灾害形势持续稳定向好。

【安全生产责任体系】 2022年，金坛区印发《区委常委会成员、区政府领导班子成员2022年安全生产重点工作清单》，区委、区政府领导带队开展“百团进百万企业千万员工”专题宣讲和春节、国庆、二十大等安全生产检查，安全生产纳入党政领导干部年度述职和高质量发展考核。制定区安委会2022年工作要点，结合常州市“532”发展战略和金坛区“五大行动”部署要求，部署推进强化安全生产责任落实、提升区域安全发展水平、深化提升三年专项整治、加大监管执法力度等6方面27项重点任务。制定2022年各板块安全生产重点工作考评细则，加强对网格化监管、达标定级、危化品安全风险集中治理、“危污乱散低”综合治理、公共安全体系建设、安全生产行政执法等的考核。

【风险隐患排查整治】 2022年，金坛区统筹推进安全生产专项整治三年行动、安全生产大检查、重点行业领域百日攻坚等重点工作，切实抓好国庆和二十大安全防范工作。落实国务院安委会加强安全生产工作15条硬措施、省安委会50条细化内容、市安委会6大行动和56条重点检查内容，聚集危化品、冶金工矿、自建房、城镇燃气、两客一危一货、消防等10个重点行业领域突出查大问题、除大隐患、防大事故，持续抓好专项整治2个专题、9个专项和40项重点任务。

【安全生产行政执法】 2022年，金坛区深入推进应急管理综合行政执法改革，挂牌成立区应急管理综合行政执法大队和4个派驻中队。制定深化安全生产精准执法工作方案和年度安全生产执法计划，聚焦风险等级较高的行业领域开展精准执法。全年共检查企业591家次，事前立案149起，罚款474.7175万元；事故立案4起，罚款179.72万元；核查举报案件51起，立案10起，罚款41.6125万元。制定《金坛区应急管理行政执法案件办理责任制度》，定期对案件办理情况开展检查，提升办案质量和执法规范性。1人获评省厅“执法之星”称号，1起案件被省厅评为安全生产执法典型案例。

【“危污乱散低”综合治理】 2022年，金坛区根据常州市“危污乱散低”治理工作要求，出台《常州市金坛区“危污乱散低”综合治理工作方案》(〔2022〕89号)，印发《关于成立常州市金坛区“危污乱散低”综合治理工作领导小组的通知》（〔2022〕99号），实行“1＋3”（1个综合办公室和整治攻坚、盘活利用、空间腾退3个专班）工作模式，将“危污乱散低”治理工作和推动工业用地提质增效、促进土地资源集约利用相结合，助推全区高质量发展走在前列。全年全区共整治完成各类“危污乱散低”单位370家，完成低效用地再开发290.6公顷，腾退空间39.76公顷。

【安全生产督导】 2022年，金坛区积极配合国务院和省、市督导组开展督导，切实抓好反馈问题整改，各级督导反馈问题全部完成整改。按照省、市、区三级联动督导要求，区7个督导组同步开展冬奥会、全国“两会”、二十大以及安全生产大检查、经营性自建房、城镇燃气等专项督导。国庆期间，每天开展两个重点行业领域专项督查，对督查发现问题现场填写交办单，由属地政府主要领导签字认领，并

6月28日，区应急管理综合行政执法队伍举行统一着装仪式

（区应急管理局 供）

上报区主要领导审核，推动闭环整改。

（徐 鑫）

【建筑安全管理】 2022年金坛区住建部门共出动建筑安全质量检查人员2928人次，检查建筑工地1009个次，签发工程质量类整改通知书239份，质量类局部停工（暂停）通知书11份。签发工程安全类隐患限期整改通知书388份，安全类停工（局部）整改通知书39份。加强可燃物及易燃易爆危险化学品管理，全年共检查项目118次，发现涉及危化品管理安全问题6个，责令立即整改到位。采取日常巡查和专项检查相结合的形式，开展安全生产专项整治、全区建筑市场综合大检查、百日攻坚行动、送安全"进企业·下工地"专题宣讲系列活动，同步开展项目安全反省屋教育4027人次。

疫情防控期间，从严抓实疫情防控工作，确定建筑工地的疫情防控监督责任人，建立全区建筑工地人员身体状况异常日监测情况日报制度。

（部 涛）

农产品质量安全

【概况】 2022年，金坛区按照"建体系、强手段、抓源头、控过程、保质量"工作思路，坚持"四个最严"工作要求，着力加强基层监管力量，强化日常监管措施，大力推进质量兴农、品牌强农、信息助农，提升金坛区"国家农产品质量安全区"和"省级食品安全示范城市"创建成果。出台《农产品质量安全监管工作考核办法》，将农产品质量监管纳入对各镇（街道）年度工作考核，实行每一季度一督查；镇级与所辖行政村均签订责任状，实行每月一自查。在原有监管网格基础上，建设农产品质量安全村级服务站，构建"区、镇、村、站"四级监管体系，全区有村级服务站23家，为生产主体免费提供检测和指导开具合格证服务。有五星级监管站1家，四星级监管站5家，三星级监管站3家。年内开展区、镇、村各类巡查10398次，覆盖率100%。

【农产品质量安全监测】 2022年，金坛区按照《区农产品质量安全监测工作方案》，全面落实农畜水种类全覆盖、规模化基地全覆盖、获证企业全覆盖、监管环节全覆盖、时间段全覆盖的"五全"制度，实现重点产品、重点时段检测常态化。全年完成定量检测942个，其中监督抽检253个，例行监测689个，其中不合格样品9批次，均已按要求完成溯源，优化快检模式，加大胶体金检测比例。把"发现风险、排除风险"作为监测工作的出发点，切实加强风险研判。全年完成定性检测45477批次，其中胶体金10099批次。针对养殖水产品中存在国家禁用药物"地西泮"超标的问题，专题部署在全区范围内开展地西泮检测，全年实际完成地西泮胶体金检测372批次，地西泮定量检测160批次。

【"治违禁控药残"整治】 2022年，金坛区建立重点整治品种名录库，摸清农产品生产面积、产量、病虫害发生、用药习惯、农产品上市等关键信息。对纳入名录库的生产主体实行"定期摸排+群众反馈"的动态调整，加大巡查和检测频次。全年完成重点品种监督抽检142批次，例行监测118批次，涉及豇豆等9种产品。抽检出不合格产品7批次，其中，鸡蛋3批次、韭菜1批次、水芹1批次、鳊鱼1批次、豇豆1批次，对不合格农产品下达立即暂停销售通知，查明原因后做出相应处理。

【自我质量安全承诺】 2022年，金坛区落实承诺达标合格证制度。大力宣传食用农产品承诺达标合格证，建立生产经营者自我质量控制、自我开具合格证和自我质量安全承诺制度，构建农产品质量安全治理的新模式。加强合格证开具情况的日常巡查，实施"网格化＋精准化"监管。累计开展监督检查10321次，检查覆盖率100%；累计检测样品32394批次，检测覆盖率100%；累计开具合格证6169960张，合格证开具率100%。尝试开展个性化定制承诺达标合格证，并被作为江苏省农产品追溯体系建设典型案例，在《农民日报》刊登宣传。

加强指导与监管有效衔接。结合日常巡查指导，发放禁限用农药清单、承诺达标合格证宣传册等。在开展技术指导服务同时，重点围绕生产记录档案寻找问题，发现案件线索及时移交执法部门，曝光反面典型，形成威慑力。全区累计发放各类宣传资料两万余份，累计出动农技推广人员3000余人次，监管执法人员1300余人次，组织开展技术培训、宣传指导等活动100余场次。

【标准化建设】 2022年，金坛区申报省级绿色优质农产品（红香芋）基地467公顷；新申报获证3家3个产品、续展获证7家8个产品；申报农产品精深加工的有机产品1个（黄金村食品有限公司即食型有机软米粉），省定绿优比重达67.21%，常州高质量考核中全区绿优比重为66.62%。鑫品茶业入选全省首批江苏省现代农业全产业链标准化基地（全省22家），并被推荐申报国家级现代农业全产业链标准化基地（全省9家）。 （高立伟）

食品药品安全

【食品安全】 2022年，金坛区持续推进食品安全"守底线、查隐患、保安全"专项行动和食品安全水平专项提升"扫街"行动，各类食品经营主体检查覆盖率达100%，成功创建2家省级"名特优"食品小作坊、2家省级食品安全示范小作坊，高标准接受了省级食品安全示范城市跟踪评价。

【药品安全】 2022年，金坛区优化

药械监管，在辖市区率先成立药品安全委员会，推进全区医药产业高质量发展。加强药品安全监管，完成药品监督抽样110批次，合格率100%。设立59个不良反应监测点，加强用药安全检测。开展化妆品安全科普宣传周、安全用药月等活动，加强用药、用械安全知识普及。（唐爱琴）

特种设备工业产品安全

【特种设备安全】 2022年，金坛区把牢特种设备安全，探索特种设备监察“一镇一品”模式，破解特种设备种类多、技术复杂等监管难题，形成系统监管合力。成立常州首批特种设备应急救援队，提升特种设备突发事件防范和应急救援处置能力。紧盯危化品、城镇燃气、公用电梯等重点行业领域，有序有效推进安全生产三年专项整治，发现并督促完成整改安全隐患112条。至年底，常州市共有各类在用特种设备184869台（套），比上年增加14687台（套），同比增长8.63%。金坛区总量占全市9.95%，同比增长17.93%，增速全市第一。

【工业产品质量安全】 2022年，金坛区开展工业产品质量安全治理。加大工业产品质量抽检，建筑钢材、电动自行车、水泥三类产品在市级质量抽检中抽检合格率均为100%。“铁拳”治理燃气具及配件销售市场，检查燃气具及配件经营单位226家，检查1279台（件）燃气具及配件，下架不合格产品76台（件）。以民生和安全领域为重点，开展各项专项整治20余次，全年办结案件668件，比上年增加近两倍；1起案件入选国家市场监管总局2022“铁拳”行动典型案例。（唐爱琴）

表45 2022年常州市在用特种设备区域分布表

单位：台（套）

类别/年度	溧阳市	金坛区	武进区	新北区	天宁区	钟楼区	经开区
数量	20967	18393	49604	41239	19223	15608	19835
占比	11.34%	9.95%	26.83%	22.31%	10.40%	8.44%	10.73%

互联网信息安全

【网络安全体系建设】 2022年，金坛区强化网上重大主题宣传和重大议题设置，把社会主义核心价值观体现到互联网信息服务全过程。成立区网络主播行业党委，推进金城镇电子商务产业园党组织建设，打造网络主播党建工作站、龙城红色直播间和主播加油站，开展新业态新就业群体党建“百人万里行”体验式调研。

【网络资产管理】 2022年，金坛区织密网络安全防护网，动态管理党政机关网络资产，停用注销闲置资产，将2321个网络资产精简至1892个。开展常态化网络安全监测，接受并处置上级通报网络安全漏洞60个、事件13起，自行排查处置网络安全漏洞46个。

【数据安全管理】 2022年，金坛区强化数据安全管理和个人信息保护，开展个人信息安全保护情况摸排工作。强化风险防控，开展应急实战演练行动和“僵木蠕”处置工作，出台《常州市金坛区网络安全事件应急预案》《金坛区政务信息化项目建设网络安全管理规定》，以网络安全宣传周为契机，举办主题晚会、知识竞赛、主题集市和学生手抄报竞赛等系列活动，提高全民网络安全意识。打好管网治网组合拳，压实平台责任，开展违规网站清理工作，排查本地涉黄、涉赌网页9个。引导网站平台加强自身规范建设，健全审核机制、提升内容质量，严防违法违规信息生产传播，压紧压实网络平台主体责任。开展“清朗2022”专项行动，打造清朗网络空间。（杨　婴）

无线电管理

【基站设置】 2022年，金坛区规范5G基站设置，配合常州市做好5G基站与相关地球站的干扰协调，加强传输链路微波频率台站管理，加强对运营商间共享频率基站管理，规范基站设置许可。

【安全保障】 2022年，金坛区根据最高标准、最严要求做好中国共产党第二十次全国代表大会无线电安全保障工作，统筹做好“春运”“两会”等重要时期，冬奥会、冬残奥会等重大赛事，高考等国家和省市各级重点考试的无线电安全保障工作。保护重要业务频率无线电安全，配合市局加强对航空、铁路和水上等专用频率日常监测保护。

【执法监测】 2022年，金坛区认真开展无线电监测和干扰查处，配合市局及时受理无线电干扰投诉及排查工作；加强无线电日常监测，保护航空导航等重点频率频段用频安全。

（杨兆平）

（编辑　储　劼）

新任区领导

胥亚伟

中共常州市金坛区委副书记，常州市金坛区人民政府党组书记、区长。

1974年7月生，江苏常州人。1995年7月参加工作，1999年12月加入中国共产党。大学文化。1991年9月至1995年7月江苏省出版学校平版印刷专业学习；1995年7月至1998年4月武进日报社新闻部工作（其间：1993年9月至1995年12月南京大学行政管理专业自考在职大专学习）；1998年4月至2001年9月任武进市政府办公室科员（其间：1996年9月至1999年7月南京师范大学成教院新闻专业在职大专学习）；2001年9月至2001年10月任常州市级机关事务管理局综合处科员；2001年10月至2004年9月任常州市级机关事务管理局综合处副处长（其间:2001年8月至2003年12月中央党校函授学院经济管理专业在职大学学习，2002年8月至2003年10月挂任常州市新北区魏村镇党委副书记，2003年10月至2004年9月挂任常州市新北区春江镇党委副书记）；2004年9月至2007年10月任常州市新北区春江镇党委副书记；2007年10月至2010年1月任常州新北工业园区管委会副主任、春江镇党委副书记；2010年1月至2011年3月任常州新北工业园区党工委委员、管委会副主任，春江镇党委副书记；2011年3月至2012年1月任常州新北工业园区党工委副书记、管委会副主任；2012年1月至2013年4月任常州市新北区罗溪镇党委书记、人大主席；2013年4月至2013年6月任常州市新北区罗溪镇党委书记；2013年6月至2014年12月任常州航空产业园党工委书记、管委会主任，高新区动力装备产业园区党工委书记、管委会主任，罗溪镇党委书记；2014年12月至2015年10月任常州出口加工区管委会办公室主任、管理局局长，常州航空产业园党工委书记、管委会主任，高新区动力装备产业园区党工委书记、管委会主任，罗溪镇党委书记；2015年10月至2016年5月任常州出口加工区管委会办公室主任、管理局局长，空港产业园党工委书记，罗溪镇党委书记；2016年5月至2016年11月任常州市新北区政府党组成员、副区长；2016年11月至2018年12月任常州市新北区政府党组成员、副区长，常州高新区（新北区）商务局局长、新北区商务局党组书记；2018年12月至2019年12月任常州市新北区政府党组成员、副区长；2019年12月至2020年7月任常州高新区党工委委员、新北区委常委、常州滨江经开区党工委书记、春江镇党委书记；2020年7月至2021年7月任常州高新区党工委委员、新北区委常委、常州滨江经开区党工委书记；2021年7月至2021年8月任常州市应急管理局党委书记，市地震局局长；2021年8月至2022年6月任常州市应急管理局党委书记、局长，市地震局局长；2022年6月至2022年7月任中共常州市金坛区委副书记，金坛区人民政府副区长、代理区长；2022年7月至2023年1月任中共常州市金坛区委副书记，金坛区人民政府党组书记、副区长、代理区长；2023年1月起任现职。

王　勇

常州市金坛区人民政府党组成员、副区长。

1977年12月生，江苏金坛人。1996年8月参加工作，1999年12月加入中国共产党。研究生文化。1993年9月至1996年7月江苏省常州师范学校普师专业学习；1996年8月至2005年7月历任金坛市建昌镇科技服务站科员、党政办公室科员、六角村社长助理、党政办公室主任、团委书记（其间：1999年9月至2002年7月江苏省委党校干部函授学院经济管理专业学习；2002年9月至2004年12月江苏省委党校经济管理专业学习）；2005年7月至2008年7月任共青团金坛市委员会副书记、党组成员（其间：2007年9月至2010年7月江苏省委党校社会学专业学习）；2008年7月至2010年4月任共青团金坛市委员会书记、党组书记；2010年4月至2013年12月任金坛市朱林镇党委副书记、镇长；2013年12月至2015年4月任金坛市东城街道党工委副书记、办事处主任；2015年5月至2016年5月任金坛区东城街道党工委副书记、办事处主任；2016年5月至2016年7月任江苏金坛经济开发区党工委副书记；2016年7月至2019年3月任江苏金坛经济开发区党工委副书记、东城街道党工委书记；2019年3月至2020年4月任金坛区发展和改革局党委书记、局长，区粮食和物资储备局局长；2020年4月至2020年11月任金坛区发展和改革局党委书记、局长、一级主任科员，区粮食和物资储备局局长；2020年11月至2022年4月任金坛区发展和改革局党委书记、局长、四级调研员，区粮食和物资储备局局长；2022年4月至2023年1月任江苏省金坛华罗庚高新技术产业开发区党工委副书记、管委会主任、四级调研员；2023年1月起任现职。（徐　昌）

先进模范

张俊东

金坛区疾病预防控制中心主任、党支部书记。1975年3月生，江苏金坛人。1994年8月参加工作，1999年6月加入中国共产党。本科学历。2022年8月，被中国医师协会授予第十三届“中国医师奖”。

自2020年新冠疫情暴发以来，张俊东作为国务院联防联机制综合工作组专家，接受国家卫健委指派奔赴武汉、二连浩特、西安等城市指导当地疫情防控工作。在武汉开发区的52天中，他深入走访抗疫一线，向区指挥部、社区居委会及有关单位提出防控建议100余条，特别是药店商超管控、农村型街道提前有序复工复产、整合社区工作力量成立工作小组、基层医疗卫生机构预检分诊设置等建设性意见。在二连浩特的18天里，他走访10家单位，完成工作日报16篇，列出问题清单16份，提出的55条建议均被采纳和落实。协助撰写《新冠肺炎口岸城市疫情防控方案》，受到好评。在西安工作的29天里，他走访17家单位，完成工作日报25份，梳理百余条建议与措施，得到当地指挥部的重视和落实。常州新一轮疫情防控战打响以来，时任朱林镇卫生院院长的他，每天来回穿梭在门诊各科室、预检分诊、办公室，规范接诊流程、分配防控物资、开展医护人员培训、加强院感防范。他做好学校疫情防控的技术支持、监督指导、防控救治准备等工作，保障辖区学校的开学复课。他组织医务人员到超市、菜场等公共场所开展疫情防控消杀和宣传指导工作，保证辖区内人民群众健康。

孙建平

金坛区疾控中心血地寄防与消杀科科长。1969年10月生，江苏金坛人。1991年6月参加工作，2008年6月加入中国共产党。大专学历。2022年7月，被国家卫健委、海关总署、国家中医药局授予“全国消除疟疾工作先进个人”称号。

孙建平从事疟疾防治工作30年。在他的带领和推动下，全区的疟疾发病率逐年下降，从控制走向消除。2010年，他牵头成立了“金坛市消除疟疾行动项目办公室”，建立了以疾控中心为龙头、乡镇卫生院为骨干、村卫生室为网底的覆盖全区疟疾防控三级网络，进行疟疾疫情的监测。针对流动人口、献血员等重点人群积极开展监测筛查，及时监测回国人员疟疾疫情，尽早发现、治疗疟疾病例，防止出现重症或死亡恶性疟病例和间日疟病例引发的二代本地感染病例。同时，加强传染源管理，做好疫点处置工作，紧抓现症病人治疗、阶段清理治疗和休止期治疗工作，全程督导、足量服药。在人员流动密集场所、重要窗口开展各式各样的宣传活动，并结合疫点处置工作对病人家属、周围群众及同行人员等重点人群开展疟疾知识的宣传。他每年组织对基层人员开展流行病学和原虫镜检培训，强化实践操作与考核，使基层镜检水平不断提高，有效促进了疟疾防治工作的开展。2013年金坛市达到了江苏省消除疟疾标准。2015年世界卫生组织全球疟疾项目主任Pedro Luis Alonso Fernandez博士到金坛区考察，对消除疟疾工作给予高度评价。

（周　伟）

戴　瑞

空军某部机务大队机械师。1989年11月10日生，江苏金坛人。2012年6月入伍，2011年5月加入中国共产党。本科学历。

戴瑞作为一名国防生，从地方大学到军营，迅速适应了身份的转变，携笔从戎扎根军营。从入伍开始，他就在基层默默奉献，以部队为家，忠实履职、矢志报国，牺牲的是“小我”和“小家”，收获的是祖国的安宁和人民的幸福。加入空军11年来，完成了三次改装学习，掌握了四种型号飞机的保障技能，累计安全保障飞行超过1600小时。戴瑞和他的战鹰活跃在祖国的各个方向，上高原驻守祖国边疆、去沿海阻挡来犯之敌。在他手里，飞机每次都能安全顺利完成各项任务。戴瑞每年都主动参加各项演习演训任务，主动担负值班执勤、应对台海特情等任务，每次战斗的警铃拉响，他都能立刻放下手中的任何事务、快速冲向机场，完成战机的准备。“机务人员就是飞机的保姆！”他时常对机组成员说起这句话。他一心扑在飞机上，检查发现并排除各种故障缺陷近百起，真正做到了“对战斗胜利负责、对战友安全负责、对国家财产负责”。2018年12月，因安全保障飞行满800小时荣立三等功；2022年4月，因安全保障飞行满1500小时荣立二等功。

（缪晨康）

表46　2022年度金坛区获评国家部级、省级条线先进个人情况一览表

姓　名	单位职务	荣誉称号	授予单位	授予时间
马　莹	朱林镇	江苏省妇联“优秀妇女工作通讯员”	江苏省妇联	2021年12月
付维丽	金坛第一人民医院护士	江苏好人	省文明办	2022年4月
陈谦慧	朱林镇	江苏省优秀共青团干部	共青团江苏省委	2022年5月
方　圆	儒林派出所所长	全省优秀人民警察	省人社厅、省公安厅	2022年7月
戴　振	滨湖派出所	全省公安机关扫黑除恶专项斗争成绩突出个人	省公安厅	2022年9月
许延清	江苏儒林建设工程有限公司总经理	江苏“最美诚信之星”	省委宣传部	2022年11月
张　波	常州三新供电服务有限公司金坛分公司指前供电所所长兼副书记	江苏省企业首席技师	江苏省人力资源和社会保障厅	2022年12月
戴倩云	朱林镇	首届江苏省乡村振兴青年先锋	团江苏省委、省农业农村厅、省乡村振兴局	2022年12月
方　骊	区委党史工委党史科科长	全省党史部门先进工作者	省委党史工办、省人社厅	2022年12月
张　丹	区委老干部局综合科科长	全省先进老干部工作者	省委组织部、省委老干部局、省人社厅	2022年12月
贺献忠	区人民法院立案庭(诉讼服务中心)庭长、审判员、一级法官	全省法院执行裁判工作先进个人	省高级人民法院	2022年12月
盛丹枫	茅山旅游度假区派出所教导员	个人二等功	省公安厅	2022年12月
杨　明	刑警大队	全省公安机关党的二十大安保维稳成绩突出个人	省公安厅	2022年12月
袁俊球	常州金坛金能电力有限公司博源智慧能源服务分公司总经理	江苏省五一劳动奖章	江苏总工会	2023年2月

荣　誉

表47　2022年度国家部、委等表彰的先进集体

授奖单位	荣誉称号	授予单位	授予时间
朱林镇黄金村	黄金村软米获国家地理标志证明商标	国家知识产权局	2022年1月
西城街道方边村	2021年度“全国民主法治示范村（社区）复核”	司法部、民政部	2022年2月
直溪派出所	全国公安机关爱民模范集体	公安部	2022年5月
国网江苏省电力有限公司常州市金坛区供电分公司	2022年全国市场质量信用A等用户满意服务	中国质量协会	2022年8月
国家税务总局常州市金坛区税务局金坛经济开发区税务分局	全国职工书屋示范点	全国工会职工书屋建设领导小组办公室、全国总工会宣传教育部	2022年9月
朱林镇龙溪村	全国民主法治示范村	司法部、民政部	2022年10月
朱林镇	国家卫生镇	全国爱国卫生运动委员会	2022年10月
区疾控中心	2022年国家肿瘤登记工作杰出贡献奖	国家癌症中心	2023年1月

表 48　2022 年度金坛区受省厅级表彰的先进集体情况一览表

授奖单位	荣誉称号	授予单位	授予时间
金城镇联丰村	江苏省新农村建设示范单位	江苏省广播电视总台（集团）	2022 年
朱林镇龙溪村	江苏省文明村	江苏省精神文明建设指导委员会	2022 年 1 月
朱林镇唐王村	江苏省文明村	江苏省精神文明建设指导委员会	2022 年 1 月
区中医医院	江苏省文明单位	江苏省精神文明建设指导委员会	2022 年 1 月
金城镇冯庄村、南瑶村、后阳村	2019—2021 年度江苏省文明村名单	江苏省精神文明建设指导委员会	2022 年 1 月
小南门社区、春风社区	2019—2021 年度江苏省文明社区名单	江苏省精神文明建设指导委员会	2022 年 1 月
金城镇白塔村	省级民主法治示范村	江苏省司法厅	2022 年 1 月
金城镇人民接待中心	2021 年度“人民满意”窗口	江苏省信访局	2022 年 2 月
朱林镇西岗村	江苏省健康村	江苏省爱国卫生运动委员会	2022 年 3 月
朱林镇朱林村	江苏省健康村	江苏省爱国卫生运动委员会	2022 年 3 月
朱林镇三星村	省级地名文化遗产认定古村落	江苏省民政厅	2022 年 6 月
金城镇人民政府	2021—2022 年度全省基层党员冬训工作示范镇	中共江苏省委宣传部、中共江苏省委组织部	2022 年 6 月
朱林镇黄金村	江苏省妇女“双学双比”活动示范基地	江苏省妇联	2022 年 8 月
朱林镇龙溪村	江苏省绿美村庄建设	江苏省林业局	2022 年 12 月
朱林镇唐王村	江苏省老年友好型社区	江苏省老龄办	2022 年 12 月
金城镇后阳村	江苏省红石榴家园	江苏省民族宗教事务局	2022 年 12 月
金城镇小南门社区	江苏省民主法治示范社区	江苏省司法厅、江苏省民政厅	2022 年 12 月
金坛经济开发区	“江苏省制造突出贡献奖”先进单位	省委、省政府	2022 年 12 月
治安大队	全省公安机关党的二十大安保维稳成绩突出集体	省公安厅	2022 年 12 月
刑警大队	全省公安机关扫黑除恶专项斗争成绩突出集体	省公安厅	2022 年 9 月
金城镇人民政府	江苏省农业农村重大项目建设创新典型	江苏省农业农村厅	2023 年 1 月

（编辑　吕洪力　汤芬娣）

镇·街道

金城镇

【概况】 金城镇区域面积 99 平方千米，下辖 11 个行政村和 7 个社区，总人口 12.5 万人。2022 年实现地区生产总值 97.77 亿元，可比价同比增长 7.1%；一般公共预算收入 2.88 亿元；2022 年城镇居民人均可支配收入 6.49 万元，同比增长 4.3%；农民人均可支配收入 4.37 万元，同比增长 5.5%。

【农业农村】 2022 年，全镇完善全域规划研究，对接“三区三线”，排定镇村中长期用地需求，完善老城更新及实用性村庄规划。推进南瑶城乡融合发展先行区项目，加快构建城乡生产要素双向自由流动新机制。推进原丘生态文旅项目，开启文旅新体验。招引总投资 1 亿元的上海淞禄智慧渔场项目，构建全新农文旅产业链，走出“净水鱼塘+小农旅”的新路径。省级生态宜居美丽示范镇通过验收，获评常州市首批乡村振兴示范镇。配合区委第二巡察组完成 11 个村“三资”管理专项巡察，对提出的 22 个问题建账销号。规范发放农业补贴，全面完成小麦、油菜、水稻保险工作。争取省委组织部扶贫项目 2 个，白塔农场、后阳原乡政府等镇属国有资产委托村级管理，村级经济不断壮大。完成农村产权交易登记 73 个，成交总价 646.13 万元。制定《金城镇 2022 年度城乡长效综合管理实施方案和考核办法》《金城镇城乡环境“五乱”治理实施方案和考核办法》，数字平台全年办理案件 4070 件，处置率 100%。排查各类“五乱”问题 14974 件，治理完成 14523 件。培丰村、东大亭村、兆岐村村庄环境全面提升。完成昆仑桥、下陵桥、北庄桥 3 座危桥重建及沈渎桥解危工程。完善“四好农村路”提档升级三年滚动计划项目库，研究镇域中轴通道方案，对镇域范围内的县道、乡道、村道开展安全整治。南瑶白龙荡创成常州市小微水体示范村，南瑶河、前关河、后关河、下陵河获评生态河道。木社沟水体水质初步实现消劣，城西中心河消除水体黑臭。全年落实粮食生产面积 3633.33 公顷，完成高标准农田建设 533.33 公顷。培丰村高标准农田建设和“三夏”工作获市级肯定。水稻产量再创佳绩，培丰示范片水稻亩产实收实测达 850 千克。完成“占补平衡”41.33 公顷，增减挂钩入库 3 公顷，苗木有序退出 30.07 公顷，歇耕地复种 51.53 公顷，新增种粮面积 81.6 公顷。

【工业经济】 2022 年，全镇实现工业开票销售收入 81.22 亿元，同比增长 62.3%；规上工业总产值 49.25 亿元，同比增长 24.56%；实际使用外资 550 万美元，同比增长 10%；统计口径工业投资 1.43 亿元。全年签约引进 10 亿元重大产业项目 1 个、3 亿元重大产业项目 2 个、5000 万元“五新产

11 月 12 日，常州淞禄生态智慧观光渔场项目签约现场 （金城镇 供）

业”项目11个、科技创新项目8个，计划总投资23.67亿元。全年新增入库常州市重大产业项目1个，新开工各类产业项目11个，成鹏汽车零部件智能生产和金旺智能设备、智能车间项目有序推进。

【科技创新】 2022年，全镇新增高新技术企业7家，30余家企业积极开展“智能化改造、数字化转型”诊断。申报并通过各类人才项目6个，组织申报国家科技中小企业25家，申报认定市、区两级“三站三中心”7家，获批市级以上科技项目4项。金旺智能获评“省级智能制造领军服务机构”和2022年常州市市长质量奖；奥轩光电获评“省级四星级上云企业”；鑫瑞崚获2022年工业和信息化部全国创新创业大赛江苏赛区第一名，入选全国总决赛；凌云药业入选省专精特新中小企业；微特电机入选市级专精特新小巨人企业。

【镇村建设】 2022年，镇域内城市业态不断繁荣，希尔顿欢朋酒店完善功能提升，美豪酒店开业运营。实施蓝YOUNG文化创业工坊、激素总部等沿河西路片区更新，以点带面打造文旅新空间，提升城市“烟火气”。引进德炀肺结节专科医院，推进相关产业集群发展，打造地区新名片。白凉亭小区、上庄农民公寓、春风一村、幸福新村一期等老旧小区改造和金沙老城雨污分流任务如期完工。春风一村争创省级示范宜居小区，幸福新村一期争创常州市宜居小区。完成金城大道拓宽改造两侧企业收储清障，北圩村房屋顺利搬迁。扎实推进木社沟、宋庄河、马干河上游片区雨污排查，消除雨污管网环境隐患。深化“危污乱散低”综合治理，涉及环境整治提升6.87公顷，城乡片区转型改造9.47公顷，低效用地盘活15.87公顷。

【安全环保】 2022年，制定10个自然村污水治理方案，推进26处入河排污口“一口一策”整治。完成51家涉磷企业隐患排查，40套农村生活污水处理设施达标运行。完成2家印刷企业油墨替代和7家单位VOCs废气治理设施提升改造。实施30家大气污染物排放重点企业红橙黄三色管控，持续开展秸秆、垃圾禁烧巡查。推动3家土壤污染重点监管单位和4家危险废物重点监管企业监测排查。编制《培丰化工集中区转型升级方案》，土壤调查取得新进展。全面实施安全生产大检查，在燃气、消防、自建房等领域发现隐患2255项，督促整改到位1928项。全镇252家企业完成安全生产风险报告，申报“常安码”384家，完成率100%。组织安全生产专题宣讲13场，聘请专家开展安全生产“大讲堂”“公开课”15次。强化执法检查，处理违法案件13起。

2月10日，金城镇召开推进“五大行动”动员大会 （金城镇 供）

【社会事业】 2022年，金城镇后阳垃圾中转站建设、五星家园二次供水改造等民生事项如期完工。成功创建南环西路精品街和7个省级垃圾分类达标小区。完成住宅小区电梯加装8处、农厕改建3个、非机动车充电桩建设200余个。新建金城镇便民服务中心，着力提升为民服务质量。开展特殊困难群体救助帮扶专项排查整治，走访1510户1642人次，完成适老化改造和残疾人家庭改造55户，居家养老上门服务4229人次。实施“安康关爱行动”，聚焦“一老一小”，推进“儿童关爱之家”、老年助餐点建设。打造镇级养老服务综合体、白塔夕阳红居家养老服务中心，构筑幸福养老“生活圈”。支持良常中学创建市“新优质学校”。区妇幼保健院与常州二院共建医联体，城区“15分钟医保服务圈”通过省级验收。创成省级普惠性托育机构1家、市级母乳哺育室1家、区级生育关怀基地1家。高质量完成全年征兵工作，获江苏省双拥模范单位。推进精网微格工程，打通基层社会治理“最后一米”，努力把风险隐患化解在小、解决在早，因地制宜科学划分微网格，逐步构建“镇—村（社区）—网格—微网格—户”五级工作体系。丹阳门社区建成“24小时自助服务驿站”。强化汉服协会、气排球协会等社会组织“两个覆盖”，加快构建行业、属地、企业协调联动的两新党建新格局。培育“全科＋专业”村、社区干部，持证上岗率不断攀升。建设镇级综合指挥中心，有序推进区域社会治理现代化试点工作。开发“巡查通”App，网格化社会治理全覆盖。集中开展侵害妇女儿童权益和群租房安全隐患等排查整治专项行动。系统开展“防诈骗”宣传教育活动，有力推进扫黑除恶常态化。创成省级民主法治示范村、社区

6个。健全镇、村、社区人民调解组织机构,全年调处矛盾纠纷1200余起。获评平安常州建设先进集体、常州市“七五”普法工作先进集体。

【电商行业】 金城镇电子商务产业园创建于2021年10月,总面积6000余平方米。该平台重点引进从事跨境电商、网络直播、视频带货、人力资源、电商业务培训、多媒体影视编辑设计、创意设计、美术加工、企业文化咨询管理等方面的项目入驻。2022年,平台签约入驻各类电商企业16家,其中有4家专门从事跨境电商经营,产品范围包括服装纺织、进口食品、日化用品、医疗器具及其他,主要平台为阿里巴巴、亚马逊等;另有12家企业从事国内电商经营,产品范围包括纺织服装、电子电器、农副水果、水产湖鲜等,主要平台为淘宝、抖音、快手直播、多多直播等。2022年,金城镇研究出台《鼓励促进电商产业发展十二条政策措施》,对行业发展给予资金扶持;同时聚合各方资源精心打造主播加油站、“金沙e家”等服务平台,为网络主播提供放松休闲、“充电”学习、教育培训、法律咨询等服务。优选庄城枇杷、白塔长寿菜等本地特色农产品走进直播间,用网络直播的方式助力强村富农、培育本土农产品品牌。2022年,开展产销对接、电商集体培训等活动3场次,参与人数达400人次,线上销售农副产品成效明显。2022年,平台共计形成税收300余万元。

【双拥工作】 2022年,金城镇主动适应新形势下双拥工作特点,高标准、高质量筑牢军地协同、军民同心统一战线,荣获“江苏省双拥模范单位”称号。广泛开展以爱国主义为核心的全民国防教育和军地共建活动,发动一批热爱国防、关心部队建设的拥军企业和企业家,先后投入资金20余万元,为部队改善作训条件。做好优待抚恤工作,各项优抚政策落实到位。

【金城镇向阳果蔬园】 金城镇向阳果蔬园成立于2018年6月,2019年1月正式投入运营。果蔬园、鱼塘占地6.66公顷,其中菜园1.33公顷,果园0.6公顷,苗木3.33公顷,鱼塘1.4公顷,划分为认领种植区、休闲垂钓区、科研培育区及混合种植区四个模块。后阳村以向阳党建果蔬园为平台,将园区蔬菜、水果、花卉苗木、家禽、水产等系列农副产品进行资源集中整合。创新营销模式,形成了田块认领模式、会员卡模式、套餐认领模式,并通过园企联建、社园联建、村园联建、院园联建的“四建四联”模式进行市场定位。2022年,先后创成常州市首批“红石榴家园”和江苏省“红石榴家园”。

表49 2022年金城镇各村(社区)基本情况一览表

村(社区)名	党组织书记	村(居)委会主任	户数(户)	户籍人口(人)	面积(公顷)	集体经济收入(万元)	农民人均可支配收入(元)
南瑶村	——	——	2368	8155	935	385	31000
长竹埂	虞 俊	虞 俊	871	2717	214	224	33000
后阳村	陈 康	陈 康	2122	5670	990	380	32000
培丰村	庄 俊	庄 俊	912	2815	500	334	31500
沈渎村	杨国华	杨国华	1301	3762	680	233	30800
元巷村	王罗忠	王罗忠	2906	8292	1020	431	38680
冯庄村	李小丽	李小丽	2007	5920	880	375	36000
白塔村	谢海清	谢海清	3012	8668	1460	557	32200
前庄村	宋晓俊	宋晓俊	860	2467	620	239	30120
庄城村	蔡粉祥	蔡粉祥	2201	5889	999	329	31000
联丰村	刘 杰	刘 杰	1240	3621	690	247	38962
五星社区	高小燕	高小燕	3392	1523	40	——	——
丹阳门社区	徐 瑜	徐 瑜	4301	4503	125	——	——
春风社区	周艳丽	周艳丽	5569	7095	112	——	——

续表 49

村（社区）名	党组织书记	村（居）委会主任	户数（户）	户籍人口（人）	面积（公顷）	集体经济收入（万元）	农民人均可支配收入（元）
文化社区	王惠霞	王惠霞	3326	8514	170	——	——
西门社区	闵佳亮	闵佳亮	5439	7954	225	——	——
小南门社区	陈腊美	陈腊美	4756	8119	170	——	——
荆溪社区	陈扣网	——	4246	377	29	——	——

表 50　2022 年金城镇规模以上企业统计表

企业名称	销售收入（万元）	利税总额（万元）	法定代表人	企业名称	销售收入（万元）	利税总额（万元）	法定代表人
常州金坛港华燃气有限公司	137370	13672	杨金才	江苏奥轩光电科技有限公司	5147	48	杜晓虹
江苏金旺智能科技有限公司	42613	2120	房国荣	江苏云康药用包装有限公司	5039	151	李国云
江苏大力士云石护理材料有限公司	30006	844	杜昆武	常州市金坛华龙塑业有限公司	4982	186	孔　玮
江苏金鹏汽车座椅有限公司	21375	2798	严乔成	江苏登冠医疗器械有限公司	4901	112	单叶英
常州金坛鑫龙服装有限公司	19078	803	陈鑫元	常州久压久机械制造有限公司	4803	238	陈　渊
江苏你好鸭食品有限公司	15993	236	孙洪留	江苏晨阳机械有限公司	4780	319	周卫民
江苏鑫田柴油机有限公司	13819	94	许　强	常州市南岗鞋业有限公司	4440	199	杨　敏
常州市金坛微特电机有限公司	13086	1258	王国俊	常州市金坛区城市污水处理有限公司	4408	−456	张岳庆
常州市金坛木兰服饰有限公司	11776	63	佴　慧	常州帝源精密机械加工有限公司	3851	172	尹光娣
常州三佳服饰有限公司	9170	554	王国昌	常州市金坛欧酷电子有限公司	3843	409	欧阳宝宝
江苏凌云药业股份有限公司	8604	2450	李惠娟	常州万邦服装有限公司	3802	181	张卫华
江苏鑫瑞崚新材料科技有限公司	8480	2359	刘佩瀛	江苏拓威机械有限公司	3684	137	张锡英
常州市天华制药有限公司	7266	306	周益芳	常州润雨服饰有限公司	3600	−1	袁湘勤
常州华诚电子有限公司	6832	993	陈　烈	常州金晟制药厂	3567	660	郑锁庆
江苏翔发丝绸服饰有限公司	6203	100	蒋云涛	常州市金坛康达医用器材制造有限公司	3474	384	曹书保
江苏铁龙环保设备有限公司	6091	937	赵元芳	安普科技有限公司	3389	307	韩春阳
常州勤创汽车配件有限公司	5597	305	黄怡建	常州市金坛经编装饰品厂	3339	332	冯罗生
常州华宇混凝土有限公司	5448	333	周益华	常州宝田纺织品有限公司	3338	125	蔡忠良

续表 50

企业名称	销售收入（万元）	利税总额（万元）	法定代表人	企业名称	销售收入（万元）	利税总额（万元）	法定代表人
常州市金坛成龙橡塑制品有限公司	3330	103	宫桂珍	江苏久力机械有限公司	2273	204	王宏林
常州金坛鑫隆防水塑胶制品有限公司	3312	289	史龙孝	常州市金坛鸿羽织造厂	2231	41	王菊琴
常州市铨禾服饰有限公司	3147	36	刘宝香	常州市金坛文博服饰有限公司	2185	−1	王文华
常州佳诚服饰有限公司	3115	542	王国昌	常州市金坛华盛服饰有限公司	2152	47	王　青
常州贝特灯具制造有限公司	2587	69	靳小俊	常州金坛金源电子有限公司	2027	73	周卫民
江苏鑫隆复合工程材料有限公司	2468	123	史月香				

（潘璐璐）

薛埠镇

【概况】 薛埠镇区域面积234.8平方千米，下辖21个行政村、2个场圃、3个居委会、272个村民小组，总人口6.62万人。2022年实现地区生产总值63.09亿元，比上年增长6.5%；财政总收入5.72亿元，与上年持平；农民人均可支配收入4.14万元，增长6%。

【农业农村】 2022年，全镇实现农业总产值12.09亿元，同比增长7.43%。粮食总产量26824吨。完成夏粮种植面积1635公顷，落实秋粮种植面积2900公顷。特色农业机械化水平达65%。完成高标准农田建设134公顷。生猪年末存栏30123头，出栏39202头；家禽年末存栏81.66万只，出栏211.14万只；水产养殖面积801公顷，年产量4825吨；水果种植56公顷，年产量930吨。茶叶种植面积2600公顷。薛埠镇国家农业产业强镇示范建设项目顺利通过验收。茅山茶海开园，入选2022年度国家级生态农场，“打卡茅山茶海、体验高科技抹茶之旅”在“央视频”成功直播。推进“美丽农场”建设行动，完成倪巷村、罗村村高标准农田建设项目验收，启动长山村千亩美丽渔场尾水净化工程建设。培育新型经营主体，创成省级示范合作社2家、市级3家、区级2家，创成省级示范家庭农场1家、市级4家、区级20家，申报市级农业龙头企业2家。在全区率先推进现代化宜居农房建设试点项目，花山宜居农房一期基础配套设施建设完工，第一批开工农房年底封顶。推进集体经营性建设用地入市工作，出让土地10宗，面积5.07公顷，成交价款2286万元。薛埠村完成“村社分账”试点工作，实现村民委员会和集体经济组织事务分离、账务分开。仙姑村焕新上线稻田咖啡、星空流浪舱等项目，成为新晋网红打卡点，成功举办第十三届江苏省乡村旅游节，获评2022年中国美丽休闲乡村。上阮美丽乡村盛大开园，发布“阮小果”IP，形成“自然上阮”“果趣田园”“上阮十八里”等特色旅游线路。金牛山庄实施综合环境整治和文化植入工程。大力培育特色村庄，泉江村创成省级生态宜居美丽乡村示范村，山蓬村列为市级乡村旅游重点村创建培育单位。建成“四好”农村公路16千米。

6月24日，花山村现代化宜居农房建设项目开工　　（薛埠镇 供）

【工业经济】 2022年，全镇实现工业开票销售收入119.74亿元，完成工业实际投入9.03亿元。全年新引进超3亿元（含）重大产业项目1个、5000万以上“五新产业”项目12个、科技创新项目8个。中盐华能盐穴压缩储能一期60兆瓦项目成功并网投运，二期250兆瓦项目备案，入库2023年省能源类重大项目。奥托立夫气体发生器配套项目入库常州市重大项目。投资12亿元的常州市重大项目狄拉克氧化石墨烯项目开工建设。英诺普光通信配套项目竣工。大力实施“微笑经济”创新行动，精心培育“微笑园区”1个、“微笑平台”1个、“微笑企业”4家。

【科技人才】 认定高新技术企业13家、省中小型科技企业27家。新增有效发明专利17件。获批市级科技计划项目5项。认定市级工程技术研究中心2家，获批区级工程技术研究中心3家。认定常州市高新技术产品17个。新增省级智能车间2个、省级“专精特新”中小企业1家。奥托立夫成为全区第3家AEO高级认证企业。盘星高性能合金材料成型及制品项目获省级战略性新兴产业发展专项资金1300万元。摸排低效、闲置用地企业217家，面积165.27公顷。完成占补平衡、增减挂钩土地整理任务22.8公顷。推动助企纾困政策直达快享，落实组合式税费新政9790万元。积极落实各级人才计划和引才政策，获批龙城英才项目2个。镇人才公寓竣工投用，装修面积1万平方米，可供500人入住。

【镇村建设】 科学编制《茅东省级森林公园总体规划》《省特色田园乡村创建规划》和15个村庄规划。高标准完成江苏省美丽宜居小城镇试点项目建设。完成白鹭湖景观提升工程、环新浮水库绿廊及水土保持一期工程建设。新建上阮片区果香路，与溧阳一号公路对接。打通彭仙路北段与白

茅山森林世界　　（薛埠镇 供）

乾路的连接，有效缓解节假日仙姑村车辆拥堵现象。茅东大街改造提升工程、凤凰路西延新建工程竣工验收，集镇面貌有新提升。推进“永安行”入驻布点，建取车点25处，投放车辆300辆。强化水利基础设施建设，完成四棚洼、芝麻凹水库等中央抗旱资金清淤工程项目，四棚洼、杨兴洼水库创成省精细化小水库。深化文明城市常态化建设，加快农贸市场及周边、背街小巷、老旧小区等薄弱环节的整改提升。实施薛盛大街“精品街道”建设。加强小区物业管理，完成锦绣家园二期雨水管网改造和锦绣家园一期、仙湖东苑消防管道维修。大力推进城乡环境“五乱”治理，整改问题1.67万处，人居环境有效改善。神亭村、泉江村、山蓬村荣登市级人居环境考核红榜，花山村荣登市级文明城市考核红榜。完成神亭村、下杖村垃圾分类基础设施建设，新改扩建公厕6座，推进农村污水处理设施建设。

【安全环保】 全力抓好空气质量提升，降低重点源污染排放，强化重点行业VOCs治理，按照“六个百分百”要求，加强扬尘管控。开展太湖流域水环境综合治理和“幸福河湖”创建，1个省考断面和5个市考断面水质均为优Ⅲ类，顺水桥坝创成市级示范幸福河湖。全面开展涉磷企业排查调查、分级分类和整治整改。加大被污染土壤治理力度，积极参加“无废城市”创建。完成中央环保督察交办问题的整改、验收和销号。实施生态绿城建设项目，建成上阳村、东窑村2个城乡公园绿地。推进“危污乱散低”综合治理，重点对废品回收站点、小型轧石厂、木制品加工厂和石灰窑企业开展规范整治。持续做好安全生产大检查，对园区、景区、民宿等重点企业和重要场所开展安全生产检查580多场次，深入推进燃气和自建房安全隐患排查整治。认真抓好防汛抗旱、消防安全、森林防火、食品安全等工作。

【社会事业】 2022年，新增低保户5户12人，对符合停保条件的29户低保家庭妥善处理。为城乡低保户266户426人，全年累计发放城乡最低生活保障资金340.6万元。为23名困境儿童、3名孤儿，全年累计发放资金44.68万元。对全镇建档立卡户、退保家庭及残疾人家庭、困难家庭1581人进行入户摸排。慈善重大疾病救助318户740人，累计发放救助资金80.5万元。办理生育服务联系单281份，办理独生子女父母光荣证3份，审核登记新增农村奖扶546人、特扶8人，发放独生子女父母奖励金3.95万元，企业持证退休职工一次性奖励

登记725人，上报计生特困家庭8人，确认救助16人。企业职工五险人员增加1932人，减少2041人。退役军人及其他优抚对象建档立卡2163人，优待证申领受理2121人，发放登记1994人。全镇有中学2所、小学5所，卫生院2所、卫生室21个，健身广场40个、健身室21个。做好健身场地建设与普查，对全镇226个体育场地设施开展信息填报和普查工作，新增4处全民健身场地。开展各类文化服务活动93场次，文化服务15万人次。各条线送演出、戏曲下乡15次，开展文化惠民行、民间太极交流等文娱演出20余场。

表51　2022年薛埠镇各村（社区）基本情况一览表

村（社区）名	党组织书记	村（居）委会主任	户数（户）	户籍人口（人）	面积（公顷）	集体经济收入（万元）	农民人均可支配收入（元）
东进村	李友俊	李友俊	1057	2852	1776	364	33460
上阳村	陈旭伟	陈旭伟	1156	3183	1441	339	30737
薛埠村	胡国民	胡国民	3791	9016	1216	620	44600
连山村	黄松林	黄松林	1109	3111	993	320	32941
方麓村	朱锁良	朱锁良	1341	3211	1448	391	36199
长山村	陈　云	陈　云	783	2253	702	429	28147
上阮村	张留斌	张留斌	1469	4353	2484	218	33450
罗村村	姜　涛	姜　涛	1092	3060	613	292	30708
山蓬村	蒋峥辉	蒋峥辉	627	1796	735	242	24534
花山村	袁箭峰	袁箭峰	1531	4183	1041	581	49700
茅庵村	杨伟斌	杨伟斌	759	2256	1042	430	36220
东窑村	周国忠	周国忠	830	2208	802	307	26468
泉江村	季卫民	季卫民	625	1678	555	260	38764
下杖村	钱一忠	钱一忠	521	1387	334	245	26452
石马村	黄文庆	黄文庆	1206	3065	635	210	30712
神亭村	丁家保	丁家保	634	1735	469	125	25794
致和村	——	——	734	2165	1137	300	36665
西旸村	李雪兵	李雪兵	1536	4167	886	134	30581
倪巷村	王息保	王息保	823	2234	453	186	21194
仙姑村	蒲　斌	蒲　斌	1316	4037	1249	185	43513
茅东村	王国华	王国华	751	2036	637	221	21388

表52 2022年薛埠镇规模以上企业统计表

单位名称	销售收入（万元）	利税总额（万元）	法人代表	单位名称	销售收入（万元）	利税总额（万元）	法人代表
奥托立夫(江苏)汽车安全零部件有限公司	229939.00	11580.66	李洪瑞	科威尔焊接（江苏）有限公司	7125.00	−528.63	张晓平
常州市金坛华鑫机械装备科技有限公司	178550.00	794.13	柯顺敏	常州泓盛混凝土有限公司	6850.00	179.81	徐国林
常州盘石水泥有限公司	102032.00	7146.73	张锁林	常州市金坛盘固塑业有限公司	6154.00	102.62	萧金铅
江苏易月隆环保科技有限公司	77289.00	290.26	王少锋	常州新瑞松电子科技有限公司	5699.00	94.46	赵海龙
常州金坛盘固轧石有限公司	29145.00	2410.25	张晓平	常州旭普汽车零部件有限公司	5299.00	71.62	任伯龙
常州市金坛华能机械装备有限公司	21621.00	−754.72	柯　霖	江苏东禾电声配件有限公司	5208.00	199.17	陈俊隆
大力新科技（江苏）有限公司	21233.00	979.39	张　名	江苏东展建筑材料有限公司	4930.00	77.50	崔刚超
江苏中广核金沃电子科技有限公司	19006.00	356.51	钟　鸣	常州源通再生资源有限公司	4789.00	95.03	柯贺龙
常州杰达制衣有限公司	16645.00	697.58	张文昌	常州市舜尧服饰有限公司	4741.00	753.85	王开平
常州超越特种电缆有限公司	16410.00	138.48	荆庆福	盘星新型合金材料（常州）有限公司	4579.00	−1623.79	张晓平
常州金坛盘固采石有限公司	15838.00	1602.79	何红艳	常州卡夫特机械有限公司	4525.00	202.84	田启春
常州浦港物资有限公司	11880.00	228.01	王　萌	瀚润特环保设备（江苏）有限公司	4431.00	123.16	杨庆龙
常州金坛超创电池有限公司	11054.00	1084.73	解玉新	江苏富润生化科技有限公司	4259.00	39.96	孙雪平
江苏和宇新材料有限公司	11026.00	232.96	张新宇	江苏上田民防设备有限公司	4244.00	419.74	李伟民
常州金坛祥盛精制钙化有限公司	10774.00	39.68	盛永斌	常州忠正汽车零部件有限公司	4060.00	131.99	王竹青
江苏亚邦矿业有限公司	9403.00	1257.16	杨建华	江苏瑞斯云母制品有限公司	3965.00	21.31	胡桂英
常州四杰机械科技有限公司	9070.00	122.20	顾丹烨	江苏晶盾新材料科技有限公司	3866 .00	49.02	刘富生
常州市金坛茅麓晨丽制衣厂	8012.00	580.21	陈生根	江苏晶昇服饰有限公司	3668.00	188.15	经　伟
常州市金坛区昌鑫制衣厂	7958.00	388.76	王昌明	迈卡格物流系统设备（江苏）有限公司	3462.00	13.58	章真雄
江苏华一船舶有限公司	7510.00	146.32	沈荷英	常州万宏塑胶制品有限公司	3402.00	22.04	吴世诚
江苏兢业制药有限公司	7447.00	520.58	叶　荫	常州市金坛区金益包装厂	3309.00	97.25	薛云桃

续表 52

单位名称	销售收入（万元）	利税总额（万元）	法人代表	单位名称	销售收入（万元）	利税总额（万元）	法人代表
常州中晶自保温墙体材料有限公司	3133.00	41.48	颜旺东	常州键讯导体科技有限公司	2570.00	37.52	李韦桦
常州金坛金星包装有限公司	3120.00	−1.35	徐国亮	江苏幸维金属科技有限公司	2332.00	157.10	高 犊
常州市鑫盛印刷科技有限公司	3114.00	143.29	唐建惠	常州祥德机械制造有限公司	2277.00	46.37	孔祥云
常州贝源建材有限公司	3022.00	38.62	王清波	江苏辛宙环保科技有限公司	2225.00	5.08	朱 慧
常州市宏瑞矿用机电设备有限公司	2877.00	76.89	裴 冬	常州市金坛区金陶农配有限公司	2146.00	−9.11	李陶沙
常州市金坛区陶都建筑材料厂	2702.00	108.31	杨世军	常州市金鹿电缆材料有限公司	2030.00	43.53	吴长全

（李志兵）

直溪镇

【概况】 直溪镇区域面积106平方千米，下辖12个行政村、3个社区居委会和1个养殖场，总人口5.8万人。2022年实现地区生产总值101.9亿元，可比价增长6.8%；一般公共预算收入3.58亿元，同口径增长17.8%。全镇农村居民人均可支配收入4.25万元，同比增长8.7%。

【农业农村】 2022年，全镇实现农业总产值11.59亿元，同比增长2.35%，其中农业类产值2.14亿元，牧业类产值2.64亿元，渔业类产值6.16亿元。全年粮食总播种面积10.3万亩。严格落实国家强农惠农政策，累计发放耕地地力保护、种粮补贴、稻谷补贴、生态补偿资金等1630多万元。遴选中盐公司牵头规划建设矿地融合发展示范区。现代农业稳步发展，推进汀湘村创建省级生态宜居美丽乡村示范村，新河村创建市级生态文明建设示范村。争取上级财政资金2120万元，完成天湖村、建昌村、直溪村466.67公顷高标准农田建设。现代化宜居农房改造完成170户。完成西旸河双桥段圩堤加固工程、望仙闸改造工程、井庄河整治工程以及49处村庄河塘25万立方米疏浚整治任务。实施60.8公顷池塘养殖尾水达标排放项目。推动家庭农场提质升级，建昌必优家庭农场获评江苏省“百佳家庭农场”。投资400万元实施红香芋地理标志产品项目，建成建昌红香芋产业科技示范园区，发展标准化生产基地13.33公顷。建昌红香芋被认定为国家农产品地理标志产品。

【工业经济】 2022年，全镇完成规上工业总产值189.53亿元，同比增长3.6%；规上工业增加值29.77亿元，同比增长87.9%；工业应税销售收入320亿元，同比增长24.7%。直溪镇年税收100万元以上的企业40家，其中年税收500万元以上的企业11家，年税收超1000万元企业9家。全年签约“五新产业”项目12个，协议投资额31.83亿元，其中10亿元及以上产业项目1个、3亿元及以上产业项目5个。11家光伏企业实现销售266亿元，同比增长29%。新材料、装备制造、医用敷料工业开票销售分别同比增长7.6%、37.8%、23.9%。落实各项助企纾困政策，全年完成增值税留抵退税6.96亿元。新增高新技术企业6家，科技型中小企业评价入库20家，签订企业与高校产学研合作协议3份。完成“龙城英才”计划创业类项目1个，引进高层次人才13人。泽润新材料获评省级专精特新企业，东方日升获评江苏省工业互联网标杆工厂，健尔康获评省级企业技术中心，久诺新材料获评常州市专精特新企业。

【第三产业】 2022年，全镇完成第三产业增加值39.65亿元，占地区生产总值的比重38.9%。金融、物流、商贸、信息等配套服务业产业得到长足发展，集聚规模逐步形成。全镇重点服务业企业4家、住宿餐饮业2家，全年实现服务业营业收入1.18亿元。

【镇村建设】 2022年，全镇统筹开展永久基本农田、生态管控区域、城镇开发边界划定工作。以省级特色小镇创建为抓手，加快实施一批功能性配套项目，带动镇区面貌进一步完善。小镇客厅 2.0 正式启用，成为对外展示的窗口。“光彩溪郡”人才公寓主体封顶，振兴南路（亚溪路—北溪城路）精品街道创建通过验收，直溪污水厂改扩建工程土建基本完工。城市微更新、集镇停车系统化改造、园区道路景观提升、中心河水质提升、撤并老集镇环境整治提升等一系列基础设施提升工程竣工。汀湘村建成全省首个 5GWi-Fi 覆盖村，受益群众达 5000 余人。深入推进“五乱”治理，镇村环境明显改善。精心打造“光采小菜园”，让资源“活”起来，让村民富起来。

【安全环保】 围绕安全生产专项整治三年行动要求，部署开展重点行业领域安全生产百日攻坚行动，聚焦城镇燃气、既有建筑、消防安全等重点领域进行专项整治，整改问题 435 条。开展多轮安全生产专项督查，全年检查企业 90 余家，开展检查 160 余次，督促整改各类安全隐患问题 290 余条。开展“百团进百万企业千万员工”专题宣讲活动，督促企业落实安全主体责任，完成安全隐患整改近 200 条。持续攻坚“危污乱散低”出清提升，整治企业 7 家，关停 4 家。推进挥发性有机物治理，完成 4 家企业原料替代和 2 家企业“一企一策”整改落实。扎实开展 34 家涉磷企业排查。网格化推进辖区秸秆和垃圾全面禁烧，出动执法巡逻人员 500 余人次。完成 131 个太湖流域入河（湖）排污口基础排查。

【社会事业】 教育事业蓬勃发展 全镇有幼儿园 3 家，在园幼儿 458 人，在校教师 57 人。小学 3 所，在校生 926 人，在校教师 108 人，小学适龄儿童入学率 100%。初中 2 所，在校生 496 人，在校教师 79 人，初中适龄少年儿童入学率 100%。九年义务教育覆盖率达 100%。建昌小学被评为常州市劳动教育示范校。明珍实验

直溪镇便民服务中心提标升级　　（直溪镇 供）

学校“小龙人舞龙社团”被评为“常州市优秀学生社团”。

疫情防控科学有序 全镇有镇卫生院2所，病床118张，执业医师59人。严格执行第九版防控方案，扎实落实“二十条”“新十条”优化措施，科学精准做好疫情防控。创新开设全区首个园区“健康诊疗站”，方便产业工人就近就医用药。发挥扬溧高速金坛西道口“点位长”单位作用，服务重点疫区货车 9200 车次、司乘人员 1 万人次，全力保障供应链畅通。

文明新风蔚然成风 以“喜迎党的二十大”为主线，组织开展戏剧、歌舞巡回演出等活动，搭建交流展示平台，展示改革发展成果。围绕“全国文明典范城市创建提升年”主基调，常态化开展“讲文明、树新风”“告别陋习，共建美丽家园”等志愿服务活动，举办“我们的节日”系列活动 30 余场。深入推进文明典范城市创建，打造新时代文明实践所，推动 14 个村（社区）新时代文明实践站提档升级。

全力做好民生保障 发放五保、低保、残疾人等各类帮扶资金 1400 余万元。深入开展老年人“安康关爱行动”，为镇域内特殊家庭、困难家庭、五保老人等群体购买意外伤害险，为困难学生购买学平险，给“一老一小”家庭提供一份安心和保障。推进示范型、精品型、标杆型退役军人服务站创建，扎实做好双拥工作。做好社会保险扩面，城乡居民基本医疗保险实际参保 36913 人，基本养老保险缴费居民 8769 人。积极推动再就业，完成城镇新增就业人数 1506 人，开发公益性岗位 3 个。积极推进农村公益医疗互助试点工作，强化社会救助兜底保障。

基层治理高效运转 以成功入选省级经济发达镇培育名单为契机，深入推进“三整合”（审批、服务、执法）改革，率先将公安、不动产、水电气业务纳入行政审批服务大厅，创新“1＋5＋4”（即“1心”“5办”“4目标”）工作模式，“直溪事、直接办”服务品牌作为改革模板在全区推广，创成“常州市家门口办好事”示范点和“15 分钟医保公共服务圈”省级示范点。优化整合综合执法力量，划片区组建综合执法小组，建立统分结合、镇村联动的“1＋4”（执法局下设 4 个工作组）工作格局。深入推进精网微格工程，高标准打造直溪城市运行管理平台，探索“四网融合”（四网即警网、安全生产网、综治网、城管网）治理格局，基层治理水平全面提升。完成 4 个党群服务站、12 个“龙城服务驿站”、16 个“龙城红色服务吧”建设，真正打通基层社会治理的“最后一米”。直溪派出所荣获“全国公安机关爱民模范集体”称号。

【光伏新能源长荡湖峰会】 11月11日，由直溪镇政府承办的以“光储融合，‘碳’无止境”为主题的“2022光伏新能源产业发展金坛长荡湖峰会”成功举办。会上，《2022中国光伏技术创新白皮书》正式发布，阐述了金坛光伏产业的现状，展示了光伏全产业链图景，尤其对近年来光伏技术的创新做了详细介绍。与会人员共同探讨“光伏+储能”发展新趋势，助力实现碳达峰、碳中和目标。

【常州首个人大主题公园】 12月30日，直溪镇湿地公园内占地13.33公顷的“人大主题公园”开园亮相。公园依托直溪镇湿地公园内的广场、草坪、廊道、凉亭等设施进行布局改造，将人大元素植入。这是全国首家由人大代表捐建的人大主题公园，也是常州首个以人大文化建设为主题的公园。

12月30日，全国首家由人大代表捐建的“人大主题公园”开园 （直溪镇 供）

表53 2022年直溪镇各村（社区）基本情况一览表

村（社区）名	党组织书记	村（居）委会主任	户数（户）	户籍人口（人）	面积（公顷）	集体经济收入（万元）	农民人均可支配收入（元）
坞家村	蒋学京	蒋学京	1196	3505	742	285	39680
直里社区	王明华	王明华	667	2004	390	365	45920
直溪社区	蒋国俊	蒋国俊	1090	3011	806	563	48660
汀湘村	汤军强	汤军强	1506	4199	1023	951	49570
西溪村	孙玉忠	孙玉忠	1287	3548	673	346	43880
王甲村	曹　康	曹　康	1579	4285	879	226	27500
溪滨村	耿锁盛	耿锁盛	1429	3740	672	160	33990
巨村村	欧阳林	欧阳林	1041	2886	628	238	21520
建昌村	巫中卫	巫中卫	1698	4439	890	346	42970
天湖村	虞冬雷	虞冬雷	1361	3676	707	526	47880
迪庄村	周　竞	周　竞	1821	4129	468	397	44940
井庄村	陈　杰	陈　杰	1186	3144	596	252	37580
新河村	陈向君	陈向君	1601	4567	837	495	46830
吕坵村	张旭辉	张旭辉	1573	4169	867	256	38860
养殖场	曹须海	——	115	332	474	148	32456

表 54　2022 年直溪镇规模以上企业统计表

企业名称	销售收入（万元）	税收总额（万元）	法人代表	企业名称	销售收入（万元）	税收总额（万元）	法人代表
常州斯威克光伏新材料有限公司	687045	18641	吕　松	江苏圣鑫光伏科技有限公司	7707	76	李朝富
东方日升（常州）新能源有限公司	685386	1536	杨　钰	常州瑞通光伏设备有限公司	6231	61	卢小玉
正信光电科技股份有限公司	399856	2403	王桂奋	江苏科谷电子有限公司	6059	178	李锦红
常州中信博新能源科技有限公司	132119	1445	蔡　浩	常州卡瓦包装有限公司	5798	115	陈慧俊
健尔康医疗科技股份有限公司	101849	9496	陈国平	常州万凯塑胶有限公司	4766	92	董德炯
江苏久诺新材科技股份有限公司	92166	4706	王四九	常州金坛金法码制衣有限公司	4627	182	王维荣
江苏泽润新材料有限公司	50549	2046	陈泽鹏	江苏金仕威光电科技有限公司	4493	96	叶国金
江苏丰登作物保护股份有限公司	30145	145	纪立新	江苏龙泉太阳能科技有限公司	4164	78	黄　慧
港华储气有限公司	28131	1826	徐孜俊	江苏天冀输送机械有限公司	3958	72	杨晓明
常州金坛江南制粉有限公司	18643	227	严　俊	江苏双全新材料科技有限公司	3451	99	刘双全
常州市金坛区直溪亿晶光伏发电有限公司	15949	2627	荀建华	常州市金坛天虹管业科技有限公司	3289	96	刘和平
江苏兆维塑料科技有限公司	12100	228	章立清	常州心淇达电气有限公司	3030	76	邱日居
江苏东方广厦模块化房屋有限公司	11915	120	黄周伟	常州亚细制衣有限公司	3018	362	王建俊
常州市金坛新金冠盐矿有限公司	9282	2522	徐孜俊	常州瑞翔金属制品有限公司	2781	26	王　强
江苏泰力松新材料有限公司	8806	92	常鹏雄	常州澳华新能源有限公司	2590	52	黄　慧
常州港华丝绸工艺制品有限公司	7960	246	李壮民	常州市金坛碳谷新材料科技有限公司	2024	247	刘宝兵
常州雅迪服饰有限公司	7853	171	李国群				

（郑录游）

朱林镇

【概况】　朱林镇区域面积 77 平方千米，下辖 9 个行政村，总人口 3.64 万人。2022 年完成地区生产总值 58.45 亿元；完成财政总收入 4.44 亿元，其中一般公共预算收入 1.70 亿元；农民人均可支配收入 3.73 万元。

【农业农村】　2022 年，全镇实现农业总产值 9.33 亿元，农业增加值 4.47 亿元。全年粮食总播种面积 3199 公顷，粮食总产量 2.36 万吨，油料播种面积 300.73 公顷，总产量 0.07 万吨。全年生猪饲养量 7110 头，肉类产量 0.41

万吨，家禽饲养量286.56万羽，禽蛋产量0.07万吨，蔬菜产量3.16万吨，水产品总产量0.73万吨。与中天钢铁集团签署建设中天黄金大农场合作协议，黄金软米获评国家地理标志认证。以村集体“三资”专项巡察为契机，完成农村集体“三资”盘点清查。成立工作专班，稳慎推进农村宅基地改革，完成审批11户。开展集体经营性建设用地入市宣传，完成1宗集体经营性建设用地入市。总投入7000余万元的全域土地整治试点取得“两方案一规划”三项成果，35.73公顷的占补项目通过验收，0.6公顷的挂钩项目完成方案编制。

12月8日，中天黄金大农场举行签约仪式　（朱林镇 供）

【工业经济】 2022年，全镇实现工业开票销售收入93.70亿元，实现工业增加值21.93亿元。工业总产值68亿元，同比增长66%。工业投资和全社会固定资产投资均超10亿元。税收千万元以上企业5家，500万元以上企业12家。签约产业项目16个，总投资34.3亿元，其中5个征地类项目投资22亿元，11个资产盘活类项目投资12.3亿元。中电线缆主体厂房封顶。太一光伏二期厂房竣工，2.7GW设备顺利投产。园区连片整治区域内整治盘活土地2处2.40公顷、腾空厂房6366平方米，为项目引进和企业发展腾出空间。占地500平方米的新便民服务中心改建投入使用，推进企业生产经营相关服务事项“应上尽上、全程在线”，用心擦亮“朱林事、诸可办”服务品牌。创新载体平台建设，完成华东应急产业园建设规划。签约乡贤项目3个。“微笑平台”金西总部中心2022年新增税源企业29家，总数达52家，实现入库税收9400余万元。新旧动能加速转换。出台《关于促进工业经济高质量发展的实施意见》文件，举办3期高质量发展培训，1家企业获得省科学技术一等奖，4家企业入选省级专精特新中小企业名单，3家企业入选市专精特新企业名单，2家企业获评市级“绿色工厂”认定，1家企业获评市工程技术研究中心，1家企业获评市工业设计中心，7家企业获评市“瞪羚”企业称号，全年授权发明专利10件。全镇建筑业企业11家，从业人数4521人。

2月6日，朱林镇举行园区企业专场招聘　（朱林镇 供）

【第三产业】 2022年，全镇完成第三产业增加值32.05亿元。朱林现代产业园邻里中心的物业管理服务采购和商业招租到位运行。

【镇村建设】 先后投入1000余万元改善镇村配套设施，集镇健身广场、公共法律服务中心、新便民服务中心等民生工程建成投入使用。文化路精品街道创建通过验收。完成朱林中小学道路广场改造和综合楼出新、西岗小学地面改造等教育重点工程，有效改善义务教育办学条件。完成镇后北河、砂石河畅流活水和创业路泵房改造工程。推进镇村“五乱”治理，投入600余万元整治乱堆放、乱张贴、乱停车、乱排放和乱搭建4500余处，拆除楼顶广告8处600平方米，拆除违建31处237平方米，全镇211个自然村治理基本完成。完成周家渡文化健身广场、屯山青竹园打造，新建农村公厕6座。

【安全环保】 开展“百团进百万企业千万员工”专题宣讲。对危化品、金属冶炼、涉爆粉尘等重点行业企业监管巡查全覆盖，辖区内14家单位进行消防演练，在全镇新增灭烟柱、燃气报警器等消防设施，加大施工现场安全生产隐患排查与整治。序时推进既有建筑安全隐患、燃气安全、废品回收站排查整治。2022年排查既有建筑9430处、燃气使用单位87家，整治废品回收站30家。持续改善环境质量，日新树脂、从禾电梯完成VOCs整治。狠抓秸秆禁烧和垃圾露天焚烧。开展太湖流域排口溯源，整治排污口5个，封闭违规雨污水排放口3个，新建1座水质自动监测站。完成大地肥业土壤污染隐患排查报告，对日新树脂等企业进行土壤和地下水监测。实施“幸福河湖”创建行动，砂石桥河创成市级示范幸福河湖，红旗圩中心河等4条河道创成区级示范幸福河湖。积极开展小微水体整治，完成镇域内13座问题小微水体整治。

【社会事业】 教育卫生 全镇有幼儿园3所，在园幼儿310人。小学3所，在校生960人，专任教师94人，小学适龄儿童入学率100%；初中2所，在校生498人，专任教师75人，初中适龄人口入学率100%，小升初升学率100%，九年义务教育覆盖率达100%。全镇有镇卫生院1所，乡村医疗卫生机构8个，病床116张，执业医师44人。农村安全饮用水普及率100%。新型农村合作医疗参保实现全覆盖。全镇自来水用水户数1.34万户，管道燃气用气户数546户。

文化生活 文化活动场所有建筑面积580平方米的图书馆1个。公共图书室14个，建筑面积1800平方米，藏书6万册。文化行业从业人员580人，其中事业单位从业人员5人。农村公共体育设施面积达2.1万平方米，公共文化设施面积7990平方米。利用拙存书苑、新时代文明实践所站所等平台载体举办各类演出和展览活动122场。全年送戏下乡112场、送电影下乡120场。

民生保障 提供住宿的社会工作机构2家，床位254张，收养人数146人。镇政府创办的养老机构收养救助人数63人，城乡居民最低生活保障人数176人。城乡居民基本养老保险参保人数3923人，城乡居民基本医疗保险参保人数2.28万人，医疗保险覆盖率98.6%，老年人意外伤害保险体系建设覆盖率达85%以上。

社会治理 落实领导信访接待日制度，全年接待人民来信来访79批103人次，均直接答复，受理并录入阳光信访平台20件，办结上级交办的信访案件25件。龙溪村创成全国民主法治示范村，率先举办“法律在身边”法治直播活动，龙溪村、红旗圩村2个村级“好邻居茶社”和周家渡组级“好邻居茶社”建成投用。

【三星村遗址直播】 6月26日，“云游”三星村遗址直播活动在朱林镇三星村举行。一个小时的直播活动通过新华社、新华网向海内外呈现；微博、经济参考报、中吴网、金坛手机台等各大平台联动传播，近300万用户线上实时观看。三星村遗址规模宏大、遗存丰富、出土文物精美、研究价值极高。1998年，三星村遗址考古发掘成果被评为“全国十大考古新发现”之一。

【唐王故事会入选省创新案例】 11月30日，朱林镇唐王故事会，以“学理论、温家训、说好事”，让阅读活动悦耳更悦心为主题，入选江苏省农家书屋创新案例。

唐王故事会成立于20世纪80年代，唐王乡1995年被省文化厅命名为“文化特色（故事）之乡”。唐王故事会拥有会员120多人，创作和宣讲人员60多人。先后创作出版故事图书6部，发表和宣讲各类故事400多篇，每年宣讲故事100场以上。唐王故事会以农家书屋为阵地，依托本土文化品牌，讲好鲜味、土味、美味“三味”故事，宣讲传统故事、法治故事、地名故事、红色故事、新时代文明典型故事等，不断提升农家书屋主题阅读活动质量。

表55 2022年朱林镇各村基本情况一览表

村（社区）名	党组织书记	村委会主任	户数（户）	户籍人口（人）	面积（公顷）	村集体收入（万元）	农民人均可支配收入（元）
朱林村	王卫中	王卫中	2544	6290	342	112	31050
龙溪村	陶小兵	陶小兵	1900	5006	267	769	37522
长兴村	王爱平	王爱平	1298	3035	459	380	32085
红旗圩村	朱小群	朱小群	950	2680	281	275	28810
三星村	罗竹君	罗竹君	1895	5125	413	151	25429
沙湖村	王春雷	王春雷	845	2110	183	188	25010
西岗村	蒋锁政	蒋锁政	2100	5420	436	284	21350

续表 55

村（社区）名	党组织书记	村委会主任	户数（户）	户籍人口（人）	面积（公顷）	村集体收入（万元）	农民人均可支配收入（元）
唐王村	丁沧宇	丁沧宇	1743	4656	290	551	26618
黄金村	王　娟	王　娟	709	2041	280	470	28610

表 56　2022 年朱林镇规模以上企业统计表

企业名称	销售收入（万元）	税收总额（万元）	法人代表	企业名称	销售收入（万元）	税收总额（万元）	法人代表
太一光伏科技（常州）有限公司	201679.06	208.16	刘　亮	江苏万顺新材料有限公司	15996.66	24.83	林翠华
江苏苏南建筑安装工程有限公司	121291.17	2192.9	周　勇	常州京洋半导体材料科技有限公司	14226.88	959.90	刘云岗
天成涂装系统（常州）有限公司	52146.89	1768.28	杨荣红	江苏健裕健康医疗器械有限公司	13129.16	1629.72	储小林
常州市日新树脂有限公司	50625.66	661.48	陈　敏	凡登（常州）新型金属材料技术有限公司	13023.23	419.14	钱海鹏
江苏科菱库精工科技有限公司	41372.35	402.32	徐晓东	常州新瑞卫生用品有限公司	12967.56	564.28	周立新
常州瑞峰新能源有限公司	41181.44	297.82	冯　斌	日轩汽车科技（常州）有限公司	12927.79	371.81	王银苹
常州市金坛唐王建筑工程有限公司	39743.88	509.26	冯卫华	江苏城乡建设工程有限公司	12003.05	167.15	孙素俊
江苏中实新能源有限公司	34529.41	53.98	葛相麟	江苏八达畜禽有限公司	11944.05	47.00	钱浩然
江苏立华食品有限公司	33480.32	42.85	黄祖芬	江苏科祥防腐材料有限公司	11542.36	434.37	郑国城
江苏恒兴茂融资租赁有限公司	30311.12	626.31	YAU KOK SAN	江苏鸿众建设工程有限公司	11085.05	276.38	韩小美
江苏三德利牧业发展有限公司	29359.36	11.23	袁运伟	常州银丰电力装备有限公司	10654.86	229.98	薛　蔚
江苏金坛晨林经济技术发展有限公司	28582.21	−244.70	王昌文	江苏羽翼铸造有限公司	10493.47	213.74	何　进
常州金坛徽林汽车部件有限公司	26926.23	59.65	柏金芳	常州市大地肥业科技有限公司	9875.10	19.31	宋乐东
凯明（常州）新材料科技有限公司	21569.20	111.36	韩　冰	常州日新模塑科技有限公司	9677.08	258.28	王向东
江苏宏茂建设工程有限公司	20903.36	244.78	邵宏刚	常州日新化学有限公司	9557.03	276.63	董士伟
常州金坛中亚房地产开发有限公司	19640.09	7.22	许延清	常州市瑞祥新材料有限公司	9294.07	78.76	徐国美
常州中嘉能源有限公司	17043.16	4.19	孙美云	常州名爵电力设备有限公司	8408.52	128.60	汤冬梅
常州宏鼎新能源科技有限公司	16713.20	6.41	张文静	常州九霄光伏科技有限公司	8297.45	3.17	匡　玲

续表56

企业名称	销售收入（万元）	税收总额（万元）	法人代表	企业名称	销售收入（万元）	税收总额（万元）	法人代表
江苏众锦物联科技有限公司	7878.10	18.35	周春平	江苏紫燕化学科技有限公司	5180.48	39.19	王华平
江苏帕卓管路系统股份有限公司	7777.33	222.09	詹以哲	常州苏昊服装有限公司	5035.25	520.30	刘　昊
常州市金坛宏达电镀有限公司	7503.96	68.73	蒋志刚	江苏华振建设有限公司	4876.38	32.38	陈耀青
日正升汽车科技（常州）有限公司	7321.01	241.37	罗淇升	常州市金坛区朱林金西苗木专业合作社	4730.92	0.56	吴伟平
常州方德精密机械有限公司	7005.64	212.76	王学勇	江苏联瑞进出口有限公司	4695.80	20.73	王爱平
常州茂康医疗用品有限公司	6930.60	376.44	巫玉章	常州市和顺玻璃制品有限公司	4684.27	81.62	周月雷
江苏天驰轴承有限公司	6903.64	525.61	李钟平	常州丰沛建设工程有限公司	4655.76	48.70	丰　沛
江苏戴德森建筑科技有限公司	6893.64	24.14	熊　伟	江苏第八城国际贸易有限公司	4602.99	3.23	徐晓东
永恒力合力工业车辆租赁（常州）有限公司	6744.43	136.59	席庆福	江苏艺园建设工程有限公司	4577.54	37.94	胡　平
常州科林线缆有限公司	6349.84	985.31	戴根洪	常州金坛企恒钢结构有限公司	4464.11	32.75	王小敏
常州九华化工科技有限公司	6209.12	44.43	宋云帆	常州市旺达变压器有限公司	4305.71	101.69	蔡旺罗
江苏兰天大诚装饰系统工程有限公司	6171.23	58.47	司和平	常州市金坛金西工业园发展有限公司	4190.80	1.26	乔元鸿
常州徐沛金属材料有限公司	6141.55	4.81	刘　冲	常州市金坛区金林苗木专业合作社	4106.61	0.54	吴小芳
常州市晨迪电器有限公司	6051.47	163.09	张　洁	江苏路强智慧交通科技有限公司	4091.03	4.58	薛　蔚
常州大诚金盾新型建材有限公司	6050.71	97.69	焦景丽	常州市金坛雄风五金装饰厂	4062.54	23.68	陆明荣
江苏金动动力机械有限公司	5981.22	91.69	梁小平	常州市实创润滑剂有限公司	3965.45	61.27	蒋惠琴
常州君和禽业有限公司	5964.00	1.90	朱晓演	常州华盈新材料有限公司	3918.48	47.51	周荏球
常州金林金属材料有限公司	5858.07	34.20	鲍小平	江苏宣臻防腐工程有限公司	3679.09	140.02	李传红
常州市金坛唐王五金装饰有限公司	5678.30	19.91	王春福	常州市金坛区聚泰进出口有限公司	3583.76	1.48	涂平华
常州恒岫工艺制品有限公司	5497.56	235.06	孙小军	常州金阳纺织机械有限公司	3277.89	126.42	李钟平
江苏星宜佳装饰工程有限公司	5471.15	47.52	王　龙	常州市金坛爱群水产专业合作社	3274.48	1.34	汪爱琼
江苏远能电力设备有限公司	5374.97	84.25	杨　欣	常州市仁旺机械有限公司	3195.48	82.22	陆仁伟

续表 56

企业名称	销售收入（万元）	税收总额（万元）	法人代表	企业名称	销售收入（万元）	税收总额（万元）	法人代表
常州蒙利瑞电工材料有限公司	3190.94	63.05	徐炳荣	常州洮湖机械有限公司	2399.25	65.19	庄龙华
常州市利维铁路器材有限公司	3049.06	112.45	严留锁	常州市金坛林泉建材厂	2349.64	35.43	居金泉
常州市炜能物流有限公司	3048.76	43.39	周溢滨	常州智雄环保科技有限公司	2338.70	47.82	吴海港
江苏天鑫机械科技有限公司	3043.48	163.66	朱耀国	常州凯林格环保科技有限公司	2253.39	21.91	CHOI JAEIK
江苏亮舟防爆电气有限公司	2991.84	187.13	蒋爱良	常州市旺达电力建设有限公司	2236.94	13.61	蔡旺罗
常州达丰兆茂机械工程有限公司	2947.29	−170.24	沈世平	江苏富沃德电子科技有限公司	2187.24	−21.10	黄扣才
常州金坛金岗机械制造有限公司	2899.94	108.76	张兆华	江苏华创塑业有限公司	2142.86	3.99	史马骏
常州市金坛建明机械制造厂（普通合伙）	2891.79	107.59	何建明	江苏省永康农牧科技有限公司	2081.32	9.40	蔡明利
杜尔气体装备（常州）有限公司	2712.73	−0.16	郭　旭	江苏新潍电力科技有限公司	2074.51	52.27	周建平
常州市金坛中特轴承有限公司	2704.21	67.09	唐秀庚	常州和盛育种有限公司	2072.28	0.84	袁运伟
常州永合电力设备有限公司	2549.69	43.07	朱兴高	常州市斯科沃高精密钢管有限公司	2067.07	9.75	贾香业
江苏翔冠材料科技有限公司	2459.95	3.66	王恒珺	常州海春工具有限公司	2052.82	6.97	董海春
常州思泉汽车科技有限公司	2434.90	87.49	王学勇	江苏兴禾建设有限公司	2026.79	44.78	范　奕
常州柏顺工具有限公司	2431.01	57.88	管　军				

（韩献忠）

指前镇

【概况】 指前镇区域面积105.2平方千米。下辖12个行政村，总人口5.32万人。2022年实现地区生产总值54.92亿元；一般公共预算收入1.6亿元。农村居民人均可支配收入37041元，比上年增长5.9%。

【农业农村】 2022年，全镇实现农业总产值13.19亿元，比上年增长8.38%；实现农业增加值7.75亿元，比上年增长14.7%。粮食总产量3.36万吨，夏粮单产324.8千克，秋粮单产596.3千克。渔业类总产值7.11亿元，比上年增长6.52%。出栏家禽1049.3万羽，比上年增长20.8%。大力抓好粮食生产，全镇水稻种植面积2533.33公顷。坚持适度集中成片规模经营，建设部级水稻万亩示范片1个、5000亩示范片1个、百亩示范方11个，建设省级千亩示范片3个、百亩示范方10个。完成芦溪、丰产、东浦、解放等村高标准农田提档升级，实施东浦、建春美丽农田试点项目，促进粮食绿色高产。发挥智慧渔场示范作用，实施标准化池塘改造、高效渔业设施建设、循环水养殖和水产品质量安全可追溯等水产提升工程。开展耕地种植情况和耕地“非粮化”摸排整改，严控耕地“非粮化”存量，坚决杜绝增量。2022年实施占补平衡项目2个，新增耕地16.67公顷。扎实推进省市“耕地保护激励镇”创建工作，先后获2022年省级耕地保护激励单位、常州市耕地保护激励镇第

指前现代农业产业高质量发展示范园　（指前镇　供）

一名、常州市自然资源执法考核第一等次第一名，获省市奖励资金300万元、新增建设用地指标2.67公顷。

【工业经济】　2022年，全镇实现纺织服装行业销售15.65亿元，占16.27%；机械装备行业销售26.52亿元，占27.57%；材料行业38.94亿元，同比增长12.36%，占40.49%；食品及建材等行业销售15.07亿元，同比增长5.8%，占15.67%。实现工业应税销售收入96.18亿元，与去年基本持平；完成工业实际投入7.33亿元，同比增长11.8%。全年上报科创项目9个，签约引进“五新产业”项目11个，协议总投资8.5亿元，其中超3亿元重大产业项目1个。2021年签约引进的7个项目中，5个投产、2个开工。2022年签约引进的11个项目中，2个投产、2个开工、7个办理前期手续。打造总部项目落地平台，长荡湖农业建设总部中心、“智改数转”促进中心建成运营，落户税源型企业26家、2022年入库税收突破6000万元。支持企业创新转型，完成技改备案项目、“智改数转”项目各12个，新增高新技术企业4家、“龙城英才计划”创业项目1个，华德机械、助您智能、群达机械、爱特恩新材料4家企业获批省级“专精特新”企业。推动助邦科技、爱特恩新材料、乐思龙科技等企业通过市场转让“腾笼换鸟”，引导科宇重工、昌帆金属、艾坛新材料等企业通过股权合作嫁接项目，盘活工业用地10.54公顷。落实惠企纾困政策，办理留抵退税1500万元，发放企业外地员工留坛专项补贴22.6万元。优化融资服务，利用“园区保”为优质中小企业争取贷款5000余万元，帮助小微企业申请工会创业贷款245万元。精准化服务企业招工、技能培训需求，全年组织开展线下招聘2场，线上招聘10余场，为30家企业招录员工110余人。

【村镇建设】　加强镇村规划，围绕生态宜居、全域美丽，完善功能布局配套，不断优化人居环境，推动镇村协同发展。强化道路交通安全保障，完成集镇公交站台改造、G233“机非隔离”、交安设施建设、智能哨兵系统建设等安全隐患整治提升工程，2022年指前交通安全亡人事故数下降62.5%。完善集镇配套功能，指前购物中心正式投用，马庄新苑安置房顺利交付，集镇停车场交付使用。组织实施G233沿线风貌整治提升，东浦村创成江苏省特色田园乡村，新河村湖溪自然村、解放村白塔桥自然村创成省级绿美乡村。

【安全环保】　全面强化落实安全生产主体责任，常态化开展安全生产督导巡查、城镇燃气及地下管线隐患排查整治、既有房屋安全隐患排查整治“回头看”等工作。慎终如始做好疫情防控工作。深入推进“危污乱散低”出清提升行动，建立动态排查更新机制，连片整治2家、提质增效3家、调查处罚4家。全面落实“河（湖）长制”，完成6处小微水体和10个太湖流域入河（湖）排口整治提升，创建幸福河湖7条。持续深入推进城乡环境“五乱”治理，着力提升镇村人居环境，顺利通过省级健康镇和农村生活垃圾分类省级试点镇考核验收。扎实推进镇村管理，加快实施新一轮城市长效综合管理和“四清一治一改”村庄清洁工作，常态化开展巡察督查、整改提升行动，城市长效综合管理考核成绩位列全区和常州市25个二类乡镇第一方阵。

【社会事业】　全镇有幼儿园3所、小学2所、中学1所，在职幼儿园教师53名、中小学教师182名，在园幼儿392名、中小学生1595名。全镇有医疗卫生机构19家，执业（助理）医师62名，床位55张。强化财政保障，2022年发放各类民政经费达2500余万元。完成指前镇敬老院社会化运营，12个行政村“夕阳红”居家养老服务中心全覆盖。积极推进现代宜居农房建设，完成农房改造136户。成功创建国家卫生镇、江苏省文明镇。深入开展社会风险隐患大排查，持续开展信访积案攻坚化解活动，严格落实领导包案制度，获评“平安常州先进集体”。

【指前入围省级现代农业产业示范园】
7月18日，省农业农村厅、省财政厅公示江苏省首批共21个2022年省级现代农业产业高质量发展示范园拟建设名单，金坛区指前现代农业产业高质量发展示范园成为常州市唯一入围园区，获得5000万元财政补助资金。指前现代农业产业高质量发展示范园，规划面积8200公顷，以水稻为主导产业，以河蟹为特色产业。

【指前元素亮相卡塔尔世界杯】 11月20日，卡塔尔世界杯开幕式在海湾球场举行。作为世界上最大跨度索网屋面单体建筑，卢赛尔体育场有着世界上最复杂的索膜结构体系。其中，单个最大钢结构高空吊装重达450吨，悬挑距离为76米。周长1千米的“大金碗”，仅靠24个支座支撑，球形钢支座就是连接巨型钢梁与混凝土地基的重要部件。位于指前镇的江苏路博减振科技有限公司成为该项目的球形钢支座供应商，总计24个。这批球型支座单个尺寸长2.8米，单个重量15吨。路博科技采购了一台2500吨的整形机，经过多次设计和计算变形量，按照欧洲CE标准制造，把整形误差控制在正负1毫米，产品全部通过了外方监理的严格检验。

指前镇的江苏路博减振科技有限公司为卡塔尔世界杯卢塞尔体育场提供服务

（指前镇 供）

表57 2022年指前镇各村基本情况一览表

村名	党组织书记	村委会主任	户数（户）	户籍人口（人）	面积（公顷）	村集体收入（万元）	农民人均可支配收入（元）
指前村	王国强	王国强	2092	5859	640	197	28000
庄阳村	殷美成	殷美成	1485	4567	839	279	30000
清水渎村	鲍卫强	鲍卫强	1228	4072	670	219	30900
东浦村	吕建民	吕建民	1146	3520	1002	490	35200
社头村	张国庆	张国庆	2654	6760	1009	484	34000
建春村	潘一炳	潘一炳	1493	4225	890	202	31600
芦溪村	翟建平	翟建平	1415	3970	709	181	31100
解放村	陈永财	陈永财	1720	5150	1100	266	27000
丰产村	李国建	李国建	583	1620	546	233	27000
新河村	邱忠华	邱忠华	2404	6991	1100	189	30800
王母观村	徐建华	徐建华	1441	4270	950	174	30000
岳阳村	骆卫忠	骆卫忠	856	2638	480	170	30000

表58 2022年指前镇规模以上企业统计表

企业名称	销售收入（万元）	利税总额（万元）	法定代表人	企业名称	销售收入（万元）	利税总额（万元）	法定代表人
江苏南顺食品有限公司	82236.00	4657.70	梁玄博	江苏鑫特石油设备有限公司	8285.00	502.90	李国庆
常州卉意铝业有限公司	51514.00	13.60	呙　平	江苏海定工程机械有限公司	7999.00	170.00	王　俊
江苏双隆铝业有限公司	48940.00	180.40	童双青	江苏金标毛纺有限公司	7891.00	281.00	邹斌泉
江苏华彬新材料有限公司	36713.00	4557.90	黄　华	江苏华兴电子有限公司	7194.00	239.30	徐志明
常州市益瑞高分子材料有限公司	27932.00	4087.60	张明杰	常州金坛茅山制粉有限公司	7148.00	124.50	华　静
江苏长荡湖科技创业园有限公司	25349.00	182.80	周逸文	江苏路博减振技术有限公司	6350.00	1396.50	王　群
常州市金坛区鼎金混凝土有限公司	25201.00	625.50	沈永建	江苏后肖洲阳铝业有限公司	6056.00	135.10	曹玉萍
常州华德机械有限公司	24273.00	1085.30	丁建中	常州毅联幕墙材料有限公司	5958.00	101.50	陆叶华
常州长海焊材有限公司	23742.00	89.80	刁仁根	江苏中特石油设备科技有限公司	5734.00	387.20	杨正华
常州名巨铝业有限公司	22275.00	19.70	王　飞	江苏新立方板业有限公司	5624.00	229.20	呙　平
常州市倩友服饰厂	21851.00	1073.10	姚　青	常州市金坛区恒利精纺有限公司	5518.00	194.60	周金洪
江苏华越毛纺有限公司	20105.00	576.70	俞建强	常州市金坛区望胜合金铸钢有限公司	5255.00	272.40	王丰明
江苏德邦铸造科技有限公司	17487.00	760.70	朱俊武	江苏金洋造船有限公司	4937.00	277.30	练文林
常州恒阳建材科技有限公司	16657.00	531.70	李　兵	常州瑞华电力电子器件有限公司	4741.00	106.20	陈兴中
江苏群达机械科技有限公司	15625.00	423.90	雷羽平	江苏大隆铸造有限公司	4607.00	116.40	金宇裕
常州市卿卿针织厂	13423.00	1440.30	姚幼卿	江苏华荣绝缘材料有限公司	4513.00	674.20	陆帮荣
江苏助您智能机械科技有限公司	13401.00	1433.70	王宗刚	江苏宏伟机械科技有限公司	4322.00	141.40	刘　伟
常州市卿卿针纺织品有限公司	12969.00	565.60	汤　辉	晨风（江苏）辅资材有限公司	2926.00	96.80	王开平
江苏立鼎新型建材科技有限公司	9186.00	755.90	郭　泉	江苏铭鼎新材料科技有限公司	2785.00	165.20	李立仁
春晖新材料科技（江苏）有限公司	9175.00	387.00	姚林娜	常州金艺装饰材料有限公司	2652.00	205.10	呙　平
江苏齐强新材料有限公司	8564.00	205.90	贾　婷	常州金坛茂盛精细化工厂	2598.00	188.20	王卫忠
常州赛丽家纺有限公司	8324.00	296.60	杨志强	江苏必维家居用品有限公司	2084.00	40.60	杨志强

（李　恺）

儒林镇

【概况】 儒林镇区域面积62.2平方千米，下辖6个行政村和1个社区、385个村民小组，总人口3.55万人。2022年，全镇实现地区生产总值79.03亿元；一般公共预算收入1.5亿元。农民人均可支配收入3.88万元。

【农业农村】 2022年，全镇实现农业总产值7.88亿元，同比增长8.05%。其中农业产值0.81亿元，畜牧业产值0.28亿元，渔业产值6.07亿元，农林牧渔服务业产值0.71亿元。创成区级示范家庭农场2家，实现23家家庭农场常态化记账；10个生产经营主体获得“长荡湖大闸蟹”品牌授权。完成粮食播种面积900公顷，其中夏粮面积326.67公顷，秋粮面积573.33公顷。完成后庄村、儒林村401公顷预征地镇级确权，打造300公顷粮油连片种植区。建设120公顷北干河南侧生态河蟹产业园、40公顷儒林中河北侧生态渔场、20公顷湖头生态河蟹产业园。完成两年180公顷池塘生态化改造任务，常州市池塘标准化改造现场推进会在儒林镇召开。建成儒风苑、湖香苑、天香苑、柚山村4个小菜园，如意湖、新欧西、新欧南3个公共绿地，湖香苑南、儒风苑北2个亲水公园。

【工业经济】 2022年，全镇实现工业应税销售收入151.04亿元，完成工业实际投入7.56亿元。招商引资超10亿元重大产业项目1个、超3亿元重大产业项目1个、“五新产业”项目10个，盘活闲置土地6处19.8公顷、闲置厂房8处21.6万平方米。以洪记两轮为龙头，通过法拍取得儒嘉地块13.27公顷现有土地厂房，布局推进智能两轮产业园。深化“危污乱散低”企业出清提升整治，先后腾退低效落后企业5家。国云大数据等3个市重大项目均列统，其中，信维感应材料项目开工并竣工；贝特瑞新材料项目正式量产。实力电源等4个区重点项目按时序推进，各项手续按要求办结。全镇年度税收500万元以上企业4家，1000万元以上企业5家。汤姆森智能、万纳普新材料分别获批国家、省专精特新企业，均入选省“瞪羚”企业，洪记两轮、瑞凯化工等5家企业获批区级工程研究中心。汤姆森智能成功入选区长质量奖。优化调整《精准服务企业领导及部门挂钩联系机制》，15名党政领导和22名部门中层干部担任驻企联络员，与37家重点工业企业一对一常态开展疫情防控、安全生产、经济发展等监督服务。全年实现建筑业总产值40.28亿元，同比增长3.17%。

【第三产业】 全镇重点服务业企业7家，全年实现营业收入2.93亿元；住宿餐饮业7家，全年实现营业收入3882.2万元。改造高品质人才公寓200套，增设配套商业服务面积超3000平方米，一体化打造“儒林镇职工综合服务中心”，获评全区首批“人才服务社”。做好“长荡湖放灯节”节日保障，柚山村农旅融合发展，入选省“共同富裕百村实践”新型农村集体经济发展典型案例。投入177万元对49条水街餐饮船电器线路、污水管网、区域环境等进行全面提升。

【安全环保】 大力推进城乡环境“五乱”治理，持续开展镇级日常自查自纠，发现问题2.1万余件，推进处置各类事项2.06万件。城市长效综合管理考核在常州25个二类镇（街道）中，第二季度排名第四、第三季度排名第一，获得上级奖补资金超100万元。持续打好污染防治攻坚战，全力做好中央第二轮环保督察迎检工作，镇域范围4个国、省考断面优Ⅲ比例达100%，程宏化工地块完成修复和效果评估，瑞和化工地块修复工程完成，康美化工地块风险管控项目进行现场施工。开展燃气安全专项整治，整改率100%；建立全镇247栋经营性用房数据库，健全房屋安全闭环管理机制。建立155家工业企业基础档案，针对性开展安全生产监管。开展执法检查324次，立案查处16起。全镇未发生安全生产亡人事故和重伤事故。

【社会治理】 深化综合指挥中心功能，开发集工作平台和监管平台于一体的“数字儒林”App，推动13个部门条线、7个村（社区）、4个党群服务站和215名镇村工作人员注册使用，常态化开展工作“日记录”“周总结”；搭建民情、企情和专项工作3大类、11个数据库，组织镇村干部开展入户入企大走访，对土地承包、社会保障、工业开票、亩均纳税等204.56万条信息逐条采集录入，实现

儒林镇人才公寓 （儒林镇 供）

9月7日，金坛区基层社会治理工作现场推进会在儒林镇召开（儒林镇 供）

对镇情、村情、企情、民情的实时掌握，对安全环保、疫情防控等重点工作的实时监管；全年形成日通报365期、周总结52期、月研判12期。精准划分12个村级网格、49个基础网格、118个微网格，配备总网格长12人、网格长49人、网格员118人。9个专属网格配备专属网格员120人。组织开展全面培训，明确网格员身份、职责和工作内容，制定落实《儒林镇村级网格工作考核办法》，实现网格工作规范化、清单化。完善“12345”“中心派单、部门认领、纪委跟踪、领导复核”机制，接收到工单447件，及时办结率100%。接待来访群众600余起1700余人次，确保群众问题诉求件件有落实、事事有回音。省市区部门到儒林镇综合指挥中心开展视察、指导、调研200余批次，区委政法委、组织部在儒林镇召开基层社会治理现场推进会，经验做法被《新华日报》、常州电视台报道。

【社会事业】 在4个安置小区创设党群服务站，在6个较大自然村（被撤并的村）分别建成龙城红色驿站，同步成立党支部，推动形成“一网格一支部一站点”，实现党群服务“零距离”。开设镇公益账户，收到企业和个人捐赠50.72万元，镇敬老院账户收到定向捐赠5万元。搭建政务服务便捷通道，与周边四镇一街道（武进区湟里镇、溧阳市上黄镇、宜兴市新建镇、儒林镇、尧塘街道）签订“跨市通办”“跨镇通办”框架协议，全年镇村便民服务大厅接待群众2.3万余人次，办理各类审批服务事项2.1万余件次，接受咨询8000余件次，群众满意率100%。全年救助各类人员3.5万人次，发放各类救助资金1290万元。申报失能人员长护险297人。

表59 2022年儒林镇各村（社区）基本情况一览表

村（社区）名	党组织书记	村（居）委会主任	户数（户）	户籍人口（人）	面积（公顷）	集体经济收入（万元）	农民人均可支配收入（元）
柚山村	蒋赤卫	蒋赤卫	1238	3708	718	984	52000
南社村	王夕清	王夕清	1557	4435	823	502.28	35755
儒林村	周建华	周建华	3116	7898	1187	286.5	30518
后庄村	刘宏新	刘宏新	1278	3631	798	208.56	33421
五叶村	尹金虎	尹金虎	3061	8488	1436	311	30110
湖头村	袁　方	袁　方	935	2705	558	233.63	38000
河下村	徐云中	徐云中	1025	3046	598	343	38521

表60 2022年儒林镇规模以上企业统计表

企业名称	销售收入（万元）	利税总额（万元）	法定代表人	企业名称	销售收入（万元）	利税总额（万元）	法定代表人
常州源美新材料科技有限公司	804332.16	467.65	潘江峰	常州新欧新材料科技有限公司	39054.50	614.80	陶坚峰
常州市贝特瑞新材料科技有限公司	214294.93	486.89	杨顺毅	江苏汤姆森智能装备有限公司	36546.44	1046.43	汤建华
常州新蓝天汇丰钢结构有限公司	40262.70	462.92	刘荣桂	常州市星光电缆有限公司	31486.27	47.63	蒋亚军

续表60

企业名称	销售收入（万元）	利税总额（万元）	法定代表人	企业名称	销售收入（万元）	利税总额（万元）	法定代表人
常州瑞凯化工装备有限公司	21574.69	937.67	徐志刚	江苏万泰电机有限公司	4380.00	164.33	徐小龙
江苏君诚新材料有限公司	21298.48	465.11	陆　平	常州祺佑精密机械有限公司	3757.50	18.56	陆　炀
江苏万纳普新材料科技有限公司	15907.82	268.48	李翰卿	常州市银诚精密铸造有限公司	3624.47	180.98	蔡云彬
常州洪记两轮智能交通工具有限公司	15861.21	−577.68	徐洪军	常州市腾利汽车配件有限公司	3615.27	75.10	左家梅
常州杰克服装有限公司	14249.18	494.96	李海骄	江苏麦士福电器有限公司	3459.13	37.63	赵卫新
江苏海洋冷却设备有限公司	13603.36	439.71	郭士祯	江苏特彩建材科技有限公司	3344.95	173.43	徐翠平
常州市金坛金鸥水处理有限公司	11698.26	626.89	金敖大	常州丽龙新材料有限公司	3289.96	25.75	邱校兴
江苏海颜新材料有限公司	8130.98	159.18	顾红宇	常州市金坛远东土木工程材料厂	3271.04	117.25	孙小春
常州瑞壳新材料科技有限公司	7756.90	426.75	梁春生	常州金坛鑫奥电子元件厂	3144.13	42.59	汤小平
常州远宇化纤有限公司	7460.97	295.05	徐志坚	常州实力电源科技有限公司	3073.61	60.95	周　丹
江苏环宇弹簧有限公司	7011.83	37.82	柳　尉	江苏顺烨电子有限公司	2886.22	−54.43	江绍华
常州日新光伏科技有限公司	6812.34	43.83	徐兴兴	常州安伊达电源科技有限公司	2712.59	45.35	何伟中
江苏恒宏链传动有限公司	6257.64	338.55	汪　芸	常州市苏优辐照科技有限公司	2609.36	21.41	蒋旭峰
江苏海锋能源科技有限公司	5522.90	151.91	于伯全	常州金坛万达线缆有限公司	2446.84	32.70	陆和凤
常州信泰包装有限公司	5300.03	217.91	刘桂兰	常州市金坛鹏飞铜业有限公司	2433.42	13.18	胡金龙
常州市崇信机械科技有限公司	4768.58	201.03	周婉英	江苏宏艺天地节能科技有限公司	2406.30	105.83	缪建军
常州市金坛奉献橡塑有限公司	4412.03	37.53	钱　峰				

（陈　俊）

尧塘街道

【概况】 尧塘街道区域面积88.73平方千米，下辖4个社区、5个行政村，总人口4.7万人。

【农业农村】 花木种植面积2102.2公顷，其中花木规模经营户123户，花木合作社和花木家庭农场33家。2022年获评“全国乡村特色产业超十亿元镇”。全年行政村总收入3553.76万元，其中经营性收入2261.23万元，完成对336.27公顷种植业、84公顷园艺业、304.2公顷渔业用地的监督管理和推广工作。

【城市管理】 所辖区域划分为四个片区，市场化运行全域责任制环卫作业。划分59个网格，开展“五乱”专项整治，对9个住宅小区以及汤庄、水北城市化区域开展市容市貌专项整治。2022年通过市容、绿化、店招等重点整治和智能化改造，将尧汤路（尧夏路至钱资湖大道）纳入常州市精品街道创建之列。尧塘街道入选第四批江苏省生态文明建设示范街道。

【征地动迁】 积极做好土地整备，为高新区、经开区和长荡湖度假区的规划落地和项目建设提供土地要素保障。全力保障高新区货运停车场建设，完成水东村14户4600平方米房屋搬迁。实施“一户一策”对点攻破房屋搬迁遗留户26户，实现多个地块遗留问题全面清零。全面启动丹金高速搬迁项目，成立工作专班，对红线内113户开展入户调查，加快谋划搬迁方案。实施飞荣达二期、蜂巢四期、兴禾自动化、启航科技园等9个地块2000余亩土地清障，集体土地入市604亩，完成林丰公墓整体迁移。有序落实华科梅香苑公寓、华科数字经济科技园等5个平台载体和中航变电站等基础设施项目供地。

【安全环保】 紧盯重点行业、重点领域，开展“百日攻坚行动”，全面排查住宅小区、农村自建房、“九小场所”、群租房、餐饮单位等关键点位，组织燃气、建筑安全等专项检查，对发现的问题严格落实整改闭环，全面推进“危污乱散低”出清行动。实施尧塘河、汤庄河、水北街河水质提升原位治理工程，小微水体整治63处，做好固废填埋污染土壤、工业废水处置。围绕新孟河水环境综合治理工程排定7个工程项目，统筹开展周边集镇与自然村雨污分流建设，争取省级环保资金。开展“一枝黄花”治理攻坚战，防止春季连片扩散。

尧塘街道鸟瞰　　（尧塘街道 供）

【综合治理】 以“五个规范”推进基层治理“尧塘实践”。以“区域规范”统筹兼顾谋全局。结合“两湖”创新区发展规划，根据街道开发建设和房屋搬迁、征地清障以及3个安置小区交付后入住3300余户居民的实际情况，新增4个社区。以“户籍规范”提升效能促和谐。围绕大规模搬迁后居民户籍地与实际居住地不一致，人口管理存在“盲点”的问题，牵头公安、民政等部门实施“归户行动”。通过4800余户、1.26万余人次的户籍规范，将完成搬迁户的“人户合一”率由2.77%提升至90%以上。以“路（地）名规范”明确边界续乡愁。梳理97个已实施全域搬迁但尚未注销名称的自然村，33条不规范路名，依据《江苏省地名命名更名管理办法》等文件精神，撤销、更改相应名称。以“网格规范”覆盖全域强管理。以实际工作需求为出发点，将综治网格、城管网格与警格有机融合，统一网格边界，形成目标考核管理“一张网”。网格信息动态呈现在街道综合指挥中心，打通街道中心工作落实与监督的“最后一公里”。以“权责规范”保障权益优服务。做好房屋搬迁、土地征用和失地保障的后半篇文章，理清村民和居民在宅基地使用、土地承包经营和集体资产分配等方面的权利义务边界。

【社会事业】 辖区内有公办幼儿园1所、小学2所、初中2所，卫生院2家。完成9个村社区“夕阳红居家养老服务中心”建设，西华村、尧塘社区、水北社区、林丰社区建成“好邻居茶社”并正常开展工作。持续做好双拥优抚，统计各类优抚对象，办理退役军人和其他优抚对象优待卡。摸排特殊困难群体975户、1045人，特困人员供养实行村两委干部包户动态监管责任制。

表61　2022年尧塘街道各村（社区）基本情况一览表

村（社区）名	党组织书记	村（居）委会主任	户数（户）	户籍人口（人）	面积（公顷）	集体经济收入（万元）	农民人均可支配收入（元）
尧塘社区	王　健	王　健	4307	10079	610	597.89	31420
汤庄社区	赵志忠	赵志忠	6881	9545	1495	638.79	32000
水北社区	周小平	周小平	1984	5284	850	372.51	36000
林丰社区	夏建新	夏建新	1200	2646	1060	222.05	41000

续表 61

村（社区）名	党组织书记	村（居）委会主任	户数（户）	户籍人口（人）	面积（公顷）	集体经济收入（万元）	农民人均可支配收入（元）
西华村	孙华东	孙华东	1903	3889	1280	527.98	35000
谢桥村	周国平	周国平	1910	4154	1056	892.90	36000
水东村	陈　忠	陈　忠	2152	4509	1480	302.75	30518
迎春村	孙文俊	孙文俊	1734	3876	989	471.80	29560
万新村	秦建明	秦建明	1131	2994	747	185.96	29000

（周　磊）

东城街道

【概况】 东城街道区域面积 74.49 平方千米，下辖行政村（社区）21 个。其中，社区 16 个，村（居委会）合一 3 个，农业行政村 2 个。华阳、华光社区由东方社区代管，金东社区由河头村代管，新桥社区由新城社区代管。总人口 12.29 万人。

【疫情防控】 2022 年，东城街道坚持日结日清。抓好服务保障，及时提供物资保供和就医用药服务。加强应急处置，安全有序完成景潭花园、江南明都酒店、东方新都和宜必思酒店等场所疫情管理任务。筑牢免疫屏障，在全区率先设立疫情防控社区健康加油站，发放“健康爱心包”2.11 万份。

【经济发展】 2022 年，东城街道招引“三高一投”项目（符合高价值专利、高层次人才、高水平技术，且有创投机构投资的科技创新项目）8 个。全年完成重点税源项目（金坛区新增的、无需增量建设用地且 2022 年度纳税总额超 100 万元的项目或企业）招引 11 个。3 名“龙城英才”通过认定。协助完成国家科技型中小企业申报及认定工作，其中 12 家通过常州市科技型中小微企业项目招引备案。

【征地动迁】 2022 年，东城街道完成金城大道拓宽项目涉及的 13 家企业部分国有土地、房屋及附属设施的收储工作，拆除 11 家。完成恩捷高压杆线、凯卓威一期、普洛斯物流园一期等项目清障交地 42.87 公顷。完成金坛新材料科技产业园项目清障 19 户，保障园区迎接省应急管理厅的安全等级验收。启动恩捷液包项目涉及的中塘村 2 个自然村动迁前期工作，完成入户调查摸底。保障丹金高速项目建设，制定明星村 8 个自然村搬迁安置方案。

【城市管理】 2022 年，东城街道全面开展城乡环境“五乱”治理。根据城区、园区、农村等区域不同特色划分 7 个片区，采取“上下联动、左右组团”方式，集中力量，整合资源，有序推进，治理乱堆放 9605 处、乱张贴 7754 处、乱排放 104 处、乱停车 7208 处、乱搭建 535 处。在第二季度全市农村人居环境融合考核中名列第一，包揽 2022 年度金坛区社区长效综合管理考核前三名。

【安全生产】 2022 年，东城街道开展重点行业领域安全生产“百日攻坚”行动，抓牢既有建筑安全隐患排查整治工作，排查房屋 1.15 万栋，发现隐患经营性自建房 3 栋并落实整治措施；抓牢群租房安全隐患集中整治，163 户逐一检查、整改、验收；抓牢瓶装气安全隐患整治，商铺 727 户、车库房 983 户、群租房 213 户、农贸市场 15 户均完成整改；抓牢消防安全隐患排查整治，排查小区 69 个，整改安全隐患 379 处。深入推进“危污乱散低”出清提升行动，原奥金鳄鱼馆、原城东精细化工厂等重点区域 12 家经营单位全部出清。

【生态环境】 2022 年，东城街道深入开展蓝天碧水攻坚行动，重点对国省控站点周边 5 千米范围内的大气污染源进行再排查、再梳理、再整治，突出抓好餐饮油烟、扬尘管控和秸秆禁烧工作，开展吾悦广场餐饮油烟专项整治。对尧塘河、金花河、经九河等河道入河排口开展溯源工作，尧塘河 18 个排口整治任务全部完成；经九河清淤工程顺利完工；金花河、居午河、东光河 3 条河道消劣整治方案编制完成。

【社会治理】 2022 年，东城街道创新推进区域社会治理。开展“东城智管+”区域社会治理平台建设试点，完成 1.0 版本开发任务，全面推进基础数据“大起底”，构建“721”工作格局（即 70% 左右事项在网格内办结，20% 左右事项在村（社区）办结，10% 左右事项在街道和区有关部门层面办结），推动服务和管理的重心下沉，做到问题早发现、早处置。实施

"精网微格"工程，优化调整网格设置，进一步选优配强基层网格员。推进诉源治理和矛盾调解，持续压降民事案件万人起诉率，成功调解71件。开展"信访突出问题攻坚化解年"行动，化解信访积案5件。

【民生保障】 2022年，东城街道持续增进民生福祉，不断提升居民获得感和幸福感。东城街道区域性综合养老服务中心建成使用，居家养老服务中心实现村居全覆盖，完成适老化改造50户，华兴社区成为金坛首个"全国示范性老年友好型社区"。华苑片区老旧小区改造项目完成竣工验收。400个机动车和非机动车充电设施建成交付使用，推进既有住宅加装电梯9台，14个省级垃圾分类达标小区创建项目竣工验收。

华兴社区新风长廊　　（东城街道　供）

表62　2022年东城街道各村（社区）基本情况一览表

村（社区）名	党组织书记（负责人）	村（居）委会主任	户数（户）	户籍人口（人）	面积（公顷）	集体经济收入（万元）
河头村	马金芳	马金芳	2216	5408	550.00	412.35
中塘村	沈建华	沈建华	4907	3881	433.00	371.33
柘荡村	吕国军	吕国军	2105	6590	1000.00	664.50
明星村	陈息定	陈息定	2041	6603	960.00	332.34
五联村	蒋雪芹	蒋雪芹	2130	6476	1160.00	404.38
峨嵋社区	虞国新	虞国新	3789	3811	96.00	169.81
电胜社区	李俊峰	李俊峰	3478	2830	61.00	204.48
华胜社区	王月平	王月平	5756	4240	218.00	513.42
东方社区	史跃忠	史跃忠	7052	5136	404.00	199.45
华兴社区	王建伟	王建伟	4152	5607	1100.00	265.85
新城社区	沈　俊	沈　俊	6868	5488	155.00	——
华城社区	杨志超	杨志超	4567	5215	60.00	——
南苑社区	杨景贤	杨景贤	2931	2045	40.00	——
金河社区	朱慧晶	朱慧晶	4532	3127	63.00	——
华苑社区	芮晓霞	芮晓霞	4341	6126	76.00	——
汇贤社区	夏小俊	夏小俊	6647	6900	230.00	——
新塘社区	蒋　晗	——	6759	1868	74.53	——

注：新塘社区成立于2021年第六届居委会换届选举之后，故居委会主任暂缺　　（陈　琪）

西城街道

【概况】 西城街道区域面积56平方千米，下辖12个城市社区、5个行政村，总人口10.5万人。

【征地动迁】 西城街道始终以服务“三城”建设为工作主线，全力保障重大项目实施，2022年荣获常州市推进高质量发展先进集体。堵点清零工作专班持续攻坚，完成2个拆迁地块遗留堵点项目。推进都市田园活力带项目248.47公顷土地附着物的清障工作，全面做好南沿江城际铁路金坛段及涉铁通道、金坛高铁枢纽、钱资新城配套道路的施工保障。持续做好歇耕地块土地整理和综合利用，国道233以北、环湖南路以南106.67公顷歇耕土地已进行农业耕种。坚决遏制耕地“非农化”，严格控制“非粮化”，完成4.99公顷土地占补平衡任务。

【经济发展】 围绕发展城市经济，西城街道大力招商引资、招企引税，把做大做强现代服务业作为实现高质量发展的重要支撑。对接现代物流、科技金融、信息技术、文化旅游等服务业企业，招引“三高一投”科技创新项目11个。全年实现工业应税开票销售收入9.86亿元，完成一般公共预算收入1.99亿元。持续提升西城创享经济产业园、中科（金坛）数字经济产业园等现有产业平台，中科（金坛）数字经济产业园创成常州市级孵化器。与苏州中元集团合作，在飞洋鱼地块共同打造蓝SPORT文化创意产业园。积极开展双招双引，全年新增市场主体1836家；招引领军型创业人才项目1个，生产性服务业企业5家，重点税源企业8家；新认定高新技术企业2家，入库科技型中小企业8家。

【城市管理】 实施民生实事项目39个，重点推进虹桥片区老旧小区改造，惠及居民3100余户。配合金沙老城雨污分流改造，同步实施河滨农夹区、北戴庄双号、瑶池别墅雨污水管网铺设。河滨新村创成“省级宜居示范居住区”。服务保障东环一路、县府路、虹翠路等道路设施改造，城南商业广场主体封顶。全面巩固提升文明城市建设成果，城南菜市场、北门大街、金沙花园荣登常州市争创全国文明典范城市“红榜”。拆除违章建筑163处、楼顶户外广告设施141处，完成佳园路精品示范街道建设，新建农村公厕1座，城市花园、新安花园等10个小区创成省级垃圾分类达标小区。

西城街道新时代文明实践所 （西城街道 供）

【社会民生】 对53户老年人家庭进行适老化改造，在河滨社区打造西城街道综合养老服务中心，由第三方机构社会化运营；在方边村打造养老服务中心示范点，村居夕阳红居家养老服务站实现全覆盖，逐步构建三级养老服务体系。增设31处非机动车充电棚，完成9台既有住宅电梯加装。新建金安、河滨社区党群服务中心，社区综合服务设施配套功能不断提升。持续推进文教卫体建设，辖区内有华罗庚中学、段玉裁中小学、朝阳小学等公办中小学11所，教职工1425人，学生14451人，另有金沙中学等1所民办高中，教职工380人，学生2840人；有实验幼儿园、虹桥幼儿园等5所公办幼儿园，教职工285人，学生2387人，另有南洲幼儿园、岸头幼儿园等4所民办幼儿园。有三级乙等综合医院、二级甲等综合医院各1所，分别是金坛第一人民医院，医护人员1633人，金坛区中医医院，医护人员749人。另建有5个村卫生室、8个社区卫生服务站，配备52名医护人员。打造西城街道新时代文明实践所，与社会工作服务站同步运营，建成17个村（社区）新时代文明实践站，实现村居全覆盖。完成方边村、朱庄社区等7个村（社区）全民健身广场的新增与提档升级工作。开展形式多样、喜闻乐见的群众性文体活动，举办活动200余场，共有9万多人次参加活动。

【综合治理】 持续推进“三网融合”，建成西城街道社会治理现代化指挥中心，推动与综治中心、网格化服务管理中心一体运行。全面开展重点行业领域安全生产百日攻坚行动、“安全生产月”活动，防范化解城市燃气、高层消防、建筑施工、道路交通等17个重点行业领域风险，着重对自建房等既有建筑、餐饮单位和车库燃气进行专项整治。强化餐饮油烟、小煤炉、小柴炉整治及工地扬尘管控，完成13家“危污乱散低”企业（作坊）出清提升的年度任务。改造提升岸头翻水站，推进岸头河生态河道创建、完成黄庄村3条河道清淤，林丰河、岸头河等河流水质得到改善。金沙湖创成常州市示范幸福河湖，金海湾公馆创成省级节水型小区。

表63 2022年西城街道各村（社区）基本情况一览表

村（社区）名	党组织书记	村（居）委会主任	户数（户）	户籍人口（人）	面积（公顷）	集体经济收入（万元）
城南村	钱卫军	钱卫军	1898	4583	1407	1119
黄庄村	陈阿平	陈阿平	381	2759	360	360
涑渎村	顾建华	顾建华	560	5544	970	692
方边村	田松青	田松青	645	7939	920	639
岸头村	张乔关	张乔关	658	5587	1040	372
北园社区	谈英桃	谈英桃	3506	3187	35	——
北门社区	沈梦轩	沈梦轩	2191	3075	233	——
虹桥社区	吴梓源	吴梓源	4923	8165	45	——
东园社区	袁建霞	袁建霞	4237	5293	47	——
南洲社区	——	——	3685	2447	166	——
朱庄社区	丁香云	丁香云	7785	9313	170	——
愚池社区	谢月华	谢月华	2010	3148	67	——
花街社区	朱华香	朱华香	3987	6325	97	——
河滨社区	唐惠娟	唐惠娟	3525	5057	38	——
翠园社区	艾　霞	艾　霞	4005	5604	84	——
九洲里社区	施可慧	施可慧	4366	726	28	——
金安社区	王　宇	王　宇	5374	4634	30	——

表64 2022年西城街道规模以上企业统计表

企业名称	销售收入（万元）	利税总额（万元）	法定代表人	企业名称	销售收入（万元）	利税总额（万元）	法定代表人
江苏金坛建工集团有限公司	302465	17899	董锡定	常州市金坛自来水有限公司	23748	3142	秦　湘
常州鸿悦房地产开发有限公司	165401	33666	濮春天	常州金坛交通养护工程有限公司	22891	3695	徐　键
常州江东房地产开发有限公司	141659	7003	陈　俊	江苏春泽商贸有限公司	19455	18	景建忠
常州市金坛苏龙劳务服务有限公司	27188	2019	蒋锁龙	常州金坛大统华购物广场管理有限公司	14765	431	石　敏

续编64

企业名称	销售收入（万元）	利税总额（万元）	法定代表人	企业名称	销售收入（万元）	利税总额（万元）	法定代表人
江苏创润建筑工程有限公司	13731	1117	杨　云	江苏科美声学科技有限公司	4638	343	许　彬
江苏峻硕建设工程有限公司	12902	1163	唐扣俊	江南金融科技（常州）有限公司	4626	1340	张　锋
常州市卫泽金属材料有限公司	12638	62	马　颖	常州金河消防工程有限公司	4293	213	刘保科
常州金坛中天汽配有限公司	12095	480	曹庭霞	常州市万年青园林市政建设工程有限公司	4023	273	刘　武
中术建设有限公司	11253	595	丁　浩	常州金坛金昇房地产开发有限公司	3847	1140	蒋荣军
常州星杭金网络通信有限公司	9284	1100	刘　军	江苏凯联建筑设计有限公司	3802	463	于秋阳
常州江东新城商贸有限公司	9215	1605	李建存	常州金益盛商贸有限公司	3742	316	曹海华
常州同泰建设工程有限公司	8345	35	徐瑞照	常州骏大服务外包有限公司	3573	3	王建春
华阳建设工程有限公司	8133	526	田福平	江苏巨能建设有限公司	3430	193	李剑平
江苏新天地购物中心有限公司	7313	869	陈柯丞	江苏松辽化工有限公司	3071	24	周健
常州菲图康国际贸易有限公司	6736	223	陆　斌	江苏常翠建设工程有限公司	2923	134	岳志泉
常州纳佰仕人力资源有限公司	6681	103	戴磊磊	常州市金坛常盛人力资源有限公司	2898	168	戴青
中润建设有限公司	6575	404	佘丽君	常州德盈模塑有限公司	2819	665	张蕾
常州致林房地产开发有限公司	6532	1470	窦海云	江苏善筑建设有限公司	2658	97	史列军
江苏博盛园林建设有限公司	5381	751	汤粉荣	江苏云盾建设工程有限公司	2582	78	朱留平
常州金坛乔非商贸有限公司	5261	81	杨建国	常州市顺和园林绿化有限公司	2205	7	戴爱民
常州煜轩商贸有限公司	5131	11	许文化	常州凯联工程监理有限公司	2124	327	于秋阳
常州金坛新千秋大药房有限公司	4804	220	刘道鑫	常州金坛房屋建设开发有限公司	2034	375	夏金凤
常州市金坛金建路灯安装工程有限公司	4655	1231	荆　星				

（张静文）

（编辑　吕洪力）

2022年度金坛区组织机构与负责人名单

·区领导·

中共金坛区委员会

书　记	陆秋明
副书记	胥亚伟（6月任）
	吴小华*（至4月）
	刘国新
常　委	朱建清
	刘小平
	王海波
	朱　霞*
	周律诚
	徐　俊
	杨　健
	刘亦波
	苗　润（3月任）

金坛区人大常委会

党组书记、主任	王跃中
党组副书记	孟敖祥
	王生大
	刘东升（至1月）
副主任	孟敖祥（1月任）
	刘东升（至1月）
	王艳红*
	诸葛林（1月任）
	吴志高（1月任）
	王新辉（至1月）
	冯锁强（至1月）

金坛区人民政府

党组书记	胥亚伟（7月任）
	吴小华*（至7月）
区　长	吴小华*(1月任，至6月)
代理区长	胥亚伟（6月任）
	吴小华*（至1月）
党组副书记	刘小平
副区长	胥亚伟（6月任）
	吴小华*（至1月）
	刘小平
	徐　俊
	苗　润
	周新生（至1月）
	周文俊（至1月）
	沈振华
	朱天明（至12月）
	姚　祥
	叶　琳*
	庄　诚
党组成员	华　磊（至12月）
	王　丽*

政协金坛区委员会

党组书记	刘国新
主　席	刘国新（1月任）
	陈锁龙（至1月）
党组副书记	徐　俊
	周文俊
	黄克洪（至1月）
	葛惠明（至1月）
副主席	周文俊（1月任）
	葛惠明（至1月）
	周新生（1月任）
	朱亚群*
	卢建新
	史荣生（1月任）
	陈忠平（至1月）
秘书长	王少云（1月任）
	施生华（至1月）

·区级机关和区直单位·

中共金坛区纪律检查委员会

书　记	周律诚（兼）
副书记	汤国忠
	于　方
常　委	陈志亮
	孙红琴*
	袁照华
	李　啸

金坛区监察委员会

主　任	周律诚（兼）（1月任）
代理主任	周律诚（兼）（至1月）
副主任	周律诚（兼）（至1月）
	汤国忠
	于　方
委　员	陈志亮（3月任）
	袁照华（3月任）

张 鑫（7月任）
王 伟（至3月）

中共金坛区委巡察工作办公室

主 任 陈志亮（7月任）
汤国忠（至7月）
副主任 沈云川
张乐平（12月任）
徐程萍*（至12月）
巡察组组长 王 涛
冒丽萍*（3月任）
林金祥（3月任）
田粉忠（12月任）
王俊平（至12月）
蒋志军（至3月）
巡察组副组长 孙伟良（12月任）
顾 旭*
任立新（兼）
汪开友
王胜玉*（7月任）
杨小卫（7月任）
贡柏芳（至12月）

金坛区人民法院

党组书记 于立峰
院 长 于立峰
副院长 庄 严
吴卫东
胡 哲
戴杜平（3月任）
审委会专职委员 罗 辑（3月任）
杨丽莉*（3月任）
袁照华（至3月）
戴杜平（至3月）
政治部主任 吴 懿

金坛区人民检察院

党组书记 仲 军
检察长 仲 军
副检察长 蒋志书
田 娟*
李 莉*（3月任）
沈宏伟（至1月）
检委会专职委员 李德庆（4月任）
政治部主任 冯 玉*

中共金坛区委办公室

主 任 许海连
副主任 周忱成
江 霞*
樊九畅（7月任）

中共金坛区委机要局（国家密码管理局）

局 长 许海连
副局长 陈 曦（7月任）

金坛区档案局

副局长 王晁彬

中共金坛区委研究室

主 任 周忱成

中共金坛区委全面深化改革委员会办公室

主 任 周忱成
副主任 樊九畅（至7月）

中共金坛区委组织部

部 长 王海波（兼）
常务副部长 樊 莹*
副部长 陈露剑（7月任）
于 水（至12月）

中共金坛区委党建工作领导小组办公室

副主任 于 水（至12月）

中共金坛区委区级机关工作委员会

副书记 白 杨*（至7月）

金坛区考核工作委员会办公室

副主任 陈露剑（7月任）

中共金坛区委机构编制委员会办公室

主 任 樊 莹*
副主任 张伟波
白 杨*（7月任）

中共金坛区委老干部局

局 长 樊 莹*
副局长 姜玲玲*（7月任）
王小俊（至7月）

中共金坛区委离退休干部工作委员会

书 记 樊 莹*

中共金坛区委宣传部

部 长 朱 霞*（兼）
常务副部长 秦文斌（12月任）
邢卫东（至10月）
副部长 徐忠敏（兼）
王 珊*（7月任）
匡小红*（至4月）

金坛区精神文明建设指导委员会办公室

副主任 王 彤

金坛区人民政府新闻办公室

副主任 闵 译*（7月任）
王 珊*（至7月）

中共金坛区委网络安全和信息化委员会办公室

主 任 邢卫东（至10月）
副主任 陈 新

金坛区融媒体中心

党委书记、主任 徐忠敏
副主任 孙忠民
薛忠明
张 磊（12月任）
纪委书记 王小忠（7月任）
林 燊（至7月）

中共金坛区委统一战线工作部

部 长 徐 俊（兼）
常务副部长 刘 斌
副部长 汤鹏飞

金坛区民族宗教事务局

局 长 刘 斌

副局长　　王国锋

中共金坛区委政法委员会

书　记　　刘国新（兼）
常务副书记　　徐　俊（12月任）
副书记　　沈振华（兼）
　　徐　俊（至12月）
　　杨　凯（3月任）
　　马红星（至2月）

金坛区区域社会治理现代化指挥中心（金坛区网格化服务管理中心）

主　任　　徐　俊（7月任）
副主任　　李卫超（7月任）

金坛区网格化服务管理中心

主　任　　徐　俊（至7月）
副主任　　李卫超（3月任，至7月）
　　孙　斌（兼）（至7月）

注：2021年2月2日常编〔2021〕9号文，金坛区网格化服务管理中心更名为金坛区区域社会治理现代化指挥中心，挂“区网格化服务管理中心”牌子，隶属金坛区委、区政府，机构规格相当于正科级。

中共金坛区委党校 金坛区行政学校

校　长　　王海波（兼）（4月任）
常务副校长　　秦文斌
副校长　　盛南萍*
　　蔡　俊

中共金坛区委党史工作委员会 金坛区地方志编纂工作办公室

主　任　　吕洪力
副主任　　储　劼
　　张继华

金坛区档案馆

馆　长　　奚屹峰
副馆长　　许　强（12月任）
　　刘　剑
　　王云平（至10月）

金坛区人大常委会办公室

主　任　　韩双庆
副主任　　徐　忠

金坛区人大常委会研究室

主　任　　杨龙军

金坛区人大常委会法制和内务司法工作委员会 金坛区人大常委会民族宗教侨务工作委员会

主　任　　陈建平

金坛区人大常委会财政经济工作委员会

主　任　　汤文斌
副主任　　宋志龙（7月任）

金坛区人大常委会农业和农村工作委员会

主　任　　汤　芳*
副主任　　杨　静*（12月任）

金坛区人大常委会环境资源城乡建设工作委员会

主　任　　刘留生
副主任　　季锁平

金坛区人大常委会教科文卫工作委员会

主　任　　李　平

金坛区人大常委会人事代表工作委员会

主　任　　陈　嵘*
副主任　　高　赟

政协金坛区委员会办公室

主　任　　王少云
副主任　　蒋利军

政协金坛区委员会研究室

主　任　　陈林凤*
副主任　　陈　卫*

政协金坛区委员会提案和委员工作委员会

主　任　　王和平

政协金坛区委员会经济科技和农业农村委员会

主　任　　凌　涛

政协金坛区委员会教文卫体和文史委员会

主　任　　殷　俊

政协金坛区委员会环境资源和城乡建设委员会

主　任　　何云华

政协金坛区委员会社法民宗和港澳台侨委员会

主　任　　王洪庆

金坛区人民政府办公室

党组书记、主任　　黄建南（4月任）
　　岳惠剑（至4月）
副主任　　张罗明（兼）
　　欧阳一帆*
　　陈丹锋
　　邹文龙
　　史冠桦（4月任）
　　张　凯（12月任）
　　潘建华（至7月）

金坛区人民政府研究室

副主任　　李　芝*（12月任）
　　顾林骏（至4月）

金坛区人民政府外事办公室

副主任　　石连华

金坛区机关事务管理中心

主　任　　欧阳一帆*（12月任）
副主任　　蒋　巍（12月任）

金坛区发展和改革局

党委书记、局长　　王　勇（至4月）
　　施小民（4月任）

副局长 徐科峰
刘旭辉（7月任）
练龙俊（12月任）
孟明刚（至12月）

金坛区粮食和物资储备局

局 长 王 勇（至4月）
施小民（4月任）
副局长 徐荣华
冯星雨（12月任）
练龙俊（至12月）

中共金坛区委教育工作委员会 金坛区教育局

区委教育工委书记 吴军华＊
局 长 吴军华＊
区委教育工委副书记 潘建华（7月任）
林厚从（至7月）
副局长 吴 芳＊
张五芳＊
周双平（8月任）

江苏省华罗庚中学

党委书记 吴军华＊（至7月）
潘建华（7月任）
校 长 谭瑞军
党委副书记 谭瑞军
秦小芳
副校长 丁苏霞＊
王志刚
李雅琴＊
储文海（8月任）

常州市金坛第一中学

党委书记、校长 周双平
副校长 徐 昊（8月任）
史新平
庄荣珍＊
殷春花＊

常州市金坛第四中学

党委副书记、副校长 王 成
副校长 杨 罡
庞金华
袁兆强
钱云霞＊（8月任）

江苏省金坛中等专业学校

党总支部书记 潘凌燕＊（7月任）
林 静＊（至7月）
校 长 卞勇平

金坛区科学技术局

党组书记、局长 李冬英＊（4月任）
施小民（至4月）
副局长 许国清
刘娅敏＊
刘 超

金坛区工业和信息化局

党委书记、局长 王新强
党委副书记 徐国祥
副局长 朱云冰
肖 巍（12月任）
王 欢

金坛区民政局

党组书记、局长 潘明志
副局长 金朝霞＊
孙 遐＊（12月任）
张国强（12月任）
孙伟良（至12月）
赵济红＊（至10月）

金坛区司法局

党组书记、局长 杨震龙
副局长 纪俊明
郭小强
倪 翔（12月任）
孙 遐＊（至12月）

中共金坛区委全面依法治区委员会办公室

副主任 周文俊

金坛区财政局

党组书记、局长 谢晓骏
副局长 刘国平
王月珍＊
宋建春（4月任）

金坛区政府国有资产监督管理办公室

主 任 谢晓骏
副主任 谭益民（12月任）
王益民（至10月）

金坛区人力资源和社会保障局

党组书记、局长 吴 英＊
副局长 王志东
陈国强
刘建华
王洪俊（7月任）

金坛区自然资源和规划局

党委书记 黄克洪（兼）（至3月）
朱 梁（3月任）
局 长 叶 琳＊（兼）（至3月）
朱 梁（3月任）
副局长 潘政权
彭云俊
孙云清
高国庆
练晓华

金坛区住房和城乡建设局

党委书记、局长 史云峻
党委副书记 尹志文（至10月）
副局长 顾永华
杨擒龙
顾林骏（4月任）
李洪年（至4月）
总工程师 袁 亮（7月任）

金坛区人民防空办公室

主 任 史云峻
副主任 杨树清
柏国平（至7月）

金坛区城市建设发展中心

主 任 史云峻（兼）
副主任 顾逸佳（7月任）
彭云俊（兼）（至10月）

金坛区城市管理局

党组书记、局长 韩巧生

副局长　孙　斌
姜秋生
庄月芳

金坛区综合行政执法局

局　长　韩巧生
副局长　咸　涌（7月任）

金坛区交通运输局

党委书记　刘金保
局　长　陈忠平（至1月）
刘金保（1月任）
副局长　罗　斌
马国盛
吴文杰
总工程师　戴小荣

金坛区水利局

党委书记、局长　任林勇
副局长　王卫国
孙俊华
胡　奕*
总工程师　夏春跃（7月任）
张建成（至7月）

金坛区农业农村局

党委书记、局长　邓九胜
副局长　曹　波
贺建新
谢　培
沈　钢
总农艺师　魏广彬（7月任）

金坛区乡村振兴局

局　长　邓九胜（7月任）
副局长　曹建军（7月任）

金坛区政府扶贫工作办公室

主　任　邓九胜（至7月）
副主任　曹建军（至7月）

注：2021年6月4日常编〔2021〕31号文，金坛区农业农村局增挂金坛区乡村振兴局牌子，不再保留金坛区政府扶贫工作办公室牌子。

中共金坛区委农村工作领导小组办公室

主　任　邓九胜

金坛区商务局

党组书记、局长　谢　栋
副局长　聂文辉
戴　露*

金坛区文体广电和旅游局

党组书记、局长　尹　韧
副局长　于国忠
李　玮
郑美华*（7月任）
沃春华
徐罗林（至3月）

金坛区卫生健康局

党委书记、局长　袁永炜
副局长　董文兵
林小俊
吕云磊
徐　颖（至7月）

金坛区老龄工作委员会办公室

主　任　袁永炜（至7月）
副主任　潘卫民（至7月）

注：2022年6月29日坛编〔2022〕14号文，撤销金坛区老龄工作委员会办公室。

金坛区人民医院

党委书记　徐　颖（7月任）
苏建华（至7月）
副书记　蔡郑东
院　长　蔡郑东
副院长　赵　凯
何　劲
王　贤（7月任）
纪委书记　林　燊（7月任）
吴平涛*（至7月）

金坛区中医医院

党总支部书记　吴平涛*（7月任）
院　长　吴　杰

金坛区退役军人事务局

党组书记、局长　韩寅飞
副局长　杨志云
张国强（至12月）

金坛区应急管理局

党委书记、局长　庄金中
副局长　张　华
胡　江（7月任）
庄新民（至10月）

金坛区安全生产委员会办公室

副主任　刘国华

金坛区地震局

局　长　王一新
副局长　刘友国

金坛区审计局

党组书记、局长　王　初
副局长　张小华
马云澜*
总审计师　朱忠祥

金坛区行政审批局

党组书记、局长　陆　斌
副局长　唐友明
王建国

金坛区大数据管理局

局　长　陆　斌

常州市公共资源交易中心金坛分中心

主　任　唐友明
副主任　顾照平
倪益民（4月任）
邵军琴*

金坛区市场监督管理局

党委书记、局长　刘国荣
副局长　王伟政
张　俊
王东方
马迎俊

	张防俊（7月任）
	喜晶颖（至7月）
食品药品总监	宋志龙（至7月）

金坛区知识产权局

局　长	刘国荣
副局长	李建军

金坛区统计局

党组书记、局长	李　俊
副局长	储玉峰*
	徐晓雪*（7月任）

金坛区信访局

中共金坛区委信访局

党组书记、局长	张罗明
副局长	高雷斌
	戴　权（7月任）

金坛区地方金融监督管理局

党组书记、局长	陈兴龙
副局长	戴春峰（7月任）
	郑美华*（至7月）

金坛区政府金融工作办公室

主　任	陈兴龙

常州市公安局金坛分局

党委书记、局长	沈振华（兼）
党委副书记、政委	韩云峰
副局长	王国元
	王留林
	吴文忠
	孔海军
	尹黎平
政治处主任	栾留康

常州市医疗保障局金坛分局

党组书记	毛卫平（4月任）
	冒丽萍（至3月）
局　长	毛卫平（5月任）
	冒丽萍*（至2月）
副局长	汤洪俊

金坛区供销合作总社

党委书记	杭爱民（4月任）
	毛卫平（至4月）
主　任	杭爱民（7月任）
	毛卫平（至7月）
党委副书记	郭和平
副主任	高勇军
监事会主任	陈　政

常州市不动产登记交易中心金坛分中心

主　任	潘政权
副主任	刘　军
	徐月生

·镇、街道、园区、度假区·

江苏金坛经济开发区

党工委书记	杨　健（兼）
管委会主任	于忠俊
党工委副书记	于忠俊
	罗　祎
管委会副主任	朱粉扣
	束鸣东
	杨建忠
	冯　梁
纪工委书记	蒋志军（3月任）

金坛新材料科技产业园管理办公室

主　任	杨建忠
副主任	虞　晖

中德（常州）创新产业园管理办公室

主　任	朱粉扣（3月任）

注：2022年1月14日常编〔2022〕2号文，设立中德（常州）创新产业园管理办公室，为江苏金坛经济开发区管委会下设机构，机构规格为正科级。

江苏省金坛华罗庚高新技术产业开发区

党工委书记	刘亦波（兼）
管委会主任	王　勇（4月任）
	黄建南（至4月）
党工委副书记	王　勇（4月任）
	黄建南（至4月）
	于　水（12月任）
	李冬英*（至4月）
管委会副主任	孔令辉
	朱海俊
	卞文娟*
	王振林（4月任）
	陈　云（至4月）
纪工委书记	黄　巍（12月任）
	田粉忠（至12月）

江苏省金坛茅山旅游度假区

管理办党组书记	史荣生（4月任）
党工委书记	史荣生（至4月）
管理办主任	岳惠剑（4月任）
管理办副书记	岳惠剑（4月任）
党工委副书记	王立兴（至4月）
管理办副主任	杨国忠（4月任）
	邢卫东（10月任）
	陈锁连（4月任）
	章成荣（4月任）
	王立兴（4月任，至7月）
管委会副主任	杨国忠（至4月）
	陈锁连（至4月）
	章成荣（至4月）

注：2022年4月7日常编〔2022〕17号文，“江苏省金坛茅山旅游度假区党工委、管委会”调整为“江苏省金坛茅山旅游度假区管理办公室”，机构规格仍为副处级，为市政府派出机构，委托金坛区管理。

江苏省金坛长荡湖旅游度假区

管理办党组书记、主任	陈建军（4月任）
党工委书记	陈建军（至4月）
党工委副书记	孙　坚（至4月）
管理办副主任	陈　云（4月任）
	薛金华（4月任）
	张大勇（4月任）
	孙伟忠（4月任）
管委会副主任	薛金华（至4月）
	张大勇（至4月）

孙伟忠（至4月）
宋建春（至4月）

注：2022年4月7日常编〔2022〕17号文，“江苏省金坛长荡湖旅游度假区党工委、管委会”调整为“江苏省金坛长荡湖旅游度假区管理办公室”，机构规格仍为副处级，为市政府派出机构，委托金坛区管理。

金城镇

党委书记　李　祁
镇　长　陈学谦
人大主席　马燕萍*（12月任）
　张建俊（至12月）
党委副书记　陈学谦
　马燕萍*（12月任）
　张建俊（至12月）
党委委员　朱　迪
　吴建华
　朱　斌
　李　泉
　张卓琲*（12月任）
　史冠桦（至4月）
　马燕萍*（至12月）
副镇长　张玉峰
　刘双云*
　李铁锋
　吴佳骐
　沈文杰（12月任）
　史冠桦（至4月）
纪委书记　朱　迪

薛埠镇

党委书记　史荣生（4月任）
　宗　华（至4月）
镇　长　张金彪
人大主席　潘洪军
党委副书记　张金彪
　蒋峥辉
党委委员　于　杰
　贡柏芳（12月任）
　曹　君
　谢杏林*
　许　嵩
　张留斌
　王　薇*（至12月）
　沈文杰（至12月）
副镇长　于　杰
　袁国栋
　吴慧芳
　刘　纲
　王　鑫
纪委书记　贡柏芳（12月任）
　王　薇*（至12月）

直溪镇

党委书记　周　涌
镇　长　李俊平
人大主席　徐海平
党委副书记　李俊平
　徐海平
党委委员　姜文阳
　梅家乐
　田永灿
　戴宇辉
　王正强
　陈　鹭*
　汤　彬
　张　凯（至12月）
副镇长　姜文阳
　刘海祥
　胡卫平
　曹金霞*
　孔德馨
纪委书记　田永灿

朱林镇

党委书记　徐　飞
镇　长　范水庆
人大主席　张　铧
党委副书记　范水庆
　谢晓贤
党委委员　邵　凯
　陈　科
　陈铭业
　张　亮
　李　恒
　李　媛*（12月任）
　王　坤（至12月）
副镇长　邵　凯
　陆游如
　宋永栋
　王　坤（12月任）
　马徐丽*（至10月）
纪委书记　陈　科

指前镇

党委书记　施　顺
镇　长　钱永锋*
人大主席　丁　皓
党委副书记　钱永锋*
　朱训杰
党委委员　徐国强
　丁悦森
　栾文华
　张　旭*
　朱　浩（12月任）
　倪　翔（至12月）
　杨国平（至12月）
副镇长　陆湘毅*
　肖亮明
　杨国平（12月任）
　于　刚
　倪　翔（至12月）
纪委书记　徐国强

江苏常州国家农业科技园区

管理办主任　施　顺（3月任）
管理办副主任　丁　皓（3月任）
　沈　钢（3月任）
　刘　超（3月任）

注：2021年2月2日常编〔2021〕3号文，设立江苏常州国家农业科技园区管理办公室，为金坛区政府的派出机关，机构规格为正科级。

儒林镇

党委书记　贺国洪
镇　长　于立俊
人大主席　王丹华*
党委副书记　于立俊
　王丹华*
党委委员　陈　超
　周君华
　滕民兴

高　杰
刘　丹
袁　方
葛　珺*
孙丽萍*（至12月）

副镇长　陈　超
谢启飞
段　康
何　彬
孙丽萍*（12月任）
肖　巍（至12月）

纪委书记　刘　丹

东城街道

党工委书记　孙　凯
办事处主任　张　阳
人大工委主任　陈云翔
党工委副书记　张　阳
朱丹俊
党工委委员　袁海涛
孟明俊
崔鑫福
王　璐*
纪卫平（3月任，至10月）
芮玉菡*（3月任）
冷建华（3月任）
杨志超（3月任）
林　娟*（至3月）
王永亮（至3月）
办事处副主任　袁海涛
王永亮
陈　钰
纪工委书记　崔鑫福

尧塘街道

党工委书记　王和荣
办事处主任　韦国猛
人大工委主任　陈旭清
党工委副书记　韦国猛
陈旭清
党工委委员　陈旭清（12月任）
张国俊
余云芳*
陈建华
李　彬（3月任）
汤　绮*（3月任）
潘　超（12月任）
陈　军（至3月）
张国乾（至10月）
办事处副主任　张国俊
陈　军
戴文娟*
纪工委书记　余云芳*

西城街道

党工委书记　周　俊
办事处主任　尹冬妹*
人大工委主任　孟明刚（12月任）
赵林华（至12月）
党工委副书记　尹冬妹*
许志明
党工委委员　薛　明
储　斌
谢益平
汪云涌（3月任）
丁汉祥（3月任）
姚　瑜（7月任）
王　梁（12月任）
蒋玉新（至3月）
周　玲*（至3月）
黄　巍（至12月）
办事处副主任　薛　明
蒋玉新
储　斌
周　玲*
纪工委书记　王　梁（12月任）
黄　巍（至12月）

·民主党派和群众团体·

民盟金坛区委员会

主　委　朱亚群*（兼）
副主委　庄　严
郑美华*
姜　玮
于　燕*

金坛区总工会

党组书记、主席　陆礼军
副主席　张叶华（7月任）
荆　霞*
刘建华（4月任）
韩　雪*（4月任）

共青团金坛区委员会

书　记　汤鹏飞
副书记　于　杰
王娴雯*（12月任）
陆思民（12月任）
赵　博

金坛区妇女联合会

党组书记、主席　林　燕*
副主席　张　婕*
王　梅*（7月任）
张五芳*（4月任）
袁湘勤*（4月任）

金坛区科学技术协会

党组书记、主席　孙　坚（4月任）
于炳忠（至4月）
副主席　马徐丽*（10月任）
张国乾（10月任）
王慰东（至10月）
范献忠（至10月）
姜方俊
蔡郑东（10月任）
杨顺毅（10月任）
赵留强（10月任）
马瑞军（10月任）
沈　玥*（10月任）
陈翔宇（10月任）
佚　俊（10月任）
董文兵（至10月）
陈　云（至10月）
邓九胜（至10月）
吴　芳*（至10月）
盛荣生（至10月）
孙铁囤（至10月）

金坛区文学艺术界联合会

党组书记、主席　许　靖*
副主席　闵　译*（7月任）
史国生

程云仲
祝柏华
吴　芳*（至10月）

金坛区归侨侨眷联合会

主　席　李佳真*
副主席　耿新民
孙铁囤
耿春霞*（12月任）
杨　豪（12月任）
陈　华（12月任）
尹　娟*（12月任）
高　珺*（12月任）
王　跃（至12月）
郑满香*（至12月）
谈东华（至12月）
李　晴*（至12月）

金坛区工商业联合会

主　席　卢建新（兼）
党组书记　汤鹏飞
副主席　汤鹏飞
许小云*
马旗斌
刘静瑜*
王志坤
曹　强
汪献利
丁国荣
尹家豪
张晓平
张伟华
周国平
周月怀
潘小平
吴　静*
单爱娟*
沈兴旺

金坛区残疾人联合会

党组书记、理事长　刘　坚
副理事长　王建涛

金坛区红十字会

会　长　徐　俊（兼）（3月任）
朱　霞*(兼)(至3月)
党组书记　李晶阳
副会长　李晶阳
徐　颖
吴　芳*

·区管国有企业·

江苏金坛投资控股有限公司

党委书记、董事长　姜金华
总经理　周　胜
党委副书记　周　胜
谢臣相
张国庆
副总经理　潘忙青
胡　婧*（12月任）
李建存（12月任）
徐留军（至12月）
闵郁沣（至4月）
纪委书记　闵郁沣（4月任）
监事会主席　张国庆

江苏金坛华罗庚科技产业发展有限公司

董事长　周　胜
总经理　王俊伟
副总经理　李　辉
陈建国
薛景之（12月任）

江苏金坛金城科技产业发展有限公司

董事长　谢臣相
总经理　严　波（4月任）
张叶华（至4月）
副总经理　童　瑶*
蔡　昊（12月任）
赵国强（12月任）
刘　诚（至4月）

江苏金坛建设发展有限公司

党委书记、董事长　陈　俊
总经理　陶　俊
党委副书记　陶　俊
杭爱民（至4月）
谭益民（至12月）
副总经理　刘　诚（4月任）
俞云翔
徐留军（12月任）
史云松（4月任）
杨云娇*（12月任）
倪益民（至4月）
李文俊（至4月）
钱玉琪（至4月）
纪委书记　袁　菲*（12月任）
谭益民（4月任，至12月）
监事会主席　欧　卉*（4月任）
谭益民（至4月）

江苏茅山旅游控股有限公司

董事长　陶　俊（4月任）
杭爱民（至4月）
总经理　季　敏
副总经理　谈　阳
钱玉琪（4月任）
姜　玮（12月任）

江苏长荡湖旅游控股有限公司

董事长　陶　俊（至4月）
总经理　严　波（至4月）
副总经理　欧　卉*(至4月)
史云松（至4月）

注：2022年4月13日坛发〔2022〕20号文，江苏长荡湖旅游控股有限公司整合并入金坛建设，由金坛建设统一管理。

注：1. 区委、区人大常委会、区政府、区政协及其他机构领导人均收录至2022年12月。

2. 姓名右上角有*者为女性。

（区委组织部、区志办）

文件选录

以党的二十大精神为指引
全面加速同城化加快现代化
奋力书写“美丽常州新样板”精彩实践

——在区委十四届四次全体会议上的讲话

（2022 年 12 月 28 日）

陆秋明

一、各项事业在迎接学习宣传贯彻党的二十大中取得新成绩

今年以来，面对复杂严峻的外部环境和多重超预期的困难挑战，全区上下全面落实党中央“疫情要防住、经济要稳住、发展要安全”重大要求，认真贯彻省委、常州市委决策部署，尽锐出战、埋头苦干，抓牢三件重中之重的大事，交出了一份以实干实绩向党的二十大献礼的高质量发展答卷。

*我们意气风发迎盛会，政治方向越来越坚定。*以饱满热情推进“强国复兴有我”群众性主题宣传教育活动，深入开展“喜迎二十大、见证新金坛”学习体验、“礼赞新时代、追梦复兴路”主题宣讲等 7 大类 100 余项活动，圆满完成党的二十大安保维稳任务，为盛会召开营造优良发展环境和浓厚舆论氛围；党的二十大胜利闭幕后，区委常委会带头、全区各级各部门跟进，第一时间传达学习、组织培训、宣传宣讲、调研交流，学思践悟取得初步成效，全区上下的向党之心、爱党之情、护党之志空前激发。

*我们“五大行动”开新局，强区之路越走越宽广。*坚决扛起“争当表率、争做示范、走在前列”光荣使命，对标对表“532”发展战略，以重大项目突破行动增后劲，“五新产业”强势爆发；以“微笑经济”创新行动促转型，“五型经济”蓬勃起势；以全域旅游创建行动优环境，“江东福地”颜值更高；以城市能级提升行动塑品质，“磁吸效应”初步显现；以城乡融合发展试验行动强乡村，“鱼米之乡”新姿勃发，全区上下建设“最美新城区、最强增长极”的自信自豪空前增强。

*我们拥抱“两湖”向未来，创业豪情越来越高涨。*抢抓新一轮高质量发展最好的“时与势”，坚决扛起“两湖”创新区主战场重任，狠抓 100 个重点项目建设，加快打造高端制造国际合作、产城融合科创田园、水乡生态客厅三大组团，把战略机遇期转变为发展黄金期，“生态创新区、未来科创城”的大蓝图加速变成一张张施工图、化为一幅幅实景图，全区上下打造“新时代鱼米之乡、长三角科创田园”的信心决心空前坚定。

经过同心实干、合力拼搏，全区经济运行呈现出逆势而上、强劲增长的良好态势。全年预计完成地区生产总值 1200 亿元，可比价增长 8%；在增值税留抵退税达 36.8 亿元的情况下，实现一般公共预算收入 51.2 亿元，同口径增长 5%；规上工业总产值 1960 亿元，增长 27.8%；规上工业增加值 250 亿元，增长 22%；工业应税销售收入 2774 亿元，增长 42.7%；工业用电量 68 亿千瓦时，增长 19.2%；进出口总额 390 亿元，增长 50%，多项指标增幅位列全市第一、苏南乃至全省前列。回顾一年来的工作，我们坚持以“五大行动”为统领，着力抓好五个方面。

*一是狠抓产业强区，发展质效稳步提升。*成功举办第十五届高工锂电产业峰会、2022“对话德国—江苏德国合作交流大会”，率先赴德国开展线下招商活动，预计全年新签约引进工业项目 138 个、协议投资总额超 600 亿元，其中超 30 亿元或 3 亿美元 5 个，中德（常州）创新产业园落户德语区企业已达 53 家。预计全年完成工业实际投入 200 亿元，东方日升二期、当升科技二期、恩捷隔膜、海目星激光科技园等加快推进，中创新航三期、蜂巢能源三期、太一光伏等顺利投产。世界首个非补燃压缩空气储能电站——金坛盐穴压缩空气储能国家试验示范项目一号机组并网投运，中德城镇节能示范园区、整区屋顶分布式光伏开发试点稳步推进，动力电池产业集群为常州产能占全国三分之一贡献了近“半壁江山”。

*二是狠抓改革创新，发展动力持续迸发。*平台载体提档升级，华罗庚创新中心加快建设，华大工程生物学长荡湖研究所落地布局，与河海大学校地融合发展走向深入。微笑企业持续攀高，新增股权融资超 155 亿元，新增 IPO 申报企业 5 家，中创新航完成常州历史最大 IPO、成为港股动力电池第一股，3 家企业跻身省独角兽、4 家企业获评省潜在独角兽，新增国家级专精特新“小巨人”3 家。新时代“金沙英才计划”深入实施，全区人才公寓保有量超 2.1 万套，总面积超 140 万平方米，产业园区保障性租赁住房建设经验获住建部推广。国企改革三年行动顺利收官，完成区管国有企业重组整合，企业竞争力和抗风险能力进一步增强。国家城乡融合发展试验区建设有力有序，建立“1 + 3”集体经营性建设用地入市等政策体系，入市面积、交易金额位列宁锡常接合片区第一。

*三是狠抓城乡建设，发展环境绽放新貌。*加快提升城市能级，南沿江城际铁路金坛段完成铺轨，金坛高铁枢纽、河海大学常州新校区建设有序推进，万豪、万枫酒店投用，常金公交 88 路正式开通，金坛至洋山港河海直达实现新突破。狠抓中央和省环保督察反馈问题整改，洮滆片区水环境综合治理与可持续发展试点稳步实施，老旧小区改造、雨污分流、公园游园配建等扎实推进，省级山水林田湖草

试点通过验收，城乡环境“五乱”治理大见成效。规划建设都市田园活力带，高标准推进长荡湖休闲运动公园、三星村遗址公园、城旅综合体、“绿野仙踪”最美骑行道、矿地融合发展示范区等策划规划，城市形象标识全新发布，“江东福地、乐道金坛”持续叫响。国家农业科技园区实体化运作，茅山道养文旅集聚区获评省级服务业集聚区，仙姑村跻身中国美丽休闲乡村，成为全省唯一入选国家“奋进新时代”主题成就展的特色田园乡村。

四是狠抓民生福祉，发展成色愈加彰显。坚持以人民为中心，16项民生实事均达到或超过序时进度，预计居民人均可支配收入达5.4万元，增长6%。持续提升教育医疗等公共服务水平，隆重举行华罗庚中学建校100周年高品质发展大会，华罗庚实验小学、实验幼儿园等加快建设，创成省级义务教育优质均衡发展区，金坛第一人民医院晋升三乙医院，中医医院完成改建投用，全国文明典范城市创建扎实推进，完成千户宜居农房改造。坚持统筹发展和安全，深入开展“四查一帮扶”走访活动，科学精准做好疫情防控，纵深推进“危污乱散低”综合治理，安全生产“三年大灶”圆满收官，事故起数和死亡人数“双下降”。

五是狠抓党的建设，发展保障更为稳固。坚持以习近平新时代中国特色社会主义思想定向领航，坚定拥护“两个确立”，坚决做到“两个维护”。创新开展百名干部双向挂职服务“五大行动”，调整优化综合考核体系，实施“红蓝黄”旗考评授旗机制，树牢激励干事鲜明导向。扎实推进区域社会治理现代化试点，系统构建城乡治理基层组织、先锋队伍、服务供给、多元治理、基础保障“五大体系”，切实将党的组织优势转化为基层治理优势。全面加强新业态新就业群体党建，以成立行业党委促进“两个覆盖”落地落实。狠抓中央和省委巡视反馈问题再整改、再提升，层层压实“两个责任”，将“清风护航”嵌入“五大行动”，结合涉粮领域、公共停车收费管理、公共资源交易等专项治理，以“小切口”推动作风“大转变”。坚持紧贴中心、服务大局，人大、政府、政协职能作用有效发挥，一批群团组织顺利换届，注重发挥乡贤力量，最大限度凝聚共谋发展的强大合力。

这些成绩的取得，最根本的原因在于习近平新时代中国特色社会主义思想科学指引，是在上级党委坚强领导下，全区上下勠力同心、奋勇拼搏的结果。在此，我代表区委，向所有关心、支持、参与金坛发展的各界人士、各界朋友，表示衷心的感谢！

同时也要清醒看到，发展中还存在一些薄弱环节：一方面，高质量发展矛盾仍然存在，增产不增收、增人不留人、要素不匹配等瓶颈制约亟待突破；另一方面，党员干部的眼界、格局、能力、水平还需抬升，担当作为、创新实干的精气神仍需提振。对此，必须采取有效措施，切实加以研究解决。

二、以党的二十大精神指引中国式现代化新征程

党的二十大是在全党全国各族人民迈上全面建设社会主义现代化国家新征程、向第二个百年奋斗目标进军的关键时刻召开的一次十分重要的大会，在政治上、理论上、实践上取得了一系列重大成果。全区上下要坚持以党的二十大精神为指引，把思想和行动、智慧和力量高度统一到中央决策部署和省委、常州市委要求上来，以更加昂扬的姿态阔步中国式现代化新征程。

（一）牢牢把握政治指引，坚定拥护“两个确立”、坚决做到“两个维护”。“两个确立”是党的十八大以来党的建设最重大的政治成果，是新时代引领党和国家事业从胜利走向新的胜利的政治保证，是战胜一切艰难险阻、应对一切不确定性的最大确定性、最大底气、最大保证。金坛作为一方浸润着红色基因的光荣福地，感党恩、听党话、跟党走的忠诚特质已经刻进骨子里、融入血脉中。新的赶考之路上，我们必须更加深刻领悟“两个确立”的决定性意义，更加自觉增强“四个意识”、坚定“四个自信”，坚决做到“两个维护”，紧跟习近平总书记奋进新征程、建功新时代。

（二）牢牢把握思想指引，坚持不懈用以统一思想、统一意志、统一行动。习近平新时代中国特色社会主义思想是当代中国马克思主义、二十一世纪马克思主义，是中华文化和中国精神的时代精华，是我们不断夺取新时代新征程各项事业伟大胜利的思想灯塔和行动指南。新时代十年来，我们正是在新思想的科学指引下，抢抓常州城市西进和一体化、同城化红利，高质量发展之路越走越宽广。新的赶考之路上，我们要自觉用党的创新理论武装头脑、指导实践、推动工作，不断提高推动高质量发展、创造高品质生活、实现高效能治理的能力水平，让新思想的真理力量和实践伟力在江东福地充分彰显、造福人民。

（三）牢牢把握战略指引，全面推进中国式现代化在金坛的精彩实践。党的二十大报告阐释了中国式现代化的中国特色、本质要求和重大原则，吹响了以中国式现代化全面推进中华民族伟大复兴的嘹亮号角。区第十四次党代会以来，我们围绕“争当表率、争做示范、走在前列”的光荣使命，着眼大局、把握大势，将“五大行动”作为现代化建设新征程的“金坛探索”。新的赶考之路上，我们要用好新发展理念，不断丰富完善“五大行动”内涵，促进城区、园区、镇区、景区、农区、湖区、校区相融合，形态、业态、生态相统一，推动经济实现质的有效提升和量的合理增长，努力交出一份中国式现代化的高分答卷。

（四）牢牢把握责任指引，以金坛一域之精彩更好为全市大局增光添彩。经过多年拼搏奋进，今天的金坛已成为全省发展速度最快、势头最好的地区之一，有责任、有条件为全省全市现代化建设大局多作贡献。新的赶考之路上，我们有信心、有决心争创更多“第一”“唯一”，加快把“最美新城区、最强增长极”定位干成地位。要进军现代化产业高地，推动“五新产业”“五型经济”更加高端化、智能化、绿色化、服务化、国际化、品牌化，勇当建设“新能源之都”的先行军和主力军。要进击现代化宜居福地，以“两湖”创新区为龙头，全面加速常金同城化、城乡一体化，打造魅力四射的“创新之区、时尚之都、活力之源”。要进阶现代化生态宝地，积极构建清洁能源体系、绿色制造体系、低碳生活体系、零碳经济体系，建设声名远扬的生态公园城市。

（五）牢牢把握初心指引，汇聚起团结奋斗共创美好未来的强大正能量。江山就是人民，人民就是江山。近年来，在“美丽常州新样板”崇高使命感召下，在“自强不息、勇攀高峰、甘为人梯、家国情怀”的华罗庚精神滋养下，建功“五大行动”已成全区上下的高度共识、光荣梦想。新的赶考之路上，我们要始终坚持人民至上，把最好的资源留给人民，以更优的供给服务人民，让现代化建设成果更多更公平惠及全体人民。要牢记“三个务必”，践行团结奋斗的时代要求，激励党员干部更有担当、企业家更敢创业、人民群众更爱家乡，成为当之无愧的创新创业创造高地、宜居宜业宜游福地。

三、奋力书写“美丽常州新样板”精彩实践

明年是全面贯彻落实党的二十大精神的开局之年，是常州冲刺“GDP万亿之城”的决胜之年，也是“两湖”创新区提速建设之年，更是我区深入推进“五大行动”、实现城市能级快速跃升之年。全区工作的总体要求是：**高举习近平新时代中国特色社会主义思想伟大旗帜，全面学习、全面把握、全面落实党的二十大精神，更好担当“争当表率、争做示范、走在前列”光荣使命，在常州“国际化智造名城、长三角中轴枢纽”城市定位和“532”发展战略引领下，坚持稳中求进工作总基调，完整准确全面贯彻新发展理念，服务构建新发展格局，着力推动高质量发展，坚决扛起“两湖”创新区主战场重任，全面加速同城化加快现代化，全力打造最美新城区、最强增长极，奋力书写“美丽常州新样板”精彩实践，为常州迈入“GDP万亿之城”多作贡献。**

明年全区经济社会发展的主要目标为：地区生产总值确保增长8%，争取1300亿元；一般公共预算收入争取65亿元，增幅高于全市平均；固定资产投资增长6%，其中工业投资完成200亿元；规上工业总产值增长20%；工业应税销售收入3300亿元；外资、能耗和生态环境等指标完成上级下达任务。围绕以上目标要求，重点做好以下三个方面工作：

（一）以党的全面领导为引领，统揽高质量发展全局。发展是党执政兴国的第一要务，发展能解决一切，一切要靠发展来解决。要牢牢把握中国式现代化的中国特色、本质要求和重大原则，坚持和加强党对各项工作的全面领导，充分发挥把方向、谋大局、定政策、促改革作用，努力创造更加出色的业绩。以理念之新引领发展之新。将学习宣传贯彻党的二十大精神作为首要政治任务、长期战略任务，持久深入地解放思想、更新观念，真正将学思践悟的成果转化为敢于创新的昂扬锐气、善于创新的过硬本领、勇于创新的主动作为。善于运用改革的理念、创新的思路、市场的办法破解难题，以问题的大破除带动发展的大提速，在中国式现代化新征程上勇当先行示范领跑者。以改革之变引领动能之变。突出体制机制创新，进一步压实属地管理责任，破除多头管理的体制障碍。持续深化国有企业改革，提高国有资源利用效率、国有资本运营水平和国有企业发展活力。深化教育、卫生领域改革，不断提升公共服务满意度。加快理顺村（社区）体制机制，着力增强基层解决问题能力，促进基层治理体系和治理能力现代化。统筹做好机关事业改革工作，集约高效配置资源，提升服务能力水平，让改革更好赋能发展所需、基层所盼、民心所向。以服务之优引领环境之优。以打造一流营商环境为目标，深入推进“放管服”改革，打造“金钥匙”政务服务品牌升级版，努力让“办事不求人”成为常态。加快智慧金坛和数字政府建设，推进政务服务“一网通办”、城市运行“一网统管”，让城市治理更加精细化、高效化。推进全社会诚信体系建设，努力形成公平正义、法治规范、诚信互信的良好氛围。切实落实“两个毫不动摇”，弘扬企业家精神，让金坛这方创新创业创造高地上涌现更多百强企业、百亿企业、百年企业。以正气之足引领士气之足。以迎接省委巡视为契机，狠抓上级巡视巡察反馈问题大起底、大整改，以巡促改、以巡促建、以巡促治，让全区工作在规范化、制度化、标准化轨道上运转，不断激发政通人和之势，大兴实干创业之风，让干部敢为、基层敢闯、企业敢干、群众敢首创，汇聚共建“美丽常州新样板”的强大合力。

（二）以“两湖”创新区为引领，全面加速同城化进程。区域一体化是发展大势、是重大机遇。金坛过去的发展主要得益于常州城市的西进、常金一体化，未来最大的发展红利也必将在同城化。随着长三角一体化、扬子江城市群重大战略的深入实施和上海都市圈、南京都市圈建设的协同推进，制约要素流通的思想束缚、空间阻隔、市场障碍加快打破，为金坛融入区域发展、更加有效集聚优质资源创造了条件。特别是随着“两湖”创新区的提速建设，高铁、高校“两高”时代的到来，作为主战场、主力军的金坛在区位、空间、产业、生态、人文方面具有明显的比较优势，完全有基础、有条件、有能力在构建新发展格局、推动高质量发展新征程中争取主动、赢得先机、拔得头筹。我们必须抢抓机遇、乘势而上，将同城化推向更高水平、更深层次、更宽领域。发展理念同城。高质量发展是同城化的核心要义，从都市圈、城市群再到长三角一体化，特别是“两湖”创新区的重磅加持，为金坛发展提供了宝贵的历史机遇。我们要以新发展理念为引领，紧扣“同城化”

和“高质量”两个关键，通过深入推进同城化实现高质量发展，通过高质量发展促进更深层次同城化，打造高质量发展新样板、产城融合新样板、城乡融合新样板。思维方式同城。突破郊区思维、跳出区域疆界，放大格局、放宽视野，把参照物定得更高些、目标定得更远些，在更大范围、更广领域勇于挑战先进、敢于过招高手，使自己成为强者，努力成为别人追赶学习的榜样。工作标准同城。与先进地区相比，尽管我们还存在差距和不足，但更要看到自身独特优势，胸怀争先之志，在争中补齐短板、扩大优势，争出精品亮点，争出率先示范，在同台竞技中勇争第一、敢创唯一，推动各项工作成为率先中的率先、前列中的前列。功能布局同城。积极融入区域一体化战略，以“两湖”创新区为引领，站在同城化的时空格局高度，深度参与区域分工协作、强化功能协同互补、嫁接链接优势资源，推动传统行政区经济向现代功能区经济升级，全面推进发展空间重构、带动创新资源重组、实现城市品质重塑。公共服务同城。要始终把群众获得感作为检验同城化成效的重要标准，不断加大民生领域共建共享力度，吸引优质教育、医疗、养老、文旅等资源落地布局，实现同城无差别化目标。同时，大力推进教育、卫生、户籍、福利、行政审批等公共服务的标准、政策有机统一，让全体市民更多更公平地享受到同城化发展红利。内心情感同城。金坛作为主城区中的新城区，承载着常州未来和希望，要更加自觉弘扬开放包容的城市品格，更加主动提升城市软实力，不断提升城市知名度、美誉度和影响力，成为“创新之区、时尚之都、活力之源”，让市民享受到无差别甚至更优越的生活环境，切实增强看好金坛、扎根金坛、更爱金坛的认同感、归属感、自豪感和幸福感。

（三）以“五大行动”为引领，全面加快现代化建设

“五大行动”是系统贯彻落实常州“532”发展战略的“金坛方案”，是开启社会主义现代化建设新征程的“金坛探索”，是当前和今后一个时期统领全区工作的主抓手。全区上下要深刻把握“五大行动”的特征和本质要求，不断丰富“五大行动”新的内涵，推动中国式现代化在金坛取得更多具有辨识度、影响力的标志性成果。

紧扣高效能，在重大项目突破上取得新进展。强化“项目为王”鲜明导向，培强做大“五新产业”，筑牢实体经济硬支撑。更高效率攻坚优质项目。围绕“五新产业”“五型经济”上下游开展精准化、靶向化招商，办好产业发展峰会、乡贤大会、中德经济论坛等活动，加快招选一批大而强、小而美的优质项目。完善全生命周期、全要素保障服务机制，推动蜂巢能源四期、东方日升二期等重大项目早日投产达效，支持蜂巢能源、健尔康、常友环保、永臻科技、泽润新能等冲刺上市。更快速度领跑产业赛道。深入实施工业经济高质量发展“十百千计划”，加快培育新能源、新能源汽车两大千亿级地标产业。依托华大基因、中创新航等龙头企业，前瞻布局合成生物、智能互联等新赛道。提速发展数字经济，加快智能化改造、数字化转型，培育更多智能车间、智能工厂、灯塔工厂。更实举措深化对外开放。推动外贸稳规模、优结构，促进外资稳存量、扩增量，依托 RCEP 合作区加快引育跨境电商企业，争创国家级外贸转型升级基地。经开区是全区对外开放的一面旗帜，要立足建区 30 周年新起点，提档升级新材料科技产业园，做优做强中德（常州）创新产业园，冲刺国家级经开区。

聚焦高质量，在“微笑经济”创新上迈出新步伐。深入实施创新驱动发展战略，引育更多“微笑园区”“微笑平台”“微笑企业”，推动经济结构加快向“五型经济”升级。构筑创新主阵地。精心打造华罗庚高新区创智十二坊、华罗庚科学城、云湖科创谷、中国（常州）德国中心孵化中心等一批高能级平台，推动华罗庚创新中心实体化运营、华大工程生物学长荡湖研究所高效运行。高新区因创新而生，要加快“去筹”步伐，打造 4.0 版智慧园区、科技园区，擦亮华罗庚金字招牌。育强创新主力军。推进中创新航、蜂巢能源、同方威视等产业生态圈建设，支持中创新航与南航重组省级重点实验室，引导中小企业向专精特新迈进，引育更多“小巨人”“哪吒”“瞪羚”“独角兽”等高成长性企业。树牢精明增长理念，以“危污乱散低”综合治理为契机，加快腾笼换凤，提升经济密度，提高产出效率。激发创新主动力。做强金沙科技金融中心招金引基功能，提升“龙城金谷”西区含金量，持续实施新时代“金沙英才计划”，不断优化人才“优居工程”，加快构建人才、资本、科技、产业全要素融合发展的双创生态系统，让每一位青年才俊创新无忧、创业无扰、留坛无憾。

突出高标准，在全域旅游创建上开创新局面。以全域旅游的理念、标准和举措狠抓环境建设，一体推进国家生态文明建设示范区、国家全域旅游示范区和全国文明典范城市创建。创建绿色宜居环境。扎实做好中央和省环保督察整改“后半篇文章”，纵深推进洮滆片区水环境综合治理与可持续发展试点，争创国家生态园林城市。加快发展方式绿色转型，盘活利用培丰化工集中区，深化整区屋顶分布式光伏发电、生态产品价值实现转换等试点，提升发展含绿量、含新量、含金量。创建乐道宜游环境。以茅山旅游度假区创建国家级为牵引，加快明月湖、紫云湖等文旅项目建设，提速推进都市田园活力带、公路花园，打响“绿野仙踪”最美骑行道品牌，打造“国际自行车慢城之都”。以新供给创造新需求，大力培育首店、名店、老店、网红小店、夜间经济示范店，打造晨风时尚创意小镇，提高城市活力指数。创建人文宜业环境。繁荣发展文化事业和文化产业，塑造三星村遗址公园、非遗公园等国潮 IP，建成飞洋鱼、童车厂文化创意产业园。深入开展新时代文明实

践活动，让“金善金美”的文明招牌更加闪亮。大力弘扬华罗庚精神，铸就自信自立的精神内核，培育开放包容的城市品格，更好展示“江东福地、乐道金坛”的神韵魅力。

致力高品质，在城市能级提升上实现新跨越。全方位融入“两湖”创新区建设，提高城市规划、建设、治理水平，让“最美新城区”的磁吸力更强、归属感更足。提升交通枢纽显示度。保障南沿江城际铁路金坛段、金坛站竣工投用，推动镇宜铁路稳定线型、常金宁城际铁路纳入上位规划，力争丹金高速、中吴大道西延等早日开工，提升常金、城乡公交一体化水平；提速建设现代物流中心金坛基地，构建“公铁水”多式联运物流体系，变交通枢纽为经济枢纽。提升中心城区首位度。金沙老城提品质，打好老旧小区改造、雨污分流等组合拳，在有机更新中更好彰显城市底蕴；钱资新城强功能，加快钱资湖片区整体策划开发，提速城旅综合体项目招引和建设，打造别具金坛特色风情的青春浪漫水城，引导乡贤回乡在CBD和高铁新城片区建设总部基地；科教名城见形象，服务河海大学常州新校区顺利开学，加快长荡湖休闲运动公园、河海东街、涑渎小镇建设，打造一批具有“未来科创城”辨识度的标志性成果。提升公共服务满意度。加快做强华罗庚、段玉裁、河海三大教育集团，深化华罗庚中学高质量发展办学改革，拓展与知名医院合作的广度深度，提高养老、就业、社保、住房等服务均衡性和可及性，以公共服务均等化促进常金同城化。提升安全韧性放心度。更好统筹发展和安全，严密防范化解疫情防控、安全生产、政府债务、经济金融、生态环境、食品安全等领域风险，常态化推进扫黑除恶，不断提升平安金坛、法治金坛建设水平，创成省级安全发展示范城市。

锚定高水平，在城乡融合发展上构筑新优势。以工业化理念、园区化思路发展农业，提升国家城乡融合发展试验区建设水平，促进要素资源高频流动、高效配置、高倍增值。发展高质高效现代农业。提升国家农业科技园区运行质效，争创省级农业高新技术产业示范区、国家农村产业融合发展示范园、国家现代农业产业园。加快中天黄金大农场、原丘生态牧场、矿地融合发展示范区等重点项目建设，提高质量效益和市场竞争力。建设宜居宜业和美乡村。统筹乡村基础设施和公共服务布局，加快城乡融合发展先行区、现代化宜居农房建设，鼓励争创全国乡村振兴示范镇、省级经济发达镇、特色小镇。更高标准推进城乡环境“五乱”治理，确保“两年全面到位”。创造富裕富足美好生活。引导农村集体经济组织盘活资产资源，鼓励资本下乡、乡贤归乡、企业兴乡，积极培育新型农业经营主体和服务主体，构建优势互补、合作共赢的利益联结机制，促进农民持续增收，走稳走好共富之路。

四、以全面从严治党为同城化现代化提供坚强保证

大力弘扬伟大建党精神，全面落实新时代党的建设总要求，健全全面从严治党体系，为奋力书写“美丽常州新样板”精彩实践提供坚强政治保证。

（一）锤炼忠诚之心，筑牢政治保证。以政治建设为统领，教育引导广大党员干部提高政治判断力、政治领悟力、政治执行力，坚决做到总书记有号令、党中央有号召、省市有部署、金坛见行动走在前，争做“两个确立”的坚定拥护者、“两个维护”的忠实践行者。坚持不懈用习近平新时代中国特色社会主义思想凝心铸魂，做到学思用贯通、知信行合一。牢牢掌握意识形态工作领导权、管理权、话语权，建强新时代文明实践中心（所、站）、融媒体中心等主阵地，巩固壮大奋进新时代的主流思想舆论。

（二）砥砺实干之能，筑牢队伍保证。坚持五湖四海、唯才是举、人岗相适，全力打造政治过硬、适应新时代要求、具备领导现代化建设能力的干部队伍。坚持把政治标准放在首位，以建功“五大行动”成绩单衡量干部，注重发挥各领域、各年龄段干部优势，推动年轻干部培养选拔常态化、长效化，以正确用人导向引领干事创业导向。分层分类抓好领导干部专题培训和各级党员干部全员轮训，加强干部斗争精神和斗争本领养成。认真执行推进领导干部能上能下规定，增强“三项机制”引领力、穿透力，营造发展为重、担当为荣、奋斗为乐的生动局面。

（三）夯实堡垒之基，筑牢组织保证。扎实推进“五聚焦五落实”深化提升行动，机关党建重点解决党建基础薄弱问题，农村党建着力增强党建引领乡村振兴作用，城市党建大力实施“治理力工程”，两新党建做大做强产业链党建联盟。完善双“5A”晋档升级管理办法，强化村书记、社区工作者、两新组织党务工作者专业化体系建设，锻造一支政治过硬、专业专注、相对稳定、充满活力的基层组织带头人队伍。抓紧抓实党员教育管理，激励和引导广大党员勇挑强区富民重担、投身“五大行动”一线，让党的先锋旗帜在各行各业高高飘扬。

（四）弘扬清正之风，筑牢纪律保证。从严从实履行“两个责任”，着力建设廉洁金坛。促进各类监督系统集成、协同高效，推进政治监督具体化、精准化、常态化，增强对“一把手”和领导班子监督实效。锲而不舍落实中央八项规定及其实施细则精神，突出纠治“四风”顽疾，以优良党风政风推动新风正气不断充盈。坚持一体推进“三不腐”，既聚焦权力集中、资金密集、资源富集的领域和环节，又紧盯群众身边的腐败问题，以零容忍态度打好反腐败斗争攻坚战持久战。打响“知行”廉洁文化品牌，提升金坛廉洁文化辨识度，涵养更加风清气正的政治生态。

（五）汇聚奋进之力，筑牢团结保证。坚持统揽全局、协调各方，支持和保证人大、政协以及“一府一委两院”依法依章程独立负责、协调一致开展工作。用好统一战线凝聚人心、团结力量的重要法宝作用，统筹整合乡贤等各种社会资源和协同力量，切实把统一战线的政治、组织优势转化为管理、服务优势。持续深化工青妇等群团组织和社会团体桥梁纽带作用，不断加强党管武装、双拥、老干部等各项工作，为推进改革发展、维护和谐稳定凝聚最广泛的共识，充分汇聚全面加速同城化加快现代化的时代伟力。

同志们，自信人生二百年，会当水击三千里。让我们更加紧密地团结在以习近平同志为核心的党中央周围，在省委和常州市委的坚强领导下，坚定信心、一往无前，全面加速同城化加快现代化，为奋力书写“美丽常州新样板”精彩实践而团结奋斗！

政府工作报告

——2023年1月3日在金坛区第十八届人民代表大会第二次会议上

代区长　胥亚伟

2022年工作回顾

2022年是党的二十大胜利召开之年，也是新一届政府履职的开局之年。面对国内外多重风险挑战，区政府在区委的坚强领导下，在区人大、区政协的监督支持下，团结依靠全区人民，高举习近平新时代中国特色社会主义思想伟大旗帜，全面落实党中央“疫情要防住、经济要稳住、发展要安全”重大要求，奋力扛起“争当表率、争做示范、走在前列”使命担当，系统贯彻“532”发展战略，扎实推进“五大行动”，“美丽常州新样板”建设迈出坚实步伐。

2022年，预计实现地区生产总值1200亿元，增长8%；一般公共预算收入51.2亿元，同口径增长5%；规上工业总产值1960亿元，增长27.8%；规上工业增加值250亿元，增长22%；工业应税销售收入2774亿元，增长42.7%；工业用电量68亿千瓦时，增长19.2%；进出口总额390亿元，增长50%。多项指标增幅位列全市第一、苏南乃至全省前列。一年来，我们竞逐产业升级新赛道。坚定不移发展实体经济，以“五大行动”为抓手，持续掀起“大抓项目、抓大项目”热潮，“五新产业”迎风而立，产业地标越发清晰，经济增长势头强劲，优质项目加速集聚，成为支撑常州发展的“最强增长极”。一年来，我们打开城市发展新格局。抢抓新一轮高质量发展最好的“时与势”，坚决扛起“两湖”创新区主战场重任，一体推进“三城”建设，河海大学常州新校区、金坛高铁枢纽等一批标志性工程提速推进，空间格局顺势打开，城市能级全面提升。一年来，我们绘就美丽金坛新画卷。积极践行“绿水青山就是金山银山”理念，坚持生态优先、绿色发展，推动山水林田湖草一体化保护和系统治理，金坛的天更蓝、山更绿、水更清，城市知名度、美誉度和影响力持续攀高。一年来，我们书写民生福祉新答卷。坚持把老百姓的“关键小事”当作政府的“头等大事”，围绕人大代表票决的16件民生实事项目，持续加大对教育、医疗、养老等社会事业的投入，加快补齐基本公共服务短板，人民群众获得感、幸福感、安全感不断增强。一年来，我们展现担当作为新气象。大力弘扬“自强不息、勇攀高峰、甘为人梯、家国情怀”的华罗庚精神，广大党员干部苦干实干、敢为善为，全区上下政通人和、团结一心，汇聚起干事创业、奋力拼搏的强大能量。具体来说，主要做了以下六方面工作：

一、攻坚重大项目，综合实力全面增强。坚持“项目为王”，狠抓重大产业项目，持续开展攻坚突破行动，全力扩大有效投资。成功举办高工锂电产业峰会、2022“对话德国”、乡贤大会等活动，签约引进工业项目138个，协议投资总额超600亿元，蜂巢能源四期、华耀光电等一批重大项目落户我区。签约引进外资项目17个，协议投资总额7.2亿美元。中德（常州）创新产业园落户德语区企业达53家。实际到账外资首破4亿美元，达4.4亿美元，增长81.2%。新增开票销售超100亿元企业3家、纳税超亿元企业13家，创历史新高。创健医疗、赛尔交通、鹿山新材料获评国家专精特新“小巨人”企业。经开区、中创新航获“江苏制造突出贡献奖”。强化重大项目建设，完成工业投资超200亿元，贝特瑞正极材料、恩捷隔膜等36个省市重大项目顺利推进，中创新航三期、卡迈锡等9个省市重大项目竣工投产。“532”发展战略、“两湖”创新区重点项目完成年度目标。世界首个非补燃压缩空气储能电站——金坛盐穴压缩空气储能国家试验示范项目一号机组并网投运。推动助企纾困政策直达快享，落实组合式税费新政44.5亿元，其中办理增值税留抵退税36.8亿元、为各类中小企业缓交税费6.1亿元。全面深化“放管服”改革，系统打造“金钥匙”政务服务品牌，营商环境持续优化。巩固提升“一网通办”“一件事一次办”等改革成效，最大限度压缩办理时限，精测智能装备、兴禾智能装备等一批项目实现“拿地即开工”。

二、创新“微笑经济”，新旧动能接续转换。深入实施创新驱动发展战略，精心培育“微笑园区”“微笑平台”“微笑企业”。加快建设华罗庚创新中心、中德城镇节能示范园区等平台载体，华大工程生物学长荡湖研究所建成投用，新增永臻科技等省级以上企业研发机构7家。强化企业创新主体地位，净增高新技术企业58家、认定科技型中小企业330家，蜂巢能源、厚生新能源等7家企业跻身省（潜在）独角兽，汤姆森智能装备、易控汽车电子等53家企业获评瞪羚企业。新增省智能制造示范工厂2家、省智能制造示范车间9家。全面深化与河海大学、省产业技术研究院等大学大院大所合作，成立河海大学金坛华罗庚技术转移中心。参与制定国家标准、行业标准28只，创历史新高。优化升级“金礼遇·才无忧”高层次人才服务体系，发放人才金融服务卡1077张，入选省“333工程”8人、省“双创博士”5人。新建（筹集）人才公寓6467套，产业园区保障性租赁住房建设经验获住建部推广。新增股权融资超155亿元，新增上市报会企业5家、报辅导企业2家，中创新航在香港联交所主板上市交易，成为常州历史上最大IPO项目。

三、发展全域旅游，环境面貌焕然一新。坚持以全域旅游的理念、标准和举措创建一流环境，山水林田湖草生态保护修复经验做法获全省推广。全年$PM_{2.5}$浓度降至33微克/立方米，空气优良天数达286天，11个国省考断面水质优Ⅲ比例达90.9%，生态环境状况指数连续两年位居全市第一。通济南河整治等工程全面完工，儒林污水处理厂建成投用，完成白鹭湖景观提升、上阳公园绿地等工程。全面落实中央生态环保督察反馈问题整改。“五乱”治理工作大见成效，城乡环境短板加速补齐。“江东福地、乐道金坛”品牌持续叫响，第十三届江苏省乡村旅游节在坛开幕，上阮美丽乡村开园，仙姑村获评中国美丽休闲乡村。全年接待游客达794.6万人次，旅游总收入达103.8亿元。成功举办中国山地自行车公开赛、全国公路自行车锦标赛，在第二十届省运会勇夺金牌55枚。深入实施中华文明探源工程，完成三星村遗址考古勘探，《常州市三星村新石器时代遗址保护条例》被列为市人大立法调研项目。高标准推进全国文明典范城市创建，建成区新时代文明实践中心，全新推出城市形象视觉识别系统和外宣用语。儿童剧《野蜂飞舞》荣获省“五个一工程”奖。

四、做强城市能级，功能品质加速蝶变。深入推进常金同城化、城乡一体化，启动“两湖”创新区金坛组团封闭运作，全力打造“生态创新区、未来科创城”。“多规合一”国土空间总体规划通过审议，“三区三线”划定成果正式启用。新增空间规模指标3879亩，新增建设用地指标2987亩。南沿江城际铁路金坛段完成铺轨，金坛站房内饰工程加快推进。城乡公交一体化改革稳步实施，常金公交88路正式开通。开辟金坛至上海洋山港河海直达航线，“汉唐金坛”集装箱船正式下水。金沙科技金融中心建成投用，万豪国际酒店、万枫酒店、亚朵酒店开业运营。河海大学常州新校区完成单体建筑验收，教职工住宅全部封顶。新建改造市政雨污水管网20.5千米，改造提升春风一村、古石林等老旧小区11个，河滨（北戴）小区创成省级宜居示范居住区。虹桥、南门学苑等8处口袋公园竣工投用。打造南环一路、南门大街等11条精品街道。隆重举行华罗庚中学建校100周年高品质发展大会，推行基础教育集团化办学，创成省级义务教育优质均衡发展区。“院府合作”成果显现，第一人民医院升格为三级乙等综合医院，中医医院完成整体搬迁改造，妇幼保健院与常州二院共建医联体。城区“15分钟医保服务圈”基本形成。城乡居民基础养老金标准提高至391元/月，被征地农民养老补助金提高至816元/月。建成区级人力资源产业园，新增城镇就业1.4万人，扶持创业2000人以上。

五、促进城乡融合，乡村振兴全面推进。严防耕地“非农化”“非粮化”，建成高标准农田7000亩，实现粮食生产面积36.4万亩，粮食总产量17.2万吨，获评省夏粮生产贡献突出单位。全力推动国家农业科技园区实体化运作，省级现代农业产业高质量发展示范园获批建设，薛埠镇、指前镇通过中央农业产业强镇验收。池塘蟹虾养殖“金坛模式”获省标准创新贡献奖。全面深化国家城乡融合发展试验区建设，出台农村宅基地改革系列配套文件，稳妥有序推进农村集体经营性建设用地入市。探索资源禀赋和生态产品价值转换，整区屋顶分布式光伏开发试点稳步推进，《围绕“两水一茶”优势特色产业发展智慧农业》等3个典型案例获全省推广。加快建设新时代鱼米之乡，首个社会资本单体投资超10亿元的中天黄金大农场项目成功签约。新增区级以上示范家庭农场100家、示范合作社20家。农村居民人均可支配收入达3.6万元，增长6.6%，增幅继续高于城镇居民。农村人居环境整治纵深推进，打造幸福河湖48条，建成现代化宜居农房超1000套。金城镇获评省级生态宜居美丽乡村示范镇，东浦村创成省级特色田园乡村。

六、强化综合统筹，行政效能不断提升。健全区政府领导牵头专班工作机制，修订完善政府工作规则，邀请人大代表、政协委员列席区政府常务会议。自觉接受区人大及其常委会工作监督、法律监督和区政协民主监督，办理人大代表建议和政协委员提案366件。依托“12345”政务服务热线办理群众诉求17.3万件。牢固树立政府过“紧日子”思想，加强“三公”经费管理，一般性支出压减10%。抢抓政策机遇，全年向上争取各类资金18亿元。抓好省委涉粮问题专项巡视整改，推进综合行政执法体制改革，扎实做好规范性文件合法性审核，持续加大对重点领域、关键环节审计监督力度。深入推进安全生产“百日攻坚”行动，安全生产专项整治“三年大灶”圆满收官，生产安全事故起数和死亡人数实现“双下降”。扎实做好党的二十大维稳安保工作，深入开展“信访突出问题攻坚化解年”行动，全区群众安全感和政法队伍满意度分别达99.5%、98.4%，创历史新高、居全市第一。积极应对房地产市场下行压力，全力防范化解政府隐性债务。国企改革三年行动顺利收官，形成“2＋3”区管国有企业体系。始终坚持人民至上、生命至上，严格执行第九版防控方案，扎实落实“二十条”“新十条”优化措施，科学精准做好疫情防控，新冠疫苗接种超150万剂次，有力保障人民群众生命安全和身体健康。

此外，海关、气象、消防、烟草、融媒体、人民银行、住房公积金等部门认真履职，取得了新的成绩；史志侨台、人民武装、邮电通信、工会供销、妇女儿童、民族宗教、慈善红十字等单位扎实工作，作出了新的贡献。

各位代表，事非经过不知难，成如容易却艰辛。这些成绩的取得，是区委正确领导、科学决策的结果，是区人大、政协监督协商、全力支持的结果，是全区广大干部群众勠力同心、攻坚克难的结果。在此，我谨代表区政府，向辛勤工作在各个领域的全区人民，向全体人大代表、政协委员，向各民主党派、工商联、无党派人士、人民团体、社会各界人士和离退休老同志，向驻坛部队、武警官兵和公安政法干警，向参与新冠肺炎疫情防控的同志们，向所有参与、关心、支持金坛建设和发展的朋友们，致以崇高的敬意和衷心的感谢！

各位代表，面对新形势、新要求，我们也清醒地看到存在的问题和不足：从产业结构层次来看，新招引项目落地见效周期较长，优质市场主体数量仍然偏少，科技创新载体平台量级偏低，“五新产业”尚未完全成势，“五型经济”还在培育阶段。从环境资源要素来看，污染防治任重道远，治水、治气还需要持续加大攻坚力度。“两湖”创新区金坛组团启动建设以来，土地、资金等要素需求持续加大，带来新的现实挑战。从公共服务和社会治理来看，“一老一小”服务供给、教育师资水平、城乡建设管理、村级集体经济发展等领域存在差距。安全生产仍有欠账，万人诉讼率居高不下，基层治理水平亟待提升。从干部队伍能力素质来看，少数干部观念视野、专业能力跟不上新形势新要求，统筹意识、服务意识、法治意识、担当意识仍需提升。对此，我们将采取务实有效举措，认真加以解决。

2023年工作安排

各位代表，2023年是全面贯彻落实党的二十大精神的开局之年，是实施“十四五”规划承上启下的关键之年，做好今年各项工作意义重大。今年政府工作的总体要求是：*以习近平新时代中国特色社会主义思想为指导，全面贯彻落实党的二十大精神，坚持稳中求进工作总基调，完整、准确、全面贯彻新发展理念，积极服务构建新发展格局，着力推动高质量发展，更好担当“争当表率、争做示范、走在前列”光荣使命，全面落实“532”发展战略，坚决扛起“两湖”创新区主战场重任，深入推进“五大行动”，全面加速同城化加快现代化，全力打造最美新城区、最强增长极，奋力书写“美丽常州新样板”精彩实践。*

今年全区经济社会发展的预期目标为：地区生产总值增长8%；一般公共预算收入增长10%、力争完成65亿元；固定资产投资增长6%，其中工业投资完成200亿元；规上工业总产值增长20%，工业应税销售收入实现3300亿元。实际使用外资、进出口总额稳中提质，生产安全事故起数和死亡人数持续下降，完成上级下达的能耗下降、环境改善等指标任务。

做好今年政府工作，我们要重点把握以下五个方面原则：

*必须坚持发展为先。*积极抢抓长三角一体化、常金同城化、“两湖”创新区建设等重大历史机遇，全面融入扬子江城市群、上海大都市圈、南京都市圈和苏锡常都市圈，立足“产业强区、工业立区、项目兴区”，加快构建现代产业体系，攻坚突破重大项目，为常州成功迈入“GDP万亿之城”贡献金坛力量。

*必须坚持质效为要。*牢固树立“以亩产论英雄、以效益论英雄、以能耗论英雄、以环境论英雄”导向，努力推动高质量发展、创造高品质生活、实现高效能治理，全力破解“增产不增收、增人不留人、要素不匹配”等问题，切实提升经济密度、创新能力、城市能级。

*必须坚持民生为本。*始终把实现人民对美好生活的向往作为金坛现代化建设的出发点和落脚点，健全教育、医疗、文化等公共服务体系，提高就业、养老、住房等社会保障能力，维护群众利益，增进民生福祉，让发展成果更多更公平惠及全体市民。

*必须坚持安全为基。*更加注重统筹发展和安全，探索发展新时代“枫桥经验”金坛实践，稳妥处置化解重大风险隐患，打造共建共治共享的社会治理格局，全力守住安全生产底线、生态环境红线、社会稳定防线，不断提升金坛现代化建设本质安全水平。

*必须坚持大局为重。*倍加珍惜来之不易的发展机遇和大好局面，全面、系统、整体落实区委决策部署，保持奋发有为的精神状态和“时时放心不下”的责任意识，加强前瞻性思考、全局性谋划、整体性推进，确保政府工作向中央看齐、同省市合拍、与区委同向。

为实现今年预期目标，我们将重点做好以下七个方面工作：

一、聚焦产业强区，锻造高质量发展引擎

*加力招引优质项目。*以重大项目突破行动为抓手，深化链式招商、科技招商、城旅招商、驻点招商，精准招引一批支撑带动力强的高端龙头项目和科技含量高、成长性好的“专精特新”项目，积极招引总部经济、城市经济、数字经济等现代服务业项目。全年引进备案投资总额超3亿元或3000万美元项目37个，其中超10亿元或1亿美元项目11个、超30亿元或3亿美元项目4个、超50亿元或5亿美元项目2个。签约引进外资项目不少于15个。建立完善区、镇（园区、街道）协同招商机制，经开区、华罗庚高新区、金城镇充分发挥招商引资主阵地作用，力争引进一批旗舰型、龙头型、基地型项目。各镇、街道挖掘存量资源开展招商引资，精准布局一批强链、补链、延链的产业项目，加快落地一批“小而优”“小而美”“小而强”的优质项目。

*加快推进项目建设。*组建重大项目服务专班，完善“容缺受理、并联审批、联合验收”工作机制，构建“金钥匙”

政务服务品牌升级版，打造一流营商环境。健全区政府领导挂钩联系机制，强化项目全周期服务、全过程管控，建立区级以上重点产业项目库，抓紧落实土地、能耗、环境等要素保障，开展工业项目“标准地”改革试点，全面实现重大项目“拿地即开工”。加大地方政府专项债券、中央预算内投资补助、省重大项目争取力度，力争更多政策资金倾斜。科学排定政府投资项目、区管国有企业投资项目、社会资本投资项目，确保凯卓威精密减速机、巨冈智能机床等项目开工建设，东方日升二期、奥托立夫气体发生器等项目竣工投产，全面提升项目开工率、投资完成率、竣工达产率。

加速产业转型升级。以壮大“五新产业”“五型经济”增后劲、促跨越，支撑起高质量发展的“四梁八柱”。深入开展第五次全国经济普查，摸清产业发展家底。集中力量培育新能源、新能源汽车两大千亿级地标产业，着力推动产业集群化发展、向中高端迈进，为常州建设新能源之都勇挑大梁。深入实施智能化改造和数字化转型行动，支持中创新航开展工业互联网标识解析二级节点建设，推动先进制造业与现代服务业协同发展。深入推进工业用地提质增效，提高工业用地节约集约利用水平，实现产业迭代升级。积极抢抓资本市场扩容机遇，全力推动蜂巢能源、健尔康、常友环保、永臻科技、泽润新能等企业冲刺上市。加快“龙城金谷”西区建设，放大政府产业创新发展基金虹吸效应，加强与国内外知名投资基金、创投机构合作，优化创新贷、常信贷、园区保等普惠金融服务。

二、聚焦创新引领，汇聚高质量发展动能

构建一流科创体系。以微笑经济创新行动为引擎，围绕产业链布局创新链，提速建设中国（常州）德国中心孵化中心、华科数字经济科技园等高能级科创载体，争创国家火炬动力及储能电池特色产业基地。全力支持华大工程生物学长荡湖研究所、江苏动力及储能电池制造业创新中心等创新平台做大做强，引育一批新型研发机构和产业技术研究院。发挥企业科技创新主体作用，构建以独角兽企业和瞪羚企业为龙头、高新技术企业为主力、科技型中小企业为基础的创新型企业集群。完善创新创业政策支持和服务体系，发挥区人力资源产业园带动效应，布局“家门口”就业服务站，启动常州工业职业技术学院金坛分院实体化建设，引育市级以上领军型创新创业人才30人以上、产业技术工人5000名以上。深入推进人才优居工程建设，新建（筹集）人才公寓9800套，华科·梅香苑、金沙·丰泽公寓二期建成投用。

构建一流发展平台。持续推进“一区多园”发展模式，确保经开区、华罗庚高新区在全省同类园区中稳步进位。经开区以成立30周年为新起点，立足新智能、新能源、新材料等优势产业，优化完善中德（常州）创新产业园、新材料科技产业园等功能布局，全力争创国家级经开区。华罗庚高新区加快“去筹”步伐，做优园区发展规划，加强科创项目招引，重点发展新能源汽车、新基建等产业，打造“两湖”创新先行区、“微笑经济”示范区。深化园区与镇、街道联动发展，实现优势互补、差异发展，增强投资吸引力和综合竞争力。全域开展“危污乱散低”综合治理，做好“治、盘、腾”三篇文章，对4个重点行业、5个工业片区、5个突出领域进行专项整治，全年腾退土地空间规模1000亩、低效用地再开发3000亩以上，为园区发展腾出空间。

构建一流开放格局。不断拓展对德合作领域、提升合作层次、深化合作内涵，全力打造长三角对德创新合作新高地、中德全面交流合作新样板。加大头部德企和“隐形冠军”招引力度，探索建设离岸创新中心、离岸孵化器、国际科创合作平台，全年引进德语区产业项目10个以上。大力发展枢纽经济，引育现代物流、跨境电商等市场主体，策划打造现代物流中心金坛基地，加快普洛斯、丰树等物流园区建设。推动金坛港物流中心建设海关监管作业场所，争取上港内陆集装箱枢纽金坛项目加快落地，打开河海联运、水水联运新格局。积极拥抱全球化，引导企业抢抓RCEP和“一带一路”交汇点建设机遇，全力以赴保客户、稳订单、拓市场，争创国家级外贸转型升级基地。鼓励本土企业更大力度“走出去”，支持中创新航、蜂巢能源、永臻科技等企业海外投资建厂。

三、聚焦生态宜居，擦亮高质量发展底色

持续优化生态环境。以全域旅游创建行动为牵引，做好中央和省生态环保督察整改“后半篇文章”，深化洮滆片区水环境综合治理与可持续发展试点，全力争创国家级生态文明建设示范区。深入打好污染防治攻坚战，加大重点行业污染治理力度，推动重点企业减排降碳，强化建筑工地扬尘管控，有效改善PM2.5浓度和优良天数比率。实施城市水系畅通及生态修复工程，整治问题小微水体，创建示范幸福河湖。推进城镇污水收集处理一体化建设运营管理，加快建设工业污水处理厂、直溪污水处理厂，完成第二污水处理厂提标改造，开展集镇、工业园区污水管网综合验收、达标移交，确保污水应接尽接、应收尽收。深入推进沈渎填埋场续建库区封场工程，整治盘活培丰化工集中区。

持续扩大品牌影响。加快全域旅游集散中心、智慧旅游平台建设，深化整体品牌营销、节庆活动营销、主题式精准营销，吸引更多游客打卡度假，争创国家全域旅游示范区。茅山旅游度假区锚定长三角休闲度假中心“最美窗口”目标，加快推动紫云湖、明月湖、六陇山居等重点文旅项目建设，争创国家级旅游度假区。启动建设长荡湖休闲运动公园，全面推进“陌上花开”都市田园活力带项目，加快建设“绿野仙踪”最美骑行道，办好国际自行车文化旅游节、中国山地自行车公开赛、茅山半程马拉松赛、长

荡湖音乐节等系列文旅活动，争创国际自行车慢城之都。

持续倡导文明风尚。广泛践行社会主义核心价值观，统筹推进文明培育、文明实践、文明创建，实施“全国文明典范城市创建攻坚年”行动，推动文明城市创建常态长效。深化拓展新时代文明实践中心（所、站）功能，打响“金善金美”新时代文明实践品牌，促进城乡精神文明建设融合发展。加快构建现代公共阅读服务体系，办好“金坛读书月”品牌活动。高水平完成三星村遗址公园策划规划，全面开展考古发掘工作，按时完成立法各项任务，推进三星村遗址活化利用。打响金坛非遗文创品牌，推进非遗公园建设。更大力度做好城市外宣，别出心裁讲好金坛故事，支持省儿童艺术剧院（华罗庚艺术团）探索国有文艺院团改革，创排话剧《华罗庚》，不断提升华罗庚精神时代影响力。

四、聚焦能级提升，增强高质量发展引力

精心谋划引领发展。以城市能级提升行动为引领，坚持战略眼光、未来标准、系统思维，优化提升“两湖”创新区金坛组团详细规划，加快打造高端制造国际合作、产城融合科创田园、水乡生态客厅三大组团。始终坚持交通先行，开展区域多层次轨道交通线网专题研究，全力保障南沿江城际铁路金坛段、金坛高铁枢纽竣工投用，推动镇宣铁路稳定线型、常金宁城际铁路纳入上位规划。加快推进丹金高速、金宜高速、苏锡常南部高速西延等项目，启动中吴大道西延、华城路改造提升等工程，建成金城大道、长荡湖北路、金山路等道路，开通运营金武公交，完善内畅外联立体交通网。

精致建设完善功能。做强钱资新城功能，加快城旅综合体项目招引和建设，打造青春浪漫水城。精心策划高铁枢纽站前商务区，提速建设金山路商务区，提升金沙科技金融中心运营水平，实现首店经济、首发经济新突破。集聚科教名城活力，建成投用河海大学常州新校区，竣工交付教职工住宅项目。启动华罗庚科学城建设，完善河海东街、涑渎小镇商业服务功能。启动长荡湖水厂二期工程建设，新增供水能力10万吨/日。加速金沙老城更新，改造提升华城一村、文化二村、愚池新村等10个老旧小区，持续推进既有住宅加装电梯。新建改造市政雨污管网20公里。运营投用汇贤邻里中心。建成童车厂、飞洋鱼文化创意产业园，推动金沙老城散发新魅力。

精细管理提升品质。优化城市管理体制机制，逐步构建保洁、市政、园林一体化管理格局，有序推进城区农贸市场、疏导点、闲置地块等管理事权下放，试点“城市管家”服务模式。探索智慧城市建设，加强数字城管应用，打造新塘“美丽街区”样板。建设城南生活垃圾转运站，创建38个省级生活垃圾分类达标小区（示范村），提高垃圾分类和资源化利用水平。持续推进小区物业管理提升，强化公共收益审计，规范物业服务市场。全力纾解群众停车及充电难题，新增停车泊位1200个，配建新能源充电桩260套。

五、聚焦农业农村，夯实高质量发展基础

推动城乡改革发展。以城乡融合发展试验行动为先导，促进城乡要素平等交换、双向流动，完善集体经营性建设用地入市机制。稳妥有序实施农村宅基地改革，搭建农村宅基地综合管理信息系统，探索农村宅基地退出机制。加强农村土地承包改革，规范开展调解仲裁工作。巩固提升农村集体产权制度改革成果，探索强村富民新路径。加快南瑶城乡融合发展先行区建设、直溪片区矿地融合发展示范区建设，争创第五批国家农村产业融合发展示范园。全力支持儒林镇创建全国乡村振兴示范镇，直溪镇创建经济发达镇、创成“光采小镇”特色镇。

做强现代农业产业。大力发展绿色农业、智慧农业、高效设施农业，加快建设省级现代农业产业高质量发展示范园，全力培育国家级、省级农业龙头企业，争创国家现代农业产业园。鼓励支持社会资本参与大农场建设，培育壮大一鸣乳业、一号农场、中天黄金大农场等龙头企业项目，形成“一镇一特、一村一品”产业发展格局。实施新型农业经营主体提升行动，新增区级以上示范合作社10家、家庭农场20家。落实最严格的耕地保护制度，创建省级农业生产全程全面机械化示范县，提质改造高标准农田7100亩，完成政策性粮食储备任务5.2万吨。改造标准化池塘5000亩以上。

建设宜居和美乡村。统筹推进全域美丽乡村、现代化宜居农房建设，创成一批生态宜居美丽乡村、特色田园乡村，展现新江南水乡特色风貌。深入推进城乡环境“五乱”治理、农村人居环境整治提升，对治理工作成效逐片过堂、考核验收。巩固“四好农村路”建设成果，开展农村道路环境综合整治，营造畅安舒美的通行环境。健全农村河道长效管护机制，提速建设清水渎中河、东大圩内河等生态河道。稳步推进农村生活污水治理，防治农业农村面源污染，完成25个行政村、218个自然村污水治理工作，建设污水管网80千米。

六、聚焦民生民计，共享高质量发展成果

用情办好民生实事。优化城乡教育资源布局，做强华罗庚、段玉裁、河海三大教育集团，深化华罗庚中学高质量发展办学改革，新（改、扩）建段玉裁实验幼儿园、华城实验小学等9所学校。拓展“院府合作”成效，第一人民医院争创三级甲等综合医院，中医医院争创三级中医医院。开工建设区公共卫生服务中心，提升基层医疗机构诊疗、康复功能。着力解决“一老一小”问题，兜住兜牢基本民生保障底线，完成困难老年人家庭适老化改造400户，为2.2万名老年人提供居家养老上门服务，开展产前筛查和新生儿疾病筛查2000人次。

提升现代治理水平。纵深推进国有企业改革，推动国有企业确立经营模式、做优资产结构、提高经济效益。逐步化解区管国有企业历史遗留问题，坚决遏制债务增量，有序化解隐性债务存量。深入推进精网微格工程，科学合理调整村（社区）设置，强化矛盾纠纷多元化解和初信初访办理，营造更加和谐有序的社会环境。加快推进城市运行“一网统管”，全面加强数字政府建设，实现社会信息全汇聚、城市运营全监管、隐患风险全掌控。

筑牢安全发展基石。坚持统筹发展和安全，加快构建全域覆盖、全民参与的公共安全体系，创建省级安全发展示范城市。严格落实安全生产“五个责任”，加大危险化学品、城镇燃气、消防等重点行业领域安全生产专项整治力度，坚决遏制重特大事故发生。做好省级食品安全示范城市跟踪评价，落实食品安全包保制度。深化平安金坛、法治金坛建设，常态化开展扫黑除恶斗争，精准打击治理电信网络诈骗、侵害弱势群体等违法犯罪。抓实抓细疫情防治工作，最大限度减少疫情对经济社会发展的影响。

民之所盼，政之所向。2023 年，我们梳理出“优学金沙”“畅行金沙”“健康金沙”等民生实事候选项目 12 件 31 项。本次会议票决通过后，区政府将强化组织领导、统筹谋划推进、全力抓好落实，积极回应人民群众美好期盼。

七、聚焦自身建设，担当高质量发展重任

强化政治引领。深入学习宣传贯彻党的二十大精神，坚定用习近平新时代中国特色社会主义思想武装头脑、指导实践、推动工作，深刻领悟“两个确立”的决定性意义，不断提升政治判断力、政治领悟力、政治执行力。切实加强政府系统党的建设，把党的全面领导贯穿到各方面、全过程，不折不扣贯彻中央大政方针和上级决策部署，确保政令畅通、令行禁止。

强化依法行政。全面推进严格规范公正文明执法，加大重点领域执法力度，切实维护群众合法权益。坚持按法定权限和程序行使权力，健全完善公众参与机制，用好专家评审意见，强化合法性审查，提高政府决策科学化、民主化、法治化水平。自觉接受人大法律监督和工作监督、政协民主监督，高度重视群众监督和舆论监督。加大政府信息公开力度，及时回应群众关切。

强化实干担当。积极营造真抓实干、担当作为良好氛围，激发干部群众争先斗志，努力创造更多“第一”“唯一”。聚焦重点领域和关键环节，推进“工作项目化、项目清单化、清单责任化”，狠抓工作落实，提升工作质效。大力培养干部现代思维方式，全面提升精准执行、高效落实的能力水平。

强化廉政建设。始终把纪律和规矩挺在前面，严格遵守中央八项规定及其实施细则精神，坚决防止“四风”问题变异反弹。进一步压降“三公”经费和一般性支出，提升财政资金使用效益，腾出更多财力支持经济发展和保障改善民生。加强重点领域、关键岗位的全程管控和审计监督，坚决查处不正之风和腐败问题，永葆清正廉洁的政治本色。

各位代表，乘风破浪扬帆劲，奋楫笃行开新篇。让我们更加紧密地团结在以习近平同志为核心的党中央周围，在区委的坚强领导下，撸起袖子加油干，风雨无阻向前行，全面加速同城化加快现代化，为奋力书写“美丽常州新样板”精彩实践而不懈奋斗！

中共常州市金坛区委
常州市金坛区人民政府
关于做好 2022 年全面推进乡村振兴重点工作的实施意见

坛发〔2022〕1 号

各镇党委和人民政府，各街道党工委和办事处，各园区党工委和管委会，区各部委办局，各区管国有企业、区直属单位：

2022 年是党的二十大召开之年，是实施“十四五”规划承上启下之年，也是乡村振兴全面展开、农业农村现代化进程加快之年，做好“三农”工作具有特殊重要意义。2022 年全区“三农”工作的总体要求是：以习近平新时代中国特色社会主义思想为指导，深入贯彻中央、省委、市委农村工作会议要求和区第十四次党代会部署，全面落实“532”发展战略，以“五大行动”为抓手，全面实施乡村振兴，统筹推进乡村发展、乡村建设、乡村治理和农村改革等重点工作，努力建设农业强、农村美、农民富的新时代鱼米之乡。现提出如下实施意见。

一、聚力稳产保供，抓好粮食生产

（一）全力抓好粮食等重要农产品生产。全面落实粮食安全党政同责，深入开展粮食绿色高质高效创建行动，持续推进优质稻谷“五位一体”全产业链新型订单模式（试点推行小麦“五位一体”）。全区新建高标准农田 7000 亩、美丽农田 1400 亩，粮食播种面积不低于 35.63 万亩，产量稳中有升。严格落实水稻生态补偿和粮食收购政策，统筹抓好加工、储备、运输等重点环节，确保粮食库存充实、储备充足、供给充裕。加大水稻种植补贴力度，引导新型农业经营主体多种粮、种好粮，对在全区实际种植水稻 100 亩（含）以上的适度规模种植经营者发放补贴。压实“菜篮子”区长负责制。健全生猪稳产保供长效机制，全区能繁母猪存栏 5000 头以上、生猪存栏达 6.5 万头。抓实叶菜类特色蔬菜产业基地建设，全区蔬菜播种面积不低于 9 万亩。发展绿色生态渔业，推进池塘生态化改造，全区水产品产量达 3.3 万吨。有效防范应对自然灾害和重大动物疫病。

（二）强化耕地保护硬措施。实施耕地保护党政同责，严守耕地红线。按照省市统一部署，足额带位置逐级分解下达耕地保有量和永久基本农田保护目标任务，签订新一轮耕地保护责任书，实行刚性指标考核、一票否决、终身追责。对已经突破现有耕地保有量目标的，抓紧制定耕地恢复补充方案，有目标、有计划、有节奏地抓好落实。落实和完善耕地占补平衡政策，规范开展补充耕地质量评定。强化耕地用途管制，严格落实耕地利用优先序，永久基本农田重点用于粮食生产，坚决遏制耕地"非农化"、防止"非粮化"。稳妥推进农村乱占耕地建房问题专项整治，巩固"大棚房"问题专项清理整治成果。有序推进全域土地综合整治，加强政策性歇耕地统筹利用，按照"宜粮则粮、应种尽种"的原则，对已拆迁未利用、已收储地块打响清障整治攻坚战。

（三）提升现代种业创新发展能力。加快推进农业种质资源普查收集，强化精准鉴定评价，鼓励引进优质动植物种质资源。强化种业知识产权保护，依法打击套牌侵权等违法犯罪行为。实施现代种业提升三年行动，推动水稻、家禽、河蟹等领域育种科技创新。实施省种业科技创新"揭榜挂帅"项目，推进"长荡湖"河蟹优质抗逆新品种选育，扶持金坛米猪育繁推一体化发展。全区主要农作物良种覆盖率达90%、种畜禽主推品种覆盖率达88%。

二、聚力基础支撑，抓好现代农业

（四）强化农业科技装备支撑。搭建农业科技创新平台，支持农业企业联合高校院所共建联创中心、院士（专家）工作中心。深入实施"龙城英才计划"农业乡土人才选拔培养，加强对"农创客""田秀才""土专家"的培养使用。完善职称评聘制度，向基层一线农技人员倾斜。完善科技特派员激励机制，设立科技特派员工作站。全区新增高校院所专家型科技特派员不少于10人，开展产学研合作不少于10场，引进农业科技成果不少于15项，实施农业科技项目不少于15项，农业科技进步贡献率达71%以上。因地制宜发展设施农业，有序推进设施农业宜机化改造、标准化建设。推动水肥一体化、饲喂自动化、环境控制智能化等设施设备技术运用。落实农机购置与应用补贴政策，构建特色农业机械化发展技术体系，着力示范推广智能、绿色、高效农机具。全区农作物耕种收综合机械化率达86%以上，其中主要粮食作物耕种收综合机械化率稳定在97%以上，特色农业机械化水平提高3%以上。

（五）强化农业品牌品质支撑。积极实施农业品牌建设战略，集聚资源要素，全力打造区域公用品牌宣传"新矩阵"。全面推行"网格化＋精准监管"模式，大力推广食用农产品承诺达标合格证。推进"长荡湖大闸蟹"地理标志证明商标注册，申报"金坛雀舌""长荡湖大闸蟹"农产品地理标志，推动申报绿色优质蔬菜基地，确保全区地产农产品质量安全抽检合格率保持在98%以上，绿色优质农产品比重达66%以上。

（六）强化农业项目园区支撑。开展农业农村重大项目提质增效年活动，在项目谋划、招商引资、服务协调等方面创新推进，全区实施农业农村重大项目25项以上，总投资、年度计划投资分别达20亿元、10亿元以上。立足园区资源和需求，强化农业农村项目策划包装，超前谋划储备一批打基础、管长远的重大工程。加快国家农业科技园区建设，重点打造"一心三区"。鼓励核心区围绕数字渔业与高校共建研发机构，启动数字农业创新应用推广基地（河蟹）建设项目，新建公共技术服务平台1个、省级以上农业创新创业载体1家。

三、聚力富民强村，抓好乡村发展

（七）持续巩固脱贫攻坚成果。实现脱贫攻坚与乡村振兴有效衔接，完善认定监测帮扶机制。开展低保边缘家庭和支出型困难家庭动态认定和监测，优化数据比对和预警，及时将有返贫致贫风险和突发严重困难的农户纳入监测范围，分层分类实施社会救助和帮促，确保应纳尽纳、应享尽享。选择2—3个镇（街道）开展乡村公益医疗互助试点，试点镇（街道）所辖行政村参与率达50%，试点村农户参与率达30%以上。深化全区第六轮结对帮扶工作，统筹做好常州市茅山老区乡村振兴帮促三年行动，财政扶持村集体经济发展政策重点向经济提升村倾斜，确保2022年底16个经济提升村的经营性收入村均达150万元以上。实施供销促进共同富裕先行先试"十百千万"工程，组建农业产业农合联2家，建设供销综合为农服务中心12个，培育金牌农产品经纪人100人，带动1000户低收入农户实现增收。

（八）持续推进富民强村工程。深入推进产业富民、就业富民、创业富民、改革富民，推动先富带后富，加快构建农民收入持续增长的长效机制，实现农民人均可支配收入增幅高于城镇居民。引导有需求的乡村就业人员参加城镇职工基本养老保险和基本医疗保险。大力开展适合农民工就业的技能培训和新职业新业态培训，支持农民就地就近就业创业。推进新型职业农民培育工程，新培育高素质农民1284人。深入实施"双百提升"工程，促进新型农业经营主体与优势产业同步壮大，全区新增区级以上农民合作社示范社、示范家庭农场各20家以上。巩固拓展资源发包、物业租赁、资产经营等发展路径，健全村村抱团、村企合作等资产运营新机制。鼓励支持村集体参与新业态、新载体建设，推动村级集体经济差别化、错位式发展，提高新型农村集体经济强村占比。深入推进"万企兴万村"行动。全区村集体经营性收入村均达300万元。

（九）持续推进农村产业融合发展。推动农业全产业链优化升级，培育一批产业集群，不断延伸产业链、提升价值链、打造供应链。大力培育和引进加工型农业龙头企业，新增市级农业产业化龙头企业3家以上。推进"互联网＋"农产品出村进城工程试点县建设，建立"1＋1＋N"

市场化运营机制，发挥“互联网+”在推进农产品生产、加工、储运、销售各环节高效协同和产业化运营中的作用。加快发展智慧农业，规模农业物联网技术推广应用面积占比超42%，农业电商交易额超20亿元。支持供销合作社建设农产品现代流通服务体系。推进全域旅游创建行动，培育发展特色化、产业化、差异化乡村休闲文化旅游产品，茅山茶海正式开园。全区乡村旅游和休闲农业接待游客达290万人次，综合营收达5亿元。

（十）持续推进农业农村绿色低碳发展。打好“十年禁渔”持久战，深化非法捕捞专项整治。实施加强农业农村污染治理促进乡村生态振兴行动计划，完善生态产品价值实现机制，推进农业农村领域碳达峰碳中和。开展全民所有自然资源资产清查试点，编制全民所有自然资源资产平衡表。构建生态产品开发利用适宜性评价指标体系，编制产业发展指引和正负面清单。引导农业绿色循环发展，推行间种、套种、轮作等绿色种养方式。深入推进农业投入品减量化，支持农药集中采购统一配供，扩大商品有机肥应用。持续实施农药包装废弃物和废旧农膜回收行动，回收处置率达90%。支持秸秆综合利用，加强畜禽粪污资源化利用，秸秆和畜禽粪污资源化综合利用率均达96%以上。

（十一）持续推进农村改革。深化农村土地所有权、承包权、经营权“三权分置”改革，引导土地承包经营权向农民合作社、家庭农场等新型农业经营主体流转。全面推广集体经营性建设用地入市，建立集体经营性建设用地入市出让金、调节金、入市净收益等各项资金的划转机制，保障村集体土地收益。出台宅基地管理配套文件，在宅基地保障对象认定、宅基地审批管理、保障退出宅基地农民权益等方面形成较完善的机制。深化农村集体产权制度改革，稳步推进“政社分离”，逐步实现村民委员会和集体经济组织事务分离、账务分开，完成10个村的“村社分账”试点。探索农民对集体资产股份占有、收益、有偿退出及抵押、担保、继承的有效实现形式。

四、聚力均等服务，抓好乡村建设

（十二）健全乡村建设实施机制。坚持乡村振兴为农民而兴、乡村建设为农民而建，充分发挥村级组织作用，建立“自下而上、村民自治、农民参与”机制。坚持先规划后建设，加强城乡发展统筹规划，优化乡村空间布局，因地制宜编制和实施实用性村庄规划，严格规范村庄撤并。深化国土空间规划编制，完成生态空间管控区域调整方案报批。统筹乡村振兴专项流量指标的使用，解决重点项目落地难问题，编制南瑶村城乡融合先行区总体规划。

（十三）持续实施农村人居环境整治提升五年行动。以农村厕所革命、生活污水垃圾治理、村容村貌提升为重点，以“三美一高”（生态美、环境美、人文美和管护水平高）生态宜居美丽乡村建设为抓手，推动农村环境整治向村美、田美、水美、庭院美拓展。完善“五位一体”长效管护机制，提升村庄管护水平、公共环境质量和农民文明健康素养。突出抓好以户厕化粪池盖板破损、外溢渗漏、违规直排等为重点的长效管护，深入推进以“四清一治一改”为重点的常态化清洁和绿化美化行动。探索现代化宜居农房建设路径，推进特色田园乡村建设，开展示范镇村典型培育，加快建设新时代鱼米之乡。全区新改扩建农村公厕22座，农村生活污水治理率达42%以上，规划发展村生活污水治理率和设施运行率达100%。持续推进河长制，完成59座问题小微水体治理，130座村庄河塘清淤，完成儒林中河、芦家中河等农村生态河道建设，农村生态河道覆盖率达42.7%。全区完成现代化宜居农房建设10个村、1000户左右，力争建成生态宜居美丽乡村示范点6个和省级特色田园乡村2个，完成薛埠美丽宜居小城镇省级试点建设任务，上阮美丽乡村开园迎客。

（十四）扎实推进重点领域农村基础设施建设。加快覆盖城乡的公路、电力、天然气和供水等基础设施建设，健全区、镇（街道）、村三级管理网络和建管长效机制。扎实开展农村公路管理养护体制改革，推行区、镇（街道）、村三级路长制。加强“四好农村路”建设，深化“农村公路+产业”融合发展模式，完善沿线服务配套设施，开展农村物流达标县创建。加快农村供水管网更新改造，推动管道燃气向农村延伸，新建管道燃气12.5公里。启动湟里河综合整治工程，实施农田水利、水库消险等重点水利工程建设。持续提升农村电网供电可靠性和供电质量，推进电力设施提档升级。实施“光网乡村”提升工程，稳步推进农村地区5G网络建设。加强对用作经营的农村房屋安全隐患整治，对排查发现的问题及时进行整改。

（十五）加快基本公共服务城乡均等化。加快推进城镇化建设，推动基本公共服务供给向常住人口覆盖。重视学前教育普及，多渠道加快农村普惠性学前教育资源建设。整体提升农村学校硬件设施和内涵建设水平，鼓励城乡学校开展“学校联盟”“优秀教师跟岗锻炼”“优秀教师城乡牵手”等活动。全区新建、改扩建、提升改造农村学校和幼儿园5所。强化基层医疗卫生人才队伍建设，加大全科医生培养力度，加快省甲级村卫生室建设。推进县域医共体建设，推动分级诊疗实施，区内就诊率达到90%。直溪中心卫生院通过江苏省首批“农村区域性医疗卫生中心”建成单位评定。加强基层特色科室建设，新增1个省级、5个市级基层特色科室。健全农村社会保障体系，提高城乡居民基本养老保险基础养老金标准。健全农村优质养老服务体系，整合利用现有特困人员供养服务资源，建设3家农村区域性养老服务中心。

五、聚力党的领导，抓好乡村治理

（十六）压实全面推进乡村振兴责任。充分发挥区委农村工作领导小组牵头抓总、统筹协调作用。明确各部门推进乡村振兴责任，强化各级党组织书记抓乡村振兴责任。

保持“三农”投入稳定增长，确保财政投入与推进乡村振兴任务相适应。统筹配置农村土地资源，保障落实国土空间规划安排不少于10%的建设用地指标，专项保障乡村发展。规范使用每年单列不低于5%的新增建设用地计划指标，支持农村一、二、三产业融合发展和农业农村重大项目建设。用足用好每年不低于5%的农村村民住宅建设新增建设用地计划指标。深入开展农村信用体系建设，发展农户信用贷款。拓展政策性农业融资担保方式，引导社会资本、金融资本更多地投入“三农”领域。开展三大粮食作物完全成本和种植收入保险。加强乡村振兴人才队伍建设，吸引各类人才在乡村振兴中建功立业。

（十七）实施抓党建促乡村振兴行动计划。持续深化村干部专职化管理，进一步加强村党组织书记队伍建设，编制村干部队伍建设培养规划，落实任期村级经济发展目标激励机制，发挥第一书记抓党建促乡村振兴作用。以党建引领乡村全面振兴“逐村观摩、整镇推进、全域提档”专项行动为抓手，深入开展以“软弱涣散基层党组织动态清零和党支部标准化规范化建设100%全覆盖”为主题的“零百行动”，实施党组织“评星定级”和党群服务中心“点亮工程”。全区新评定“五星”级村党组织20个，打造村党群服务中心“点亮工程”示范阵地5个左右。抓实农村党风廉政建设。推广村级小微权力清单、村级组织依法自治事项清单、依法协助政府工作事项清单，推行村级基础信息统计“一张表”制度，减轻村级组织负担。

（十八）维护农村社会平安稳定。完善党建引领、自治法治德治智治融合、村级集体经济充分发展的“1＋4＋1”乡村治理体系。建设社会治理现代化指挥体系，推进区、镇（街道）两级区域社会治理现代化指挥中心建设。健全网格员队伍管理、培训、保障、激励机制。推进村（社区）服务平台提档升级、社会组织提质增效、“好邻居茶社”品牌打造，构建多元主体参与的社会治理格局。开展重点单位、要害部位设施建设，推进治安防控识别圈升级。推进区、镇（街道）两级公共法律服务中心标准化建设，开展民主法治示范村创建，加强城乡“援法议事”工作。实施“信访突出问题攻坚化解年”行动，深入开展农村宅基地、承包地矛盾纠纷排查化解工作。开展农村交通、消防、安全生产、自然灾害、食品药品安全等领域风险隐患排查和专项治理，坚持遏制重特大安全事故。持续抓好农村疫情常态化防控，防止出现聚集性疫情。

（十九）加强农村精神文明建设。培育和践行社会主义核心价值观，依托新时代文明实践中心（所、站）开展对象化、分众化宣传教育。持续推进文明村镇、文明家庭、五星级文明户创建，深化爱国卫生运动，推动移风易俗，弘扬文明乡风，区级以上文明村镇占比达70%以上。持续开展“听党话、感党恩、跟党走”宣讲教育活动。启动实施文化产业赋能乡村振兴计划。创新实施文化惠民工程，提升农村基层公共文化服务效能，扎实推进文化下乡，全区送电影下乡1000场、送戏下乡100场、送书下乡10000册。加强农耕文化传承保护，推进非物质文化遗产和重要文化遗产保护利用。办好中国农民丰收节金坛庆祝活动。

中共常州市金坛区委　常州市金坛区人民政府

2022年4月6日

常州市金坛区人民政府办公室关于印发《常州市金坛区制造业智能化改造和数字化转型行动计划（2022—2025年）》的通知

坛政办发〔2022〕72号

各镇人民政府、街道办事处、园区管委会，区各办局、各区管国有企业、区直属单位：

《常州市金坛区制造业智能化改造和数字化转型行动计划（2022—2025年）》已经区政府常务会议研究通过，现印发给你们。请结合实际，认真贯彻执行。

常州市金坛区人民政府办公室

2022年8月26日

（此件公开发布）

常州市金坛区制造业智能化改造和数字化转型行动计划（2022—2025年）

为深入贯彻市“532”发展战略和区“五大行动”决策部署，加快落实《江苏省制造业智能化改造和数字化转型三年行动计划（2022—2024年）》《常州市制造业智能化改造和数字化转型行动计划》和《关于在全市智能化改造和数字化转型中推进“十链突破、百企领航、千景应用”的实施方案》要求，聚焦“五新产业”，推进制造业智能化改造和数字化转型（以下简称“智改数转”），推动我区制造业高质量发展，制定本行动计划。

一、总体要求

全面贯彻党的十九大和十九届历次全会精神，深入贯彻习近平总书记关于发展数字经济，推进数字产业化和产业数字化的指示要求，坚持“产业强区、工业立区、项目兴区”，纵深推进“十链突破、百企领航、千景应用”。根据全区制造业实际，以“十百千计划”培育为抓手，通过链主带动协同强链、领军企业示范引领、应用场景案例推广，逐步提升新型数字基础设施建设水平，深化云计算、大数据、人工智能、5G等新技术与制造业融合，推动工业互联网创新发展，促进产业链供应链价值链升级，实现更高水平发展。

二、主要目标

到2025年，全区工业企业需诊尽诊，规模以上工业企业全面实施“智改数转”；规模以上工业企业关键工序数控化率达80%，经营管理数字化普及率超85%，数字化研发设计工具普及率超90%；市域5G网络覆盖率超98%，初步建成高速泛在、云网融合、智能敏捷、绿色低碳、安全可控的数字基础设施；推动1500家企业“上云上标识”，工业互联网创新发展能力显著增强，中小企业上云用云基本普及；积极创建市级智能制造示范区。

三、工作任务

坚定不移落实产业强区战略，围绕“五型经济”，以加快构建定位清晰、优势突出、创新驱动、集聚发展的现代产业体系为目标，实施数字化免费诊断、企业上云上标识、智能化技术改造等九大行动；根据企业实际情况，以“机器换人、数据换脑”为出发点，通过诊断分析，分行业、分层次协助企业“智改数转”，为企业提供高性价比的解决方案，引导鼓励企业转型升级，打造标杆示范，构建技术支撑体系，完善数字基础设施等。

（一）数字化免费诊断行动。持续发挥诊断服务的引领作用，以建设智能（工业互联网标杆）工厂、智能车间和推动中小微企业数字化应用为目标，选择优秀服务商为企业提供“智改数转”免费诊断服务。每年为200—300家企业免费诊断。到2025年，基本实现规模以上工业企业全覆盖。（责任单位：区工信局，各镇、西城街道、园区）

（二）企业上云上标识行动。按照常州市即将编制的工业设备上云实施指南、业务系统云化迁移实施指南，联合电信基础运营商、华为、常州市工业互联网研究院等龙头云服务商组建工作组，引导企业对未联网设备进行改造，将研发设计、生产制造、运营管理等核心业务向云平台迁移，推动企业参与省星级上云评定。指导规模以上企业开展两化融合及数字化转型重点指标评估，企业通过两化融合公共服务平台（www.cspiii.com/pg）江苏入口完成评估工作，力争创建并发挥数字化转型促进中心作用，打造企业咨询评估诊断的“社区医院”。支持标识解析节点运营商开发场景应用，鼓励产业链企业参与标识解析推广。到2025年，累计创建省星级上云企业超100家，其中五星企业8家，本地企业接入二级节点数超400家。（责任单位：区工信局，各镇、西城街道、园区）

（三）智能化技术改造行动。支持企业采用新技术、新工艺、新设备，对生产设施、工艺条件及生产服务等进行智能化技术改造，推动制造过程、装备、产品智能化升级。支持中小企业部署低成本、模块化的智能模组系统，推进智能工段、智能产线建设。鼓励基于制造业、生产性服务业企业及其产品的“智改数转”模式创新，形成具有借鉴意义、成熟易学和投入产出优的应用场景推广案例，推动全区各领域数字化转型。降低企业技改投入成本，建立“智改数转”项目库，对企业智能化设备和工业软件投入予以一定补助。加大金融支持力度，对获得“智改数转”专项贷款的企业，予以贷款贴息。到2025年，全区“智改数转”项目超1500个。（责任单位：区工信局、金融监管局，各镇、西城街道、园区）

（四）标杆示范引领行动。对标世界智能制造领先水平，以“设施高度互联、数据高度互享、业态高度互融”为建设理念，争创各类国家级、省级试点示范。聚焦重点企业，通过支持壮大产业链链主（骨干）企业、“百企领航”培育企业，带动本区上下游企业加快“智改数转”。2025年，累计建成省级智能制造示范工厂项目5个，获评省级智能制造示范车间30个、市级智能制造示范车间50个，省级工业互联网标杆工厂3家，通过国家两化融合贯标企业超50家。（责任单位：区工信局，各镇、西城街道、园区）

（五）智能制造服务商培育行动。建立服务商名录，引培优质服务商，鼓励支持本地服务商做大做强。鼓励有条件的骨干企业剥离软件开发、系统集成和信息服务等业务部门，成立独立法人实体。联合优质服务商，面向板块、企业开展“智改数转”辅导、课题研究、政策宣讲、技术交流、业务培训、论坛展会等活动。在培育省级领军服务商中获得突破。（责任单位：区工信局，各镇、西城街道、园区）

（六）信息技术产业培育行动。聚焦“智改数转”关键技术和产品，制定揭榜任务并征集具备较强技术基础、创新能力的单位集中攻关，重点推进通讯、传感芯片等核心器件，以及传感器、5G通讯模组、智能天线等基础硬件产品研制。加快“首版次”工业软件产品开发和推广应用，促进软件进入省首版次软件应用推广指导目录。开展工业软件优秀产品和应用解决方案、优秀工业互联网APP征集，加强实践案例宣传推广，开展工业软件和制造业企业供需对接活动。（责任单位：区科技局、工信局，各镇、西城街道、园区）

（七）智能装备及关键零部件研制应用行动。发挥智能制造装备产业集群优势，以“示范促应用”，支持企业研发智能制造设备；以“应用带升级”，加大本地智能装备在智能车间（工厂）中的应用，推动智能装备和关键零部件加速迭代升级；以“升级强自主”，针对短板弱项，鼓励企业积极承担国家、省智能装备领域的核心技术攻关，加强自主供给能力。到2025年，累计培育省市级首台套重大装备40个。（责任单位：区科技局、工信局，各镇、西城街道、园区）

（八）数字生态强基行动。支持基础电信运营商利用5G切片等技术，开展园区级的边缘云和边缘计算平台部署及业务应用。组织基础条件较好的工业企业与基础电信企业对接，利用虚拟专网或独立专网方式开展内外网络改造。加强数据中心资源统筹，加大智能计算、边缘计算等新型算力供给。支持工业互联网标识解析二级节点建设。发挥标识互认、数据互用、区块链互信功能，拓展应用领域，组织开展标识解析乡镇园区行等活动。加快传统物流设施数字化改造，推进企业智慧物流系统建设，实现需求、库存和物流信息实时共享，提升仓储自动化、智能化水平，推动电子商务与物流信息化平台融合。到2025年，全区建成5G站点2000个。（责任单位：区发改局、工信局、农业农村局、商务局、文旅局、卫健局、应急管理局、行政审批局、市场监管局，各镇、西城街道、园区）

（九）工业信息安全保障行动。开展工业信息安全检查，完善风险自评估、信息共享和通报、应急处置、数据保护等体制机制。通过智慧云安全监测平台开展工业信息安全态势感知工作，持续推进密码技术在工业互联网领域的融合应用。鼓励重点企业实施网络安全分类分级管理工作，推进中小企业"安全上云"。到2025年，培育工业信息安全星级安全防护企业15家。（责任单位：区委网信办，区工信局，各镇、西城街道、园区）

四、保障措施

（一）加强组织领导。建立区政府牵头负责、各相关部门分工落实的"智改数转"推进工作机制。成立区制造业"智改数转"工作专班，协调各板块、各部门、各单位密切配合，创新工作方法，加快工作推进，确保各项"智改数转"工作任务按照进度及时落实完成。（责任单位：区政府办公室、工信局，各镇、西城街道、园区）

（二）加大政策支持。发挥财政资金引导作用，每年区财政安排专项资金，通过有效投入补助、奖励、贷款贴息等方式予以支持。加强项目库建设，积极争取国家、省、市级相关资金支持。发挥政府投资基金杠杆作用，撬动社会资本助力企业开展"智改数转"。（责任单位：区工信局、财政局，各镇、西城街道、园区）

（三）创新金融服务。鼓励金融机构和金融企业创新金融产品和服务，运用大数据探索产融合作新模式。引导金融机构增加制造业中长期贷款，支持中小企业设备更新和技术改造。强化征信数据要素支撑，推动企业工业数据的采集、加工、存储及开发利用。（责任单位：区工信局、金融监管局）

（四）强化人才支撑。面向工业互联网、大数据、工业软件等重点领域，加大一流人才和团队的引进力度，做好"智改数转"专项人才的引进培育服务。开设总裁班、精英训练营，重视新生代企业家成长，培养造就一批掌握现代经营理念、具有全球化视野、数字化转型能力的领军企业家。（责任单位：区委组织部，区科技局、工信局、人社局，各镇、西城街道、园区）

（五）抓好跟踪落实。各板块要根据本方案，结合本地实际，确保各项工作得到分解落实。加强监督考核，确保各项指标任务按时完成，保证企业切实享受到政策实惠。建立完善数字经济统计分析制度，重点开展制造业"智改数转"监测工作，为政策研究和决策分析提供数据支撑。（责任单位：区政府办公室、工信局、统计局，各镇、西城街道、园区）

（六）加大宣传推广。加强"智改数转"经验做法总结和示范典型挖掘，加大与相关主流媒体对接，通过企业、专家、媒体、社会等不同视角开展深度宣传推广。依托世界工业与能源互联网暨国际装备工业博览会、科技经贸洽谈会等重大展会，鼓励优秀平台企业、服务商积极"走出去"，打造专业化、国际化、高水平交流平台。（责任单位：区委宣传部，区发改局、工信局、商务局，各镇、西城街道、园区）

附件：《常州市金坛区"智改数转"行动计划（2022—2025年）》目标任务分解表

附件

表65 《常州市金坛区"智改数转"行动计划（2022—2025年）》目标任务分解表

单位：个

序号	任务名称	目标任务数（2025年累计）	目标任务分解								
			金坛经开区	华罗庚高新区	金城镇	薛埠镇	直溪镇	朱林镇	指前镇	儒林镇	西城街道
1	免费诊断	600	226	46	90	48	44	46	56	40	4
2	"智改数转"技改项目	300	132	27	57	30	27	30	36	24	3
3	星级上云（五星上云）	100（8）	55（4）	10（3）	10	5	5（1）	5	5	5	0
4	首（台）套重大装备培育	40	20	10	5	1	1	1	1	1	0
5	接入二级节点企业	400	190	50	35	25	25	25	25	25	0

续编 65

序号	任务名称	目标任务数（2025 年累计）	目标任务分解								
			金坛经开区	华罗庚高新区	金城镇	薛埠镇	直溪镇	朱林镇	指前镇	儒林镇	西城街道
6	工业信息安全星级安全防护企业	15	8	4	1	0	2	0	0	0	0
7	省级智能制造示范工厂	5	3	2	0	0	0	0	0	0	0
8	省级智能制造示范车间	30	16	5	6	1	1	1	0	0	0
9	市级智能制造示范车间	50	30	10	6	1	2	1	0	0	0
10	通过国家两化融合贯标企业	50	25	10	3	2	4	2	2	2	0
11	省级工业互联网标杆工厂	3	2	1	0	0	0	0	0	0	0
	“智改数转”项目总数	1593	707	175	213	113	111	111	125	97	7

常州市金坛区人民政府办公室关于印发《常州市金坛区全面推行农村公路“路长制”实施方案》的通知

坛政办发〔2022〕97 号

各镇人民政府、街道办事处、园区管委会、度假区管理办，区各办局，各区管国有企业、区直属单位：

《常州市金坛区全面推行农村公路“路长制”实施方案》已经区政府常务会议审议通过，现印发给你们，请认真贯彻执行。

常州市金坛区人民政府办公室

2022 年 11 月 10 日

（此件公开发布）

常州市金坛区全面推行农村公路“路长制”的实施方案

为推动我区“四好农村路”高质量发展，巩固提升“四好农村路”全国示范县建设成果，奋力谱写“美丽常州金坛样板”，根据交通运输部《关于全面做好农村公路“路长制”工作的通知》（交公路发〔2020〕111 号）等文件要求，进一步健全和完善我区农村公路管理体制机制，现就在全区范围内推行农村公路“路长制”提出以下实施方案。

一、指导思想

以习近平新时代中国特色社会主义思想为指导，深入贯彻落实党的二十大精神以及习近平总书记对于“四好农村路”的重要指示批示精神，按照中央、省、市决策部署，加快推进我区公路治理体系和治理能力现代化，压实农村公路主体责任，全面推行“路长制”，为实施乡村振兴战略、实现农业农村现代化、促进城乡融合发展提供坚实的保障。

二、工作目标

通过全面推行农村公路“路长制”，建立覆盖区、镇（街道）、村（居）的三级路长组织体系，全面落实各级政府农村公路主体责任，形成权责清晰、齐抓共管、高效运转的农村公路管理机制和财政资金主导、社会力量支持的资金保障机制。

2022 年底，建立覆盖全区的区、镇（街道）、村（居）的三级路长制管理体系，政府主导、部门协同、上下联动、运转高效的工作格局基本形成，农村公路治理能力显著提升。

三、“路长制”工作机制

（一）组织体系

1. 分级设立路长

设立区农村公路总路长，由区长担任；分级设置区级路长、镇（街道）级路长、村（居）级路长，分别由分管交通的副区长、镇（街道）主要负责同志以及村（居）委会主要负责同志担任。

2. 分级成立路长办公室

区政府成立区路长办公室，定期召开路长联席会议。区路长办公室设在区交通局，由分管交通的副区长担任主任，区政府办公室副主任、区交通局局长担任副主任，区融媒体中心、发改局、教育局、民政局、财政局、人社局、资源规划局、住建局、城管局、交通局、水利局、农业农村局、文旅局、审计局、行政审批局、金坛公安分局、金坛生态环境局、气象局等相关部门负责同志为成员。

各镇（街道）成立镇路长办公室，由镇人民政府（街道办事处）分管交通的负责同志担任主任，可与镇（街道）农村公路管理养护办公室合署办公。

3. 建立乡村道路专管员制度

设立乡村道路专管员，各镇（街道）根据区域内农村公路等级、数量和任务轻重等实际情况，可通过政府购买服务的方式招募并管理乡村道路专管员（可由网格员兼任），原则上每名专管员负责乡、村道里程不超过50公里。

（二）工作职责

1. 路长职责

实行各级路长对总路长负责和部门分工负责的路长责任分工制度。

总路长职责：总路长是区农村公路管理的第一责任人，负责统筹辖区内农村公路的建设、管理、养护、运营以及路域环境综合整治、路产路权保护、超限运输治理等工作；组织研究确定农村公路发展目标、发展政策；负责全区“路长制”工作的总调度、总协调，监督检查下级路长和有关单位履职情况；建立保障机制，落实主要任务，协调解决重大问题等。

区级路长职责：区级路长是区农村公路建设、管理、养护、运营以及路域环境综合整治、路产路权保护、超限运输治理的直接负责人。负责路域环境综合整治、安全隐患排查整治、应急处置、联合执法、公路用地及建筑控制区管理等工作；负责监督指导区相关部门负责同志和镇（街道）级路长的履职情况；对区相关部门和各镇（街道）的农村公路管理养护情况进行督导，协调区相关部门和各镇（街道）解决农村公路建、管、养、运方面存在的问题。

镇（街道）级路长职责：镇（街道）级路长是所在区域内乡村道建设、管理、养护以及路域环境综合整治、路产路权保护的直接负责人。负责落实区域内乡村道建设、管理、养护的资金筹集；负责区域内乡村道调查建档；负责落实乡村道日常巡查、路域环境综合整治、安全隐患排查整治、应急处置、联合执法、公路用地及建筑控制区管理等工作；协助、配合上级路长做好农村公路管养、路产路权保护、路域环境综合整治和应急处置等工作；引导、鼓励农民和农村集体经济组织参与农村公路建设、养护；负责监督指导村级路长的履职情况。

村级路长职责：村级路长是所在区域内公路路域环境整治的重要实施主体。负责协助、配合上级路长做好乡村道的建设、管理、养护以及路域环境综合整治、路产路权保护等工作，将乡村道的保护纳入村规民约。及时制止并报告侵害路产路权行为，及时做好涉路事件纠纷调处等各项工作。

2. 路长办公室职责

区路长办公室职责：落实总路长、路长联席会议确定的事项；负责拟定“路长制”具体工作制度和考核奖惩办法，明确路长和相关部门的具体职责和责任清单；协调各部门处理路产路权保护、路域环境综合整治、应急处置、养护管理等重大问题；组织做好乡村道路专管员的技术培训、业务指导、考核评价等工作；建立统筹协调、督办落实、督查考核等机制，督导下级路长和有关部门履行职责，受理有关举报和投诉，强化激励问责机制。

镇（街道）路长办公室职责：具体承担镇（街道）级路长的日常事务；负责执行区路长办公室制定的各项规章制度，制定具体工作细则；对村级路长履职情况进行监督、指导；负责做好乡村道专管员的指导、检查和考核评价等工作；开展巡查督查，受理有关举报和投诉，做好乡村道建设、养护、管理及路域环境综合整治等工作。

3. 乡村道路专管员职责

乡村道路专管员在路长办公室的指导监督下，具体负责落实农村公路管理各项制度、执行乡村道的日常路况巡查、隐患排查、灾毁信息上报，参与管养单位监督考核、工程管理，及时制止并报告侵害路产路权行为，协助相关部门做好现场执法和涉路纠纷处置等工作。

4. 区有关部门职责

区融媒体中心：做好农村公路工作的相关宣传报道，营造良好社会氛围。

区发改局：支持农村公路发展相关工作列入全区发展规划，负责将农村公路建设、管理、养护、运营和路域环境综合整治等有关工程列入基本建设项目。

区教育局：组织开展校车安全整治，配合做好校车行驶路线安全隐患整治等相关工作。

区民政局：督促指导镇、村两级发挥村规民约的积极作用，引导村民爱路护路，保护公共设施。

区财政局：负责落实路长制工作经费，做好农村公路管理、养护、运营等所需区级资金保障工作，并对资金使用情况进行监管。

区人社局：督促指导镇、村两级开发公益性管护岗位，优先从就业困难人员中聘请专管员从事农村公路巡查和管护工作。

区资源规划局：加大对农村公路两侧建筑控制区范围内违法用地查处力度，严格控制农村公路两侧建设用地审批，协助做好农村公路建设土地审批工作。

区住建局：做好城乡融合发展中涉及城乡建设的相关工作，指导镇、村两级做好农村公路沿线“特色田园乡村”打造等工作。

区城管局：督促各镇（街道）做好农村公路集镇、村庄路段沿线的占道经营和摆摊设点、随意倾倒垃圾、渣土等违法行为的查处工作；配合开展对农村公路两侧控制区内违法建设联合执法查处等工作。

区交通局：负责农村公路“路长制”实施的行业指导、考核管理和经验推广工作，推动“路长制”全面实施；加强日常巡查和农村公路病害防治，推进预防性养护；加强县道公路路政巡查，依法查处损坏路产、侵犯路权的行为；会同金坛公安分局开展农村公路超限超载治理等工作。

区水利局：指导农村公路与水利基础设施建设有机结合，指导做好农村公路沿线防洪配套设施的建设和管护工作。

区农业农村局：按照农村人居环境整治提升工作要求，统筹有关单位做好镇（街道）、村（居）两级区域内农村公路沿线环境整治提升和长效管护，以及乡村振兴涉及农村公路发展工作。

区文旅局：统一设计、规范设置公路旅游标识标牌，督促并指导各镇（街道）规范设置公路旅游标识标牌及农村公路沿线旅游服务设施。

区审计局：组织对贯彻落实农村公路管养相关经费情况的真实、合法和效益进行审计监督。协同区交通局对各镇（街道）农村公路管养经费审计业务指导，充分发挥审计监督作用。

区行政审批局：按照“放管服”改革要求，依法履行相对集中行政许可职责，做好农村公路相关政务服务和集中受理工作，负责农村公路管理中有关公共资源交易工作。

金坛公安分局：负责打击涉嫌农村公路违法犯罪行为，加强农村公路交通安全及秩序管理，重点整治交通违法违规行为，与区交通局联合开展农村公路超限超载治理等工作。

金坛生态环境局：负责开展农村公路两侧控制区的工业企业达标排放监管，查处工业企业利用农村公路边沟、涵洞超标排污的行为；负责农村公路建设项目环境影响评价许可。

区气象局：负责提供天气预报和天气实况服务。

（三）工作流程

“路长制”实施巡查→处置→督查→通报的管理流程。

1. 巡查：各级路长进行定期巡查，路长办公室进行不定期督查，专管员进行常态巡查，汛期、恶劣天气、重大活动、重要节假日要加大巡查频率，对巡查中发现的问题及时处理或交办。

2. 处置：对巡查中发现的问题，以及总路长、区路长办公室交办的事项，各镇（街道）及相关部门根据职责进行及时有效的处置，并做好记录。

3. 督查：问题交办到责任单位后，区路长办公室对办理情况适时开展督查。

4. 通报：区路长办公室对问题处置和督查情况进行书面通报，并作为考核依据。

四、保障措施

（一）加强组织领导。区路长办公室负责“路长制”的实施指导、统筹协调和年度考核工作等，不定期组织成员单位召开联席会议，协调解决农村公路管养遇到的重点难点问题。各镇（街道）负责落实“路长制”各项工作的具体实施，并将本区域内“路长制”具体落实情况报送区路长办公室。

（二）严格督查考核。严格督查督办和考核，将农村公路“路长制”工作列入全区年度目标考核内容。区路长办公室对镇（街道）“路长制”开展情况进行督促检查和考核。不断完善奖惩机制，对“路长制”实施中表现突出的单位和个人，按照有关规定给予表彰，对落实不力的追究责任。

（三）强化技术支撑。加强新一代信息技术融合应用，全力推进农村公路建管养运“一网一平台”智能化、信息化管理和服务平台，支撑农村公路“路长制”有效运行。

（四）做好信息公开。将“路长制”有关信息纳入公示范围，通过设置公示牌等方式公示各级路长信息、责任，接受监督，促进各级路长尽职履责。

（五）加大宣传引导。认真总结“路长制”实施过程中的经验做法，充分利用各种宣传渠道和媒体，加大对先进典型的宣传力度，及时曝光有损路容路貌的行为。同时，各镇（街道）和有关部门要大力开展“路长制”宣传，积极主动为农村公路一线人员做好政策的解读工作，营造浓厚的工作氛围，引导广大群众积极参与公路管理养护，增强全社会对公路管理养护的责任意识和参与意识，为农村公路发展创造良好环境。

重要文件目录

中共金坛区委

坛发〔2022〕1号　关于做好2022年全面推进乡村振兴重点工作的实施意见

坛发〔2022〕2号　关于调整区四套班子领导挂钩联系重点板块分工的通知

坛发〔2022〕3号　常州市纪委监委纪检监察建议整改工作方案

坛发〔2022〕4号　关于2021年度隐性债务化解情况的报告

坛发〔2022〕6号　转发《区委宣传部、区司法局关于在全区公民中开展法治宣传教育的第八个五年规划（2021—2025年）》的通知

坛发〔2022〕7号　关于表彰2021年度先进集体和先进个人的决定

坛发〔2022〕8号　关于大力推进“五大行动”的实施意见

坛发〔2022〕9号　关于印发《常州市金坛区重大项

目突破行动实施方案（2022—2025 年）》的通知

坛发〔2022〕10 号　关于印发《常州市金坛区微笑经济创新行动实施方案（2022—2025 年）》的通知

坛发〔2022〕11 号　关于印发《常州市金坛区全域旅游创建行动实施方案（2022—2025 年）》的通知

坛发〔2022〕12 号　关于印发《常州市金坛区城市能级提升行动实施方案（2022—2025 年）》的通知

坛发〔2022〕13 号　关于印发《常州市金坛区城乡融合发展试验行动实施方案（2022—2025 年）》的通知

坛发〔2022〕14 号　关于进一步落实“三重一大”事项集体决策制度的意见

坛发〔2022〕15 号　关于《常州市纪委监委关于压实“两个责任”加强关键岗位和重点领域廉政风险防控的纪检监察建议》整改落实情况的报告

坛发〔2022〕16 号　关于成立区委涉粮问题专项巡察整改工作领导小组及专项小组的通知

坛发〔2022〕18 号　关于表扬 2021 年度农业农村工作先进集体和先进个人的决定

坛发〔2022〕20 号　关于进一步理顺区管国有企业管理体制的通知

坛发〔2022〕21 号　关于设立江苏省金坛茅山、长荡湖 2 个旅游度假区管理办公室党组的通知

坛发〔2022〕22 号　关于印发《常州市金坛区公共安全体系建设实施方案》的通知

坛发〔2022〕23 号　关于市委巡察反馈意见整改进展情况的报告

坛发〔2022〕24 号　关于成立“两湖”创新区建设工作推进组的通知

坛发〔2022〕25 号　关于印发《十四届金坛区委巡察工作规划（试行）》的通知

坛发〔2022〕26 号　关于巡察指导督导反馈问题整改情况的报告‘

坛发〔2022〕27 号　关于印发《常州市“两湖”创新区金坛组团推进实施方案（2022—2025 年）》的通知

坛发〔2022〕29 号　关于批转《江苏金坛经济开发区议政代表会制度实施办法（试行）》的通知

坛发〔2022〕30 号　关于批转《江苏金坛经济开发区议政代表会制度实施办法（试行）》的通知

坛发〔2022〕33 号　关于胥亚伟同志兼任有关议事协调机构职务的通知

坛发〔2022〕34 号　关于经济发达镇培育对象申报的请示

坛发〔2022〕35 号　批转区文联党组《关于召开常州市金坛区文学艺术界联合会第十次代表大会的请示》的通知

坛发〔2022〕36 号　关于常州市金坛区人民政府领导班子部分成员分工调整的请示

坛发〔2022〕38 号　关于《常州市纪委监委关于压实“两个责任”加强关键岗位和重点领域廉政风险防控的纪检监察建议》整改落实情况的报告

坛发〔2022〕41 号　关于印发《常州市金坛区贯彻落实〈法治政府建设实施纲要（2021—2025 年）〉实施细则》的通知

坛发〔2022〕42 号　批转区侨联《关于筹备召开金坛区第六次归侨侨眷代表大会的请示》的通知

坛发〔2022〕43 号　批转区科协《关于召开常州市金坛区科学技术协会第十次代表大会的请示》的通知

坛发〔2022〕44 号　批转区残联党组《关于筹备召开常州市金坛区残疾人联合会第六次代表大会的请示》的通知

中共金坛区委办公室

坛办发〔2022〕1 号　区委办公室　区政府办公室关于开展 2022 年度综合考核的实施意见

坛办发〔2022〕2 号　区委办公室关于印发《金坛区村（社区）党组织和党组织书记双 5A 晋档升级管理办法（试行）》的通知

坛办发〔2022〕3 号　区委办公室　区政府办公室关于修订《金坛区“金礼遇 才无忧高层次人才服务体系建设实施办法”》的通知

坛办发〔2022〕4 号　区委办公室　区政府办公室关于印发《关于实施“金沙英才计划”加快打造人才友好型城市的意见》的通知

坛办发〔2022〕5 号　区委办公室　区政府办公室关于印发《支持人才购买商品住房实施细则》的通知

坛办发〔2022〕6 号　区委办公室　区政府办公室关于开展 2021 年度全区第六轮结对帮扶工作春节前走访慰问的通知

坛办发〔2022〕8 号　区委办公室　区政府办公室　区政协办公室关于印发《政协常州市金坛区委员会 2022 年协商计划》的通知

坛办发〔2022〕10 号　区委办公室　区政府办公室关于公布 2022 年度工业经济高质量发展“十百千计划”百亿企业集团培育对象名单、十亿企业培育对象名单、上市后备企业名单的通知

坛办发〔2022〕11 号　区委办公室关于印发《2022 年中共常州市金坛区委办公室部门预决算信息公开工作方案》的通知

坛办发〔2022〕12 号　区委办公室关于印发《区委十四届全会重点工作任务分解方案》的通知

坛办发〔2022〕13 号　区委办公室关于建立全国文

明典范城市创建区领导挂钩联系点制度的通知

坛办发〔2022〕14号 区委办公室 区政府办公室关于成立常州市金坛区三星村遗址保护利用和开发工作专班的通知

坛办发〔2022〕16号 区委办公室 区政府办公室关于调整区建设文明城市工作领导小组和区建设文明城市指挥部成员的通知

坛办发〔2022〕17号 区委办公室 区政府办公室关于区领导挂钩联系2022年度“十百千计划”培育企业的通知

坛办发〔2022〕18号 区委办公室关于转发《常州市金坛区关心下一代工作委员会2022年工作要点》的通知

坛办发〔2022〕20号 区委办公室 区政府办公室关于印发《中德（常州）创新产业园管理办公室主要职责、职能机构和人员编制规定》的通知

坛办发〔2022〕21号 区委办公室 区政府办公室关于印发《江苏常州国家农业科技园区管理办公室主要职责、职能机构和人员编制规定》的通知

坛办发〔2022〕22号 区委办公室 区政府办公室印发《关于明确江苏常州国家农业科技园区管理体制机制的意见》的通知

坛办发〔2022〕23号 区委办公室 区政府办公室印发《关于进一步优化江苏省金坛茅山旅游度假区及薛埠镇管理体制机制的意见》的通知

坛办发〔2022〕24号 区委办公室 区政府办公室关于成立常州市金坛区土地收购储备管理委员会的通知

坛办发〔2022〕25号 区委办公室 区政府办公室关于成立常州市金坛区土地出让管理委员会的通知

坛办发〔2022〕27号 区委办公室 区政府办公室关于调整区打好污染防治攻坚战指挥部成员的通知

坛办发〔2022〕29号 区委办公室 区政府办公室关于印发《常州市金坛区做好第二轮中央生态环境保护督察协调联络工作的方案》的通知

坛办发〔2022〕30号 区委办公室 区政府办公室关于成立常州市金坛区乡村治理工作领导小组的通知

坛办发〔2022〕31号 区委办公室 区政府办公室关于大力推进全区城乡环境“五乱”治理工作的实施意见

坛办发〔2022〕32号 区委办公室 区政府办公室关于开展“全国文明典范城市创建提升年”活动的实施意见

坛办发〔2022〕33号 区委办公室 区政府办公室关于成立常州市金坛区现代化宜居农房和新江南水乡建设工作领导小组的通知

坛办发〔2022〕35号 区委办公室 区政府办公室印发《关于领导干部外出请示报备工作的实施细则》的通知

坛办发〔2022〕39号 区委办公室 区政府办公室关于印发《常州市金坛区深化提升安全生产专项整治三年行动实施方案》的通知

坛办发〔2022〕40号 区委办公室 区政府办公室关于印发《第十三届“金坛读书月”活动实施方案》的通知

坛办发〔2022〕41号 区委办公室 区政府办公室关于成立常州市金坛区城乡环境“五乱”治理工作指挥部的通知

坛办发〔2022〕42号 区委办公室 区政府办公室关于成立江苏嘉投实业集团有限公司非法集资案件处置工作领导小组的通知

坛办发〔2022〕43号 区委办公室 区政府办公室关于建立常州市金坛区关心下一代工作委员会成员单位联席会议制度的通知

坛办发〔2022〕44号 区委办公室 区政府办公室印发《关于在全区开展“四查一帮扶” 走访活动的方案》的通知

坛办发〔2022〕45号 区委办公室 区政府办公室印发《关于开展现代化宜居农房和新江南水乡建设扎实推进农村住房条件改善专项行动实施方案》的通知

坛办发〔2022〕48号 区委办公室关于印发《2022年度常州市金坛区全面从严治党责任清单》的通知

坛办发〔2022〕50号 区委办公室关于印发《中共常州市金坛区委全面深化改革委员会2022年工作要点》的通知

坛办发〔2022〕52号 区委办公室 区政府办公室关于规范使用金坛城市形象视觉识别系统的通知

坛办发〔2022〕53号 区委办公室 区政府办公室印发《常州市金坛区关于贯彻落实档案事业发展“十四五”规划的实施意见》的通知

坛办发〔2022〕55号 区委办公室 区政府办公室关于印发《2022年度金坛区党政信息工作考核办法》的通知

坛办发〔2022〕56号 区委办公室 区政府办公室关于进一步明确属地管理职责的实施意见

坛办发〔2022〕60号 区委办公室 区政府办公室关于印发《常州市金坛区“十四五”农村人居环境整治提升行动方案》的通知

坛办发〔2022〕62号 区委办公室印发《关于推动党史学习教育常态化长效化的实施意见》的通知

坛办发〔2022〕63号 区委办公室区 政府办公室关于印发《常州市金坛区自建房安全专项整治实施方案》的通知

坛办发〔2022〕64号 区委办公室 区政府办公室印发《关于开展存量工业地块“工改商”试点工作的实施

意见》的通知

坛办发〔2022〕65 号　区委办公室关于调整区关心下一代工作委员会成员的通知

坛办发〔2022〕66 号　区委办公室关于进一步规范机关事业单位人员有序流动的意见

坛办发〔2022〕67 号　区委办公室　区政府办公室关于成立区公共资源交易管理委员会的通知

坛办发〔2022〕68 号　区委办公室　区政府办公室关于印发《常州市金坛区加强和规范农村宅基地审批管理工作的实施意见》的通知

坛办发〔2022〕69 号　区委办公室　区政府办公室关于印发《常州市金坛区农村宅基地保障对象认定办法（试行）》的通知

坛办发〔2022〕70 号　区委办公室　区政府办公室关于印发《常州市金坛区农村宅基地自愿退出指导意见（施行）》的通知

坛办发〔2022〕71 号　区委办公室　区政府办公室印发《关于进一步加强和规范常州市金坛区机关事业单位编外用工管理的若干意见（试行）》的通知

坛办发〔2022〕73 号　区委办公室　区政府办公室关于明确区“两湖”创新区建设工作推进组协调办公室各小组组成人员和工作职责的通知

坛办发〔2022〕74 号　区委办公室　区政府办公室关于成立常州市金坛区农村宅基地改革工作领导小组的通知

坛办发〔2022〕75 号　区委办公室　区政府办公室关于转发《区慈善总会 2022 年度“慈善一日捐”活动方案》的通知

坛办发〔2022〕77 号　区委办公室关于赵辰毅同志转正定级的通知

坛办发〔2022〕79 号　区委办公室关于印发《镇、街道、园区纪（工）委书记、副书记提名考察办法（试行）》的通知

坛办发〔2022〕80 号　区委办公室关于党建引领基层治理“治理力工程”的实施意见

坛办发〔2022〕81 号　区委办公室　区政府办公室关于印发《常州市金坛区行政审批局职能配置、内设机构和人员编制规定》的通知

坛办发〔2022〕82 号　关于党支部委员会选举结果的请示

坛办发〔2022〕83 号　区委办公室　区政府办公室印发《关于深化应急管理综合行政执法改革的实施方案》的通知

坛办发〔2022〕85 号　区委办公室　区政府办公室关于印发《常州市金坛区工业项目“标准地”改革实施意见（试行）》的通知

坛办发〔2022〕86 号　区委办公室　区政府办公室关于印发《进一步推进工业用地提质增效的实施意见》的通知

坛办发〔2022〕87 号　区委办公室　区政府办公室关于在乡村治理中推行运用村级组织“清单制”的通知

坛办发〔2022〕88 号　区委办公室　区政府办公室关于做好 2022 年军队转业军官安置工作的通知

坛办发〔2022〕91 号　区委办公室　区政府办公室关于印发《常州市金坛区村级小微工程项目管理办法（试行）》的通知

坛办发〔2022〕92 号　区委办公室　区政府办公室做好 2023 年度全区重点党报党刊征订发行工作的通知

坛办发〔2022〕94 号　区委办公室　区政府办公室关于印发《常州市金坛区食品安全专项提升行动实施方案》的通知

坛办发〔2022〕95 号　区委办公室关于调整区委常委与党外人士联系交友对象的通知

坛办发〔2022〕96 号　区委办公室　区政府办公室印发《关于推进全区城镇污水处理一体化建设运营管理的实施意见》的通知

坛办发〔2022〕97 号　区委办公室　区政府办公室印发《关于进一步促进全区建筑业高质量发展的实施意见》的通知

坛办发〔2022〕99 号　区委办公室　区政府办公室关于印发金坛区 2022 年打造一流营商环境重点任务清单

坛办发〔2022〕100 号　区委办公室　区政府办公室关于调整区创建达标评比表彰工作协调小组的通知

坛办发〔2022〕103 号　区委办公室区政府办公室印发《关于建立区管国有企业与镇、园区、度假区联动工作机制的意见》的通知

坛办发〔2022〕104 号　区委办公室　区委研究室关于印发《区委办公室、区委研究室工作制度（试行）》的通知

坛办发〔2022〕105 号　区委办公室　区委研究室关于调整领导班子成员工作分工的通知

坛办发〔2022〕106 号　区委办公室　区政府办公室关于印发《常州市金坛区经济发达镇培育工作方案》的通知

坛办发〔2022〕107 号　区委办公室　区政府办公室印发《常州市金坛区关于深化拓展新时代文明实践中心建设的实施意见》的通知

坛办发〔2022〕109 号　区委办公室　区政府办公室关于做好 2023 年元旦春节期间有关工作的通知

坛办发〔2022〕111 号　关于加强新时代关心下一代工作委员会工作的实施意见

金坛区人民政府

坛政发〔2022〕14号 常州市金坛区人民政府关于印发《常州市金坛区重点项目推进管理办法（试行）》的通知

坛政发〔2022〕17号 常州市金坛区人民政府关于表彰2021年金坛区区长质量奖的决定

坛政发〔2022〕18号 常州市金坛区人民政府关于印发《2022年度常州金坛区重点产业项目实施计划清单》的通知

坛政发〔2022〕19号 常州市金坛区人民政府关于印发2022年度金坛区经济发展主要目标任务清单(一)的通知

坛政发〔2022〕20号 常州市金坛区人民政府关于区政府领导同志工作分工调整的通知

坛政发〔2022〕24号 常州市金坛区人民政府关于印发2022年度《政府工作报告》重点任务分解表的通知

坛政发〔2022〕26号 常州市金坛区人民政府关于印发《常州市金坛区美丽金坛生态环境保护规划（2021—2025）》的通知

坛政发〔2022〕27号 常州市金坛区人民政府关于印发《常州市金坛区"十四五"生态环境保护规划（2021—2025）》的通知

坛政发〔2022〕31号 常州市金坛区人民政府关于创建常州市金坛区国家现代农业产业园的报告

坛政发〔2022〕32号 常州市金坛区人民政府关于印发2022年度常州市金坛区重点规划编制及策划项目计划清单的通知

坛政发〔2022〕51号 常州市金坛区人民政府关于创建常州市金坛区省级现代农业产业高质量发展示范园的报告

坛政发〔2022〕54号 常州市金坛区人民政府关于印发《2022年常州市金坛区深入打好污染防治攻坚战工作方案》的通知

坛政发〔2022〕55号 常州市金坛区人民政府关于表彰王国杰等11位同志见义勇为先进个人的决定

坛政发〔2022〕62号 常州市金坛区人民政府关于建立常州市金坛区政府与区总工会联席会议制度的通知

坛政发〔2022〕66号 常州市金坛区人民政府关于山水林田湖草修复试点中矿山环境治理恢复项目完成情况的报告

坛政发〔2022〕67号 常州市金坛区人民政府关于印发《2022年常州市金坛区城乡生活垃圾分类工作实施方案》的通知

坛政发〔2022〕68号 常州市金坛区人民政府关于印发2022年度经济发展主要目标任务清单（二）的通知

坛政发〔2022〕69号 常州市金坛区人民政府关于印发《常州市金坛区2022年度经营性土地出让计划》的通知

坛政发〔2022〕70号 常州市金坛区人民政府关于印发《常州市金坛区2022年度土地收储计划》的通知

坛政发〔2022〕73号 常州市金坛区人民政府关于印发《常州市金坛区人民政府工作规则》的通知（修订）

坛政发〔2022〕77号 常州市金坛区人民政府关于对于轩栋等146名同志分别记三等功的决定

坛政发〔2022〕80号 常州市金坛区人民政府关于印发《常州市金坛区儿童发展规划（2021—2025年）》的通知

坛政发〔2022〕81号 常州市金坛区人民政府关于印发《常州市金坛区妇女发展规划（2021—2025年）》的通知

坛政发〔2022〕82号 常州市金坛区人民政府关于申报创建第六批国家生态文明建设示范区的报告

坛政发〔2022〕86号 常州市金坛区人民政府关于贯彻实施《中华人民共和国人民调解法》情况审议意见的报告

坛政发〔2022〕87号 常州市金坛区人民政府关于通报表扬金坛区第十届十佳青年教师和金坛区优秀教育工作者的决定

坛政发〔2022〕92号 常州市金坛区人民政府关于公布《第七批区级非物质文化遗产名录》的通知

坛政发〔2022〕96号 常州市金坛区人民政府关于《常州市三星村新石器时代遗址保护条例》立法调研的报告

坛政发〔2022〕99号 常州市金坛区人民政府关于调整全区工业用地出让最低价标准等相关事项的通知

坛政发〔2022〕100号 常州市金坛区人民政府关于上报备案《常州市金坛区2022—2023年度池塘标准化改造方案》的报告

坛政发〔2022〕108号 常州市金坛区人民政府关于落实区人大常委会对区政府2022年上半年工作情况和下半年工作打算的审议意见的报告

坛政发〔2022〕135号 常州市金坛区人民政府贯彻实施《关于"两湖"创新区建设推进情况的工作建议书》的报告

坛政发〔2022〕138号 常州市金坛区人民政府关于贯彻办理2022年度人大代表票决民生实事项目推进情况专题询问审议意见的报告

坛政发〔2022〕139号 常州市金坛区人民政府关于印发《2023年度板块政府投资项目实施计划清单》的通知

坛政发〔2022〕140号 常州市金坛区人民政府关于印发《2023年度区级政府投资项目实施计划清单》的通知

坛政发〔2022〕141号　常州市金坛区人民政府关于公布部分河道管理范围划定的通告

金坛区人民政府办公室

坛政办发〔2022〕6号　区政府办公室关于统一规范全区镇域综合行政执法队伍执法印章、执法文书文号、办公场所外观标识、执法执勤车辆标识涂装、制式服装和装备配备的指导意见

坛政办发〔2022〕7号　区政府办公室关于印发《常州市金坛区非煤矿山突发事件应急预案》的通知

坛政办发〔2022〕9号　区政府办公室关于印发常州市金坛区2022年度松材线虫病防治方案的通知

坛政办发〔2022〕10号　区政府办公室关于建立金坛区公平竞争审查工作联席会议制度的通知

坛政办发〔2022〕11号　区政府办公室关于印发2022年金坛区民生实事项目责任分解表的通知

坛政办发〔2022〕12号　区政府办公室关于印发《常州市金坛区人民政府办公室2022年部门预决算信息公开工作方案》的通知

坛政办发〔2022〕13号　区政府办公室关于印发“中国工商银行常州分行”2022金坛茅山半程马拉松赛事总体方案的通知

坛政办发〔2022〕14号　区政府办公室关于深入推进2022年度“安康关爱行动”老年人保险工作的通知

坛政办发〔2022〕17号　区政府办公室关于公布区级农业产业化龙头企业（合作社）的通知

坛政办发〔2022〕23号　区政府办公室关于印发《常州市金坛区城镇燃气安全排查整治工作行动方案》的通知

坛政办发〔2022〕24号　区政府办公室关于印发常州市金坛区大气污染防治强化管控“春风行动”工作方案的通知

坛政办发〔2022〕26号　区政府办公室关于印发《常州市金坛区既有住宅加装电梯实施方案》的通知

坛政办发〔2022〕27号　区政府办公室关于印发《2022年常州市金坛区财政工作要点》的通知

坛政办发〔2022〕28号　区政府办公室关于印发2022年常州市金坛区金融工作要点的通知

坛政办发〔2022〕35号　区政府办公室关于印发2022年全区粮食大豆生产目标的通知

坛政办发〔2022〕36号　区政府办公室关于区政府办公室领导同志工作分工的通知

坛政办发〔2022〕37号　区政府办公室关于常州市金坛区人民政府办公室工作规则

坛政办发〔2022〕38号　区政府办公室关于印发2022年度金沙老城雨污分流建设工作任务责任分解表的通知

坛政办发〔2022〕39号　区政府办公室关于印发常州市金坛区房屋安全突发事件应急预案的通知

坛政办发〔2022〕41号　区政府办公室关于做好住户调查大样本轮换工作的通知

坛政办发〔2022〕44号　区政府办公室关于印发新形势下进一步加强对接争取国家和省督查激励相关政策责任分工的通知

坛政办发〔2022〕45号　区政府办公室关于印发《常州市金坛区人民政府办公室公务员平时考核方案（试行）》的通知

坛政办发〔2022〕48号　区政府办公室关于成立金坛高速公路建设指挥部的通知

坛政办发〔2022〕49号　区政府办公室关于印发《常州市金坛区无证幼儿园排查整治工作实施方案》的通知

坛政办发〔2022〕51号　区政府办公室关于印发《常州市金坛区2022年电力需求侧保供方案》的通知

坛政办发〔2022〕52号　区政府办公室关于印发《常州市金坛区2022年政务公开工作要点》的通知

坛政办发〔2022〕53号　区政府办公室关于印发《2022年度区政府办公室全面从严治党责任清单》的通知

坛政办发〔2022〕54号　区政府办公室关于印发《2022年度区政府全面从严治党责任清单》的通知

坛政办发〔2022〕55号　区政府办公室关于印发《常州市金坛区政府投资非盈利性工程建设项目集中建设管理实施细则（试行）》的通知

坛政办发〔2022〕58号　区政府办公室关于印发《常州市金坛区保障性租赁住房实施方案（试行）》的通知

坛政办发〔2022〕59号　区政府办公室关于印发《加快推进常州市金坛区农药统一配供体系建设的实施意见（试行）》的通知

坛政办发〔2022〕60号　区政府办公室关于印发《常州市金坛区深化农村公路管理养护体制改革实施方案》的通知

坛政办发〔2022〕61号　区政府办公室关于印发《常州市金坛区2022年版公共资源交易目录》的通知

坛政办发〔2022〕66号　关于开展全区国有资产和办公用房调查摸底的通知

坛政办发〔2022〕68号　区政府办公室关于印发《2022年常州市金坛区金融系统目标管理考核办法》的通知

坛政办发〔2022〕71号　区政府办公室关于印发《常州市金坛区2022年制造业智能化改造和数字化转型工作要点》的通知

坛政办发〔2022〕72 号　区政府办公室关于印发《常州市金坛区制造业智能化改造和数字化转型行动计划（2022—2025 年）》的通知

坛政办发〔2022〕73 号　区政府办公室关于印发《常州市金坛区废品回收站点专项整治工作方案》的通知

坛政办发〔2022〕74 号　区政府办公室关于加快推进金坛区智慧广电乡村工程建设的通知

坛政办发〔2022〕78 号　区政府办公室关于加快推进池塘标准化改造工作的通知

坛政办发〔2022〕81 号　区政府办公室关于进一步加快推进全区重点项目的通知

坛政办发〔2022〕84 号　区政府办公室关于印发金坛区建设江苏省健康促进区实施方案的通知

坛政办发〔2022〕85 号　区政府办公室关于印发《常州市金坛区镇村志编纂工作实施方案》的通知

坛政办发〔2022〕86 号　区政府办公室关于调整常州市金坛区区消防安全委员会成员单位组成人员和明确工作职责的通知

坛政办发〔2022〕87 号　区政府办公室关于明确 2023 年度金坛区城乡居民基本医疗保险和长期护理保险有关政策的通知

坛政办发〔2022〕89 号　区政府办公室关于印发《常州市金坛区“危污乱散低”综合治理工作方案》的通知

坛政办发〔2022〕90 号　区政府办公室关于公布常州市金坛区行政许可事项清单的通知

坛政办发〔2022〕93 号　区政府办公室关于加强基层综合应急救援队伍和基层应急预案体系建设的通知

坛政办发〔2022〕96 号　区政府办公室关于印发《常州市金坛区公交客运企业成本规制实施方案（试行）》的通知

坛政办发〔2022〕97 号　区政府办公室关于印发《常州市金坛区全面推行农村公路“路长制”实施方案》的通知

坛政办发〔2022〕98 号　区政府办公室关于成立常州市金坛区药品安全委员会的通知

坛政办发〔2022〕100 号　区政府办公室关于印发 2023 年度政风行风热线上线安排的通知

坛政办发〔2022〕102 号　区政府办公室关于印发《常州市金坛区创建江苏省高质量平安校园建设区工作实施方案》的通知

坛政办发〔2022〕103 号　区政府办公室关于印发《常州市金坛区冬季安全生产专项治理行动工作方案》的通知

坛政办发〔2022〕105 号　区政府办公室关于做好 2023 年金坛区无偿献血工作的通知

坛政办发〔2022〕106 号　区政府办公室印发《常州市金坛区关于加快发展保障性租赁住房的实施方案（试行）》的通知

坛政办发〔2022〕107 号　区政府办公室关于印发《常州市金坛区 2023 年度松材线虫病防治方案》的通知

坛政办发〔2022〕111 号　区政府办公室关于印发《常州市金坛区推进洮滆片区水环境综合治理与可持续发展试点区建设实施方案》的通知

统计资料

表 66 2021—2022 年金坛区人口、劳动力

项　目	单位	2021 年	2022 年	项　目	单位	2021 年	2022 年
年末总户数	万户	19.95	19.99	死亡人数	人	4607	4762
年末总人数	万人	54.24	53.96	出生率	‰	4.4	4.2
其中：男性	万人	26.71	26.56	死亡率	‰	8.5	8.8
女性	万人	27.53	27.39	自然增长率	‰	−4.1	−4.6
出生人数	人	2404	2278				

表 67 2021—2022 年金坛区主要社会经济指标

项　目	单位	2021 年	2022 年
一、国内生产总值（当年价）	亿元	1117.39	1216.40
第一产业	亿元	40.63	43.49
第二产业	亿元	576.53	669.20
第三产业	亿元	500.23	503.71
二、工农业总产值（当年价）	亿元	1728.94	2254.65
工业总产值	亿元	1653.43	2174.89
农业总产值	亿元	75.51	79.76
三、交通运输			
货物运输量	万吨	465.00	3669.00
旅客运量	万人	338.00	183.00
港口货物吞吐量	万吨	103.00	97.00
四、固定资产投资额	亿元		
五、商业、外贸			
社会零售总额	亿元	276.48	265.28
自营出口	万美元	32957.00	478240.00
六、财政收入	亿元	341.69	300.46
财政支出	亿元	358.86	339.57
七、金融			
年末存款余额	亿元	1509.38	1742.01

续表 67

项 目	单位	2021 年	2022 年
其中：储蓄存款	亿元	562.84	687.77
年末贷款余额	亿元	1208.99	1580.16
八、教育			
普通中学在校学生数	人	21354.00	22062.00
小学在校学生数	人	30093.00	31417.00
九、卫生			
床位数	张	3112	3160.00
卫生技术人员数	人	3981.00	3931.00

表 68 2021—2022 年金坛区工业企业单位数及工业总产值

项 目	2021 年	2022 年
一、企业单位数（家）	3872	3914
1、经济开发区（含高新区）	1800	1824
2、镇级工业	2072	2090
其中：私营个体	3694	3738
二、工业总产值（当年价）（亿元）	1653	2175
1、经济开发区（含高新区）	1023	1542
2、镇级工业	630	633
其中：私营个体	1044	1377

表 69 市、镇两级工业产品产量

项 目	单位	2021 年	2022 年	项 目	单位	2021 年	2022 年
纱	吨	62593	27509	化学农药（折原药）	吨	7734	7176
印染布	万米	495	1568	电动手提式工具	台	539630	364834
呢 绒	万米	445	360	变压器	千伏安	64451	98220
铸钢件	吨	60936	23562	太阳能电池	万千瓦	413	637
服 装	万件	12685	12082	滚动轴承	万套	1211	1835
化学纤维	吨	23404	19806	塑料制品	吨	48474	58539
盐 酸	吨	50549	54034	水 泥	万吨	220	286
纸制品	吨	18921	21707	原 盐	万吨	288	270

续表 69

项　目	单位	2021 年	2022 年	项　目	单位	2021 年	2022 年
烧　碱	吨	186080	198738	民用钢质船舶	载重吨	2274	2932
钢　材	吨	312724	497075	铜　材	吨	61889	69880
小麦粉	吨	192748	181665				

表 70　2021—2022 年金坛区农业总产值及农业增加值

单位：万元

项　目	2021 年	2022 年	项　目	2021 年	2022 年
农业总产值（当年价）	750599	797571	农业增加值（当年价）	462491	492539
其中：农业	311982	336850	其中：农业	244856	261375
林业	4193	11186	林业	3524	9401
牧业	74430	73827	牧业	24209	24899
渔业	264069	277385	渔业	133745	139303
服务业	95925	98323	服务业	56157	57561

表 71　2021—2022 年金坛区全社会外向型经济主要指标数据一览表

项　目	单位	2021 年	2022 年
一、自营出口总额	万美元	329578	478240
其中：外商投资企业自营出口	万美元	90838	105952
二、新增工商登记注册外资	万美元	88184	53871
三、实际到账注册外资	万美元	35778	44241
四、投产开业的外商投资企业	个	374	402
五、新签外经合同额	万美元	28	220
六、完成外经营业额	万美元	1145	149

表 72　供电、供水情况

项　目	2021 年	2022 年
一、全社会用电总量（万千瓦时）	710970	838187
1、农、林、牧、渔业	12563	14318
2、工业	570369	679495
3、建筑业	5883	5069
4、交通、运输、邮电业	1533	1687

续表 72

项　目	2021 年	2022 年
5、商业、餐饮、物资	22085	22948
6、其他事业	34794	36594
7、城乡居民用电	63743	78076
其中：农村	32545	40547
城市	31198	37529
二、城镇全年供水总量（万吨）	4214	4517
其中：生产用水量	1304	1346
生活用水量	1307	1410
年末自来水厂生产能力（万吨 / 日）	25	25
人均日生活用水量（升 / 日）	157	169
用水普及率（%）	100	100

（赵　娜）

表 73　金坛区部分机构简称

全　称	简　称	全　称	简　称
中共常州市金坛区委员会	区委	中共江苏省金坛华罗庚高新技术产业开发区工作委员会	华罗庚高新区党工委
常州市金坛区人民代表大会常务委员会	区人大常委会	江苏省金坛华罗庚高新技术产业开发区管理委员会	华罗庚高新区
常州市金坛区人民政府	区政府	江苏省金坛茅山旅游度假区管理办公室	茅山旅游度假区
政协常州市金坛区委员会	区政协	江苏省金坛长荡湖旅游度假区管理办公室	长荡湖旅游度假区
中共常州市金坛区纪律检查委员会	区纪委	中共常州市金坛区委组织部	区委组织部
常州市金坛区监察委员会	区监委	中共常州市金坛区委宣传部	区委宣传部
中共常州市金坛区委办公室	区委办	中共常州市金坛区委统一战线工作部	区委统战部
常州市金坛区人大常委会办公室	区人大办	中共常州市金坛区委政法委员会	区政法委
常州市金坛区人民政府办公室	区政府办	中共常州市金坛区委网络安全和信息化委员会办公室	区委网信办
政协常州市金坛区委员会办公室	区政协办	中共常州市金坛区委机构编制委员会办公室	区委编办
常州市金坛区人民武装部	区人武部	中共常州市金坛区委巡察工作办公室	区委巡察办
常州市金坛区人民法院	区法院	中共常州市金坛区委老干部局	区委老干部局
常州市金坛区人民检察院	区检察院	中共常州市金坛区委党校	区委党校
中共江苏金坛经济开发区工作委员会	金坛经开区党工委	中共常州市金坛区委党史工作委员会	区委党史工委
江苏金坛经济开发区管理委员会	金坛经开区	常州市金坛区地方志编纂工作办公室	区志办

续表 73

全　　称	简　称	全　　称	简　称
常州市金坛区档案馆	区档案馆	江苏金坛投资控股有限公司	金坛控股
常州市金坛区融媒体中心	区融媒体中心	江苏金坛建设发展有限公司	金坛建设
常州市金坛区发展和改革局	区发改局	江苏金坛华罗庚科技产业发展有限公司	金坛华科
常州市金坛区教育局	区教育局	江苏金坛金城科技产业发展有限公司	金坛金科
常州市金坛区科学技术局	区科技局	江苏茅山旅游控股有限公司	茅山控股
常州市金坛区工业和信息化局	区工信局	国家税务总局常州市金坛区税务局	区税务局
常州市金坛区民政局	区民政局	常州市金坛区总工会	区总工会
常州市金坛区司法局	区司法局	共青团常州市金坛区委员会	区团委
常州市金坛区财政局	区财政局	常州市金坛区妇女联合会	区妇联
常州市金坛区人力资源和社会保障局	区人社局	常州市金坛区科学技术协会	区科协
常州市金坛区自然资源和规划局	区资源规划局	常州市金坛区归侨侨眷联合会	区侨联
常州市金坛区住房和城乡建设局	区住建局	常州市金坛区工商业联合会	区工商联
常州市金坛区城市管理局	区城管局	常州市金坛区文学艺术界联合会	区文联
常州市金坛区交通运输局	区交通局	常州市金坛区残疾人联合会	区残联
常州市金坛区水利局	区水利局	常州市金坛区红十字会	区红十字会
常州市金坛区文体广电和旅游局	区文旅局	常州市金坛区关心下一代工作委员会	区关工委
常州市金坛区卫生健康局	区卫健局	中国民主同盟常州市金坛区委员会	民盟金坛区委
常州市金坛区退役军人事务局	区退役军人局	中国民主建国会常州市金坛区基层委员会	民建金坛基层委员会
常州市金坛区市场监督管理局	区市场监管局	中国国民党革命委员会金坛区支部	民革金坛支部
常州市金坛区地方金融监督管理局	区金融监管局	中国民主促进会常州市金坛区支部	民进金坛支部
常州市公安局金坛分局	金坛公安分局	中国农工民主党金坛区支部	农工党金坛支社
常州市医疗保障局金坛分局	金坛医保分局	九三学社常州市金坛区支部	九三学社金坛支社

（编辑　汤芬娣）

索　引

说　明

一、本索引采用主题分析法编制，按标引词的第一个字的汉语拼音字母（同音字按声调）顺序排列；同音同调，按第二个字的音序排列，以此类推。

二、标引词后的阿拉伯数字表示内容所在页码，数字后的拉丁字母 a、b、c 分别表示该页的左、中、右栏。标引词后的第二个页码起，表示参见内容所在位置。

三、年鉴的特载、大事记、荣誉栏、附录、统计资料、彩页等均未做索引。

四、为方便读者检索，在金坛的企事业单位以及在金坛发生的事件名称前的“金坛”“金坛区”，除易产生歧义者外，均予省略。

主题索引

D

E

F

K

L

R

S

T

W

X

Y

Z

表格索引

B

C

D

G

H

（编辑　方　骊　李华琴）